北京大学志

王学珍 主编

第四卷

北京大学出版社
PEKING UNIVERSITY PRESS

目　录

第十七章　对外交流与合作

　　北京大学建校之始即与国外教育界、学术界、科技界、文化界建立联系，进行交流与合作。在清末与中华民国时期，学校多次派校领导成员、教员出国访问考察、讲学和进修，也多次派学生出国留学；同时，聘请外国教授、专家、学者等来校任教、讲学、讲演，接受外国留学生来校学习。中华人民共和国成立后，由于西方发达国家对我国进行封锁，也由于国内政策上有些偏差，学校与西方发达国家的交流与合作一度受到严重影响。但与此同时，学校积极与苏联、东欧等社会主义国家开展了学术文化交流和科技合作。"文化大革命"期间，由于严重的"左"的错误，学校的对外交流与合作工作几乎中断。"文化大革命"结束后，随着我国逐步对外开放，学校的对外交流和合作进入了新的阶段，交流和合作的层次不断提高，规模日益扩大，形式越来越多样，内容也越来越丰富，有力地推动了学校的改革与发展，在国内外产生了重要影响。

第一节　留学生

一、接受外国留学生

　　北大在京师大学堂时期即开始接受外国留学生。

　　1909 年 10 月（宣统元年八月），京师大学堂接受俄国教习阿里克"来京师大学堂听讲经、史二课，月余为期，并参观中小学堂"。

　　1909 年 12 月，京师大学堂接受俄国海参崴东亚语言学堂毕业生迪德生，为研究汉文起见，来校听讲中国历史。

　　1913 年 5 月，北大公布文理两科毕业生名单，其中有日本留学生 2 名：文科史学门的留学研究生菊川龟次郎和经学毛诗门的留学研究生浅井周治。此后，北大还多次接受外国留学生，如 1926 年 9 月，北大在校的外国留学生有朝鲜 3 名，日本 3 名。1935 年 1 月，北大在校的外国留学生有日本 9 名，暹罗 1 名。

中华人民共和国成立后，特别是1952年院系调整以后，来北大学习的外国留学生大幅增加（具体人数见本节的统计表）。为适应留学生大幅增加的需要，学校成立了负责留学生工作的专门机构，以加强对留学生教学、学习和生活等方面的管理。1952年院系调整时，清华大学东欧交换生中国语文专修班并入北大，组成北大外国留学生中国语文专修班。1954年，部分中国语文专修班结业的留学生进入各系学习。他们的业务学习主要由各系负责，但住宿、生活等方面的工作仍需由学校统一管理。为此，学校将外国留学生中国语文专修班改为留学生工作办公室。1960年，在留学生办公室下设立公共汉语教学组（后改为公共汉语教研室），为入系学习的外国留学生开设公共汉语课。1984年，为适应改革开放后要求短期来校学习汉语的外国留学生的需要，学校以公共汉语教研室为基础，成立了对外汉语教学中心。该中心既担负为入系学习专业的外国留学生开设公共汉语课的任务，又担负来北大短期学习汉语的外国留学生的汉语教学任务。1989年9月，"留学生办公室"更名为"外国学者留学生处"。1995年4月，学校成立海外教育学院，外国学者留学生处成为学院下的一个工作单位。另外还有港澳台学生办公室、对外汉语教学中心、境外办办公室等工作单位。

从1983年起，学校发挥教学和科学研究的优势，招收和培养攻读硕士学位和博士学位的高层次留学生。同时，留学生学习和研究的学科领域，也从最初的文、史、哲，扩展到经济、考古、国际政治、社会学、政治学、数学、力学、概率统计、物理、化学、地质、地理、地球及环境科学等学科专业。1990年按照国家教委的要求，国际政治系招收了用英语授课的硕士研究生班。1992年，人口研究所也招收了用英语授课的人口问题国际研究生班。这两个研究生班很受一些发展中国家学生的欢迎。

中华人民共和国成立后，北大历年招收外国留学生的人数见下列三表（三表中均未计入短期的即在校学习时间少于半年的留学生人数）。

招收外国留学生人数统计表(1950—1967)

年度	新生国家数	新生总人数	系科				国别										
			文	理	语言	语文班	越南	朝鲜	苏联	蒙古	印尼	民主德国	阿尔巴尼亚	波兰	捷克	罗马尼亚	其他
1950	3	15				15										5	10
1951	3	19				19								10	8		1
1952	5	65				65	47	3						2	12		1
1953	8	241				241	202	3		4				12	8	5	7

年度	新生国家数	新生总人数	系科				国别										
			文	理	语言	语文班	越南	朝鲜	苏联	蒙古	印尼	民主德国	阿尔巴尼亚	波兰	捷克	罗马尼亚	其他
1954	11	207				207	157	10		2	6	8	2	8	1	2	11
1955	10	134				134	100	4		2	1	6		4	2	8	5
1956	15	119				119		3	48	9	5	19	4	8	2	3	18
1957	21	142	42	6		94	5	1	32	16	17	20	4	3	6	2	36
1958	19	90	13	7		70	2	20	16	18	8	2			4		20
1959	28	251	11		11	229	69	52	27	12	19	1	7		3		61
1960	22	113	28	1	9	75	20	6		33	2			4			41
1961	14	61	48	1		12	26		18	5	1					2	9
1962	9	51	26	8	17		5	12	15			1		14	1		3
1963	9	60	25			35	10	20			5			6		2	3
1964	8	27	18			9	11	7		2				2		2	3
1965	14	84	61	7	16		15	2	14					5		2	46
1966	5	59	6	45	8		49	4									6
1967	3	3				3											3
合计	51	1741	275	78	108	1280	469	390	182	114	64	61	50	48	48	31	248

说明：①1950—1956年，北大只招收中国语文班留学生，学习年限为1—2年。其教学目的主要是使留学生能基本上掌握中国的语言文字，以便进入中国高校各院系与中国学生一起听课、学习。1957—1961年，除招收中国语文班学生外，还招收直接进入各院系留学的大学生，学习年限为3—4年。1962—1967年，只招收直接进入各院系学习的留学生。另外，在1957—1967年，北大还招收少量的进修生或选课生，这部分留学生在校学习时间为半年至一年，约占留学生总人数的2%。

②1952—1967年，留学生中有44人是研究生。

③表上的"其他"国家是指保利亚、匈牙利、法国、古巴、泰国、印度、埃及等41个国家。

④1968—1971年，北大未招收外国留学生。

招收外国留学生人数统计表（1972—1989）

年度	新生国家数	新生总人数	系科			国别										
			文	理	语言	日本	美国	西德	朝鲜	法国	苏联	英国	加拿大	越南	意大利	其他
1972	6	53			53	1			9				1	40		2

北京大学志（第四卷）

年度	新生国家数	新生总人数	系科			国别										
			文	理	语言	日本	美国	西德	朝鲜	法国	苏联	英国	加拿大	越南	意大利	其他
1973	4	32			32		1		17			4		10		
1974	25	110	55	3	52	4	1	7	13	9		4	17	9	3	43
1975	27	111	61	4	46	10		8	10	6		5	10	19	3	40
1976	26	85	56	15	14	7		10		9		1	9		7	42
1977	24	70	52	5	13	10	1	4		4		12	6		2	31
1978	28	96	83	1	12	10		3		3	5	13	7		5	41
1979	23	87	77	1	9	11	26	10		7		5	4		2	22
1980	20	112	92	1	19	23	26	9		7	10	8	3			21
1981	24	159	139	2	18	43	38	18	4	10		7	2		6	31
1982	29	155	132	9	14	42	35	13	8	2		6	4		4	41
1983	31	161	121	6	34	43	24	5	13	8		5	4		5	54
1984	35	209	129	15	65	55	32	11	14	6	19	2	3		8	59
1985	40	247	162	3	82	87	31	12	13	10	32	8	4			47
1986	34	255	121	3	131	81	49	12	30	15	5	5	8		4	46
1987	43	300	143	9	148	98	57	25	19	6	3	3	7		1	75
1988	33	286	136	5	145	107	64	25		6	18	3	5		4	54
1989	32	276	116		160	133	49	9	1	4	24	3			8	45
合计	85	2804	1675	82	1047	764	441	184	161	117	101	94	94	78	70	694

说明：①自1972年起，北大逐步规范外国留学生的学习类别。长期（半年以上）在校学习的留学生其学习类别分为两种：进修生和大学本科生。进修生又分为普通进修生和高级进修生。普通进修生具有大学一年级及以上水平，入学后按规定选修北大本科生层次的课程，学习年限为1—2年，必要时可以延长或提前，学习期满，成绩合格，发给进修生证书。高级进修生自1980年起开始招收，是已获得硕士及以上学位者，入学后，学校为其指定指导教师，学生在导师指导下，从事专题研究，或研修某专业方面的知识。学习年限为一年，必要时可延长或提前。学习期满，成绩合格，发给高级进修生证书。本科层次的外国留学生，其学习要求，除外国语和政治课与中国学生有所区别外，其他方面与中国学生基本相同。北大本科生课程，一般均采用汉语授课，如果留学生的汉语水平不能达到学习课程的要求，可以申请先进修汉语，达到规定的要求后，再转入相关院系学习本科生课程。表上所列人数，包括上述各类留学生。

②1972—1989年，北大共招收外国留学生2804人，其中普通进修生约占70%，高级进修生10%，大学本科生17%。此外，还有少量的选课生和访问学者。我国于1981年1月1日开始施行《学位条例》，北大于1983年开始招收攻读学位的外国留学研究生。1983—1989年，招收攻读硕士学位的外

国留学生共 24 人,攻读博士学位的 4 人。表上未包括外国留学研究生。

③表上的"其他"国家,是指澳大利亚、民主德国、印度、泰国、丹麦、瑞典等 75 个国家。

招收外国留学生人数统计表(1990—1997)

年度	新生国家数	新生人数					系科		国别 日本		韩国		美国		德国		法国		英国		荷兰		其他	
		总人数	进修	本科	硕士	博士	文	理	进修	本科	进修	本科	进修	本科	进修	本科	进修	本科	进修	本科	进修	本科	进修	本科
1990	47	381	314	52	13	2	376	5	118	28			57		25		6		14		7		87	24
1991	37	373	327	40	5	1	367	6	141	27	2		60		11		14		8		4		87	13
1992	47	417	342	54	21		413	4	145	33	33	9	35	1	16		11	1	4	1		3	95	9
1993	49	443	351	46	24	22	437	6	122	17	81	13	38		4		9		8		8		81	16
1994	45	464	309	61	64	30	460	4	114	13	59	27	52	3	5		4		13		11		51	18
1995	45	527	380	61	59	27	525	2	140	15	90	34	44		6		11		10		8		71	12
1996	47	540	356	71	84	29	538	2	121	13	81	43	58	1	12		7		5		5		67	14
1997	42	413	247	69	52	45	411	2	69	13	31	48	47		10		10		3	1	7		70	7
合计	106	3558	2626	454	322	156	3527	31	970	159	377	174	391	5	89		72	1	65	2	53		609	113

　　北大在 1990—1997 年期间招收的进修生,仍分为普通进修生和高级进修生两种,高级进修生约占进修生总人数的 10%。表上的"其他"国家是指意大利、加拿大、新加坡、泰国等 99 个国家。

　　1950—1997 年,北大共接受 125 个国家和地区的长期(半年以上)留学生 8131 人,其中硕士研究生 346 人,博士研究生 160 人。在这期间,北大还招收表上没有包括的短期(半年以内)留学生 7700 余人,这类留学生大多为语言类学科的培训班学生。

实施《学位条例》后各国留学研究生分布情况统计表(1983—1997)

年级		八三级		八四级		八五级		八六级		八七级		八八级		八九级		九〇级		九一级		九二级		九三级		九四级		九五级		九六级		九七级		总计
学位类别		博	硕	博	硕	博	硕	博	硕	博	硕	博	硕	博	硕	博	硕	博	硕	博	硕	博	硕	博	硕	博	硕	博	硕	博	硕	
合计		0	1	0	0	0	6	1	1	0	2	0	6	3	8	2	13	1	5	0	21	22	24	30	64	27	59	29	84	45	52	506
亚洲	日本		1					1	1				2	1	5	1	3				1		4	1	1	1	7	1	6	2	6	45
	巴勒斯坦						4						1		1																	6

北京大学志（第四卷）

年级		八三级		八四级		八五级		八六级		八七级		八八级		八九级		九〇级		九一级		九二级		九三级		九四级		九五级		九六级		九七级		总计
学位类别		博	硕	博	硕	博	硕	博	硕	博	硕	博	硕	博	硕	博	硕	博	硕	博	硕	博	硕	博	硕	博	硕	博	硕	博	硕	
亚洲	印度									1														2								3
	泰国											3		1		2		1		1	1	2		1		1		1		1	2	17
	斯里兰卡															1								2				1	1			5
	巴基斯坦																		1				1			1	1					4
	朝鲜																			1							2					3
	蒙古																			4									1	1		6
	菲律宾																			2		1		1								4
	孟加拉																			1		2		2				1				6
	马来西亚																			1				1								2
	韩国																		1	19	10	25	45	22	44	25	53	40	39			323
	土耳其																							1								1
	新加坡																									1	1			1	1	4
	尼泊尔																									1						1
	黎巴嫩																									1						1
	印度尼西亚																											1				1
	越南																											2		1		3
欧洲	法国													1																		1
	德国																	1														1
	捷克																	1														1
	保加利亚																						1									1
	俄罗斯																								1							1
	南斯拉夫																											1				1
	卢森堡																									1						1
	英国																									1				2		3

注：亚洲小计 435

年级		八三级		八四级		八五级		八六级		八七级		八八级		八九级		九〇级		九一级		九二级		九三级		九四级		九五级		九六级		九七级		总计
学位类别		博	硕	博	硕	博	硕	博	硕	博	硕	博	硕	博	硕	博	硕	博	硕	博	硕	博	硕	博	硕	博	硕	博	硕	博	硕	
欧洲	瑞典																												1			1
	奥地利																										1					1	12
非洲	马里					1																										1
	埃塞俄比亚					1														1												2
	索马里															3																3
	尼日利亚															1				1												2
	塞拉利昂															1				2												3
	多哥																			1												1
	肯尼亚																			2				2				2				6
	贝宁																			2												2
	赞比亚																			1								1				2
	埃及																					1								1		2
	莫桑比克																							2								2
	马达加斯加																											3				3
	马拉维																											1				1
	喀麦隆																											2				2
	刚果																											1				1
	乌干达																											1				1
	科摩罗																											1				1	35
大洋洲	澳大利亚									1						1																2
	斐济																							1								1	3
北美洲	美国												1		1		1			4	1			2		2						12
	加拿大																					1				1				1	3	3
	牙买加																									1						1	16

年级		八三级		八四级		八五级		八六级		八七级		八八级		八九级		九〇级		九一级		九二级		九三级		九四级		九五级		九六级		九七级		总计
学位类别		博	硕	博	硕	博	硕	博	硕	博	硕	博	硕	博	硕	博	硕	博	硕	博	硕	博	硕	博	硕	博	硕	博	硕	博	硕	
南美洲	巴西													1																		1
	阿根廷																	1														1
	秘鲁																							2								2
	委内瑞拉																									1						1

（南美洲合计 5）

二、派出留学生

1903 年 12 月 21 日（光绪二十九年十一月三日），管学大臣张百熙奏陈《京师大学堂宜派学生赴东西洋各国留学折》，谓："计自开学以来，将及一载，臣等随时体察，益觉资遣学生出洋之举，万不可缓。诚以教育初基，必从培养教员入手，而大学堂教习，尤当储之于早，以资任用。"经清廷允准，本次京师大学堂从速成科学生中选出余棨昌、张耀曾、冯祖荀等 31 人，派往日本留学，于年内起程；俞同奎、何育杰、周典等 16 人，派往西方各国留学，于年后起程。为适应学成回国后学校教学的需要，这批留学生在各国研习的科目种类较多。如派赴日本留学的 31 名学生，其学习的专门科目就有 26 种，具体情况如下表。

京师大学堂赴日留学生科目分布表（1903 年）

分科大学及科目		学生姓名	人数
文科大学	哲学	杜福垣、王桐龄（以教育学为主）	2
	历史及地理学	唐演	1
理科大学	地质地文学	顾德龄	1
	化学	吴宗栻、成隽	2
	数学及物理学	冯祖荀	1
	物理学	朱炳文	1
	动物学	席聘臣	1
	植物学	黄艺锡	1
法科大学	私法学	黄德章（侧重民法）	1
	私法学	余棨昌（侧重商法）	1
	交涉学	曾仪进（国际公法、国际私法）	1
	刑法学	朱献文	1

分科大学及科目		学生姓名	人数
法科大学	公法学	屠振鹏	1
	统计学	范熙壬	1
	政治学	周宣	1
	诉讼法学	朱深	1
	理财学	张耀曾	1
法科兼文科大学	教育行政学	陈发檀	1
农科大学	农学	景定成	1
	农艺化学	钟赓言	1
工科大学	应用化学	何培琛、刘冕执、史锡绰	3
	电气工学	刘成志、王舜成	2
医科大学	内科医学	苏振潼	1
	外科医学	蒋履曾	1
	药学	王曾宪	1
高等商业学校	商业学	陈治安	1

　　1903 年以后，京师大学堂还多次选派学生出国留学：1904 年 4 月学务处派译学馆学生林行规等 7 人赴西欧游学，分别学习交涉学、法律学、政治学、陆军学、铁路学等；1905 年 9 月，大学堂译学馆选派周秉清等 15 名学生前往西方各国游学，其中英文班学生 5 名，法文班学生 5 名，俄文班学生 2 名，德文班学生 3 名；1907 年 3 月选派师范旧班毕业生孙昌烜等 2 人赴英国游学，潘敬等 2 人赴法国游学，朱垂莘等 4 人赴美国游学。

　　民国成立后，北大校长蔡元培于 1918 年 5 月呈函教育总长，谓："今者大学虽设研究所，分门研究，冀达精益求精之域。然创办伊始，诸多简略，欲与欧美抗衡，今日尚不足以语此，故欲求国家富强，促学术发达，资遣学生留学，实为当务之急，不可一日缓也。""兹为国家前途计，为本校毕业生前途计，拟请钧部，咨商外交部，就清华学校原定留学生名额之上，每年酌添二十名，专备本校派遣毕业生留学美国之用。"此项要求虽未获批准，但是，蔡元培仍然多方筹措经费，派遣留学生或访问学者出国学习和研究。1919 年 12 月，北大资派傅斯年、俞平伯赴英留学；1920 年资派杨振声入美国哥伦比亚大学学习；1920 年 7 月，资派段锡朋等 5 人赴美留学。

1934 年 7 月，北大为资助助教出国留学，以求深造，特制定《资助助教留学条例》，规定本校助教在校服务满 5 年以上，勤于职务，并兼做研究工作，确有相当成绩者，经校务委员会通过，由学校资助留学。留学时期，第一学年薪金照支。如成绩优良，继续照支一年。助教留学回国后，学校倘有聘请其回校服务之必要，该助教有尽先在校服务之义务。该条例公布后，每年有符合条件的助教，学校都会资助其出国留学。

中华人民共和国成立后，学校根据教育部的指示，在 1951—1965 年间，多次向苏联和东欧国家派遣留学生。其中 1953 年派出 86 人；1954 年派出留学研究生 15 人，留学大学生 79 人；1956 年派出 20 人。派往苏联留学的研究生中，不少人获得了副博士学位，如萧蔚云、张德修、张康琴等。郭仲衡于 1953 年赴波兰留学，1963 年获波兰科学院博士学位。

"文革"后，北大有计划地选派一批青年教师、在读研究生及本科生，赴美国、西欧诸国、日本攻读学位、专题进修或合作科研，使他们能利用国外较好的教学和科研条件，受到锻炼和培养。

1987 年 3 月，北京大学根据国家教育委员会《关于出国留学人员工作的若干暂行规定》的精神，结合学校的具体情况，制定《北京大学关于研究生出国留学等问题的规定》。其中规定公派出国留学研究生的方针是：按需派遣，保证质量，学用一致。公派出国留学研究生分为两类。一类是国家公派出国留学（简称"国家公派"），即按照国家教委分配给我校的出国留学名额，并根据国家教委的要求，结合我校的需要，选派研究生出国留学，经费由国家统一解决。另一类是单位公派出国留学（简称"单位公派"），这一类留学生又分三种情况。一是按照我校师资队伍建设的需要，有计划地选派研究生出国攻读学位，其经费可以由学校、系（所、中心）或导师的科研经费中解决，也可以由拟派出的研究生本人通过取得各种奖学金、贷学金、资助金等方式解决。二是中外导师联合培养研究生。三是出国收集论文资料或进行合作研究的研究生，时间一般不超过一年，其经费一般自行解决，或从学校校际交流的经费中解决一部分。

公派出国留学研究生的选拔条件是：热爱祖国、热爱社会主义，思想品德优秀，在学习和工作中表现突出，决心学成回国为社会主义现代化建设服务；学习成绩优良，表现出较强的科学研究能力，掌握相应国家的语言文字，能够比较熟练地运用外文阅读专业书刊，有一定的听、说、写能力；身体健康。

公派出国留学研究生到国外学习的学科专业应与在校学习的学科专业相同或相近。学习的国外专业一般应在国际上居领先地位，或者比我校的专业有明显优势。

公派出国留学的研究生应经常与所派出的系（所、中心）及学校保持联系，定期汇报学习情况，并按期回校报到。公派出国留学研究生一般不得改变出国身份，不得延长在国外时间，如因特殊情况确需延长，亦需事先征得派出系（所、中心）同意和学校的批准。

北大1979年至1986年，共派出339名本科生出国攻读硕士或博士学位。1986年后，基本上不再派遣本科生出国留学。1979年至1997年，北大公派出国留学的研究生共568名。20世纪80年代，公派出国留学研究生大多数攻读博士或硕士学位，少数为收集论文资料或进行合作科研。20世纪90年代，学校的科研条件改善，学术水平提高和导师力量的增强，派出的研究生中只有少数人攻读学位，大多数为合作科研或专题进修。本科生和研究生出国留学的人数及国家分布情况见下列二表。

公派本科生出国留学人数统计表(1979—1986)

年份	人数	科别			派出国别数
		理	文	语言	
1979	118	115		3	5
1980	64	56	6	2	5
1981	45	19	19	7	5
1983	23	23			1
1984	31	31			2
1985	43	41	2		2
1986	15			15	4
总计	339	285	27	27	

公派研究生出国留学人数统计表(1979—1997)
(不含短期出国的研究生)

序号	年份	人数	科别			国别											
			理	文	语言	美国	英国	法国	比利时	加拿大	荷兰	意大利	澳大利亚	西德（德国）	日本	苏联（俄罗斯）	其他
1	1979	12	12			3	4		3	1	1						
2	1980	17	16	1		4	1	1		5	1						
3	1981	15	3	12		9	1			3		1		1			

序号	年份	人数	科别			国别											
			理	文	语言	美国	英国	法国	比利时	加拿大	荷兰	意大利	澳大利亚	西德(德国)	日本	苏联(俄罗斯)	其他
4	1982	37	17	17	3	24		2	3	2				1	4	1	
5	1983	56	28	27	1	31	6	9		2				1	4	2	1
6	1984	61	44	15	2	35	3	6	2	3	1			2	4		5
7	1985	71	55	13	3	54	3	1	3	2		1		1	4		2
8	1986	38	23	15		29				1					4	2	
9	1987	47	27	15	5	31	1			2			1	2	8		2
10	1988	45	34	8	3	29			2	1		1		2	5		5
11	1989	18	3	8	7	1	1							1	2	9	3
12	1990	9	6	3		4	1								1	3	
13	1991	8	1	2	5								1		1	2	4
14	1992	4	4			1									2	1	
15	1993	13	8	4	1	4	3								2		3
16	1994	22	10		8				4				1		2		15
17	1995	27	11	12	4	3							1		17		6
18	1996	33	10	19	4										21		8
19	1997	35	9	15	11	2	1	2	1		1			4	16	1	7
	合计	568	321	190	57	270	26	25	15	23	5	6	4	25	90	18	63

说明:(1)短期出国,是指出国参加国际学术会议、学习班或搜集论文资料等,时间不满 3 个月。

(2)"其他"国家,主要是瑞士、瑞典、埃及、印度、韩国等国。

(3)本表是按研究生院存档的资料查阅出国留学生人数。少数审批手续不全的出国留学生,本次未予统计。

三、联合培养研究生

1981 年,我校开始与国外高校联合培养研究生(包括硕士生、博士生)。与我校联合培养的国外高校的学科点,一般都具有国际先进水平,与我校有学术交流和共同研究的领域,或者是我校急需发展而自身力量较弱的学科。研究生在国外学习有关课程,搜集资料,利用其较先进的科研设备,在双方导师指导下,开展学科前沿课题的研究。研究生在国外的时间一般为 1—2 年,回校后继续完成学位论文,申请北京大学学位。也有一部分硕士生留在国外攻读博士学位。

1986年5月，中共中央、国务院发布《关于改进和加强出国留学人员工作若干问题的通知》，指出出国留学工作要做到"按需派遣，保证质量，学用一致"，"要积极开辟中外合作进行科学研究和培养博士生"。北大根据这个文件精神，结合学校几年来与国外导师联合培养研究生的情况，于当年5月21日制定《关于与国外导师联合培养博士生及研究生出国搜集论文资料等暂行规定》。其主要内容如下。

（一）关于中外导师联合培养博士生

中外导师联合培养的博士生，系指我校招收的博士生，在学期间由中外导师联合指导，在北大校内进行论文答辩，答辩通过，由我校授予博士学位。

联合培养的博士生，应按我校博士生培养计划的规定，在国内完成学位课程。在学习期间可用1—2年的时间到国外，在国外导师指导下进行科学研究，一般应回校完成学位论文。

博士生导师根据本专业的情况和博士生培养的需要，于每年1月份将联合培养博士生的计划报送学校研究生院审核，经学校同意，报国家教委批准后生效。

联合培养的博士生，到国外进行科学研究的经费，可以从博士生的业务经费或从国内导师的科研经费中开支，也可由国外导师资助。上述几种途径不能解决的，可由国内导师提出，经学校审核同意，向国家教委申请经费。

（二）关于研究生出国搜集论文资料

研究生培养应立足于国内，少数专业个别研究生需出国搜集资料的，由导师提出，系（所、中心）同意，再经学校审核同意后，报国家教委批准。研究生去国外搜集资料的时间一般在入学后的第二年为宜，在国外的时间一般不超过一年。

（三）校际交流

我校与国外大学签订的有关交流学者协议中的部分交流名额，可以有计划地用于选派研究生出国，重点用于联合培养博士生或博士生出国搜集论文资料，少数特殊需要的专业也可用于硕士生出国搜集论文资料。

1981—1997年，北大与国外导师联合培养研究生137名，具体情况见下表。

与国外导师联合培养研究生人数统计表（1981—1997）

年份	人数
1981—1985	36
1986	8

年份	人数
1987	14
1988	17
1989	12
1990	12
1991	6
1992	0
1993	5
1994	5
1995	8
1996	9
1997	5
合计:137 人	

　　1997 年 10 月,北大与美国福坦莫大学达成中美双方在北京大学联合培养国际工商管理硕士的协议。该协议规定,在中国和美国招收品学兼优的学生和企业管理人员,使他们掌握国际管理的最新理论成果并具备在跨国企业中实际操作的能力。完成规定的课程、达到要求的水平并满足美方有关规定的学生,可授予福坦莫大学的工商管理硕士学位;完成规定的课程、达到要求的水平并满足北京大学有关规定的学生,可授予北京大学的经济学硕士学位。协议规定,合作试办二期,每期招收学员 60 名,学制两年;自1998 年开始实施。

第二节　派出代表团和访问学者

　　北大自 1902 年以来,多次组团到其他国家、地区和高等学校考察访问,学习和借鉴国外高等教育的经验,建立和加强同国外高校的交流和合作,提高教学、科研水平。与此同时,学校也重视派出教员到国外高校或科研单位进修、讲学、合作研究或参加学术会议。改革开放以后,派出的人数增加较多。具体情况见下列各表。

北大组团出访情况统计表
（仅录校级领导和代表学校的教授以及由学校组织的学生代表团）

序号	出访日期	出访国家（地区）学校	团长姓名、职务
1	1902 年 6 月 22 日—10 月 19 日	吴汝纶赴日本东京、京都、大阪等地访问，考察日本大学教育。	吴汝纶，京师大学堂总教习
2	1919 年 1 月—1921 年夏	夏元瑮赴法国、美国、德国访问，考察大学教育。	夏元瑮，北大理科学长
3	1920 年 12 月—1921 年 9 月	蔡元培率团赴法、德、英、美等国访问，考察大学教育	蔡元培，北大校长
4	1925 年 9 月	李四光教授代表北大应邀赴苏联访问，参加列宁格勒科学院 200 周年纪念会。	李四光，北大地质系教授
5	1933 年 6 月 18 日—10 月初	胡适赴美国、加拿大访问和讲学，并出席第五次太平洋学术讨论会。	胡适，北大文学院院长
6	1934 年 12 月 15 日—1935 年 1 月 13 日	蒋梦麟率团赴菲律宾访问，并出席在马尼拉大学召开的东亚教育会议。	蒋梦麟，北大校长
7	1936 年 7 月 14 日—11 月初	胡适赴美访问，代表北大参加哈佛大学成立 300 周年纪念会，并出席太平洋国际会议。	胡适，北大文学院院长
8	1955 年 5 月 6 日	周培源受马寅初校长委托，赴苏联访问，并参加莫斯科大学成立 200 周年纪念日（5 月 7 日）庆典。	周培源，北大教务长
9	1964 年 5 月 4—20 日	黄一然率团赴波兰访问，代表北大参加波兰亚格隆大学 600 周年校庆活动。	黄一然，北大副校长
10	1964 年 10 月 9—23 日	周培源率北大代表团赴罗马尼亚，代表北大参加布加勒斯特大学 100 周年校庆活动。	周培源，北大副校长
11	1974 年 11 月 12 日—12 月 6 日	麻子英率北大社会科学代表团应邀赴日本访问。在日本访问 13 所大学。	麻子英，北大教育革命组组长。
12	1975 年 10 月 17 日—11 月 8 日	马石江率北大代表团一行 6 人应邀访问阿尔巴尼亚地拉那大学。	马石江，北大党委副书记
13	1978 年 8 月 24 日—9 月 23 日	王竹溪率中国大学代表团应邀访问南斯拉夫和罗马尼亚。	王竹溪，北大副校长

序号	出访日期	出访国家（地区）学校	团长姓名、职务
14	1978 年 10 月 7 日—10 月 21 日	张龙翔率中国大学代表团一行 11 人应邀访问比利时。	张龙翔，北大副校长。
15	1980 年 5 月 15 日—6 月 25 日	北京大学访美代表团 7 人。	周培源，校长
16	1980 年 8 月 20 日—9 月 1 日	北京大学学生访日代表团 20 人。	张炜，学生会主席
17	1981 年 6 月 12—27 日	北京大学访朝代表团 6 人。	马石江，党委副书记
18	1981 年 8 月 26 日—9 月 9 日	北京大学访南斯拉夫代表团 5 人。	韩天石，党委书记
19	1982 年 4 月 10—27 日	北京大学 2 人访问瑞典斯德哥尔摩大学。	张龙翔，校长
20	1982 年 4 月 24—25 日	北京大学 1 人访问芬兰赫尔辛基大学。	张龙翔，校长
21	1982 年 4 月 27 日—5 月 10 日	北京大学访问联邦德国柏林自由大学代表团 3 人。	张龙翔，校长
22	1982 年 10 月 19—29 日	北京大学 2 人访问日本早稻田大学。	王学珍，副校长
23	1982 年 12 月 6—10 日	沈克琦参加教育部中国教育代表团赴亚太地区访问。	沈克琦，副校长
24	1982 年 12 月 10—17 日	北京大学访泰国朱拉隆功大学代表团 7 人。	张龙翔，校长
25	1983 年 7 月 20 日—9 月 12 日	沈克琦参加教育部赴西欧代表团。	沈克琦，副校长
26	1983 年 10 月 12 日—11 月 24 日	项子明访问美国十所大学。	项子明，校务委员会主任
27	1984 年 3 月 18 日—4 月 7 日	王学珍率教育部代表团访问波兰、匈牙利（途中访问莫斯科大学 2 天）。	王学珍，党委书记

序号	出访日期	出访国家（地区）学校	团长姓名、职务
28	1984 年 7 月 28 日—8 月 13 日	沈克琦参加国家科委赴加拿大代表团。	沈克琦，校务委员会副主任
29	1984 年 9 月 1—24 日	丁石孙参加在美国举行的外交学会中美民间高级人士会晤代表团。	丁石孙，校长
30	1984 年 9 月 5 日—12 月 27 日	张龙翔受教育部委托赴美考察 CUSBEA 留学生状况。	张龙翔，校务委员会第一副主任
31	1984 年 11 月 9 日—12 月 7 日	北京大学赴美考察团 6 人。	张学书，副校长
32	1984 年 12 月 22 日—1985 年 2 月 14 日	陈佳洱参加中央引进智力领导小组赴西欧六国慰问留学生代表团。	陈佳洱，副校长
33	1985 年 1 月 23 日—2 月 24 日	沈克琦、赵凯华参加教育部及中科院组团赴美看望 CUSBEA 留学生。	沈克琦，校务委员会副主任
34	1985 年 3 月 15—25 日	朱德熙赴印度出席亚太地区大学校长会议。	朱德熙，副校长
35	1985 年 3 月 24—30 日	丁石孙应日本文部省邀请访日商谈第一次日中大学校长会议的安排问题。	丁石孙，校长
36	1985 年 4 月 23 日—5 月 20 日	王学珍赴美访问有关高等学校。	王学珍，校务委员会主任
37	1985 年 6 月 1—17 日	陈佳洱赴英国牛津大学签署赠送我校串列静电加速器协议。	陈佳洱，副校长
38	1985 年 7 月 13—19 日	丁石孙参加教育部组团赴日本，出席中日大学校长恳谈会。	丁石孙，校长
39	1985 年 8 月 25 日—9 月 2 日	朱德熙赴泰国参加汉藏语学会会议。	朱德熙，副校长
40	1985 年 8 月 25—30 日	张龙翔赴荷兰参加学术会议，顺访丹麦、比利时。	张龙翔，校务委员会第一副主任
41	1985 年 11 月 1—7 日	北京大学访日本创价大学代表团 3 人。	丁石孙，校长

序号	出访日期	出访国家（地区）学校	团长姓名、职务
42	1985 年 10 月 15—28 日	郝斌参加访问朝鲜友好代表团。	郝斌，党委副书记
43	1986 年 4 月 13 日—5 月 3 日	北京大学代表团访民主德国洪堡大学、荷兰莱顿大学等 9 所学校。	丁石孙，校长
44	1986 年 6 月 8 日—7 月 3 日	沙健孙参加中国教育代表团访问苏联、民主德国。	沙健孙，副校长
45	1986 年 9 月 11—25 日	北京大学访朝代表团 4 人。	谢青，副校长
46	1986 年 9 月 30 日—10 月 15 日	王学珍访问日本早稻田大学等 4 所高等学校。	王学珍，校务委员会主任
47	1986 年 10 月 27 日—11 月 2 日	丁石孙赴日参加大学校长会议。	丁石孙，校长
48	1986 年 10 月 25 日—11 月 21 日	朱德熙赴荷兰、法国、联邦德国访问。	朱德熙，副校长
49	1986 年 11 月 12 日—12 月 3 日	沈克琦赴美国参加李政道六十寿辰庆祝会。	沈克琦，校务委员会副主任
50	1987 年 5 月 20 日—6 月 3 日	王学珍率北大代表团应邀赴联邦德国访问。	王学珍，北大党委书记
51	1987 年 6 月 29 日	罗豪才率北大代表团一行 3 人，应邀访问联邦德国杜塞多夫大学。	罗豪才，北大副校长
52	1987 年 7 月 31 日—8 月 15 日	丁石孙率北大代表团应邀访问苏联、法国、德国。	丁石孙，北大校长
53	1989 年 5 月 9 日	丁石孙率北大代表团出席在美国举行的"太平洋大学校长会议"。	丁石孙，北大校长
54	1991 年 4 月 2—8 日	王学珍率北大代表团应邀访问日本，并参加创价大学建校 20 周年校庆活动。	王学珍，北大党委书记
55	1991 年 9 月 28 日—10 月 11 日	吴树青率北大代表团应邀访问朝鲜，并参加金日成大学建校 45 周年校庆活动。	吴树青，北大校长

序号	出访日期	出访国家(地区)学校	团长姓名、职务
56	1993年1月3—9日	王义遒率北大代表团应邀访问新加坡,并出席"第八届大学行政管理人员国际研讨会"。	王义遒,北大副校长
57	1993年1月9—22日	罗豪才副校长应邀访问日本。	
58	1993年2月5—15日	任彦申率北大代表团应邀访问菲律宾大学。	任彦申,北大党委副书记
59	1993年4月2—6日	郝斌率北大代表团一行3人应邀访问日本北陆大学、日本大学、一桥大学等。	郝斌,北大党委副书记
60	1993年5月16—21日	迟惠生副校长应邀赴西班牙访问,参加西班牙普鲁藤斯马德里大学700周年校庆活动。	
61	1993年7月3—8日	罗豪才副校长应邀率团访问以色列。	
62	1993年7月10—17日	任彦申应邀访问印度尼西亚。	任彦申,北大党委副书记
63	1993年11月7—10日	郝斌率代表团一行4人应邀赴加拿大温哥华,参加东北亚经济合作第三次圆桌会议,顺访加拿大不列颠哥伦比亚大学、美国芝加哥大学等高校。	郝斌,北大党委副书记
64	1993年11月14—17日	王学珍率北大代表团一行5人应邀赴日本访问,并参加日本大学、韩国庆熙大学、北京大学轮流主办的学术会议。	王学珍,北大党委书记
65	1993年12月8—23日	朱善璐率北大代表团应邀赴日本访问。	朱善璐,北大党委副书记
66	1993年12月21—29日	罗豪才率北大代表团一行3人应邀赴印尼大学访问。	罗豪才,北大副校长
67	1994年2月13—19日	王义遒率北大代表团一行3人赴日本访问。	王义遒,北大副校长
68	1994年3月	李安模率北大国外图书馆考察团赴美、英、法等国考察,为我校图书新馆设计做准备。	李安模,北大副校长

序号	出访日期	出访国家(地区)学校	团长姓名、职务
69	1994 年 5 月 31 日—6 月 9 日	王学珍率北大代表团一行 3 人应邀赴日本访问。	王学珍,校务委员会副主任
70	1994 年 6 月 7—21 日	崔殿祥北大后勤访问考察团一行 6 人赴日本访问。	崔殿祥,北大副总务长
71	1994 年 6 月 13—29 日	吴树青校长随教育部代表团访问意大利和德国。	
72	1994 年 7 月 1—5 日	罗豪才副校长赴德国斯图加特,访问奔驰集团,并签订该集团对北大的赞助协议。	
73	1994 年 7 月 18—25 日	王义遒副校长访问日本和韩国。	
74	1994 年 9 月 25 日—10 月 3 日	郝斌率北大代表团赴韩国开会和访问。	郝斌,北大党委副书记
75	1994 年 10 月 5—10 日	吴树青校长参加外交学会组团赴美国访问。	
76	1994 年 10 月 4—11 日	郝斌率北大代表团一行 3 人赴马来西亚访问。	郝斌,北大党委副书记、副校长
77	1994 年 11 月 15—20 日	闵维方率北大代表团一行 5 人赴日本参加东京大学、汉城大学和北京大学三校合作研讨会。	闵维方,北大校长助理
78	1994 年 11 月 19—26 日	吴树青北大代表团一行 5 人应邀赴韩国访问。	吴树青,北大校长
79	1994 年 12 月 2—20 日	任彦申率北大代表团一行 4 人应邀赴德国、荷兰、法国访问。	任彦申,北大副校长
80	1994 年 12 月 8—23 日	朱善璐率北大访问考察研修团暨北大日本同学会一行 15 人赴日本参观考察。	朱善璐,北大党委副书记
81	1994 年 12 月 27 日—1995 年 1 月 3 日	罗豪才率北大代表团一行 4 人应邀赴泰国访问。	罗豪才,北大副校长

序号	出访日期	出访国家（地区）学校	团长姓名、职务
82	1995 年 1 月	吴树青校长率大学代表团一行 17 人应邀赴台湾，参观访问台湾大学、东吴大学等单位。	
83	1995 年 2 月 19 日—3 月 1 日	郝斌率北大代表团一行 6 人应邀赴泰国访问。	郝斌，北大副校长
84	1995 年 11 月 6—9 日	迟惠生率北大体育代表团一行 44 人赴香港，参加香港中文大学、北京大学、台湾大学运动友谊赛。	迟惠生，北大副校长
85	1995 年 11 月 13—19 日	王义遒率北大代表团一行 3 人赴台湾访问，参加台湾大学 50 周年校庆活动。	王义遒，北大副校长
86	1995 年 11 月 27 日—12 月 4 日	陈章良率中国人大青年干部代表团一行 10 人，应邀赴日本进行友好访问。	陈章良，北大副校长，全国人大代表
87	1996 年 2 月 12—25 日	王义遒率北大代表团应邀访问瑞士。	王义遒，北大常务副校长
88	1996 年 3 月 18—22 日	王义遒率北大代表团应邀访问俄罗斯阿穆尔大学，双方签订合作意向书。	王义遒，北大常务副校长
89	1996 年 4 月 5—19 日	闵维方率"中国高等教育财政与管理代表团"一行 4 人赴美国访问和考察。	闵维方，北大副校长
90	1996 年 5 月	迟惠生参加教委主任朱开轩为团长的中国教育代表团访问德国和英国。	迟惠生，北大副校长
91	1996 年 6 月 2 日	闵维方率北大代表团一行 5 人应邀访问韩国，并参加韩国梨花女子大学建校 110 周年庆祝活动。	闵维方，北大副校长
92	1996 年 6 月 14—28 日	吴树青率北大代表团一行 13 人应邀访问澳大利亚新南威尔士大学，并续签两校合作协议；顺访澳大利亚国立大学、墨尔本大学及新西兰惠灵顿维多利亚大学。	吴树青，北大校长
93	1996 年 10 月 10—13 日	梁柱副校长应邀赴澳门，参加澳门大学成立 15 周年校庆活动。	
94	1996 年 10 月 14—19 日	吴树青率北大代表团一行 7 人应邀赴韩国、参加汉城大学 50 周年校庆，并在"21 世纪的东亚大学"学术讨论会上作报告。	吴树青，北大校长

第十七章　对外交流与合作

序号	出访日期	出访国家(地区)学校	团长姓名、职务
95	1996年10月15—19日	任彦申率团应邀赴日本,参加日本高校庆典活动,并参加招待恳谈会。	任彦申,北大党委书记
96	1996年10月19—21日	任彦申率团自日本飞抵美国,访问夏威夷大学、加州大学伯克利分校和斯坦福大学等,并会见北大在美国的校友。	任彦申,北大党委书记
97	1997年4月19日	迟惠生率北大理科代表团一行6人应邀赴美国普渡大学、摩托罗拉大学等高校访问。	迟惠生,北大副校长

派出访问学者人数统计(1977—1997)
(出访时间3个月以上)

年份	人数	科别				派往国家地区数
		理	文	语言	其他	
1977—1981	253	166	34	53		23
1982	81	49	13	19		16
1983	80	38	17	25		20
1984	136	74	30	32		20
1985	181	123	25	33		15
1986	121	58	37	26		17
1987	102	36	38	18	10	16
1988	102	45	37	13	7	22
1989	119	55	36	22	6	24
1990	79	37	21	9	12	19
1991	98	36	35	17	10	24
1992	86	44	28	8	6	22
1993	93	32	41	16	4	24
1994	107	42	39	16	10	23
1995	143	58	45	21	19	31
1996	136	48	39	25	24	33
1997	167	63	59	22	23	32

派出学者出席国际学术会议、短期访问人数统计（1977—1986）

年份	人数	科别				派出国别
		理	文	语言	其他	
1977—1981	251	154	48	30	19	20
1982	99	51	23	13	12	20
1983	145	81	32	23	9	19
1984	170	102	37	23	8	19
1985	290	180	105	5		5
1986	286	170	110	6		28
总计	1241	738	355	100	48	

派出学者短期出访情况统计（1987—1997）

年份	总人数	国际会议	合作研究	访问考察	讲学	进修、培训	其他	前往国家（地区）数
1987	350	163	46	86	30	25		
1988	421	210	45	103	42	21		
1989	447	190	52	110	52	30	13	
1990	580	251	92	113	50	21	53	
1991	611	248	94	139	65	29	36	
1992	706	297	97	156	75	22	59	
1993	801	313	87	145	89	45	22	47
1994	871	304	146	237	104	25	55	51
1995	1113	414	162	301	107	13	116	51
1996	1318	428	170	459	151	9	95	53
1997	1749	531	66	841	136	39	136	48

第三节　聘请外国教员和授予国（境）外学者、政要和社会知名人士名誉职称

一、聘请外国教员

北大自建校时起，即聘请外国学者来校任教，以补充教师力量之不足。

京师大学堂时期（1898—1911）的 14 年间，学校共聘请外国教员 52 人，分别在东文、英文、法文、德文、算学、物理、化学、医学、植物、动物、法政、农科、商科、理工科等学科任教，具体情况见下表。

聘请外国教员统计表(1898—1911)

序号	姓名	职名	就职年月	离职年月
1	丁韪良	西总教习	1898 年（光绪二十四年）	1900 年（光绪二十六年）
2	秀耀春	英文教习	1898 年（光绪二十四年）	1900 年（光绪二十六年）
3	安修真	英文教习	1898 年（光绪二十四年）	1901 年（光绪二十七年）
4	裴义理	英文教习	1898 年（光绪二十四年）	1901 年（光绪二十七年）
5	吉得尔	法文教习	1898 年（光绪二十四年）	1901 年（光绪二十七年）
6	伯罗恩	德文教习	1898 年（光绪二十四年）	1901 年（光绪二十七年）
7	卜录达	俄文教习	1898 年（光绪二十四年）	1901 年（光绪二十七年）
8	西郡宗	东文教习	1898 年（光绪二十四年）	1901 年（光绪二十七年）
9	满乐道	医学教习	1898 年（光绪二十四年）	1901 年（光绪二十七年）
10	严谷孙藏	速成科正教习	1902 年（光绪二十八年）	1906 年（光绪三十二年）
11	服部宇之吉	速成科正教习 东文兼伦理心理教员	1902 年（光绪二十八年） 1904 年 2 月（光绪三十年正月）	1906 年（光绪三十二年） 1909 年 1 月（光绪三十四年十二月）
12	杉荣三郎	速成科副教习	1902 年（光绪二十八年）	1904 年 4 月（光绪三十年三月）
13	太田达人	速成科副教习 东文兼算学教员	1902 年（光绪二十八年） 1904 年 2 月（光绪三十年正月）	1906 年（光绪三十二年） 1906 年（光绪三十二年）
14	高桥勇	东文兼图画教员	1904 年 2 月（光绪三十年正月）	1909 年 1 月（光绪三十四年十二月）
15	西付熊二	东文兼化学教员	1904 年 6 月（光绪三十年五月）	1907 年 5 月（光绪三十三年四月）
16	氏家谦曹	东文兼物理数学教员	1904 年 8 月（光绪三十年七月）	1909 年 1 月（光绪三十四年十二月）

序号	姓名	职名	就职年月	离职年月
17	坂本健一	东文兼世界史、外国地理教员	1904 年 8 月（光绪三十年七月）	1909 年 1 月（光绪三十四年十二月）
18	矢部吉桢	东文兼植物学教员	1904 年 9 月（光绪三十年八月）	1909 年 1 月（光绪三十四年十二月）
19	桑野久任	东文兼动物学教员	1904 年 10 月（光绪三十年九月）	1909 年 1 月（光绪三十四年十二月）
20	法贵庆资郎	东文兼伦理学教员	1905 年 8 月（光绪三十一年七月）	1909 年 1 月（光绪三十四年十二月）
21	铃木信太郎	东文教员	1904 年 2 月（光绪三十年正月）	1906 年 5 月（光绪三十二年四月）
22	土田兔司造	东文教员	1905 年 10 月（光绪三十一年九月）	1909 年 6 月（宣统元年五月）
23	森冈柳藏	东文教员	1905 年 11 月（光绪三十一年十月）	1907 年 10 月（光绪三十三年九月）
24	芝本为一郎	东文兼手工教员	1907 年 2 月（光绪三十三年正月）	1909 年 1 月（光绪三十四年十二月）
25	永野庆次郎	博物实习科教员	1907 年 10 月（光绪三十三年九月）	1911 年 1 月（宣统二年十二月）
26	野田升平	博物实习科教员	1907 年 10 月（光绪三十三年九月）	1911 年 1 月（宣统二年十二月）
27	松井藤吉	博物实习科教员	1910 年 2 月（宣统二年正月）	1911 年 1 月（宣统二年十二月）
28	杉野章	博物实习科教员	1910 年 2 月（宣统二年正月）	1911 年 1 月（宣统二年十二月）
29	冈田朝太郎	法政科教员	1910 年 4 月（宣统二年三月）	1915 年 7 月（民国四年七月）
30	藤田丰八	农科教员	1910 年 1 月（宣统元年十二月）	1911 年 3 月（宣统三年二月）

序号	姓名	职名	就职年月	离职年月
31	橘义一	农科教员	1910 年 1 月（宣统元年十二月）	1912 年 10 月（民国元年十月）
32	小野孝太郎	农科教员	1910 年 1 月（宣统元年十二月）	1913 年 5 月（民国二年五月）
33	三宅市郎	农科教员	1910 年 9 月（宣统二年八月）	1914 年 1 月（民国三年一月）
34	切田太郎	商科教员	1910 年 3 月（宣统二年二月）	1911 年 1 月（宣统二年十二月）
35	安特鲁斯	英文教员	1905 年 4 月（光绪三十一年三月）	1910 年 1 月（宣统元年十二月）
36	安特逊路德	英文教员	1909 年 6 月（宣统元年四月）	
37	贾士蔼	法文教员	1905 年 8 月（光绪三十一年七月）	1909 年 2 月（宣统元年一月）
38	贝哈格	德文教员	1907 年 2 月（光绪三十三年正月）	1909 年 1 月（光绪三十四年十二月）
39	凯贝尔	德文教员	1907 年 2 月（光绪三十三年正月）	1909 年 3 月（宣统元年二月）
40	艾克坦	德文兼理化教员	1909 年 7 月（宣统元年六月）	1910 年 1 月（宣统元年十二月）
41	士瓦尔	理工科教员	1910 年 2 月（宣统二年正月）	1911 年 1 月（宣统二年十二月）
42	梭尔格	理工科教员	1910 年 2 月（宣统二年正月）	1913 年 2 月（民国二年二月）
43	劲博尔	理工科教员	1910 年 5 月（宣统二年四月）	1911 年 1 月（宣统二年十二月）
44	贝开尔	理工科教员	1911 年 6 月（宣统三年五月）	1913 年 2 月（民国二年二月）

序号	姓名	职名	就职年月	离职年月
45	芬来森	法政科教员	1910 年 2 月（宣统二年正月）	1917 年 9 月（民国六年九月）
46	博德斯	法政科教员	1910 年 5 月（宣统二年四月）	1913 年 6 月（民国二年六月）
47	艾克坦	高等科教员	1910 年 2 月（宣统二年正月）	1912 年 10 月（民国元年十月）
48	安特鲁斯	高等科教员	1910 年 2 月（宣统二年正月）	1910 年 7 月（宣统二年六月）
49	科达	高等科教员	1910 年 3 月（宣统二年二月）	1911 年 10 月（宣统三年九月）
50	海里威	高等科教员	1911 年 9 月（宣统三年七月）	1911 年 11 月（宣统三年九月）
51	克德来	高等科教员	1911 年 11 月（宣统三年九月）	1917 年 6 月（民国六年六月）
52	安德森	分科教员	1911 年 2 月（宣统三年正月）	1911 年 11 月（宣统三年九月）

　　民国时期,蔡元培任北大校长后的 1917—1918 年,北大全校教员 203 人,其中聘请外国教员 12 人,具体情况见下表。

聘请外国教员统计表(1917—1918)

序号	职务	姓名	年岁	国籍
1	文本科教授兼英文门研究所教员	卫而逊	28	美国
2	法预科教授兼文本科教授	梅尔慈	40	德国
3	文本科讲师	梅殿华		英国
4	文本科讲师	文纳	50	英国
5	理本科教授兼化学门研究所教员	巴台尔	37	德国
6	工本科教授兼理本科教授	亚当士	47	美国
7	理预科教授	纽伦	39	英国
8	工本科教授	伦特	41	丹麦
9	工本科教授	纳尔省	31	美国

序号	职务	姓名	年岁	国籍
10	法本科教授	毕善功	44	英国
11	法预科教授	白来士	37	法国
12	法预科教授	何德美	36	德国

1924年,北洋政府教育部函北京大学,云"恳将现在所聘洋员之华洋文姓名、国籍及所任职务,详赐查示"。为此,北大于当年9月,将本校外国教员一览表检送教育部(见下表)。

聘用洋员年期事项一览表
民国十三年五月份造

序号	职别	国籍	姓名	到差年月
1	教授	美国	葛拉包(葛利普)	1920年(民国九年)10月
2	教授	英国	毕善功	1911年8月(宣统三年闰六月)
3	教授	美国	柯劳文	1920年(民国九年)8月
4	教授	德国	欧尔克	1920年(民国九年)12月
5	教授	德国	卫礼贤	1922年(民国十一年)9月
6	教授	俄国	铁捷克	1924年(民国十三年)2月
7	教授	德国	额尔德	1922年(民国十一年)9月
8	讲师	俄国	钢和泰	1920年(民国九年)1月
9	讲师	美国	柴思义	1921年(民国十年)10月
10	讲师	英国	文讷	1917年(民国六年)10月
11	讲师	美国	柯劳文夫人	1921年(民国十年)1月
12	讲师	法国	铎尔孟	1920年(民国九年)4月
13	讲师	法国	沙利荣	1922年(民国十一年)12月
14	讲师	德国	海理威	1920年(民国九年)3月
15	讲师	德国	纪雅各	1923年(民国十二年)10月
16	讲师	俄国	伊法尔	1919年(民国八年)9月
17	讲师	俄国	柏烈伟	1921年(民国十年)1月
18	讲师	德国	贾尼格女士	1924年(民国十三年)4月
19	导师	俄国	加兹	1922年(民国十一年)10月

20世纪30年代,北大每年应聘在校的外国教员为10名左右。如1936年北大有外国教员9名,具体情况见下表。

北京大学志(第四卷)

聘请外国教员名录(1936)

序号	单位	职别	姓名	年龄	国籍
1	数学系	教授	奥斯毅	72	美国
2	地质学系	教授	葛利普	65	美国
3	哲学系	讲师	李廼禄	30	德国
4	外国语文学系	教授	洪涛生	57	德国
5	外国语文学系	教授	邵可侣	43	法国
6	外国语文学系	讲师	卫德明	31	德国
7	外国语文学系	讲师	李华德	50	德国
8	外国语文学系	讲师	柏烈伟	50	俄国
9	史学系	名誉教授	钢和泰	60	俄国

长沙临大和西南联大时期,北大聘有十余位外国教员,有的教员是三校合聘的。具体名录见下表。

长沙临大和西南联大聘请外国教员名录(1937—1946)

序号	系别	职别	国籍	姓名	任职年月
1	地质学系	教授	德国	米士	1939—1946
2	生物学系	教授	英国	李约瑟	1941—1942
3	外国语文学系	教授	英国	燕卜荪	1937.6—1939 1945—1951

序号	系别	职别	国籍	姓名	任职年月
4	外国语文学系	教授	德国	李华德	1939—1946
5	外国语文学系	教授	美国	温德	1941—1946 1952—1987
6	外国语文学系	教授	英国	白英	1940—1946
7	外国语文学系	教授	英国	吴可读	1938—1940
8	外国语文学系	教师	德国	雷夏	1938
9	历史学系	教授	俄国	噶邦福	1937—1946
10	历史学系	讲师	英国	白约翰	1941—1943
11	历史学系	客座教授		陆伯慈	1939.7
12	外国语文学系	讲师		贝克夫人	1943.7
13	外国语文学系	讲师	印度	贾思培	1942.11
14	外国语文学系	讲师		哈里斯	1945.2

　　抗日战争胜利，北大复员北平后，1946—1948 年间，聘请的外国教员，现已查明的有以下 8 人：西语系的卫德明教授（德籍）、燕卜荪教授（英籍）、密含瑞讲师、毕默司讲师、韩礼德（英籍，职别不详）、卜兰德（俄籍，职别不详）；文学院的傅汉斯副教授（美籍）；工学院的毕古烈威池副教授（俄籍）。

　　中华人民共和国成立后，1949 年至 1952 年 8 月院系调整以前，北京大学的语言文学各系仍聘请了一批外国教员，具体情况见下表。

院系调整前外国教员名录(1949—1952)

序号	系别	职别	姓名	国籍	到校日期	备注
1	俄语系	讲师	苏培兹	苏联	1951 年 8 月	
2	俄语系	讲师	苏培兹夫人	苏联	1952 年	

序号	系别	职别	姓名	国籍	到校日期	备注
3	俄语系	讲师	沙夫钱果夫人	苏联	1951 年 11 月	
4	俄语系	讲师	米里霍夫	苏联	1951 年	
5	俄语系	讲师	安得列夫	苏联	1952 年	
6	西语系	教授	燕卜荪	英国	1949 年	
7	西语系	讲师	蔡思克	奥国	1950 年	
8	西语系	讲师	谭玛丽	德国	1951 年	
9	西语系	讲师	叶玛茜	美国	1951 年	即叶文茜
10	东语系	教授	贾恩	印度	1952 年 4 月	
11	东语系	教授	巴德玛拉戈	蒙古	1952 年 4 月	
12	东语系	副教授	马超群	朝鲜	1949 年 9 月	
13	东语系	讲师	李启烈	朝鲜	1949 年 1 月	
14	东语系	讲师	金洪交	越南	1950 年 10 月	
15	东语系	讲师	秦德才	暹罗	1950 年 8 月	
16	东语系	教员	西堤差	泰国	1950 年 8 月	

　　1952 年院系调整后,学校学习苏联经验,进行教学改革,并从这时开始,聘请大批苏联专家来校传授苏联教育经验,开设新的专业、专门化课程,培养研究生和青年教师。据统计,从 1952 年院系调整后至 1960 年 7 月苏联政府决定召回在华工作的全部苏联专家为止,全校共聘请苏联专家 46 人。他们开设了 75 门专业、专门化课程,帮助我校及其他院校培养了近 300 名研究生和 440 余名青年教师。具体情况见下表。

聘请苏联专家简况表(1952—1960)

序号	系列	姓名	在校年月	开设课程名称	备注
1	经济系	古马青珂	1952. 10—1954.7	①斯大林关于社会主义经济问题②商品生产③现代反动资产阶级经济学批判④社会主义法制性质与社会主义经济法则⑤政治经济学	第一届北大校长顾问。莫斯科大学教授,政治经济学博士

序号	系列	姓名	在校年月	开设课程名称	备注
2	经济系	古敏娜（女）	1954.10—1955.10	①政治经济学	
3	经济系	洛普霍夫	1955.10—1957.10	①政治经济学	
4	哲学系	萨波什尼可夫	1953.11—1956.6	①辩证唯物论与历史唯物论②哲学史③辩证唯物主义名著选读	爱沙尼亚塔尔顿大学辩证唯物论与历史唯物论教研室主任
5	哲学系	格奥尔也夫	1956.8—1958.5	①列宁哲学笔记②黑格尔逻辑③辩证唯物主义④哲学史⑤辩证唯物论与历史唯物论	
6	马列主义教研室	鲍罗廷	1952.11—1953.10	①马列主义基础	基辅大学历史系主任
7	马列主义教研室	列杜诺夫斯基	1954.2—1955.6	①马列主义基础②苏联共产党的战略与策略	莫斯科大学马列主义教研室主任
8	马列主义教研室	巴特里凯也夫	1955.8—1957.8	①马列主义基础②列宁主义政治战略与策略	
9	俄语系	奥·康·鲍罗廷娜（女）	1952.11—1953.10	①苏联文学史②俄罗斯文学史	马列主义教研室鲍罗廷的夫人
10	俄语系	卡普斯钦	1953.11—1956.6	①俄罗斯民间文学②俄罗斯文学史③托尔斯泰④从19世纪初期文学到屠格涅夫	基辅大学俄罗斯文学史教授
11	俄语系	克里钦	1955.1—1957.2	①俄罗斯语言学理论②俄罗斯历史语法③俄罗斯语言修辞学④俄语教学法	俄罗斯语言学候补博士

序号	系列	姓名	在校年月	开设课程名称	备注
12	俄语系	斯维亚特格尔	1955. 10—1957.9	①现代俄语理论②现代俄语	
13	中文系	毕达可夫	1954.2—1955.7	①文艺学引论②文艺学理论	
14	历史学系	安东诺娃（女）	1955.8—1957.8	①苏联通史	
15	数学力学系	别洛娃（女）	1954. 10—1956.7	①流体力学②跨声速流动③水气流动比拟④实验风洞入门	
16	数学力学系	格里高良	1959. 10—1960.1	①气体力学基础及高超声速空气动力学②专题讨论	莫斯科大学数力系流体力学教研室研究员
17	数学力学系	特洛依茨基	1957.9—1959.6	①非线性自动调节系统稳定性和自振②计算杆件系统振动的矩阵方法③弹性体振动理论④飞机部件颤振的计算⑤调节理论及振动问题	莫斯科大学数力系副教授
18	物理学系	柯诺瓦诺夫	1954.9—1955.7	①高等学校物理教学法	列宁格勒大学教授、副系主任
19	物理学系	华西里耶夫	1954. 11—1956.11	①固体理论②金属与合金的属性与强度	新西伯利亚大学副教授
20	物理学系	弗拉索夫	1958.6—9	①等离子体物理	大学教授
21	物理学系	桑都诺娃（女）	1956.6—1958.6	①半导体工艺学②放射性实验技术及其在半导体扩散研究中的应用	基辅大学副教授

序号	系列	姓名	在校年月	开设课程名称	备注
22	物理学系	阿斯克斯钦尼柯	1960.2—5	①金属陶瓷的物理化学及工艺学	列宁格勒工艺学院教研室主任、科学技术博士
23	地球物理系	阿基莫维奇(女)	1955.2—1956.12	①动力气象学	敖德萨水文气象学院副教授
24	化学系	诺沃德拉诺夫	1954.4—1956.6	①高分子物理化学②吸附化学③胶体化学选读	北大第二届校长顾问、列宁格勒大学化学系教授
25	化学系	费多洛夫	1954.10—1956.7	①稀有元素化学②物理化学分析	
26	化学系	德鲁兹	1958.3—1960.3	①有机催化②催化理论	
27	化学系	杨柯	1958.10—1960.7	①无机合成	北大苏联专家组组长,伊尔库茨克大学化学系主任、副教授
28	化学系	萨克丹斯基	1960.6—7	①稳定同位素分离	
29	无线电电子学系	谢曼	1954.12—1956.12	①电子光学理论基础②电子光学专题	爱沙尼亚塔尔顿大学副教授
30	无线电电子学系	日瓦金	1956.11—1957.7	①振动理论	高尔基大学无线电物理学系教授
31	无线电电子学系	斯克里包夫	1958.3—7	①核磁共振	
32	无线电电子学系	舍甫契克	1959.11—1960.1	①行波管与反波管	
33	地质地理系	列别节夫	1956.8—1958.6	①地貌学基本问题②地貌学野外调查方法③地貌学在矿产普查勘探中的应用	

序号	系列	姓名	在校年月	开设课程名称	备注
34	地质地理系	伊萨琴柯	1958.11—1959.6	①自然地理学基本问题 ②景观学调查方法	
35	地质地理系	列斯科尼可夫	1957.8—1959.8	①沉积岩石学	北大专家组组长
36	原子能系	诗比涅里	1956.11—1957.7	①能谱学实验	莫斯科大学教授
37	原子能系	伐采特	1956.11—1957.10	①辐射防护剂量学	莫斯科大学教授
38	原子能系	聂费道夫	1956.11—1957.7	①放射化学	
39	原子能系	阿那尼也夫	1958.7—1959.7	①电子感应加速器	托姆斯基工学院加速器实验室总工程师
40	原子能系	高尔布诺夫	1958.7—1959.7	①电子感应加速器	托姆斯基工学院加速器实验室主任
41	原子能系	萨宁	1957.11—1958.10	①核电子学仪器	莫斯科大学教授
42	原子能系	巴赫	1960.4—5	①辐射化学	莫斯科大学化学系教授
43	生物学系	苏沃洛夫	1953.11—1956.6	①高级神经活动生理学②分析生理学③皮层与内脏相互关系④外科手术	列宁格勒医学研究院
44	生物学系	马卡洛夫	1957.12—1958.3	①细胞学②细胞学大实验	列宁格勒大学细胞学实验室主任、苏联医学科学院通讯院士

序号	系列	姓名	在校年月	开设课程名称	备注
45	生物学系	萨尔瓦乔夫	1959. 3—1960.3	①放射生物化学②核酸及其研究方法	莫斯科大学生物系副教授、同位素实验室主任
46	生物学系	别洛尔斯基	1960.2—4	①核酸及其生物学作用	莫斯科通讯学院院士

　　1952 年院系调整以后,在聘请大批苏联专家的同时,也聘请了一些其他国家的专家和教师,具体情况见下表。

聘请的除苏联专家以外的外国专家和外籍教师简况表(1952—1965)

序号	系别	姓名	职别	国籍	专长	在校时间
1	东语系	金洪交	讲师	越南	越南语	1951.8—1957.7
2	东语系	黄清	助教	越南	越南语	1953.3—1957.7
3	东语系	武公谊	助教	越南	越南语	1953.3—8
4	东语系	阮文修	助教	越南	越南语	1953.10—1957.7
5	东语系	黎志远	专家	越南	越南语	1960.9—1961.2
6	东语系	柳烈	教授	朝鲜	朝鲜语	1952.9—1957.12
7	东语系	郑慈爱	助理	朝鲜	朝鲜语	1952.9—1957.12
8	东语系	金光益	助教	朝鲜	朝鲜语	1953.11—1958.7
9	东语系	李应珠	专家	朝鲜	朝鲜文学史	1956.10—1958.8
10	东语系	李罗英	专家	朝鲜	朝鲜史	1958.10—1959.3
11	东语系	巴德玛拉戈	教授	蒙古	蒙古语	1952.4—1954.7
12	东语系	那达姆德	教授	蒙古	蒙古语	1954.11—1956.7
13	东语系	江齐道布尔	专家	蒙古	蒙古语	1956.9—1958.1
14	东语系	罗布桑旺丹	专家	蒙古	蒙古语	1957.9—1960.6
15	东语系	贾恩	教授	印度	印度语	1952.4—1953.5
16	东语系	梵尔玛	专家	印度	印度语	1952.12—1959.1
17	东语系	普拉沙德	专家	印度	印度语	1952.12—1961.10
18	东语系	阿满德	专家	印度	乌尔都语	1954.4—1961.10
19	东语系	沙兰	专家	印度	印地语	1954.4—1961.11
20	东语系	普拉巴	专家	印度	印地语	1954.4—1961.10

序号	系别	姓名	职别	国籍	专长	在校时间
21	东语系	夏瓦比	专家	阿联酋	阿拉伯语	1956.1—7
22	东语系	根弟	专家	阿联酋	阿拉伯语	1956.8—1958.8
23	东语系	沙尔班	专家	阿联酋	阿拉伯语	1958.11
24	东语系	卓尔吉斯	专家	伊拉克	阿拉伯语	1957.9—1958.6
25	东语系	纳瓦伊	专家	伊朗	波斯语	1957.9—1965
26	东语系	恰里巴	专家	伊朗	波斯语	1957.9—1965
27	东语系	西里格尔	专家	印尼	印尼语	1959.10—1961
28	东语系	苏海尔	专家	叙利亚	阿拉伯语	1960.9—1962
29	东语系	铃木重岁	专家	日本	日本语	1956.4—1973
30	东语系	儿玉绫子	专家	日本	日本语	1956.4—1983
31	东语系	冈奇兼吉	专家	日本	日本语	1953.5—1985
32	东语系	西堤差	专家	泰国	泰国语	1950.8—1992
33	东语系	德田多津	教员	日本	日本语	1964.2—1965
34	东语系	冈谷元治	教员	日本	日本语	1965
35	东语系	伏见和郎	教员	日本	日本语	1965
36	东语系	哈马德	教员	阿联酋	阿拉伯语	1964—1965
37	东语系	里沙哥达	专家	印尼	印尼语	1962—1964
38	东语系	西德布	教员	印尼	印尼语	1965—1966
39	东语系	马拉	专家	尼泊尔	印地语	1962—1965
40	东语系	崔元镐	教员	朝鲜	朝鲜语	1965
41	西语系	蔡思克	教授	奥地利	德语	1950—1987
42	西语系	谭玛丽	专家	民主德国	德语	1951—1973
43	西语系	赵林克悌	专家	民主德国	德语	1954
44	西语系	尼彻	专家	民主德国	德语	1954.9—1956.7
45	西语系	尼彻夫人	专家	民主德国	德语教学法	1954.9—1956.7
46	西语系	洛赫夫人	专家	民主德国	德语教学法	1955.12—1958.7
47	西语系	伊夫兰	专家	民主德国	德语	1956.9—1958.7
48	西语系	马乃特	专家	民主德国	德语	1956.9—1959.9
49	西语系	马乃特夫人	专家	民主德国	德语教学法	1956.9—1959.9

序号	系别	姓名	职别	国籍	专长	在校时间
50	西语系	荷佛	专家	民主德国	德语	1958.9
51	西语系	贝奇勒	专家	民主德国	德语教学法	1959.8—1961.7
52	西语系	布莱斯乃特	专家	民主德国	德语	1960.10—1962.9
53	西语系	杜契斯基	教师	阿根廷	西班牙语	1963—1967
54	西语系	桑切斯	教师	古巴	西班牙语	1964—1965
55	西语系	巴斯底特	教师	法国	法语	1965
56	西语系	爱德兰	教师	法国	法语	1964—1966
57	西语系	爱德兰夫人	教师	法国	法语	1964—1966
58	西语系	雷盖赫	教师	西班牙	西班牙语	1965
59	西语系	莫岱尔	教师	比利时	法语	1965
60	西语系	斯维茨克	教师	民主德国	德语	1965
61	西语系	毕尔克	教师	民主德国	德语	1965
62	英语系	温德	教授	美国	英语	1952—1987
63	英语系	叶玛茜（叶文茜）	教授	美国	英语	1951—1976
64	英语系	李达娣	专家	美国	英语	1962
65	英语系	桑德福尔德	专家	英国	英语	1964—1967
66	俄语系	噶邦福	教授	苏联	俄语	1952.9—1953
67	俄语系	咯乍阔夫	教授	苏联	俄语	1952.10—1953
68	俄语系	吉礼洛夫	讲师	苏联	俄语	1952
69	俄语系	普道未金娜	讲师	苏联	俄语	1953
70	俄语系	苏培兹	讲师	苏联	俄语	1951—1974
71	俄语系	苏培滋夫人	讲师	苏联	俄语	1952—1974
72	俄语系	柯鲁若维娜	讲师	苏联	俄语	1953—1954
73	俄语系	米里霍夫	讲师	苏联	俄语	1951—1954
74	俄语系	沙夫钱果夫人	讲师	苏联	俄语	1951
75	俄语系	斯达利阔夫	讲师	苏联	俄语	1953—1954
76	俄语系	斯达利阔娃	讲师	苏联	俄语	1953—1954
77	俄语系	希什金娜	教员	苏联	俄语	1954—1955

序号	系别	姓名	职别	国籍	专长	在校时间
78	俄语系	古吉莫娃	教员	苏联	俄语	1955—1956
79	俄语系	巴格罗娃	教员	苏联	俄语	1954—1955
80	俄语系	萨仁切娃	教员	苏联	俄语	1955—1957
81	俄语系	卡尔达绍娃	教员	苏联	俄语	1955—1956
82	俄语系	塔什雷克	教员	苏联	俄语	1955—1956
83	俄语系	卡普斯金娜	教员	苏联	俄语	1955—1956
84	俄语系	译科娃	教员	苏联	俄语	1955—1956
85	俄语系	康科娃	教员	苏联	俄语	1956—1957
86	俄语系	尤里耶夫娜	教员	苏联	俄语	1956—1957
87	俄语系	斯维亚托格尔夫人	教员	苏联	俄语	1955—1957
88	俄语系	玛娃·扬	教员	苏联	俄语	1959—1965
89	俄语系	茵娜·孙	教员	苏联	俄语	1956—1960
90	历史系	洛赫	专家	民主德国	德国史	1955.11—1958.7

"文革"开始后,先是学校停课,后又停止招生,大多数外国专家和教员离校回国,只有少部分人继续留在学校。直到1972年4月,国务院外国专家局才同意我校从是年开始可聘请新的外国语言专家和教员来校教授东语系和西语系的工农兵学员。据1973年3月统计,1972年和1973年全校新聘外国专家和教员13人,加上原来的9人,共22人。不过原来的9人中有2人已加入中国国籍,所以,实际上外国专家和教员应为20人。具体情况见下表。

在校的外国专家教员简况表(1973年3月)

序号	待遇	系别	姓名	国籍	语种	性别	年龄	到校日期
1	专家	东语系	铃木重岁	日本	日本	男	65	1956
2	专家	东语系	儿玉绫子	日本	日本	女	50	1956
3	专家	东语系	西堤差	泰国	泰国	男	50	1950
4	专家	东语系	奥贝德	叙利亚	阿拉伯	男	49	1952.8
5	专家	东语系	卡马鲁丁	印尼	印尼	男	43	1972.8
6	专家	东语系	阿芙塔布	巴基斯坦	乌尔都	男	40	1972.8
7	专家	东语系	阮文宣	越南	越南	男	38	1972.10

序号	待遇	系别	姓名	国籍	语种	性别	年龄	到校日期
8	专家	东语系	扎赫玛	阿富汗	波斯	男	45	1973.1
9	专家	东语系	康德英	朝鲜	朝鲜	男	43	1973.2
10	教员	东语系	阿布达拉	乍得	阿拉伯	男	42	1959
11	专家	西语系	保木贝尔格夫人	联邦德国	德	女	26	1972.6
12	专家	西语系	谢马克	英国	英	男	27	1972.9
13	专家	西语系	霍华德	英国	英	男	35	1972.9
14	专家	西语系	恩·霍华德	英国	英	女	33	1972.9
15	专家	西语系	安尼·马弗拉基斯	法国	法	女	32	1972.10
16	专家	西语系	门多萨	秘鲁	西班牙	男	49	1972.12
17	参加工作	西语系	图拉①	秘鲁	西班牙	女	32	1972.12
18	教员	西语系	叶文茜②	美国	英	女	57	1951
19	教授	西语系	温德	美国	英	男	85	1952
20	副教授	西语系	蔡思克	奥地利	德	男	59	1950
21	教员	西语系	谭玛丽③	民主德国	德	女	73	1951
22	副教授	西语系	赵林克悌③	民主德国	德	女	67	1954

注:①图拉为专家家属,参加工作。②叶文茜,原名叶玛茜③谭玛丽,赵林克悌 2 人均已入中国籍。

　　"文革"结束以后,随着改革开放方针的实施,北大聘请的外国(境)外专家学者的人数有很大增加,其中在校时间不满 3 个月的外国(境)外专家学者(包括邀请来校做过学术报告、学术讲演的)人数增加更快,从20 世纪 70 年代末的每年十几名,到 1997 年达 250 名。

　　1978—1997 年,我校聘请或邀请外国专家学者的人数见下列二表。

在北大讲学的外国专家学者人数统计表(1978—1986)

年份	人数(含长期和短期)
1978	14
1979	32
1980	44
1981	78
1982	81

年份	人数（含长期和短期）
1983	78
1984	85
1985	139
1986	118

在北大讲学的外国专家学者人数统计表（1987—1997）

年份	人数		
	长期	短期	合计
1987	32	47	79
1988	34	140	174
1989	44	83	127
1990	39	112	151
1991	37	137	174
1992	33	182	215
1993	43	208	251
1994	33	217	250
1995	52	214	266
1996	47	226	273
1997	50	250	300

二、外国专家学者来校讲学讲演

蔡元培任校长以后，开始邀请（或聘请）外国专家学者来校讲学或讲演，介绍当时诸多学科领域的重大课题及最新研究成果。这一举措一直延续到今天。1917—1997年（包括西南联大时期）来校讲学或讲演的外国专家情况见下表。

外国专家学者在北大讲学（讲演）简况表（1917—1997）
（只摘录一部分外国专家、学者）

序号	日期	国别	姓名及职务	讲学（讲演）题目
1	1917.10.15	法国	沙来博士	法兰西与科学
2	1919.5—1921.7	美国	杜威教授，哲学家、美国哥伦比亚大学	社会哲学；政治学；教育哲学

序号	日期	国别	姓名及职务	讲学（讲演）题目
3	1920.6.15	德国	卫礼贤博士，德国哲学家、汉学家	中国哲学与西洋哲学之关系
4	1920.11.7—1921.3.15	英国	罗素博士，英国哲学家、数学家	哲学问题；宗教问题
5	1920.8.31	法国	班乐卫，数学家，巴黎大学教授、前法国总理	关于科学真理
6	1921.1.3	英国	勃拉克女士，哲学家	宗教问题
7	1921.3.5	瑞典	丁格雷博士	电器探矿法
8	1925.10.25	美国	德劫尔	美国政府建设之经过
9	1922.3.6和12.5	苏俄	爱罗先珂，文学家，诗人	知识阶级的使命、俄国文学在世界文学史上的地位
10	1922.4.19	美国	山格夫人，美国专制联盟（或译美国生育制裁协会）主席	生育制裁的什么与怎样
11	1922.9.2	日本	片上伸教授，日本早稻田大学教授，文艺批评家	文艺思潮及文艺批评
12	1922.9.25	美国	哥勒教授，美国学者	从美国的历史经验论联邦制度之得失
13	1922.10.4	日本	福田德三，日本东京商科大学教授	马克思主义的几个基本观念
14	1922.12.11	苏联	耶尔朔夫博士，苏联远东大学哲学教授	俄国文化及18、19两世纪的哲学
15	1922.12.26	日本	今西龙，史学家，东京帝国大学教授	朝鲜史（连续十一年）
16	1922年	瑞典	西冷，艺术史家	东西洋绘画的要点

序号	日期	国别	姓名及职务	讲学(讲演)题目
17	1923.5.14	日本	田边尚雄,音乐家	中古代音乐之世界的价值
18	1923.5.29—6.1	德国	濮朗克教授,德国物理学家	热力学第二原理及"热温熵";热论
19	1923.12.12—12.26	美国	柯脱教授,美国生物学家	进化论之现在;植物学与国家之富源;科学与近世文明
20	1923	法国	雷维,梵文学者,法国学院教授	东方人文主义
21	1924.1.20—11.16	德国	杜里舒,生物学家,生机主义哲学家	系统哲学
22	1924.4.20—24	日本	河口慧海,佛教学者	西藏文化的发达史
23	1924.4.23	日本	小坂狷二,日本"世界语学会"创立者	世界语的效用与中国
24	1924.10.6—11	日本	市村瓒次郎,日本东京帝国大学教授	论环境与文化之关系
25	1925.1.11	日本	大村西崖,日本东京美术大学教授	风俗史的研究与古美术品之关系
26	1925.11.27	日本	植原悦二郎博士	日本之政党及政府
27	1925.12.30	美国	韦尔巽博士,燕京大学理学院院长兼化学系主任	爱脱华德及洛蕯之食物在人体中产生热量的测定法
28	1926.1.9	日本	韩米青末,政治学家,东京商大和早稻田大学教授	民族主义与国际主义
29	1926.1.9	美国	韩德,美国青年和平运动代表	男女关系与经济道德问题
30	1926.1.16	美国	万丽类,美人援华代表	美国女子参政问题

序号	日期	国别	姓名及职务	讲学（讲演）题目
31	1926.6.19	英国	苏晒,剑桥大学教授	剑桥、牛津二大学的学生生活
32	1928.12.24	美国	考文博士,美国政治学著名学者	中国五权宪法之评论
33	1929.6.5	美国	威尔逊,美国哈佛大学国际法教授	条约与国际法之关系
34	1929.10.19	日本	滨田耕作,考古学家,京都帝国大学校长	世界各国研究东亚考古的现势
35	1929.11.15—27	美国	马丁,美国华盛顿大学政治学教授	国际关系诸问题,新国际公法
36	1930.11.4	日本	滕泽亲雄,日本前九州大学教授	国际政治之新原则
37	1931.12.2—1932.1.11	法国	郎之万,物理学家,巴黎大学教授	相对论力学和量子论及其在磁性中的应用
38	1933.10.11	英国	莱斯特女士	印度甘地
39	1934.1.9	法国	郝伯特	国际合作的哲学
40	1934.2.10	丹麦	马列克博士,丹麦民众教育专家	丹麦之合作运动与土地政策
41	1934.10,13	美国	斯曲克伦博士,美国合作运动专家	合作运动与国家关系
42	1935.5.10—24	美国	何尔康博士,美国哈佛大学政治学教授	美国的太平洋政策;第二国际与第三国际;民主政治的危机与美国的新政
43	1935.12.4	美国	布郎博士,美国芝加哥大学人类学教授	历史及社会科学
44	1937.6.1—4	丹麦	N.玻尔博士,丹麦哥本哈根大学教授、物理学家、诺贝尔奖获得者	原子之构造论;物理学中的因果律

序号	日期	国别	姓名及职务	讲学(讲演)题目
45	1943.3.1	英国	李约瑟博士,英国剑桥大学教授	科学在盟国战争中的地位
46	1946.11.11	美国	裴斐教授,美国远东国际问题专家	世界各国能否为和平而加以组织
47	1947.4.25—30	英国	葛德邻教授,英国法律学者	世界文化的危机与人生价值的争取;权力的心理;实际的结论
48	1960.1.5—8	苏联	约夫楚克,苏联科学院通讯院士	关于现代资产阶级哲学的流派;哲学史的若干方法论问题等
49	1973.3.21	英国	威恩教授,英国伦敦大学农业化学系	植物生长的激素控制
50	1973.4.24	美国	白劳德教授,美国普林斯顿大学数学系主任	微分拓扑学及其在拓扑学中的应用
51	1973.4.27—28	丹麦	欧洛·毛勒尔教授,哥本哈根大学微生物研究所、丹麦皇家科学院院士	细菌生长的分析
52	1973.5.4	法国	魁培尔教授,法国高等科学院院长	实 n 维空间线性微分方程的解析拓扑学
53	1973.5.22	美国	哈里森·布朗博士,美国科学家	行星系统的起源及演化
54	1973.5.22	美国	维斯科普教授,美国科学家	基本粒子物理的现状
55	1973.5.23	美国	埃米尔·斯密思教授,美国科学家	组蛋白的化学性质和蛋白质的结构
56	1973.5.25	美国	萨克斯教授,美国科学家	时间反演
57	1973.5.28—30	美国	卡尔·杰拉西教授,美国斯坦福大学化学系	昆虫激素研究进展;天然有机化学及结构鉴定的研究进展

序号	日期	国别	姓名及职务	讲学（讲演）题目
58	1973.6.9	美国	段三孚教授，美籍华人学者	基本粒子理论
59	1973.6.14	美国	应和鸣博士，美籍华人学者	信息管理系统
60	1973.7.10	美国	戈德伯格教授，美国科学家	美国的物理教学与研究
61	1973.7.11	美国	派因斯教授，美国科学家	量子液体理论
62	1975.7.25	美国	黄云潮教授，美籍华人学者	美国水星 10 号飞船对水星磁场的测量结果及太阳风
63	1976.1.2—6.1	日本	井上清教授，日本京都大学人文科学研究所	日本近代史
64	1978.4.5	美国	鲍克教授，美国伯克利加州大学校长	美国大学教育制度及大学管理问题
65	1980.1.16	美国	杨振宁教授，美籍华人物理学家、诺贝尔奖获得者	时间反演会导致熵减少吗？
66	1980.4.28—6.13	美国	陈省身，美国伯克利加州大学数学系教授	微分几何
67	1980.4.30—5.19	美国	巴丁，美国伊里诺大学电工系和物理系荣誉教授，两次诺贝尔奖获得者	半导体；超导体的回顾与展望
68	1980.5.25—31	美国	莱希斯特，美国俄亥俄州立大学语言学教授	实验语音学；英语语言学
69	1980.6.16—26	美国	克林·巴罗，美国伯克利加州大学生物化学系教授	微生物多糖与细胞识别

序号	日期	国别	姓名及职务	讲学(讲演)题目
70	1980.9.14—29	美国	费·布洛赫,美国斯坦福大学物理系教授、诺贝尔奖获得者	量子力学和核磁共振的发现和发展;环的约琴夫森效应和超流动性
71	1981.4.7	联邦德国	莱默特教授,西柏林自由大学校长	七十年代德国小说的变化
72	1981.4.7	联邦德国	海克曼教授	德意志联邦共和国的法制
73	1981.5.18—6.1	美国	罗森堡教授,美国内布拉斯大学农业气象学研究中心主任	美国的农业气象研究;干旱与作物生产;沙漠化及其对策措施
74	1981.6.10—17	美国	泡林教授,美国斯坦福大学荣誉教授、两次诺贝尔奖获得者	结构化学及化学教育
75	1981.8.23—9.15	美国	斯坦因,美国普林斯顿大学数学系教授	调和分析
76	1981.10.30—12.30	美国	加菲教授,美国麻省理工学院理论物理中心主任	Slac口袋模型
77	1982.3.20—27	美国	斯特劳斯,美国伯克利加州大学化学系教授	简正分析及振动光谱发展趋势;付氏变换红外光谱及其应用
78	1982.6.1—18	美国	王浩,美国洛克菲勒大学数理教授	第二次世界大战后英美哲学界的发展及其批判;数理逻辑和广义逻辑
79	1982.6.13—26	日本	尾上守夫,东京大学生产技术研究所教授	图像编码与处理
80	1982.6.20—30	美国	吴健雄,美国哥伦比亚大学教授	八十年代的中微子
81	1982.9.26—10.26	联邦德国	直列彻教授,德国美因兹大学地质系主任	地球板块构造原理;地球和太阳系的形成;地壳演化和均变论

序号	日期	国别	姓名及职务	讲学(讲演)题目
82	1982.10.8—19	法国	游秋鹏,法国第六大学高能和核物理研究所教授	泡室法和欧米加光谱法联用研究基本粒子
83	1982.11.1—12.1	美国	特罗普教授,美国哥伦比亚大学计算机科学系主任	方程求根 TRAVB 解法;解法复杂性与最优解法;数学软件理论与动态
84	1983.4.4—6.8	美国	塞蒙博士,美国卡耐基—梅隆大学心理系教授,诺贝尔奖获得者	认知心理学
85	1983.5.26—6.3	美国	戴维·伊斯顿,美国加州大学欧文分校政治系荣誉教授	政治系统理论
86	1983.8.31—9.6	英国	斯佩尔,英国皇家学会会员,英国杜迪大学教授	非晶态半导体材料的实验及理论研究
87	1983.9.1—21	美国	泡尔·里查兹教授,美国哥伦比亚大学地质系主任	断裂力学和地震波传播
88	1989.9.5—10.5	联邦德国	埃尔温·科本教授,德国波恩大学比较文学教研室主任	德国比较文学
89	1983.9.12—23	美国	劳弗教授,美国南加州大学航天系主任	流体力学实验及湍流理论
90	1983.9.29—10.15	瑞士	冯·冈登,瑞士伯尔尼大学教授兼原子反应堆研究所高级研究员	裂变反应;核技术测定年代法
91	1983.10	联邦德国	鲍尔特教授,慕尼黑大学社会学系主任。乃德哈特,慕尼黑大学教授	西德的人口问题西德的家庭问题
92	1983.11.1—7	美国	W. S. 斯帕塞尔,美国斯坦福大学教授	表面和界面物理;Ⅲ—Ⅴ族材料的表面研究

序号	日期	国别	姓名及职务	讲学（讲演）题目
93	1984.5.24—6.10	美国	李普斯科姆教授，美国哈佛大学化学系主任，诺贝尔奖获得者	硼烷、碳硼烷；酶是如何工作的？酶活性的变构调节作用科学中的美学
94	1984.8.2—10.5	美国	张光直教授，美国哈佛大学社会学及人类学系主任	中国古代考古在世界史上的重要性；中国古代文明的形成；谈聚落形态考古
95	1984.8.25	日本	森喜朗，日本文部省大臣	关于日本教育的现状
96	1984.9.2—15	联邦德国	格瑞纳教授，德国法兰克福大学理论物理研究所所长	原子核裂变；重离子核物理
97	1984.9.14	奥地利	哈勒教授，格拉兹大学哲学研究所主任	维特根斯坦和奥地利哲学
98	1984.9.29—10.11	荷兰	林斯肯斯教授，荷兰皇家科学院科学信息委员会主席	高等植物发育和受精生理
99	1984.10.5	美国	李政道，诺贝尔奖获得者，哥伦比亚大学教授	高能物理的现状和将来
100	1984.10.22—28	美国	R. 戈马尔，芝加哥大学	表面物理近代方法；表面吸附及解吸；场致发射和表面扩散
101	1984.12.27	美国	杨振宁教授，诺贝尔奖获得者	对称性和近代物理
102	1985.1 月	美国	沙敬熙，德克萨斯大学力学试验专家	近代力学测量技术

序号	日期	国别	姓名及职务	讲学（讲演）题目
103	1985.4.2—5.15	美国	R. A. 斯卡拉皮诺，美国伯克利加州大学东亚研究所所长、政治系教授	美国如何制定对外政策；美国的亚洲政策
104	1985.5.20—6.3	联邦德国	温涅威瑟教授，德国科隆大学天文学家	星际介质天体物理学；星际介质化学
105	1985.5.26—6.3	日本	香山健一，日本学习院大学经济系教授	日本现代化过程中的教训
106	1985.5.27	法国	若望·戈东，巴黎第十二大学教授	关于雨果小说《悲惨世界》
107	1985.6.1—10	美国	舒尔茨，美国芝加哥大学经济系教授、诺贝尔奖获得者	发展经济学；教育经济学；人口经济学
108	1985.7.14	美国	王赣骏，宇航员、美籍华人科学家	太空飞行和科学试验
109	1985.9.18—10.3	联邦德国	H. J. 马昂教授，德国慕尼黑工业大学理论物理研究所所长	原子核集体运动和高自旋态
110	1985.9.24—10.8	联邦德国	卡伦·格罗伊（女），德国海德堡大学哲学系教授	哲学与自然科学关系；康德的自我意识理论
111	1985.9.30—10.23	日本	武田乔男教授，日本名古屋大学水圈科学研究所大气环境变动部主任	对流云降水过程；大雨的形成及地形影响；云凝结核对云滴谱形成的影响（数值模拟）
112	1985.10.15—30	加拿大	莫勒博士，加拿大麦吉尔大学图书馆总馆长	图书馆现代化科学管理；资料选择与收集
113	1986.1.7—18	美国	阿瑟·高尔斯顿教授，美国耶鲁大学生物系主任	生物伦理学；美国综合大学生物系教学概况

序号	日期	国别	姓名及职务	讲学(讲演)题目
114	1986.4.1—5.16	美国	威廉·勃克,美国华盛顿大学法学院教授	海洋法
115	1986.5.24—6.1	美国	赫伯特·西蒙,美国卡内基—梅隆大学计算机科学及心理学教授,美中文化交流委员会主席、诺贝尔奖获得者	计算机与社会进步;认知心理学的现状与未来
116	1986.6.2—12	美国	L.M.法里可夫教授,美国伯克利加州大学物理系主任,美国科学院院士	过渡金属中的电子关联;混价稀土金属中的电子关联;强磁场中的电荷密度波
117	1986.6.9—21	美国	F.J.阿姆加林,美国普林斯顿大学教授	几何测度论和极小曲面
118	1986.6.11—17	美国	T.G.斯皮洛,美国普林斯顿大学化学系主任、教授	共振激光喇曼光谱在生命科学研究中的前沿工作等
119	1986.6.23—7.3	美国	薛思顿,美国普林斯顿大学教授,费尔兹奖获得者	拓扑学的最新进展
120	1986.8.11—25	美国	杰克·彭斯教授,美国新墨西哥大学天文系天体所所长	船帆座A射电源的喷流;超大星系团;宇宙超大尺度不均匀结构
121	1986.8.24—30	美国	廖国男,美国犹他州立大学教授,美国气象学会辐射委员会主席	太阳辐射传输理论及参数化;空间遥感红外辐射率等
122	1986.9.2—29	瑞士	格劳斯教授,瑞士苏黎世大学数学研究所所长	无限维空间二次型理论发展概况介绍
123	1986.9.8—22	联邦德国	H.克莱教授,德国法兰克福大学应用物理研究所所长	高频四级场加速器物理与技术;多道静电四级透镜串直线加速器的理论与实验

序号	日期	国别	姓名及职务	讲学（讲演）题目
124	1986.9.11—25	美国	保罗·范登堡博士，美国国家射电天文台（NRAO）总台长	NRAO 的科研活动和技术发展研究；美国的甚长基线干涉阵计划
125	1986.9.20—10.15	美国	莱曼，美国伯克利加州大学统计系教授、美国科学院院士	统计推断的新发展
126	1986.10.5—12.30	美国	W.E.威尔逊，美国环保局高级研究员，三角公园研究所大气化学研究室主任	酸雨化学
127	1986.10.19—11.12	美国	薛佛尔斯坦，美国华盛顿大学数学系教授	狄氏空间与扩散过程
128	1986.10.10—10.16	美国	列·亨德林，美国哈佛大学历史系讲座教授	美国文化多样化的民族根源；竞争与个人主义在美国生活中的作用；美国革命
129	1986.12.8—11	美国	理·斯塔尔卡普，美国内布拉斯加大学教育管理系主任、教授	高等教育的范畴、功能；大学的方向和高等教育的领导
130	1987.4.8—17	美国	李远哲教授，美籍华人科学家，诺贝尔奖获得者	漫谈从事基础科学研究的体会
131	1987.4.25—5.15	美国	卡连普，美国北卡洛林那大学统计系荣誉教授	随机场；Feynman 积分
132	1987.5.11—6.10	美国	科尔曼斯，美国宾夕法尼亚大学哲学系教授	现象学；美国哲学近期发展；解释学
133	1987.5.11—6.1	美国	坦尼拜，美国密西根大学心理系教授	管理心理学；组织心理学
134	1987.5.16—22	英国	杰·劳埃德，剑桥大学古代哲学与科学系教授，英国皇家学会会员	希腊的哲学与科学；希腊的证明概念与实践等

序号	日期	国别	姓名及职务	讲学(讲演)题目
135	1987.5.21—31	美国	希金,美国国家射电天文台高级研究员、美国科学院院院士	河外射电源;短时间尺度变源
136	1987.7.29—8.11	美国	杜瓦克斯教授,美国布法罗医学基金会研究部主任,美国晶体学会副主席	生物活性分子结构与功能的关系及计算机图像技术
137	1987.9.15	巴基斯坦	阿卜杜斯·萨拉姆教授,理论物理学家、第三世界科学院院士、诺贝尔奖获得者	基本力的统一
138	1987.9.15—10.15	美国	彼得·斯朗,美国伊利诺伊大学经济系教授兼东亚研究所所长	美国经济回顾与展望;当前美国经济问题;美国和东亚经济关系
139	1987.9.26—10.17	美国	罗森教授,纽约市立大学表面活性剂研究所所长	表面活性剂结构、性能关系;表面层及胶团和分子相互作用理论
140	1987.10.1—17	美国	塞蒙斯,美国布朗大学应用数学系教授、工程系主任	结构塑性动力学中的近似方法;梁的塑性动力学响应中的反常现象
141	1987.10.10—25	美国	约翰·伍德,美国乔治亚大学教授	原子核内形状共存的系统学;原子核内单核子与双核子转移反应的理论与实验
142	1987.10.18—11.12	联邦德国	凯富卡,联邦德国马普行为生理研究所教授兼慕尼黑大学动物系教授	昆虫性激素在害虫防治中的应用;生物换能器技术等
143	1987.10.23—11.8	英国	艾伦教授,牛津大学核物理系主任	^{19}F、^{20}Ne、^{40}Ca 的核结构;超高灵敏加速器质谱计
144	1987.12.27—1988.1.8	美国	陈景仁,美国爱阿华大学教授、水力研究所所长及机械系主任	二阶湍流模式概论;湍流模式检定与应用;计算方法

序号	日期	国别	姓名及职务	讲学(讲演)题目
145	1988.4.4—18	美国	卡尔佛特,美国国家大气科学中心大气化学室高级研究员	美国酸雨化学的研究动向
146	1988.4.23—5.23	伊朗	夏希迪,伊朗德黑兰大学人文学系一级教授	伊朗文化史;伊斯兰文化
147	1988.5.5—6.5	美国	布拉特,美国洛杉矶加州大学教授	几何量子化及表示论;环论
148	1988.5.10—19	美国	约琴夫·D.安德拉德,美国犹他大学工学院院长、生物工程系教授	高分子表面动态性能;高分子表面鉴定及表征;高分子表面的蛋白质吸附及最新测定方法;生物传感器及其应用
149	1988.5.5—6.5	美国	伊文思二世,美国德克萨斯大学教授,美国毫米波天文台台长	胚胎星与稠密云核;双极喷流源;亚毫米波观测
150	1988.6.1—11	美国	彼得·M.贝林,华盛顿霍华德大学力学工程系教授	大型空间结构动力学、稳定性与控制问题
151	1988.6.9—23	比利时	克尼特夫,比利时物理学家	关于裂变的多道反应制机制;屏栅电离室技术;关于锕系元素裂变的最新进展
152	1988.7.16—8.6	美国	杜祖贻,美国密西根大学教育学院教授、系主任	教育理论与研究方法;教育哲学
153	1988.8.11—30	瑞士	尼库斯教授,瑞士巴塞尔大学生物中心药理系主任	神经系统的信号发放;神经突触的再生与修复;化学突触传递机制
154	1988.8.28—9.3	比利时	L.V.Hove教授,欧洲核物理研究中心理论物理部主任	相对论重离子碰撞与夸克—胶子等离子体形成
155	1988.8.7—26	澳大利亚	普如曼格尔,澳大利亚大学数学系教授	有限置换群;代表图论;计算群论

序号	日期	国别	姓名及职务	讲学(讲演)题目
156	1988.9	美国	文·麦科 伊教授,美国加州理工学院	分子中单光子离子化过程动力学;分子共振强化多光子电离过程研究
157	1988.9.7—10.10	美国	艾伦·惠廷,美国亚利桑拉大学东亚研究中心主任、政治学教授	美国国际关系与外交政策
158	1988.9.10—25	英国	威廉·马丁教授,英国贝尔法斯特女王大学图书情报系主任	情报经济学
159	1988.9.20—10.20	苏联	奥以则尔曼,苏联科学院院士、莫斯科大学教授、苏联哲学协会副主席	马克思主义哲学的形成;马克思主义哲学的列宁阶段;70—80年代苏联哲学;当代西方马克思主义哲学述评
160	1988.9.15—10.20	美国	丹·汉德森,华盛顿大学法学院教授	比较法和国际贸易法
161	1988.9.25—10.16	法国	巴赫岛摩弗,巴黎第六大学教授、国际分子筛协会副主席	分子筛催化剂酸性中心的结构、性能及近年来国际上研究的进展
162	1988.9.28—10.14	美国	德索瑞基,美国亚里桑那大学教授	生物大分子三维重构;膜蛋白的空间结构
163	1988.10.10—11.10	日本	有马郎人教授,东京大学校长、物理系原子核理论组组长	负宇称形变与负宇称激发的系统学研究;唯象理论的最新成果;关于 E_2 跃迁强度的饱和性
164	1988.10.20—11.18	苏联	葛里高亮,苏联科学院院士、莫斯科大学教授	空气动力学;岩土动力学;泥土流、雪崩、滑坡等力学数学理论
165	1989.4.10—15	苏联	莱乌托夫,莫斯科大学教授、苏联科学院院士	苏联理论有机化学研究的进展

序号	日期	国别	姓名及职务	讲学（讲演）题目
166	1989.5.13—18	美国	M.拉斯考斯基,美国普渡大学化学系教授	丝氨酸蛋白酶特异性抑制剂的设计
167	1989.5.20—6.25	日本	土田英俊,日本早稻田大学理工部高分子科教授、应用化学科主任	功能高分子化学的发展;高分子络合物
168	1989.8.25—9.8	美国	查理·伯格,美国阿拉巴马大学教授	蛋白质晶体学的最新进展
169	1989.10.1—20	联邦德国	汉斯·卡尔纳教授,联邦德国海德堡大学法学院院长、犯罪学研究所主任	犯罪学;青少年法
170	1989.10.5—12	联邦德国	贝氏特曼,联邦德国尔兰根—纽伦堡大学有机化学研究所教授、所长	昆虫性外激素结构功能;天然活性产物的结构分析
171	1989.10.8—20	美国	威廉·埃洛斯,美国芝加哥罗约纳大学哲学与神学教授	美国对宗教哲学之研究概况;马克思关于宗教的思想和解放神学在拉美的传播和影响
172	1989.12.14—22	吉尔吉斯	展巴也夫教授,苏联吉尔吉斯科学院院士、物理研究所所长	苏联吉尔吉斯科学院物理所研究概况;低温等离子体物理和应用
173	1990.4.1—5.15	联邦德国	G.威尼威瑟教授,联邦德国科隆大学物理所所长	微波波谱学基础;分子天文学的现状:理论和观测;恒星形成及有关现象的研究
174	1990.5.10—24	美国	莫里斯,美国麻省大学数学和计算机系教授	电子出版系统和 X—Windows
175	1990.5.10—20	苏联	柯罗则依尼可夫教授、苏联科学院院士	爆炸力学;数值计算

序号	日期	国别	姓名及职务	讲学(讲演)题目
176	1990.6.29—7.12	苏联	阿伯拉姆扬博士,苏联科学院高温研究所物理部主任	变压器型加速器;电子束能量转换的实验研究
177	1990.9.5—12	英国	麦肯齐,英国牛津大学英语系教授,国际目录学会负责人	目录学
178	1990.9.15—11.10	奥地利	霍夫曼,奥地利维也纳经济大学教授	管理心理学
179	1990.10.24—27	美国	A. V. 克鲁,美国芝加哥大学费米研究所教授	电子显微学的新进展
180	1990.11.7—10	美国	夏普莱斯,美国麻省理工学院教授	不对称合成在天然产物研究中的应用
181	1990.11.15—12.15	法国	勃官,巴黎第七大学固体物理实验室教授	超晶格中点缺陷;半导体中亚稳态缺陷
182	1990.11.15—25	美国	甘地,美国犹他大学电机工程系教授和生物医学工程系研究教授	时域有限差分法的最新发展及其应用;生物电磁学的现状和进展
183	1990.11.16—30	苏联	罗森博士,苏联科学院岩石圈研究所岩石实验室主任	阿纳巴尔太古宙二类麻岩的成因;阿尔当地盾太古宙演化及与阿纳巴尔的关系
184	1991.3.1—31	日本	木村直司教授,日本日耳曼学会会长兼日本歌德学会副会长	歌德研究;歌德与日本浪漫派;浮士德翻译的日本语言问题
185	1991.3.26	美国	巴顿,美国德克萨斯农工大学教授,英国皇家学会会员,诺贝尔奖获得者	化学试剂的发明
186	1991.5.9—19	苏联	别洛采可夫斯基教授,苏联科学院院士	计算流体力学

北京大学志（第四卷）

序号	日期	国别	姓名及职务	讲学(讲演)题目
187	1991.6.15—24	法国	安德列夫,法国巴黎第一大学经济系教授,法国国家科研中心主任	国营企业的管理;社会主义经济的外贸与外贸政策;法国经济发展的经验教训
188	1991.9.1—30	德国	H.费德尔教授,德国柏林工业技术大学流体传热所所长	湍流混合层内的各种拓扑结构;湍射流的原理、流形及其应用等
189	1991.9.9—27	加拿大	拉·卡博,加拿大多伦多大学社会工作学院教授、国际社会工作学校联合会主席	社会政策、社会发展、社会福利、社会工作的相关概念及其相互关系
190	1991.10.6—18	美国	恰特季,美国纽约州立大学管理系教授	区域科学的未来;区域动力学;区域模型;发展中国家开发
191	1991.10.10—16	美国	斯蒂芬·里派特,美国麻省理工学院教授、美国科学院院士	铂抗癌药物;铁氧蛋白及模型;CO及有关配体的还原偶合
192	1991.10.10—16	澳大利亚	格瑞姆晓教授,澳大利亚南威尔斯大学数学院院长、澳大利亚科学院院士	流体中的混沌;分层流体中非线性波的相互作用
193	1991.10.12—11.3	英国	英汉姆教授,英国里兹大学应用数学系主任	奇异位势及重调和问题的边界积分方程分析;钝头体绕流;热传导问题中的边界方法
194	1991.11.25—12.1	美国	黄秉乾,美国霍普金斯大学生化系教授	金属硫蛋白的蛋白质工程
195	1992.3.28—4.4	美国	福曼,哈佛大学教授、国际景观生态学协会副主席	碎裂化和土地转变;确定镶嵌的生态上优化格局;景观镶嵌体中的空间轮廓与生态运动;创造生态上持续景观思考

序号	日期	国别	姓名及职务	讲学(讲演)题目
196	1992.5.5—28	俄罗斯	米哈依·勒烈诺夫,俄罗斯列宁格勒镭研究所一级研究员,裂变物理组负责人	裂变机构研究:实验、理论分析及发展前景
197	1992.5.15—25	美国	莫里斯,美国波士顿麻省大学教授	文件结构和复杂文件的交流;活跃文件和 Interleaf 软件;图像处理和字形的视觉
198	1992.5.15—30	美国	布赖恩·琼斯教授,美国德克萨斯农工大学政治系主任	美国州及地方政府;美国公共政策与大众舆论
199	1992.6.1—21	俄罗斯	K. A. 罗戈娃,列宁格勒大学教授、国际俄语教学研究会列宁格勒市分会主席	对外俄语教学法;俄语修辞学
200	1992.6.4—24	美国	爱略特·里伯,美国普林斯顿大学物理数学系教授	物质的稳定性问题;量子自旋体系的相关态及路径积分方法
201	1992.6.8—29	日本	土田英俊,早稻田大学高分子化学系教授、日本化学学会副会长	人工血红素的研究
202	1992.6.11—21	美国	卡斯,美国麻省理工学院数学系教授	K—M 代数;共形场;量子群表示论
203	1992.8.27—9.4	美国	A. H. 克洛尔,哈佛大学教授、诺贝尔奖获得者	元古宙末期生物进化事件与全球环境变化
204	1992.9.26—10.18	美国	孙同天,美国纽约大学医学院教授	蛋白质结构分析;上皮细胞分化与中间纤维的关系
205	1992.10.11—31	德国	凯富卡,德国慕尼黑大学教授	昆虫外激素应用和环境"气味"分子通讯

序号	日期	国别	姓名及职务	讲学（讲演）题目
206	1993.2.13—2.17	美国	高登·夏菲德，耶鲁大学神经生物学教授、生物医学科学院副院长	感觉过程与认识功能的分子及细胞基础
207	1993.5.4—10	美国	罗伯特·帕尔，美国北卡罗来纳大学化学系教授	密度函数理论和化学概念
208	1993.5.1—6.2	美国	杰姆逊，美国杜克大学文学理论讲座教授、文学研究所所长	晚期资本主义社会文化逻辑和第三世界文学
209	1993.8.20—9.5	比利时	杜马梯教授，比利时LUC大学副校长、理学院院长	极限集的环性及希尔伯特第16问题
210	1993.9.11—30	荷兰	佛克玛，国际比较文学会会长	中西文艺理论对话的可能性和现实性
211	1993.9.15—10.1	澳大利亚	托马斯，澳大利亚阿德莱德大学教授，物理和数学物理系主任	夸克的云口袋模型；EMC效应；核内夸克的QCD非微扰效应
212	1993.9.26—10.10	美国	约翰·A.马弗，美国弗吉尼亚理工学院教授	高等学校自主办学研究；美国大学的组织结构及美国教育的财政拨款问题
213	1993.9.26—10.3	加拿大	阿文·李教授，加拿大麦克玛斯特大学校长	弗莱的原型批评理论；加拿大文学理论和创作现状
214	1993.10.5—24	美国	柯恩，美国耶鲁大学医学院生理学系教授	单个神经元光学记录方法的发展与应用；神经元群光学记录研究
215	1993.10.5—20	印度	拉奥，印度塔塔研究所教授	复向量丛和广义thata函数的研究

序号	日期	国别	姓名及职务	讲学（讲演）题目
216	1993.10.7—15	俄罗斯	科瓦廖夫,莫斯科大学哲学系教授,苏维埃社会主义共和国功勋科学工作者	列宁关于建设社会主义的理论和实践;俄罗斯当前的内外政策
217	1993.10.18—11.9	德国	史密陶森,德国汉堡大学终身教授	佛教梵文的经典著作及西方佛学研究
218	1994.3.7—14	德国	爱华德·拉斯克,德国科隆大学地球物理和气象学研究所终身教授兼所长	全球能量与水循环实验欧洲地区波罗的海区域试验概述;欧洲地区云辐射实验最新进展和结果
219	1994.3.27—4.3	德国	格莱纳教授,德国法兰克福大学理论物理所所长	相对论在离子碰撞中的新物理
220	1994.4.1—5.7	荷兰	劳伦斯·德汉,荷兰鹿特丹伊拉斯谟大学教授、美国数理统计院院士	高阶正规变化函数;多维极值理论;极值估计
221	1994.5.15—30	美国	拉尔夫·科恩教授,美国弗吉尼亚大学文学与文化变革中心主任	文学理论的未来与发展;当代文艺理论;后现代文艺思潮
222	1994.5.17—30	美国	麦柯尔·柯兰道尔,美国圣巴巴拉加州大学数学系教授兼系主任	非线性偏微分方程的黏性解
223	1994.8.11—27	俄罗斯	夫莱特米尔·密若金,俄罗斯科学院光谱研究所及莫斯科大学教授	激光冷却和囚禁原子
224	1994.9.8—13	美国	克拉因教授,美国戴维斯加州大学物理系主任	凝聚态物理电子结构理论研究新进展;电子结构理论在超导、半导体物理、磁性材料方面的应用

1635

序号	日期	国别	姓名及职务	讲学（讲演）题目
225	1994.9.10—25	美国	迈尔斯教授,美国劳伦斯伯克利实验室高级研究员	原子核的有序与混沌;原子核的宏观性质
226	1994.9.1—10	美国	布隆伯根,哈佛大学教授、诺贝尔物理学奖获得者	飞秒和皮秒尺度上的拉曼光谱;非线性光学:一个历史的展望
227	1994.10.22—30	美国	詹姆斯·麦克尼尔,美国德克萨斯农工大学市场营销系教授兼系主任	消费心理学;市场营销学
228	1994.12.2—8	吉尔吉斯斯坦	阿克玛塔里耶夫,吉尔吉斯斯坦科学院院士、吉尔吉斯—俄罗斯斯拉夫大学教授、文学研究所所长	艾特玛托夫的创作思想探析;艾特玛托夫作品阐释;艾特玛托夫与中国
229	1994.12.7—18	美国	米勒,美国加州大学厄湾分校教授、美国现代语言协会主席	文艺理论和十九世纪英国文学
230	1995.3.6—12	美国	D.G.约翰逊,芝加哥大学经济学教授	农业经济学;发展经济学
231	1995.3.6—12	美国	道格拉斯·诺斯,美国华盛顿大学经济学教授、诺贝尔经济学奖获得者	制度变迁与经济改革
232	1995.4.23—5.7	日本	黑羽亮一,日本筑波大学高教研究所教授、日本文部省国立学位授予机构审查部长	日本20世纪90年代的大学改革;日本经济社会的发展和学校教育
233	1995.4.24—5.1	美国	郑天佐,美国宾州大学米勒实验室主任、教授	观察、操作原子;强场作用下原子操纵理论

序号	日期	国别	姓名及职务	讲学(讲演)题目
234	1995.5.3—8	美国	欧阳祯,美国印地安纳大学比较文学系教授、系主任	比较思维:东方的西化和西方的东化;作为思维模式的翻译
235	1995.5.14—28	美国	艾略奥特,美国加州大学河畔分校英语系教授、系主任、美国研究学会国际委员会主席	托妮·莫里森:我们时代的作家;麦尔维尔、马克·吐温与美国文学经典;文学史中的政治学与文化战争
236	1995.5.24—6.1	美国	格雷夫斯,美国艾奥瓦州立大学杰出教授、生物化学与生物物理系主任	蛋白质的磷酸化和去磷酸化
237	1995.6.12—26	美国	郑学礼教授,美国夏威夷大学哲学系主任	佛教禅学;中国佛教的哲学思想;中国传统文化的现代价值
238	1995.8.16—9.20	日本	白岩谦一,日本东京理工大学教授	微分动力系统稳定性猜测;非线性振动中混沌理论
239	1995.8.31—9.14	英国	查尔斯·柯伯,英国伦敦大学教授,英国癌症研究协会 CDC 实验室主任	肿瘤细胞的细胞生物学和分子生物学
240	1995.8.20—31	荷兰	德汉,荷兰鹿特丹伊拉斯谟大学教授	极值理论;多元极值统计
241	1995.9.8—19	奥地利	儒比,维也纳经济大学经济哲学部教授、主任	经济伦理与企业哲学
242	1995.9.24—27	美国	丁启财,美国伊利诺伊州立大学教授,美国工程院院士	各向异性弹性力学的 Stroh 理论及其在复合材料力学中的应用
243	1995.10.2—8	美国	莫尔敦·布拉德伯里,美国洛斯阿拉莫斯国家实验室生命科学部主任	真核基因表达调控;蛋白质和多肽的 NMR 结构研究;核磁共振;中子散射与衍射在生物学研究中的应用

序号	日期	国别	姓名及职务	讲学(讲演)题目
244	1995.9.28—11.10	美国	荷伦·赛福特,美国密歇根大学心理系副教授、心理认知与知觉组组长	认知科学导论;认知科学的产生和现状
245	1995.10.5—10	法国	贝阿特里丝·迪迪耶教授,巴黎高等师范学院副校长	神怪故事研究史及法国当代研究的情况
246	1995.10.28—11.7	美国	里斯,美国威斯康星大学教授、美国细胞生物学会主席	核孔复合体的研究进展;核孔复合体在装配过程中的变化
247	1995.10.29—11.6	美国	斯华龄,美国南路易斯安那大学高级计算机研究中心主任、国际神经网络学会主席	机器学习的研究进展和发展方向
248	1995.11.26—12.3	葡萄牙	弗·佩雷斯,葡萄牙实验心理学高级研究所所长、教授、国际文学与心理学会执行委员	弗洛伊德的精神分析学文艺观新解;弗氏学说与拉康学说的比较研究
249	1996.4.13—18	美国	斯蒂文·奥伯莱恩教授,美国国家癌症研究所研究人员	现代生物学技术在濒危物种保护中的应用;人类在野生物种的基因中学到什么?
250	1996.4.16	美国	斯蒂文·奥布莱恩博士	生物多样性链之展望、关于濒危物种保护的最新进展
251	1996.4.19	美国	迈克·布里诺,世界银行行长	中国经济转轨的经验教训对其他国家借鉴意义
252	1996.5.4—11	美国	黄云潮,美国天主教大学机械系教授	太阳风与星际介质的相互作用;太阳风中的激波、磁流体波的传播

序号	日期	国别	姓名及职务	讲学(讲演)题目
253	1996.5.4—18	美国	阿德里亚诺,美国乔治亚大学教授	土壤植物系统中重金属转移;被污染土壤的整治
254	1996.5.18—26	美国	D.梅特里茨基,美国耶鲁大学英语系教授	阿拉伯文学在中世纪英国文学的传播与影响;《农夫皮尔斯》和《珍珠女儿》中的梦幻景象
255	1996.5.19	美国	李政道,诺贝尔奖获得者,哥伦比亚大学教授	从过去到未来
256	1996.5.25—6.2	德国	克莱因教授,德国法兰克福大学应用物理研究所所长	重离子 RFQ 加速技术
257	1996.6.11—25	美国	琳达·斯坦福,美国密执安州立大学艺术系主任,资深教授	美国现当代艺术史
258	1996.7.10—15	英国	R.H.贝克教授,英国剑桥大学地理系主任,剑桥大学伊曼纽尔学院副院长	现代西方历史地理学的理论、研究方法与最新进展
259	1996.8.14—22	新西兰	曼彻斯特教授,澳大利亚国家天文台首席科学家、澳大利亚科学院院士	脉冲星物理最新研究进展;年轻脉冲星的宽辐射束
260	1996.9.7—14	法国	米歇尔·米拉教授,巴黎第四大学文学与比较文学院院长	从格拉克看法国当代文学与思想史的关系;阿波利奈尔与中国
261	1996.10.4—7	美国	赵华,美国贝勒医学院生物化学系教授及三维电镜中心主任	用冷冻电镜技术和计算机重构方法进行生物大分子组装物的结构研究
262	1996.10.8—15	美国	董大伟,美国罗克菲尔德大学高级研究员	神经网络理论;人脑认知的计算机模拟

序号	日期	国别	姓名及职务	讲学（讲演）题目
263	1996.10.18—31	美国	吴瑞,美国康奈大学生物化学及分子生物学教授	植物分子生物学;水稻基因转化研究
264	1996.10.6—20	法国	石米塞,巴黎皮埃尔及玛丽·居里大学特级教授、欧洲催化协会主席	催化研究的前沿;固体催化剂活性表面的设计
265	1996.12.10—20	美国	吴天威,美国伊利诺伊州立大学历史系教授	日本侵华细菌战研究;日本的战争责任之历史检讨
266	1997.4.17	英国	米尔利斯,英国剑桥大学教授,诺贝尔奖获得者	非对称信息下的激励机制
267	1997.4.24—29	美国	约翰·马佛教授,美国弗吉尼亚理工大学学术评价办公室主任	美国高等教育认证和评估制度的沿革、组织、主要指标与内容;美国高等教育拨款公式的新发展;由公式拨款向绩效拨款方式的转变
268	1997.5.30—6.6	美国	瑞切特,美国杜克大学生物医用工程系副教授	蛋白质吸附原理;光蚀光栅偶合波导管传感器
269	1997.8.17—26	美国	乔治·尼尔博士,美国杰斐逊实验室高级研究员	高功率自由电子激光
270	1997.8.14—9.7	美国	理查德·泰勒,美国哈佛大学数学系教授	刚性几何及其在模形式中的应用
271	1997.8.23—9.3	美国	鲍亦兴,台湾大学应用力学研究所教授兼所长	科学与工程的应用力学;应用力学之教学与研究

序号	日期	国别	姓名及职务	讲学(讲演)题目
272	1997.8.27—31	美国	艾伯特教授,美国基特峰国家天文台天文学家	双星形成的捕获机制及观测证据;围绕快速旋转的A型星的吸收盘形成与消失
273	1997.9.8—12	美国	斯特芬·斯莫尔,美国伯克利加州大学教授,数学菲尔兹奖获得者	现代混沌理论;动力系统的若干问题
274	1997.10.6—12	英国	考克斯教授,英国皇家学会理事、国际统计学会会长	逆方差阵的统计解释和变量测量误差;因果分析和不依从性
275	1997.10.7—17	德国	何莫邪教授,挪威奥斯陆大学东欧东亚系主任	汉语史研究专题;先秦词汇、语义研究;电脑在汉语史研究中的应用
276	1997.10.8—15	英国	约翰·尼库斯教授,瑞士巴塞尔大学药理学系主任,英国皇家学会会员	未成熟哺乳类动物脊髓损伤后的再生;水蛭神经元再生的细胞及分子机制
277	1997.10.23—11.3	法国	希勒文·奥鲁教授,巴黎高等师范学院校长	语言学与精神
278	1997.11.18—27	美国	古德曼教授,美国圣地亚哥加州大学化学系主任	肽模拟物作为药物设立与应用的前景;反序列生物活性肽的合成;肽溶液构象的研究

三、授予国(境)外学者、政要、社会知名人士名誉职称

1920年8月31日,北大举行授予法国著名数学家、巴黎大学教授、法国前总理班乐为和法国里昂大学校长儒班名誉理学博士学位典礼,这是北大也是我国第一次授予名誉博士学位。同年10月17日,北大又授予美国著名学者杜威名誉哲学博士学位、美国前驻华公使芮施恩名誉法学博士学位。但此后很长时间没有再授予外国学者名誉学位称号,一直到1977年才恢复。恢复后的名誉称号主要有两种,一为名誉博士学位,一为名誉教授职称。名誉教授职称,1919年5月,曾授予法国法学博士巴和氏(曾任北大法科专门教授,在校成绩卓著)为北京大学名誉教员,以备顾问(当时称名誉教员,不

称名誉教授）。1931 年 7 月,北大决定将"该校老教授之在其他大学任专职者,聘之为名誉教授",当年即聘请李麟玉、沈尹默、沈兼士、钱玄同、陈垣、傅斯年、胡适、徐炳昶等 6 人为名誉教授。1934 年聘请秉志、胡先骕、翁文灏、钢和泰、林可胜、沈兼士、钱玄同等 16 人名誉教授。1935 年、1936 年分别聘请 16 人和 15 人为名誉教授。名誉教授一般不给薪金,但也有少数领讲师薪金。

　　"四人帮"倒台后,自 1977 年开始,北京大学开始授予外国和港澳台地区的著名学者、政要和社会知名人士名誉教授职称。据统计,1977 年至 1997 年授予名誉教授共 49 人,具体情况见下表。

授予名誉教授名录(1977—1997)

序号	姓名	职务	授予时间
1	阿卡杜·默音·马鲁海	叙利亚诗人、外文局专家	1977.12.30
2	何塞·洛佩斯·波蒂略	墨西哥总统	1978.10.25
3	陈省身	美国哥伦比亚大学教授	1980.4.30
4	吴健雄	美国哥伦比亚大学教授	1982.6.21
5	池田大作	日本创价学会名誉会长	1984.6.5
6	杨振宁	美国纽约州立大学石溪分校教授（诺贝尔奖获得者）	1984.12.27
7	李政道	美国哥伦比亚大学教授（诺贝尔奖获得者）	1985.7.3
8	麦克唐纳	加拿大达尔豪斯大学教授	1986.4.23
9	邹谠	美国芝加哥大学教授	1986.4.29
10	塞蒙	美国卡内基-梅隆大学教授（获诺贝尔奖）	1987.5.27
11	潘诺夫斯基	美国斯坦福大学物理教授	1987.6.4
12	摩斯特发·卡迈尔·托尔巴	联合国环境规划署执行主任	1987.8.28
13	阿卡杜斯·萨拉姆	理论物理国际中心主任、第三世界科学院院长（获诺贝尔奖）	1987.9.15
14	李远哲	美国伯克利加州大学教授（获诺贝尔奖）	1988.5.24
15	樊畿	美国圣巴巴拉加州大学教授	1989.6.3

序号	姓名	职务	授予时间
16	胡安·安东尼奥·萨马兰奇	国际奥委会主席	1990.9.24
17	泡林	美国赖努斯·泡林研究所所长、美国加州理工学院教授（两次获诺贝尔奖）	1991.1
18	隅谷三喜男	日本东京大学名誉教授	1991.4.9
19	阿帕德·鲍格肯	联合国世界知识产权组织总干事	1991.11.29
20	吴大猷	著名物理学家	1992.5.23
21	阮维周	著名地质学家	1992.9.28
22	约翰·迈克尔·毕晓波	美国加州大学胡伯尔基金会主任（获诺贝尔奖）	1993.8.19
23	金俊烨	韩国社会科学院理事长	1993.8.31
24	沃尔特·艾萨德	美国康奈尔大学教授	1993.10.5
25	阿文·李	加拿大麦克马斯特大学教授	1993.10.7
26	保罗·比亚	喀麦隆总统	1993.10.26
27	海部俊树	日本前总理大臣、众议院议员	1993.10.30
28	井口洋夫	日本冈崎国立共同研究机构总长	1993.11.5
29	帕斯卡尔·利苏巴	刚果共和国总统	1994.5.21
30	马勒	国际计生联秘书长	1994.8
31	赛义德·贾法尔·夏希迪	伊朗德胡达大百科全书编纂所所长	1994.9.9
32	汉斯·迈耶	德国著名学者	1994.9.9
33	查良镛	新闻出版家	1994.10.25
34	希利斯·米勒	美国厄湾加利福尼亚大学杰出教授	1994.12.8
35	高锟	香港中文大学校长、教授	1995.7.6
36	葛守仁	美国伯克利加州大学教授	1995.10.24
37	汉斯·里斯	美国麦迪逊威斯康星大学动物学系终身荣誉教授	1995.11.11

序号	姓名	职务	授予时间
38	王赓武	香港大学校长	1995.12.13
39	吴家玮	香港科技大学校长、教授	1996.2.16
40	石桥义夫	日本共立女子学园理事长	1996.7.18
41	彼得·雷文	美国密苏里植物园主任	1996.7.24
42	陈德恒	加拿大麦吉尔大学副校长	1996.7.30
43	吴瑞	美国康奈尔大学生物化学分子及细胞生物学教授	1996.10.26
44	马丁·梅尔森	美国宾夕法尼亚大学荣誉校长	1996.11.4
45	梅原猛	日本国际日本文化研究中心所长	1997.6.23
46	威廉·法伊夫	加拿大西安大略大学教授	1997.7.14
47	斯卡拉皮诺	美国伯克利加州大学教授	1997.11.5
48	成田丰	日本电通株式会社社长	1997.11.19
49	瑞玛·吕斯特	德国洪堡基金会主席	1997.11.21

第四节　接待外宾和港澳台同胞来访

为加强同国际高教界、科技界广泛地交流与合作，北大自蔡元培长校及以后各个时期，邀请了一些著名大学和科研单位的学者、负责人或代表团来校访问。同时，由于北大在国际上有较广泛的影响，许多外国朋友也把北大作为了解中国和中国高等教育的一个窗口，乐于来访。不少国家的政要在访问我国时，也把北大作为其具体访问的单位之一。

外宾来访虽然从民国时期即已开始，但当时人数不是很多。新中国成立以后，主要是改革开放以后，增加很快。如1978—1987年间，来访的外宾和港澳台同胞达4800余批，31600人次；1988—1997年10年间增至5718批，59420人次。外国政要来访，新中国成立以前只有2人，新中国成立以后至1997年达87人。具体情况见下列各表。

各年接待外宾和港澳台同胞一览表(1988—1997)

年份	批数	人数	国家和地区
1988	624 批	4101 人次	44 个
1989	301 批	2429 人次	37 个

年份	批数	人数	国家和地区
1990	533 批	5182 人次	36 个
1991	594 批	5709 人次	59 个
1992	732 批	7639 人次	65 个
1993	550 批	7020 人次	67 个
1994	660 批	7669 人次	67 个
1995	498 批	5220 人次	65 个
1996	601 批	7131 人次	70 个
1997	625 批	7320 人次	70 个

注:1988 年以前没有分年的统计。

外国政要来北大访问统计表(1920—1997)

序号	姓名	国别	来访期间身份	来访时间
1	潘里夫	法国	前总理	1920.7.1
2	华莱士	美国	副总统	1944.6.25
3	格罗查	罗马尼亚	国民议会主席团主席	1954.9.27
4	吴努	缅甸	总理	1954.10.2
5	艾地	印尼	印尼共产党总书记	1956.5
6	帕伏列斯库	罗马尼亚	国民议会主席	1957.5.3
7	伏罗希洛夫	苏联	联盟主席	1957.5.5
8	拉达克里希南	印度	副总统	1957.9.20
9	哈达	印尼	副总统	1957.9.30
10	范文同	越南	总理	1961.6.14
11	爱·弗·希尔	澳大利亚	澳共主席	1966.9.20
12	西哈努克	柬埔寨	国家元首	1971.4.28
13	春日一幸	日本	民社党委员长	1972.4.6
14	卡翁达	赞比亚	总统	1972.9.19
15	赛尔达斯	哥斯达黎加	人民阵线总书记	1973.8.18
16	尼雷尔	坦桑尼亚	总统	1974.3.26
17	桑戈尔	塞内加尔	总统	1974.5.8
18	希思	英国	保守党领袖、前首相	1974.5.24

序号	姓名	国别	来访期间身份	来访时间
19	哈特林	丹麦	首相	1974.10.19
20	威廉斯	特立尼达和多巴哥	总理	1974.11.8
21	莱钦	玻利维亚	前副总统	1974.12.27
22	阿莱恩	挪威	工人共产党主席	1975.1.13
23	麦克马洪	澳大利亚	前总理	1975.8.5
24	阿尔瓦雷斯	委内瑞拉	众议院议长	1975.9.19
25	穆巴拉克	埃及	副总统	1976.4.22
26	李光耀	新加坡	总理	1976.5.11
27	贝契	意大利	统一共产党总书记	1978.6.26
28	波蒂略	墨西哥	总统	1978.10.25
29	蒙代尔	美国	副总统	1979.8,27
30	麦克米伦	英国	前首相、牛津大学校长	1979.10.23
31	富尔	法国	前总理	1979.10.29
32	贝林格	意大利	共产党总书记	1980.4.10
33	林奇	爱尔兰	前总统	1980.5.29
34	佩尔蒂尼	意大利	总统	1980.9.20
35	卡里略	西班牙	共产党总书记	1980.11.13
36	穆加贝	津巴布韦	总理	1981.5.13
37	卡斯腾斯	联邦德国	总统	1982.10.13
38	马里亚持吉	秘鲁	议会议长	1983.6.14
39	杨亨燮	朝鲜	议会议长	1983.7.7
40	中曾根康弘	日本	首相	1984.3.24
41	科尔	联邦德国	总理	1984.10.10
42	德拉马德里	墨西哥	总统	1986.12.6
43	阿方辛	阿根廷	总统	1988.5.14
44	若泽·萨尔内	巴西	总统	1988.7.4
45	吕多·马顿斯	比利时	劳动党总书记	1990.6.28
46	宫泽喜一	日本	前副首相	1990.7.25

序号	姓名	国别	来访期间身份	来访时间
47	安德雷奥蒂	意大利	总理	1991.9.16
48	加德吉尔	印度	国大党前总书记	1991.11.30
49	普勒嘎瑠德	伊朗	副总统	1992.9.11
50	曼德拉	南非	非国大主席	1992.10.5
51	捷姆丘克	白俄罗斯	副总理	1992.11.25
52	马哈蒂尔	马来西亚	总理	1993.6.16
53	拉奥	印度	总理	1993.9.9
54	赛缪·雷特	多米尼克	总统	1993.10.5
55	纳扎尔巴耶夫	哈萨克斯坦	总统	1993.10.19
56	保罗·比亚	喀麦隆	总统	1993.10.26
57	海部俊树	日本	前首相	1993.10.30
58	黎德寿	越南	国家主席	1993.11.30
59	约尔丹诺夫	保加利亚	议会议长	1993.11.30
60	阿位尔·孔	古巴	人民政权代表大会主席	1993.12.1
61	坎代·西潘敦	老挝	人民革命党主席、政府总理	1993.12.4
62	焦瓦尼·斯帕多利尼	意大利	议会议长	1994.2.19
63	金泳三	韩国	总统	1994,3,29
64	穆巴拉克	埃及	总统	1994.4.22
65	莫伊	肯尼亚	总统	1994.5.7
66	帕斯卡尔·利苏巴	刚果	总统	1994.5.21
67	西哈努克	柬埔寨	国家元首	1994.6.3
68	巴萨班迪	蒙古	大呼拉尔主席	1994.8.24
69	马莱塞拉	坦桑尼亚	第一副总统兼总理	1994.9.10
70	兰布卡	斐济	总理	1994.9.21
71	金大中	韩国	民主党领袖	1994.11.2
72	克雷蒂安	加拿大	总理	1994.11.8
73	莱加利	巴基斯坦	总统	1994.12.3
74	瓦伦蒂奇	克罗地亚	总理	1995.1.10
75	张澈	朝鲜	副总理	1995.1.19

序号	姓名	国别	来访期间身份	来访时间
76	撒切尔夫人	英国	前首相	1995.3.29
77	翁克维奇	塞尔维亚	副总理	1995.5.22
78	梅内姆	阿根廷	总统	1995.10.5
79	杰比尔	沙特阿拉伯	协商会议议长	1995.10.25
80	奥里维尤·盖尔曼	罗马尼亚	议会议长	1995.11.8
81	杜梅	越南	共产党总书记	1995.11.28
82	约翰·派厄	奥地利	议会议长	1996.4.15
83	敦坎	科特迪瓦	总统	1996.7.8
84	萨利姆	约旦	议会议长	1996.9.20
85	桑佩尔	哥伦比亚	总统	1996.9.21
86	托雷斯	秘鲁	国会第一副主席	1996.9.23
87	金大中	韩国	亚非和平基金会负责人	1996.10.15
88	吴作栋	新加坡	总理	1997.4.28
89	康斯坦丁内斯库	罗马尼亚	总统	1997.9.9

大学校长、副校长,政府部长、副部长及部分知名学者来访一览表(1918—1997)

序号	来访日期	国别（地区）	人名或代表团名称及人数	团长姓名
1	1918.5.2	日本	东京高等师范代表团2人	林泰辅教授、汉学家
2	1919.9.20	美国	哥伦比亚大学杜威教授	
3	1920.11.8	英国	哲学家、数学家罗素	
4	1923.5.29	德国	物理学家濮郎克	
5	1923.12.12	美国	生物学家柯脱	
6	1924.10.6	日本	东京大学教授市村瓒次郎	
7	1929.6.5	美国	哈佛大学威尔逊教授	
8	1935.5.29	中国香港	香港大学文学院院长富斯德先生	
9	1937.5.31	丹麦	哥本哈根大学教授、理论物理学家 N.玻尔	
10	1943.3.1	英国	剑桥大学教授李约瑟	

序号	来访日期	国别（地区）	人名或代表团名称及人数	团长姓名
11	1949.10.9	苏联	文化艺术科学工作者代表团	法捷耶夫
12	1952.4.19	朝鲜	朝鲜人民民主共和国学习和实习团4人	金日成综合大学教务长金汉周
13	1954.10.5—10.9	苏联	莫斯科大学代表团	校长彼得罗夫斯基院士
14	1955.4.27	波兰	科学院代表团	副院长维日比茨基院士
15	1955.5.18	朝鲜	教育考察团15人	李乐彦
16	1955.10.4	印度	大学师生代表团33人	
17	1955.10.23	苏联	苏联保卫世界和平委员会理事柳博英·科思莫捷米扬斯卡娅	
18	1957.10.17	苏联	最高苏维埃代表团	阿·鲍·阿里斯托夫
19	1959.6.2—6.5	印尼	亚哈山哈丁大学代表团	校长迪尔多迪宁格拿
20	1960.1.7—1.8	苏联	苏联科学院通讯院士约夫楚克	
21	1960.3.25	智利	智利教育代表团4人	智利大学校长胡安·戈麦
22	1960.9.27	巴基斯坦	旁遮普大学副校长克拉玛特夫妇	
23	1962.10.4	英国	英皇家学会代表团5人	布朗
24	1971.5.15	美国	高尔斯顿教授、西格纳教授	
25	1971.5.20	日本	日本哲学家林松一人教授和夫人，历史学家井上清教授、藤田敬一教授、经济学家小林文雄教授等5人	
26	1971.7.16	法国	法国议会代表团12人	珮雷菲特
27	1971.7.31	美国	美籍华人科学家杨振宁教授	

序号	来访日期	国别（地区）	人名或代表团名称及人数	团长姓名
28	1971.8.2	约旦	约旦大学财政经济学教授、约旦经济学家协会主席阿迪尔·哈里亚	
29	1971.8.13	法国	法中友协主席贝特兰教授夫妇	
30	1971.8.20	朝鲜	劳动党中央科学部副部长金石起一行2人	
31	1971.8.31	美国	美籍华人科学家何惠棠夫妇	
32	1971.9.6	美国	美国友人马海德一行2人	
33	1971.10.13	日本	日中文化交流协会访华团一行20人	中岛健藏
34	1971.10.29	瑞士	瑞士国际关系学院院长费雷蒙教授及夫人	
35	1971.11.6	美国	美籍华人和华侨旅行团	美国芝加哥大学教授何炳棣
36	1971.12.7	日本	日本日中备忘录贸易代表团	冈崎嘉平太
37	1972.3.29	巴基斯坦	教育和省际协调部长、布托总统特使阿卜杜勒·哈菲兹·皮尔扎达	
38	1972.5.10	坦桑尼亚	坦桑尼亚大学教育代表团一行3人	达累斯萨拉姆大学教务长伊萨利亚·基曼博士
39	1972.5.20	加拿大	多伦多大学教育访华团一行20人	拉里·莫尔斯和朱维信
40	1972.5.24	美国	美国科协代表团	
41	1972.5.24	英国	英国皇家学会会长艾伦·霍奇金爵士	
42	1972.5.31	美国	哈佛大学教授费正清夫妇	

序号	来访日期	国别 (地区)	人名或代表团名称及人数	团长姓名
43	1972.9.1		联合国教科文总干事马欧	
44	1972.9.2	巴基斯坦	巴基斯坦总统顾问、国际原子能委员会主任、物理学家萨拉姆教授	
45	1972.9.12	美国	美籍华人数学家陈省身教授	
46	1972.9.13	美国	美国经济学会代表团一行3人	美国经济学会会长、哈佛大学教授约翰·肯尼迪·加尔布雷斯
47	1972.12.7	越南	越南外贸部副部长李班	
48	1972.12.29	法国	法国科技中心总代表艾格兰教授	
49	1973.1.30	智利	智利大学美术系主任、德姆科市智中友协主席米拉斯先生	
50	1973.2.17	美国	美国华盛顿大学东亚语言和地区研究中心主任、中国语文教师学会主席珮克特教授	
51	1973.2.24	日本	日本友人西园寺公一偕夫人	
52	1973.3.12	罗马尼亚	罗马尼亚文化代表团	
53	1973.4.11	日本	日本著名物理学家坂田昌一教授、有山兼孝教授	
54	1973.4.16	芬兰	芬兰第二教育部部长瓦纳宁博士	
55	1973.4.23	美国	美国普林斯顿大学数学系教授斯潘塞、数学系主任白劳德及夫人、麻省理工学院数学系副主任彼得森及夫人	

序号	来访日期	国别（地区）	人名或代表团名称及人数	团长姓名
56	1973.5.7	卢森堡	卢森堡外交大臣托恩等一行	
57	1973.5.28	秘鲁	秘鲁全国大学委员会代表团	秘鲁圣马科斯大学校长胡安·德·格·罗曼罗博士
58	1973.6.12	加拿大	加拿大多伦多大学副校长、加中友协主席苏维康夫妇	
59	1973.7.5	美国	美国高能物理学者代表团	比朗教授
60	1973.8.14	匈牙利	匈牙利科学院中央化学研究所代表团	副所长兰吉尔·山道尔
61	1973.8.17	美国	美籍中国学者顾毓琇偕夫人及子女	
62	1973.10.4	瑞士	瑞士科学家代表团6教授	日内瓦大学教授蒂谢尔
63	1973.10.5	澳大利亚	澳大利亚国立大学太平洋研究院访华团	研究院院长唐纳德·安东尼亚
64	1973.10.6	美国	美国斯坦福大学分子医学研究所所长、两次诺贝尔奖获得者、物理化学家泡林教授	
65	1973.10.12	美国	美籍华人、著名物理学家吴健雄、袁家骝夫妇	
66	1973.10.24	联邦德国	联邦德国教育和科学部部长克劳斯·冯·多纳尼博士	
67	1973.11.1	日本	日本高分子学会代表团	日本高分子学会会长神原周
68	1973.11.9	美国	美国麻省理工学院生物化学家里奇夫妇	
69	1973.11.14	澳大利亚	格里菲斯大学代表团一行5人	副校长威立特

序号	来访日期	国别(地区)	人名或代表团名称及人数	团长姓名
70	1973.12.11	意大利	意大利贸易代表团	罗马大学银行技术学院院长帕里罗
71	1974.4.24	新西兰	新西兰维多利亚大学校长辛普森教授偕夫人	
72	1974.6.6	日本	日本创价学会访华团	会长池田大作
73	1974.6.24	美国	美籍华人学者、诺贝尔奖获得者杨振宁	
74	1974.6.26	美国	美籍华人学者任之恭	
75	1974.9.4	美国	美籍华人学者牛满江	
76	1974.9.21	美国	美籍华人学者陈省身	
77	1974.10.9	日本	日本友协(正统)代表团	黑田寿男会长
78	1975.1.29	罗马尼亚	罗共原子物理所党委书记、物理学家多勒哥列斯库·瓦亚里	
79	1975.3.20	南斯拉夫	贝尔格莱德大学代表团一行5人	校长约·戈利戈里耶维奇
80	1975.3.27	日本	日本学术文化代表团一行26人	吉川幸次郎
81	1975.4.21	芬兰	芬兰科学院代表团	芬兰科学院科学中心委员会主席海尔格·于伦伯格
82	1975.5.28	罗马尼亚	布加勒斯特大学代表团一行8人	副校长佐林
83	1975.6.10	委内瑞拉	委共中央政治局委员、委中友协副主席维克多·奥乔亚	
84	1975.6.13	美国	纽约州立大学校长鲍耶夫妇	
85	1975.7.12	加拿大	多伦多大学校长伊万斯夫妇	

序号	来访日期	国别 (地区)	人名或代表团名称及人数	团长姓名
86	1975.7.16	加纳	加纳植物学家艾德华·艾恩修博士	
87	1975.8.30	朝鲜	经济植物考察团	朝鲜科学院植物所所长郭宗宋
88	1975.9.4	澳大利亚	科学院院长，阿得雷德大学副校长巴杰尔	
89	1975.9.4	科威特	科威特大学秘书长恩瓦尔·努里一行	
90	1975.10.4	埃塞俄比亚	国立大学代表团一行15人	法学院院长沃尔库·特费拉
91	1975.11.7	美国	杜克大学访华团	副校长威廉·安林杨
92	1975.11.8	墨西哥	国家科委代表团	墨科委主任布埃诺
93	1975.11.12	阿尔巴尼亚	教育代表团	文教部副部长穆萨克拉亚
94	1975.11.13	美国	美籍华人高能物理学家、诺贝尔奖获得者丁肇中	
95	1975.11.14	日本	日中友协(正统)代表团	理事长宫崎世民
96	1975.11.19	泰国	泰国执政党议员团	泰国大学部长参·昂素·触
97	1975.12.16	罗马尼亚	科委副主任、科学院副院长克·西米奥内斯库一行3人	
98	1976.1.26	东帝汶	国防部长洛巴托	
99	1976.4.24	委内瑞拉	中央大学校长拉菲尔·何塞·内里博士和夫人	
100	1976.5.4	英国	外交和联邦事务大臣安东尼·克罗斯兰和夫人	
101	1976.5.8	美国	美国纯粹及应用数学代表团一行11人	

序号	来访日期	国别（地区）	人名或代表团名称及人数	团长姓名
102	1976.6.1	越南	越南国家科委代表团	科委副主任黎光
103	1976.6.2	瑞士	瑞士伯尔尼大学副校长魏德曼教授夫妇	
104	1976.6.7	美国	美籍中国学者林家翘偕夫人	
105	1976.6.18	美国	亚利桑那大学校长率团来访	
106	1978.1.13	日本	东京外国语大学代表团一行 5 人	副校长坂本是忠
107	1978.3.9	罗马尼亚	布拉索夫大学代表团	校长杜迪查
108	1978.3.20	南斯拉夫	教育代表团一行 4 人	
109	1978.3.29	比利时	天主教鲁汶大学代表团一行 16 人	校长德·索默尔
110	1978.4.3	美国	伯克利加州大学代表团一行 5 人	校长鲍克
111	1978.5.8	日本	日本学术代表团一行 16 人	京都大学校长冈本道雄
112	1978.5.27	莫桑比克	文化教育代表团一行 14 人	文教部长萨莫拉总统夫人
113	1978.6.5	比利时	列日国立大学教授访华团一行 12 人	校长厄·贝特教授
114	1978.6.19	伊朗	伊朗教育代表团一行 7 人	伊朗教育部副大臣礼·玛兹鲁蒙
115	1978.6.27	尼泊尔	教育代表团一行 6 人	尼特里普文大学副校长阿迪卡里
116	1978.7.1	美国	匹兹堡大学代表团一行 13 人	校长威斯利·波斯瓦

序号	来访日期	国别（地区）	人名或代表团名称及人数	团长姓名
117	1978.7.19	泰国	泰国大学校长、教授访华团	
118	1978.8.28	博茨瓦纳	外交部长莫惠一行3人	
119	1978.9.8	美国	密苏里大学代表团一行46人	校长詹姆斯
120	1978.9.9	厄瓜多尔	中央大学校长梅纳教授	
121	1978.9.13	美国	加州理工学院代表团一行10人	校长戈德伯格
122	1978.9.18	日本	日本创价学会一行22人	会长池田大作
123	1978.10.12	泰国	泰国立大学代表团一行15人	
124	1978.10.20	芬兰	芬兰大学校长和教授访华团一行11人	芬兰科学院院士、赫尔辛基大学数学教授雷赫道
125	1978.10.28	日本	日本神户学术友好访华团一行9人	神户大学校长须田勇
126	1978.11.1	美国	明尼苏达州访华团一行20人	明尼苏达大学董事长温达·穆尔
127	1980.5.26	加拿大	麦吉尔大学代表团一行9人	麦吉尔大学副校长约翰斯顿
128	1980.7.19	南斯拉夫	贝尔格莱德大学一行2人	副校长翁科维奇
129	1981.4.6	联邦德国	西柏林自由大学代表团一行4人	校长莱默特教授、第一副校长海克曼教授
130	1982.7.5	美国	哈佛大学代表团	哈佛文理学院院长罗素夫斯基
131	1982.9.20	美国	伯克利加州大学校长海曼一行7人	
132	1984.8.25	日本	文部大臣森喜朗	

序号	来访日期	国别(地区)	人名或代表团名称及人数	团长姓名
133	1985.6.19	智利	公共教育部长奥·阿·多诺索	
134	1985.7.3	美国	美籍华人学者。诺贝尔奖获得者李政道	
135	1985.12.28	美国	伯克利加州大学副校长、美籍华人学者田长霖	
136	1986.2.17	苏联	高校科研工作代表团5人	高教部副部长马卡罗夫
137	1986.6.19	泰国	大学校长会议团16人	清迈大学校长阿·西苏吉
138	1986.6.20	美国	教育工作者代表团15人	
139	1986.8.12	埃及	开罗大学校长希·迈·奈玛尔	
140	1986.8.25	新西兰	大学校长代表团一行9人	
141	1986.8.25	澳大利亚	教育部部长苏珊女士	
142	1986.8.29	日本	早稻田大学代表团一行6人	总长西原春夫
143	1986.9.8	日本	山口大学校长粟屋和彦等2人	
144	1986.9.8	美国	美著名活动家、考古爱好者亚瑟·姆·赛克勒博士来访,并向北大捐赠147.7万美元的资金,在北大建造一座考古博物馆	
145	1986.10.14	菲律宾	菲律宾马尼克拉阿托尼奥大学代表团一行8人	校长贝尔纳神父
146	1986.10.14	中国澳门	东亚大学校长林达克	
147	1986.10.31	意大利	意大利外长朱利奥·安德雷奥蒂一行	

序号	来访日期	国别（地区）	人名或代表团名称及人数	团长姓名
148	1987.5.9	瑞典	瑞典斯德哥尔摩大学埃斯帕马克教授	
149	1987.5.16	美国	美籍华人学者、诺贝尔奖获得者李远哲教授	
150	1987.5.17	中国香港	香港大学校长王赓武及夫人	
151	1987.6.4	捷克斯洛伐克	查理大学校长切什卡	
152	1987.9.4	苏联	莫斯科大学校长洛古诺夫	
153	1987.9.23	联邦德国	图宾根大学副校长冯贝格	
154	1987.11.22	美国	美籍华人学者、诺贝尔奖获得者杨振宁教授	
155	1988.5.3—6	日本	早稻田大学校长西原春夫等2人	
156	1988.5.3—6	日本	著名作家井上清	
157	1988.5.3—6	日本	九州大学教授浅野长一郎	
158	1988.5.3—6	美国	麻省理工学院教授林家翘夫妇	
159	1988.4.27—5.3	泰国	朱拉隆功大学代表团4人	副校长春蓬·詹仁屏
160	1988.5.11	联邦德国	法兰克福市歌德大学校长吉安斯林	
161	1988.5.21—27	加拿大	多伦多大学研究生院院长罗宾逊及夫人	
162	1988.5.28	印度	印度文化代表团	人类资源部副部长瓦拉达拉夫
163	1988.6.17—23	联邦德国	西柏林自由大学代表团3人	校长海克曼

序号	来访日期	国别（地区）	人名或代表团名称及人数	团长姓名
164	1988.9.2	美国	密西西比州立大学校长约翰·查理斯	
165	1988.9.9—14	日本	创价学会副会长三津木俊幸等2人	
166	1988.9.12	日本	一桥大学校长川井健	
167	1988.9.17	日本	山口大学校长粟屋和彦	
168	1988.9.22	埃及	教育部长艾哈迈德·法特希·苏鲁尔一行	
169	1988.10.5—8	日本	学习院大学代表团4人	校长安田元久
170	1988.10.6	日本	九州大学校长中谷哲郎一行	
171	1988.10.13	澳大利亚	悉尼大学校长澳德	
172	1988.11.15	巴基斯坦	伊斯兰堡国际大学校长侯赛因·哈米德·哈桑等2人	
173	1989.1.5—10	日本	东京大学代表团4人	副校长有马朗人
174	1989.3.30—4.9	法国	马赛一大代表团5人	校长布维亚
175	1989.4.23—26	日本	原东京女子大学校长隅谷三喜男夫妇	
176	1989.8.15—20	日本	日中友好协会代表团5人	会长宇都宫德马
177	1989.9.13	日本	亚细亚大学校长卫藤沈吉	
178	1989.9.21—30	苏联	莫斯科大学代表团3人	校长洛古诺夫

第十七章 对外交流与合作

序号	来访日期	国别 (地区)	人名或代表团名称及人数	团长姓名
179	1989.10.14 —20	巴基 斯坦	伊斯兰国际大学校长侯赛 因等2人	
180	1989.10.12 —24	捷克	查理大学代表团3人	副校长瓦·普罗塞文
181	1989.12.15 —22	美国	美中法学教育交流委员会 代表团5人	美方主席艾德华兹
182	1990.3.8— 10	联邦 德国	图宾根大学校长阿·泰尔 等2人	
183	1990.4.20 —5.1	苏联	列宁格勒大学代表团3人	副校长克拉西年科夫
184	1990.4.24	日本	龙谷大学校长信乐	
185	1990.5.30	美国	奥尔伯尼大学校长郝莱瑞 夫妇	
186	1990.6.4— 11	蒙古	国立大学代表团4人	校长道尔吉
187	1990.6.21	朝鲜	朝教育委员会委员长金正 晔一行4人	
188	1990.9.4	日本	早稻田大学前校长西原 春夫	
189	1990.9.8— 24	联邦 德国	西柏林自由大学代表团 3人	校长迪特·海克尔曼
190	1990.10.4 —11	日本	大阪大学代表团5人	校长熊谷信昭
191	1990.10.6	罗马 尼亚	布加勒斯特大学代表团 10人	副校长康斯坦丁·布什
192	1990.10.26 —29	意大利	卡格里尔瑞大学代表团 6人	校长代表基罗拉玛·索 特圭
193	1990.11.5 —9	美国	普渡大学代表团5人	理学院院长克莱沃

序号	来访日期	国别（地区）	人名或代表团名称及人数	团长姓名
194	1990.11.5	南斯拉夫	塞尔维亚教育委员会主席马尔科维奇等3人	
195	1990.11.16	苏联	国家教委副主席舒克舒诺夫等4人	
196	1991.1.3—9	伊朗	德黑兰大学代表团6人	校长拉西米杨
197	1991.3.1—6	日本	关东国际高校代表团6人	松平博子
198	1991.3.25—4.6	葡萄牙	萄大学校长代表团23人	席尔瓦
199	1991.4.18	日本	东京工业大学校长米松晴	
200	1991.4.22—28	日本	冈本财团理事会代表团5人	理事长冈本常男
201	1991.6.10—12	日本	创价大学代表团4人	副校长小实金之助
202	1991.6.25—28	日本	日本大学代表团4人	常务理事捃原长雄
203	1991.7.10—13	美国	佐治亚西南大学校长卡普坦等2人	
204	1991.9.21	蒙古	国立大学代表团3人	副校长梅凯
205	1991.9.26—10.6	泰国	朱拉隆功大学文学院代表团4人	文学院副院长庞撒布特拉
206	1991.10.17	老挝	教育体育部长沙曼一行5人	
207	1991.11.24—27	加拿大	蒙特利尔大学医学院代表团4人	院长卡里尔
208	1991.12.3	中国香港	香港科技大学代表团	校长吴家玮

序号	来访日期	国别（地区）	人名或代表团名称及人数	团长姓名
209	1992.3.23	日本	一桥大学校长盐野谷一	
210	1992.4.1—5.4	蒙古	国立大学前校长、蒙古科学院院士索德诺姆夫妇	
211	1992.5.11	韩国	水源大学校长李钟郁	
212	1992.5.13—17	荷兰	莱顿大学代表团4人	校长欧曼
213	1992.5.23	美国	著名物理学家吴大猷	
214	1992.5.20—29	意大利	罗马大学代表团9人	校长阿拉迪尼
215	1992.6.16	韩国	翰林大学校长玄胜钟	
216	1992.6.27	日本	文部大臣鸠山邦夫	
217	1992.6.30—7.14	朝鲜	金日成大学代表团9人	总长朴官伍
218	1992.7.3	美国	麻省州立大学校长潘尼女士	
219	1992.7.22	韩国	汉城大学校长金钟云	
220	1992.8.4	韩国	庆熙大学校长赵永植	
221	1992.8.30—9.6	泰国	朱拉隆功大学代表团6人	校长苏万维拉
222	1992.9.9	日本	成蹊大学校长上野裕史	
223	1992.9.15	中国香港	中文大学校长高锟	
224	1992.10.23—11.3	菲律宾	马尼拉大学阿泰诺分校代表团4人	副校长李库安
225	1992.10.24—11.3	印度尼西亚	印度尼西亚大学代表团8人	校长苏米迪
226	1992.11.11	中国澳门	澳门大学校长李天庆	

序号	来访日期	国别(地区)	人名或代表团名称及人数	团长姓名
227	1992.12.12	日本	京都大学校长井村裕夫	
228	1993.1.19	美国	马里兰大学代表团5人	校长威廉姆·柯万
229	1993.2.1	越南	教育部长陈红军	
230	1993.2.24	巴西	教育部长英盖尔	
231	1993.3.6	尼日利亚	教育部长阿拉盖	
232	1993.3.26	埃及	教育部长巴哈丁	
233	1993.5.16—18	中国香港	香港大学代表团6人	校长王赓武
234	1993.5.21	以色列	外交部长佩雷斯	
235	1993.5.28	坦桑尼亚	文教部长卡帕姆	
236	1993.6.1—6	越南	河内综合大学代表团4人	副校长阮友士
237	1993.6.8	巴林	教育大臣法赫鲁	
238	1993.6.21	伊朗	文化指导部长阿里	
239	1993.7.14—18	日本	中央大学代表团4人	校长高木友之助
240	1993.9.19.—10.8	德国	柏林自由大学代表团5人	校长约翰·盖尔拉茨
241	1993.12.13—21	罗马尼亚	布加勒斯特大学校长埃米尔·康斯坦丁内斯库	
242	1994.1.3—13	越南	胡志明综合大学代表团6人	副校长裴玉寿
243	1994.2.2	俄罗斯	莫斯科大学校长法多夫尼奇	
244	1994.3.28	新加坡	教育部长柯新洽	
245	1994.3.30	中国台湾	淡江大学校长林方山	
246	1994.4.13	美国	西弗吉尼亚大学代表团3人	校长巴鲁克

序号	来访日期	国别（地区）	人名或代表团名称及人数	团长姓名
247	1994.4.29	美国	纽约州立大学校长比德·托斯弗	
248	1994.5.5	喀麦隆	教育部代表团6人	教育部长迪蒂斯
249	1994.5.6	加拿大	不列颠哥伦比亚大学校长大卫·斯创维	
250	1994.5.6	加拿大	多伦多大学校长罗伯特·帕特卡得等2人	
251	1994.5.10	中国香港	香港大学校长王赓武	
252	1994.5.27	中国香港	树仁学院院长钟期荣	
253	1994.6.1	澳大利亚	新南威尔士大学校长约翰·尼兰德	
254	1994.6.14	英国	赫特福郡大学校长尼尔·巴克斯顿	
255	1994.7.11	苏丹	西尼罗河大学校长伊布拉依姆	
256	1994.7.15	阿尔及利亚	外交部长登布里	
257	1994.8.16	法国	波尔多第一大学校长波诺依	
258	1994.9.6	罗马尼亚	教育代表团4人	教育部长利·马约尔
259	1994.9.8	埃及	大学校长代表团4人	
260	1994.9.8—12	伊朗	德里兰大学代表团2人	校长阿芙罗兹
261	1994.9.13	美国	高教财政与行政管理访华团9人	

序号	来访日期	国别（地区）	人名或代表团名称及人数	团长姓名
262	1994.9.11—16	韩国	韩精神文化研究院代表团3人	院长李贤宰
263	1994.10.11	新加坡	国立大学校长林彬等3人	
264	1994.10.14	以色列	特拉维夫大学代表团8人	校长戴斯汀
265	1994.10.20—29	朝鲜	主体科学院代表团5人	副院长韩秀吉
266	1994.11.13	中国台湾	东吴大学校长章孝慈	
267	1994.11.30—12.6	日本	神户大学代表团6人	校长铃木正裕
268	1995.3.23—31	蒙古	国立大学代表团4人	副校长苏·达瓦
269	1995.4.3—8	中国台湾	台湾大学代表团5人	校长陈维昭
270	1995.4.5—15	德国	杜赛多夫大学代表团2人	校长G·凯撒
271	1995.9.10—15	泰国	朱拉隆功大学代表团4人	副校长罗宾
272	1995.10.8—12	泰国	朱拉隆功大学文学院代表团8人	院长巴屏
273	1995.10.24—11.5	朝鲜	金日成综合大学代表团4人	副校长鲁成籼
274	1995.11.7	挪威	奥斯陆大学代表团4人	校长路丝·斯密思
275	1995.12.14	葡萄牙	科英布拉大学校长阿澳和澳门大学校长费利纳一行6人	
276	1995.12.21—24	越南	胡志明综合大学代表团3人	校长阮玉交

序号	来访日期	国别（地区）	人名或代表团名称及人数	团长姓名
277	1996.1.24—30	越南	河内国家大学代表团5人	校长阮文道
278	1996.4.1	蒙古	科学技术教育代表团6人	部长特里木奥其尔
279	1996.4.1—6	韩国	梨花女子大学代表团4人	校长尹厚净
280	1996.4.4	美国	伯克利加州大学校长田长霖	
281	1996.4.11	美国	摩托罗拉大学校长魏根霍姆	
282	1996.4.15—19	德国	慕尼黑大学副校长迪特尔·亚当	
283	1996.4.27—28	俄罗斯	阿穆尔大学代表团3人	校长维诺格拉朵夫
284	1996.5.17	加拿大	西安大略大学校长德温普特	
285	1996.5.27—29	美国	普渡大学理工学院院长莫里森等2人	
286	1996.6.12	美国	加州富勒顿大学校长高尔顿	
287	1996.6.25	中国台湾	淡江大学校长林云山	
288	1996.6.27	美国	俄克拉荷马大学校长戴维·博伦	
289	1996.7.8—12	韩国	忠南大学代表团3人	校长郑德基
290	1996.9.19—23	美国	宾夕法尼亚大学副校长戈尔丁等2人	
291	1996.11.4	瑞典	乌普萨拉大学代表团3人	校长斯超霍姆

序号	来访日期	国别（地区）	人名或代表团名称及人数	团长姓名
292	1996.11.13	澳大利亚	墨尔本大学代表团 4 人	校长阿兰
293	1996.11.18	日本	东京福祉大学代表团 5 人	校长荻野浩基
294	1996.11.18	中国香港	香港城市大学代表团 6 人	校长张信刚
295	1996.11.19	中国香港	香港大学代表团 8 人	校长郑耀宗
296	1996.12.8 —11	英国	牛津大学名誉校长詹金斯和校长诺斯等 3 人	
297	1997.1.13	韩国	高丽大学校长洪一植	
298	1997.1.28	中国香港	香港中文大学校长李国章	
299	1997.2.24	葡萄牙	国家科技部代表团 4 人	部长加戈
300	1997.2.26	巴西	巴纳伊巴联邦大学代表团 2 人	副校长布日阿西利若
301	1997.3.31	中国台湾	台湾清华大学代表团 3 人	校长沈君山
302	1997.4.1	中国香港	浸会大学代表团 10 人	副校长曾宪博
303	1997.4.4	比利时	列日大学代表团 5 人	校长博德逊
304	1997.4.7	中国台湾	台湾中山大学校长刘维祺	
305	1997.4.17	英国	1996 年诺贝尔经济学奖获得者、剑桥大学教授米尔利斯	
306	1997.4.30	日本	东京大学代表团 3 人	谷川正明
307	1997.5.9	澳大利亚	莫道大学校长斯沃尔兹	
308	1997.6.2	荷兰	科教代表团	科学大臣李择优

序号	来访日期	国别（地区）	人名或代表团名称及人数	团长姓名
309	1997.6.16	中国台湾	成功大学校长翁正义	
310	1997.6.26	韩国	东海大学代表团3人	校长宋锡球
311	1997.6.23—28	美国	夏威夷大学代表团3人	校长昆特·摩尔提纳
312	1997.7.4	韩国	顺天大学代表团6人	总长崔德源
313	1997.7.7	约旦	约旦大学代表团3人	校长法齐·盖拉比耶
314	1997.8.19	韩国	汉城大学代表团4人	校长松忠和
315	1997.8.29—9.2	德国	柏林自由大学代表团4人	校长杰拉
316	1997.10.7	芬兰	赫尔辛基大学代表团6人	校长卡尔·瑞欧
317	1997.10.9	沙特	教育大臣安卡里等6人	
318	1997.10.10	中国台湾	朝阳科技大学代表团4人	校长曾藤光
319	1997.10.14	加拿大	阿尔伯塔大学校长弗阿斯尔等2人	
320	1997.10.27	美国	哈佛大学商学院代表团3人	院长克拉克
321	1997.11.7	韩国	汉城市立大学代表团2人	校长金慎炫
322	1997.11.10	俄罗斯	阿默尔州立大学校长包瑞斯·韦诺戈拉德夫	
323	1997.11.17	英国	剑桥大学丘吉尔学院院长约翰·伯义德	
324	1997.12.4	日本	东京大学代表团3人	总长井村裕夫
325	1997.12.9	美国	佐治亚科学研究所代表团4人	副校长丁·恰米奥
326	1997.12.19	俄罗斯	彼得堡大学校长维尔比茨卡娅和副校长穆林	

第五节 校际交流

北大与国(境)外大学和科研机构签订交流合作协议,始于1954年。当年10月28日,北大校长马寅初与莫斯科大学校长彼得罗夫斯基就两校交流与合作事宜进行了讨论。双方同意,今后两校将交换教学计划、教研室工作计划、学报和规章制度,交流教学经验,建立直接的通信联系(包括校长、系主任、教研室主任及教师等)。但此后很长时间北大未再与其他国(境)外高校签订这类协议。一直到"文革"结束、实行改革开放以后这种情况才改变,学校与国(境)外高校、科研机构的交流合作迅速发展。据统计,1979年至1997年的19年间,我校和44个国家和地区的136所大学或科研机构签订了校际交流合作协议。具体情况见下表。

与北大签订校际交流协议的国(境)外大学、科研机构一览表(1979—1997)

序号	国别(地区)	交流院校名称	签订协议日期
1	美国	伯克利加州大学	1979.4
2	美国	哥伦比亚大学	1979.7
3	美国	纽约州立大学总校	1979.9
4	美国	纽约州立大学石溪分校	1979.9
5	美国	纽约州立大学阿尔伯尼分校	1979.9
6	美国	马里兰大学	1980.8
7	美国	明尼苏达大学	1980.9
8	美国	伊利诺伊大学	1980.9
9	美国	芝加哥大学	1980.10
10	美国	普林斯顿大学	1981.5
11	美国	哈佛大学	1981.8
12	美国	埃默里大学	1982.9
13	美国	密执安州立大学	1982.10
14	美国	纽约州立大学纽堡茨分校	1983.6
15	美国	基督教联合大学	1984.9
16	美国	密苏里大学	1984.12
17	美国	得克萨斯农工大学	1984.12

序号	国别（地区）	交流院校名称	签订协议日期
18	美国	内布拉斯加大学	1985.8
19	美国	加利福尼亚大学	1986.3
20	美国	哈姆林大学	1986.4
21	美国	乔治·华盛顿大学	1988.5
22	美国	佐治亚理工学院	1988.7
23	美国	宾州州立大学	1988.7
24	美国	夏威夷大学	1988.8
25	美国	斯坦福大学	1988.10
26	美国	普渡大学	1990.10
27	美国	科罗拉多大学（丹佛）	1993.8
28	美国	西南路易斯安那大学	1995.11
29	美国	摩托罗拉大学	1996.4
30	美国	俄克拉荷马大学	1996.6
31	美国	曼隆学院	1997.1
32	加拿大	麦吉尔大学	1979.9
33	加拿大	蒙特利尔大学	1981.6
34	加拿大	不列颠哥伦比亚大学	1988.5
35	加拿大	多伦多大学	1989.3
36	加拿大	阿尔伯塔大学	1995.10
37	联邦德国	柏林自由大学	1981.4
38	联邦德国	魏玛国立古典德国文学研究机构纪念管理局	1984.10
39	联邦德国	洪堡大学	1986.4
40	联邦德国	杜塞多夫大学	1987.7
41	联邦德国	慕尼黑大学	1987.7
42	德国	拜洛伊特大学	1993.7
43	德国	奥斯那布鲁克大学	1997.5
44	法国	国立东方语言文化学院	1984.9
45	法国	马赛普罗旺斯大学	1989.4
46	法国	巴黎第二大学	1993.12

序号	国别（地区）	交流院校名称	签订协议日期
47	法国	巴黎第十大学	1993.4
48	法国	波尔多·孟德斯鸠第四大学	1996.8
49	英国	伦敦大学玛丽皇后学院	1987.9
50	英国	伦敦大学政治经济学院	1989.4
51	英国	米德尔塞克斯大学	1994.11
52	西班牙	格拉纳达大学	1987.12
53	西班牙	马德里卡姆鲁腾斯大学	1991.5
54	巴西	巴西利亚大学	1986.6
55	墨西哥	国立自治大学	1983.7
56	哥伦比亚	国立大学	1990.3
57	俄罗斯	莫斯科大学	1987.9
58	俄罗斯	列宁格勒大学	1990.9
59	俄罗斯	阿穆尔大学	1996.6
60	乌克兰	基辅大学	1994.9
61	南斯拉夫	贝尔格莱德大学	1980.7
62	捷克	查理大学	1987.6
63	波兰	华沙大学	1984.3
64	荷兰	莱顿大学	1980.11
65	荷兰	耐梅根大学	1984.10
66	荷兰	阿姆斯特丹大学	1989.8
67	希腊	雅典大学	1994.2
68	瑞典	斯德哥尔摩大学	1980.11
69	瑞典	乌普萨拉大学	1988.6
70	意大利	罗马大学	1981.5
71	意大利	卡里亚里大学	1993.6
72	意大利	佛罗伦萨大学	1994.9
73	芬兰	赫尔辛基大学	1983.9
74	丹麦	哥本哈根大学	1990.11
75	挪威	奥斯陆大学	1995.11

序号	国别(地区)	交流院校名称	签订协议日期
76	葡萄牙	科英布拉大学	1995.12
77	瑞士	洛桑大学	1993.6
78	新西兰	惠灵顿维多利亚大学	1986.8
79	奥地利	维也纳经济管理大学	1997.6
80	比利时	列日大学	1997.8
81	澳大利亚	国立大学	1980.12
82	澳大利亚	墨尔本大学	1987.8
83	澳大利亚	莫纳斯大学	1987.8
84	澳大利亚	新南威尔士大学	1989.2
85	日本	创价大学	1980.4
86	日本	早稻田大学	1982.6
87	日本	法政大学	1982.11
88	日本	京都大学	1983.4
89	日本	东京大学	1985.3
90	日本	庆应义塾大学	1985.5
91	日本	九州大学	1985.12
92	日本	日本大学	1986.10
93	日本	大阪经济法科大学	1986.10
94	日本	大东文化大学	1987.1
95	日本	学习院大学	1988.10
96	日本	一桥大学	1990.8
97	日本	东京工业大学	1991.8
98	日本	北陆大学	1992.7
99	日本	中央大学	1993.7
100	日本	神户大学	1994.12
101	日本	共立女子学园	1996.7
102	蒙古	国立大学	1990.6
103	朝鲜	金日成综合大学	1981.6
104	越南	河内综合大学	1992.12

序号	国别（地区）	交流院校名称	签订协议日期
105	越南	胡志明市综合大学	1992.12
106	越南	河内国家大学	1996.1
107	韩国	高丽大学	1993.10
108	韩国	延世大学	1993.10
109	韩国	汉城大学	1993.11
110	韩国	庆熙大学	1994.7
111	韩国	浦项科技大学	1994.7
112	韩国	精神文化研究院	1994.9
113	韩国	汉阳大学	1994.9
114	韩国	亚洲大学	1995.10
115	韩国	梨花女子大学	1996.4
116	韩国	淑明女子大学	1996.6
117	韩国	忠南大学	1996.7
118	菲律宾	菲律宾大学	1984.11
119	菲律宾	马尼拉大学阿基诺分校	1991.11
120	新加坡	国立大学	1992.1
121	马来西亚	国家语文局	1997.6
122	印度尼西亚	印度尼西亚大学	1992.11
123	伊朗	德黑兰大学	1991.1
124	埃及	艾因·夏木斯大学	1985.9
125	埃及	开罗大学	1986.8
126	土耳其	安卡拉大学	1993.8
127	泰国	朱拉隆功大学	1988.10
128	泰国	华侨崇圣大学	1994.12
129	以色列	特拉维夫大学	1993.7
130	以色列	希伯来大学	1993.7
131	中国台湾	台湾大学	1995.4
132	中国香港	香港中文大学	1985.5
133	中国香港	香港树仁学院	1987.3

序号	国别(地区)	交流院校名称	签订协议日期
134	中国香港	香港大学	1993.5
135	中国香港	城市理工学院	1993.12
136	中国澳门	澳门大学	1995.12

第六节　主办或参加主办的国际学术会议

由北大或北大所属的院、系、科研所、研究中心等主办或参加主办的国际学术会议始于 1985 年。自 1985 年至 1997 年学校共举办这类会议 168 次。这些会议举办的时间和会议名称见下表。

1985—1997 年北大和北大所属单位主办(或参加主办)国际学术会议一览表

序号	日期	会议名称
1	1985.8.28—9.2	国际粒子物理和核物理讨论会
2	1986.8.31	国际物理教育学术讨论会
3	1986.10.20—25	中美关系史学术讨论会
4	1987.4.8—17	国际激光及应用研讨会
5	1987.6.30—7.5	高临界温度超导物理国际研讨会
6	1987.9.15	国际海涅学术讨论会
7	1987.10.22	家庭结构与人口老化问题国际学术讨论会
8	1988.4.21—24	国际地球生物圈中美工作会议
9	1988.5.3—7	国际高分子生物材料讨论会
10	1988.5.4—7	蔡元培学术研究国际研讨会
11	1988.6.16—19	纪念《西行漫记》发表五十周年国际学术讨论会
12	1988.7.11—18	太平洋地区国际学术讨论会
13	1988.8.11—24	自由电子激光学术讨论会
14	1988.8.20—27	神经系统的修复与再生国际讨论会
15	1988.8.22—26	中日辩证唯物主义学术讨论会
16	1988.8.23—28	国际朝鲜学讨论会
17	1988.8.24—30	东亚前侏罗纪地质演化国际会议
18	1988.8.28—9.4	高能核物理国际研讨会

序号	日期	会议名称
19	1988.9.20—29	超新星专题系列报告会
20	1988.9.1—10	城市规划与环境保护国际讨论会
21	1988.10.10—25	中西史学比较讨论会
22	1988.12.1—5	亚太地区社会工作教育研讨会
23	1989.3.27—31	中日禅学讨论会
24	1989.4.24—5.6	遥感影像光学处理国际培训班
25	1989.9.5—8	北京高温超导第二次国际会议
26	1989.10.29—31	李大钊国际学术讨论会
27	1990.3.31—4.3	国际激光与应用研讨会
28	1990.7.1—5	中苏比较文学研讨会
29	1990.7.12—14	国际加拿大研究学术会议
30	1990.7.25—30	全国比较文学第三届年会暨国际学术讨论会
31	1990.8.1—3	二十世纪中国小说史国际学术讨论会
32	1990.8.4—13	第二届中美教育评估研讨会
33	1990.8.15—21	北京加速器质谱计国际研讨会
34	1990.8.27—9.1	北京高温超导物理研讨会
35	1990.9.2—7	积分方程与边值问题国际会议
36	1990.9.20—25	中日双边熔盐化学和技术会议
37	1990.10.16—25	比较高等教育研讨会
38	1990.10.22—26	沈家本法律思想国际学术研讨会
39	1990.10.30—11.1	东北亚经济合作讨论会
40	1991.3.23—27	中日民俗比较学术讨论会
41	1991.5.27—29	拓扑学及相关学科国际学术讨论会
42	1991.6.17—10	中国国际关系学科发展的国际会议
43	1991.7.22—25	多晶金属在大变形下的本构关系国际讨论会
44	1991.7.18—8.1	第三届国际第四纪大会及第四纪地质讲习班
45	1991.8.19—22	第二次中日唯物辩证法讨论会
46	1991.8.6—8	东方文化国际研讨会
47	1991.10.8—12	第六届中日基聚合讨论会

第十七章 对外交流与合作

序号	日期	会议名称
48	1991.10.13—18	中日双边辐射化学会议
49	1991.10.28—30	北京国际软件工程研讨会
50	1992.4.7—10	比较法研究学术讨论会
51	1992.5.17—24	介观物理研讨班
52	1992.5.28—30	俄语语法教学和研究国际研讨会
53	1992.6.1—3	国际力学和理论物理科学讨论会
54	1992.6.7—9	历史、文化与国际关系国际学术讨论会
55	1992.8.20—22	第四届朝鲜学国际学术研讨会
56	1992.9.5—20	国际高压变质学学术讨论会
57	1992.9.27—29	敦煌、吐鲁番国际学术讨论会
58	1992.11.29—12.1	亚太地区经济文化合作国际学术研讨会
59	1992.11.23—27	国际妇女问题学术研讨会
60	1992.12.7—9	中韩经济文化合作会议
61	1993.3.10—13	后现代文化与中国当代文化国际研讨会
62	1993.5.28—30	迎接 21 世纪的中国考古学国际学术讨论会
63	1993.6.18—21	独角兽与龙——寻找中西文化普遍性中的误读国际研讨会
64	1993.7.12—19	中国比较文学学会第四届年会暨国际学术讨论会
65	1993.8.9—13	第八届国际中国哲学会
66	1993.8.17—21	第一届海外及归国中国生物学者生命科学及生物技术讨论会
67	1993.8.21—29	国际晶体联合会第十六届大会
68	1993.8.23—26	第二届国际非线性力学会议
69	1993.8.31—9.4	第三届国际离子源会议
70	1993.10.10—14	发展中国家城市及区域开发国际会议
71	1993.10.11—20	神经系统光学记录研讨班
72	1993.10.27—30	亚洲统计计算学术讨论会
73	1993.11.23—26	第二届妇女问题国际研讨会
74	1994.3.3—6	全球能量与水循环亚洲季风区试验国际研讨会

序号	日期	会议名称
75	1994.6.18—21	国际行为学术讨论会
76	1994.7.8—9	儒家文化与中韩妇女地位研讨会
77	1994.7.12—17	弗莱与中国国际研讨会
78	1994.8.1—4	第四届东亚工业化国际学术研讨会
79	1994.8.10—12	东亚经济发展与中韩经济合作研讨会
80	1994.8.27—30	第二届中日联合核物理讨论会
81	1994.9.10—15	第八届郭守敬天体物理讨论会
82	1994.9.15—16	走向 21 世纪的女性与将来世代——中日韩视角比较研讨会
83	1994.9.26—30	第二届海外归国生物学者生命科学暨生物技术讨论会
84	1994.10.3—7	中日双边音乐声学研讨会
85	1994.10.26—28	中美哲学与宗教学研讨会
86	1994.11.7—10	东亚现代化历史经验国际学术讨论会
87	1994.11.23—25	中国妇女与中国传统文化国际学术讨论会
88	1994.12.5—7	21 世纪的世界与中国学术讨论会
89	1994.12.21	1994 年阿拉伯文化研讨会
90	1995.4.20—27	亚洲聚合反应与精细高分子讨论会
91	1995.4.24—26	国际水稻供需学术研讨会
92	1995.5.5—7	中国古代政治制度与改革学术讨论会
93	1995.5.10—12	洪州窑学术座谈会
94	1995.5.15—57	中加 21 世纪高等教育发展研讨会
95	1995.6.7—9	大气环境研讨会
96	1995.6.12—15	大学发明创造及其商业利用国际学术研讨会
97	1995.6.20—22	妇女与文学国际学术研讨会
98	1995.7.5—10	社会工作理论与实践研讨会
99	1995.7.11—8.20	1995 年暑假社会学方法高级研讨班
100	1995.7.18—22	第 22 届系统功能语法高级学术研讨会
101	1995.7.21—24	第三届海外及归国中国生物学者生命科学暨生物技术学术研讨会
102	1995.8.6—8	联合国与东亚发展研讨会

序号	日期	会议名称
103	1995.8.6—10	文化研究中国与西方国际研讨会
104	1995.8.7—10	东亚现代化国际学术研讨会
105	1995.8.8—11	"和平·合作·进步"面向21世纪国际学术会议
106	1995.8.10—13	中韩经济社会发展学术研讨会
107	1995.8.20—23	航天应用与法律国际学术研讨会
108	1995.8.20—26	第一届世界华人青年化学家暨第三届 全国青年化学家学术会议
109	1995.10.2—6	第二届中美哲学与宗教学研讨会
110	1995.10.11—13	观念和调试哲学研讨会
111	1995.10.15—20	UNEP臭氧层环境影响评估专家组年会
112	1995.10.19—21	韩国传统文化国际学术研讨会
113	1995.10.26—28	现代日本学术研讨会
114	1995.10.27—30	人口与可持续发展国际研讨会
115	1995.10.29—11.2	儒学与未来社会国际学术研讨会
116	1995.11.9—11	文化对话与文化误读国际学术研讨会 暨国际比较文学学会理事会
117	1995.11.21—23	湄公河的过去、现在与未来、历史与经济学术会议
118	1995.12.4—6	中国公司法理论与实务研讨会
119	1995.12.4—7	日本研究——中日共同研讨会、东亚进程中的杰出人物
120	1995.12.15—17	第二次远东印尼学国际研讨会
121	1996.3.25—27	中英妇女与法律问题学术研讨会
122	1996.3.28—29	"21世纪中国与日本"国际学术研讨会
123	1996.5.1—2	中韩双边CDMA技术研讨会
124	1996.5.9—14	调和分析国际会议
125	1996.6.17—21	北京动力系统学术会议
126	1996.6.22—24	人权与发展权学术讨论会
127	1996.7.5—10	"文化的接受与变形"国际研讨会
128	1996.7.1—7	'97偏微数值国际研讨会
129	1996.7.16—20	国际中国历史地理学术研讨会
130	1996.7.21—24	第四届中国多肽学术讨论会

序号	日期	会议名称
131	1996.7.24—29	第四届海外及归国中国生物学者生命科学暨生物技术讨论会
132	1996.8.10—13	中国比较文学学会第五届年会暨国际学术讨论会
133	1996.8.10—14	第二届古汉语语法国际学术研讨会
134	1996.8.12—16	道家文化国际学术讨论会
135	1996.8.12—16	中国与世界21世纪传播与文化研讨会
136	1996.9.3—5	宗教学研究在中国:回顾与展望讨论会
137	1996.9.20—24	中国文化对未来世界发展的贡献学术研讨会
138	1996.9.10—13	朱光潜、宗白华诞辰一百周年国际学术研讨会
139	1996.10.1—5	第三届中美哲学与宗教研讨会
140	1996.10.6—11	医学磁共振成像物理研讨会
141	1996.10.21—23	亚洲可持续发展会议
142	1996.11.2—5	第二届中日湍流研讨会
143	1996.12.20—23	21世纪的中韩女性与女性观国际研讨会
144	1997.4.22—23	通信与数字信号处理学术会议
145	1997.5.6—19	青铜文物保护研修班
146	1997.5.12—14	中德大学校长研讨会
147	1997.6.27—30	第五届海外及归国生物学者生命科学暨生物技术讨论会
148	1997.7.12—15	大学英语教学国际研讨会
149	1997.8.20—22	大学国际交流与合作国际研讨会
150	1997.8.26—31	第五届有限维与无限维复分国际会议
151	1997.9.15—19	海涅国际学术讨论会
152	1997.10.2—9	东亚18世纪刑事判例的民族学研讨会
153	1997.10.10—12	研究生教育国际研讨会
154	1997.10.24—25	中日韩三国关系与东亚的和平与发展国际研讨会
155	1997.10.25—28	美国南方文学与文化国际研讨会

第十八章　中华人民共和国成立前的爱国民主运动

第一节　拒俄运动

　　19世纪沙皇俄国迫使清政府签订了一系列不平等条约，掠去我国150万平方公里土地。1900年，沙俄在参加八国联军进攻京津地区的同时，又于7月单独出兵，侵占我东北三省。同年10月，沙俄侵略军司令阿列克谢耶夫胁迫清盛京（沈阳）将军增祺签订《奉天交地暂且章程》。按照该章程，中国驻东三省的军队必须解除武装，东三省的地方官员也成了傀儡。然而沙俄并不以此为满足，又命外交大臣于1901年2月向中国政府提出12条约款。其中规定中国不得驻兵东北、不得运入武器、不得自行造路等，而俄国在中国东北则有驻兵保护铁路权，还有革办中国官吏权、出兵帮助剿抚权等，并欲将俄国势力范围扩大到蒙古、新疆、华北等地。中国驻俄公使杨儒与俄国谈判12条约款的消息一经传出，立刻引起中国人民的极大愤怒。1901年3月15日，上海爱国官绅士商集会，认为俄约关系中国存亡，主张"力拒俄约，以保危局"，并致电各省督抚。到会签名的有二百余人。与此同时，日、德、英、美等国从各自的在华利益出发，也出面阻止清政府与沙俄签订此约。由于中国人民的反抗斗争，特别是东北人民的武装抗俄斗争，以及英、美、日等以利害冲突出面干涉，沙俄不得不于1902年4月8日与清政府签订中俄《交收东三省条约》。该条约规定"东三省归还中国"，"俄军在十八个月内分三期（每六个月为一期）全部撤回"。

　　1902年10月6日，是俄军首期撤兵的最后期限，沙俄只将原驻扎奉天、牛庄、辽阳等地的部分军队调到东北铁路沿线两侧就算撤兵。1903年4月8日，到了第二期撤兵期届满时，沙俄不仅违约不撤，而且制造借口，派兵重新占领营口等地，并于4月18日向清政府提出在东北享有特殊利益的7条无理要求，企图把东北变为独占的殖民地。沙俄的侵略行径，再次激起中国人民的愤怒。各地人民纷纷集会示威，掀起了抗议沙俄侵占东北、要求清政府拒绝沙俄无理要求的拒俄运动。4月27日，在蔡元培等人的发动下，在上海的十八省爱国人士一千多人召开大会，声讨沙俄侵略罪行，谴责清政府投降卖国政策。大会严正声明，对沙俄的侵略要求，即使清政府签字承允，"我全国国民万不承认"。4月29日，留日学生五百多人在东京留学生会馆举行拒俄大会，决定组织"拒俄义勇队"，准备开赴前线抗击沙俄。翌日，签名加入义勇队者一百三十多人，愿作后方服务者五十余人。义勇队电北洋大臣准备赴敌，并有学生陆续回国。

清政府因害怕国人反对，许多卖国屈辱条约都是秘密签订的。京师大学堂学生虽然身在帝京，却不得与闻，后因京师大学堂的日本教习纷纷请假，并声称"中国学生俱属亡国性质，我不屑教，当即回国矣"，才得知中俄密约之事，深受刺激。及日本东京留学生义勇队消息传来，京师大学堂师范、仕学两馆学生，商得副总教习允准，"即鸣钟上堂"，举行全校大会，声讨沙俄侵略，掀起爱国学生运动。参加大会的有二百余人。大会先由范源廉（静生）助教宣讲沙俄侵占东北的利害关系，然后学生数十人依次上台声讨沙俄罪行。发言者无不慷慨激昂，义愤填膺，"言至痛哭流涕，同学齐声应许，震撼天地"，"各教习、各职事员均在座点头叹息"。会上议定四件事：（1）各省在京官绅电告该省督抚电奏力争；（2）全班学生致电各省督抚，请各督抚电奏力争；（3）全班学生致电各省学堂，由各省学堂禀请该省督抚电奏力争；（4）大学堂全班学生上禀管学大臣代奏力争。

大会之后，学生起草并上呈《京师大学堂师范、仕学两馆学生上书管学大臣请代奏拒俄书》《京师大学堂师范馆学生请政务处代奏争俄约疏》，签名的有两馆学生俞同奎、朱锡麟等73人。此《拒俄书》与《争俄约疏》指出，俄国与我国之交涉"无一事不予我以难堪，无一时不置我于死地"。此次违约不撤兵，反而迫我答应新的无理要求，这是"虎狼之俄""实行大彼得并吞世界之遗策"野心的大暴露，是万万不可答应的。该《拒俄书》与《争俄约疏》分析说，"对于我东北三省，俄人窥视有年。甲午之役，俄人仗义执言，绐日本之臂而夺之，久已视为囊中之物。因庚子之事，借口平乱，以五千兵保护铁路，遂唾手而收其地。厥后遂名为退兵，实则阴图久远之计"，"而今又明目张胆违犯《交收东三省条约》，拒不撤兵"，"生等以为，此次若许俄约，大势遂去，牵一发而动以全身，土崩瓦解，束手可待"。因为如果"东三省既归俄，内外蒙古亦不保"，各列强帝国纷纷仿效，"沿江诸省必归英，福建、浙江必归日，法、德亦必偿其觊觎两广、云、贵、山东、河南之志，美、意、奥诸国亦必乘机择一适宜之地，为均沾之利益。二万里幅员、四万万民庶皆将奴隶牛马受压制于他国之下"。该《拒俄书》与《争俄约疏》认为这种担心并非杞忧，因为前车之鉴明明白白："自喀希尼条约（应为《旅大租借条约》）许俄人以不冻之良港，于是各国纷起，援为成例而割我土地，旅顺、大连湾、威海卫、胶州湾、广州湾相继丧失。"这是应该记取的历史教训。

由于清政府是不许学生过问此类事的，所以《拒俄书》《争俄约疏》中说，"学生们之所以不避斧钺之诛，冒渎上陈"，是因为"生等皆国民之一分子，有报效国家之责任"，而且"国家之设学校也，专以养成忠君爱国之思想为目的，今当危急存亡之秋……而以为不与己事，岂尚复有人心也耶！此生等所以欲言而不得，不言而不能，言之不免有越职之嫌，不言而坐视瓜分之惨而不忍也"。

京师大学堂学生在上书管学大臣的同时，也发出了《京师大学堂学生公致鄂垣各学堂书》。其中除陈说大学堂声讨沙俄罪行大会之经过及拟办四件事外，着重指出东三省一旦割去，扬子江一带，山东、福建、云南等地亦将归英、德、日等国。然而"东三省系我等四万万人之东三省，非政府私有之东三省"，"某等与诸兄同为中国之人，当事中国之事"，"望诸兄发大志愿，结大团体，合禀端兼督电阻政府"，"毋将东三省予俄，是为至要"。

湖北各学堂学生得到京师大学堂公电后，反应很大，纷纷集会演说，振起拒俄热情，对当地的拒俄运动起了推动作用。他们还转致各地学堂及督抚，传播京师大学堂公函之意，进一步扩大了其影响。

尽管京师大学堂学生发出了"国家存亡，间不容发""其亡其亡，系于苞桑"的呼喊，然而清政府却置国家利益于不顾，弃民心士气而不用。大学堂副总教习张筱圃布告牌示加以禁止，以为此事非学生分内之事，不准参与。牌示一出即被愤怒的学生扯去。第二天副总教习又挂出牌示："昨敝处悬牌，学生中竟有扯碎弃置者……有此狂妄举动，殊属不守学律，应由班长、斋长查明，呈管学大臣核办。"然而没有人举报扯去牌示的学生。因此，各班长、斋长"均因未将撕去牌示之学生举出治罪"，"各记过一次"，并在当月月考评分中，"所有递禀管学大臣阻止俄约之各学生及各斋斋长、班长均减去二十分计算"成绩，以此对学生进行惩戒。不仅如此，大学堂当局还企图以繁重的课业来压制学生，规定自5月18日起，学生每天"早晨五钟起床……直到午后五时始行课毕。每日计上堂九次，共在堂十钟之久，并无温习之暇"。除此之外，还规定对学生的来往信函进行"查阅"。

在这种情况下，京师大学堂部分学生毅然投军从戎，奔赴关外，与东北人民一起组织革命军，进行武装抗俄。其中名声较大的有大学堂师范馆学生丁开璋（在校名丁作霖）、仕学馆学生朱锡麟、译学馆学生张榕等。他们与当地的"绿林领袖"相联络，组织起"小伙数百、大伙数千、最大之伙数万"的抗俄武装，取名"抗俄铁血会""东亚义勇队""关东保卫军"等，与俄兵交战数十次。

在校学生在管学大臣张百熙"躬诣学堂，延集诸生，剀切宣导"下，又照常上课了。1903年12月21日，张百熙为了培养人才，储日后之用，上了《奏派学生前赴东西洋各国游学折》。在奏折中，他把曾在《上管学大臣代奏拒俄书》中签名的俞同奎、冯祖荀、何育杰等，一同列入他所选"志趣纯正，于中学均有根底"的47位游学生名单之中，送往外国游学。

1903年京师大学堂的拒俄运动，是一次学生自发的反对帝国主义侵略的爱国主义运动，是中国高等学校学生中首次爆发的爱国主义运动。限于当时的历史条件，这次运动没有获得具体成果，也没有能持久开展，但是它展示了青年学生的政治敏锐性和爱国热忱。它有助于广大青年等国民认清帝国主义的侵略本性和清政府腐败卖国的面目，从而有助于反帝反封建的民主革命运动的发展。

第二节　五四运动

五四运动是彻底地反对帝国主义和封建主义的伟大爱国运动。北京大学是五四运动的策源地。

第一次世界大战期间，西方列强忙于战争，不得不暂时放松对中国的经济侵略，中国的资本主义经济有了比较迅速的发展。经济力量有所增强的中国民族资产阶级，不甘心辛亥革命的失败，要求冲破帝国主义、封建主义的桎梏，继续变革政治。1915年9月，陈独秀主编的《青年杂志》（1916年9月第二卷第一号改名为《新青年》）在上海创刊。一场以陈独秀在《青年杂志》创刊号中提出的民主（"德先生"，Democracy）和科学（"赛先生"，Science）为旗帜的新文化运动由此发端，蓬勃开展起来。1917年1月，蔡元培就任北京大学校长，对北大进行了卓有成效的整顿和改革。他聘请陈独秀为文科学长，延揽许多有新思想的学者来校任教。《新青年》编辑部也由上海迁到北京。北大教授李大钊、鲁迅、胡适、钱玄同、刘半农等参加编辑部工作，并为主要撰稿人。这样，北京大学和《新青年》编辑部就成了新文化运动的主要阵地。1917年，俄国十月革命的胜利，促进了马克思主义在中国的传播，中国出现了以李大钊为代表的一批赞成俄国十月革命、具有初步共产主义思想的知识分子。他们成为新文化运动的核心力量。新思想新文化的深入传播和新旧思想的激烈斗争，预示着一场新的革命风暴即将来临。

五四运动的直接导火线是中国在巴黎和会上的外交失败。

1918年11月，第一次世界大战结束，德国战败。1919年1月18日至6月28日，在第一次世界大战中获胜的协约国共27个国家在巴黎举行和平会议,讨论处理战后问题。这实际上是由当时五个帝国主义强国美、英、法、日、意操纵的重新瓜分世界的会议。中国也以战胜国的身份,派专使陆征祥(外交总长)、顾维钧(驻美公使)、王正廷(代表南方军政府)、施肇基(驻英公使)和魏宸祖(驻意大利公使)五人出席和会。中国代表先后向和会提出两项提案:(1)废弃外国在华势力范围,撤退驻华军队,撤销各国在华的邮政电报机构,取消领事裁判权,归还租借地,归还租界,关税自主。这就是所谓的"七项希望条件"。(2)取消"二十一条",归还德国在山东的全部权益。第一项提案刚提出,即被会议的决策机构(由美国总统威尔逊、英国首相乔治、法国总理克里孟梭和意大利总理奥兰多所组成的四人会议)以不属和会讨论范围为借口,挡了回来,没有列入议程。第二项提案虽经讨论,但由于日本蛮横反对,英、法支持日本,美国默认同意,最后会议竟在 4 月底非法决定把德国在山东的特权全部让给日本,并写入和约草案。

还在巴黎和会刚开幕不久,1919 年 2 月 5 日,北京大学学生两千多人就在三院礼堂召开大会,举出干事十几人,分头进行,并联合各学校的学生,电致巴黎五专使,请他们坚持前议,不要让步。5 月初,中国外交失败的消息传来,举国悲愤。五月二日,蔡元培在北京大学饭厅召集学生班长和代表一百余人开会,讲述了巴黎和会上帝国主义互相勾结、牺牲中国主权的情况,指出这是国家存亡的关键时刻,号召大家奋起救国。"5 月 3 日,蔡元培从北京徐世昌政府外交委员会委员长汪大燮处得知,钱能训内阁已密电出席巴黎和会的代表陆征祥、顾维钧、王正廷等,令其在丧权辱国的和约上签字。他立即将此消息告诉了坚持反日立场的《国民》杂志社的北大学生许德珩和北大《新潮》社的罗家伦、傅斯年等人。当晚七时,北大全体学生在三院礼堂集会,北京高等师范、高等工业专门学校、法政专门学校、中国大学、朝阳法学院、农业专门学校、医药专门学校、民国大学、汇文学校、铁路管理学校、税务专门学校和高等警官学校等十二所中等以上学校的学生代表应邀参加。大会推北大法科学生廖书仓为主席,文科学生黄日葵、孟寿椿任记录,许德珩起草宣言。北京新闻研究会导师、《京报》社长邵飘萍应邀首先报告巴黎和会讨论山东问题的经过和北京国民外交协会通电各省于 5 月 7 日同时召开要求政府拒签和约的国民大会的消息。北大学生丁肇青、张国焘、许德珩、邓中夏、谢绍敏及其他各校代表夏秀峰等竞相慷慨陈词。北大法科学生谢绍敏当场咬破中指,裂断衣襟,血书"还我青岛"四字,揭之于众,气氛悲壮激烈。大家一致要求严惩出卖主权、签订"二十一条"的经手人、交通总长曹汝霖,出卖胶济等铁路的经营权和修筑权给日本的经手人、驻日公使章宗祥和对日本进行各种卖国性借款的经手人、币制局总裁陆宗舆等卖国贼。大会通过如下决议:(1)联合各界一致奋起力争;(2)通电巴黎专使拒签和约;(3)

定于5月4日（星期日）各校齐集天安门举行学界大示威；(4)通电各省于5月7日国耻纪念日举行爱国示威游行。会议结束时，大会主席临时建议，为准备游行示威和发通电，希望大家捐款。他的话音未落，同学们就蜂拥上前，纷纷将随身携带的财物捐掷于台上。会后，同学们连夜准备旗帜、标语、传单，起草宣言。红楼、西斋、三院彻夜灯火通明。

5月4日上午10时，经过北大学生联络，各校学生代表又在法政专门学校召开了一次会议，议决：(1)通电国内外；(2)唤醒各地国人；(3)预备七日的国民大会；(4)组织北京学生对外的永久机关；(5)本日下午大家游行示威，路线由天安门经东交民巷美、英、法、意四国使馆，转入崇文门大街。

5月4日下午，北大学生在红楼后面的空场上集合整队，准备出发。在临出发前，学生受到教育部代表及军警的阻止，学生代表邓中夏、黄日葵与之理论多时，终于走出校门，沿北池子大街向天安门行进。队伍前面，高举着一幅跟挽联一样的白布对联，上面写着："卖国求荣，早知曹瞒遗种碑无字；倾心媚外，不期章惇余孽死有头。"落款是"北京学界同挽。卖国贼曹汝霖、章宗祥遗臭千古。"

下午一点多钟，北京十几所中等以上学校学生队伍三千多人，挥舞着白色小旗，高举着标语牌汇集在天安门前。标语牌上写着"取消二十一条""还我青岛""保我主权""誓死力争""宁为玉碎，勿为瓦全"等字样。那幅像挽联一样的白布对联竖立在金水桥上，谢绍敏血书的"还我青岛"四个大字也高挂在天安门前。会场上，学生的演说声、口号声，慷慨激昂，响彻云霄。北京政府闻讯，先由教育部一司长来劝说大家解散，接着又先后派步军统领李长泰、警察总监吴炳湘率警吏前来，企图强行阻止学生游行。学生们群情激愤，高呼"打倒卖国贼""外争主权，内除国贼"等口号，李等未敢弹压离去。大会宣读并通过了由北大学生许德珩起草的《北京学生界宣言》，其中说："我最亲最爱最敬佩最有血性之同胞！我等含冤受辱，忍痛被垢于日本人之密约危条，以及朝夕祈祷之山东问题、青岛归还问题，今已由五国共管，降而为中日直接交涉之提议矣。噩耗传来，天黯无色。夫和议正开，我等之所希冀、所庆祝者，岂不曰世界上有正义、有人道、有公理。归还青岛，取消中日密约、军事协定以及其他不平等之条约，公理也，即正义也。背公理而逞强权，将我之土地由五国共管，侪我于战败国如德奥之列，非公理、非正义也。今又显然背弃山东问题，由我与日本直接交涉。夫日本虎狼也，既能以一纸空文窃掠我二十一条之美利，则我与之交涉，简言之，是断送耳、是亡青岛耳、是亡山东耳！""山东亡，是中国亡矣。我同胞处此大地，有此山河，岂能目睹此强暴之欺凌我、压迫我、奴隶我、牛马我，而不作万死一生之呼救乎？""夫至于国家存亡、土地割裂、问题吃紧之时，而其民犹不能下一大决心，作最后之愤救者，则是二十世纪之贱种，无可语于人类者矣。我同胞有不忍于奴隶牛马之痛苦，亟欲奔救之者乎？则开国民大会，露天演讲，通电坚持，为今日之要着。至有甘心卖国，肆意通奸者，则最后之对付，手枪、炸弹是赖矣。危机一发，幸共图之。"

会后，由北大学生傅斯年任总指挥，开始示威游行，一些围观的市民听了学生讲演后也自发加入了学生游行队伍，沿途散发了由北大学生罗家伦起草的白话文传单《北京全体学界通告》，其中说："现在日本在万国和会要求吞并青岛，管理山东一切权利，就要成功了！他们的外交大胜利了！我们的外交大失败了！山东大势一去，就是破坏中国的领土。中国的领土破坏，中国就亡了！所以我们学界今天排队到各公使馆去要求各国出来维持公道。务望全国工商各界一律起来设法开国民大会，外争主权，内除国贼。中国存亡就在此一举了！今与全国同胞立两个信条道：

> 中国的土地，可以征服，而不可以断送！
> 中国的人民，可以杀戮，而不可以低头！
> 国亡了，同胞起来呀！"

游行队伍走到东交民巷西口美国使馆门前时，被使馆区守卫的中国巡捕拦阻，经两小时交涉，仍不允通行。学生们不得已，推举北大学生罗家伦、张庭济等四人为代表，将事前准备好的一式四份、落款为"北京中等以上学校学生一万一千五百人谨具"的英文说帖投递给美、英、法、意各使馆。他们先到美国使馆，美公使不在，说帖由一馆员收下。他们到英、法、意各使馆去投递时，因是星期日，使馆无人办公，罗家伦等只好把说帖放在使馆就回来了。给美国公使的说帖中说："吾人闻和平会议传来消息，关于吾中国与日本国际间之处置，有甚悖和平主义者。谨以最真挚、最诚恳之意，陈辞于阁下：

> 一九一五年五月七日二十一条中日协约，乃日本乘大战之际，以武力胁迫我政府强制而成者，吾中国国民誓不承认之。青岛及山东一切德国利益，乃德以暴力掠去，而吾人之所日思取还者。吾国以对德宣战故，断不承认日本或其他任何国继承之。如不直接交还中国，则东亚和平与世界永久和平终不能得确切之保证。贵国为保持民族之独立与人类之公权及世界和平之局而战，一九一七年一月十日，协约国致美国驻法公使公牒，吾人对之表无上之亲爱与同情。吾国与贵国抱同一主义而战，故不得不望贵国之援助。吾人念贵我两国素敦睦谊，为此真率陈词，请求贵公使传达此意于贵国政府，于和平会议，予吾中国以同情之援助。"

游行队伍在东交民巷西口停留两小时之久,市民加入者亦甚多。当时群众义愤填膺:为什么中国的国土不许中国人通行? 于是队伍决定到外交部去,到曹汝霖家去。游行队伍由东交民巷向北,经富贵街、长安街、东单牌楼,由米市大街折入石大人胡同,穿过南小街,到赵家楼胡同曹汝霖住宅门前。这时曹宅大门紧闭,门前有军警数名荷枪而立,怎么交涉,曹汝霖也不出来,愤怒的学生破窗入内,打开大门,大家遂一拥而入。由于曹汝霖已躲入一小房(箱子间)内,学生找不到他,就把曹宅的什物捣毁一空。后发现章宗祥正和一个名叫中江丑吉的日本人从里面出来,大家以为章是曹汝霖,便拳脚交加,把他痛打了一顿。学生在曹宅西院,遇到曹的父亲,只愤而责之"你为卖国贼的父亲,颇亏你生此兽类孽畜,不肖之子",并未打他;发现曹的妾苏佩秋和曹的幼子,也未打他们,而是让卫士把他们送走。直到有同学找来曹汝霖的放大挂像一对照,才知不是曹汝霖。大约在下午四时半,在一片愤激砸打声中,有的学生在曹的卧室中,点燃了绿色的罗纱帐,顿时火光烛天,浓烟四起,至此,五四示威遂以火烧赵家楼而进入高潮。之后,学生遂一批批从曹宅撤出。这时,北京步军统领李长春和警察总监吴炳湘率大批军警赶到,捕去未及走脱的学生三十二人。其中北大二十人:熊天祉、梁彬文、李良骏、胡振飞、梁颖文、曹永、陈树声、郝祖宁、杨振声、肖济时、邱彬、江绍原、孙德中、何作霖、鲁其昌、易克嶷、许德珩、潘淑、林君损、易敬泉;高师八人:向大光、陈宏勋、薛荣周、赵允刚、杨荃骏、唐国英、王德润、初铭晋;高等工业学校二人:李更新、董绍舒;中国大学一人:刘国干;汇文大学一人:张德。

五四当天,教育部训令北京大学等校,要求"严尽管理之职,其有不遵约束者,应即立予开除"。训令原文如下:

教育部训令第一八三号

令北京大学

查学生在校修业期间,一切行为言论自当束身法则之中,不得轶出规范以外,乃本日午后一时,因外交问题,本京各校学生聚众一、二千人开会游行,竟至酿成事端,殊堪惊骇。本部为维持秩序,严整学风起见,用特切实通令各校对于学生当严尽管理之责,其有不遵约束者,应即立予开除,不得姑宽,以敦士习,而重校规。仰即遵照。此令。

中华民国八年五月四日

五四当晚,北大学生在三院礼堂开大会,礼堂内外挤满了人。蔡元培不顾教育部训令到会。他对学生深表同情,说发生这种事,他当校长的要引咎辞职,不过一定负责把 32 名学生保释出来。但他要求学生照常上课,学生没有采纳他的意见。大会议决联络各校同盟罢课，并于当晚成立"北京大学学生干事会"，以加强对运动的领导。邓中夏、黄日葵等被选为干事。

5月5日起，北京各专科以上学校学生实行同盟罢课。5日下午3时，北京14所高等学校学生三千余人在北大三院礼堂开联合大会，议决：（1）立即开展营救被捕同学活动，各校一律罢课，至被捕同学回校为止；（2）敦促各高等学校校长与政府交涉，营救保释被捕同学；（3）联合上书政府，要求惩办曹、章、陆；（4）打电报给巴黎的我国专使，对青岛问题要死力抗争，决勿签字；（5）通电全国教育会、商会、一致行动。

会后，即发出致全国各界电、上大总统书以及致巴黎专使电等。

5月5日下午3时，北京14所专门以上学校的校长也在北大开会，议决："此事乃多数市民运动，不可让被拘之少数学生负责，若指此次运动为学校运动，亦当由各校校长负责，应先推举代表往警察厅要求释放学生，如警厅不见，则往总统府，总之不释放此少数学生，暂不终止。若政府不能容纳众议，虽致北京教职全体罢职亦所不惜。"会议推举北大校长蔡元培、高等师范校长陈宝泉、医学专门学校校长汤尔和以及工专、农专、中国大学、法政专门等校校长代表八人，一起前往警察厅、教育部、总统府请愿，要求保释被捕学生。但北洋政府寻找借口，不肯释放。

同日，北京商会、农会、国民外交学会等纷纷集会议决通电，声援学生的爱国运动，要求迅速释放被捕学生。各地学生、公民、团体等也纷纷来电来函支援北京学生的爱国斗争。孙中山在得知32名学生被捕后，打电报要求段祺瑞从速释放被捕学生。

5月6日，北京中等以上学校学生联合会宣告成立，会址设在马神庙北京大学第二院。其会纲中规定："关于全体者（按：指带普遍性的重大问题），由本会暂行委托北京大学学生干事执行之。"

在广大爱国学生的坚决斗争和社会舆论的强大压力下，当5月6日晚蔡元培作保要求警察厅释放被捕学生时，当局被迫于7日将被捕学生全部释放。各校学生也于当日复课。

7日上午，北大全校学生在汉花园红楼北面的广场上迎接20名被捕学生返校，蔡元培也在场，对学生加以安慰和勉励。

被捕学生刚刚获释，5月8日，国务总理钱能训、司法总长朱深、教育总长傅增湘联合转发大总统严禁学生干政并将被捕学生送交法庭令。北京军阀政府还在五四次日命司法部和教育部"查明肇祸诸人，依法讯办"，同时明令安慰曹汝霖、章宗祥、陆宗舆，赞誉他们是"公忠体国、有稗大局"。曹汝霖则以学生烧房、打人为理由，向为首的学生起诉，要求赔偿损失。京师地方检察厅在释放学生的同时，宣称业经释放之学生将送交法院讯办，并于5月

9 日发出传票,定于 10 日上午 9 时进行第一次预审。5 月 10 日,许德珩等 20 名北大被捕学生到庭,联合提出了《北大被捕学生声明状》,强烈抗议这种非法传讯。5 月 13 日,参加五四游行的北京学生联合上书检察厅说:如爱国有罪,人人愿意自首,不能由少数同学负责;如法院票传学生,愿意集体受传,少数同学绝不出庭。但北洋政府仍不断发函北大,迫学校促许德珩等到庭"受理预审"。学校以已放暑假、学生离校等为由,予以拒绝。

五四游行示威、火烧赵家楼以后,曹章一党说五四之事为北大学生所主持,北大学生系受蔡子民之唆使,因此他们出言威吓北大和蔡元培,说"要烧北大房子、杀北大学生","要以三百万金收买凶手刺杀蔡元培"。段祺瑞为制止学生运动,指使安福系阁员提出"整顿学风",首先就是拟撤换北大校长蔡元培。当时各报亦纷纷登载国务总理钱能训责询教育总长傅增湘的话:"汝谓蔡鹤卿地位不可动摇,如蔡鹤卿死,则又如何?"在这种情况下,蔡元培被迫于 5 月 8 日晚向大总统和教育总长提出辞呈,9 日清晨悄悄离京,出走天津。

蔡元培被迫辞职出走之后,北大和北京学界迅速掀起了挽留蔡校长的斗争。蔡元培出走当天,北大立即召集各校代表会议磋商,决定先以北大全体学生名义呈请政府下令"挽蔡",同时由北大学生推举代表见教育总长傅增湘,提出三点要求:(1)请总统特下命令"挽蔡";(2)派司长赴津劝驾;(3)由学生方面通电上海陈述一切。同日,北大教职员代表马叙伦、马寅初、李大钊、康宝忠、徐宝璜、王星拱、沈士远等也为挽留蔡元培到教育部请愿,北大教职员会并作出如蔡不留任即"一致总辞职"的决议。10 日,北京中等以上学校学生联合会接着上书大总统和教育总长要求挽留北京大学校长。12 日,北京政府对是否"挽蔡"仍无明确表示,北京各大专学校校长随即也相率辞职。13 日,为进行"挽蔡"斗争而于 11 日成立的各校教职员联合会也派出 9 名代表到总统府请愿。迫于压力,北京政府不得不于 5 月 14 日公开发布由大总统签署的"挽蔡"命令。命令的全文是:

大总统指令　　第一千三百三十二号

令北京大学校长蔡元培:呈为奉职无状恳请解职由。呈悉。该校长惮心教育,任职有年。值兹整饬学风、妥筹善后,该校长职责所在,亟待认真擘理,挽济艰难。所请解职之处,着毋庸议。此令。

命令强调"整饬学风,妥筹善后"是蔡元培的"职责所在",不准辞职,这是要他按北京政府的意愿,负起镇压学生运动之责。而且,与此同时,徐世昌大总统又把"挽蔡"的命令和挽留曹汝霖、陆宗舆,要他们"照常供职,共济艰难"的命令一起发表。蔡元培坚不上当,继续南下,于 17 日到达上海。

5月中旬，在和约签字问题上，北京政府加紧了策划与活动，学生们制止签字的斗争也相应更为急切。5月10日，北京中等以上学校学生联合会又一次通电全国，要求同仇敌忾，绝不承认对德和约；同时致电巴黎的中国专使，要他们"宁退出和约，万勿签字"；又致电巴黎和会，再次阐释中国人民坚决反对之理由。5月12日，学生联合会开始组织各校的讲演团，分赴市内各处宣传。同日，北京全市召开了十万余人的国民大会。会后，民众手执"还我青岛""惩办卖国贼"等字样的小旗，列队到北京政府请愿。5月15日，学生联合会再一次通电全国并致电巴黎专使。5月18日，学生联合会在北大二院召开紧急会议，议决自19日起举行全体北京学生总罢课，并于当天通电发布了《罢课宣言》。《罢课宣言》中第一次将5月4日这天的爱国游行示威称为五四运动。

在学生联合会议决罢课的同一天，北京中等以上学校学生和外省一些学校的代表五千多人，在北大法科礼堂举行郭钦光追悼大会。会场正中悬挂着郭钦光的遗像，遗像两侧有"力争青岛、死重泰山"八个大字。陆续来吊唁的有万余人，各界送来的挽联有三千余幅。郭钦光是北大文预科一年级学生，五四那天，他不顾肺病缠身，坚持参加天安门集会和游行，在赵家楼遭卫兵殴伤，当场呕血，被送进法国医院抢救。5月7日，郭钦光忧愤而死，年仅24岁。

5月19日，北京26所大中学校实行总罢课后，由学生联合会组织了各校讲演团，还组织了国货维持会、十人团，深入街巷里舍，讲演宣传，提倡买卖国货，抵制日货；又组织了"护鲁学生义勇队"进行军事训练，以备国家不时之需；并在北大出版发行《五七日刊》以加强宣传。

5月20日，国务院、教育部为平息学生运动，被迫分别去电上海，诡称"深究学生"乃系"外间谣传，并非事实"，要求蔡元培"早日回京，主持校务"。然而，5月22日，教育部又发出训令，严禁学生讲演、聚会；23日，北京政府命令北大限三日内复课，并以解散学生会、武力强迫复课相威胁；24日，出动军警封闭了刚出版四天的《五七日刊》；25日，教育部下令各校限三日内复课。学生们严正表示，假若卖国贼不罢免，罢课要求不满足，绝不复课。28日，各校学生代表在高等师范学校风雨操场召开紧急会议，议决："凡罢课各校同学，自29日起均将行李书籍等物收束整齐，专俟政府下解散令，即行全体出校另谋救国。"

6月1日，北京政府总统徐世昌连下两令，催逼各校复课，并查禁、取缔"联合会""义勇队"等爱国组织。学生联合会针对徐世昌的命令秘密决定，自6月3日起，大举出动示威讲演。如果军警来捕，就让他们逮捕。如果第一天出发的学生全体被捕，第二天就用加倍的人数出发讲演。如果第二天发生同样的情形,第三天再加一倍,直到北京中等以上学校学生二万五千人全体被捕为止。

6月3日,北京的天气骤变,阴云密布,狂风怒号,雷电交加。各校学生九百余人,不顾风沙雷电,按计划走上街头讲演。当时军警在大街上往来逡巡,更有马队横冲直撞。军警把听讲者驱散后,便拘捕讲演的学生。到下午6时,被捕的学生已达178人,其中北大学生约占百分之七八十。军警将被捕学生监禁在北大三院(北河沿北大法科),并在三院门外贴上"学生监狱"四个大字。三院大门的东边和西边各搭了十个临时帐篷,由警察厅派军警扎营看守。6月4日,各校学生仍旧上街讲演,讲演员较3日约增一倍。这一天,学生又被捕去700多人。两天被捕学生近千人。北大三院礼堂已容纳不下,又占用了北大二院理科楼房作为临时监狱,在门外挂上"学生第二监狱"牌子。然而,学生并不畏惧。4日下午,连"五四"后屡欲参加运动都受阻不果的高等女子师范等十五校女生约600人,也冲出校门,齐集天安门整队游行至总统府,上书要求释放被捕学生、尊重学生人格、自由讲演、立即撤退包围北大的军警。被捕的学生备受虐待。3日入狱的学生自早到晚未得杯水入口,未得粒米沾唇。4日,警察厅因被抓的人太多,供应不了饮食,竟致函北大,说"所有饮食用具,应请贵校迅予筹备,以资应用"。是日,北大、高师、政法专门、医学专门、农业专门、工业专门等六校校长联合呈文政府,请撤北京大学军警。

6月5日晨,北京学生联合会发出宣言,再次控诉北京政府镇压学生的罪行,呼吁全国各界支援。与此同时,各校学生5000余人,编成三个纵队,分三路讲演(北大学生率领第一、第四两所中学学生为第一队,由东四牌楼过东单牌楼到崇文门一带讲演)。每队之后,都有雇来的大车,载着各人的卧具随队前进,也有个人背负衣包的,都做好了被捕入狱的准备。军警捕不胜捕,只好改变方针,只赶听众,不捉学生。因此三队学生竟能手拿旗子,大呼爱国,沿街游行。最后有2000多学生齐奔北河沿北大三院临时监狱,要求军警将他们一同拘捕,并砸烂了许多兵棚。院内被禁的学生知道了这一情况,也纷纷登上法科大楼,奔到临街楼窗,扬旗怒号。院内院外的斗争交织在一起,气氛十分炽烈。这时,北京政府已得知上海三罢(罢课、罢工、罢市)的消息,于是下令撤去包围北大的军警,二十个帐篷也霎时撤去。但是被拘学生并未离去。他们仍在北大商议办法,议决:(1)暂不出校,并举出纠察员数人维持秩序;(2)向政府要求集会、言论、出版自由,不受限制。如这一条要求办不到,宁肯饿死狱中。会后,学生迅速组织警备队维持秩序,并反拘了7名警察,留下两个帐篷,作为人证、物证。他们还派出代表到警察厅索取被囚近千学生的伙食费和卧具。6月6日,未被捕的学生继续外出讲演,学生联合会则又一次发出通电，说明斗争的实情，并派代表8人到教育部交涉，提出若欲被捕学生各回本校，须让包围学校的军警向学校道歉。当日，教育部派代表（参议）陆某等4人往北河沿北大法科劝在禁诸生回校，不达目的而回。7日，北京政府派国务院参议曾彝进、教育部部员路孝植等前往道歉，表示政府"处置失宜"，劝诸生"回校休养"。他们离去后，学生开会商议，认为政府对待学生毫无诚意，或以武力威胁，或诱以小惠，如欲示诚意，须自罢免曹章陆始，曹章陆不予罢免，绝不甘休。议决现仍不出拘留所，以示要求罢免曹章陆之决心。到了6月8日，学生们为主动出击，"效申包胥七日之哭，不杀国贼，誓不返校"，乃由各校派代表10人至法科欢迎被拘各生返校。8日晚，各校开会议决，自10日起，全市中学以上学校（女校也加入）同往总统府门前痛哭，并通知各带行李以资露宿。但到10日晨，总统府秘书忽来电话，说学生的要求（即罢免卖国贼）已达到，学生们才暂时取消了这次行动。

6月3日、4日，北京学生被大批逮捕的消息传出后，全国震惊。6月5日，上海六七万工人实行总罢工，上海商界宣布罢市，上海学生包括高等小学以至国民小学一律罢课。继上海之后，全国20多个省和150多个大中小城市的工人、学生和商人均先后罢工、罢课、罢市。在这种情况下，北京政府不得不于6月10日下令同时罢免了曹、章、陆三人的职务。

为了进一步开展反对北京政府反动政策的斗争，陈独秀、李大钊等提出了对北京予以"根本之改造"的问题。6月11日，他们在北京的繁华地带，散发了由陈独秀起草的《北京市民宣言》，内容如下："中国民族乃酷爱和平之民族，今虽备受内外不可忍受之压迫，仍本斯旨，对于政府提出最后最低之要求如左：一、对日外交，不抛弃山东省经济上之权利，并取消民国四年、七年两次密约。二、免徐树铮、曹汝霖、陆宗舆、章宗祥、段芝贵、王怀庆六人官职，并驱逐出京。三、取消步军统领及警备司令两机关。四、北京保安队改由市民组织。五、市民须有绝对集会、言论自由权。我市民仍希望和平方法达此目的，倘政府不顾和平，不完全听从市民之希望，我等学生商人劳工军人等，唯有直接行动，以图根本之改造。特此宣告，敬求内外士女谅解斯旨。"

陈独秀在"新世界"游艺场散发上述宣言时被捕。当晚，其住宅也被抄查。9月16日，经多方努力，陈才被释放。

随着运动的发展，各地学生感到有进一步组织起来的必要。6月1日，在北京大学的倡议下，京、津、宁、沪及留日学生代表在上海环球中国学生会召集全国学联的筹备会，议决名称为中华民国学生联合会，并发电各地联合会，请于两星期内各派代表二人来沪，商订章程及办法，再开成立大会。6月16日，全国学联成立大会在上海大东旅馆六楼召开，北大学生段锡朋当选为全国学生联合会主席。

到了6月下旬，《凡尔赛和约》签字的日期日益迫近。各地学生、民众团体加紧了开展拒签和约的斗争。6月20日，山东各团体八十多名代表晋京请愿，要求：拒签和约；废除高徐、济顺铁路草约；惩办国贼。6月27日，北京各界举行联合请愿，参加的有山东代表请愿团、北京中等以上学校学生联合会代表请愿团、京师总商会代表、天津各界联合会代表、陕西学生联合会代表、留日学生代表、报界代表、基督教代表等数百人。同日，全国学联和上海各界人士召开了拒签和约的万人大会。除山东、北京、上海外，其他许多地区也都展开了各种形式的拒签和约的斗争。与此同时，在巴黎的旅法华工、留学生和华侨等数百人于27日晚包围中国代表团秘书长陆征祥的住处，强烈要求拒绝在和约上签字。在全国人民拒绝和约运动的强大压力下，中国代表终于没有出席28日《巴黎和约》的签字仪式，正式拒绝在和约上签字。

拒绝在《巴黎和约》上签字的要求实现了，但"挽蔡"斗争还没有取得结果。早在6月3日以后，北京政府一面大肆镇压学生运动，一面于6月6日批准蔡元培辞职，先是任命王树枬接替，王不就，于是改任胡仁源。北大学生闻风即于6日晚召开全体大会，一致决议坚决拒绝胡仁源任职，上书政府要求收回成命，同时派代表警告胡仁源"万勿到校"。6月11日，北大教职员也集会拒胡，并公开声明，北大校长"除蔡元培外，绝不承认第二人"。北京各专门以上学校、教职员联合会、商会等也一致声援。北京政府不得已于6月中旬以教育部训令的形式将胡仁源调教育部任用，北大"所有校务仍由工科学长温宗禹代理"。6月22日，北京政府教育部派代表与北京教职员联合会、学生联合会、北京大学师生代表汤尔和、马裕藻、熊梦飞等到杭州迎接蔡元培回京复任。7月9日，蔡元培在杭州致电全国学生联合会、北京中等以上学校学生联合会、北京大学学生干事会，表示放弃辞职，但告以胃病未瘥，"一经瘥愈，即当束装北上"。蔡元培同时又给北大全体教职员一信，说在他回校任事以前，已请蒋梦麟教授为代表，"嗣后一切公牍均由蒋教授代为签行。校中事务请诸君与蒋教授接洽办理"。但是直到这时，北京政府还在继续玩弄两面手法，一方面促蔡北上，另一方面又拟任命蒋智由（观云）为北大校长，只是由于蒋坚辞不就才作罢。9月，北大开学在即，蔡元培乃于9月12日返回北京，9月22日开学这天到校视事。至此，"挽蔡"斗争也取得了胜利。

第三节　声援闽案和反对中、日直接交涉山东问题的斗争

一、声援福州惨案

1919 年 11 月 16 日，驻福州的日本居留民团因仇恨福州学生抵制日货的活动，故意持械寻衅，与学生发生冲突，打死学生 1 人，打伤学生 7 人，并伤市民多人，造成震动全国的"福州惨案"。事情发生后，驻福州的日本当局不但不惩办凶手、对中国人民谢罪，反而电请本国政府借口保护日侨派舰来闽，进行讹诈。

闽案消息传到北京，引起学生的极大愤慨。11 月 29 日，北京中等以上学校学生五千多人，齐集天安门，分为 30 队游行示威。其中，第二十三队为北京大学学生。12 月 7 日，学生又联合北京爱国商人在天安门召开国民大会，提出强硬抗议，要求撤换日本驻福州领事，要求日本惩凶、道歉，并要求收回领事裁判权。大会还决定北京各商店一律不卖日本货。会后，并由北京大学等二十多个团体组织"抵制日货委员会"，有计划地进行斗争。除北京外，天津、济南、上海等地区都开展了声援闽案的活动。

二、反对中、日直接交涉山东问题

中国代表拒绝在《巴黎和约》上签字后，日本不甘心，企图通过中日直接谈判，对北洋政府施加压力，来取得山东的权益。1920 年 1 月 19 日，驻北京日使向外交部提出："关于山东善后各事，拟由贵我两国组织委员会，商议解决。"1 月 31 日，北京大学等 33 校学生在天安门集会，会后举行示威游行，沿途高呼"反对中日直接谈判""抵制日货"等口号。2 月 4 日、5 日，根据北京学联的决议，北大等北京各校学生连续组织大规模讲演，反对山东问题中日直接交涉，指责政府的卖国行为，遭到大批军警镇压，数十人受伤，43 人被捕。4 月 15 日，北京警察厅强迫解散北京中等以上学校学生联合会。但各校仍继续进行斗争。4 月 21 日，根据全国学联的决定，全国学生举行了总罢课。在爱国学生的斗争下，北京政府乃有中日不直接交涉之表示，并于 5 月中旬释放被捕学生。5 月 17 日，全国学生联合会决议复课，并表示：如果政府不讲信义，而代民断送人格者，同人当追随全国之后，以公敌待之。

第四节　驱逐彭允彝的斗争

1922年5月，直系军阀曹锟、吴佩孚打败奉系军阀张作霖，夺得北京中央政权。他们在镇压工农运动的同时，加强对学校的控制。11月中旬，他们任命"早已见恶于国人"的政客彭允彝为教育总长。消息传出，引起广大师生的极大愤慨。在北大学生会的倡议下，北京学联发表宣言，拒绝彭允彝为教育总长，掀起了驱逐彭允彝的斗争。这使军阀政府大为恼怒。1923年1月初，大总统黎元洪下令"严行整顿学风"，严禁学生请愿等活动。教育部也下令禁止学生来部请愿。在军阀政府的压迫下，蔡元培于1月17日辞去北大校长的职务，悄然离京。他在辞呈中说："元培目击时艰，痛心于政治清明之无望，不忍为同流合污之苟安，尤不忍于此种教育当局之下，支持教育残局，以招国人与天良之谴责。惟有奉身而退，以谢教育界及国人。"他还在各报上刊登了"自本日起，不再到校办事"的启事。蔡元培的辞职出走，在广大师生中引起很大震动。1月18日，北大学生举行全体大会，通过"驱逐彭允彝""挽留蔡校长""警告国会"等项决议。同日，北大评议会和国立八校校务讨论会也先后召开紧急会议，商讨维持学校和挽留蔡元培等问题。19日，北大教职员全体会议议决，除蔡校长外，"不承认任何人为北大校长"。北大学生则派出黄日葵等四位代表，向黎元洪提出挽蔡免彭的要求，校学生会并先后三次发表挽蔡宣言，强烈表示，如若政府悍然不顾学生公意另委校长，"则唯有以极激烈之手段对付，暂以三千学子之热血，涤此大学历史之腥膻"。这一天，校评议会发出布告："暂行以本会名义，会同总务长及教务长，维持本校一切事务，至教育当局问题及校长去留问题确有明白的解决之日为止。"

1月19日下午是军阀政府众议院投阁员同意票的日子，北大同学联合法专、医专、工专等校一千多人到众议院请愿，以阻止投彭允彝的同意票。队伍前面举着"警告国会"四个大字的大旗，同学们每人手执"驱逐教育界败类彭允彝"等旗帜。当队伍到达众议院门前递请愿书时，遭到一百多武装警察和百多个流氓打手的袭击。三百多同学受伤，其中受重伤的有黄日葵等五十余人。

同学们返校后，群情激愤，立即召开大会，向全国发出通电，揭露军阀政府的罪行，并决议联合全国教育界一致行动。北大全体教职员也举行联席会议，发表宣言，表示驱彭挽蔡的决心和对受伤同学的慰问。李大钊受全体教职员的委托起草了通电。21日，全体教职员再次开会，决定组织临时委员会,办理挽留蔡校长及其他相关事宜。

1月24日,参议院就阁员问题投票,北大等北京34校五千多学生又去请愿,要求否决对彭允彝的同意案。然而参议院投票结果,彭允彝仍然获得通过。

对这次斗争,李大钊曾在北大教职员临时委员会上提出,除"蔡先生回校问题亦当注意"外,还"应当注重全社会",以联合各方面力量共同反对军阀政府。1月31日,邓中夏也在《北大学生新闻》上发表《我对这次运动的全部意见》的文章,提出,这次运动的目标,不要特别注意"挽蔡",也不要特别注意"驱彭",因为这些都是枝节问题,只要反动政治势力即军阀政治根本推翻,这两个小问题便可迎刃而解。

在上述思想影响下,同学们决定加强反对军阀的宣传活动。1月30日,彭允彝正式就职教育总长。31日,北大等二十几个学校的同学按照北京学联的决议,组织讲演团,开始到街头举行讲演。讲演团分为100组,每组有20至30人。这些小组分散到北京各处向市民揭露军阀的罪行,号召大家起来共同斗争。31日这一天,北大、医专、工专等六校评议会也举行联席会议,决议"凡是由彭允彝署名的教育部一切公文,概不接受"。正在运动的高潮时期,发生了"二七"惨案,北大和北京各校院一起投入支援"二七"大罢工的斗争。

第五节　支援二七大罢工的斗争

1923年2月1日,京汉铁路总工会成立时,遭到直系军阀吴佩孚的蛮横干涉。2月4日,总工会决定为"争人权,争自由"举行全路总罢工。7日,中国劳动组合书记部、社会主义青年团、民权运动大同盟、北京学联、北大学生会等十余团体举行代表会议,决定组成铁路工人后援会,用发表宣言、游行示威、筹款援助等办法支援大罢工,并决定派代表慰问罢工工人,"后援会"的办事处设在北大学生会,实际上它的办事机构就是北大学生会。

铁路工人大罢工实现后,吴佩孚在帝国主义的指使下,下令对罢工工人进行血腥镇压。7日黎明,长辛店三千多工人结队到十四混成旅旅部示威,要求释放被捕工人。军队开枪射击,当场打死5人,三十多人受重伤,三十多人被捕。7日下午,两营武装士兵包围武汉江岸总工会,并开枪打死32人,打伤二百余人,逮捕六十余人。京汉铁路总工会江岸分会委员长、共产党员林祥谦牺牲。与此同时,保定、正定、信阳、新乡、郾城等京汉路沿线各地也都发生了血案。

"二七"惨案发生的第二天，北京学联向全国发出通电，号召打倒军阀、共同支援工人兄弟的正义斗争，并写信给京汉铁路工人，表示"愿为后盾"。9日下午，北京东城、北城各校学生集合在北大三院礼堂，西城、南城各校学生集合在女子高等师范学校开会，声援京汉铁路工人的斗争。从长辛店等地来的工人和遇难者家属在会上控诉了军阀暴行。会后举行了示威游行。当时，工人、市民亦纷纷前来参行游行集会。次日，北大学生又联合北京其他院校学生到街头演讲、募捐。

2月15日，武汉工团联合会法律顾问施洋遭军阀枪杀，北大学生会向全国各界发出通电。通电说"今日既可杀施洋，明日可杀他人"，"倘再不打倒军阀，伸展民权，亡国之惨，噬脐无及"。3月22日，北大和其他学校学生千余人，在北京师大举行施洋、林祥谦暨"二七"诸烈士追悼大会。北大学生会的挽联上写着："我们只有谨记着诸烈士的遗训，将他未竟的功业，誓死贯彻下去。"此后，北大学生还到"二七"大罢工沿线进行宣传和收集资料、照片。

第六节　声讨"五卅惨案"的反帝爱国斗争

1925年5月15日，上海日本内外棉第七纱厂资本家枪杀了工人顾正红，并打伤十余人。5月30日，上海工人、学生两千多人高呼"反对帝国主义"口号举行游行示威。当队伍走到南京路老闸巡捕房门前时，汇集了约一万人。英国巡捕开枪射击，打死13人，伤数十人，被捕数十人，制造了震惊中外的"五卅惨案"。

6月2日，消息传到北京，北大学生会立即通电全国抗议，并召开全体学生大会，要求严惩凶手，释放被捕学生，收回英日租界，取消领事裁判权，废除不平等条约。同时决定3日开始罢课，联络各校举行游行示威。

6月3日，北大与北京各校开始罢课。下午，各校学生队伍从北大三院出发，举行游行示威，北大学生走在队伍的最前面。他们沿途散发传单，高呼"打倒英、日帝国主义""援助上海伤亡同胞""取消一切不平等条约"等口号。6月5日，北大联合其他学校组织讲演团，向市民和铁路沿线农民开展宣传活动。为便于到较远的地方进行宣传，他们还组织了自行车队。北大平民教育讲演团定每晚八时至九时半举行讲演，"以唤醒民众，同雪国耻"。北大师生还组织了援助沪案罢业工人募捐团，向各界募捐。北大教职员则将捐赠的一万元直接汇给了上海罢工工人。6月8日，北大师生结队赴吉兆胡同段祺瑞住宅请愿，由蒋梦麟等6代表将请愿书交段，要求立即派军队到上海租界，要求英、日政府召回其公使。6月10日，北大教职员成立沪案后援会，致函执政府，要求派兵接管上海公共租界和汉口英租界，解除在华英、日军队武装，断绝外交关系，并以北大教员名义，致函国际职工联合会、国际职工后援会等国际组织，感谢其对中国人民的同情和支援。6 月 12 日，北大校警也组织了后援会。当时在欧洲的蔡元培校长曾两次致电北大学校负责人，主张迅即废除不平等条约。

6 月 10 日，北大师生和北京各爱国团体在天安门举行国民大会。参加大会的有北京的工人、学生、市民十多万人，会后，冒着大雨举行了游行示威。

6 月 25 日是全国总示威日。这一天，北大师生和北京各界一起，为哀悼"五卅"死难同胞举行了罢工、罢课、罢市的斗争，并参加全市大集会。30 日，北大等 500 多个团体又在天安门举行全世界被压迫民族国民大会。朝鲜、印度、土耳其等国的代表出席了大会。与会者愤怒声讨了帝国主义的罪行。此后，北大师生还声援了作为"五卅"运动重要组成部分的省港大罢工。北大救国团还于 7 月为上海、武汉、广州等地发生的惨案发表了总宣言。

这次斗争前后延续了三个多月，至 9 月 8 日才宣布复课。

第七节　"三一八"反帝反军阀的斗争

1926 年年初，奉系军阀张作霖和直系军阀吴佩孚、张宗昌，在帝国主义的唆使和支持下，组成直鲁联军，多次向驻守天津等地的冯玉祥国民军进攻，均被击退。3 月 12 日，两艘日舰侵入大沽口，数艘奉舰尾随其后。日舰炮轰驻天津的国民军，造成十多人的伤亡。国民军被迫还击，将日舰和尾随奉舰逐出大沽口。16 日，日本政府向中国政府提出抗议，并纠合英、美、法、意、荷、比、西等国公使，向中国提出最后通牒，限 48 小时内答复，同时各帝国主义国家的 20 艘军舰云集大沽口，进行恫吓。

帝国主义的侵略行径，激起全国人民的义愤。3 月 14 日，北大和北京各大专院校师生参加了北京各界民众召开的"国民反日侵略直隶大会"，呼吁北洋政府"速筹抵抗之方法"。16 日下午，中共北京地委召开紧急会议。李大钊在大会上指出：八国通牒，实质上是第二次八国联军入侵的先声；共产党的任务，就是发动各界民众，坚决同北洋军阀政府和帝国主义侵略者进行斗争。17 日下午，北京总工会、学生总会、北京大学及其他院校等 150 多个团体的代表，在北大三院举行联席会议，决定 18 日召开国民大会，要求段祺瑞执政府严正驳复八国通牒，不许日舰带奉舰入口，驱逐八国公使，废除不平等条约。

3 月 18 日上午 10 时,北京各团体、各院校按照联席会议的决定,在天安门举行"反对八国最后通牒国民大会"。大会主席团由徐谦、李大钊、顾孟余、陈启修、黄昌谷、丁惟汾和学生总会、总工会的代表共 8 人组成。大会议决:通电全国一致反对八国通牒,驱逐八国公使,废除一切不平等条约;撤退外国军舰,电勉国民军为反对帝国主义侵略而战。会议还决定组织"北京市民反对帝国主义大同盟"。会后,两千多人举行游行请愿。下午 1 时半,游行队伍到达执政府国务院门前,推出 5 位代表携带国民大会的决议,要求进执政府面见贾德耀。正当代表交涉之际,预伏的军警竟开排枪射击,并挥舞大刀砍杀,当场打死 47 人,伤二百多人。史称"三一八惨案"。惨死的 47 人中,有各大专院校学生 18 人,其中北大有张仲超、李家珍、黄克仁 3 人。受伤的二百多人中,有各大专院校学生一百一十多人,北大教授李大钊亦受伤。

惨案发生的当天,段祺瑞执政府还发出通缉令,通缉徐谦、李大钊、李石曾、易培基、顾孟余等人。

惨案发生后,北京学生总会于当晚 7 时在北大三院召开紧急会议,议决:通电全国,请一致声讨段祺瑞执政府制造北京惨案的罪行;发表宣言,公告惨案真相;各校组织演讲队,进行宣传;慰问死者家属及伤者。19 日,北大学生会通电全国,呼吁一致奋起,实行罢课罢市罢工罢税,以为声援。北京学生总会继续召开紧急会议,通过一致罢课,定期举行追悼会等八项决议。北京国立九校教职员代表召开紧急会议,由蒋梦麟主持,决定各校推出一名代表,于 20 日向当局接洽遗体问题。20 日,北大教职员发表宣言,指出"三月十八日的请愿,绝非一党一系的群众运动,而确为一种国民的运动"。宣言要求拘捕段祺瑞和其他肇祸罪犯,依法处以杀人罪。北大学生会亦通电全国各报馆、团体,驳斥国务院颠倒黑白的巧(18 日)电。21 日晚,在北大三院召开北京国民反辛丑条约国侵略大会。会上宣布成立"三月十八日惨案北京各界昭雪会"。

23 日,北京各界万余人在北大三院操场隆重举行"三一八"死难烈士追悼大会,由中法大学学生陈毅担任主席。他和相继讲话的代表痛斥了军阀的滔天罪行。北京学生联合会决定,为纪念死难烈士,各校学生自即日起缠黑纱一周,并下半旗志哀。25 日,北大师生为死难三烈士张仲超、李家珍、黄克仁在彰仪门外九天庙出殡。同日,陕西旅京各团体在北大三院开会追悼北大陕籍学生张仲超。

1928 年 9 月 11 日,国民政府决定"三一八"烈士公葬圆明园。1929 年 3 月 18 日,"三一八烈士公墓"在圆明园的风景区"九州清晏"落成。当日,北京市约一万人在圆明园举行了公墓的落成典礼。1929 年 6 月 15 日,北大师生在三院建立了"三一八"烈士纪念碑,17 日,举行了纪念碑落成典礼。碑座四周刻有张仲超、李家珍、黄克仁三烈士简历。纪念碑的铭文为："死者烈士之身，不死者烈士之神。愤八国之通牒兮，竟杀身以成仁。唯烈士之碧血兮，共北大而长新。踏着三一八血迹兮，雪国耻以敌强邻。繁后死之责任兮，誓尝胆而卧薪。"北大自北京城内迁至西郊燕园后，于1982年3月18日将纪念碑迁至北大燕园未名湖附近。

第八节　九一八事变后的抗日救亡斗争

1931年9月18日，日本军队炮轰沈阳北大营，同时向沈阳城内和长春、四平街、公主岭等地发动进攻。国民党政府实行"不抵抗"政策，19万东北军被迫退入山海关内。这样，仅四个月零十天，日军便尽陷我东北全境。

九一八事变爆发后，全国人民异常激愤。9月20日，北大学生会发出抗日救亡通电，指出日帝侵占东北，"直逼平津，华北一带，危在旦夕，事在迫切，国亡无日。是而可忍，孰不可忍，为今之计，唯有速息内战，一致抗日"。21日，北大学生会召开紧急会议，决定成立北大学生会抗日委员会，负责组织全校学生的抗日救亡运动。同日，召开全校学生大会，议决组织宣传队，扩大抗日宣传；武装本校学生军；联合各校学生举行总示威运动；警告日本政府即刻撤兵道歉等。北大270多位教职员也集会成立教职员对日委员会。委员会议决致电国民党中央党部及国民政府，请其对日采取强硬政策；函主持北平军分会的张副司令（张学良）不得与日本直接交涉。22日，为抗议日本侵略，北大学生罢课一天，并分成四队到闹市区进行讲演。24日，北大学生在三院召开抗日运动宣传大会，由胡适、燕树棠、陈启修、何基鸿、陶希圣、许德珩等讲演；会后分赴娱乐场等公共场所进行宣传。10月4日，北大抗日救国会宣传队赴平西平东讲演。11月10日，北大学生六百余人整队赴顺承王府，向张学良副司令请愿，要求武力捍卫国土，收回失地，要求发给枪械武装学生军。张学良出见学生，表示当转呈中央办理，并说：诸君爱国热忱，余颇有所感，若三十年前，亦有诸君之爱国运动，恐中国今日决无如此之受辱。11月14日，北大学生会第三次代表大会议决电慰黑龙江主席马占山将军，支持其抗日义举。

国民党政府竭力压制广大青年学生的抗日要求。9月23日，教育部下令，学校可组织讲演，加强体育及军事训练，但不得罢课；11月9日，又电令各校长，禁止学生赴京（南京）请愿。国民党北平市政府还在九一八事变后第三天，召集军警宪机关及各大学校当局联席谈话会，规定禁止学生罢课、不许学生结队游行、在校开会应先得学校当局许可等。

1931 年 11 月，南京政府向国际联盟提议设立锦州中立区、天津共管，与此同时，外交部顾维钧也开始向日本直接交涉。消息传开，全国人民更加激愤。各地学生多次组织请愿团到南京向国民党政府请愿。11 月 30 日，北大学生会主持了有二百多名同学签名要求召开的全体同学大会。会前和会上，虽有人捣乱，但大会还是按原计划进行。大会通过了反对哭诉国联的乞怜外交、反对划锦州及中国任何地方为中立区、监督蒋介石不得与其他帝国主义者勾结、对日绝交、即刻宣战等 14 项决议。大会还提出："倘政府不能代表人民的利益，不能以武力驱逐日本出境，不能保障中华民族之独立时，则非但不信任它，而且要打倒它。"大会还决议 12 月 1 日开始罢课，组织南下示威团，到南京去，向蒋介石政府示威。

12 月 1 日，北大第一批南下示威学生 230 余人在二院开会，决定南下队伍命名为"北京大学全体同学南下示威团"（简称南下示威团），并选出由 19 人组成的代表团为领导机构，由共产党员岳增瑜担任总指挥。示威团起草了《南下示威宣言》《南下示威团告民众书》。下午 3 时，示威团在一院大操场集合整队前往火车站。当队伍到达前门火车站时，车站站长奉命拒绝学生上车。示威团同学遂进行卧轨斗争。双方坚持了数小时，最后才让同学坐到行李车上。在车上，代表团召开会议，决定将同学分为四个大队，下设小队和组，10 人为一组，实行统一指挥。代表团强调这次南下是示威，不是请愿，并拟定了"反对出卖东三省""打倒日本帝国主义""中华民族解放万岁"等示威口号。

3 日，示威团到达南京后，立即和中央大学等南京各院校取得联系，进行示威的准备工作。4 日凌晨，南京卫戍司令部扣留了示威团在印刷厂付印的《告民众书》，逮捕了美吉印刷局的负责人。示威团一面举行记者招待会，发表谈话，散发宣言，一面派代表去质问卫戍司令部：为什么说《告民众书》是反动传单？司令部代表说：大家都是请愿，独北大示威，不是反动，还是什么？宣言对政府太不留面子，会使民众发生不良印象；宣言中为什么没有提中华民国，而只有"中华民族解放万岁"的口号？同学们当即据理予以驳斥，说现在已无"愿"可请，所以不请愿而示威；我们不管面子不面子，只问是事实不是事实。卫戍司令部以《告民众书》须经中央党部审查为由，不肯交还。同学们决定由自己油印。

4 日下午，北大第二批南下示威团一百三十多人亦到达南京。

5 日中午 12 点，北大南下示威团从住地中央大学出发进行游行示威。沿途张贴标语，散发传单，高呼口号。当队伍走到成贤街附近教育部门口时，预先埋伏在这里的一千多名军警一拥而上，用大刀、棍棒、枪托殴打学生，当场有 33 人受伤，有 185 名同学被绑上卡车，送到孝陵卫警卫团囚禁。

在镇压北大示威团的同日，国民党《中央日报》刊登了一份盗用北大学生会名义发来的电报，声称示威团系"少数学生，未经大会决议，自动南下示威，以后该团一切行动，本会概不负责"。对此，示威团立即予以驳斥，指出这是少数特务学生盗用学生会名义的假电报，并及时公布了油印的《告民众书》。北大校学生会也分别致电教育部、国民党中央和国民政府，要求对造谣者严加追究，并立即释放被拘学生。

5日下午，中央大学等学校的学生代表同北大示威团未被捕的同学一起举行紧急会议，一致决定：通电全国，揭发政府对北大同学的残暴行动；要求政府立即释放北大被捕同学；要求政府赔偿同学损失，向北大道歉，惩办凶手；联合全国学生一致罢课，举行游行示威。会后，同学们涌向卫戍司令部，派代表进内要求释放被捕同学。司令部扣留了代表。被激怒了的同学冲开两层铁门，涌进院内进行说理斗争，一直坚持到深夜，才迫使卫戍司令部释放了谈判代表。

南京各校及外地来南京的学生派代表到中央大学体育馆慰问北大同学，上海、杭州、济南、广州等地学校也纷纷致电慰问。上海、北平、杭州、太原等地的同学相继开展了示威运动。

被囚禁在孝陵卫的北大同学进行了绝食斗争。6日深夜，南京政府派出两连军警，将北大被捕同学武装押送回北平。12日，北大示威团未被捕的学生94人也乘车回平，但仍有八十多位同学留在南京继续斗争。

在南京政府镇压北大示威团同学之后，8日晚，北平当局也出动军警一百多人，包围了北大西斋宿舍，禁止学生出入，逐号搜查，殴打同学并捕去同学一人。示威团的同学返校后，与留校学生会合，改组成立了非常学生会，行使原学生会及抗日会的职权，领导同学继续进行斗争，同时经全体学生大会一致议决，勒令每月领取300元津贴、破坏学生运动的特务分子关纾滚出北大。

在全国人民抗日反蒋运动的压力下，蒋介石于12月15日宣布下野。12月24日，非常学生会根据总签名结果决定复课，26日正式复课。

第九节 "一二·九"运动及其后的抗日救亡斗争

日本帝国主义发动九一八事变、占领了我东北全境后，加紧进犯华北。1933年3月，日军占领了热河，五月，进占通州和冀东地区。5月31日，南京政府与日本侵略者签订了卖国的《塘沽协定》，实际上承认了日本占领我东北三省和热河的"合法性"，并将察北、绥东、冀东的大片国土以所谓"非战区"奉送给日本,使华北门户洞开。1935年5月,日本进一步提出华北统治权的要求。6月,南京政府何应钦和日本华北驻屯军司令官梅津美治郎签订了《何梅协定》,把整个华北的经济、政治、军事控制权送给了日本。与此同时,南京政府继续推行"攘外必先安内"政策,对外屈膝投降,对爱国人民则残酷镇压。1935年6月,南京政府颁布《睦邻敦交令》,要人民对日本帝国主义"务敦睦谊",规定凡为反日宣传者,均处以"妨害邦交罪",随后又下令取缔一切抗日救国团体。

《何梅协定》签订后,日本又策动一些汉奸、流氓搞所谓"华北五省自治运动"。南京政府则指派宋哲元等成立"冀察政务委员会",以适应日本关于华北特殊化的要求。整个华北危在旦夕,爱国学生慨叹:华北之大,已经安放不下一张平静的书桌了。

正当广大大学生为祖国的存亡而焦虑、苦闷的时候,传来了红军北上抗日胜利到达西北的喜讯,在东斋的告示牌上和西斋的阅报室里还先后出现了中共中央在长征路上发布的《八一宣言》和毛泽东、朱德署名的《抗日救国宣言》,使大家看到了希望,受到了鼓舞。1933年以后受到严重摧残的北大进步力量又活跃起来,积极进行抗日救亡运动。当年11月,北大重新建立了党团支部。党支部书记为刘文卓(刘导生),团支部书记为刘志诚(刘居英)。11月18日,北京市学联以北大等校进步教授和学生组织的"黄河水灾赈济会"为基础宣告成立。北大数学系学生俞启威(黄敬)、历史系学生刘松云(刘江陵)以水灾赈济会的名义参加了学联的筹建工作。11月24日,以北大校长蒋梦麟领衔,由清华、师大、燕大、平大等校校长和教授20多人签名发表宣言,"反对脱离中央组织特殊政治机构的阴谋","要求政府维持国家领土及行政的完整"。这时,北大广大爱国学生迫切要求组织起来开展抗日救亡运动,通过党团员和进步学生的活动,决定重新建立学生会,并于12月6日选出由13人组成的筹委会,筹备于9日下午投票选举产生学生会执委会。正当北大学生会即将成立但还未正式成立的时候,"一二·九"运动爆发了。

1935年12月7日,传出消息说国民政府为了迎合日本帝国主义"华北特殊化"的要求,准备于12月9日在北平成立"冀察政务委员会",由宋哲元任委员长,由日本推荐的汉奸王揖唐、王克敏、齐燮元、曹汝霖等任委员,实行变相"自治"。中共北平市临委决定于9日组织学生游行,抵制"冀察政务委员会"成立。12月8日,北平学联在女一中秘密召开紧急会议,商讨游行事宜,决定这次行动以请愿开始,请愿不成就转为游行。各校代表分头回校发动群众。12月9日,北平各大中学校的爱国学生,冒着严寒,冲破军警的层层封锁,汇集到新华门前,向国民政府军事委员会北平分会代理委员长何应钦请愿。他们推出代表要求面见何应钦,并提出6项要求:(1)反对成立华北防共自治委员会及其类似组织；(2)反对秘密外交,立即公布中日交涉经过；(3)保障人民言论、集会、结社、出版自由；(4)保障地方领土安全；(5)停止内战,一致对外；(6)不得任意捕人,立即释放被捕学生。何应钦避而不见,由军分会参谋长侯成出来应付学生。他不理睬学生的要求,反要学生"急速回校安心读书",愤怒的学生遂改请愿为游行示威。

由于学生会尚未正式成立,北大同学没有代表参加8日的会议,事先也未接到市学联的通知,因而"一二·九"斗争刚开始时,未能参加。但北大的党团组织和爱国学生对于请愿和游行示威,已有一定准备。9日下午,当示威队伍经过红楼,高呼"北大,恢复五四的光荣传统"时,学校党团组织立即决定动员学生参加,一位同学主动敲响了下课钟,鸣钟召唤。于是,听到了呼唤和钟声的三百多位同学,冲出教室、图书馆、实验室、宿舍,高举着临时用被单和马粪纸赶制成的北大校旗,投入到游行示威的队伍中去。

北大教授许德珩、燕大教授雷洁琼、中国大学教授吴承仕、清华大学教授张申府等亦参加了游行示威。

游行队伍经过西单时,遇到军警的阻拦与殴打,当队伍冲破阻拦,经西四、地安门、沙滩到王府井南口时,又遇到军警大刀、木棍、皮鞭的殴打,还遭到消防水龙的冲击,受伤百余人,被捕三十多人。为了避免更大的损失,北大学生俞启威(黄敬)、东大学生宋黎等带领队伍撤到北河沿北大三院,市学联作出了"通电各地号召全国同胞共同救亡""从10日起实行全市总罢课""准备举行更大规模的示威游行"等决议。

9日晚,北大地下党团支部和学生会筹备委员会在东斋开会,具体商讨成立学生会和发展抗日救亡大好形势等问题。10日晨,在红楼召开班代表大会,讨论、通过了学生会章程。下午2时在灰楼前的广场上召开全校同学大会,推荐韩天石为大会执行主席(后又加了朱仲龙即朱穆之,协助韩天石)。大会通过学生会章程,宣布学生会正式成立,选举韩天石、朱仲龙、徐萦樂三人为学生会总务,同时通过决议:宣布总罢课,发表罢课宣言;反对成立"冀察政务委员会",联合世界上以平等待我之民族,共同扑灭日本帝国主义;成立救亡宣传委员会,加紧宣传。大会还决定参加北平市学生联合会。10日晚,在二院召开第二次班代表会,选举产生了由卢荻(陆平)、陈忠经、刘玉柱、谢云晖、葛佩琦等40人组成的学生会执行委员会。

10日,北大学生宣布同全市三十多所院校一起实行罢课后,校方贴出布告:"顷闻有人煽动本校学生罢课,实属破坏校纪……如有不听劝诫,鼓动罢课者,一经查明,即予开除学籍。"当晚,学校当局又召集学生会全体负责人训话。文学院院长胡适劝学生停止罢课。他说:"华北的事,自有蒋梦麟和胡适顶着,不干你们的事。"13日,北大校长蒋梦麟等六大学校长联合发表告同学书,希即恢复学业,努力于学问之研究,不必涉及课外之活动。

北平各校学生罢课后,市公安局贴出布告说,倘若学生"逾越常轨",就必须"依法究办,决不姑宽"。有关当局还派出了大批军警,驻守各校,监视学生活动。北大附近景山东街和沙滩一带每天都有几十名便衣侦探和骑车队警驻守,并有一辆消防车停在一院图书馆门前待命,以便随时准备用水龙冲散学生。

12月16日,是国民政府打算成立"冀察政务委员会"的日子,北平市学联根据中共北平市临委的指示,决定于这一天举行更大规模的游行示威,以示反对。学联的示威指挥部将全市学校按所在地区分为四个大队。北大为第三大队的领队,由朱仲龙任总领队。指挥部决定,各大队分别出发,在天桥汇集召开市民大会,然后到冀察政务委员会预定在此成立的外交大楼总示威。16日清晨,北大同学分别在西斋、东斋、四斋、五斋、三院等宿舍集合,冲破军警的包围、封锁,与第三大队其他学校的同学汇合为一千多人的队伍,奔向天桥,队伍在南长街南口和新华门前,遭到军警皮鞭、棍棒的殴打和水龙的冲击。于是队伍化整为零,按时到达天桥汇集。上午11时左右,市学联在天桥举行了三万多人的市民大会。游行指挥部负责人、北大学生俞启威在会上发表了慷慨激昂的演说。大会通过了反对成立冀察政务委员会、反对华北任何傀儡组织、收复东北失地、停止内战一致抗日、争取爱国自由等八项决议,并发表了《告民众书》。会后,学生任到外交大楼示威。当队伍行近前门时,遇到军警的拦截和鸣枪威胁。指挥部将队伍带到前门火车站广场,举行了第二次市民大会。大会在师大学生杨黎原主持下,再次通过了反对成立冀察政务委员会、停止内战一致对外、不得任意逮捕和屠杀学生等九项决议。

会后,学生决定进城示威,但军警只让学生分批进城。游行指挥部决定采取分路行进、前后接应的办法,将队伍分成三部分,少部分由前门进城,一部分由宣武门进城,其余部分在原地留守,等前两部分学生在宣武门会合后,再接应他们入城。北大等校的队伍从正阳门进城后,折向宣武门接应。当他们走到绒线胡同西口时,受到军警和保安队的阻拦和袭击。而原定从宣武门进城的同学,则被关在城门之外。经过交涉斗争,清华、燕京等校同学先进宣武门返校。但这批队伍刚刚走开,路灯突然熄灭,大批军警向被关在门外的同学乱砍、乱打。过后,各校学生除一部分护送受伤同学回校外,其余都组成小型讲演队,走街串巷进行宣传,直到夜晚,才陆续回校。这一天军警共打伤学生四百余人,捕去三十余人。其中北大被捕5人(巫省三、郝天和、葛佩琦、王德昭、李俊明,他们被警察局审讯三天,19日由北大秘书长郑天挺保释出来),重伤8人(朱仲龙、杨雨民、蒋峻嵩、李俊明、吴兰滨、梁发业、董大年、黄淑生），轻伤五六十人。

"一二·九"和"一二·一六"两次游行示威，迫使"冀察政务委员会"不得不延期成立。

"一二·一六"以后，北大学生会宣布总罢课。

12月26日，在北平成立了平津学生联合会。平津学联根据河北省委的指示，决定成立"平津学生南下扩大宣传团"，共组成四个团，北平三个（第一、二、三团），天津一个（第四团），共500人左右。北大负责领导第一团，由北大学生韩天石任团长，包括东城各大中学校学生。平津学联的这一决定，获得北大学生会第四次班代表大会多数代表赞同。全校报名参加的同学约四十人，其中女同学4人。

北大率领的第一团于1936年1月3日出发，经固安、雄县、霸县、任丘、高阳，于21日到达保定。他们沿途召开大会进行演讲，张贴和散发传单，唱救亡歌曲，演抗日救亡戏剧，对农民和中小学师生进行抗日救亡宣传。而政府则派出大批军警进行阻拦和迫害。24日，学联根据当时的形势，决定返回北平，迎接新的斗争。在保定召开的最后一次全体大会上，大家表示了奋斗到底的决心，并决定成立一个永久性的战斗组织；后经中共北平市委同意，成立了"民族解放先锋队"。2月1日，在北平师范大学召开民族解放先锋队（后改名为"中华民族解放先锋队"，简称"民先"）成立大会，选举产生了领导人：总队长敖白枫（高锦明、师大），秘书刘文卓（刘导生、北大），组织部长肖明颂（北大），宣传部长王仁忱（师大）。当时有队员300人，下设26个分队。

"一二·一六"后，北大学生会和市学联都宣布继续罢课。12月17日，国民政府教育部电北平各大学校长，切实劝导学生早复常态，又电北平市秦德纯市长，会同各校妥为处理。19日，秦市长邀各大学校长在市府谈话，请校长们恳切告诫学生安心上课。20日，北大等六大学校长发表告同学书，盼认清救国目标，勿虚掷光阴。22日，各大学校长及各院系主任聚会商量提前放寒假问题。30日，北大学生会召开第四次班代表大会，议决反对复课和提前放寒假。31日校长蒋梦麟、文学院长胡适在三院大礼堂召集学生谈话会，对提前放寒假还是复课问题进行民意测验，结果只有个别人赞成复课。1936年1月1日、2日，校方连续贴出布告，规定全校学生自4日起一律复课，但为学生所拒绝。4日晚和6日上午，学生会分别召开代表大会和紧急全体学生大会，均通过了"继续罢课"的决议案。6日下午，校长召开校务会议，贴出了"本校1月8日起放寒假"的布告，但多数同学仍留在学校里，继续进行抗日救亡活动。

国民政府一方面令各校提前放寒假，让学生回家，使之不能搞集中活动；另一方面，又于12月23日，令全国交通便利的各地选派学生代表随同校长,于下月 15 日,晋京"聆训"。26 日,教育部致电北大蒋梦麟等六大学校长:顷奉行政院长令,于 1 月 15 日在南京召见全国各校长及学生代表会议,示以政府施政方针。27 日,六大学校长在清华同学会开会,决定遵部令办理。30 日,市学联召开代表大会,决定拒派代表赴京"聆训",同日下午,北大学生会召开第四次班代表会,也决定不派代表赴京。1 月 3 日,北大学生会发表《为不派代表"晋京聆训"宣言》,6 日,又召开紧急全体同学会,表决通过拒绝派代表"晋京聆训"。6 日夜,北大校长室贴出选派赴京代表办法,规定 7 日下午投票选举学生代表 3 人,但 7 日无人投票。10 日,由文学院院长胡适代表蒋校长指定的三名学生代表赴京听蒋介石训话。2 月 18 日,北大学生会召开全体同学大会,议决将"违反公意晋京伪代表"外文系三年级学生杨西昆、经济系三年级学生李守权"开除学籍""驱逐出校"。大会还决议于 3 月 1 日起实行非常时期教育方案。会后,同学们往东斋将杨、李二人房中的书、物抛掷在宿舍门外(杨、李已于事前躲避,事后由学校事务组将其书物收存)。三名代表之一的化学系四年级学生徐綦燊,领了三百元津贴,在去南京的途中下车去山东旅行,回校后发表《徐綦燊启事》称:"外传敝人赴南京一层,纯属误传,特此声明。"2 月 21 日下午蒋梦麟校长召集全体学生谈话,首先就 18 日将晋京代表杨西昆、李守权书物砸毁并驱逐出校一事指出:中央召集各地代表谈话,校方令学生会选举代表而遭拒绝;校方乃指定二生以学生一份子前往,乃帮助校方,校方决予保护。他同时又表示,对前天发生的这件事,只要你们不再和他们两人为难,他既往不咎。蒋校长并就 3 月 1 日实施非常时期教育方案问题说,事关重大,实施不易,3 月 1 日不可能实行。

2 月 3 日,北平学联考虑到罢课时间过长,不利于团结广大同学参加抗日救亡斗争,决定自本学期开学之日起复课,并于 7 日发表《复课宣言》,说"我们罢课是为了扩大我们的阵线,我们复课是为了巩固我们的力量"。北大同学亦于 2 月 6 日复课。

学生复课后,2 月 20 日,国民政府颁布《维持治安紧急办法》,规定军警可以枪杀抗日群众,逮捕爱国分子,解散救亡团体,钳制救亡言论。接着,教育部转发行政院令,宣布北平学联为非法组织。29 日,大批军警包围北大三院,强行对学生进行检查,并捕去同学 3 人。在此之前,北大教授尚仲衣和一名学生、一名工友已在校外被捕。2 月份,北平师生共有二百多人被捕。

河北省立北平高中二年级学生郭清于 2 月 13 日被捕后,受尽折磨,死于狱中。消息传出后,北平学联于 3 月 31 日上午在北大三院大礼堂召开追悼大会。军警闻讯,包围了北大三院。与会者群情激愤。大会负责人韩天石两次拒绝警方和蒋梦麟校长提出的停止开会的命令。会后,学生推倒围墙,抬棺从孔德中学冲出(因前门已被军警封锁),举行了抬棺游行。队伍到达北池子北口时，被军警打散，53 名学生被捕，其中北大学生 9 人。4 月 1 日，北大校长蒋梦麟主持校务会议，议决开除巫省三、吴沛苍、韩天石、叶纪霖四人学籍，停止学生会的活动。1936 年暑假，蒋校长又解聘了参加"一二·九"运动的许德珩、马叙伦、尚仲衣三位教授。针对学校当局的这些举措，学生会发出通告，声明照常开展工作，并要求学校收回解聘三位教授的成命。

1936 年春，中共中央委派刘少奇领导北方局的工作。他根据中共中央关于建立民族统一战线新策略的精神，为肃清"左"倾关门主义和冒险主义对抗日救亡运动的影响，即以"三三一"抬棺游行为例子，进行了系统分析。他于 4 月 5 日从报纸上看到关于"三三一"的报告后，在党内秘密刊物《火线》上发表了《论北平学生纪念郭清的行动——给北平同志的一封信》，其中说："郭清是应该追悼的，应利用这件事来更激发群体抗日反汉奸的情绪。但不应采取今天这样的方式。可以设置灵堂由各界人士自由去致祭、送挽。如果要开追悼会，可以与学校当局商议，可以请学校当局、教授讲演，也可以举行比较盛大的葬仪，就是完全公开地进行纪念。如果遇到某些事不能得到允许（如开会、盛大葬仪等），就少做一两件也不是什么可耻的事。这样做，我们相信会得到成功，不会失败，不会失掉群众与社会的同情，也不会引起敌人的严重压迫。"针对北平学生运动中存在的问题，刘少奇还是提出了两个小心谨慎的策略，即正确对待教师和学校当局，正确对待二十九军和宋哲元。中共北平市委根据刘少奇和北方局的指示，在党员和民先队骨干分子中进行了关于抗日民族统一战线政策的教育，引导民先队和进步学生广泛开展了统一战线工作，注意团结广大教职员和中间同学，成立了读书会、研究会、壁报社、歌咏团等社团，通过开讨论会、办壁报、举行各种文艺活动等方式，使抗日救亡活动又开始活跃起来。

4 月 26 日，北大女同学会召开成立大会，因酝酿发动过程中与学校当局保持了联系，所以胡适、周炳琳、吴俊升、曾昭抡等教授均到会祝贺。5 月 4 日，北大师生在二院礼堂联合举行纪念"五四"十七周年大会，法学院院长周炳琳、课业长樊际昌到会，马叙伦、曾昭抡、周炳琳、许德珩等教授发表了讲演。5 月 31 日，学生会召开全校同学大会，决议呈报学校恢复学生会，校方未予批准。6 月 1 日，学生会又召开全体同学大会，决定将学生会改为北大学生救国会。2 日，选举陈忠经、刘玉柱、朱仲龙、袁宝华、葛佩琦、卢荻等 21 人为执委（救国会虽然始终未得到校方批准备案，但做了许多实际工作）。

6 月 13 日上午，根据市学联的决定，北大和北平 50 多所大中学校学生 4000 多人，举行游行示威，反对日本增兵华北，反对武装走私，并在鼓楼后面的钟楼广场召开市民大会，通过"反对日本增兵华北""反对二十九军南调""督促中央出兵抗日"等六项决议。游行中，学生们还高呼"拥护二十九军抗日""拥护宋哲元将军抗日"等口号,获得二十九军士兵的同情。当日上午,北大、师大、平大校长,"联袂赴市府,访市长秦德纯,请饬军警和平对待学生,如有学生被传去,请予释放"。宋哲元也表示"前日学生游行,并无轨外行动"。

7月1日,北大开始放暑假。暑假期间,北大学生救国会组织了体育、军训、歌咏、话剧、座谈会、民众教育等项活动。民先总队部和北平学联在西山樱桃沟举办了两期夏令营—军事野营(每期一周),共有北大及各大中学校同学约400人参加。夏令营由民先总队部武装部部长、北大学生杨雨民担任司令。

8月和11月,日伪军进攻绥东,傅作义将军率部抵抗,11月24日,收复战略要地百灵庙。绥远抗战消息传来,北大于11月17日成立教职员学生绥东抗战后援会,决定全体会员节食一顿、教职员捐薪一日(学生还自16日至18日停止炉火三日)慰劳抗战将士。12月1日由化学系系主任曾昭抡、教授孙承谔和学生谢云晖、卢荻、张有民等组成劳军代表团,携带教职员和学生捐款(包括学生在校内外募得的捐款)三千余元和女同学会为抗战将士赶制的一百条绒裤、一百多副手套,赴绥远慰问。代表团到达归绥(呼和浩特)后,归绥驻军召开了欢迎会。傅作义、汤恩伯到会表示欢迎。曾昭抡致慰问词,并讲解简易防毒知识。随后,代表团还赴前线百灵庙,慰问将士。12月12日,傅作义致电北大,对慰劳事深表谢意。

12月11日,北大学生自治会筹备处在三院礼堂召开全体学生大会,通过学生自治会章程和由前学生救国会起草的"建设新北大运动"的提案及纲领,宣布北京大学学生自治会成立。当晚又召开班代表大会,选举产生由学生会主席陈忠经、副主席葛佩琦等17名执行委员、5名候补执行委员组成的执委会。这次成立的学生自治会及其通过的纲领,得到了校方的认可。

12月12日,为声援绥远抗战,抗议非法逮捕救国会的领导沈钧儒等"七君子",北平学生救国联合会组织30多所大中学校学生举行大游行。游行队伍分三路,分别由北京大学、清华大学、东北大学领队,分散出发,到东黄城根汇合,沿途高呼"各党派联合起来,一致抗日""释放爱国领袖""拥护宋哲元将军抗日""拥护二十九军保卫冀察"等口号。下午,游行队伍在北大一院大操场开会,然后来到景山,北平市长秦德纯代表宋哲元接见游行学生,表示接受同学们提出的抗日救国要求。

就在北平学生举行抗日救国大游行的那一天,在西安爆发了东北军和西北军扣押蒋介石的"西安事变"。12月19日,北大学生自治会召开全体同学大会,拟发表宣言。讨论中,两种不同意见发生激烈争论,未果。一部分同学另行成立了北京大学非常学生会,但多数学生仍拥护学生自治会。全校1200余学生中,反对学生自治会的仅百余人。20日,学生自治会发表《告同学书》，表示为了维护全校同学的团结,共负重任,暂不对时局表态,而努力于新北大运动。23日,公布了《新北大运动实施方案》。

12月25日,蒋介石被释放回南京后,教育部两次通令各校"力防学生活动","一律停止学生会活动"。28日,北大学生辅导委员会开会决定:(一)本校学生自治会立即停止活动,听候定期改选;(二)定1937年3月1日至3月8日为本校学生自治会各班代表改选日期。1937年3月25、26日,全校班代表大会举行会议,选出以刘玉柱为首席常委的学生自治会执行委员会。

5月4日,北大学生自治会为纪念五四运动,在第一院操场举行学生军大检阅。同日下午,北平市学联和北平市新学联在北师大联合举行"五四"纪念大会,北大有50余名同学参加。大会开会期间,新学联组织暴徒殴打前来参加大会的各校学联派同学,北大王官豹等同学被打伤。

6月,平津形势日益紧张。北大民先队和抗日救亡运动骨干每星期日参加市学联和民先总队部组织的在西郊农村进行的军事学习和训练。6月至7月初,北大二年级学生参加了二十九军在西苑举办的军训。

7月7日,卢沟桥事变爆发。10日,北大学生自治会发出通电,呼吁全市同胞镇定团结,作地方当局及抗战将士之有力后援,予侵略者以严重打击;13日和22日,分别派人慰劳伤兵和抗战将士。北大和北平大学医学院组织了联合救护队,北大三院改为伤兵医院。24日,北大全体教授发表宣言,谴责日本军阀。27日,日军炮轰南苑、北苑二十九军兵营,北大救护队的同学赴前线救护伤兵,慰劳队的同学赴战地进行慰问。28日,宋哲元率部撤离北平,北平沦陷。

第十节 "一二·一"运动

1945年8月,日本无条件投降,抗战胜利。11月下旬,西南联合大学、云南大学、中法大学和英语专科学校的学生自治会商定25日在云大联合举行反内战时事晚会,请几位赞成和平、民主、团结的教授演讲。云南当局得知这个消息后,对云大校方施加压力,不准学生在云大集会,并于24日公布"禁止一切集会与游行"的禁令。于是,四校自治会决定将会场移至西南联大,名义改为联大学生自治会主办之校内集会。

25日,时事晚会在联大图书馆前的草坪上举行。到会的有六千多人,主要是上述四校学生和部分中学生,也有少数教师、青年职工。会议由联大学生自治会常务理事、昆明学联主席王瑞源主持。联大政治系教授钱端升讲"中国政治之认识"。他呼吁成立联合政府,说"内战必然毁灭中国","苟无联合政府,则内战无法停止"。经济学教授伍启元讲"从财政经济观点论内战必须避免"。他说:"如内战扩大,中国势将失去建立现代化工业化国家的机会,财政经济必将趋于崩溃。"社会学家费孝通讲"美国与中国内战之关系"。他指出,"美国目前政策实有助长中国内战之嫌",呼吁"中美人民应该团结起来,反对中国内战"。潘达逵教授讲"如何制止内战"。他极力强调从速召开政治会议,成立联合政府,"美苏军队从中国撤退,是制止内战的主要条件"。大会通过了"昆明市四高校全体学生致国共两党制止内战"和"吁请美国青年反对美军参加中国内战"等通电。

在晚会进行过程中,国民党第五军邱清泉部武装包围了联大校舍,鸣枪恫吓到会群众,并割断电线,熄灭电灯,以破坏会议。而会议主持人、讲演者和到会民众都很镇静,点燃事先准备好的汽灯,继续开会。这时,国民党省党部执行委员兼中统局云南调查统计室主任查宗藩自称"王姓老百姓"跳上台,说"目前有人称兵作乱,此系内乱而不是内战","政府职责所在,理应把发动内乱的乱党剿平"。其真面目当场即被人揭穿,随即被纠察队员带离会场。会议结束时,反动军警又突然宣布紧急戒严,断绝交通,企图阻止到会者入城返家。同学们在附近转来转去,最后只能经过农场小路通过云大后门,绕道进城。

11 月 26 日,昆明《中央日报》刊登中央社发布的消息,说:"本市西门外白泥坡附近,昨晚七时许,发生匪警,当地驻军据报后,即赶往捉捕,匪徒竟一面鸣枪,一面向黑暗中逃窜而散。"本来,广大同学对反动军警破坏昨晚的晚会已很气愤,看了这个造谣诬蔑的报道,更加群情激愤。当日下午,联大学生自治会召开临时代表大会,通过了罢课决议。27 日,昆明市学联召开各大中学校代表大会,决议全市总罢课,并成立昆明市中等以上学校罢课联合委员会(简称"罢联")。11 月 28 日,昆明市已有 31 所学校三万余人参加罢课。同日,"罢联"发表了《昆明市大中学生为反对内战及抗议武装干涉集会告全国同胞书》(即罢课宣言),对当前国是提出以下意见:(1)立即制止内战,要求和平;(2)反对外国助长中国内战,美国政府应立即撤退驻华美军;(3)组织民主的联合政府;(4)切实保障人民的言论、集会、结社、游行、人身等自由。该宣言对军警开枪扫射、企图冲散时事晚会向云南国民党党政军当局提出以下要求:(1)追究射击联大事件的责任问题;(2)立即取消 24 日党政军联席会议禁止集会游行之非法禁令;(3)保障同学之身体自由,不许任意逮捕;(4)要求中央社改正污蔑联大之荒谬言论,并向当晚参加大会之人士致歉。该宣言同时声明,只要这四项要求达到即可复课。

罢课开始后,各校展开反内战争民主的宣传活动。

29 日,联大教授开会,发表《国立西南联合大学全体教授为 11 月 25 日地方军政当局侵害集会自由抗议书》。30 日联大工学院全体助教签名声援学生罢课，并捐款 5 万元作为罢联活动经费。联大 68 名教职员发表声明，向国民政府及地方当局提出反对武装威胁、维护学府尊严、维护人身自由等要求。

国民党当局为了压制学生的反内战、争民主运动，决定"以宣传对宣传，以组织对组织，以行动对行动"。11 月 27 日，国民党云南省党部主任委员、代省长李宗黄召集各校和宪警方面负责人举行紧急会商，命令各学校当局克日交出学校平日认为"思想有问题"的学生名单；限各校在 28 日复课，否则以学校当局是问；由省党部负责在各校组织"反反内战委员会"，对付参加反内战运动的同学；从即日起，暂禁各校同学往来，凡在街上或各校遇有未带证章或假条的学生，宪警随时可当"散兵游勇"拘捕看管。29 日，关麟征在记者招待会上说："他们（学生）有开会的自由，我就有开枪的自由。"29 日这一天，昆明街上就发生特务殴打学生事件 25 起，捕人事件 15 起。30 日，"罢联"为此向云南省警备司令部提出严重抗议，并发表《紧急告全市同胞书》《告昆明父老书》，同时决定自 30 日起停止上街宣传。

11 月 29 日、30 日，李宗黄、关麟征先后召开秘密会议，决定对学生进一步镇压。30 日深夜，大批特务钻入学校，在联大等校的壁报和漫画上涂写"赤匪"字样。12 月 1 日，查宗藩在国民党省党部召集特务训话，要他们"戡乱建国"，"为党国牺牲"。随后，省党部调统室特务、三青团支团部、警备司令部、第五军、军官总队、鸿翔（伞兵）部队等单位人员分头出动，奔赴各校攻打学生。攻打联大新校舍和师范学院的领队是三青团云南支团部宣传科长周绅，攻打联大工学院的领队是三青团云南支团部秘书傅培德，查宗藩亲自率队攻打云大。

12 月 1 日 11 时许，数百名军官总队的武装军人和一些穿黄军服的人员攻打联大新校舍时，学生紧闭大门，用桌椅黑板等堆积在大门后，并在墙内高呼"中国人不打中国人"。该队暴徒竟掷手榴弹行凶。南菁中学教师于再上前阻止，头部被炸重伤，当晚在云大医院逝世。经数小时搏斗，联大同学受伤甚多，但最终守住了校门。

12 时左右，周绅率领数十名着便衣和军服的人员，强行闯入龙翔街联大师范学院，被同学们逐出校外。暴徒们从门顶上扔进两颗手榴弹。潘琰同学中弹倒地后，国民党省党部助理干事龚正德还用石块猛击她的头部，又用铁条对她腹部连刺三次。潘琰于当日下午逝世。同时被炸牺牲的还有联大师范学院同学李鲁连和昆华工校学生张华昌。同日，联大工学院、云南大学、联大附中、南菁中学等校师生也遭到殴打。总计当日死难师生 4 人，重伤三十多人。教授袁复礼、马大猷等也遭到殴打。

当日下午,代常委叶企孙召开紧急教授会,发表谴责军政当局暴行的宣言。晚上,学生自治会理事会开会,决定扩大罢委会组织机构,另组治丧委员会负责烈士入殓、公祭、殡葬事宜。《罢委员通讯》也于是日创刊。

12月2日下午3时,"罢联"在图书馆举行"一二·一"死难烈士入殓仪式,有六千多人参加。代常委叶企孙主祭,教授代表周炳琳、汤用彤、霍秉权致吊,世界学生救济委员会代表伊罗伦也参加入殓仪式。烈士棺木移入由图书馆大阅览室布置的灵堂内。灵堂四周挂满挽联、挽诗。当日,联大教授会开会,除决定推派周炳琳等代表参加死难烈士入殓仪式外,还决定以教授会名义为12月1日昆明学生死伤事向报界发表公开声明,组织法律委员会研讨法律程序,提出控诉。"罢联"发表《昆明学生为"一二·一事件"告各界同胞书》《向昆明、全国父老沉痛呼吁》,并大量印发《一二·一惨案实录》;同时自当日起组织宣传队到工厂、农村进行宣传,演出《匪警》《凯旋》等反内战的活报剧、话剧,演唱《凶手,你跑不了》《烈士们,安息吧》《中央社是造谣社》等歌曲,并大量散发宣传品。至12月15日止,仅《一二·一惨案实录》就印发了50万份,《罢委会通讯》每期行销1万至1万5千份。

12月3日,罢联发出讣告,定于4日起对四烈士举行公祭。此后一个半月里,前来灵堂吊唁、致祭的各界人士达15万人次(全市人口30万),前来吊唁的团体近300个。

12月4日,联大教授会决议,自即日起停课7天,表示抗议。联大讲师、助教、研究生、职工及附中、附小教员开会决议:从本日起罢教、罢工,反对内战,抗议当局暴行,至学生复课时为止。12月6日,昆明市大中学校教师298人联名发布"罢教宣言",决定罢教至学生复课日止。

12月6日,"罢联"发表《昆明大中学生为"一二·一"惨案告全国同胞书》,除重申"罢课宣言"提出的主张和要求外,还提出:严惩12月1日祸首关麟征、李宗黄、邱清泉和凶手唐绅;抚恤死者,举行公祭、公葬,在云瑞公园立纪念碑;医治伤者,并赔偿一切公私损失;解散行凶的特务机关。"罢联"同时发表了《昆明各大中学为"一二·一"惨案告各地侨胞书》。

学生的斗争得到昆明市各界人士的同情和支援。云南省和昆明市参议会派代表到四烈士灵堂致祭;民盟云南省支部、云南妇女联谊会相继发表声明;昆明七大周刊联合发表声明,抗议当局暴行;公共汽车工人主动帮助学生散发传单。各界人士,包括龙云夫人,纷纷捐款支援,总计达法币三千多万元。

学生的斗争也得到全国人民的支援。《解放日报》《新华日报》分别发表社论、短评,报道"一二·一"真相,揭露国民党军政当局的罪恶。周恩来在延安各界青年纪念"一二·九"十周年大会上高度评价这次学生运动,指出:

"青年是和平民主的先锋队，我们处在新的'一二·九'时期，昆明惨案就是新的'一二·九'。"重庆在惨案发生后曾举行三天公祭。上海、成都、南京、广州、武汉、长沙、杭州、南昌、西安、贵阳等地都爆发了援助昆明学生的集会、游行示威。

在各方面的谴责之下，关麟征亲自到联大向学生道歉，并派人送花圈一对、国币 50 万元和棺材两口（被学生拒绝），后又举行所谓"公审"，枪毙假"凶犯"。在这些均告失败后，关麟征于 12 月 7 日电呈蒋介石"自请处分"。同日，蒋介石令其"停职"，"听候处理"，派霍揆彰接任云南省警备总司令，又派教育部次长朱经农于 7 日飞昆，协助解决"学潮"。与此同时，蒋介石发表《告昆明教育界书》，敦促师生"务令即日上课"，"否则政府不能放弃其维护教育安定秩序之职责"，"罢联"于 8 日撰文予以驳斥。

12 月 4 日，傅斯年（北大代理校长，联大常委）奉蒋介石之命来昆明调解"学潮"。12 月 9 日，云南省政府主席卢汉与朱经农、霍揆彰邀请联大、云大、中法和英专四校负责人及学生代表谈判复课问题。卢汉表示，对抚恤、赔偿等条件负责解决，但对惩凶则说"将秉承蒋主席意志办理"。他说蒋介石表示必将严惩肇事人，不过，学生必须先复课。学生代表则要求先惩元凶，即李宗黄、关麟征、邱清泉三人，才能复课。谈判未获结果。12 月 10 日，联大教授会举行第五次会议，作出了劝令学生复课的决议，同时通过了《为此次昆明学生死伤事件致报界之公开声明》，并决议以教授会名义致函朱经农次长，请教育部转达政府：本会认为此次惨案应严惩凶犯及主使人，其中负有行政责任者尤应先行撤职。

12 月 11 日，卢汉到四烈士灵堂致祭，并与学生代表座谈，仍然要求学生复课，惨案问题应静候法律解决。此次谈话无结果。

12 月 12 日，梅贻琦常委回校。13 日，他邀请部分教授谈话，并拜访了傅斯年、朱经农。朱说重庆有密电给卢汉，15 日以后如不复课，即准备行动等。当日下午，他赴云大医院慰问受伤住院学生。14 日，他同常委会研究，决定先公布第五次教授会关于劝令学生复课的决议，同时贴出布告，望学生于 17 日复课。15 日，常委会召集学生代表谈话，梅常委说，17 日如不复课，可能产生严重后果。当晚，学生代表大会决议，在所提条件未能圆满解决前，不能复课。16 日，梅常委去灵堂吊唁四烈士。当晚，各校学生举行反内战座谈会，并在联大校园内游行，表示了继续罢课的决心。18 日，教授会由周炳琳主持（梅贻琦、傅斯年参加），举行第六次会议，决议：18 日上午召集学生代表大会全体代表谈话，劝导复课；下午，由各教授分别与各系学生谈话，劝学生务必于 20 日复课，否则教授同人只好辞职。同时，教授会又通过闻一多提出的要求政府立即将李宗黄撤职否则教授也全体辞职的决议案。19 日，召开第七次教授会,通过《告同学书》,劝告学生于 20 日一律上课,同时教授会决议吁请政府"对行政负责首脑人员先行撤职并以去就力争,促进实现"。

考虑到罢课已二十多天,而罢课宣言中有些要求属于长期奋斗目标,短时间内难以实现,不宜为此长期罢课下去,学生自治会于 12 月 18 日召开代表大会,提出修改复课条件的问题。经过激烈争辩,会议原则上通过了修改复课条件的决议。20 日,学生代表大会再次开会,通过了修改后的复课条件,把 11 月 25 日时事晚会后提出的四项要求和"一二·一"惨案后提出的三项要求,归并简化为五条:惩凶;取消禁止集会之非法禁令;保障人身自由;要求中央社更正污蔑师生之荒谬言论;政府负责死难烈士安葬、抚恤等一切费用,并赔偿公私损失。当晚,梅贻琦召集学生自治会理事谈话,转述了第八次教授会意见。他说,五项条件中有的不成问题,有的不久必可实现。其中,重点是两条:一是"惩凶",此点教授会已有保障,即以去就力争撤李宗黄职;一是保障自由,此点卢主席、霍总司令已有声明,因此,同学应即复课,勿再拖延。12 月 22 日,"罢联"举行第四次代表大会,通过了修改后的复课条件。同日,第九次教授会对处理行政首脑人员一事,又加上"以两个月为最大限期"的要求。此时,联大教授会法律委员会也已分别发出呈国民政府军事委员会和重庆实验地方法院的告诉状,控告主犯李宗黄、关麟征、邱清泉,要求依法严惩。李宗黄乃于 24 日悄然离开昆明。

12 月 24 日,梅贻琦和云大校长熊庆来举行记者招待会,报告"一二·一"惨案真相。这一谈话 26 日全文刊登于昆明《中央日报》等报,使中央社对"一二·一"惨案抛出的谎言不攻自破。12 月 25 日"罢联"召开代表大会,决定 27 日开始停灵复课,并通过《复课宣言》。

1946 年 3 月 17 日,昆明学联为"一二·一"死难四烈士举行出殡仪式,由昆明大中学校师生和各界人士组成的送殡队伍有三万多人。他们从联大新校舍出发,从大西门入城,通过昆明市区,再回到联大新校舍四烈士墓地,沿途在各主要街道和路口,由各学校和各团体设亭路祭。在墓地举行公葬仪式时,由学联主席吴显钺主持典礼,训导长查良钊主祭,闻一多、吴晗、钱端升等教授和学联代表陪祭。同日,学联发表了《为"一二·一"死难烈士举殡告全国同胞书》。

第十一节 抗议美军暴行运动

1946 年 12 月 24 日晚 8 时许,北京大学先修班女生沈崇在赴东单平安电影院看电影途中,被美国海军陆战队伍长威廉士·皮尔逊和下士普利查德架到东单练兵场小树林里，遭皮尔逊强奸。当时沈崇大声呼救，被过路工人孟昭杰发现而报案。10时许，中美警宪联络班赶到现场，将皮尔逊和沈崇带回警察局，普利查德逃走。25日，北平民营亚光通讯社披露了此事。北平警察局局长汤永咸打电话要求国民党中央社通知各报禁止刊登这条消息。中央社以警察局名义给各报发了一个缓登启事。26日，北平《新民报》将中央社的缓登启事改编为新闻，用《美军酗酒施强暴》的标题刊登出来。同日，《世界日报》《经史日报》《北平日报》《新生报》等都刊登了亚光社的新闻。北大同学闻讯异常愤怒，纷纷贴出抗议的壁报和标语，要求罢课、游行。

27日，北平行辕负责人发表谈话，说肇事美军是"酒后失检，各国均所难免"，"此案系一纯法律问题……望市民幸勿感情用事，致别生枝节"。北大训导长陈雪屏表示："该女生不一定是北大学生，同学们何必如此铺张。"他又说"该女生也有不是之处，为什么女人晚上要上街，而且还是一个人"。同日，中央社造谣说，沈崇"是二十九岁的妇女"，"尚无显著被奸污之迹象"。联合社更造谣说，这是"少女勾引，彼系狎游，并曾言定夜度资"。与此同时，还有人在北大贴出一张叫"情报网"的墙报，污蔑沈崇是"延安派来的"，"行使'苦肉计'引诱美军成奸"。针对这些造谣、污蔑的澜言，《益世报》记者刘时平在报上公布了沈崇在北大的注册卡。北大女同学会主席刘俊英组织几个女同学访问了住在东城八面槽甘雨胡同14号沈崇的表姐杨（正清）太太，得知沈崇的祖父沈葆桢曾任清朝两广总督，父亲是国民党交通部的处长。沈崇12月份刚从上海来，借住在表姐家。事实真相在北大公布后，更引起广大同学的愤慨和抗议。

27日下午，北大女同学会集会抗议美军暴行。晚上，举行了各系和各社团代表会议。会议经过与三青团分子的激烈斗争，通过了三项决议：(1)严惩暴徒及其主管长官，肇事美军由中美联合组成法庭在北平公审；(2)驻华美军最高当局公开道歉，并保证在撤退前不得再有任何非法事件发生；(3)要求美军立即退出中国。会议通过了《告全国同胞书》《告全国同学书》《致美国学生美国人民书》《致蒋介石书》《致马歇尔特使、司徒雷登大使转杜鲁门总统、贝尔纳斯国务卿》《为抗议美军驻华及屡次暴行致联合国大会控诉书》。会议还决定成立北大抗议美军暴行筹备会，30日罢课一天，并决定游行示威。清华、燕京、师大、中法、朝阳等校纷纷支持响应，表示和北大一致行动。

29日，北大抗暴筹委会决定于晚上在北楼礼堂召开各系级代表大会，研究进一步行动。当日傍晚，三五成群的不速之客闯进北大，自称是北平各大学代表，不听劝阻，强占了会场。为了避免发生正面冲突，筹委会宣布暂停开会，实际上改到灰楼女生宿舍去开。这些暴徒大叫："为什么不开会？""揍筹备会的负责人!"他们闯进筹备会办公室,捣毁办公室里的快报、标语、油印机和桌椅门窗,然后回到礼堂,宣布成立"北平各大学正义联合会",通过"信任政府合理解决此案"、"绝不采取罢课和游行手段,以免荒废学业"等"决议"。接着,这些人呼啸而出,撕毁了民主墙上的抗议书、壁报、标语等。这些暴徒的暴行更加激起了广大同学的愤怒。

30日清晨,壁报、标语、布告等又贴满了北大沙滩操场的墙壁。一伙暴徒又窜到北大撕毁大字报,贴上"照常上课"等标语。史学系教授向达上前制止说:"你们就是反对罢课,也不能撕掉别人的标语。因为在北大,任何人有发表意见的自由。"暴徒们大吼:"你是什么人?有什么资格讲话?"并挥拳要打人。同学们劝向达教授离开,把暴徒赶走。

当天,北大秘书长郑天挺、教务长郑华炽、清华校长梅贻琦、训导长褚士荃、教务长吴泽霖,燕大一位负责人,以及周炳琳、钱端升等教授,在北大校长室举行紧急会议。会上,北大两位同学哭诉了暴徒行凶和向达教授被辱的经过。与会者很气愤,表示对学生游行不加阻止,并联络有关机关,请求保护。当天下午,胡适对记者说:此事本身是一法律问题,希望美国从速完成调查及法律手续;学生游行是大家愤慨,大家对受害同学的同情,发生是当然的;个人认为这是最不幸的事,但学生最好不要以罢课做武器,诚恐贻误学业。

30日午后,十多所大中学校的学生5000多人陆续来到沙滩北大广场集合,并推选北大、清华、燕京三校的几名学生组成临时指挥小组。下午一时半左右,学生从沙滩出发,开始示威游行。沿途有中学生和市民陆续加入,游行队伍发展到约一万人。同学们一路高呼"反对美军暴行""严惩凶手""美军退出中国"等口号,并散发《告北平市同学书》《告北平市父老书》《美军暴行真相》等传单。队伍经东黄城根、东华门大街、王府井大街,至东单三条军调处执行部门前。军调处紧闭大门,同学们用英语高呼"美军退出中国"。接着,队伍来到东单广场沈崇事件发生地,举行控诉美军暴行的群众大会,演唱《打倒美军》等歌曲,朗诵《给受难者》等诗歌。下午四时许,当大队离开东单广场西进时,前一天来北大捣乱的那一群暴徒,打着"中国大学"的旗号,擅自插到队伍中来进行捣乱。当队伍走近南池子准备去北平行辕请愿时,这帮暴徒突然抢到大队前面。指挥部临时改变计划,推出20名代表去行辕,而率领大队转入南池子,甩开了暴徒,回到了北大。请愿学生到达行辕时,行辕只允许派两位代表入内。当时李宗仁因公外出,由行辕政务处长王捷三出见。他答应一定把请愿书交给李主任、转呈中央。

这次抗暴斗争得到了广大教师的同情和支持。燕大教授雷洁琼、燕大美籍教授夏仁德参加了游行,北大袁翰青、吴恩裕、闻家驷、周炳琳、朱光潜等 48 位教授发表了致美国驻华大使司徒雷登的抗议书，许德珩、钱端升、向达等教授发表谈话支持学生。清华自治会同学说该校教授、讲师、助教 90％以上赞成学生罢课。

这次抗暴斗争也得到全国各大学师生的同情和支持。天津、上海、南京、武汉、长沙、南昌、济南、广州、福州、桂林、成都、重庆、昆明、台北、西安、兰州、开封、沈阳、长春、哈尔滨等大中城市都相继爆发了学生抗暴运动。到1947 年 1 月，参加运动的学生人数达 50 万以上。

1947 年 1 月，美国军事法庭被迫对皮尔逊、普利查德进行审判。3 月 3日，美军事法庭判处皮尔逊降为普通士兵，并处监禁劳役 15 年。但当年 8月，美国海军部部长又宣布撤销对皮尔逊的上述判决。

第十二节　反饥饿反内战运动

1947 年上半年，内战规模进一步扩大。为了打内战，国民党政府加强了对人民的压榨，并大量发行钞票，以弥补财政赤字，导致物价暴涨，人民生活更加恶化。当时北平物价较两年前涨了一万六千倍。据中央社北平 5 月 5日电称，北京大学经济危机日深，教授 180 余人透支已达 4 亿元。其中最多者为 600 余万元。校方欠外债 8 亿，每月付利息 5000 万元，而经常费每月仅3400 万元。北大负责人称："如此下去，教授无法教书，学校无法办理。"当年4 月，北大发给一个学生的公费是 144000 元，而每月的最低伙食费已涨到170000 元。严重的经济、教育危机，激起人们的极度不满。

5 月初，北大各院系的代表要求校方增加公费，但未得解决。5 月 10 日，各膳团学生代表二百多人到训导处请愿，要求按当时市价计算公费或配给实物，也未能解决。这时，上海、南京等地学生发表"反饥饿、反内战"宣言并相继罢课的消息传到北京，引起了同学们的共鸣。5 月 15 日，清华学生自治会召开代表大会，议决"罢课一天，以示学生反饥饿、反内战之决心，并声援中央大学等校师生之行动"。5 月 16 日，北大院系联合会开会，成立"反饥饿、反内战行动委员会"。17 日，联合会召开院系代表大会，决定自 19 日起罢课三天。18 日，联合会发表《北京大学罢课宣言》，提出 6 项主张：立即停止内战，反对武力统一；恢复政协路线，组织民主的联合政府；停止征兵、征实、征购；清算豪门资本，挽救经济危机；实现四项诺言，保障人权，保障自由；提高教育经费，提高教育界待遇，全国学生普遍享有公费待遇。联合会同时发表《北京大学学生敬告师长书》，希望师长们支持。

18 日下午，北大同清华大学、燕京大学、北洋大学北平部等校派宣传队上街宣传，遭到国民党青年军208师一百多人冲击和殴打，北大有8人受伤，其中重伤2人。同日，国民党政府颁布《维持社会秩序临时办法》，地方当局对于一切越级的或十人以上的请愿、罢课、罢工、罢业、游行示威或其他"扰乱治安情事者"，"采取紧急处置，作有效之制裁"。

当晚，北大、清华、南开等平津各院校代表在北大开会，决定：成立华北区各院校声援"五一八"血案后援会；提出立即停止内战等9项要求；向北平行辕提出抗议；代表赴医院慰问受伤同学。各校自19日起一致罢课，19日，成立华北学生反饥饿反内战联合会，决定20日举行示威游行，同时以联合会名义发表向北平行辕的请愿报告书。

20日上午，北平15所大中学校学生陆续到北大沙滩操场集合。下午一点多钟，一支约15000人的队伍，高举着"华北学生北平区反饥饿反内战大游行"的横幅，从北大出发。北大的几十位助教也参加了游行。北大、清华数百名青年军退伍返校军人也列队参加。队伍经东四、灯市口、王府井、东西长安街、西单、西安门、北海、景山前大街，回到沙滩，行程20多里，历时5个半小时，沿途高呼"反对内战""反对饥饿""抗议'五·一八'血案"等口号；下午三时五十分，还派代表3人进入中南海行辕递交请愿书。队伍回到沙滩后举行了群众大会，决定把北大沙滩的广场命名为"民主广场"，定6月2日为"全国反内战日"，号召在这一天举行罢课、罢教、罢工、罢市，全国一致行动。

同一天，集合在南京的宁、沪、苏、杭五六千名学生和天津的2500名学生也举行了同样内容的大游行。

在5月20日大游行的当天，北大民主墙上贴出了62位教授向同学致敬及慰问的函件。22日，北大31位教授联名发表宣言，26日，燕大32位教授发表宣言，29日，北大、清华102位教授发表"为反内战运动告学生及政府书"，均一致同情、支持同学们的正义要求。华北学生反饥饿反内战联合会与北大相继作出5月26日休罢的决定。

中共北平地下党学委会认为这次游行斗争是成功的，但提出"六二全国实行'四罢'是不现实的，也很不策略"。5月30日，华北学联成立。31日，华北学联举行会议，根据学委会的意见，经过争论，决定6月2日不到校外游行，改为6月1日在北大广场举行"民主广场"命名典礼，并欢迎受伤同学归来，各校派代表参加；6月2日由各校在校内举行"内战牺牲军民追悼大会"。

国民党当局得悉学生准备"六二"大游行，做了镇压部署。北平警察局发布《严禁罢课游行公告》，教育局发布《维持社会秩序临时办法》。5月31日，北平市长发出密令，严防"反内战日"罢工、罢市、游行。警备司令部拟定防范的19点要领，准备以逮捕离队学生的手段，破坏游行。在这期间，还发生5月22日军警在朝阳学院殴打并抓走学生的事件，军警在四中捆绑该校校友、清华和北洋工学院 17 名学生的事件。

6 月 1 日，华北学生联合会在北大举行"民主广场"命名典礼，有大中学校学生两千多人参加。朝阳学院的代表献"民主摇篮"的旗帜，北学联筹备会主席致词，学联代表在大家的欢呼声中将绿底白字的"民主"大旗升起在广场一边的灰楼顶端。接着是 8 位受伤同学入座，全场同学向他们发出了欢呼，女同学代表向他们献了花。

6 月 2 日之前，国民党当局将北平的宵禁提前自晚上 10 点开始，并于 6 月 1 日午夜以清查户口为名，捕去多人。6 月 2 日，城门紧闭，名胜古迹停止开放。北大沙滩校园周围布满了武装军警和便衣，并设置了铁丝网和沙包。

6 月 2 日上午 9 时，华北学联在北大民主广场举行"内战牺牲军民追悼会"。民主广场上的民主旗下半旗志哀。祭台上安放着"一二·一"四烈士和李公朴、闻一多的遗像。祭台当中挂着写有"你们死了，有我们"的横幅。追悼会上，唱起了挽歌，朗诵了祭诗，还请了几位教授讲话。北大校长胡适也应邀到会讲话，他说："政治腐败，而又没有人来从事改革的时候，提倡改革的责任自然就落在青年人的身上。这次学生运动，就是这样产生的。""半个月来，北平学生守秩序，很能以理智指挥感情，应表敬意。""华北学联今天的决定是很有理智的决定。""学联不是受人操纵把持的，而是真正的民主力量。"这一天，正式宣布华北学生反饥饿反内战联合会改组为华北学生联合会，并发表宣言。

第十三节　反迫害斗争与四月风暴

1947 年 9 月，人民解放军由防御转入战略进攻，国民党当局为了维持统治，在 7 月发布"戡乱总动员令"，加紧对民主运动的镇压。9 月下旬，北平政府借口户口大检查，将北大的力易周、邢福津、吴谟和清华的陈彰远、燕京的龚理嘉等 5 名同学逮捕。北大和清华、燕京的同学纷纷表示抗议，强烈要求释放被捕学生。国民党当局被迫于 10 月 1 日下午释放了上述 5 位同学。10 月 3 日，北大孟宪功、李恭贻两同学又在什刹海被捕。11 日，北大联合清华罢课 3 天。当晚，北大学生二百余人到校长办公室请愿，要求学校当局积极营救。12 日，院系联合会代表大会决议，为营救被捕同学，组织北京大学人权保障委员会。17 日，北京大学发出《致警备司令部公函》，提出将孟、李二同学交军法审判不合理，要求将他们移交法院公开审理，被警备司令部拒绝。26 日，浙江大学学生自治会主席于子三被捕，29 日惨死狱中。消息传到北平，北大学生代表会于 5 日晚决定罢课两天。6 日，华北学联在北大民主广场召开了"于子三追悼会"。到会的有大中学校学生五千余人，北大教授周炳琳、樊弘在会上讲了话，许德珩送来书面发言。12月6日，教育部颁布《修正学生自治会规则》，规定：自治会"不得参加校外各种团体活动，或有校与校间的联合组织"；"应由学校校长及主管训导人员负责指导监督"；"不得干涉学校行政"；"违背校规情节重大时，学校得解散之"。对此，北大等五校学生自治会曾联合发表声明，坚决"不予承认"，并呼吁全国学生"共同起来争取自治的权利，维护国家教育前途及个人民主权利的尊严"。1948年1月，上海发生军警打伤同济大学学生多人、逮捕二百多人的"同济事件"，北大等校学生在民主广场举行了控诉示威大会。大会表示要"团结一致，共存共在，一校自治会遭受迫害，其他各校一致坚持反抗，直到神圣权利恢复为止"。2月1日，北大学生宋国柱，清华学生高国庆、郑学纯，辅仁学生范光斗被捕。3日，北大学生邓特从北大三院宿舍到红楼的途中被捕。华北学院学生徐启恒、孙宝言也先后被捕。2月7日，华北学联在北大民主广场举行华北学生反迫害争民主大会，到会有北大等院校学生6000余人。2月17日，经多方营救，邓特由学校保外就医。2月22日，教育部向北京大学下达训令，严令"整顿学风"，"保证教育秩序"。训令说，"鼓动风潮"的"害群之马必予清除，从严惩处，决无顾惜"；为整顿学风，"必要时不惜将不堪整顿之学校予以解散或停办"。这一训令遭到了北大同学的严厉驳斥与坚决抵制。

1948年3月25日，国民党政府颁布《特种刑事法庭组织条例》和《戡乱时期危害国家治罪条例》，成立了特种刑事法庭，准备逮捕、审讯革命者和爱国志士，最高刑罚直至死刑。

3月28日，华北学联利用春假，在北大民主广场举行有一万多名学生参加的欢迎天津同学的营火晚会。会上宣布北大、清华、南开等9校组织的"华北院校学生自治会保卫自治权利联合会"成立。到会同学宣誓："同甘苦，共生存！一校有事，各校支援！一人被捕，全体入牢！"最后，北平学生向天津同学献了民主大旗。

3月29日，北大学生在民主广场举行黄花岗先烈纪念会，请许德珩、袁翰青、樊弘等教授讲演。数千名军警突然包围了学校。红楼对面和北大三院门口都架起了机枪，装甲车在附近来回巡逻。同日，北平各报登出北平警备司令部奉行辕令"查禁华北学联"的消息。3月31日，华北学联发表声明，抗议国民党当局的非法查禁，表示"学联永远和全体同学同在"，呼吁"加强团结，击退逆流"。4月2日，北大学生成立罢课委员会，并与平津各校联系，决定一致行动，向北平行辕请愿，要求收回查禁命令。行辕置之不理。4月3日，北大与各院校学生宣布罢课3天，以示抗议。4月6日，北平警备司令陈继承给北京大学公函，要求学校协助交出北大的"华北学联主持分子，以便转送审判"。北大校方于当天复函北平警备司令部说，"当由本校负责转告函开各生等，各生等当即表示准备静候法院传讯"，"一俟法院传票到校，本校负责嘱各生等立即受审无误"，拒绝了警备司令部捕人的要求。同日，北大、清华120名教授联名宣布支持学生，罢教3天。4月7日，某警察分局来电邀北大秘书长郑天挺到警察分局谈话，限学校当局4月8日12时前交出12位同学。警备司令陈继承说不答应交人，就包围逮捕。4月8日清晨，郑天挺将这12人的名单交给罢委会处理，罢委会立即在民主广场召开群众大会，将12位同学围坐在中间，决心以血肉之躯筑成堡垒，保卫12位同学的安全。教授联谊会召开会议，派冯至为代表向学生致词，表示全体教授誓死支持学生的要求。陈继承提出以"北大不参加学联"作为保证12人安全的条件，被同学拒绝，陈又提出逮捕6人，12人的答复是："要去，12人一齐去！"同学的口号则是："一人被捕，全体坐牢。"警备司令部被迫复函北大，表示同意北大提出的学生在校等候法院传票的做法。

4月9日零时40分，五六十名暴徒乘车闯进北平师范学院，用铁棍、狼牙棒等向睡梦中的学生猛击，打伤多人，捕去8人，并捣毁了学生自治会办公室、行知图书馆、历史学会、教育学会、英语学会、地理系测候室等处。炊委会300万元现款也被抢走，制造了"四九血案"。

4月9日上午，师院八百多名学生和部分教师打着"反迫害，要活命"的旗子到行辕门前（新华门）请愿，北大四院同学首先出发支援，接着各院校学生6000多人汇集在新华门前举行示威大会，许多教师也参加了大会。大会主席团当场举行中外记者招待会，控诉政府当局的罪行。与此同时派代表向行辕请愿，提出立即释放师院被捕同学、停止传讯北大12位同学、撤销查禁华北学联、惩办血案凶手、赔偿一切损失\保证不再发生同类事件等项要求。请愿持续到晚上10点多，当局答应由学校保释师院8名被捕学生，送往医院；北大12名学生在学校保证下可免于传讯。11时许，各校学生才整队返校。

4月11日上午10时，所谓北平"民众团体"在天安门前举行"北平学生民众清共大会"，并举行"反暴乱反罢课肃奸请愿团"游行。他们来到沙滩，包围了北大，用砖头石块袭击红楼，捣毁东斋号房、会客室和教授住宅多处，电表、电话、门窗、家俱全遭毁坏。下午，师院也遭到了暴徒的围攻。北大教授立即召开会议，决定自11日起罢教7天，表示严重抗议。接着北平各院校教授、讲师、助教、职员、工友、学生一致举行罢教、罢职、罢研、罢工、罢课。当日，北大校方对北平地方法院传讯北大12名同学的传票正式表态："（一）十二位被传讯同学由学校负全责，拒绝出庭；（二）正式向政府抗议；（三）要求赔偿损失，保障师生安全。"12日，北大全体教授发表《罢教抗议暴行并呼吁保障教育安全宣言》,要求政府严惩凶手,并严令地方当局保证以后不再有类似事件发生,并要政府解答:为什么非刺激学潮,达到摧残教育之目的,用心何在?同日,学生自治会致函师长,感谢教师对同学斗争的关怀和支持,感谢学校当局对 12 位同学拒绝出庭受审问题上的明确表态。

第十四节　反对美国扶植日本军国主义的斗争

第二次世界大战以后,美国违反《波茨坦公告》,扶植日本军国主义,引起中国人民的忧虑与不满。1948 年 5 月 19 日,美国公布扶植日本军国主义的德雷柏计划,更激起中国人民的公愤。5 月上旬,上海学生首先行动,提出反美扶日问题。5 月 20 日,平、津、唐 13 校学生自治会发表《五二〇周年纪念告同学书》,其中指出了美国扶植日本的严重性。5 月 26 日,北大学生自治会在孑民堂前举行日本问题座谈会,王铁崖等教授在会上讲演,谴责美国的扶日政策。5 月 30 日,华北学联在北大民主广场召开"华北学生反对美国扶植日本示威大会",北大与平、津、唐 11 所院校 1500 多名学生参加。会上通过了《致美国国务院抗议电》《致世界学联电》《致美国人民、美国各通讯社、各人民团体电》,并通过成立"华北学生反对美国扶植日本挽救民族危机联合会"。

5 月 30 日,美国驻沪领事卡宝德发表讲话,指责中国学生受美国救济,不知报恩,反而反对美国,实属可恨。6 月 4 日,美驻华大使司徒雷登发表声明,指学生"无理及不负责任地攻击美国政策","倘仍继续进行,可能招致不幸之结果"。第二天,北大校长胡适说:"司徒大使所做的声明非常恳切。"

6 月 5 日,上海大中学生准备举行反美扶日抗议示威游行,上海当局出动军警包围复旦、交大、同济等校,殴打、抓捕同学,有近百人被捕,许多同学受伤,此为上海"六五血案"。

6 月 6 日,包括北大在内的平、津、唐 11 院校学生自治会发表抗议声明。6 月 8 日,华北学联开会,决定 9 日起罢课两天,6 月 9 日晨举行突击性示威大游行。

6 月 9 日晨 7 时左右,各校同学分东、西两路出发游行,沿途高呼口号、散发宣传品。东路队伍行至南河沿时曾遇到军警的阻拦和殴打,军警并朝天鸣枪,进行恫吓。另一路队伍派人至西直门,迎接清华、燕京游行队伍进城,一齐在南河沿会师。下午 3 时多,游行队伍到北大民主广场举行"华北学生反对美国扶植日本、挽救民族危机大会",抗议北平当局打击、破坏学生的爱国运动,响应上海同学发起的十万人签名运动,决定 10 日继续罢课一天。

6月12日,北大等院校教师437人联名致函司徒雷登,驳斥其声明。6月19日,88位教授发表声明,拒绝美国的救济。6月22日,北大学生自治会致函美国政府中国救济团,表示从22日起,拒绝美国的"营养补助",以示反对美国扶植日本军国主义。

第十五节 "七五血案"和"七九"游行请愿

1948年春,解放军攻克了鞍山、辽阳、四平等城市,解放了东北的广大农村,包围了长春、沈阳、锦州等城市。国民党当局以组织"临大""临中"让东北大中学生来北平就学的许诺,吸引了12000多名东北学生来到北平。但他们来平后并没有能进入"临大""临中"上学,许多人分住在寺庙、火车站、城门楼、防空洞中,生活困难。7月3日,北平市参议会通过《救济东北来平学生办法》,其主要内容是:停发东北公立学校经费和学生公费,由华北"剿总"对东北学生"予以严格军事训练",并对"身份不明、思想悖谬者,予以管训,学历不合者,即拨入军队,入伍服兵役"。7月5日晨8时许,被激怒的东北学生五千多人聚集在市参议会门前请愿。参议会大楼铁门紧闭,有关人员避而不见。学生冲进铁门,捣毁参议会的门窗、家具,留下抗议书,前往副总统李宗仁官邸,提出请参议会撤销原议案等要求,未得解决,学生又转而去找参议会议长许惠东。武装军警不准学生进入。僵持到下午6点多钟,正当学生分别整队,准备返回住地时,从郊区调来的国民党军队突然向学生开枪,打死9人(8名学生,1名市民),打伤一百多人,捕去37人,造成"七五血案"。

7月6日,华北学联在北大沙滩北楼召开紧急会议,成立"北平8院校学生抗议'七五'血案后援会"。第二天,天津、唐山等地院校也要参加,后援会改为"华北13院校学生抗议'七五'血案后援会",并发表抗议"七五"血案宣言。7月8日,华北学生抗议"七五"血案后援会开会,决定要在全市范围组织一次游行示威请愿活动。7月9日上午,华北、东北二十多所学校一万多名学生齐集北大民主广场,高举"反剿民要活命大请愿"的旗帜,前往北长安街李宗仁副总统住宅请愿。李宗仁称:"事实真相我已经明了了,绝对同情学生,但因有职无权,不能给地方长官下令,一定以私人的立场来协助同学解决善后以及惩凶,如果地方当局不接受,必转告中央。"后经学生代表再三提出要求,李宗仁表示,东北学生如无罪,即令释放,如有罪证移交法院;答应撤回装甲车,并给北平警备司令陈继承打电话,要他保证今天不出事故。有了上述答复,游行队伍撤回北大民主广场。下午5时,举行"东北华北学生抗议'七五'血案控诉示威大会"。会上,宣布成立"东北华北学生抗议'七五'

血案联合会"(简称"抗联")。7 月 10 日,抗联发表紧急文告,介绍"七五"、"七九"真相,揭露国民党中央社造谣。7 月 12 日,由北平各大专院校张奚若、许德珩、吴晗等 404 人署名的抗议书公开发表,要求当局彻底追究大屠杀之责,严惩主谋及凶手;立即释放被捕东北学生;交出被杀者的尸体,由政府安葬抚恤;撤销北平市参议会对东北学生的无理议案;从速救济东北学生等。7 月 30 日,在民主广场举行欢送"抗联"南下请愿团和"抗联"北上代表团大会。代表们表示,要"把血案的前前后后报道给南方的父老们同学们","要动员全东北父老的力量,替死去的兄弟复仇"。

第十六节　反对"八一九"大逮捕的斗争

"七五"事件以后,蒋介石在庐山召开"牯岭会议",决定对学生运动采取强硬手段。8 月上旬,北大学生自治会理事和社团骨干不断收到"铁血铲共会""锄奸团"的恐吓信。8 月 9 日,教育部要求北京大学"查明每次罢课真相与滋事学生从严惩处,为首者一律开除学籍"。8 月 12 日,国民党青年部长陈雪屏奉命来到北平。他被授权根据牯岭会议精神,全权处理学生运动。

北大校长胡适一方面声称,"我是纸老虎,如果你们在我这里希望得到保障,那是做梦";另一方面,又于 8 月 13 日同清华校长梅贻琦致电教育部长朱家骅并转行政院院长翁文灏,不同意军队入校搜捕学生的决策。其电报说:"适、琦极以为不可行,行之必致学校陷入长期混乱,无法收拾,政府威信扫地。国内则平日支持政府者必转而反对政府,国外舆论亦必一致攻击政府。"

8 月 18 日,北平高等刑事法庭致函北京大学,以执行行政院的"肃清奸匪职业学生"为理由,签发拘票要由军警宪逮捕郑亚南等 43 名学生,并向学校开了 43 名学生的名单,要求学校按名单交人。8 月 19 日,各报刊登北平特刑庭发出的 250 张拘、传票的名单。其中北大学生列入黑名单者 71 人(43 人拘捕,28 人传讯)。8 月 20 日,特刑庭公布第二批拘、传名单,其中北大学生 22 人。从 8 月 19 日至 24 日,军警包围了北大沙滩区校舍。

8 月 18 日下午,胡适主持召开第 66 次行政会议。胡适说,政府将于 19 日宣布名单,开始逮捕学生。会议讨论结果是:(1)希望政府不令军警进入学校;(2)希望对逮捕之事采取合法手续;(3)希望同学镇定。

同日下午,文理法三个学院的留校学生在沙滩举行大会,决定:(1)要求校方退还拘票,拒绝出庭受审;(2)坚决声援被迫害同学,一人被捕,全体坐牢;(3)成立北京大学安全保障委员会,领导斗争,保卫北大。同一天,北大复函北平特刑庭说,郑亚南等 43 名学生已"于 7 月 21 日公布取消学籍在案"。

20 日,北大等校学生自治会发表《为抗议当局摧残教育、迫害学生宣言》。

21 日下午,三百多名同学到东厂胡同胡适住宅请愿。胡适说,如果不让军警入校搜查逮捕,必须使名单上的学生一律离校。答应这一点,他可以出面劝阻军警入校捕人(实际上当时上了名单的学生已全部安全撤离)。同日,北大、师院许德珩、袁翰青、俞平伯、王均衡等 57 名教授发表《为拘传学生抗议书》,抗议当局摧残教育、迫害学生。这一天,北大农学院有 7 名学生在学校外面被捕。

22 日,北京大学布告,通知被特刑庭先后传讯的 48 人,于 8 月 23 日到训导处报到。"过期不报到者,学校一律停止其学籍。"同日下午,胡适主持召开第 67 次行政会议。胡适报告说,"本月 19 日,特刑庭拘捕本校学生 43 人(均系本校已开除学生),传讯学生 28 人,20 日复传讯 22 人。其中有 2 人查无其人,46 人 7 月 21 日已开除学籍,7 人已离校南下,4 人已毕业在外实习,2 人已毕业,6 人已赴法庭报到,1 人即将报到,25 人不在宿舍。本校及周围自 19 日起由警察宪兵包围,出入均须检查"。会议决定,希望军警不入学校,并决定布告尚未到案之学生,务必于次日下午 3 时以前至训导处报到,由学校人员陪往法庭。

23 日,胡适给北平警备司令陈继承写信,说特刑庭传讯的学生,有的已赴法庭报到,有的毕业就业,有的南下,有的在外实习,有的离校不知去向,经贺麟训导长"亲往西斋、红楼及灰楼各宿舍察看,意在寻得各该生……遍觅不得一人"。

24 日,陈继承致函胡适,表示相信胡适 23 日信中所说"北大被拘传的(学生)除到案的以外,已无一人在校"的事实,但要求学校转知他们"从速到当地法庭投案,否则也一律开除学籍"。陈同时向胡适声明,"如他们或他们的同党再在学校活动","宪警将根据职权随时到校逮捕"。

从 8 月 19 日到 24 日,军警包围北大 6 天,没有进入学校。他们要求校方同意他们派少数人进校检查。24 日下午,北平市警察局局长汤永成、北平市警备司令部政工处处长任道渊和汪守一、宪兵 19 团团长梅庆岚等,在贺麟训导长和学生自治会常务理事王颐生陪同下,在民主广场转了一圈,又到红楼楼道里转了转,前后半个多小时,完成了"检查"任务离去。不久,包围北大的武装军警奉命撤走。同日,一少将军官带人到北大农学院,要求入内检查。当时只有事务课冯课长在校。冯说,你到校内检查不行,"参观"可以。冯带领他们在院内走了一圈离去,包围农学院的军警也随即撤走。

此次,北大两次上拘传名单的共 93 人,无 1 人被捕。其中撤到解放区 70 人,南下 19 人,在平者 4 人。另有 10 人(包括农学院 7 人)在学校外面被捕,经师生努力营救,校方出保,很快被释放。

第十九章　中华人民共和国成立后的政治运动

第一节　知识分子的学习和思想改造运动

北平解放后,校党总支(党委)即根据中央和市委的指示精神,组织教职员工开展政策、政治理论的学习和参加社会实践活动。1949 年 4 月至 6 月,为满足广大师生员工希望了解共产党,了解新社会,了解马列主义、毛泽东思想,了解党的方针、政策的要求,组织了系列讲演,共 9 讲。主讲者和讲题分别是:周扬"论知识分子";赵毅敏"中国共产党与中国革命";艾思奇"辩证唯物主义问题";范文澜"历史的主人";沙可夫"学习问题";何思敬"无产阶级辩证的性格";胡绳"帝国主义与中国革命";谢觉哉"介绍老解放区情况";谢滔"中苏关系与东北问题"。

1949 年 5 月 9 日,教授联谊会在孑民纪念堂举行座谈会,请周恩来到会主讲。周恩来发表了关于新民主主义教育的讲话。1950 年初,学校举办了以"中国革命史""革命人生观""青年问题""1950 年财政政策"等为主要内容的专题讲座,随后又组织师生学习《新民主主义论》和马克思主义哲学等。

与此同时,学校组织师生参加镇压反革命、土地改革和抗美援朝三大运动。在抗美援朝运动中,除师生自己学习外,还于 1950 年 11 月停课两周,进行宣传。1951 年 4 月,学校又利用春假,组织师生员工 2761 人(内教授 87 人,讲助 174 人,职工 270 人)到京郊农村和一些工厂进行宣传。在此基础上有 108 名同学先后于 1950 年 12 月、1951 年 1 月和 1951 年 7 月分三批被批准参加军事干部学校。在土地改革运动中,学校于 1950 年 1 月组织法律系师生到京郊参加土改;随后,又组织一批教授参加市里组织的土改参观团,分别到西北、中南等新解放区参观土改。1951 年 7 月,学校还组织政治系、法律系、经济系师生到中南参加半年的土改运动;10 月,又组织中文系四年级,哲学系、历史系三、四年级学生及 10 名教师,组成一个工作团,到江西吉安参加土改运动。通过政治学习和参加革命实践,广大教师提高了自我改造的自觉性。

1951 年 6 月，马寅初到校任校长后，于 8 月 2 日至 9 月初，利用暑假，组织全校职员进行政治学习，以提高政治认识，树立正确的工作态度、工作作风，提高工作效率，更好地为教学服务，取得一定成效。9 月，他和一些教授共同发起，在北大教师中开展改造思想的学习运动。9 月 7 日，他给周恩来总理写信说，北京大学教授中有新思想者，如汤用彤副校长、张景钺教务长、杨晦副教务长、张龙翔秘书长等 12 位教授，响应周总理改造思想的号召，发起北大教员政治学习运动。"他们决定敦请毛主席、刘副主席、周总理、朱总司令、董必老（董必武同志的尊称）、陈云主任、彭真市长、钱俊瑞副部长、陆定一副主任和胡乔木先生为教师。嘱代函请先生转达以上十位教师。"周恩来将信转给毛泽东。9 月 11 日，毛泽东在转来的信上批示："这种学习很好，可请几位同志去讲演，我不能去。"刘少奇也作出批示："可以选择一些文件学习。"周恩来对北京大学的决定也给予赞扬和支持，指示教育部认真加以研究。教育部认为这种政治学习对于全国高校都很有必要，决定把这一学习运动推广到京津两地所有高校，待取得经验后，再推向全国。

9 月 24 日，周恩来主持研究了这次学习的内容和目的。29 日，周恩来受中共中央委托，在中南海怀仁堂为京津 20 所高校和中科院等研究单位的三千多名教师、研究人员作《关于知识分子的改造问题》的报告。北大全体教师及干部、学生代表四百多人参加。周恩来的报告共讲了七个问题：立场问题、态度问题、为谁服务问题、思想问题、知识问题、民主问题、批评与自我批评问题。他以自身的经历说明从民族的立场到人民的立场再到工人阶级立场的转变过程。他指出，知识分子的改造，首先要解决立场问题和态度问题，要分清敌友，批判帝国主义、封建主义和官僚资产阶级的思想影响，牢固地树立为人民服务的思想；要克服自由主义、个人主义、极端民主化和知识分子中普遍存在的自负和不能正确对待自己的倾向。他号召大家努力学习，认真开展批评与自我批评，成为文化战线的革命战士。报告后，京津高校教师的政治学习正式开始。

为了统一领导这次学习运动，10 月 11 日，成立了以教育部长马叙伦为主任委员，教育部副部长钱俊瑞、曾昭抡为副主任委员，包括京津主要高等学校的校（院）长，中共北京市委、天津市委及团中央、全国总工会领导同志共 21 人的"京津高等学校教师学习委员会"（简称总学委会）。北大成立了"京津高等学校教师学习委员会北大分会"。北大分会的主席为马寅初校长，副主席为汤用彤副校长，常委有许德珩、钱端升、张景钺、张群玉（北大党委书记）、楼邦彦（北大工会主席、教授），委员有马大猷、王鸿祯、杨晦、金克木、胡启立（北大团委书记）、文重（北大工会代表）、汪籛（北大工会代表）、庞家驹（北大工会代表），秘书为汪子嵩（校长室秘书）。12月22日，又增加闻家驷、孙云铸、胡笳、张龙翔为委员会委员。在党内，具体负责这次学习运动的主要是校党委书记张群玉，副书记王学珍，常委、宣传部长王孝庭，统战委员汪子嵩，工会党组书记文重等。

为帮助北大党委开展这次学习运动，上级领导于1952年1月中旬向北大派了工作组，成员包括中共中央宣传部张文岑、中共北京市委统战部叶向忠、中央统战部鲁明、中央教育部刘一凡。工作组与北大党委主要负责人组成党组，党组书记为张文岑，副书记张群玉。1952年3月16日，张群玉休产假。党组决定调整成员的分工：张文岑任书记；王学珍任副书记，分管学生、理学院、工学院和保卫工作；鲁明分管宣传和资料工作；叶向忠分管文学院工作；刘一凡分管法学院工作；文重分管统战工作，党委宣传部长王孝庭和党委统战委员汪子嵩固定列席党组会议。党组召开扩大会时再请下列同志参加：杨传纬（学生工作负责人）、马杏垣（理学院工作负责人）、李恩元（工学院工作负责人）、许世华（文学院工作和资料工作负责人）。

运动大致经过三个阶段，具体叙述如下。

一、1951年9月下旬至1952年1月上旬

1951年9月下旬周恩来作报告后，总学委会于10月11日开第一次会议，明确此次学习的目的是"通过听报告、学文件，以马列主义、毛泽东思想武装自己，开展批评与自我批评，改造思想。既不是单纯的学术研究，也不是审查干部和交代历史。在学习方法上，既要防止教条主义，不联系实际的学院式学习，也要防止零星琐碎的技术批评，提倡有高度原则性的政治批评，提高自己，帮助别人"。北大分学委会根据总学委会的布置，拟定了学习的文件、讨论的提纲和小组讨论的时间（每周1—2次），组织全体教师开展了学习、讨论。学习、讨论主要围绕立场、态度问题，分清敌我界限，解决为谁服务的问题，也批评一些妨碍教育改革的思想。为了使学习深入，文法学院联系胡适的道路问题，理学院联系为谁服务、受帝国主义什么影响问题，工学院联系旧教育起什么作用问题进行了讨论；有些系还采取了组织互助小组、举行联组会议和开展谈心活动等方法。

10月23日，毛泽东在政协一届三次会议的开幕词中指出："思想改造，首先是各种知识分子的思想改造，是我国在各方面彻底实现民主改革和逐步实行工业化的重要条件之一。""在我国的文化教育战线和各种知识分子中，根据中央人民政府的方针，广泛地开展了一个自我教育和自我改造的运动，这同样是我们值得庆贺的新气象。"毛泽东的讲话更加鼓舞、激发了教师的学习热情。

11月18日，彭真市长给京津高校教师作了《有关三大运动的一些问题》的报告。报告对抗美援朝、土地改革、镇压反革命三大运动的背景、过程、意义进行了论述；指出知识分子在三大运动中要学习分清敌我，确立全心全意为人民服务的决心，系统研究马列主义毛泽东思想，与劳动人民相结合；并针对前一段学习的情况，批判了"清高"、个人与集体对立、中庸之道不偏不倚、"为全人类服务"比"为人民服务"更广泛等思想。彭真的报告使教师的学习进一步深入。

在这期间，胡乔木、钱俊瑞等也为高等学校教师学习作过指示和报告，中共北京市委宣传部部长邓拓还作了《学习文件的目的和方法》的报告，以帮助教师学好文件。

二、1952 年 1 月上旬至 1952 年 2 月上旬

1951 年 12 月 1 日，中共中央作出《关于精兵简政、增产节约，反对贪污、反对浪费和反对官僚主义的决定》。12 月 31 日，教育部发出《关于京津高等学校教师学习及反贪污、反浪费、反官僚主义运动的指示》。该指示说："反贪污、反浪费、反官僚主义运动是当前的主要政治任务，各校教职员都应积极参加。""由于教员与职员工作性质不同，对这一运动的要求亦有所不同。教师目前仍以思想改造的学习为中心，配合反贪污、反浪费、反官僚主义运动听报告，适当地组织漫谈，行政职工人员则以反贪污、反浪费、反官僚主义运动为主，有组织有计划地学习文件，展开讨论，进行坦白检举等实际活动。并应适当地对学生进行反贪污、反浪费、反官僚主义运动的思想教育。"1952 年 1 月 12 日，京津高等学校教师学习委员会又决定各高校停止原来的教师学习计划，转入"三反"斗争。1 月 22 日，中共中央发出《关于宣传文教部门应无例外地进行"三反"运动的指示》，指出"'三反'运动是目前最实际的思想改造"，已开始思想改造学习者"亦应转入'三反'，在'三反'斗争中解决资产阶级思想问题，然后再回到原计划"。

北京大学于 1952 年 1 月 3 日成立了"北京大学节约检查委员会"，负责领导全校的"三反"运动。1 月 5 日，召开全校大会，请中央节约检查委员会主任薄一波作关于"三反"运动的报告。报告后，北大校节委会办公室主任王鸿祯代表校节委会讲话，要求全校各单位，包括教师，组织学习薄一波的报告，并立即开展检查官僚主义、揭发浪费、检举贪污的工作。全校"三反"运动正式开始。

1 月 14 日，北大节约检查委员会和北大教师学习分委员会举行联席会议，决定两委员会联席会议负责领导全校的"三反"运动，两会办公室联合办公。各系的运动，由系主任负责领导，由工会小组长和各系系学生会负责人

协助。

全校教师从 1 月 5 日开始，学习、讨论薄一波报告和其他有关报告、文件，检举贪污，揭发浪费，帮助领导检查官僚主义，也检查大手大脚、本位主义、迷信舶来品等思想。1 月 22 日至 24 日，学校召开全校教职员工大会，由副校长汤用彤、法学院院长钱端升、工学院院长马大猷、文科研究所所长罗常培就工作中的官僚主义及思想根源作自我检查。他们检查后，先后有 16人（有的代表小组）发言，对他们的检查表示欢迎，同时就他们的检查和学校及本单位的官僚主义与浪费问题进行揭发与批评。这次大会推动了"三反"运动的深入发展。

1952 年 2 月 1 日，京津高等学校教师学习委员会和北京市高等学校节约检查委员会联席会议决定，利用寒假充分发扬民主，发动群众，彻底进行揭发，严肃开展批评和自我批评，把高校的"三反"运动搞到底。2 月 2 日，汤用彤副校长在全校大会上传达了上述决定，并做了动员报告。他说，"三反"就是思想改造，高等学校搞"三反"的目的是要将资产阶级思想挖一挖，不许再拿资产阶级思想来办大学。如果北大不在"三反"运动中将旧衙门的作风彻底改造，就赶不上国家建设的需要，对不起人民；如果每个人不在"三反"运动中将资产阶级思想洗个澡，我们便不配做人民教师。此后，学校的"三反"运动，教师和职工即分开进行，教师逐步转入每人进行思想检讨的阶段。

三、1952 年 2 月上旬至 1952 年 5 月上旬

第三阶段即深入发动群众，并依靠学生群众推动和帮助教师进行思想检讨的阶段，也就是当时称为"洗澡"的阶段。"洗澡"的意思是通过自我批评与批评，洗去错误思想的污泥。师生群众认为检讨得好、对自己的主要问题已有认识、表示可以通过的，称为"过关"。教师人人都得"洗澡""过关"。

教师"洗澡"大体分为四类：第一类问题小，其中有的还比较进步、积极，不要帮助就可以过关；第二类问题小，但不愿暴露或愿暴露而分析差，需要加以帮助然后过关；第三类问题较大，需要在较大范围内加以帮助，才能过关；第四类问题大，有典型性，需要在更大范围内加以帮助。当时估计、后来事实也证明，第一类占大多数；第二类占一部分；第三类是少数；第四类更少，是个别的。"洗澡"的范围，大多数在小组会上，一部分在院系的中型会上，极少数在全校大会上。具体做法是，教师在小组会或院系中型会或全校大会上作自我检查，如有的检查自己长期受西方教育和思想影响，对帝国主义本质认识不清，有亲美崇美思想；有的检查过去站错立场，对共产党、人民政府有偏见或对立情绪；有的检查对中间路线曾抱有幻想；有的检查所谓超政治的"为学术而学术"的思想；有的检查自高自大、个人主义、宗派主义，甚

至打击别人、抬高自己的错误思想。自我检查后，由与会其他教师和学生提出批评、分析和评论。有的一次通过；有的两次通过；有的几次才通过。一般都是先在小组会上检查，然后根据群众意见再定是否要在更大范围内检查。

从2月上旬到3月20日，大部分教师已检查过关，其中化工系系主任傅鹰教授、建筑系张守仪副教授态度诚恳、检查较好，曾在全校大会上作了典型报告。3月20日以后对尚未过关的五十多位教师进行帮助，从全校来说，主要是对知名教授朱光潜、周炳琳进行帮助。

朱光潜教授于3月7日在西语系师生会上第一次检讨，因其他系来旁听的人很多，不得不改在新膳厅举行。他检讨后，与会者一致表示不满。经过做工作，他于3月28日在文学院师生会上第二次检讨，仍未通过。4月1日，马寅初校长主持召开了小型的有关朱光潜教授的思想座谈会，请汤用彤、向达、曹靖华、金克木、季羡林、郑昕、杨人楩、孙承谔等教授参加，对他进行帮助。会后，对他又做了工作。4月9日，朱光潜在全校师生大会第三次检讨后，获得通过。

周炳琳教授于2月24日和27日两次在法学院师生会上检讨，均未通过。第二次检讨后，他表示拒绝再作检查，"愿承担一切后果"。3月9日，马寅初校长和法学院钱端升院长专程到周炳琳家看望他，做思想工作。随后，又请清华大学教授张奚若、周炳琳的女儿（共产党员）等人分别做周的工作，帮助他解除顾虑，端正态度。4月14日，马寅初召开分学委会，研究如何帮助周做好思想总结和检查，16日，又召开座谈会，请汤用彤、钱端升、向达、罗常培、金克木和刚从朝鲜慰问志愿军回来的曾昭抡、张景钺等20位教授参加，对周进行帮助。会后，周炳琳表示这样的会对他确有帮助，并于4月17日向马寅初、汤用彤及金克木等人表示，愿和群众一起清算自己的反动思想，并请马校长把自己的想法转达给教师和同学，希望大家多来帮助他。4月20日，中共北京市委在《北京高等学校'三反'运动简报》中报告了北大党组织帮助周炳琳、使其态度转变的事例。21日，毛泽东写信给北京市长彭真说，"送来关于学校思想检讨的文件都看了"，"像周炳琳那样的人，还是帮助他们过关为宜，时间可以放宽些。北京大学最近对周炳琳的做法很好，望推广至各校，这是有关争取许多反动的或中间派的教授们的必要做法"。

4月22日，周炳琳在全校大会上作第三次思想总结和检查。周检查后有14位教授、讲师、助教和学生发言，对他进行帮助。检查虽未通过，但与会者认为他有进步。7月30日，他再次作检查后获得通过，大家对其进步表示欢迎。

1952年5月6日，北大分学委会开会，听取汇报。根据汇报，全校虽尚有 30 位教师还需继续进行思想检查,但各学院的教师个人思想总结工作均已基本完成。会议决定,5 月 14 日全校恢复上课,今后要做到运动和上课两不误。至此,北大教师思想改造学习运动基本结束。这次运动重在转变思想,没有人受到组织处理。

第二节　忠诚老实运动

北大在 1952 年 5 月完成了高校教师思想改造学习运动后,根据 1951 年 11 月 30 日中共中央《关于在学校中进行思想改造和组织清理工作的指示》的精神——"为了使全国学校都掌握在党的领导之下,必须在一、二年内,在所有大、中、小学校的教职员中和高中以上学校的学生中进行初步的思想改造工作","在大中小学校的教职员和专科学校以上的学生中组织忠诚老实交清历史的运动,清理其中的反革命分子",于 1952 年 5 月 30 日开展"忠诚老实运动",至 6 月 8 日结束。

为协助北大党委开展"忠诚老实运动",上级领导派来驻北大工作组,成员有新来的袁永熙、汪家镠和思想改造运动时已经来的刘一凡、鲁明。5 月 10 日,根据上级指示,由袁永熙、张群玉、王学珍、刘一凡、鲁明、汪家镠、文重、汪子嵩等 8 人组成党组。袁永熙任书记,张群玉负责理学院工作,王学珍负责文学院工作,刘一凡负责法学院工作,汪家镠负责学生工作,文重帮助校行政工作。此外,王孝庭仍负责宣传工作。

5 月 24 日,北大教师学习分学委会和北大节约检查委员会召开联席会议。汤用彤副校长向与会同志介绍了工作组成员,并传达北京市节委会对开展"忠诚老实运动"的意见:运动是一次学习,是思想改造的一部分,要在自觉自愿基础上交代问题,不追不逼。运动要稳而好,绝不能用打老虎的方式或作思想检讨的方式来进行。这次运动是人民内部划清敌我界限,首先要做到"稳",要反复启发教育做好动员工作。运动分准备阶段和开展阶段。准备阶段主要是干部先分批学习,放下包袱。开展阶段共分 4 步:大会动员,小组会上交代问题(也可斟酌用其他更合适的方式),各级领导对所交代的问题进行审查和向本人作结论,总结收获,号召检举。组织形式按不同类型人员分若干基层,全校共分 14 个基层委员会,基层下设小组,每个小组约 20 人左右。会上,工作组党组书记袁永熙就运动的方针——稳、启发自觉、不追不逼等精神——做了反复说明。

运动准备阶段做了以下工作。5 月 22 日至 23 日、5 月 25 日至 30 日,分别举办了两批干部学习,工作组党组书记袁永熙分别在两批干部学习开始时作了动员报告。他说,运动中除个别人以外,都是人民内部矛盾问题,是历史问题,是人民内部自我教育问题。领导人必须自己先扔掉包袱,然后再愉快地去领导别人。第一批干部学习为基层委员以上干部159人,学习两天,共交代问题119件(人),交代问题的人数占参加学习人数的75％,其中:一般性问题60人,反动社会关系51人,一般性政治问题8人,各级有关领导对交代问题者做了结论。第二批干部学习为小组长以上干部561人,学习6天,共497人交代问题,占参加学习人数的88.6％,其中:一般性问题99人,反动社会关系283人,一般性政治问题106人,重大政治性问题9人,除一人外,已全部做了结论。

5月30日上午,召开分学委会和节委会联席会议,决定:本日下午召开全校动员大会,开始进行忠诚老实运动。自5月31日起全校停课,职员停止办公。运动领导机构为:分学委会和节委会;各基层委员会(共14个);各小组。会上,工作组党组书记袁永熙宣布:一般性问题由小组提到基层委员会批准处理,一般性政治问题由基层委员会提到学校分学委会和节委会处理,比较重大的问题由校分学委会和节委会提到北京市委批准处理。下午,召开全校师生员工大会,由袁永熙作忠诚老实运动动员报告。袁永熙说,开展忠诚老实运动的目的是要大家向祖国忠诚老实交代自己的问题,要在政治上、组织上与反动派割断联系,划清界限,以便放下包袱,轻装前进。他强调,这次运动要坚决贯彻"启发自觉,不追不逼"的原则,交代方式可随意,个别谈,小组会上谈,书面写或口头讲都可以。他还反复说明运动中除个别人以外,都是人民内部矛盾问题,是人民内部的自我教育问题。

运动中间,学校于6月3日召开了全校典型报告大会,由两人作典型发言。其中一人曾参加汪精卫伪宪兵一个月,1945年曾参加国民党军队任班长,大会宣布免予处分;另一人1946年曾参加中统,两次参与镇压学生运动,打过学生,因主动交代问题,态度好,大会也宣布免予处分。

自5月30日全校动员,到6月8日,全校(不包括准备阶段参加学习的两批干部)参加学习的人数为3387人(一部分华侨未参加学习),共有3024人交代了各类问题,占参加学习总人数的89.4％,其中:一般性问题752人,反动社会关系1232人,一般性政治问题947人,重大政治问题93人。已作结论2448人,占交代问题人数的77.5％。尚有580人未作结论。此外,还交出枪支3件,军刀3把。加上准备阶段参加学习的第一、二批人数,全校一、二、三批学习总人数为4107人,交代问题3644人,占全体学习人数88.7％,其中:一般性问题905人,反动家庭及社会关系1567人,一般性政治问题1071人,重大政治问题102人(其中有血债者2件)。分学委会和节委会讨论后,宣布全校忠诚老实运动基本胜利完成,并决定自6月8日全校复课,职员恢复办公。

此外,法学院参加土改回来的师生和植物系赴海南岛工作回来的师生,分别于 7 月进行忠诚老实运动学习。法学院参加学习 320 人,交代问题 314 人;植物系参加学习有 45 人交代问题。

6 月 11 日,分学委会和节委会联席会议,工作组党组书记袁永熙报告在忠诚老实运动中交代重大问题的 41 人的具体情况,其中教师 25 人,学生 9 人,职工 7 人,准备送交中共北京市委审查处理。会议决定于近日召开全校总结大会,请在运动中收获较大的几位同志发言。

6 月 12 日,举行全校总结大会。会上,除运动中收获较大的几位同志作了典型发言外,校长马寅初和工作组党组书记袁永熙作了运动总结报告。袁永熙总结运动有以下几点收获。

(1)通过这段学习,全校师生普遍地提高了思想觉悟,做到了清清楚楚地交代问题,丢掉包袱,在政治上、组织上划清了敌我界限,坚定了立场,轻装前进,奠定了建设新北大的基础,也为迎接祖国十年建设做好准备。

(2)提高了对党的认识,党是代表人民利益的,大公无私,一视同仁,在运动中,干部带头先走一步,给群众树立榜样,有利于顺利开展运动,同时也密切了党群关系,加强了团结,使群众更进一步靠近党组织,大大提高了工作积极性。

(3)普遍认为,这次运动中贯彻"启发自觉、不追不逼"的方针是正确的,使群众解除顾虑,能自觉地交代问题。

(4)学习是学校的中心任务,思想改造是为了先生教好,同学学好。学习与祖国利益是一致的,有党的领导和觉悟的群众的共同努力,今后北大的教学一定会有很好的前途。

总结大会后,忠诚老实运动正式结束。当时未作结论的,包括送交市委处理的,运动后陆续由领导作了结论。其中,除个别人依法受到管制外,其余的均未受到任何处分。

第三节　反贪污、反浪费、反官僚主义运动

1951 年 10 月,全国工农业战线开展的爱国增产运动中揭发出大量的贪污、浪费现象和官僚主义问题。12 月 1 日,中共中央发出《关于实行精兵简政、增产节约、反对贪污、反对浪费和反对官僚主义的决定》。为加强对增产节约和"三反"运动的领导,12 月 7 日政务院成立中央人民政府节约检查委员会(简称中央节委会),由薄一波任主任,彭真、李富春、谭平山、沈钧儒任

副主任，刘景范任秘书长。1952年1月1日，毛泽东在元旦团拜会上号召开展大规模的反对贪污、反对浪费、反对官僚主义的斗争。从此"三反"运动迅速在全国展开。

1952年1月3日，根据中共北京市委和北京市高等学校节约检查委员会的指示，北京大学校务委员会决定成立"北京大学节约检查委员会"，负责领导本校的"三反"运动。委员会成员包括：行政代表马寅初、汤用彤、钱端升、张景钺、王鸿祯、马大猷；党委代表王学珍；工会代表庞家驹、董申保、朱云搏；团委代表胡启立；民主党派代表闻家驷、孙云铸、胡筠；学生会代表刘朴。当时上级领导在北大派有工作组，协助北大党委领导教师思想改造学习运动和"三反"运动。工作组成员和北大党委负责人组成了党组，由中共中央宣传部干部张文岑任党组书记。"三反"运动由党组成员、北大党委副书记王学珍具体负责。1952年3月中旬，党组副书记、北大党委书记张群玉休产假。她原来主要参与教师思想改造学习运动的领导。她休产假后，由王学珍代理她的工作，"三反"运动改由胡启立具体负责。5月上旬，张群玉休完产假回校，"三反"运动仍由王学珍具体负责。

1952年1月3日下午，北大节约检查委员会（以下简称北大节委会）举行第一次会议，决定委员会下设办公室和检查、宣传、秘书三个组，并决定在工学院、工农速成中学和出版部各成立分会领导其"三反"运动。

1952年1月4日下午，学校召集全校各单位行政负责人在孑民纪念堂开会。马寅初校长在会上作了在全校开展"三反"运动的动员，部署了当前工作，并要求各单位领导人带头发动群众，层层检查，迅速将运动展开。

1952年1月5日下午，学校请中央节约检查委员会主任薄一波来校，向全校教职工学生作报告。薄一波在讲了形势和"三反"运动的重大意义之后说：这是我们党执政后，自觉地抵制和克服资产阶级对党的腐蚀，保持共产党人廉政为民本色的一次伟大的运动。他号召北大全体教职员工学生积极行动起来，投入运动。会上，王鸿祯代表校节委会部署工作，要求各单位组织学习讨论薄一波的报告，并立即开展检查官僚主义、揭发检举贪污和浪费现象的活动，要求犯有贪污错误和罪行的人于1月10日前主动坦白交代，争取宽大处理。

会后，教师各小组就"三反"运动的意义进行学习，并联系自己的思想行为进行思想检查。职员方面主要是动员坦白，揭发贪污。沙滩区总办事处和理学院、工学院的职员中已开始有人交代贪污和公私不分问题。学生方面主要是学习报告和文件，进行思想教育，树立爱护国家财产的观念，警惕沾染资产阶级恶劣习气。

1952年1月9日下午，校节委会在沙滩大饭厅召开全校职工大会，大会由马寅初校长主持。犯有贪污、受贿错误并主动作了坦白交代的总办事处文书组的一位职员、工学院的一位职员和理学院的一位电工，在会上作公开检讨。校节委会办公室主任王鸿祯报告了最近的学习情况后，代表校节委会宣布对上述三人作宽大处理，免予行政处分，同时宣布延长坦白交代日期至 1 月 16 日。同日中午，北大妇女会召集本校教职员家属开会，动员他们积极参加运动。会后全体去大饭厅职工大会旁听。

1952 年 1 月 12 日，教育部和京津高等学校教师学习委员会决定：各校停止期考，教师停止原来的学习计划，转入"三反"斗争。1 月 14 日，北大教师分学委会和校节委会举行联席会议，决定：两会联席会议负责领导全校的"三反"运动，两会办公室联合办公；各系的运动由系主任负责领导，由工会小组长和系学生会负责人协助；职工方面仍维持原来的组织不变。会议要求各单位必须充分发扬民主，开展批评与自我批评，进行坦白、检举、检查。

1 月 18 日，分学委会和校节委会再次举行联席会议，决定集中一段时间检讨学校行政领导的官僚主义和浪费问题。

1 月 22 日至 24 日，全校教职员工在沙滩大饭厅开会，由汤用彤副校长和法学院院长钱端升、工学院院长马大猷、文科研究所所长罗常培作自我检查。他们检查后，先后有 16 人（有的代表小组）发言，就他们的检查及学校和本单位的官僚主义与浪费问题进行揭发、批评。

1 月 24 日，校节委会举办的"三反展览会"在沙滩图书馆开幕。同日，校节委会向北京市高等学校节约检查委员会报告前一阶段运动情况。报告说，春节前全校有 95 人交代了贪污行为，其中职工 87 人，占职工总数的9.5％，教员 2 人，学生 6 人。贪污总额 6500 余万元（旧币，下同）。贪污在1000 万元以上者 1 人，100 万—500 万元者 10 人，其余都是 100 万元以下的。此外交代公私不分性质的 146 人。为表示对主动坦白交代者实行宽大政策，对案情较轻、坦白较彻底的 25 人做了免予行政处分、追回赃款赃物的处理。下一步准备进一步发动群众组织专门小组对重点人和问题进行检查。

在此期间，学校于 1 月 20 日请团中央书记处书记蒋南翔在沙滩大饭厅向全校同学作关于开展三反运动的报告。学生会还组织同学学习周总理、薄一波、彭真、冯文彬等的有关报告，并请有关方面到校介绍"三反""五反"（反对行贿、反对偷税漏税、反对盗窃国家财产、反对偷工减料和反对盗窃国家经济情报）运动中和不法资本家斗争的情况；组织 300 名学生参加北京市的"五反"工作。不少同学在学习和参加实际斗争的基础上，主动检查家庭和旧社会对自己的影响，批判腐朽的资产阶级思想，并在学生会的组织下，对全校行政工作和教学工作中应改进的问题，提出了 1700 多条建议。

1952年2月1日，中央节约检查委员会、中央人民政府最高法院组织临时法庭，在北京中山公园音乐堂举行公审薛崑山、宋德贵等7名贪污犯的大会。审判长、最高人民法院院长沈钧儒宣判薛、宋死刑，没收全部财产，其他5人为有期徒刑或免刑。宣判后，中央节委会主任薄一波作了报告。参加大会的有各单位领导人、积极分子以及各单位的贪污犯和重大嫌疑分子。北大的部分师生和有关人员参加了大会。同日，京津高等学校学习委员会和北京市高等学校节约检查委员会举行联席会议，决定在寒假期间继续充分地发扬民主，发动群众，彻底进行揭发和暴露，严肃地开展批评与自我批评，把"三反"运动搞彻底。

2月2日，校节委会召开全校师生员工深入开展"三反"运动动员大会。汤用彤副校长作动员报告。他在肯定运动已取得很大成绩之后，指出严重的贪污、浪费问题还没有彻底揭露出来，对官僚主义的种种表现还没有深挖其思想根源，必须继续发扬民主，用群众的力量，坚决地不动摇地把运动搞彻底。

动员会后，各院系领导亲自带领单位检查小组进一步检查经费项目，核对物资，以发动群众深入开展运动，向贪污分子进攻。校节委会检查组（又称"打虎"指挥部。当时对贪污1000万元以上的称为"小老虎"，贪污一亿元以上的称为"大老虎"）则组成若干检查小组（又称"打虎队"），开始对全校重点单位、重点问题和重点人进行深入检查。

2月4日，校党委会开会，王学珍传达市委统战部部长李乐光关于"三反"运动的报告。李乐光强调，揭发贪污、浪费事实是运动的重要环节。要斗争就要把事实摆出来。反浪费要区分浪费是什么性质，是由本位主义产生的，还是由于保管不善或计划不周产生的，还是由崇美、崇洋产生的，还要区别轻重大小。反贪污，各校要制订一个打虎计划，抓住重点，组织力量。打虎要稳要狠，不要冒失过左，也不要怕三怕四而过右。反官僚主义不要搞政治上、历史上的问题，要注意提法。

2月9日，全校举行反浪费大会，由理学院、工学院的同志报告近日检查浪费的情况。会上，对开展运动不力的单位提出了批评。

2月10日，校节委会经上级批准，将一批有重大贪污嫌疑又拒不坦白的职工或有贪污行为又暗中活动、订立攻守同盟的职工，进行隔离审查。自此，职工方面，"三反"运动进入反贪污打老虎的阶段，教员方面则陆续转入每个教师进行个人的思想检查。

职工中反贪污打老虎自2月上旬开始一直到5月上旬，被隔离审查的先后共34人。打虎队先后有八百余人，绝大多数是学生。每一个打虎队对一个人或一个重大问题。打虎队的工作主要是：查账、查物，寻找线索，搜集证据;根据线索在校内或到校外进行调研;进行面对面斗争,包括个别谈话、追问和小组批斗与追问等。在这期间,除组织打虎队开展斗争以外,还做了以下工作。

1. 组织贪污嫌疑分子参加市里或校节委会自己举办的体现政策的宽严大会,促其坦白交代。主要包括:(1)3月17日,校节委会在沙滩大饭厅召开职工大会,宣布对一批已坦白交代清楚问题的中小贪污分子,予以宽大处理。(2)市高校节委会在中山公园音乐堂召开北京市高等学校反贪污大会。5000余人参加大会,北大教职工和一批被隔离审查的贪污嫌疑分子参加了大会。市公安局代表政府接受与会群众要求,逮捕了拒不坦白的5名贪污分子,其中有我校职工2人。(3)3月25日,校节委会宣布对20名能彻底坦白的中小贪污分子作宽大处理,免予行政处分。(4)4月6日,市高校节委会在劳动人民文化宫举行反贪污大会。会上宣布对坦白比较彻底的13人作宽大处理,同时宣布逮捕拒不坦白的贪污分子14人,其中有北大2人。(5)4月23日,校节委会召开反贪污大会,宣布工程科三名职员因坦白彻底,并有退赃表现,决定解除隔离审查,并将受到宽大处理。会上,市公安局接受图书馆职工的要求,逮捕了该馆一名职员。(6)5月7日,校节委会召开反贪污大会,市公安局逮捕了我校事务课一名职员和我校前工农速成中学一名职员。

2. 组织师生员工,特别是反贪污打老虎的工作人员,以及犯有贪污错误的人和贪污嫌疑分子,学习政府新发布的有关规定,使工作人员掌握政策界限,并促使贪污嫌疑分子受到政策的感召而坦白交代。主要包括:(1)组织学习3月12日《人民日报》发表的中央人民政府颁布的《中央节约检查委员会关于处理贪污、浪费及克服官僚主义错误的若干规定》,和3月24日市节委会转发的中央节委会对此所作的具体说明。(2)组织学习4月初中央节委会发布的《关于追缴贪污分子赃款、赃物的规定》和4月7日市节委会有关此问题的通知。

3. 组织犯有贪污错误的人参加市高校节委会或校节委会自己举办的"三反"学习班,从思想上深刻认识错误。市高校节委会举办的"三反"学习班于4月10日开始,4月27日结束,北大送去39人参加学习。校节委会举办的"三反"学习班于4月11日开始,4月27日结束,54人参加学习。两个学习班的学员都表示有很大收获,今后要努力树立廉洁奉公的思想作风。

在此期间共有7人自杀身亡:2月17日校医室1名医生,3月2日工学院事务课1名职员,3月16日工学院化工系测量仪器室1名工人,3月21日图书馆1名职员及其丈夫,5月上旬工程科1名职员及其妻子。

5月上旬,打虎工作基本结束,运动转入核实、定案和追赃阶段。其间,5

月 29 日至 6 月 8 日,校节委会对全校 95% 的 100 万元以下的贪污案件和留在校内的 75% 的 100 万元以上的案件进行了处理。同时,将涉及较大贪污案件的 33 人中的一部分送到市高校"三反"运动学习班的一部和二部学习(未送去的留校继续审查)。6 月上旬,校节委会按照实事求是、严肃处理案件的精神,发动群众对以前已处理的 100 万元以上、1000 万元以下的贪污案件进行群众性复查。复查结果,因处理不当减轻原处分或撤销原处分的 11 人,降低原认定贪污数额的 10 人,增加的 2 人。6 月中旬至 7 月中旬,校节委会又对尚未定案的一些较大的贪污案件进行复查。复查按照重证据、不重口供和实事求是的精神进行。复查结果:原定贪污数字在千万元以上至一亿元的 28 人中有 25 人数字有所下降;原定贪污数字在亿元以上的 14 人均降至亿元以下。

在核实定案阶段,根据中央人民政府政务院公布的《关于三反运动成立人民法庭的规定》和北京市人民政府公布的该规定的实施办法,经上级批准,学校于 5 月 28 日成立了北京大学人民法庭。组成人员为:审判长马寅初,副审判长汤用彤、王学珍,审判员王鸿祯、陈士骅、闻家驷、孙云铸、文重、胡启立、刘朴、唐敖庆、沈承昌、李永录。北大人民法庭在 7 月复查工作基本结束以后,开了 4 次庭,根据"斗争从严、处理从宽"的精神和犯错误人的贪污数字、性质、坦白态度,对需要由人民法庭审理的案件进行了审理:(1) 7 月 25 日,北大人民法庭在沙滩新饭厅第一次开庭,审判前工程科二名职员。法庭判定二人在经营基建工程中犯有受贿罪。由于二人坦白交代了自己的罪行并积极退赃,根据中央有关规定,判处二人免予刑事处分。(2) 7 月 30 日,北大人民法庭第二次开庭,审判工学院一名会计。法庭判定他犯贪污罪。由于他坦白交代了自己的罪行,并已交出一部分赃款,判处免予刑事处分。(3) 8 月 5 日,北大人民法庭第三次开庭,审判前化学系仪器出纳室负责人。法庭认定他在职期间犯有盗窃国家贵重器材罪和受贿罪,考虑到他坦白交代了自己的罪行,并已退出部分赃物、赃款,判处免予刑事处分。(4) 8 月 13 日,北大人民法庭第四次开庭,审判工程科的一名职员。法庭认定他在主管学校基建工程施工过程中严重失职,使国家遭受严重损失,犯有失职罪,判处劳动改造一年。

经过 6 月上旬开始的对贪污案件的复查和人民法庭的审理,全校查实有贪污行为的共 355 人。其中教员 19 人,职员 94 人,工勤人员 228 人,校警 3 人,学生 11 人。这 355 人中有 2 人已送法院待审尚无结果。在校的 353 人中贪污在百万元以下者 281 人,百万元以上千万元以下者 66 人,千万元以上五千万元以下者 3 人,五千万元以上者 2 人,主要是犯失职罪,使国家遭受严重经济损失的 1 人。他们贪污的总金额为四亿二千二百万元。对这些人的处理情况为：贪污百万元以下的 281 人中，有 5 人因拒不坦白或性质恶劣受到行政处分，其余 276 人不以贪污论处，免予行政处分；贪污百万元以上千万元以下的 66 人中，有 25 人不以贪污分子论处，追回赃款、赃物，免予行政处分，41 人受到行政处分。贪污千万元以上的 5 人中，2 人逮捕法办，3 人免予刑事处分，2 人免予刑事处分后给予行政处分，1 人本来亦应给予行政处分，因年老、已退休多年未给处分，犯失职罪者已由北大人民法庭判处劳动改造一年，劳动改造期满可回校工作。以上给予行政处分的共 48 人，处分的等级为开除 2 人（均为依法 4 万元以上者），撤职 3 人，降职 6 人，降级 1 人，记过 13 人，警告 23 人。

　　1952 年 8 月 18 日，校节委会对八个半月来学校开展的"三反"运动进行了总结。总结认为运动取得了巨大的胜利和收获：(1)全校反贪污工作基本上是彻底的。在运动中对学校的每个部门、每个经管财物的地方和人都进行了检查。从已交代出有贪污问题的人数看，已占职工很大比率。全校的贪污现象已基本上被清除。(2)揭发了行政领导上的官僚主义和许多不合理的制度，发现了漏洞并挽救了大批干部，清洗了坏分子。(3)通过运动，职工的思想觉悟大大提高。总结也检查了工作中的缺点：(1)校节委会在运动第二阶段对掌握政策精神、贯彻党的政策注意不够，因此在"打虎"工作中发生了违反政策的打、骂、罚跪等现象。(2)在运动中对一些有贪污行为的人进行政策教育不够，曾发生了多起自杀的情形。(3)对从市内、外转来和本校的检举材料调查研究不够细致，轻信材料和有贪污行为的人的口供，因而运动中曾发生把小问题打成大问题甚至完全打错的情况。

第四节　批判"胡风集团"和进行肃反运动

　　1955 年 1 月 21 日，中共中央批准中宣部要求对胡风的文艺思想进行公开批判的报告。中宣部的报告认为："胡风的文艺思想，是彻头彻尾资产阶级唯心论的，是反党反人民的文艺思想。"此后，文艺界围绕胡风文艺思想不同意见的争论变成了对胡风的政治批判。是年 5 月，北大"五四"科学讨论会第二次全会上，曾宣读了一篇题为《批判胡风的唯心史观的文艺思想》的论文。

　　1955 年 5 月 13 日、24 日和 6 月 10 日，《人民日报》分三批刊登了《关于胡风反革命集团的材料》（经摘编整理的胡风与其友人的 169 封来往书信），和毛泽东写的编者按语，断言胡风等人是"一个暗藏在革命阵营的反革命派别，一个地下的独立王国"，于是，对胡风的思想批判又发展成为"肃清胡风反革命集团"的运动。在《人民日报》发表《关于胡风反革命集团的材料》期间，中共中央于 5 月 24 日发出了全党必须提高警惕性、加强同反革命分子和各种犯罪分子进行斗争的指示。是年 7 月 1 日，中共中央发出了《关于展开斗争肃清暗藏的反革命分子的指示》，决定在全国范围内开展肃清暗藏反革命分子的运动。

1955 年 5 月 28 日，北大校工会召开 30 多名教授参加的座谈会，漫谈"胡风反革命集团"的问题。会后，校工会根据与会者的建议，写信给《人民日报》，表示拥护中国文联及作协主席团联席扩大会议开除胡风会籍并撤销其一切职务的决定。6 月 9 日和 10 日，学校组织全校师生学习《人民日报》公布的"胡风反革命集团"的三批材料和编者按语；6 月 20 日和 21 日，组织全校职员和工人，分别听关于"胡风反革命集团"性质、行为、危害的报告。

1955 年 6 月 27 日，学校党委根据上级指示，制订"继续深入开展肃清胡风集团和一切暗藏反革命分子的斗争的工作计划"，提出：要结合北大实际情况，广泛深入地在群众中进行宣传教育，提高广大群众的政治警惕性与辨别各种暗藏反革命分子的能力，并在此基础上号召坦白检举，揭发校内外的各种反革命活动情况，以便彻底粉碎"胡风集团"和一切暗藏的反革命分子。在斗争中，应坚决贯彻中央"提高警惕，肃清一切特务分子，防止偏差，不要冤枉一个好人"的方针，一方面要防止唯心猜疑，草木皆兵，以致伤害群众的积极性，但另一方面也绝不能让坏分子鱼目混珠，蒙混过关。

1955 年 7 月 3 日，北大行政工作会议讨论在北大进行肃清一切暗藏反革命分子的问题，认为这是一个重要任务，应作为一个时期的中心工作来进行。会议通过了北大党委提出的工作计划，并决定组织工作组具体领导这项工作。

1955 年 7 月 12 日，中共北京市委高等学校委员会批复中共北京大学委员会：经市委 5 人小组（北京市委肃反工作 5 人小组）讨论批准，由江隆基、史梦兰、张群玉、谢道渊、尹企卓、胡启立、张仲纯、赵国栋 8 人为北大"肃清一切暗藏反革命分子学习运动"领导小组组成人员；另外，王孝庭、谢青、尔联柏参加领导小组会议。

北大的肃反运动，学生、教职员（包括进修教师和研究生）、工人是分别进行的。运动工作过程大体分为三个阶段。第一阶段是听动员报告，学习文件，明确运动的目的、政策，批判右倾麻痹、自由主义等错误思想，端正态度，批判反动思想，进行坦白检举和重点追查。这一阶段是肃反的群众运动阶段。它又分为两段。前段是听报告、学文件、端正态度；后段是开展思想斗争，批判反动思想，进行坦白检举和追查。第二阶段是调查研究，个别谈话，甄别定案。第三阶段是善后复查，报上级批准，作出书面结论，由本人签字。三个阶段之间互有交叉。

1955 年 7 月 10 日至 25 日,在学生中进行了肃反运动,参加学生 4406 人。运动开始时,由副校长江隆基作了动员学习的报告;开始坦白检举时,又由江隆基作了动员报告。事先摸底掌握和运动中发现有重大政治问题嫌疑者 91 人,占参加运动学生的 2.06%。其中,在小组会上或在个别谈话中受到追问和批判的 43 人,占参加运动学生的 0.97%。7 月 25 日,召开全体参加运动学生大会。会上,运动中查出的两名学生应定为反革命分子(一是东语系四年级学生,是中统;一是化学系三年级学生),证据确凿,而本人拒不交代,被北京市公安局逮捕法办。历史系三年级一名学生彻底坦白了长期隐瞒的反动历史,得到了宽大处理。

1955 年 7 月 29 日至 8 月 29 日,在教职员、进修教师、研究生(包括部分生产实习回来的本科生)中进行了肃反运动。参加者共 1526 人,其中教职员 1297 人。运动开始时和坦白检举开始时亦由副校长江隆基作了动员报告。事先摸底掌握和运动中发现有重大政治性嫌疑者 51 人,占参加运动 1526 人的 3.34%。其中,东语系的一位讲师、中文系的一位进修教师,作为“胡风分子”于 8 月 1 日晚在全校大会上受到点名批判。大会后,中文系的进修教师送回原单位,由原单位处理;东语系的讲师,后查明并非“胡风分子”,由江隆基副校长在全校大会上向他作了公开道歉。51 人中还有 12 人在全系的会上受到批判和追问,有 14 人由小组或专案小组进行了追问。其余 23 人和其他人一样参加运动。8 月 19 日,召开全体教职员、进修教师、研究生大会,北京市公安局逮捕了拒不坦白的一位法律系职员(王明道反革命集团骨干分子),江隆基副校长宣布对物理系一位主动坦白参加过军统组织的讲师作宽大处理,不予处分。在运动中,东语系的一位教授自杀身亡。

1956 年 7 月 2 日至 7 月 12 日,在工人中进行了肃反运动。参加者共 764 人,其中有 7 人列为调查对象,有 3 名临时工交代了反动历史及罪行。

此外,1955 年 7 月上旬,用了 4 天时间在北大附设工农速成中学的学生中进行了肃反运动;1955 年 8 月下旬,组织力量对 729 名 1955 届本科毕业生进行了肃反补课。

在肃反的第一阶段,即群众运动的阶段,学校即组织一些人成立专案组,进行调查研究、个别谈话。第一阶段结束后,转入了第二阶段,即专案工作阶段。第一、第二阶段的工作是交叉、结合进行的。1955 年 10 月,根据形势的发展,经领导批准,调整了肃反领导小组,由原来的 8 人调整为 5 人:江隆基、史梦兰、赵国栋、谢道渊、谢青。与此同时,抽调专职干部 61 人、半专职干部 12 人、不脱产干部 114 人参加专案阶段的肃反工作。专案工作以调查研究、专案工作小组和专案对象个别谈话为主,也进行了一些小组批判和追问。最后经过甄别定案，善后复查，报上级批准，作出书面结论，并由本人签字。整个工作于 1956 年年底基本结束。

北大的肃反运动历时一年多，参加运动的师生员工共 6696 人。其中，确定为肃反对象的共 155 人，占参加人数的 2% 强。经过调查取证，最后甄别定案的结果是：反革命分子 18 人，其他坏分子 1 人（其中，参加军统、中统特务组织 7 人，反动党团骨干 2 人，反动会道门头子 1 人，恶霸有血债越狱逃犯 1 人，国民党警察巡官 1 人，其他现行反革命破坏分子 7 人）；还有按镇反条例是反革命分子，但在中央政策界限宽大处理的原则下，不以反革命论的 22 人。这些都有书面结论，并经本人签字同意。155 人中，还有因检举失实而搞错的有 4 人。此外，对于其他一些人，是查清了问题，使他们放下了包袱。其中，有的是思想反动，散布过反动言论，但经查证，仅有一般性政治历史问题的；有的是历史复杂，有些重要情节过去交代得不够清楚，这次经过调查问题弄清楚了；还有的只是隐瞒了一般性政治问题的。

这次肃反运动查出一批反革命分子和坏分子，也查清了一批人的政治历史问题和其他问题。缺点是在对待反革命嫌疑者的审查批判上，有混淆两类矛盾的情况，把一些落后言论、落后小圈子以及和外国人接触、联系较多的人看成反革命嫌疑，对他们进行了批判、追问和专案审查，还有少数人在全系或全校的大会上受到了批判、追问，从而伤害了一些人。其中，一部分问题在最后甄别复查中得到了纠正。1957 年 5 月，校党委还召集肃反运动中受到思想批判的人开了三次座谈会，听取意见，说明情况，表示歉意；对上述 155 名肃反对象又作了一至三次复查和交代，对其中因检举失实而搞错的 4 人，按原范围进行了赔礼道歉。也有一些问题，如因"胡风反革命集团"问题而受到批判、审查的，到"文革"以后才陆续得到了纠正和妥善处理。

第五节　整风运动和反右派斗争

1956 年，毛泽东在中国共产党第八次全国代表大会上的开幕词中指出：现在在我们许多同志中间，仍然存在着违反马克思列宁主义的观点和作风，这就是思想上的主观主义、工作上的官僚主义和组织上的宗派主义，必须用加强党内的思想教育的方法，大力克服我们队伍的这些严重缺点。1956 年 11 月，党的八届二中全会决定 1957 年开展整风运动。

1957 年 2 月 17 日，毛泽东在最高国务会议第十一次（扩大）会议上作了《如何处理人民内部的矛盾》的讲话。该讲话指出，社会主义社会也存在着矛盾，要严格区分社会主义社会敌我矛盾和人民内部矛盾。这两类矛盾的性质不同,解决的方法也不同。对于人民内部矛盾只能用民主的说服方法去解决。1957年3月6日至13日,中共中央在北京召开全国宣传工作会议。这次会议的主要议题是传达贯彻毛泽东《关于正确处理人民内部矛盾的问题》的讲话,研究思想动态和贯彻"双百"方针等问题。3月12日毛泽东在会议上发表讲话指出,领导我们的国家可以采用两种不同的方法,或者说两种不同的方针,这就是放和收。我们采取的方针是放,就是放手让大家讲意见,使人民敢于讲话,敢于批评。他宣布中央决定,准备党内在今年开始整风。

1957年4月27日,中共中央发布《关于整风运动的指示》。该指示指出,要在全党重新进行一次普遍的深入的反官僚主义、反宗派主义、反主观主义的整风运动,提高全党的马克思主义的思想水平,改进作风,以适应社会主义改造和社会主义建设的需要。该指示强调,这次整风运动应当以毛泽东同志今年2月在扩大的最高国务会议上和3月在中央召开的宣传工作会议上代表中央所作的两个报告为指导思想,把正确处理人民内部矛盾的问题作为当前整风的主题。该指示还指出:"这次整风运动,应该是一次既严肃认真又和风细雨的思想教育运动,应该是一个恰如其分的批评和自我批评的运动。"

1957年5月16日,中共北京市委发出了《关于开展整风运动的通知》。

根据中央的指示,为了深入学习和贯彻毛泽东在最高国务会议和全国宣传工作会议上的讲话精神,进一步研究我校工作中的各项重大问题,5月7日,学校党委召开有党内外主要干部约150人参加的会议,党委第一书记江隆基在会议上对目前为什么要深入学习研究如何处理人民内部矛盾问题作了说明之后指出:这次会议的主要任务就是要大家本着"知无不言,言无不尽"的精神,揭露我校工作中存在的主要问题,研究解决办法,以进一步改进领导工作,把我校工作推向前进。这次会议开了20天,于5月14日结束。会议期间,许多小组开了三四次小组会,举行了六次大会发言。50位教授和干部在大会上发言,从各方面揭露和批评了学校工作中存在的缺点和问题。江隆基在14日的大会上充分肯定这次会议,说它是我校整风运动的序幕。

5月16日,校党委公布《北大党委关于开展整风运动的计划》。该计划提出,这次整风的目的是检查北大党组织对于有关高等教育党的方针政策的执行情况,分析人民内部矛盾在学校中的具体表现,检查党内所存在的官僚主义、宗派主义、主观主义的思想作风,按照"团结—批评—团结"的方针,整顿党的作风,提高全党的思想水平,共同办好北大,以力求适应国家社会主义建设的需要。

为了搞好整风运动,校党委和各系各单位从5月17日开始,召开了各种类型的座谈会,请与会者对党委工作中的缺点错误和党员干部的工作作风问题提出批评,如 5 月 17 日校党委邀请各民主党派、工会、团委、学生会负责人参加座谈会;5 月 20 日、21 日,邀请全体教授、副教授、教师中的校工会委员,各部门工会正副主席,各民主党派小组长以上干部 160 余人参加的座谈会等。与会者就党群关系、教学科研、知识分子政策、干部作风等方面提出了许多意见。

整风运动按计划开始两天后,5 月 19 日,在大饭厅东墙上出现了大字报。翌日,周围的墙上即贴满了大字报。此后,每天都有大批大字报贴出。还有人在大饭厅前发表演说,各单位分别召开座谈会让大家发表意见。在校园里、教室里,还不断发生不同意见的辩论。当时,提出的意见绝大多数是对学校工作中的官僚主义、宗派主义和主观主义以及教学工作中的问题的批评建议,但也有极少数具有尖锐的鲜明的政治性。例如,有的人提出"要求党委退出学校","党不应该领导学校"。有的说,"党要把青年培养成怎样的人才?要把我们培养成骗子,你骗我,我骗你,互相嫉妒,把权交给一些人去压另一些人"。有的说:"随着阶级的消灭,新的阶级压迫开始形成。"有的说:"现在有三种社会力量已经形成一支可怕的百万大军:一、认识了历史必然性的战士们;二、那树叶一样被踩躏的人们;三、反社会主义反革命人民的魔鬼们。这支大军为自己开辟道路,谁要是阻挠,就要毁灭。"有人以"白毛女申冤"作大字报的标题攻击肃反运动。有人提出"发动全国人民向人代会请愿,上街搞匈牙利事件"的建议等。

5 月 25 日,一些学生以西语系英三班和团支部名义在办公楼礼堂召开"反三害"控诉会。有两个学生以许多耸人听闻的"事实",控诉"三害"的罪过(后北京市人民检察院调查说这些所谓"事实"是捏造的)。当晚,党委书记、副校长江隆基在东操场电影晚会后向同学们讲话,谴责这个"控诉会",并警告不要越出整风的范围。

6 月上旬,一些学生以"助党整风"和"北大访问团"的名义到天津各高校活动,有的则搞"民主接力棒",向各地散布他们的观点和主张。

在大鸣、大放、大字报、大辩论正在紧张进行、继续发展的时候,6 月 6 日,毛泽东在其起草的《关于加紧进行整风的指示》中说:"北京的情况证明,各民主党派、高等学校和许多机关中暴露一大批反动思想和错误思想,反动分子趁机活跃。"8 日,毛泽东在其起草的《中共中央关于组织力量准备反击右派分子进攻的指示》中说:"这是一场大战(战场既在党内,又在党外),不打胜这一仗,社会主义是建不成的,并有出'匈牙利事件'的某些危险。"同日,《人民日报》发表题为《这是为什么?》的社论,指出在"帮助共产党整风"的名义下,少数右派分子向共产党和工人阶级的领导权挑战。他们企图趁机把共产党和工人阶级打翻,把社会主义伟大事业打翻,拉着历史向后倒退,退到资产阶级执政,广大人民是绝不许可的。

6月8日以后,学校党委按照中央的指示和《人民日报》社论的精神,开展了反右派斗争,组织各方面力量,召开各种批判会,贴大字报,批判右派言行。到10月中旬,反右派斗争告一段落。10月19日,江隆基在校务委员会上说,截至目前,教职工中有右派90人,学生中有右派421人,共计511人。到10月底,党委统计全校共有右派分子526人。然而不久,上级又指示要进行"反右补课"。从1957年冬到1958年春,在"反右补课"中又陆续补划了右派190人,全校共计划右派716人,其中教职员110人,学生589人,教职员中有教授、副教授12人。

1958年1月6日、1月31日和2月5日、6日、7日,校务委员会相继讨论右派处理问题。江隆基副校长和陆平副校长先后说明中央和国务院关于对右派分类处理的政策精神:右派是资产阶级反动派,在政治思想上要彻底斗倒,处理上采取宽严相结合的方针;相当一部分可以改造,给予自新之路;宽大处理可以化消极力量为积极力量,争取中间派,孤立顽抗到底者。但不能无边宽大,混淆敌我界限。宽大处理主要一看情节轻重,二看态度好坏。在历史上有贡献的,有一定社会影响的,有真才实学、有过突出贡献的,一般从宽处理。具体处理可分以下六类情况:

(1)情节严重、态度恶劣者,劳动教养;特别严重的,开除公职,劳动教养。本人不愿意劳动教养,可自谋生活,委托所在地在政治上予以监督。

(2)情节严重者,表示愿意悔改,撤销原职务,保留公职,监督劳动,给予必要的生活补贴。

(3)情节类似一、二类,有学术技术专长,工作相当需要,或者年老体弱,撤销原职务,留用察看,降低原待遇。

(4)情节较轻,表示愿意悔改,或与一、二类相似,在社会上有相当影响,撤销原职务,另行分配较低的工作。

(5)情节较轻,悔改较好,有较大社会影响,有较高的学识,撤销一部分社会职务,降职、降级、降薪。

(6)情节轻微,确已悔改,免予处分。

对学生右派分子的处理,可以分以下四种情况:

(1)情节严重、态度恶劣,送农村或其他地方劳动察看,保留学籍。特别严重的,开除学籍,劳动教养。

(2)情节严重、表示愿意悔改,或者情节不严重,态度恶劣,留校察看,继续学习。

(3)机密专业,除开除者外,可转其他学系、专业。

（4）情节较轻，悔改较好，免予处分。

学生大部分都可留校，继续学习。年岁不大，改造好了，仍有用。对现行反革命、刑事犯、隐瞒反革命历史罪者，应予法办。

2月5日校务委员会上提到对515名学生右派（不包括去年毕业的77人）的处理情况：开除学籍24人（特别严重、恶劣），占4.7％；劳动考察、保留学籍135人，占26％；留校察看283人，占54.9％；免予处分53人，占10.3％。此外，已经处理者15人（属反革命集团8人，流氓惯窃7人），占2.97％；伪造证件、地方要回去、未注册的5人，占1.9％。

按照以上处理，学生中的右派分子，离开学校的（开除或劳动考察、保留学籍）共占34.7％（除已处理的15人，实际上为31％多），留校的占65％多一点。

2月5日、6日、7日，校务委员会讨论了63名职员右派分子和12名教授右派分子的处理意见：63名职员右派按一、二类处理离校者占33％多（其中开除3人），留校者占66％；12名教授、副教授（向达、胡稼贻、陈振汉、王重民、魏荒弩、李毓珍、王铁崖、张岱年、吴兴华、杨伯骏、管玉珊、杨达澹）全部留校，基本按四、五类处理，即降职、降级、降薪。

在反右派斗争还在进行时，毛泽东根据全党整风被反右派斗争冲断的情况，于1957年7月提出对整风运动部署的调整。整个整风过程分为四个阶段：大鸣大放阶段，反击右派阶段，着重整改阶段，个人研究文件、批评反省、提高自己阶段。

1957年9月20日，中共北京市委就北京市高等学院整风和反右派斗争情况以及今后工作部署向中央报告。中央指示，在高等学校的反右派斗争告一段落后，即应坚决转入"整改"，认真改进工作。

10月，我校反右派斗争告一段落。10月17日和19日，校党委扩大会议和校务委员会分别开会，决定整风运动从本周起转入整改阶段，即着重整顿工作作风和改进工作的阶段。10月21日，江隆基副校长在全校师生员工大会上作关于整改工作的报告，接着校园内再次贴满了大字报，掀起整改"鸣放"的高潮。10月30日，在校务委员会扩大会议上，江隆基副校长介绍了整改阶段以来的情况，并提出了八个问题请会议讨论：学校的体制；精简机构、整顿劳动纪律；勤俭办学；教学工作和教学制度；教学工作量计算；学生的劳动纪律；清理学生队伍，严肃校纪；培养工农学生。会议先按系分小组对上述问题进行讨论，然后经校委会讨论研究后，由学校起草方案实施。此后，各单位进行了一系列的整改工作，召开了整改座谈会、答复意见会、报告具体整改措施会等各种会议。到12月10日为止，全校共提出整改意见49281条，其中：党团领导及政治思想工作11651条，干部及党员作风10341条，教学与科学研究 8616 条,行政管理和总务工作 9206 条,生活福利 3361 条,人事编制与机构 2573 条,其他 3533 条。12 月 10 日后,又经过二十多天的工作,江隆基副校长于 1958 年 1 月 8 日向全校师生员工作了整改工作小结。他指出,整改第三阶段到目前两个半月,群众提出意见共 50502 条,整改期间可解决的问题中已解决了 88.8%,需解释已进行解释的占 77.7%,没有解决的还需要继续解决。在整改中主要解决了以下问题:(1)初步改善了党群关系,领导作风也有一些改进。(2)改进了教学工作,初步解决了提高教学质量方面可能解决的问题,初步整改了教研室的工作。(3)清点了图书、仪器、药品,揭发了惊人的浪费积压现象,改进了购置、出纳、使用等管理制度。(4)生活福利问题,群众提出的意见已基本得到解决。(5)在教职员中进行了精简机构、紧缩编制、下放干部工作;在学生中进行了打击流氓盗窃的思想工作,开除了 13 名流氓盗窃分子,纯洁了队伍。此外,还进行了节约教育、劳动教育,制定了参加体力劳动的办法。

1958 年 3 月 3 日,中共中央发布《关于开展反浪费、反保守运动的指示》。我校根据中共中央的指示,于 3 月至 6 月开展了"双反"运动。

在"双反"运动之后,根据中央的指示精神,必须进行第四阶段的整风。1958 年 9 月 25 日,校党委作出《关于整风第四阶段的决定》。该决定要求我校党的组织和全体党员通过学习文件、个人检查,总结一年来的整风收获,进一步检查和分析、批判存在的问题,明确今后的努力方向,以达到统一认识、加强团结、提高觉悟、改进工作的目的。该决定提出:整风的重点是教职员中党支委以上、行政部门科长以上、教学单位教研室主任以上和学生中党支部书记以上的各级党员领导干部。该决定部署了学习文件及时间安排,要求月底前做好准备,10 月 5 日开始学习。通过学习,开展批评与自我批评,每人都写出了参加整风运动的思想总结,同时,制定或修订了个人的红专规划。

第六节　学习党的八届八中全会文件和反右倾运动

一、学习八届八中全会文件精神,反对右倾思想

1959 年 8 月 2 日至 16 日,党中央召开了八届八中全会,作出《关于以彭德怀同志为首的反党集团的错误的决定》和《为保卫党的总路线、反对右倾机会主义而斗争》等决议,宣布"右倾机会主义已经成为当前党内的主要危险","保卫总路线,击退右倾机会主义的进攻,已经成为党的当前的主要战

斗任务"。会议期间，中共中央还于 8 月 7 日发出《关于反对右倾思想的指示》，认为右倾的思想、情绪和作风，如果不彻底加以批判和克服，党的总路线的贯彻执行、各项建设事业的继续跃进、今年调整后的生产指标和基本建设计划的完成，都是不可能的。会议要求"各级党组织必须抓紧 8、9 两个月，鼓足干劲，坚决反对右倾思想"。8 月 8 日，中共北京市委发出《关于立即贯彻中央关于反对右倾思想的指示的紧急通知》。8 月 17 日，校党委决定：从 8 月 18 日起，校党委领导先进行学习讨论。8 月 21 日，校党委召开全体党员、团支部书记以上干部会，传达党的八届八中全会公报等精神。8 月 27 日，召开师生员工大会，党委书记陆平作关于贯彻党的八届八中全会公报及开展增产节约运动的动员报告。会后，全校师生员工分组学习讨论党的八届八中全会公报。

9 月 2 日，中共北京市委召开全市 17 级以上党员干部会，传达八届八中全会关于彭德怀等同志的决议。会上点名批评了"人大北大人民公社调查组"。9 月 3 日，北大 17 级以上党员干部 144 人，分成 9 个组，开始学习讨论八届八中全会决议等文件，每周学习两次。

9 月 8 日，中共中央发出通知：高等和中等学校立即组织教职员和高中以上学生，认真学习党的八届八中全会的决议及有关文件，展开一场反对右倾机会主义、保卫总路线的学习和辩论。通知并指出，由于学校教师和高中以上学生的家庭出身关系，不少人对党的总路线、大跃进和人民公社有不少错误和糊涂的思想，因此，必须抓住现在的时机，进行一次深刻的政治教育。

校党委根据中央的报告，组织师生员工，在学习党的八届八中全会公报的基础上，进一步学习党的八中全会的决议及有关文件，开展反对右倾机会主义、保卫总路线的学习和辩论。学习辩论的主要问题有：人民公社是否办早了、办糟了；大炼钢铁是否得不偿失；"大跃进"是好得很还是糟得很；搞教育革命是否降低了教育质量等。

在整个学习中，全校有 26 位党外教师受到批判。其中，在教学小组或教研室会上受到批判的 23 人，在两个教研室的联合会上受到批判的 3 人。1962 年，对这 26 人，全部进行了甄别、纠正。

二、反右倾运动

反右倾整风运动只在党内进行。北大的反右倾整风运动从 1959 年 10 月 21 日开始，至 1960 年 3 月上旬基本结束，分为两个阶段：第一阶段从 1959 年 10 月 21 日至 1960 年 2 月 10 日，在 17 级以上党员干部中进行；第二阶段从 1960 年 2 月 11 日至 3 月 10 日，在一般党员干部和党员教师中进行。参加人大北大人民公社调查组的北大党员（不久，又加上非党员）从第一阶段起即参加了学习。

参加 17 级以上党员干部反右倾整风学习的共 303 人,其中有党委委员 25 人,正副党总支书记、正副处长、正副系主任 45 人,党总支委员 92 人,正副科长、正副教研室主任 52 人,共分 22 个组。另外,参加人大北大人民公社调查组的北大师生 66 人,编为三个小组,由陆平、邹鲁风、张侠三人各领导一个组,每周学习 6 段时间。具体做法是,在学习党的八届八中全会文件的基础上,每个人进行自我检查,开展相互批评。

在这一阶段,党委常委从 10 月 21 日至 11 月 18 日,单独在常委会上进行学习、检查和批评。党委第一副书记、副校长、人大北大人民公社调查组指导组负责人邹鲁风作了第二次检查后,于 10 月 26 日服安眠药自杀身亡。10 月 27 日,校党委作出开除邹鲁风党籍的决定。

党委常委以外的党员干部也从 10 月 21 日开始学习八届八中全会文件精神,揭发右倾思想情绪和言论、行动,进行自我检查和相互揭发与批评。揭发、检查和批评主要围绕对人民公社、大炼钢铁、大跃进和教育革命等问题的看法和认识进行。对于反映在这些方面的工作中有缺点、错误甚或表示有某些怀疑的同志,作为右倾,进行了批评、批判。11 月 9 日,转入重点批判。重点批判一般以小组会为主,共计批判了 47 人,占参加反右倾整风学习人数 303 人的 15.5%,其中有 3 人在全体 17 级以上党员干部大会上受到批判。

11 月 9 日,校党委在 17 级以上党员干部会上作反右倾运动揭发批判小结时说,一部分以党员专家自傲的同志,严重地怀疑甚至反对党的教育方针,散布资产阶级教育思想,有的甚至带有猖狂进攻的性质。他们成了党外资产阶级知识分子在党内的代言人,应彻底揭发和批判这些同志的右倾机会主义思想。会上点了几位同志的名字。此后,经校党委批准,有些系党总支对一些党员教师的所谓"以党内专家自傲"、向党争夺领导权等问题进行了批判。有的人还在校党委主持召开的 17 级以上党员干部会上被点名或批判。

在对 17 级以上党员干部重点批判进行了一段时间之后,校党委常委认为,要把反右倾整风推向深入、搞透,关键在于把领导骨干的整风搞透。为此,学校于 1960 年 1 月 16 日至 1 月 19 日,召开党委扩大会,举行整风会议,集中深入整风。各人根据党的八届八中全会精神,结合工作,检查自己对"三面红旗"的认识及其他右倾思想、右倾情绪,并进行相互批评。其中主要是集中检查以下问题:(1)学校党委十年来领导学校的两条道路斗争、贯彻党的教育方针和知识分子政策方面的情况和问题;(2)党委执行群众路线和进行群众革命运动的情况和问题;(3)建党路线,包括思想的、政治的和组织的，以及干部路线的情况和问题；（4）如何通过整风，从组织上整顿领导干部队伍问题。其步骤是：第一，集中揭发，结合批判；第二，专题讨论与重点批判结合；第三，对已经检查出的右倾作出总结。

反右倾运动的第二阶段，即一般党员干部、党员教师的反右倾整风学习阶段，从 1960 年 2 月 11 日开始。是日，党委副书记谢道渊代表校党委作了整风动员报告。随后，各单位即进行学习、讨论，端正整风态度，开展揭发和自我揭发，进行检查和批评。参加第二阶段反右倾整风学习的共 721 人，其中，教师 320 人，职工 279 人，进修教师 99 人，其他 23 人。在运动中，经党委常委决定，作为重点批判的 37 人，占参加学习总人数的 3.3%。其中，定为严重右倾 25 人，其他严重错误 12 人（包括严重个人主义、革命意志衰退、反对党的领导、闹不团结、追求资产阶级生活方式等）。

截至 1960 年 3 月 10 日，反右倾运动基本结束。据 1960 年 11 月统计，在运动中作为重点批判的共 84 人，其中 17 级以上干部 47 人（包括人大、北大人民公社调查组成员），一般党员干部和党员教师 37 人。84 人中定为右倾机会主义分子 6 人（均为 17 级以上党员干部），严重右倾 42 人，其他严重错误 36 人。在其他严重错误的 36 人中，有被定为阶级异己分子的 12 人，定为反党分子、蜕化变质分子的各 1 人，定为品质恶劣的 1 人，定为革命意志衰退的 2 人，定为反党反社会主义性质错误的 3 人，定为严重蜕化的 3 人，定为严重右倾、严重个人主义的 2 人，定为右倾机会主义性质错误的 5 人，其他 6 人。处理情况：开除党籍 27 人（包括邹鲁风），留党察看 12 人，撤销职务 6 人，严重警告 14 人，警告 7 人，不予处分 33 人，取消预备党员资格 2 人，未定 2 人。1961 年，校党委对这些同志所受的错误批判和处理作了甄别、纠正。

三、关于人大、北大人民公社调查组和法律系赴河南人民公社调查组问题

在 1958 年农村人民公社化运动的高潮中，北京大学和中国人民大学联合组成人民公社调查组。参加调查组的两校干部、教师和学生共 176 人（其中北大 66 人），混合编成三个组，分别到河北藁城县和河南鲁山县、信阳县进行调查。

调查组于 1958 年 11 月正式组成。当时两校党委决定成立指导组指导调查组的工作。指导组由人民大学党委副书记、副校长邹鲁风任组长。1959 年 3 月，邹调任北京大学党委第一副书记、副校长后，继续担任组长。调查组出发前，两校党委负责人在讲话中指出：调查组成员要做全国公社化的促进派；调查研究要以马克思主义、毛泽东思想为指导，从实际出发，为实践服务；要从理论上阐述人民公社提出的许多问题；通过调查研究来改进社会科学的教学。

调查组于 1958 年 12 月下去时，正值当地贯彻中共八届六中全会决议，1959 年 3 月又传达贯彻中央第二次郑州会议精神，召开六级干部会议，进行"整社"。调查工作就密切结合"整社"进行，调查组调查了当地人民公社建立以来的情况和"整社"中揭发出来的"五风"（共产风、浮夸风、命令风、干部特殊风、对生产瞎指挥风）问题，研究了一些政策。

调查组下去之后，邹鲁风曾先后到鲁山、信阳、藁城三地检查指导调查组的工作。他强调"科学研究要实事求是"，要"解放思想大胆提问题"。为了使调查组的同志解除思想顾虑，汇报真实情况，他还和各组组长讲过："想到什么、看到什么就说什么，不划右派，不怕戴右倾帽子，不怕当算账派。"

1959 年 5 月，调查组完成调查任务返校后，根据调查材料，进行资料整理和研究工作，写出大量调查报告和专题研究论文，如编写了河北藁城县兴安人民公社、河北藁城县城关人民公社、河南鲁山县张良人民公社、河南鲁山县瓦屋人民公社、河南信阳县明港人民公社、河南信阳县鸡公山人民公社等六个人民公社的调查报告，共计约 150 万字。与此同时，邹鲁风还指导调查组将大家在调查研究中在思想认识上提出的问题和需要进一步研究的问题进行整理，分别编印了鲁山、信阳、藁城三个组的"问题汇编"。

1959 年 6 月，调查组向两校党委汇报工作时，举出不少材料说明当时鲁山、信阳、藁城等地人民公社化运动中存在严重问题，如刮共产风和社队干部弄虚作假、强迫命令、贪污浪费，大炼钢铁时劳动力抽调过多、公社工业发展过大，以及由于以上问题而造成的粮食紧张、牲畜死亡、农具损坏和农民积极性下降等情况。他们还发现"吃饭不要钱"的半供给制和公共食堂制不太符合实际情况，执行起来有不少问题。两校党委感到调查组思想较乱，要他们展开讨论，深入研究。

当时，中央一新闻机关得到一个小组整理的材料后，在其内部刊物（内参）上刊登，并加了一个标题《人大北大人民公社调查组猖狂攻击人民公社》。同年 9 月 2 日，中共北京市委在全市 17 级以上党员干部会上传达党的八届八中全会精神时，点名批评了调查组。

北大反右倾整风运动开始后，调查组的 66 名北大成员中，有 21 人受到重点批判，4 人定为右倾机会主义分子，2 人按严重右倾错误受到处分。

在处理人大、北大人民公社调查组一案的过程中，校党委认为，1958 年 12 月至 1959 年 4 月，法律系部分师生在下放到河南长葛、禹县结合生产劳动进行科研调查中，由于带队人的右倾机会主义路线错误，亦引导师生写了许多攻击党的领导、总路线、"大跃进"和人民公社的文章和调查报告，决定将他们集中起来进行反右倾整风学习。其中，已毕业分配出去的一部分学生亦调回学校参加，待运动结束返回原单位。经过一个多月的反右倾整风运动,参加学习的 95 人(不包括 17 级以上干部)中,有 27 人受到了重点批判。

1961 年 7 月,校党委在市委领导下,根据中央有关甄别工作的指示进行甄别,认为对人大、北大人民公社调查组一案的批判是错误的,批判的方式是过火的,对于与此案有关同志所作的结论和所给的处分也都是错误的。校党委宣布:取消把调查组中我校的 4 位同志定为右倾机会主义分子的决定,取消因为调查组问题给予同志们的处分;对其他受到批判没有受到处分同志的"严重右倾"等结论,也一律取消。与此同时,校党委认为对法律系河南长葛、禹县调查组部分成员的批判与处理,同样是错误的,应予甄别纠正。

1961 年 7 月 26 日,中共北京市委大学科学工作部对人大、北大人民公社调查组一案作了甄别。甄别意见是:对调查组成员所戴的右倾机会主义分子帽子和因调查组问题给予的处分,应当一律取消,并在原批判范围内公开宣布,恢复名誉;给邹鲁风戴上的"反党反社会主义""右倾机会主义分子"帽子,也要在适当范围内宣布摘掉。1962 年 5 月 30 日,校党委正式撤销 1959 年 10 月 27 日所作的《关于开除叛党分子邹鲁风党籍的决定》。

第七节 "五反"运动

1963 年 3 月 1 日,中共中央发出《关于厉行增产节约和反对贪污盗窃、反对投机倒把、反对铺张浪费、反对分散主义、反对官僚主义运动的指示》(简称增产节约和"五反"运动),同年 4 月,中共北京市委作出关于厉行增产节约和"五反"运动的部署。

根据中央和市委的指示,校党委结合实际情况进行学习、讨论,确定在我校开展增产节约和"五反"运动的目的、要求为:(1)坚决打击贪污盗窃分子、投机倒把分子及其他破坏社会主义的罪恶活动;(2)反对铺张浪费,贯彻勤俭办学的方针,认真建立和健全物资、仪器、设备管理制度和财务管理制度,在全校师生员工中进一步树立艰苦奋斗、克勤克俭的作风;(3)切实改进领导作风和工作方法,克服官僚主义、本位主义和分散主义;(4)通过"五反"运动使全校师生员工受到一次切实的社会主义革命的思想教育,提高对阶段斗争、两条道路斗争以及马克思主义同修正主义的斗争的认识和阶级觉悟,进一步搞好工作和学习。校党委还提出,要结合学校的特点,做到运动和工作(生产)两不误,既要搞好运动,又要保证教学和经常工作的正常进行。

这次"五反"运动,经历了三个阶段:准备阶段,历时约 25 天;反对铺张浪费阶段,历时约五个月;反对贪污盗窃、反对投机倒把阶段,历时约半年。运动的各个阶段均结合进行反对官僚主义、分散主义,并贯彻边反边改的精神。

1. 准备阶段

这一阶段的任务是做好整个运动的准备工作,从 1963 年 4 月中旬开始到 5 月 10 日结束,主要进行了以下工作。

(1)成立校"五反"领导小组,由陆平、戈华、史梦兰、谢道渊、张学书、黄一然、马振明等七人组成。"五反"领导小组下设"五反"办公室,主任史梦兰,副主任谢道渊、魏自强、尹企卓。

(2)校党委于 4 月 15 日召开党员领导干部会(党员副科长、党员副系主任和党总支副书记以上干部参加),由党委书记兼校长陆平传达中央关于增产节约和"五反"运动的指示、中共北京市委关于"五反"运动的部署意见和学校进行"五反"运动的目的、要求、步骤、方法以及有关的政策界限,并组织学习讨论、统一思想认识。

(3)领导干部检查,主动"下楼"。

4 月 29 日,陆平在全校党员领导干部会上作"下楼"的检查报告。会后,干部分组进行了讨论。

5 月 2 日,陆平向全校党员作"五反"运动的动员报告,并组织党员讨论。与此同时,中层党员领导干部在同级干部会上"洗澡"。

5 月 6 日,校务委员会举行扩大会议,教研室正副主任、系办公室主任、行政各处副科长以上干部参加,由陆平作关于开展增产节约和"五反"运动的报告。

2. 反对铺张浪费

5 月 11 日,学校召开全校师生员工大会,陆平在会上作了开展增产节约和"五反"运动的动员报告,说明开展这场运动的重要意义和运动的目的、要求、步骤、方法。接着,各单位即发动群众揭发学校的浪费问题。有些单位还组织群众对一些重点问题进行了"三查"(查账、查物、查库)。据统计,这次揭发出来的学校在仪器设备等各类物资方面的积压、浪费总价值约达 517 万元(系多年累计数),其中:积压 459 万元,占 88.8%;损坏 20 万元,占 3.9%;丢失 6 万余元,占 1.3%;其他浪费约 31 万余元,占 6%。这使全校师生员工进一步认识到反对铺张浪费和贯彻勤俭建国、勤俭办学方针的必要性和重要性。

学生在反浪费中,也揭发出不少浪费现象,如:实验仪器的损坏和药品的浪费比较严重;图书久借不还现象相当普遍;家具、门窗玻璃、校园花木的损坏很严重等。许多班级针对这些问题,制定了爱护公物的公约。

这次反浪费运动，暴露出我们在物资设备和生活管理工作中的许多严重问题。根据边整边改的精神，学校在反浪费运动的后期，修订和制定了一批管理的制度、办法，主要有：(1)《北京大学预算经费管理办法（草案）》；(2)《北京大学关于教学、科学研究器材购买计划的编制及审批办法（草案）》；(3)《北京大学财务管理办法（草案）》；(4)《北京大学家具管理办法（草案）》；(5)《北京大学教材管理暂行办法（草案）》；(6)《北京大学图书借阅规则（草案）》；(7)《北京大学教师指定学生阅读教学参考书通知图书馆供应办法（草案）》等。

3. 反对贪污盗窃、反对投机倒把

在反浪费的基础上，学校于 11 月 5 日召开全校大会，由陆平做上一段运动的小结和下一段开展反对贪污盗窃、反对投机倒把运动的动员。随后，由各系、教研室、处、科组织群众，对贪污盗窃、投机倒把分子进行检举揭发，并在一些管钱管物的重点单位进行清钱、清账、清物和查漏洞、查原因、查去向的"三清三查"工作，逐步形成群众检举揭发的高潮。有些贪污盗窃、投机倒把分子也坦白交代了自己的问题。

经过群众的检举揭发和深入的调查研究，全校查出有贪污盗窃、投机倒把行为的共 112 人（其中投机倒把分子 11 人），占参加运动总人数 14545 人的 0.7%。其中：教师 4 人，占教师总人数的 0.2%；学生 16 人，占学生总人数的 0.14%；职员 73 人，占职员总人数的 5%；工人 19 人，占工人总人数的 0.17%。在 112 人中，党员 18 人，团员 31 人，群众 63 人。这些人中贪污盗窃、投机倒把钱款在 20—300 元的 69 人，占案件总数 61.6%；301—1000 元 31 人，占 27.7%；1000—10000 元 11 人，占 9.8%；10000 元以上 1 人，占 0.9%。这些人所得的赃款赃物和牟取的暴利约合人民币 5 万余元。

1964 年 4 月下旬运动结束。查出的贪污盗窃者和投机行为者于群众运动结束后按有关规定处理。

第二十章　中国共产党北京大学组织

第一节　组织沿革

一、北京大学第一个党支部的建立

1917 年俄国十月革命胜利后,我国共产主义运动的先驱、北京大学图书馆主任李大钊首先在中国介绍十月革命,传播马克思主义。1919 年,以北京大学为策源地的五四运动,促进了马克思主义在北大和全国的传播。1920年初,李大钊和陈独秀在北京开始探讨成立共产党的问题,李大钊也和北大学生邓中夏等酝酿过成立中国共产党的问题。1920 年 3 月,李大钊和邓中夏、高君宇(高也是北大学生)等秘密组织"北京大学马克思学说研究会",开展马克思主义的学习和研究。1920 年 4 月,经共产国际批准派出的俄共(布)党员维经斯基和翻译杨明斋等来到中国,了解中国情况,与中国的进步力量建立联系。在北京,维经斯基一行会见了李大钊,介绍了共产国际和国际共产主义运动的情况和经验,酝酿讨论了建立中国共产党的问题,李大钊又介绍维经斯基去上海会见陈独秀。维经斯基一行的来访,促进了建立中国共产党的进程。李大钊和陈独秀通过多次联系,达成了一个共识,就是迅速筹建中国共产党。

1920 年 10 月(一说为 9 月),李大钊、张申府、张国焘在北京大学图书馆主任办公室成立北京共产党小组,李大钊为小组负责人,他还宣布每月捐出他个人薪俸 80 元作为小组开展各项活动的费用。北京共产党小组成立后,标榜信仰共产主义的无政府主义者黄凌霜、陈德荣、袁明熊、张伯根等人很快加入小组。11 月初,共产党小组在讨论制定临时纲领时,共产主义者与无政府主义者之间发生严重分歧。坚持无政府主义的黄凌霜、袁明熊、张伯根等人退出小组。北京共产党小组很快又吸收了邓中夏、罗章龙、刘仁静、李梅羹等人入党,在此后陆续加入北京共产党小组的有高君宇、何孟雄、缪伯英、张太雷等人。1920年11月,共产党小组举行会议,决定将这个组织命名为中国共产党北京支部。到1921年7月,中国共产党第一次代表大会召开之前,共产党北京支部有多少成员,说法不一,有11人、12人、13人、14人、15人、16人、19人的名单。其中有哪些北大的师生也有不同说法。比较肯定的是成员共15人,其中北大师生13人,北大校友1人。他们是李大钊、张申府、张国焘、罗章龙、刘仁静、邓中夏、高君宇(高尚德)、范鸿劼、李梅羹、朱务善、何孟雄、张太雷(北大校友、北洋大学学生)、吴汝铭、陈德荣。另1人为北京女高师学生缪伯英。李大钊任支部书记,张国焘负责组织工作,罗章龙负责宣传工作。中国共产党北京支部是北京和我国北方的第一个支部,也是北京大学的第一届党支部。

1921年7月23日,中国共产党第一次全国代表大会在上海召开,中国共产党北京支部推选张国焘、刘仁静为代表赴上海参加会议。

二、第一次国内革命战争时期

1921年7月中国共产党成立后,当年下半年,在原有中国共产党北京支部的基础上,成立了北京大学党支部,这是当时北京地委下设的唯一的支部。党员大多数是北大成员,也有少数其他单位的。根据1922年6月30日《陈独秀给共产国际的报告》,当时北京地区的党员是20名,其中有16名应是北大成员("一大"前的成员除张申府去法国、张国焘在上海外,还留在北大的有11名,1921年,北大又有7人入党。他们是黄日葵、宋天放、吴容沧、刘天章、王复生、郝克勤、李骏,而吴容沧当时已离开北京。故两者相加为16名),另外3名分散在各单位,不可能单独成立支部,可能还是参加了北大支部。1922年下半年或1923年年初,北大至少有党员22名,其他单位也发展了一批党员,有条件自己成立支部。这时北大支部的成员才全是北大的师生员工。

北京大学自1921年7月至1926年6月,共发展和转来党员48名。因学生党员流动性大等原因,到1926年暑假后,北大党支部有党员10多人。1927年,李大钊等20位革命志士于"四二八"就义,蒋介石和汪精卫又相继于"四一二""七一五"背叛革命,北京笼罩在白色恐怖之下,有些人离开了组织,但是也有不少进步同学对反动派的屠杀政策非常愤慨而要求入党。党组织为了回答反动派的屠杀政策,也加强了组织发展和政治斗争。因而到1927年暑假前,北大党员达到了70人。

这一时期,北京大学共有八届党支部。各届支部的书记和组织干事如下。

第一届党支部:1921年7月"一大"后—1921年年底,支部书记邓中夏。

第二届党支部:1921年年底—1923年6月,支部书记罗章龙。

第三届党支部:1923年6月—1923年年底,支部书记范鸿劼。

第四届党支部:1923年年底—1924年上半年,支部书记舒大桢。

第五届党支部:1924年下半年—1926年上半年,支部书记陈居玺(陈宝符)。

第六届党支部:1926年暑假前后,支部书记张经辰。

第七届党支部:1926年下半年,支部书记段纯,组织干事颜蔚圃(先)、胡进吾(后)。

第八届党支部:1927年上半年,支部书记杜孟谟(杜宏远),组织干事胡进吾。

三、第二次国内革命战争时期

这一时期,在严重的白色恐怖和党内错误路线影响下,北京大学的党组织遭到了严重的破坏和挫折。1927年10月,市委书记李渤海叛变,主要干部28人牺牲,北平党组织陷于瘫痪,到1928年下半年,各级组织才逐渐恢复。北大党组织在1928年上半年虽仍有活动,如先后由郭琦、马汉文联系王文达,收缴党费,布置工作,但支部情况不详。现在了解到的支部组织是从1928年夏开始。1931年,市委召开全市党代表会,市委书记任国桢传达了四中全会精神,会上发生严重分歧。多数人反对四中全会的决定,少数人拥护。大会选出的市委委员中,书记赵作霖、组织部长肖明和补为宣传部长的王定南都反对四中全会的决定。另几个拥护四中全会的市委委员成立了另一个市委,造成两个市委并存的局面。不久,赵作霖、肖明、王定南的市委自动解散,他们被"切断"了组织关系,停止了组织生活。北大支部的党员大都是支持赵作霖等抵制王明路线的,因而支部也被解散,党员大都被"切断关系",有的调到别处工作,到当年2月,北大只剩下党员刘德承、崔维岳、崔心泰(崔阶平)等人。市委将沙滩街道支部聂真、张秀中的关系转入北大支部,并指定刘德承任书记。7月,刘德承调任东城区委书记,聂、张为区委委员。9月,另外任命了北大支部的书记。1932年以后,北平市和北京大学的党组织屡遭破坏,许多干部、党员牺牲或被捕。1932年1月,支部书记魏十篇等被捕后,北大暂时没有党支部。1932年暑假前,北大又建立了支部,但从1934年春市委书记季苏叛变以后,到1935年10月,北大党支部的情况不清楚,只了解到1934年年末北大有陈则郑、薄怀奇和借住北大的李继潜三人党小组,不久李、陈先后被捕,这个党小组也不存在了。到1935年10月前,北大接上关系的只有两个党员,一位是薄怀奇,一位是肖敏颂。11月,刘文卓(刘导生)入党,北大才有了三个党员,重新建立了支部,由市委指定刘文卓任书记（当时北大学生黄敬亦是党员，但他在学联工作，党的关系不在北大）。接着又把团支部建立起来，由刘志诚（刘居英）任团支部书记。团支部共有团员4人。就这三个党员，四个团员，在"一二·九"运动中，在上级的领导下，积极发挥组织作用，不断扩大队伍，担负起组织和发动北大同学参加这次运动的重要任务。"一二·九"运动促进白区的革命斗争走向高潮，结束了大革命失败以来的黑暗反动统治时期。"一二·九"运动后，1936年2月北平成立了"民族解放先锋队"（简称"民先"）。1936年9月，北平市委根据党中央的指示，在国民党统治区，取消了共青团，团员可以转为党员，北大的党组织又壮大起来。

北京大学在这一时期共发展和转来党员141人，其中1927年8月至1931年82人，1932年至1935年10月14人，1935年10月至1937年7月45人。

现已了解到的这一时期北大共有19届党支部。

第一届党支部：1927年7月—9月，支部书记彭树群；

第二届党支部：1927年9月—11月，支部书记杨登纲；

第三届党支部：1927年11月—年底，支部书记胡曲园（胡庭芳）；

第四届党支部：1928年夏—1929年春，支部书记杜孟谟（杜宏远）；

第五届党支部：1929年春—1930年上半年，支部书记李光纬；

第六届党支部：1930年6月—9月，支部书记王定南；

第七届党支部：1930年9月—1931年1月，支部书记赵梅生（赵作霖），当时是市委组织部长兼北大党支部书记；

第八届党支部：1931年2月—6月，支部书记顾卓新（刘德承）；

第九届党支部：1931年9月—1932年1月，支部书记魏克仁（魏十篇）；

第十届党支部：1932年暑假前—1933年1月，支部书记安廷庚；

第十一届党支部：1933年2月—4月，支部书记林泽民（雷民生）；

第十二届党支部：1933年4月—6月，支部书记牛佩瑶；

第十三届党支部：1933年6月—1934年年初，支部书记李信亭（袁成隆）；

第十四届党支部：1935年11月—1936年3月，支部书记刘导生（刘文卓）；

第十五届党支部：1936年3月—4月，支部书记肖扬（杨树义）；

第十六届党支部：1936年4月—7月，支部书记李光汉（李俊明）；

第十七届党支部：1936年8月—9月，支部书记胡全（阎顾行）；

第十八届党支部：1936年10月—1937年年初（寒假期间），支部书记宋应（宋尔纯）；

第十九届党支部：1937年年初—"七七事变"，支部书记曹振之（曹盼之）。

四、长沙临大和西南联大时期

1937 年 7 月 7 日,日本帝国主义发动卢沟桥事变,全国性的抗日战争开始,北京大学南迁至湖南长沙,与清华大学、南开大学组成长沙临时大学。"七·七"事变后,中共北平市委根据中共中央北方局的指示,决定地下党员和"民先"队员,除了有有利的社会关系可以隐蔽下来的以外,都应撤退,到全国各地参加抗日救亡运动。当时,北大有地下党员 46 人,到长沙临时大学的有 7 人;清华有地下党员 42 人,到长沙临时大学的有 12 人。9 月下旬,长沙临时大学的北大地下党员建立支部,由吴磊伯任书记。10 月,北大、清华的党员共同组成了临时大学党支部,由湖南临时省委领导,党支部书记周宏明(在校名丁务淳,清华),支部委员吴磊伯(北大)、郭建(郭见恩,清华),不久,吴继周(清华)到校后也补作支委。当时党支部有党员 19 人(北大 7 人,清华 12 人),在临大发展党员 9 人,共 28 人。其中新发展的党员中,有一人党的关系不在临大支部。

1937 年 12 月,南京沦陷,武汉、长沙受到威胁。1938 年 2 月,临时大学迁往云南昆明,改名西南联合大学,于 5 月 4 日开始上课。当时,由于临大来的少数党员的组织关系未能及时接上,因而未能立即建立支部。1938 年 7 月,原在北平崇德中学入党的力易周从延安辗转到了昆明。8 月,在北平入党的黄元镇、郝诒纯也到了昆明。三人成立临时党小组,力易周任组长。10 月,三人一起考入西南联大。这时在北平崇德中学入党的徐干(徐树仁)到了昆明,四人组成了一个临时党支部,推选力易周为支部书记。同年 12 月,发展袁永熙入党。1938 年 11 月,曾经参加过秋收起义的王亚文受叶剑英、黄文杰的指示,作为青年工作特派员,由湖南到昆明开展地下工作,在西南联大建立了另一个党支部,成员有 5 人,后又发展 3 人入党,共 8 人。王亚文指定徐贤议任支部书记。1939 年夏,由汤德铭接任支部书记。该支部由王亚文直接与南方局联系。

1939 年 1 月,经中央南方局批准,云南特委改组为云南省工作委员会。3 月,省工委决定在西南联大建立由省工委直接领导的党支部,袁永熙任书记。1939 年 7 月,王亚文毕业回南方局,他领导的支部的党员,通过南方局和云南省工委转到西南联大袁永熙的党支部。这样,西南联大由两个并行的党支部统一为一个党支部,由省工委领导,支部书记袁永熙。

1940 年 3 月,省工委决定西南联大党支部扩建为党总支委员会,袁永熙任总支书记,由省工委青委领导。西南联大党总支前后共三届。

第一届党总支:1940 年 3 月—9 月,书记袁永熙,组织委员李晨(李振穆),宣传委员陈琏,委员古念良(古锡麟)。

第二届党总支：1940 年 9 月—1941 年 1 月，书记李晨（李振穆），组织委员熊德基，宣传委员陈琏，委员古念良。

第三届党总支：1941 年 1 月—3 月，书记熊德基，组织委员王凝（王铁臣）。

党总支党员 83 人，总支下陆续成立了各分支和党小组。

（1）文理法学院（男生）党分支，党员 46 人（内 2 人由省工委青委单线联系，1 人组织关系不在学校，1 人当时组织关系未接上，3 人在离校不久入党，由联大党员联系）。1940 年 6 月前，支部书记莫家鼎；1940 年 6 月—1941 年 1 月，支部书记古念良（兼）；1941 年 1 月后，刘时平、吴显钺先后任书记。

（2）文理法学院女生党小组，党员 11 人，组长陈琏（兼）。

（3）工学院党小组，党员 3 人，组长徐华舫。

（4）师范学院党分支，党员 15 人，内 1 人当时组织关系未接上，支部书记熊德基。下设男生党小组（11 人）、女生党小组（4 人）。

（5）先修班党小组及叙永分校临时党分支：原为党小组，1940 年 12 月成立临时党分支，党员 8 人，支部书记徐干（徐树仁）。1941 年 4 月，徐干离校，支部由徐京华、方铭负责。

1940 年年底，省工委青委根据形势的需要，决定建立西南联大第二线党总支（秘密总支）。二线总支对一线总支也是保密的。这是防备万一一线总支受到破坏，二线总支即可继续工作。二线党总支书记李之楠（李志强），组织委员邹斯颐，宣传委员李伯悌（陈庆纹）。1941 年年初，李之楠疏散离校，总支撤销，改为二线支部，由邹斯颐任书记。3 月，省工委青委批准邹留学美国，准备由徐日琮（徐欣堂）组建新的二线支部。但不久，徐日琮、李伯悌均疏散离校，二线支部撤销。

1941 年 1 月皖南事变后，国民党加紧对进步人士的迫害。根据中央"隐蔽精干、长期埋伏、积蓄力量、以待时机"的方针，中共云南省工委作了一线、二线、三线的部署，将西南联大比较暴露的干部、党员和积极分子 50 多人，疏散到云南各县开展工作，在校党员采取单线联系的办法。其中，原属一线总支的党员，由王凝单线联系。1941 年 5 月 8 日，中共中央发出《关于大后方党组织工作的指示》，再次要求贯彻"隐蔽精干"的方针，强调"个别联系""党员转地不转党"，党员或党的机关与上级失掉联系，须独立工作，不准到处乱找党，也不得与不相识的人发生组织上的联系。据此，云南省工委决定西南联大暂停发展党员，留校的党员由省工委分别单线联系。其中，省工委书记郑伯克联系西南联大 6 条线 17 个党员（其中马识途一条线，1943 年 5 月建立了支部），省工委委员刘清联系西南联大工学院的三个党员，省工委委员侯方岳联系大学三条线，其中西南联大党员 16 人。此外，还有以下一些情况：(1)西南联大还有一个党支部和个别党员直接由南方局领导，与省工委领导的联大党组织不发生横的关系。这个党支部的支部书记为章文晋(章宏道)。(2)1941年秋，有彭华林等4名党员由重庆考入西南联大；有1名党员由重庆考入云南大学，次年改入西南联大。根据"转地不转关系"的规定，他们5人组成一个党小组，彭华林任组长，与重庆党组织联系。1942年底，彭离校后，由陈彰远负责。(3)有少数党员因各种原因，未在上述组织关系之内(现了解到有8人)。

1944年，世界反法西斯战争取得重大胜利，形势好转，党组织开始发展了一批党员，疏散到外地的有些党员也先后回到了学校，还有一些党员因考上西南联大而将关系转了过来，到抗日战争胜利前，这一时期在校党员共有81人。

1945年8月，抗日战争胜利结束，全国人民希望建立和平民主的新中国，但蒋介石坚持内战独裁的方针，形势再次逆转。这时西南联大一批党员毕业了，有些暴露的党员和积极分子疏散了，还有一些党员尚未接上关系，所以，在"一二·一"运动前，有组织关系的党员只留下十几个人，由省工委分6条线分别联系，其中郑伯克联系4条线，侯方岳、刘清各联系1条线。

1945年12月1日，国民党制造了震惊全国的"一二·一"惨案。"一二·一"运动后，群众中涌现出大批积极分子，党组织发展了一批党员。1946年2月，西南联大建立了以洪德铭为书记的党支部，称第一党支部；原来马识途领导的党支部，在马识途、齐亮毕业，李明生病后，由李凌任书记，称第二党支部。另外，工学院也建了一个党支部。到1946年7月，西南联大结束前，共有三个平行的党支部，4条单线联系，71名党员。具体情况如下。

第一党支部：党员23人，支部书记洪德铭(洪季凯)，支部委员王汉斌、肖松、严振(谭正儒)，上级联系人袁永熙。

第二党支部：党员19人，支部书记李凌(李玲)，支部委员刘新(陈彰远)、李明，上级联系人何功楷(何志远)。

工学院支部：党员5人，支部负责人方复。

省工委书记郑伯克单线联系7人。

省工委委员侯方岳单线联系11人。

章文晋支部其他人已毕业，只章1人与南方局联系。

校外党员联系的3人，后来才恢复全部党龄的2人。

五、复员北平至中华人民共和国成立前

抗战胜利，西南联大于1946年5月宣布结束，北大、清华、南开分别复员迁回北平、天津。复员时，西南联大的地下党员根据本人志愿和工作需要回到各校，组织关系都由南方局先后转交南京局和上海局，称为平、津地区的南系地下党组织。在平津沦陷时期，原由中共中央晋察冀分局（1945 年 8 月扩大为中共晋察冀中央局）发展和领导的地下党组织，称为北系地下党组织。南系和北系平行发展，除上层领导有所联系外，下面不发生横的关系。除了这两大组织系统以外，还有少数其他系统发展和领导的党员。

（一）南系地下党组织情况

北平南系地下党开始有两个党支部分别与上级联系，不久即由袁永熙总负责，上面由南京局、上海局的组织部长钱瑛领导。1947 年 9 月，袁永熙、刘新、石羽等被捕后，上海局派黎智、李之楠来平，与王汉斌组成南系平津学委，领导南系党组织。学委书记为黎智（负责全面领导北大学生党组织），委员王汉斌（领导清华学生党组织）、李之楠（领导其他大学及北大、清华的教职员党支部，并兼管天津学运工作，1948 年 3 月，专职负责天津各校南系党的工作）。

北大复员后，从 1946 年 7 月至 1947 年 7 月，南系党组织亦是两个党支部。

第一党支部，党员 34 人，其中，西南联大第一党支部回到北大的党员 11 人，西南联大三线党员 2 人，原单线联系的 5 人，新发展 14 人，转入 2 人。支部书记洪德铭（前）、肖松（后）。1946 年末，洪德铭调上海局工作后，由肖松、彭华、石羽三人负责，由袁永熙领导。

第二党支部，党员 15 人，其中，西南联大原第二党支部回到北大的党员 5 人，原联大第一党支部转入该支部 1 人。联大原第二党支部包括北大、清华、中法三校的党员，其中中法大学 1 人，清华大学 1 人，这时仍在北大南系第二支部中，另新发展 7 人。支部由李凌负责，1947 年春，李凌到解放区后，由刘新（陈章远，清华大学）负责。

第一、二党支部不发生横的联系。

1947 年 7 月后，北大南系第一、二党支部合并，成立党总支。总支下设：文学院党支部、法学院党支部、理工农医（工农医）党支部（1948 年 8 月—11 月）、理学院党支部、工学院党组织、农学院党组织、医学院党组织、北大四院党支部、宣传支部（下分宣传党小组、艺联分支）、联络党支部、公开支部、特别支部。

自 1947 年 7 月起，南系党总支共有三届。

第一届总支委员会（1947 年 7 月—1947 年 9 月），总支书记石羽，委员方德普、张君平、周道模、林乃燊。

第二届总支委员会（1947 年 10 月—1948 年 5 月），总支书记肖松，委员张君平、方蔚（方德普）、刘康（刘述林）、林乃燊、汪家镠。另，耿仁荫负责联系北大四院及医学院,何杰负责联系部分社团和法学院部分党员。耿、何则由肖松直接联系。

第三届总支委员会(1948年5月—1948年11月),总支书记肖松,委员汪家镠、方德普、叶向忠、林乃燊、刘康、徐云、李德齐。1948年8月,刘康、李德齐转移,由王立行(周裕宽)、张景莹接任总支委员;9月,增加马旬为委员。

总支委员会下设各支部的情况是:文学院支部先后由何朴荪、汪家镠任书记;法学院支部先后由尹华(周幼真)、叶向忠、陈思明、徐康任书记;理工农医支部先后由张要(张迺襄)、马旬任书记;理学院党组织先后由范椿镛、高文西(高秉仁)任书记或负责人;医学院党组织由陈宁庆任负责人;工学院党组织未成立支部,均单线联系;农学院党组织由张肇鑫任负责人;北大四院党支部先后由耿晓(耿仁荫)、林乃燊、田家盛、王昌定、江仲怡任书记;宣传支部开始分第一线和第二线,分别由佘世光、徐云和石羽、刘康任书记,1948年6月,第一、二线合成一个支部,先后由王立行、马旬任书记;联络支部先后由周道模、王亚生、曹丐、沈毅任书记;公开支部先后由李德齐、张景莹任书记;特别支部由刘万焕任书记;艺联分支先后由王增(王汝珍)、王仁(任仲毓)任书记。

北大复员时,由联大回北大的教师党员有郭沂曾、刘世泽、汪子嵩、谭元堃4人,1947年7月发展了吴惟诚。这时,教师中没有成立党支部,除有的参加一支、二支外,都由袁永熙单线联系,1947年3月邢方群(邢福津)回北大后,由袁永熙联系邢,邢联系其他党员。1947年7月,殷汝棠由昆明回北大;9月,袁永熙等被捕;10月,殷汝棠与平津学委负责领导北大、清华教职员党组织的委员李之楠接上关系,于是,由李之楠联系殷汝棠,再由殷联系其他党员。

从复员至1948年11月,南系地下党组织共有党员256人,其中文学院112人,法学院98人,理学院22人,工学院10人,医学院6人,农学院8人。

(二)北系地下党组织情况

1937年7月底,北平陷落。8月25日,日本宪兵队侵占了北京大学红楼等校舍。后日伪临时政府决定成立"北京大学",并于1938年11月28日公布了《国立北京大学组织大纲》,规定"北京大学"设文、理、法、工、农、医六个学院、除法学院延至1941年招生外,其他五个学院均自1938年开始招生。

日伪临时政府举办的"北京大学"成立之初,校内没有党员。因为"七·七"事变后,北平地下党员和"民先"队员大都已分赴各地参加抗日斗争,只留下少数党员和积极分子在北平坚持地下工作,主要集中在燕京大学等教会学校里。1941年11月,"北大医学院"学生徐彦由燕京大学支部发展入党。同年12月8日,珍珠港事件爆发,日美开战,燕京大学被迫关闭,于翌年在成都复校。不少留在北平的燕大学生转到"北京大学"各学院，其中有地下党员8名。以后又从别的渠道进入"北大"一些党员。这时，留在北平的地下党员约20人，多数在"北京大学"。这就是北系党的基础。1942年2月由燕京大学分别转入"北京大学"工学院、法学院、医学院的宋汝棻（袁绰绪）、徐伟（徐达利）、饶毓菩在"北京大学"建立第一个党支部。1943年宋汝棻在工学院成立党支部，1944年徐伟在法学院成立党支部。到1945年8月15日抗战胜利时"北京大学"共有3个党支部、1个党小组、42名党员。上级党的联系人是张大中、孙逊等，他们由中共中央晋察冀分局城市工作委员会（后改为城市工作部）领导。抗战胜利后，国民党政府将北平沦陷时日伪举办的"北大"等校改为"北平临时大学补习班"。1946年"临大"的学生分别转入北大、清华、南开等校，其中转入北大的有1500多人。这些学生中的党组织和党员由中共中央晋察冀中央局（中共中央晋察冀分局于1945年8月扩大为中共晋察冀中央局，1948年5月成立中共中央华北局）领导下的学生工作委员会领导。这个组织系统就是北京大学的"北系"党组织。这时，北系在北大六个学院都建立了党的组织。各院党组织的沿革情况如下。

1. 文学院

日伪统治时期，曾于1942年夏，组成"北大"文学院党支部。支部书记戈原，党员4名，其中戈原和王者香为"北大"学生，另两人为辅仁大学学生。当年寒假，戈、王赴抗日根据地，支部中无"北大"成员，因而不再和"北大"联系。

日本投降不久，文学院建立了3个平行党组织——两个支部、一个党小组。到1948年11月，它们的发展情况如下。

（1）党支部：支部书记杜平（谢德芳）（1945年9月—1947年7月）、唐过（1947年9月—10月）、杨节（杨赓和）（1948年1月—1948年8月）。1947年10月至1948年1月，和1948年8月以后，没有支部，党员由项子明单线联系。这个支部先后有党员26人（其中有物理系学生、沙滩医学院学生各1人，还有1人发展后不久转入理学院）。

（2）党支部：支部书记张沛霖（1945年9月—1946年2月）。1946年2月以后，党员由黎光单线联系，没有支部。这个支部有党员3人。

（3）党小组：小组长程璧（1946年3月—6月）。1946年3月以前和1946年6月以后，党员皆单线联系，这个党组织先后有党员14人。

（4）单线联系党员5人。

2. 法学院

1941年12月太平洋战争爆发。1942年初,燕京大学的地下党员徐伟、郝贻谋、凌青(林墨卿)转入"北大"法学院,3人分别由校外同志联系。1943年,郝、凌先后赴抗日根据地。同年徐伟发展李树群(李佘杰)入党。以后又转来党员2人,发展1人,共5人。他们于1944年组成了一个党支部,支部书记徐伟,上级党联系人张大中。

抗日战争胜利后,1945年8月—10月,支部书记仍为徐伟,党员增至7名。10月,徐伟毕业离校,指定李树群为党小组长。

1945年10月,项子明化名汪志德,受中共晋察冀中央局城市工作部部长刘仁的派遣进入"北大"法律系学习,以学生身份为掩护,领导"北大"北系学生党组织的工作。他先接了法学院党组织的关系和李树群联系。1946年6月,李树群因病离校,由项子明和6名党员单线联系。项子明的上级党联系人为佘涤清。到1946年10月,法学院先后有党员20名。是月,项子明在法学院筹建党支部,从这时到1948年11月,先后共有五届负责人和支委会。

(1)1946年10月—1947年10月,项子明指定贾铤负责宣传工作,孙立负责组织工作,未正式成立支委会。

(2)1947年10月—1948年9月,支部书记孙立。

(3)1948年9月—11月初,支部书记向宽。

(4)1948年11月初—20日,支部书记李文。

(5)1948年11月20日—11月底,支部书记郭绍烈。

据现在了解,1946年10月—1948年9月,该支部共有党员23名;1948年9月—1948年11月底,共有党员17名。另有单线联系党员2名。

3. 文法学院混合支部

1946年11月,三名党员组成党小组,小组长孙梁(孙蔼芬),上级党联系人佘涤清,两个月后,转由项子明联系。1947年7月成立党支部。从1947年7月到1948年11月,支委会前后有三届,但支部书记都是陈一如。支部先后共有党员23名。

4. 理学院及沙滩区工农医各系

1945年6月,理学院有3名党员,组成党小组,冷林为组长。抗战胜利后,有两条线——一个党支部、一个党小组。另有学委系统单线联系党员1人。

(1)党支部:1945年10月建立,支部书记冷林,党员8名。1946年暑假后,一些党员先后离校,冷林亦奉命转移。至1947年1月后,只剩下3名党员。1947年5月,该支部奉命转移的党员张硕文回物理系学习,负责理学院地下党的工作。暑假后,沙滩工学院、沙滩医学院、沙滩农学院的学生中有党员转入，也由张硕文领导。1947年下半年，成立理沙党支部，张硕文为支部书记。支委会开过一两次会后即不再活动。直至1948年9月，未再成立支委会，而统由张硕文联系，其中沙医党小组有党员8名，郑南、曹瑞先后为组长；沙工党小组有党员5名，张群玉为组长；沙农党小组有党员3名，郑秉泇为组长，另有单线联系党员2人；理学院党员增至16名（包括转来1名）。1948年9月，成立理沙党支部，华顺为支部书记。这个支部先后在校党员共36名。

（2）党小组：党员4名，文重为组长。

以上加上学委系统单线联系的党员共41名。

5. 工学院

（1）学生党组织

1942年初燕京大学地下党员宋汝棼转入"北京大学"工学院土木系学习，这是工学院的第一名党员。1943年，宋在工学院建立了第一个党支部。这以后党组织的沿革如下。

第一届党支部（1943年—1945年年初），支部书记宋汝棼，党员10人（另有非学委系统党员2名），上级党联系人张大中。

第二届党支部（1945年—1946年5月），支部书记王文化，党员12人（另有学委系统单线联系1名），上级党联系人宋汝棼。与第二届学生党支部同时存在的还有黄仕琦单线联系的高年级学生党员7名，宋硕联系的教师党员3名。

临时领导小组（1946年5月—1947年6月），成员张彭、黄仕琦、宋硕，党员28名，上级党联系人宋汝棼（1946年5月—1946年10月）、杨伯箴（1946年10月—1947年3月）、佘涤清（1947年3月—1947年6月）。

第三届党支部（1947年6—8月），支部书记张彭，党员19名，上级党联系人佘涤清。

第四届党支部（1947年8—12月），支部书记廉仲，党员25名，上级党联系人佘涤清。

第五届党支部（1947年12月—1948年7月），支部书记张朴，党员30名，上级党联系人李昌（化名），不久改由项子明联系。

第六届党支部（1948年7—11月），支部书记丁士厚，党员32名，上级党联系人项子明。

第七届党支部（1948年11月—1949年2月），支部书记李文质，党员23名，上级党联系人项子明、张硕文。

（2）黄仕琦单线联系学生党员先后共10名。他们分别于1946年6月至1948年上半年先后转学生党支部或离校。

（3）教师党组织

党小组（1945 年 8 月 15 日左右—1946 年 8 月），小组长宋硕，党员 4 名，上级党联系人宋汝棼。

第一届党支部（1946 年 8 月—1948 年 6 月），支部书记宋硕，党员 15 名，上级党联系人宋汝棼（1946 年 8—10 月）、佘涤清（1946 年 10 月—1948 年 6 月）。

第二届党支部（1948 年 6 月—1949 年 2 月），支部书记宋硕，党员 22 名（内有 8 名非工学院人员），上级党联系人佘涤清（1948 年 6—12 月）、张大中（1948 年 12 月—1949 年 2 月）。

（4）大一学生支部，支部书记吴希恒（陈希钧）。大一学生支部是指 1946 年底从天津北洋大学转到北洋大学北平部再转到北京大学工学院的党员组成的支部。原来党员 4 人，到 1947 年 7 月发展到 10 人。大一学生支部只存在一个多月，到 1947 年 8 月即转入工学院北系党学生支部（支部书记张彭）。原大一学生支部改为党小组。1948 年年初，小组的大多数党员赴解放区，留在工学院的 3 人转梁毅联系，小组不复存在。

以上，从 1942 年到 1948 年 11 月 30 日，除去各届支部重叠的部分，工学院北系党员共有 91 名。

6. 医学院

日伪统治时期，未成立党支部，先后有党员 12 名，均属晋察冀分局城市工作委员会系统。抗日战争胜利时，在校党员有 6 名，1945 年 12 月以后，随着党员人数的增加，相继建立了三个支部。

（1）附属医院党支部，第一届（1945 年 12 月—1948 年 10 月）支部书记孙振洲，第二届（1948 年 10—11 月）支部书记祝寿河，党员 20 名，上级党联系人先后为张大中、佘涤清（崔月犁、陆禹也联系过很短的时间）。

（2）教师党支部（1946 年 9 月—1948 年 11 月底），支部书记彭瑞璁，副书记周大澂（李龙）兼北大农学院党支部书记，党员 6 名。

（3）学生党支部，第一届（1946 年 10 月　1948 年 9 月）支部书记吴绥先，党员 9 名；第二届（1948 年 10—11 月底）支部书记李振平，党员 29 名。

此外，由学委系统单线联系党员 1 名，城工部"平委"系统党员 1 名。

以上，从 1941 年到 1948 年 11 月 30 日，除去重复部分，医学院北系党员共有 62 名。

7. 农学院

日伪统治时期，未成立党支部，有党员 3 名。抗战胜利后，于 1945 年 12 月建立支部，到 1948 年 8 月，前后有三届支委会，但支部书记都是周大澂。第一届（1945 年 12 月—1946 年初）有党员 16 人，上级党联系人张大中。第二届（1946年3月—1947年春）有党员31人，上级党联系人先后为张大中、佘涤清。第三届（1947年春—1948年8月19日）有党员26人，上级党联系人先后为佘涤清、项子明。

1947年秋，由第三届支部分出部分党员成立另一支部，支部书记兰玉崧，党员5人。

1948年8—11月底，没有支部，党员12人，由周大澂单线联系。

从1944年—1948年11月30日，农学院先后共有党员38名，减去与工学院重复的3名，实为35名。

8. 四院（在宣武门国会街）

1946年秋至1947年夏，北大先修班在此上课、住宿，有党员4人，成立了党小组，组长张群玉，上级党联系人杨伯箴。

1947年暑假后至北平解放，北大文法学院一年级在此上课、住宿，1947年9月建立支部。从1947年9月至1948年7月，支部书记蔡玉梁；1948年7月至1948年暑假后期，支部书记田路；1948年暑假后期至11月底，支部书记李容。

四院北系党员先后共19人。另有未定者1人（王岗，未找到下落）。

9. 行政部门

职员和工人中有党员6名，均为单线联系。

（三）其他系统情况

北京大学的地下党，除了南系和北系的党员以外，还有其他系统的19名党员。

1. 八路军总部保卫部系统7名（另1名工学院学生，由该系统于1945年8月发展入党，同年12月断了关系，1949年1月在北大工学院教师支部重新入党，算在工学院党员数中）。他们由八路军总部保卫部刘新负责联系。1945年10月，以上党员关系转晋察冀中央局城工部，刘新由城工部部长刘仁直接领导。同年12月，其中有2名党员与城工部学委系统接上关系，由学委派人联系。

2. 冀热察区党委城工部系统7名。该系统在北大共发展13名党员，这7名为1948年11月30日以前发展，另6名为12月1日以后发展，未计入。

3. 晋察冀边区北岳军区系统2名。

4. 晋察冀军区情报处系统1名。

5. 冀中军区敌工部系统1名。

6. 河南省1名。该名党员于1938年11月在河南省南召县入党，1941年1月，河南党组织遭破坏，他失去党的联系。1950年在北大医学院重新入党，后经组织决定恢复原来党籍。

（四）南系、北系和其他系统地下党合并后党组织情况（1948 年 12 月 1 日—1949 年 2 月 4 日）

1948 年 11 月，根据中央指示，为迎接北平解放，南系、北系及其他小系统的地下党合并，统一由中共中央华北局城工部领导。北大地下党合并后，成立统一的党总支，支部也大都作了调整。

1. 合并后的党总支

总支书记先后为肖松、项子明（因肖、项在校外各负责一个区的迎接解放指挥部的工作，总支的日常工作由林乃燊负责），委员：张硕文、林乃燊、叶向忠、汪家镠。

项子明、肖松因参加市委大学委员会，并参加迎接解放指挥部的工作，调出北大，总支书记改为林乃燊，副书记叶向忠。

新中国成立前夕，肖松回校。总支书记改回为肖松，委员（干事）林乃燊、叶向忠。

2. 南、北系合并后，各支部的组织状况

（1）文学院支部：支部书记汪家镠，副书记汤继述。

（2）法学院支部：支部书记陈一如，副书记古奇踪。

（3）理沙于合并后成立两个支部：理学院支部，支部书记晏毓鹏；理沙支部，支部书记华顺。

（4）工学院南、北系合并后，学生支部未作调整，支部书记李文质。

（5）医学院南北系合并后成立三个支部：学生支部，支部书记李振平，副书记陈宁庆；教师支部，支部书记沈渔邨；附属医院支部，支部书记祝寿河。

（6）农学院支部：支部书记张肇鑫。

（7）四院支部：支部书记江仲怡，副书记李容。

（8）宣传支部：支部书记许世华，副书记吕祖荫。

3. 南北系合并后，北大成立了统一的教师党总支。总支书记宋硕，委员殷汝棠、彭瑞骢。

六、北平解放至院系调整前

1949 年 1 月 31 日，解放军开入北平城内，北平和平解放。2 月 4 日—5 日，中共北平市委在北大四院礼堂召开全市地下党会师大会（代表 3376 名地下党员）。彭真、叶剑英、林彪、薄一波、聂荣臻、赵振声（李葆华）、刘仁、肖明等出席大会。市委组织部部长刘仁把各校各单位的党员分别集合在操场上，介绍了各校党组织的领导成员，地下生活开始转入地上。1949 年 6 月 27 日，北大党组织公开全体党员和支部、总支部干部名单，结束了秘密活动时期，开始了公开活动。

从 1949 年 2 月至 1951 年 2 月,北大党组织的建制为中共北京大学总支部委员会。1951 年 2 月北大党组织的建制改为中共北京大学委员会。中共北京大学总支部委员会前后共 6 届。

(1)第一届(1949 年 2 月 5 日—3 月 4 日),总支书记肖松,总支干事(委员)林乃燊、叶向忠。

(2)第二届(1949 年 3 月 5 日—5 月 11 日),总支书记林乃燊,副书记兼组织部长殷汝棠,副书记叶向忠,宣传部长黄仕琦,校政党组书记谭元堃,团党组书记汪家镠(以上为总支委员)。秘书处负责人许世华列席总支委员会。3 月 10 日,殷汝棠组织部长调走,改由彭瑞骢任总支委员、组织部长。4 月初,增加陈一如为总支委员。

(3)第三届(1949 年 5 月 12 日—9 月 22 日),总支书记叶向忠,副书记林乃燊,校政部长谭元堃,校政部副部长、学生会党组书记许世华,组织部长彭瑞骢,宣传部长吕祖荫,团党组书记陈一如,团党组副书记汪家镠。以上均为总支委员。

(4)第四届(1949 年 9 月 23 日—1950 年 2 月 28 日),总支书记叶向忠,副书记文重,组织部长林乃燊,组织部副部长王琦,宣传部长许世华,团党组书记汪家镠,团党组副书记丁祖永,校政党组书记汪子嵩,教联党组书记谭元堃,学生会党组书记王学珍,秘书长余叔通。以上均为总支委员。1950 年 2 月下旬,汪家镠调团市委工作,改由张群玉任团党组书记、校团委书记。

(5)第五届(1950 年 3 月 1 日—9 月 6 日),总支书记叶向忠,副书记林乃燊,组织委员林乃燊(兼)、王学珍(副),宣传委员许世华,校委会党组书记汪子嵩,团党组书记张群玉,总支委谢青负责工学院党组织工作,总支委文重负责政治课工作。总支委员会候补委员 2 人:田昌五、欧阳本先。3 月 14 日,上级党委批准叶向忠、林乃燊、许世华、张群玉、王学珍为总支委员会常委。

(6)第六届(1950 年 9 月 7 日—1951 年 2 月 25 日),总支书记叶向忠,组委林乃燊、王学珍,宣委欧阳本先,团委工作张群玉、王孝庭,工学院党的工作谢青,教师支部工作,文重,校委会工作,汪子嵩。以上 9 人为总支委员,其中叶向忠、林乃燊、王学珍、欧阳本先、张群玉为常委。总支委员会候补委员 2 人:程贤策、余叔通。1950 年 12 月 10 日,党总支委员会决定:林乃燊、欧阳本先有病不能工作,调王孝庭任党总支宣委。

1951 年 2 月 24 日,北京大学召开党员大会,大会根据中共北京市委关于北京大学党的组织建制由党总支改为党委会的指示,选出党委委员叶向忠等 12 人(另为工农速成中学保留党委委员一名)。26 日,举行第一次党委会,选举叶向忠、王学珍、谢青、王孝庭、张群玉、解才民 6 人为党委常委;决定

12 名党委委员的分工如下：

　　党委书记：叶向忠

　　副书记兼组织部长：王学珍

　　组织部第一副部长：谢青；第二副部长：解才民

　　宣传部部长：王孝庭；副部长：程贤策

　　统战委员兼工会党组书记：汪子嵩

　　保卫委员：余叔通

　　青年委员：张群玉

　　委员：张恩树，负责银行专修科党的工作

　　委员：文重，负责沙滩区教员支部工作

　　委员：李恩元，负责工学院党的工作。

　　1951 年 5 月 11 日，校党委开会，宣布中共北京市委决定：党委书记叶向忠调市委统战部工作，由张群玉接任党委书记，胡启立调任校团委书记，王学珍仍为党委副书记兼组织部长。后经校党委讨论，上级批准，由张群玉、王学珍、王孝庭、谢青、解才民、程贤策等 6 人为党委常委。

　　1952 年 8 月 19 日，根据中共北京市委决定，调任李瑚为北大党委书记。李瑚任党委书记后，张群玉改任党委副书记，王学珍仍任党委副书记兼组织部长。

　　1952 年 9 月 15 日，为适应院系调整工作需要，成立新北大临时党委，由李瑚任书记，成员包括原北大党委主要成员，以及院系调整后将调进北大的原清华、燕京两校党组织的成员。

七、院系调整后至“文化大革命”前

　　1952 年 10 月 4 日，院系调整后的北京大学举行开学典礼。12 日，校党委确定党委、党委各部门干部名单：党委书记李瑚；副书记张群玉、谢道渊；组织部长王学珍，副部长李建武、谢青；宣传部长王孝庭，副部长许世华、龚理嘉；青年团工作，胡启立；统战工作文重；行政工作张世龙。新任副校长江隆基为党委委员、常委。

　　1953 年 1 月 24 日，中共北京市委决定：批准北大临时党委书记李瑚辞职的申请，由张群玉代理党委书记，增加王学珍为副书记。

　　1953 年 9 月 4 日，中共北京市委决定，调史梦兰任北大党委书记。

　　1954 年 5 月 23 日至 7 月 18 日，中共北京大学委员会召开第一次党员代表大会，选出新的党委，从这开始到 1966 年“文革”前，共有五届党委。

　　(1) 1954 年 5 月 23 日—7 月 18 日举行第一次党代会，选出第一届党委委员 18 人：尹企卓、王孝庭、王学珍、史梦兰、江隆基、宋超、何其芳、李建武、

林建祥、胡启立、夏元卿、夏自强、梁思萃、张群玉、程贤策、赵国栋、谢青、谢道渊。7月29日党委会选举史梦兰为党委书记；张群玉、谢道渊为党委副书记；史梦兰、张群玉、谢道渊、王孝庭、谢青、胡启立、程贤策为党委常委。1956年5月9日，中共中央政治局批准马适安任北京大学副校长，兼党委书记（实际上是1956年第二次党代会后，于7月1日开始任党委第二书记）。

（2）1956年5月26日—6月2日举行北大第二次党代会，选出第二届党委委员23人，候补委员5人，中共北京大学监委会委员7人。7月1日第二届党委会选出常委和书记、副书记，名单如下：

第一书记江隆基，第二书记马适安；

第一副书记史梦兰，副书记谢道渊；

常委：王孝庭、王学珍、石幼珊、史梦兰、江隆基、陈守一、马适安、张侠、张仲纯、程贤策、谢青、谢道渊；

委员：文重、尹企卓、王孝庭、王学珍、史梦兰、石幼珊、江隆基、宋超、汪子嵩、孙觉、庄守经、李守中、林建祥、陈守一、夏自强、马适安、程贤策、张仲纯、张侠、张凌青、赵震江、谢青、谢道渊；

候补委员：沈克琦、胡济民、秦关林、黄宗鑑、赵宝煦；

监委书记：史梦兰；监委委员：尔联柏、白晨曦、史梦兰、范明、杨汉义、兰云夫、韩增敏；候补委员：戴新民、谢青。

1956年7月，在中央党校学习一年（从1955年6月开始）的张群玉毕业回到北大，经中共北京市委高校党委同意，增补为党委委员、常委、副书记。

1957年2月6日，中共北京市委高校党委组织部通知：经高校党委常委会讨论决定，同意你校党委候补委员沈克琦、胡济民两同志递补为党委正式委员，同意增补崔雄崑为党委委员并参加常委（后经市委批准，崔雄崑任党委副书记）。

1957年4月1日，校党委会全体通过增补冯定为党委委员，并经上级批准。

1957年10月26日，中共北京市委高等学校委员会通知：市委讨论决定，陆平同志任你校党委第一书记，现任党委第一书记的江隆基同志改任党委第二书记，党委第二书记马适安同志改任党委第三书记。

（3）1958年8月28日—9月18日举行北大第三次党代会，选出第三届党委委员23人，候补委员5人。9月26日，第三届党委会选出常委委员、书记、副书记、监委书记、监委委员，名单如下：

党委第一书记陆平，第二书记马适安（中央已决定调江隆基任兰州大学校长，所以未提名选他为党委委员）；

党委第一副书记史梦兰，副书记崔雄崑、张群玉、谢道渊；

常委:陆平、马适安、史梦兰、崔雄崐、张群玉、谢道渊、冯定、陈守一、王孝庭、王学珍、张学书；

委员:王裸、王孝庭、王学珍、尹企卓、史梦兰、石幼珊、伊敏、刘沙、陈守一、沈克琦、马适安、陆平、崔雄崐、张炳光、张学书、张群玉、许师谦、冯定、杨汝佶、戴新民、谢道渊、兰芸夫、魏自强；

候补委员:尔联柏、程贤策、贺剑城、赵国栋、龚理嘉；

监委书记:史梦兰(兼)；监委委员:史梦兰、王裸、伊敏、马振明、潘乃穆。

1958年10月17日,马适安参加我国文化代表团访问阿富汗,途中因飞机失事遇难牺牲。

1959年5月29日,中共北京市委高校党委通知:陆平任北大党委书记,邹鲁风任党委第一副书记,冯定、史梦兰、崔雄崐、张群玉、谢道渊任党委副书记。

1959年10月,邹鲁风去世。

1960年10月,校党委报经上级批准,张学书任党委副书记。

(4)1961年9月15日—26日举行北大第四次党代会,选出第四届党委委员29人,候补委员4人。9月29日,第四届党委会选出了常委、书记、副书记和监委委员,监委会推选出了监委书记、副书记,名单如下:

党委书记:陆平；

党委副书记:史梦兰、冯定、崔雄崐、张群玉、谢道渊、张学书；

常委:陆平、史梦兰、冯定、崔雄崐、张群玉、谢道渊、张学书、陈守一、王学珍、伊敏、赵国栋；

委员:王学珍、王孝庭、尹企卓、史梦兰、石幼珊、尔联柏、平秉权、伊敏、刘文兰、庄守经、陆平、周培源、胡济民、赵国栋、陈守一、崔雄崐、张学书、张群玉、冯定、许师谦、程贤策、杨汝佶、翦伯赞、戴新民、谢道渊、魏自强、兰芸夫、谭继震、龚理嘉；

候补委员:陆元灼、彭家声、王德洋、苏士文；

监委书记:史梦兰(兼)；副书记:伊敏,监委委员:史梦兰、伊敏、马振明、尔联柏、刘昆、郑桥、张侠。

1962年6月4日,中共北京市委批示,同意黄一然任北大党委常委。

1962年12月13日,中宣部通知华北局和北京市委:1962年12月11日中央批准戈华任北京大学党委副书记兼副校长(戈于1963年3月26日到校工作)。

（5）1963 年 1 月 30 日—2 月 3 日举行北大第五次党代会，选出第五届党委委员 34 人。2 月 5 日，第五届党委会选出党委常委、书记、副书记、监委委员；监委会推选出监委书记、副书记，名单如下：

党委书记：陆平；

党委副书记：史梦兰、冯定、谢道渊、张学书；

常委：陆平、史梦兰、冯定、谢道渊、张学书、黄一然、伊敏、王学珍、赵国栋、陈守一；

委员：马振明、王学珍、王孝庭、尹企卓、冯定、石幼珊、平秉权、史梦兰、尔联柏、伊敏、刘文兰、庄守经、阎光华、苏土文、陆平、陆元灼、沈克琦、陈守一、周培源、张侠、张学书、张龙翔、胡济民、赵国栋、黄一然、龚理嘉、程贤策、谢道渊、兰芸夫、谭继震、翦伯赞、戴新民、聂元梓、魏自强；

监委书记：史梦兰（兼）；监委副书记：伊敏；监委委员：史梦兰、伊敏、尔联柏、郑桥、马振明、刘崑、邹志正。

1963 年 9 月 6 日，中共北京市委大学科学工作部通知：同意孟琳为北大党委监委副书记。

1964 年 3 月 28 日，中共北京市委大学科学工作部复函北大党委，同意崔雄崑任北大党委常委。

1964 年 9 月 1 日，中共北京市委大学科学工作部彭珮云兼任北大党委副书记。

八、"文化大革命"时期

1966 年 6 月 1 日，中央人民广播电台播发聂元梓等七人签名的大字报《宋硕、陆平、彭珮云在文化革命中究竟干了些什么？》。当晚，中共中央华北局、中共北京新市委负责人吴德等来校宣布，华北局决定派以张承先为首的工作组进校。6 月 4 日，吴德在工作组召开的全校党团员干部、学生干部大会上宣布中共北京市委做出的改组中共北京大学委员会的决定：（1）派以张承先为首的工作组到北京大学对社会主义文化大革命进行领导（工作组改定名称为：中共北京市委派驻北京大学工作组）；（2）撤销中共北京大学党委书记陆平、副书记彭珮云的一切职务，并对北京大学党委进行改组；（3）在北京大学党委改组期间，由工作组代行党委的职权。

1966 年 7 月 26 日，陈伯达、康生、江青等到北大召开万人"辩论"大会，说"工作组犯了方向、路线的错误"，由当时的中共北京市委第一书记李雪峰口头宣布撤销北京市委驻北京大学工作组。接着聂元梓按照江青的授意，于 7 月 28 日成立了"北京大学文化革命委员会筹委会"，继而于 9 月 9 日成立"北京大学文化革命委员会"。北大校园内出现了众多造反派组织，校内学生、教职员工分裂为两大派——校文革和新北大公社为一派，井冈山兵团为另一派。各级党组织瘫痪。

1967年11月27日，中共北京市委批示，成立中共新北大领导小组，组长聂元梓，副组长孙蓬一、崔雄崑，并指示可以立即恢复党的组织生活。11月30日，聂元梓宣布中共新北大领导小组建立和正式恢复党的组织生活的决定。但井冈山一派对聂元梓"不经党员酝酿、讨论"，突然成立中共新北大领导小组提出"抗议"，"呼吁一切革命的共产党员团结起来，坚决抵制"。

1968年8月19日，首都工人、解放军毛泽东思想宣传队进驻北大，由63军政治部副主任刘信任宣传队总指挥。1969年3月24日，8341部队在杨德中政委、王连龙副政委率领下进驻北大。由8341部队5人、工人宣传队5人、4587部队（即63军）3人共13人组成驻北大宣传队领导小组，组长刘信，副组长杨德中、王连龙、李兰亭（工人宣传队）、魏秀如（工人宣传队）、杨德顺（4587部队）。1969年9月27日，成立北京大学革命委员会，主任杨德中，副主任王连龙、刘信、魏秀如、张学书、周培源、聂元梓。此后，由宣传队和校革委会共同主持北大校务。

1969年9月，宣传队决定在总校进行"开门整党"，开展逐个恢复党员组织生活的工作。到9月26日，在校1575名党员中，已恢复组织生活的1242人，占在校党员总数的78.9%。是月，整党基本结束，24个基层建立了党支部。

1971年5月21—25日，召开中共北京大学第六次代表大会，选举产生了中共北京大学第六届委员会委员47人（缺1名干部），其中军宣队11人，工宣队4人，学校干部9人，校内工人5人，教职员12人，工农兵学员5人。5月24日，中共北大第六届委员会选出党委常委、书记、副书记。5月26日，中共北京市委批准选举结果。第六届党委委员、常委、书记、副书记名单如下：

党委书记：杨德中；

党委副书记：王连龙、刘信、田双喜、张学书；

常委：杨德中、王连龙、刘信、田双喜、迟群、谢静宜、魏银秋、郭宗林、回登昌、卢洪胜、周进生、车凤喜、张学书、马振明、周培源；

委员：除上述常委外，还有李家宽、丛树吉、史文林、邱振江、朱雅琴、邱云祥、吴继清、舒高荣、伊敏、周恩厚、顾大明、王丽梅、张起永、郑殿成、麻子英、汪永铨、彭家声、张书庭、汪惠琴、邵岳、刘家祯、杨克明、徐雅民、王桂琴、史湘存、姚佳才、张延亮、张春林、张维合、张振国、马树孚。

至此，北京大学恢复建立了校一级党的组织。

"文化大革命"结束前，中共北京大学第六届委员会作过以下几次调整。

（1）1972年1—2月，党委书记、校革委会主任杨德中，党委副书记、校革委会副主任刘信，党委副书记、校革委会常委田双喜，党委常委卢洪胜回部队，校革委会副主任魏秀如回工厂，免去他们在北大的党内外职务。任命王连龙为北大党委书记、校革委会主任，增补黄辛白、郭宗林为党委副书记、校革委会副主任，李家宽、麻子英、徐雅民为党委常委、校革委会常委，魏银秋、回登昌、周进生、车凤喜（均为党委原常委）为校革委会常委。调整后党委会的书记、副书记、常委名单（1972年2月3日中共北京市委通知批准）为：

党委书记：王连龙；

党委副书记：张学书、黄辛白、郭宗林；

常委：王连龙、迟群、谢静宜、魏银秋、郭宗林、回登昌、周进生、车凤喜、张学书、黄辛白、马振明、周培源、李家宽、麻子英、徐雅民。

（2）1972年7月28日，中共北京市委通知，同意增补韦禾为中共北京大学党委常委、校革委会常委。

（3）1974年6月26日，中共北京市委通知，同意增补王丽梅为中共北京大学党委常委，尹良兵为中共北京大学党委委员、常委。

（4）1975年9月1日，中共北京市科教组通知，市委批准刘洪儒在驻校期间任中共北京大学党委常委。

（5）1975年11月4日，校党委通知，经市委批准，马石江自1975年9月27日起任北大党委副书记、校革委会副主任。

（6）这期间，魏银秋也被任命为北大党委副书记、校革委会副主任，但何时任命不详。

九、“文化大革命”结束后至1997年

1976年10月6日，党中央一举粉碎了江青反革命集团，开始了拨乱反正。21日，党委副书记魏银秋，党委常委、两校大批判组党支部书记李家宽被停止工作，隔离，参加学习班。10月23日，中共北京市委派联络组于春凯（组长）、白鹤（副组长）等11人来校，协助校党委领导揭批林彪、江青反革命集团的工作，于、白参加北大党委常委会。11月12日，党委书记王连龙停职检查、交代问题；党委副书记郭宗林不参加党委对运动和日常工作的领导，并参加学习班。1977年5月9日，中共北京市委任命于春凯、张贵明、白鹤、胡启立（未到任）为北大党委副书记、革委会副主任；魏青山为驻校工宣队负责人，驻校期间任党委副书记。5月12日，市委徐运北在北大宣布上述任命时，同时宣布在北大第一把手未定之前，党委的工作由黄辛白牵头、主持，宣布撤销迟群、谢静宜在清华、北大党内外的一切职务。1977年11月9日，中

共北京市委批复,同意撤销王连龙北大党委书记、革委会主任的职务,继续隔离审查;撤销魏银秋北大党委副书记、革委会副主任职务,继续隔离审查;撤销郭宗林北大党委副书记、革委会副主任、政治部主任职务,继续隔离审查;撤销李家宽北大党委常委、党委办公室主任职务,由卫戍区监护,继续审查。

1977 年 9 月 28 日,中共中央通知教育部、北京市委、江苏省委:经华主席、党中央批准,调南京大学党委书记周林同志任教育部副部长兼北京大学党委书记。此时,北大校党委副书记兼革委会副主任共有 8 人:黄辛白、于春凯(工作队)、张学书、张贵明(工作队)、马石江、白鹤(工作队)、胡启立(未到任)、魏青山(工宣队);校党委常委兼革委会副主任 2 人:周培源、回登昌(军宣队);校党委常委 6 人:马振明、王永成、王丽梅、赵嘉林(工作队)、张雨晨(工作队)、陈天宝(工作队)。

1977 年 11 月 6 日,中共北京市委任命高铁、韦明为北京大学党委副书记。

1977 年 11 月 23 日,进驻北大的工、军宣队队员从北大撤走,他们所担任的北大职务相应免去。

1978 年 1 月 27 日,中共北京市委任命汪小川、戈华为北大党委副书记,增补洪影为北大党委委员、常委。此后,又任命殷玉昆为北大党委副书记。

1979 年 2 月 22 日,中共北京市委做出《关于为原北京大学党委彻底平反的决定》。该决定宣布,1966 年 6 月 3 日新改组的中共北京市委关于“撤销中共北京大学党委书记陆平、副书记彭珮云的一切职务,并对北京大学党委进行改组”的决定,是完全错误的;应撤销这个决定,为原北京大学党委,为陆平、彭珮云同志彻底平反,恢复名誉,并为因此而受到株连的所有同志一律平反。

1979 年 8 月 7 日,教育部党组通知,经党中央批准,任命张萍为北京大学党委副书记、副校长,免去殷玉昆北京大学党委副书记、副校长职务。9 月 1 日,周林在校党委常委会上宣布,韦明已调中宣部工作。10 月 27 日,中共北京市委通知,同意增补张龙翔、沈克琦、王常在、王学珍为中共北京大学委员会委员、常委。

1979 年 11 月 8 日,教育部长蒋南翔来校传达中央决定:周林调离北大,韩天石任北大党委书记。

1979 年 12 月,周培源任北大党委副书记。

1979 年 12 月 3 日,王路宾来校任校党委副书记、副校长。

1979 年 12 月 28 日,校党委常委会议,传达中央组织部通知:高铁、汪小川已决定调离北大。

1980年5月15日，校党委常委会议，宣布中共北京市委组织部批准王路宾、张学书、洪影、巫宇甦、李明华、伊敏、王林等七人为北大党委纪委筹备小组成员，王路宾兼任组长，张学书兼任副组长，洪影、巫宇甦任副组长。

1980年11月24—28日召开中共北京大学第七次代表大会，选出中共北京大学第七届委员会委员33人，纪委委员13人。11月29日、30日和12月5日，新选出的党委和纪委分别举行全体会议，选出党委常委、书记、副书记和纪委书记、副书记，名单如下（1980年12月29日中共北京市委批准选举结果）：

党委书记：韩天石；

党委副书记：张学书、马石江、王路宾；

常委：韩天石、张学书、马石江、王路宾、王学珍、王效挺、伊敏、郝斌、巫宇甦、刘崑、张龙翔、谢青、张萍；

委员：除上述常委外，还有丁石孙、马振明、尹企卓、王希祜、王丽梅、张炜、张起永、花文廷、陈守良、沈克琦、武兆令、季羡林、赵国栋、赵宝煦、费振刚、桂智贞、徐华民、顾孝诚、谢道渊、魏自强；

纪委书记：张学书；副书记：巫宇甦、张起永；委员：王林、王津生、赵国栋、巫宇甦、李明华、张起永、杨培增、陈淑敏、陈翠微、洪贵喜、张学书、朱飞云、魏英敏。

1981年10月16日，中共北京市委教育工作部通知，同意孟琳为北大党委纪委顾问。

1981年11月9日，教育部党组通知：10月29日中共中央组织部通知，中央同意项子明同志任北京大学党委副书记。

1982年9月21日，教育部部长何东昌、北京市委汪家镠来校传达教育部党组和中共北京市委决定：韩天石调中纪委任书记，王路宾借调在外有任务，决定由项子明代理北大党委书记。

1983年1月11日，校党委常委会通报中央决定调北大党委副书记马石江到中央党史资料征集委员会任副主任。

1984年3月13日，教育部部长何东昌来校在干部会上宣布：王学珍任北京大学党委书记，丁石孙任北京大学校长，张学书任党委副书记、副校长，王效挺、郝斌任党委副书记，朱德熙、沙健孙任副校长，项子明、王路宾任顾问。

1984年5月7日，教育部批复，同意增补丁石孙、沙健孙、花文廷、刘文兰为校党委常委。

1984年6月1日，教育部党组批文：同意巫宇甦任北大党委纪委书记；免去张学书北大党委纪委书记职务。

1986年3月22—27日召开中共北京大学第八次代表大会，选出中共北京大学第八届委员会委员 39 人和中共北京大学第二届纪委会委员 13 人。1986 年 4 月 2 日,中共北京大学第八届委员会选出党委常委、书记、副书记;4 月 11 日,中共北京大学第二届纪律检查委员会选出纪委书记、副书记。1986 年 5 月 3 日,校党委转发国家教委党组通知,同意选举结果。其名单如下:

党委书记:王学珍;

党委副书记:郝斌、郭景海;

常委:丁石孙、于洸、王义遒、王学珍、花文廷、沙健孙、张学书、郝斌、郭景海、晏智杰、崔殿祥;

委员:除上述常委外,还有马树孚、王长富、王希祜、成汉昌、朱善璐、朱德生、陈嘉厚、沈承昌、汪永铨、肖超然、杨芙清、张来武、张映清、周怡、费振刚、赵桂莲、顾孝诚、曹杰英、麻子英、彭家声、邓东皋、孔宪倬、王楚、王建华、包科达、庄守经、陈为民、陈佳洱;

纪委书记:郝斌;副书记:张起永、陈翠微;委员:邓成光、王丽梅、向景洁、朱启超、陈淑敏、陈翠微、杨以文、杨孚旺、张起永、郝斌、高连瑞、薛化石、魏英敏。

1986 年 7 月 14 日,国家教委党组同意王路宾辞去北京大学顾问职务。

1986 年 12 月 31 日,校党委常委会决定,调沈承昌任中共北京大学纪律检查委员会常务副书记。

1989 年 8 月 23 日,国家教委副主任何东昌来校宣布:丁石孙因任期已满,不再担任北大校长,由吴树青任北大校长;任命林炎志为北大党委副书记。

1989 年 9 月 22 日,国家教委党组任命梁柱为北大党委副书记,郭景海兼任北大副校长。

1991 年 1 月 29 日,国家教委党组通知,由汪家镠兼任北京大学党委书记,王学珍不再担任北京大学党委书记职务,郝斌任北大党委常务副书记,调任彦申任北大党委副书记。

1991 年 3 月 22 日,国家教委党组通知,任命梁柱为北京大学副校长,免去其学校党委副书记职务。

1991 年 11 月 4 日,校党委任命闵开德为中共北京大学纪律检查委员会副书记。

1993 年 6 月 20 日,国家教委党组通知,经与中共北京市委商得一致,同意朱善璐任北京大学党委副书记。

1994 年 7 月 17 日—20 日召开北京大学第九次党代会,选出中共北京大学第九届委员会委员 25 人,新的纪律检查委员会委员 13 人。7 月 20 日,中共北京大学第九届委员会选出党委常委、书记、副书记,批准纪委会选出的纪委书记、副书记(市委于7月27日批准选举结果),名单如下:

党委书记:任彦申;

党委副书记:郝斌、朱善璐、赵存生;

常委:马树孚、王义遒、朱善璐、任彦申、吴树青、闵开德、闵维方、迟惠生、岳素兰、赵存生、郝斌;

委员:除上述常委外,还有王杰、王春梅、王登峰、孔宪倬、吕以乔、邱水平、陈占安、陈佳洱、周其凤、赵亨利、晏智杰、童宣海、曾毅、魏引树;

纪委书记:闵开德;纪委副书记:王丽梅;纪委委员:王丽梅、王淑文、石进元、曲春兰、朱启超、孙绍有、吴新英、闵开德、张书仁、陈文申、陈淑敏、栾桂冬、廖陶琴。

1994年10月6日,国家教委任命郝斌为北京大学副校长(兼)

1996年7月16日,国务院决定任命陈佳洱为北京大学校长,免去吴树青的北京大学校长职务。

1996年12月16日,国家教委党组通知,任命岳素兰为北京大学党委副书记;因工作调动,免去朱善璐北京大学党委副书记、党委常委职务;增补陈佳洱、王登峰为北京大学党委常委。

1949年2月—1997年12月北京大学校级党总支、党委正副书记名单一览表

单位名称	职务	姓名	任职时间	备注	单位名称	职务	姓名	任职时间	备注
党总支	书记	肖松	1949.2—1949.3.5		党总支	副书记	殷汝棠	1949.3—1949.5.12	
	书记	林乃燊	1949.3—1949.5.12			副书记	叶向忠	1949.3—1949.5.12	
	书记	叶向忠	1949.5—1951.2			副书记	林乃燊	1949.5—1949.9.23	
						副书记	文重	1949.9.23—1950.2.28	
						副书记	林乃燊	1950.3—1950.9.6	

单位名称	职务	姓名	任职时间	备注	单位名称	职务	姓名	任职时间	备注
党委会	书记	叶向忠	1951.2.24—5.11		党委会	副书记	王学珍	1951.2.24—1952.8.19	
	书记	张群玉	1951.5.11—1952.8.19						
	书记	李瑚	1952.8.19—1953.1.24	批准辞职申请	党委会	副书记	张群玉	1952.8.19—1953.1.24	
	代理书记	张群玉	1953.1.24—9.4			副书记	王学珍	1952.8.19—1952.10.11	
	书记	史梦兰	1953.9.4—1956.7			副书记	谢道渊	1952.10.12—1966.6	
	第一书记	江隆基	1956.7—1957.10			副书记	王学珍	1953.1.24—1954.5	
	第二书记	马适安	1956.7—1957.10			副书记	张群玉	1953.9.4—1963.1	
	第一书记	陆平	1957.10—1961.9.29			第一副书记	史梦兰	1956.7—1959.5	
	第二书记	江隆基	1957.10—1958.8	中央决定调任兰州大学校长		副书记	崔雄崑	1958.8.28—1963.1	

北京大学志（第四卷）

单位名称	职务	姓名	任职时间	备注	单位名称	职务	姓名	任职时间	备注
	第三书记	马适安	1957.10—1958.8			副书记	张群玉		
	第二书记	马适安	1958.8—10.17	出国飞机失事遇难		第一副书记	邹鲁风	1959.5.29—1959.10.26	去世
党委会	书记	陆平	1961.9.29—1966.6		党委会	副书记	史梦兰	1959.5.29—1966.3	调新疆大学
						副书记	冯定	1959.5.29—1966.6	
						副书记	张学书	1960.10—1966.6	
						第一副书记	戈华	1962.12.11—1966.6	1963.3.26到校
						副书记	彭珮云	1964.9.1—1966.6	
"文革"时期									
党委会	书记	杨德中	1971.5—1972.2	回部队	党委会	副书记	王连龙	1971.5—1972.2	
	书记	王连龙	1972.2—1976.10	1977.11.9撤销党委书记职务,回部队		副书记	刘信	1971.5—1972.2	回部队
						副书记	田双喜	1971.5—1972.2	回部队

单位名称	职务	姓名	任职时间	备注	单位名称	职务	姓名	任职时间	备注
						副书记	张学书	1971.5—1976.10	
						副书记	黄辛白	1972.2—1976.10	
						副书记	郭宗林	1972.2—1976.10	1977.11.9撤销党委副书记职务，后回部队
						副书记	马石江	1975.9.27—1976.10	
						副书记	魏银秋	1975.12—1976.10	1977.11.9撤销党委副书记职务，后回部队
粉碎"四人帮"后,工作队时期,北京市委派任									
					党委会	副书记	黄辛白	1976.10—1980.11	1977.5市委宣布在北大第一把手没有之前党委工作由黄辛白牵头、主持。后调教育部
						副书记	张学书	1976.10—1977.11	
						副书记	马石江	1976.10—1977.11	
						副书记	于春凯	1977.5—11.23	工作队离校

单位名称	职务	姓名	任职时间	备注	单位名称	职务	姓名	任职时间	备注
						副书记	张贵明	1977.5—11.23	工作队离校
						副书记	白 鹤	1977.5—11.23	工作队离校
						副书记	胡启立	1977.5	未到任
						副书记	魏青山	1977.5—11.23	工宣队离校

"文革"结束到1997年

单位名称	职务	姓名	任职时间	备注	单位名称	职务	姓名	任职时间	备注
党委会	书记	周 林	1977.9.28—1979.11	调离北大回教育部	党委会	副书记	高 铁	1977.11.6—1979.12	调离北大
	书记	韩天石	1979.11—1982.9	调任中纪委书记		副书记	韦 明	1977.11.6—1979.9	调离北大
	代理书记	项子明	1982.9—1984.3	改任北大顾问，1990.3.20病逝		副书记	汪小川	1978.1—1979.12	调离北大
	书记	王学珍	1984.3.3—1991.1.29			副书记	戈 华	1978.1—1980.11	调离北大
	书记	汪家镠	1991.1.29—1994.7	调任中央党校副校长		副书记	殷玉昆	1978.4—1979.8.7	调离北大
	书记	任彦申	1994.7—1999	调任江苏省委宣传部		副书记	张学书	1977.11—1986.3	专任副校长
						副书记	张 萍	1979.8.7—1981.11	

单位名称	职务	姓名	任职时间	备注	单位名称	职务	姓名	任职时间	备注
						副书记	马石江	1977.5—1983.1	调离北大
						副书记	王路宾	1979.12—1984.3	1982.9借调中纪委，1984年改任北大顾问，1986年7月辞去北大顾问职务
						副书记	周培源	1979.12—1980.11	兼校长
						副书记	项子明	1981.11—1982.9	
						副书记	王效挺	1984.3—1986.3	
						副书记	郝 斌	1984.3—1991.1.29	
						副书记	郭景海	1986.4 1994.7	1996.11.27病逝
						副书记	林炎志	1989.8.23—1992.12	调离北大
						副书记	梁 柱	1989.9.22—1991.3.22	改任北大副校长
						常务副书记	郝 斌	1991.1.29—1994.7	
						副书记	任彦申	1991.1.29—1994.7	

单位名称	职务	姓名	任职时间	备注	单位名称	职务	姓名	任职时间	备注
						副书记	朱善璐	1993.6—1996.12	调任海淀区委书记
						副书记	郝　斌	1994.7—	
						副书记	赵存生	1994.7—	
						副书记	岳素兰	1996.12—	

第二节　党员大会、党代会、党代表会议

　　北平解放前，北京大学党的组织处于地下状态，没有召开过党员大会、党代会或党代表会议。1949 年 9 月，中共北京大学总支部召开了第一次全体党员大会，选举产生新的总支委员会。这以后，又开了第二至第四次党员大会，其中第四次全体党员大会期间，中共北京市委指示，北京大学党的组织建制由党总支改为党委会。1954 年 5 月，中共北京大学委员会召开第一次党员代表大会。从此到 1997 年年底，先后共举行九次党代会、三次党代表会议。历次党员大会、党代会和党代表会议的情况如下。

一、党员大会

　　第一次全体党员大会：1949 年 9 月 23 日举行，选举产生新的总支委员会委员 11 人（名单见前面"组织沿革"部分，下同）。中共北京市委组织部部长刘仁参加了大会，并做了重要讲话。他首先肯定"今天选举很认真，是民主集中制原则的具体运用"，接着对总支工作做了四项指示：（1）总支要根据市委布置和北大范围内具体情况，制定下半年工作计划。（2）总支要团结全校师生把北大搞好，要贯彻新民主主义教育方针，要提倡并宣传使大家一起学习马列主义、毛泽东思想。（3）党务工作要加强，会议不要太多，但必须有内容，组织生活要过好。（4）党对团的工作要加强领导和帮助，要对青年团宣传党的主张和毛主席的思想，这是我们对青年团特有的一种责任；北大团员数目比较少（团员 428 人），应当超过党员的几倍才对；要让更多的青年来共同学习马列主义。

　　第二次全体党员大会：1950 年 2 月 28 日—3 月 1 日举行。出席大会的正式党员 76 人，候补党员 84 人；缺席的正式党员 5 人，候补党员 29 人。叶

向忠代表上届总支委员会作工作报告。

大会通过叶向忠的工作报告,选出新一届总支委员9人。

第三次全体党员大会:1950年9月6日在理学院礼堂举行。出席大会的正式党员72人,缺席28人。叶向忠代表上届总支委员会作工作报告,主要内容是:(1)新民主主义学习有成绩。(2)党群关系方面,支部通过行政同志将党的方针政策贯彻到行政工作中去。(3)党内生活方面,发展党员58人。大会选出新一届总支委员会9人,候补委员2人。

第四次全体党员大会:1951年2月24日在华北大学工学院(原中法大学)礼堂举行。当时北大共有党员400名,其中正式党员302名。上届总支委员会未在大会作工作报告。会上宣布北京大学党的组织建制由党总支改为党委会。大会选出中共北京大学委员会委员12人,另为工农速成中学保留一名委员。中共北京市委学校支部科负责人宋硕出席大会并讲话。

二、党员代表大会

第一次党员代表大会:1954年5月23日—7月18日举行。出席大会正式代表86人,列席代表45人,代表党员676人。会上,听取、审议、通过了史梦兰代表上届党委做的《一年半来党的工作基本总结及今后的任务》的工作报告。5月29日,江隆基副校长做了关于教学改革的报告。5月30日,中共北京市委宣传部长兼北京市高等学校党委第二书记杨述做了关于贯彻党的七届四中全会决议的讲话。大会选出第一届中共北京大学委员会委员18人。

大会确定北大党委会今后的任务是:加强政治思想工作,协助行政认真贯彻党在过渡时期文教方面的方针、政策,特别是应根据四中全会决议的精神,加强党内共产主义教育,克服资产阶级思想,增强党的团结,提高党的战斗力,以便使党的组织能够更好地团结教育群众,共同为保证学校教学改革与培养合格的建设干部的任务而斗争。

大会确定的今后主要工作如下。

(1)加强在教学中的政治思想工作,进一步保证教学改革。①根据综合大学会议决定,围绕着教学改革、科学研究、培养师资三大任务,开展政治思想工作。②贯彻向工农开门的方针,加强对工农中学总支的领导。③继续贯彻毛主席关于"三好"的指示,加强学生中的政治思想工作。④贯彻增产节约的精神,开展职工中的劳动竞赛,合理使用人力、物力、财力,发挥潜在力量,提高行政工作效率。

(2)加强群众思想教育工作,密切党与群众的联系,增强党与非党的团结。①加强系统的政治理论学习和时事政策教育,提高全校师生员工的马列主义水平。②继续贯彻党对知识分子的政策，进一步端正党、团员以及全体学生对老教师的认识，尊敬老教师，虚心向老教师学习业务，提倡尊重科学家、尊敬师长的风气，进一步加强新老教师的团结，并逐步把学习苏联、教学改革与思想改造结合起来。

（3）健全党的领导，增强党的团结，提高党的战斗力。①加强党委集体领导，发扬党内民主。②加强党内教育，大力批判资产阶级的思想影响，严格党的组织生活。③根据积极慎重地发展党员的方针，继续壮大党的队伍。

第二次党员代表大会：1956 年 5 月 26 日—6 月 2 日举行。出席大会的正式代表 113 人，列席代表 42 人，代表党员 1166 人。高等教育部、中共北京市高等学校委员会及兄弟院校的领导人参加了大会。会上，听取、审议并通过史梦兰代表上届党委作的工作总结报告。大会通过的决议说，党组织必须深入贯彻中央关于知识分子问题的指示，热情支持群众向科学进军的积极性；要加强马克思列宁主义理论教育；加强党的建设，扩大党的队伍，提高党组织的战斗力。大会选出中共北京大学第二届委员会委员 23 人，候补委员 5 人；中共北京大学监察委员会委员 7 人，候补委员 2 人。大会还选出出席北京市第二届党代会代表 7 人：史梦兰、石幼珊、江隆基、周光召、张侠、潘永祥、谢青；候补代表 1 人：谢静修。

工作报告提出的今后工作任务如下。

（1）继续贯彻提高教学质量和全面发展的教育方针，党组织要积极保证这一中心任务的实现，并应积极领导和支持全体党员向科学进军。

（2）加强马克思列宁主义理论教育，克服理论工作中的教条主义和学究习气，消除理论工作在个人崇拜影响下的恶果；协助行政结合教学和科学研究，进一步深入批判资产阶级唯心主义的学术思想。

（3）加强党的领导，并把对党员的思想教育工作作为自己经常的重要任务之一；贯彻中央"积极、慎重"的发展党的方针；巩固和加强党的组织。

（4）严格党委领导干部的组织生活；党委会要定期比较系统地研究学校重大问题和群众情况；健全党委会的会议制度，会议要讨论工作中的重大问题；加强党对教学工作和科学研究工作的领导，党员负责干部除有计划地提高自己的文化、科学水平外，还必须努力钻研学校的教学工作和科学研究工作，熟悉其发展规律，使自己变为精通岗位工作的"内行"，充分注意发挥党员教授、非党教授及民主党派在教学及科学工作中的作用，可采取在党的领导下由党内外教授组成科学核心的办法来协助和加强党对科学工作的领导。

第三次党员代表大会：1958 年 8 月 28 日—9 月 18 日举行。出席大会正式代表 140 人，列席 6 人，代表党员 1384 人。校党委书记陆平致开幕词。中共中央统战部副部长徐冰作了关于统战政策的报告。陆平做了关于中央政治局扩大会议和最高国务会议精神的传达报告。大会讨论、通过了上届党委提出的《中国共产党北京大学委员会向第三次党代表大会的工作报告》，讨论、修订了《北京大学跃进规划纲要（1958—1962）》，并决定将它提交校务委员会讨论通过，作为全校师生员工的行动纲领。大会选出了新一届党委委员 23 人，候补委员 5 人。

向第三次党代会提交的工作报告的主要内容如下。第一部分全面总结了过去的工作。报告认为，在两年零三个月中进行了肃反善后和审干工作；贯彻了中央和市委知识分子会议的精神、向科学进军的任务和"双百"方针；进一步贯彻了学习苏联，联系中国实际的方针；组织群众学习了《关于无产阶级专政的历史经验》和《再论无产阶级专政的历史经验》；领导群众以不断革命的精神进行了反右斗争、一般整改、"双反"运动中的红专大辩论、学习党的社会主义建设总路线、共产主义教育方针大辩论和教学改革、科学研究工作大跃进等一系列革命运动。目前，在两条道路斗争中已取得了决定性的胜利，共产主义教育方针得到了进一步全面的贯彻，党对学校工作的全面领导逐步巩固起来了。但在这段期间，工作中还存在不少缺点和某些比较严重的错误。这主要表现在两方面。一是在 1956 年第二次党代会到十月波匈事件以前的一段时间内思想上的右倾，主要表现在：①在 1956 年上半年，对于政治与业务的关系有过分强调业务、忽视政治的错误，没有能坚决给予各种资产阶级思想以有力批判和打击；②对于资产阶级教育思想和学术思想在我校的深厚影响估计不足，因而对教学中的自由主义教育思想，唯心主义、修正主义等资产阶级学术思想，科学研究中的"科学至上"思想，培养学生中的轻视工农学生思想等，斗争不坚决；③在团结、教育、改造资产阶级知识分子工作中强调了团结，放松了对他们的思想改造。二是对于党内的政治思想教育注意不够；在贯彻集体领导与个人负责相结合原则上，结合我校具体情况认真学习、研究与讨论党的方针政策和上级党委的指示不够；对有些复杂的有分歧意见的重要问题，事前酝酿和会上争论都不够，以致决议通过了而不能很好地贯彻。此外，在领导作风和领导方法方面，也还存在不少缺点。

第二部分阐述了我校党组织今后的工作任务。它们是：根据党的社会主义建设总路线，在整风运动胜利的基础上，在继续进行政治战线和思想战线上的社会主义革命的同时，积极开展技术革命和文化革命，贯彻执行教育为无产阶级政治服务、教育与生产劳动相结合的方针，加强社会主义、共产主义教育，团结全校师生员工，调动一切积极因素，不断地促进教学、科学研究、生产大跃进，苦战三年，把北京大学基本上建设成为一个先进的共产主义大学。

《北京大学跃进规划纲要(1958—1962)》共 22 条,其中主要内容如下。

(1)根据以提高为主、兼顾普及的精神,充分发挥潜力,用多种多样的方法为国家培养大量的社会主义建设人才:从 1958 年开始,五年内本科生的人数增加到 15000 人,研究生增加到约 1000 人,进修教师增加到约 500 人,外国留学生 500 人;增设尖端学科的专业和专门化,其中 1959 年以前应增设"概率论数理统计及运筹学""无线电及电子学"和"放射化学"等专业;在有条件的系,积极试办半工半读;根据国家需要与我校的条件,开办各种短期的专业训练班,训练在职干部;举办单课多课、多种多样的业余教育,三年内多数系都应举办函授班或夜校,五年内函授生和夜校学生人数达到 3000 人;从 1958 年开始,每年吸收旁听生 2000 至 3000 人;和北京市教育局协作,由我校帮助若干所本市中学进行教学工作和教学指导工作;和工农业生产单位联系,帮助它们普及文化教育,举办各种学校。

(2)培养学生成为"有社会主义觉悟的、有文化的劳动者",即又红又专、脑力劳动与体力劳动相结合的、共产主义的全面发展的新人。

(3)大力培养、大胆使用青年教师,积极改造老教师,提高老干部的政治思想水平和科学水平,三年内建成一支又红又专的师资队伍。

(4)教育与生产劳动结合是共产主义教育的核心,是培养共产主义新人的必由之路,也是这次教育革命的中心问题。为此,应把教学、科学研究和生产劳动密切结合起来,使学校成为三者的联合基地。教育结合生产劳动有两种主要形式:一种是学校自办工厂和农场,一种是师生下乡下厂。

(5)加强马列主义理论的教育和政治思想教育,充分发挥其改造思想、提高觉悟的战斗作用和在教学与科学研究中的统帅作用。马列主义的理论教育和政治思想教育的目的是:兴无灭资,为彻底消灭一切剥削阶级和剥削制度及其残余服务,为共产主义的伟大目标服务。马列主义理论教育和政治思想教育的主要内容是:培养师生员工的工人阶级的阶级观点、群众观点和集体观点、劳动观点(即脑力劳动与体力劳动相结合的观点)、唯物观点和辩证观点。

(6)课程内容应根据教学、科学研究和生产劳动三结合的精神,继续加以改革,不断提高教学质量。①文科各专业的课程应以马列主义理论作为核心,发挥统帅和灵魂作用。各类历史课程均应贯彻厚今薄古方针,加强近代、现代史,特别是中国的近代、现代史,古代史也应贯彻古为今用的精神。文科各专业的教学应贯彻理论联系实际的原则,彻底纠正重外轻中、重书本轻实际、重史料轻理论、重考据轻分析等倾向。同时文科各专业的教学还应富有战斗性,对资产阶级的学术思想及现代修正主义思想应进行坚决的斗争;对现代国内外有代表性的资产阶级学术思想还应开设专门课程或专题讲座去进行系统的批判。为了培养学生识别与批判资产阶级学术思想的能力,文科各专业今后在高年级仍要开设介绍资产阶级学说的课程,或在一门课程的讲授中介绍各种不同的见解。在外国语言文学各专业,应加强基本语的训练,特别是加强口语及外文写作能力的训练。②理科各专业的课程内容应密切结合生产实际,努力革新课程内容,加强基础课。在课程内容和一切教学环节的运用上,都要注意培养学生解决实际问题的能力。要求教师努力学会用马列主义的哲学观点来解释自然规律和自然科学的发展,反对唯心主义和形而上学的观点。

（7）从 1958 学年开始,除新开的专业课程、专门化课程、选修课程和校外兼任教师所担任的专题讲授之外,所有的课程,凡没有教科书的,都应于讲授前发讲义。要求两年内各专业的主要课程都有教科书。

（8）反对资产阶级学院式的教条主义和形式主义的教学方法与学习方法,提倡理论联系实际,发扬学习的独创精神,教师应联系学生的思想,从学生实际水平出发来进行教学。

（9）贯彻"百花齐放、百家争鸣",科学为政治服务、为生产服务和为全党全民办科学服务的方针,大力开展科学研究工作。理科方面应以世界尖端科学和国内生产所需的新技术的研究为主,并借以带动和丰富基础理论。文科方面的研究工作应彻底纠正厚古薄今、脱离实际的偏向,将学习毛泽东同志的著作、研究和总结中国社会主义革命和社会主义建设中的问题作为中心;同时要贯彻"兴无灭资",对国内外有代表性的资产阶级学者的学术思想进行批判,对现代修正主义进行不调和的斗争。

（10）实行党委领导下的校务委员会负责制,各系也应实行系总支领导下的系务委员会负责制。

（11）贯彻勤俭办学的方针。争取五年内用生产劳动所得的收入解决经常经费的 30%—40%。

第四次党员代表大会:1961 年 9 月 15—26 日举行。出席大会正式代表188 人,候补代表 35 人,代表党员 2786 人。

大会听取、讨论并通过陆平代表上届党委做的《三年工作的总结和今后任务》的工作报告,选出了第四届党委会委员 29 人。

工作报告总结三年来的工作说,1958 年,党中央进一步决定在教育工作中贯彻执行教育为无产阶级的政治服务、教育与生产劳动相结合的方针,几年来我校主要做了以下几方面工作:(1)加强了党的思想政治工作,深入地进行了政治战线和思想战线上的社会主义革命,坚持开展了社会主义道路和资本主义道路、无产阶级思想和资产阶级思想的斗争。从 1958 年以来,我们向广大群众进行了关于党的教育方针和知识分子劳动化的教育,关于总路线、"大跃进""人民公社"三面红旗的教育,关于辩证唯物主义和历史唯物主义的教育,并领导全校师生员工开展了学习马克思列宁主义、毛泽东著作的运动,使广大群众的思想政治面貌发生了极为深刻的变化。(2)贯彻执行了党的教育方针,把教育与生产劳动结合起来,并把党的领导深入到教学领域中去,改进了教学内容和教学办法,提高了教育质量。(3)确立了党在科学工作中的领导地位,坚持了科学为社会主义建设服务的方针,贯彻执行了群众路线,积极开展了科学研究工作,实现了科学工作的大跃进。(4)加强了师资培养工作,不断提高教师的思想政治觉悟和业务能力,一支以无产阶级知识分子为骨干的师资队伍已经迅速地成长起来。(5)加强了党的思想建设和组织建设工作,扩大了党的队伍,提高了党员的共产主义觉悟,密切了党和群众的联系,进一步巩固了党对学校工作的领导。

三年来,在取得了巨大成绩的同时,在具体工作上还存在着一些缺点和错误。这主要表现在:(1)几年来,在全国大跃进的形势下,在一个时期内,由于我们在思想上对于社会主义革命和社会主义建设需要经过长期的艰苦的努力认识不够,特别是由于我们对过渡时期无产阶级和资产阶级之间在意识形态方面的斗争的长期性、复杂性认识不够,体会不深,因而对于群众的思想改造要求偏高偏急,在思想政治工作中出现了一些简单化的缺点和错误。(2)我们在教学与科学研究工作中,对于思想性与科学性、理论与实际的关系认识得不够全面,同时由于缺乏经验,因而在改进教学内容和教材建设工作中出现了一些片面性和简单化的缺点;对于以教学为主的原则贯彻不够。(3)学习和研究党的方针政策,特别是对干部进行政策教育不够,有些政策界限划得不够清楚,贯彻执行党的知识分子政策不够全面,贯彻执行百花齐放、百家争鸣的方针不够。(4)在贯彻执行群众路线中存在着缺点;发扬党内民主不够;在工作中缺乏认真的调查研究。

工作报告说,在领导制度方面,学校应根据上级的规定实行党委领导下的以校长为首的校务委员会负责制。今后要适当加强校务委员会的活动,充分发挥其作为学校行政工作的集体领导组织的作用。根据这几年的经验,今后不宜继续实行系党总支领导下的系务委员会负责制。系务委员会和系主任在政治上应接受校务委员会和校长的领导。系总支对行政工作应起保证和监督的作用。教师和职工中的党支部的主要任务,是做好思想政治工作和党的建设工作,教育党员模范地完成自己的工作任务,团结和教育本单位的全体人员,保证各项工作任务的完成。学生中的党支部的主要任务,是做好思想政治工作和党的建设工作,教育党员以自己的模范行动,影响和带动同学完成学习任务。

工作报告提出的今后主要工作任务是：(1)坚持政治挂帅，加强思想政治工作；(2)以教学为主，努力提高教学质量；(3)开展科学研究，提高科学水平；(4)坚持教育与生产劳动相结合，妥善安排生产劳动；(5)认真贯彻百花齐放、百家争鸣的方针，加强党对学术工作的领导；(6)迅速提高师资水平，建立又红又专的师资队伍；(7)加强物质设备管理工作，加强生活管理工作；⑧加强党的领导，改进工作方法和工作作风。

第五次党员代表大会：1963 年 1 月 30 日—2 月 3 日举行。出席大会正式代表 219 人，候补代表 33 人，代表党员 2565 人。

大会听取、讨论并通过了陆平代表上届党委所作的《中共北京大学委员会向第五次代表大会的工作报告》，选出了第五届党委会委员 34 人。

工作报告说，从我校党的第四次代表大会以来，我们在中共北京市委和教育部的领导下，贯彻执行调整、巩固、充实、提高的方针和《教育部直属高等学校暂行工作条例(草案)》，做了大量工作，取得了很大的成绩。一年多以来的主要工作成绩有以下几方面：(1)学习了党的政策，检查总结了工作，轮训了党员干部，干部的政策水平有了很大的提高，领导作风有了明显的改进。(2)坚持了党的教育方针，进一步贯彻了以教学为主的原则，提高了教学质量。根据高等学校工作六十条的精神，在 1961 年暑假前后，调整了各专业的教学计划，按照以教学为主的原则，重新安排了各年级的教学、生产劳动和科学研究的时间比例，进一步纠正了过去生产劳动和科学研究过多的情况。在教学工作中，注意加强基础理论和基本知识的教学，进一步发挥了教师的主导作用，坚持了教育与生产劳动相结合，进行了科学研究的调整工作。(3)调整了学校规模，巩固了一批"大跃进"中新建的专业、专门组，紧缩了编制，精减了人员。(4)在党内外进行了甄别工作，调整了关系，增强了团结。(5)贯彻执行了高等学校工作六十条关于学校领导制度的规定，加强了党委对学校工作的集中统一领导。1961 年以来，实行了党委领导下的校长为首的校务委员会负责制，系党总支对行政工作起保证和监督作用，教师党支部对教研室工作起保证作用。(6)加强了形势与任务的教育，改进和加强了马克思列宁主义理论教育，提高了群众的社会主义觉悟。(7)加强了党内教育，进一步贯彻执行了民主集中制，活跃和健全了党的生活。(8)加强了对总务生活工作的领导，改进了物资设备的管理，团结群众，克服困难，基本上保证了群众的健康和教学工作的顺利进行。

工作报告提出今后的工作任务是：(1)进一步贯彻党的教育方针，认真执行新的教学计划，积极开展科学研究工作，努力提高教学质量和科学水平；(2)加强思想政治教育，特别是阶级和阶级斗争教育，以及教学和科研、生产劳动中的思想政治教育；(3)努力提高师资水平；(4)整顿职工队伍，建立必要的规章制度,提高工作效率;(5)继续加强物质设备管理和生活管理;(6)加强党的建设,加强干部的教育和管理;(7)进一步加强党对学校工作的领导,继续改进领导作风和工作方法。

第六次党员代表大会:1971 年 5 月 21—25 日举行。出席代表 405 人,列席 168 人,代表党员 3829 人。中共北京市委书记处书记吴忠、丁国钰出席大会。杨德中代表首都工人、解放军驻北京大学毛泽东思想宣传队领导小组做题为《沿着毛主席的革命路线胜利前进,为创办新北大而奋斗》的工作报告。报告说,1968 年 8 月,宣传队进校以来,大力开展四好连队运动,坚定不移地走政治建校的道路,夺取了大联合、清队、整党等斗、批、改的重大胜利。在大联合的基础上,清理阶级队伍,到目前为止,共清出各种反动组织 52 个,清出叛、特、反等敌我性质的 162 人。同时,进行开门整党建党,目前在校 3829 名党员中,有 3590 名党员恢复了组织生活,吸收了 159 名新党员,建立了基层党支部,江西分校和 653 分校成立了党委。在大联合、清队、整党的基础上,1969 年 10 月,全面开展教育革命。在"五·七指示"的指引下,广大教职员走出校门,奔赴工厂、农村、江西鲤鱼洲和 653 分校,到三大革命的风口浪尖上反复摔打,刻苦磨炼,与工农兵结合,接受再教育,改造世界观,初步制定了教育革命方案,调整和设置了一批新的专业,编写了一部分教材,为招收工农兵学员做了思想上和物质上的准备。1970 年 6 月,在毛主席亲自批示关于清华、北大招生请示报告的鼓舞下,我校招收了 2729 名工农兵学员。工农兵学员进校后,担负起"上大学、管大学、改造大学"的使命。全校师生员工发扬"自力更生、艰苦奋斗、破除迷信、解放思想"的精神,共创办 17 个工厂,其中扩建 2 个,为教学、科研服务,附中、附小也办起了工厂、农场,自编了教材。

哲学系代表李中华、政工组代表郭宗林做了揭发、批判聂元梓分裂革命群众队伍,挑动武斗、镇压群众运动,反军乱军,分裂中央、阴谋颠覆新生的红色政权以及她的"主观唯心主义""权欲狂"的发言。校教改组做了题为《以两条路线斗争为纲,把无产阶级教育革命进行到底》的书面发言。大会选出了中共北京大学第六届委员会委员 47 人(缺 1 名干部),其中军宣队 11 人,工宣队 4 人,学校干部 9 人,校内工人 5 人,教职员 12 人,工农兵学员 5 人。

大会提出的今后任务是:(1)要认真读书,努力学习马列主义、毛泽东思想,深入进行思想和政治路线方面的教育,刻苦改造世界观,不断提高执行和捍卫毛泽东革命路线的自觉性。(2)深入开展批修整风,重点是批修。(3)开展无产阶级教育革命是学校斗、批、改的根本任务,要以毛主席的教育革命路线为指针,全面落实"五七指示",贯彻全国教育改革会议的精神,深入持久地开展革命大批判,把教育革命推向一个新阶段。(4)进一步加强党的建设,搞好领导班子革命化,充分发挥无产阶级先锋队的领导作用。(5)坚持"四个第一"①,大兴"三八作风"②,深入开展"四好连队"③运动,坚定不移地走政治建校的道路。

第七次党员代表大会:1980年11月24—28日举行。出席正式代表306人,列席33人,代表党员3247人。

大会审议、通过了韩天石代表上届党委所做的《团结一致,奋发工作和学习,为建设社会主义现代化的北京大学而奋斗》的工作报告和校纪律检查筹备组作的书面报告;选出了中共北京大学第七届委员会委员33人;选出了出席北京市第六次党代会的代表6人:韩天石、季羡林、张学书、安炳浩、李克强、顾孝诚。

教育部部长蒋南翔、副部长曾德林、中共北京市委第三书记贾庭三、市委教育工作部副部长来汉宣等出席了开幕式。蒋南翔代表教育部党组在会上讲话。他说,新中国成立后三十一年来北大的工作成绩是主要的、基本的。当然,一分为二,有成绩,也有缺点,主要是五七年反右扩大化,五九年反右倾等。在"文化大革命"中说北大是"烂掉了的单位","培养的学生是挖社会主义墙脚的",是没有根据的。相反,北大培养的学生在社会主义建设中发挥了骨干作用,这是经得起历史检验的。新中国成立后的北大和新中国成立前的北大不一样,一个根本区别在于党的领导。四项基本原则,党的领导是核心,要在党的领导下办社会主义大学。希望北大在党代会以后能进一步加强和改善党的领导。要在党的领导下,坚持真理,修正错误,发扬成绩,克服缺点。这是搞好学校工作的最根本的一条原则。贾庭三代表北京市委在会上讲话。他说,北大是全国著名的重点高等学校,在国际上也是有名望的,对我们国家做出了很大贡献,对北京市也有很大贡献。北京大学是首都的大学,首都的工作要走在全国的前面,北京大学的工作也要走在全国的前面。要把教育搞上去,最重要的一条是要加强党的领导,首先是要改善党的领导。不是像过去书记说了算,而是发挥每一个党员的先锋模范作用;不是像过去党政不分,以党代政,而是实行党政分工。党要管党,要认真

---

① 四个第一:1960年9月12日,林彪在军委常委扩大会议上的发言中提出,即在人和武器的关系上,人的因素第一;在政治工作和其他各种工作的关系上,政治工作第一;在政治工作中,思想工作与事务性工作的关系上,思想工作第一;在思想工作上,书本思想和活思想的关系上,活的思想第一。

② 三八作风:指1961年1月27日,中共中央颁布的《党政干部三大纪律、八项注意》。"三大纪律"为:一切从实际出发;正确执行党的政策;实行民主集中制。"八项注意"为:同劳动同食堂;待人和气;买卖公平;如实反映情况;提高政策水平;工作要同群众商量;没有调查没有发言权。

③ 四好连队:四好指政治思想好,三八作风好,完成任务好,生活管理好。

贯彻《关于党内政治生活的若干准则》，每个党员都应严格要求自己，起模范带头作用。

韩天石的工作报告分三部分，其主要内容如下。

第一部分是三十一年的简要回顾。建国三十一年来，北京大学走过了一条曲折的道路。"文革"前的十七年是北大比较顺利发展的时期。学校工作虽有不少缺点错误，但基本上贯彻执行了党的正确路线。在这十七年间，在学校中确立和巩固了党的领导和马列主义、毛泽东思想指导的地位；改造和建设了一支坚持又红又专方向的、具有较高水平的教师和党政管理干部队伍；培养了一大批有一定社会主义觉悟和专业知识的人才，他们大都成为有关方面的骨干，有的做出了优异的成绩和贡献；作出了一批质量较高的科研成果；在系科专业设置、教学科研的物质条件、学校基本建设等方面也有了一定发展。

但是，在1957年至1960年的一段时间里，由于"左"倾思潮的影响，校党委在阶级斗争的问题上，在执行党的知识分子政策和对教学、科研、学校建设等工作的指导上，产生比较严重的左的偏差：1957年反右斗争中犯了扩大化的错误；1958年的教育革命中出现了违背教育规律、随意打乱教学秩序、忽视以教学为主、否定教师的主导作用、拔"白旗"等错误；1959年错误地开展了反对所谓右倾机会主义的斗争。

1961年以后，校党委认真贯彻调整、巩固、充实、提高的方针和"高校六十条"，努力对前几年工作中的偏差和错误进行纠正，取得了明显的成绩，学校的各项工作又重新沿着比较正确的轨道向前发展。

1964年搞的"社教"试点，在更"左"的思想指导下，全盘否定北大在党领导下取得的成绩，错误地把北大当作"烂掉了的单位"，混淆了路线是非，搞夺权斗争。1965年3月党中央针对北大社教工作队存在的严重问题作了重要指示，及时地纠正了这个错误。

"文化大革命"中，北京大学成了林彪、江青、康生一伙插手最早、危害最重并被他们严密控制的一个单位。他们策划聂元梓贴出了"第一张大字报"，组织人炮制了"评论员文章"，颠覆了北大党委并祸及全国；他们先后扶植聂元梓和迟群等人篡夺了北大党政领导权，拼命推行极"左"路线和"两个估计"，制造数以千计的冤假错案，对广大干部和群众实行残酷的法西斯专政；他们拼凑御用写作班子"梁效"，肆意歪曲马列主义、毛泽东思想，为"四人帮"上台复辟大造舆论；他们篡改学校的性质和任务，叫嚷"和十七年对着干""办与走资派作斗争的专业"，在教学、科研、师资队伍培养以及学校设备和建设等方面进行了全面的破坏。他们的倒行逆施给北大带来了空前的灾难，给广大师生员工造成了深重的创伤。

粉碎"四人帮"以后，北京大学进入了历史发展的新时期。四年来，按照党中央的部署，开展了揭批林彪、"四人帮"的斗争，清算了聂元梓、迟群等人以及"梁效"的罪行，查清了与林彪、"四人帮"篡党夺权阴谋活动有牵连的人和事，对说过错话办过错事的同志进行了批评帮助教育；推倒了"第一张大字报"等关系全校、影响全国的大案，狠批了"两个估计"，平反改正了"文革"期间的冤假错案；澄清了北大历史上"社教运动"等重大事件的是非问题，完成了对 1957 年被错划为右派的同志的复查改正工作，解决了 1959 年反右倾运动的遗留问题，连同其他历史上的案件，四年中共计解决了两千多人的问题；调整了校系领导班子，努力贯彻执行党的路线、方针、政策。

四年来，我们对林彪、"四人帮"的极"左"路线和反动思想体系进行了批判。党的三中全会以后，我们进行了实践是检验真理的唯一标准的教育，进行了坚持四项基本原则和党的思想、政治、组织路线的教育。党的五中全会以来，我们学习了《关于党内政治生活的若干准则》和党章修改草案等，加强了党的基本知识和党规党纪的教育。

四年来，我们对教学、科研、后勤等工作进行了恢复和整顿。在教学方面，我们克服各种困难，使每年招收的本科生保持在 2000 名以上，超过了 1965 年的水平，招收了 650 名研究生，超过"文革"前研究生最高人数的一倍以上；对系科专业进行了初步的调整；各系各专业普遍制定了新的教学计划，整顿了教学秩序；开展了多种形式办学，承担了北京市举办的北大分校 1200 名学生的大部分教学任务。在科学研究方面，基础研究基本上恢复起来并有所发展，应用研究也有所加强，汉字信息处理、光导纤维通讯等研究项目取得了较显著的成果，在 1978 年全国科学大会上有 67 项科研工作获得国家奖状；校内外、国内外的学术交流活动逐步开展起来；整顿和新建了一些研究机构，成立了北京大学出版社。在师资队伍建设方面，采取边工作边学习以及脱产进修、出国进修、在职研究生等方式，加强了对中青年教师的培养和提高。在改善师生员工的工作、学习和生活条件方面，添置了一批比较先进的仪器设备，加强了实验室、电化教学的建设；抓紧了教学、科研用房的建设，目前正在施工的面积 23,950 平方米，新建教职工宿舍 38,917 平方米；整顿和增加了一些服务设施，修建了学生食堂 3356 平方米（今年还将完成 2113 平方米），伙食工作有所改进；在三次调整工资中，使教职工中有 7108 人次提高了工资收入，还在全校教职工中实行了综合奖励制度。

第二部分是学校的发展方向和当前的主要任务。鉴于北京大学在我国高等学校教育事业中所处的地位，在"四化"建设中所担负的重要任务和所具备的条件，我们不但有责任，而且应当有信心，有志气，尽快治愈学校的创伤，通过八十年代的艰苦努力，力争在九十年代把它建设成一个能为国家培养高质量的又红又专的人才和能作出高水平的科学成果的社会主义的现代化的教育中心和科学研究中心，成为一所具有世界先进水平的大学。它的系科专业设置应当是与国家"四化"建设和现代科学文化发展需要相适应的，学科水平应是比较高并有自己特色的，其中多数学科的教学、科研水平应走在国内同类学科的前列，一些重点学科要接近和达到世界先进水平；它的师资队伍和管理工作队伍应是具有高度社会主义觉悟的，有真才实学的，其中要有一定数量的人不仅在国内是著名的专家，在国际上也是有影响的学者；它所培养出来的学生是德、智、体全面发展的。这就是北京大学的发展方向，也是我们今后一个时期的总任务和共同的奋斗目标。

当前的主要任务如下：（1）加强和改进思想政治工作。应着重结合实际继续深入持久地进行党的实事求是的辩证唯物主义思想路线的教育和坚持四项原则的教育，进行生动的、有说服力的马克思主义、毛泽东思想基本理论的教育和形势任务、党的路线、方针、政策的教育；要紧密围绕"四化"建设和学校的中心任务来进行，要坚持疏导的方针，既要广开言路，活跃思想，又要注意随时分析情况，加强引导。党、团组织要以主要精力做好思想政治工作。各级行政、各个部门、各群众组织也必须把思想政治工作列入自己的重要工作内容。教师应担当起教书育人的重任，寓德育于智育之中，关心青年德、智、体全面发展。要加强班级主任工作。（2）加强和改革教学的组织管理工作，提高教学质量。要切实加强教学第一线。要在调查研究、总结经验的基础上，改进各系的教学计划和课程设置，实行学分制。要积极更新教学内容，认真改进教学方法。学校的系科专业设置和培养目标要根据"四化"建设和现代科学文化技术发展的需要作进一步的调整。要加强学生的体育教育。（3）积极开展科学研究工作，努力提高科学水平。要明确科研方向，制定工作计划，确定发展重点。要加强科研的组织管理工作。要大力开展校内外、国内外学术交流活动，开好一年一度的"五四"科学讨论会，并使学术讨论经常化。要尽快建立若干现代化的实验、研究中心和图书资料情报中心。要加强研究生的培养工作，积极准备设立研究生院。（4）加强师资队伍建设，抓紧对中青年教师的培养。（5）认真搞好后勤服务工作和基建工作，继续整顿学校秩序。

第三部分是改革党政领导体制，加强党的建设，改善党的领导。（1）加强校系行政领导系统，有准备有步骤地改革学校领导体制；在党委的领导下建立校务委员会；系党总支对系行政实行保证监督作用；加强和改进各行政机构和职能部门的工作；加强学校的民主管理。（2）进一步调整好校系党政领导班子，使干部队伍在坚持社会主义道路的前提下，实现年轻化、知识化和专业化。（3）抓好党员教育，加强党的建设。（4）加强统战工作和工会、共青团、学生会、研究生会、家属委员会的工作。

第八次党员代表大会：1986 年 3 月 22—27 日举行。出席代表 298 人，代表党员 3521 人。

大会审议、通过了王学珍代表上届党委所做的《巩固发展整党成果，加强思想政治工作，推进学校的改革和建设》的工作报告、巫宇甦代表第一届纪律检查委员会所做的工作报告和《北京大学"七五"事业发展规划纲要》《关于加强学生思想政治工作的决定》；选出了中共北京大学第八届委员会委员 39 人和中共北京大学第二届纪委会委员 13 人。

中共北京市委书记李锡铭和市委常委、市委教育工作部部长汪家镠出席了开幕式。李锡铭在会上讲话。他说，北京大学的党组织有光荣的革命传统，北大是国内外有很大影响的高等学府。北大不但应成为教育中心、科学研究中心，还应当成为马克思主义的学术中心，成为建设社会主义精神文明的坚强阵地；不但应出高质量的人才和科研成果，还应出经验，在建设有中国特色的社会主义大学方面做出榜样。

会议期间，国家教委副主任、党组书记何东昌到会作了报告。他说，北大的党组织是有战斗力的，必须相信和依靠北大的广大党员、干部和群众，办好北大的事业。他提出要"双肩挑"，要培养出一批优秀的思想政治工作的教授、副教授。

王学珍作的工作报告，分以下五个部分。

（1）过去五年工作的回顾：①学校规模有较大发展，教育改革迈出了新步伐。②出人才、出成果的数量有较大发展，质量有一定提高，教师队伍建设取得明显进展。③办学物质条件有所改善，后勤工作改革取得初步成效。④调整充实了校系领导班子，开展了学校管理工作的改革。⑤认真进行了整党工作，提高了党员素质和党组织的战斗力。

（2）学校发展方向和办学指导思想：①坚持社会主义的办学方向，使北大成为坚持和发展马克思主义、建设社会主义精神文明的坚强阵地。②坚持改革和开放的方针，按照"三个面向"的要求建设学校。③坚持以提高为主，在着重提高质量的前提下，有计划有选择地适当发展数量。

（3）切实加强和改进思想政治工作：①统一思想认识，明确思想政治工作的重要地位和作用。②掌握学生特点，改进思想政治工作的内容和方法。③加强队伍建设，充分发挥思想政治工作干部的骨干作用和广大教师教书育人的作用。

（4）认真搞好学校的改革和建设：①继续进行学校结构改革和教学改革，提高学校为社会主义建设服务的能力和人才培养工作的质量。②努力提高科研学术水平，在加强学科建设的同时，为国家多出科学成果。③加强教职工队伍的组织和管理，努力建设高水平的办学队伍。④努力完成学校扩建工作，进一步搞好后勤服务工作和提高学校管理水平。

（5）把党的建设继续推向前进：①在党员中深入开展端正党风、增强党性的思想教育，使党员在学校各项工作中切实发挥先锋模范作用。②健全党内生活，加强支部建设，增强党组织的战斗力。③进一步搞好党政分工，充分发挥行政机构的作用，加强和改善党对学术工作的领导。④继续重视和抓好党的组织发展工作，注意加强对年轻党员的培养和教育如下。

会议通过的《北京大学"七五"事业发展规划纲要》的主要内容如下。

（1）进一步改革系科专业结构和人才培养层次结构，从总体上提高学校为社会主义建设服务的能力和水平。

① 要按照继续重视基础学科专业，大力加强应用学科专业，有选择地积极发展新兴边缘学科专业以及在着重培养本科生和研究生的同时，挖掘潜力积极培养其他规格和层次学生的精神，进一步改革学校的系科专业结构和人才培养层次结构，以逐步形成同社会主义现代化建设的需要和世界新技术革命的发展相适应，能反映北大的优势和特点的，有利于提高教育质量和科学水平的，有利于多出人才、出好人才、多出成果、出好成果的新型的学校结构。

② 文科应在巩固和发展文、史、哲、外国语言文学等基础学科专业并使之沿着理论联系实际、为"四化"建设服务的方向加以改造的同时，大力加强马列主义理论、财经、政法、社会、管理、图博、情报等偏重于理论性或实际应用性的学科专业，以适应社会主义经济建设、政法建设、思想文化建设等方面的需要。

③ 理科要在巩固和发展数、理、化、生、地等基础学科专业的同时，大力加强技术科学、应用科学和新兴科学方面的学科专业，并建立一些与之密切相关的工程性专业。

④ 加强文科和理科之间、文科各学科之间和理科各学科之间的联系与渗透，建设好跨学科的综合性研究中心，发展交叉科学和边缘科学。

⑤ 在着重培养本科生和研究生的同时，积极开展各种形式的成人教育和委托教育，以便充分发挥学校的优势和潜力，尽可能多地培养国家急需的各种人才。在条件具备时，成立成人教育学院。

（2）在保证质量的前提下，积极稳步地增加招生数量，扩大学校规模。到 1990 年，计划内全日制在校学生总数达到 15000 人。计划外委托培养学生以及各种成人教育学生达到 8000 人。

（3）加强学科建设，大力提高学校的教育水平和科研水平。原有基础较好的老学科，应继续巩固和提高，保持并发展自己的优势和特色；近几年发展建立起来的新学科，要大力扶植和加强，采取有效措施促其尽快生长；今后还要根据国家需要和现代科学技术发展，有选择地建立一些新的学科。在学科建设中,要特别注意抓好能够代表学校教育水平和科研水平的重点学科。

(4)深入进行教学改革,提高人才培养质量。

①进一步明确培养目标,修订教学计划。

②改革和完善招生办法,努力提高新生质量。

③切实加强基础课的教学,保证必要的教学时间,精选教学内容,坚持由有经验的教授、副教授、讲师讲授基础课。

④完善学分制,加强因材施教,在基本要求一致的前提下使学生有更多的学习主动权。

⑤结合教学改革,加强思想政治工作和学风建设。

⑥加强体育和美育,增强学生体质,提高学生的审美能力和文化艺术修养。要加强体育教研室的建设,要建立艺术教研室,并积极创造条件筹建艺术系。

(5)坚持面向经济建设、为“四化”服务的方针,大力开展科学研究工作。

①认真贯彻《中共中央关于科学技术体制改革的决定》,改革和加强科学研究的组织管理工作,推动科学研究工作的大力开展。理科应大力加强应用研究,文科应大力加强理论和现状研究,要注意发挥综合大学的优势,开展文理交叉、各学科渗透的综合性研究。加强科研力量的组织工作;加强在课题选择、研究方式、成果评价等方面的引导工作。

②巩固提高现有科研机构,用好科研编制。

③建设一批先进的重点实验室,使其成为开展科学研究、发展重点学科和新兴学科的重要基地。

④加强图书资料工作和出版工作,办好图书馆、出版社和学报。

⑤校办工厂要贯彻为教学、科研服务的指导思想,改善经营管理,在完成产值、利润计划的同时,积极配合学校进行科技开发,研制新产品。

⑥贯彻“百花齐放、百家争鸣”的方针,坚持学术民主,严格执行党的有关政策,创造生动活泼的学术环境,做到研究无禁区,发表有纪律,评价看效果。鼓励不同学派和学术观点之间的切磋和争鸣,坚持实践是检验真理和发展真理的唯一标准。

⑦扩大对外开放的渠道和规模,积极开展校内外和国内外的学术交流活动,创造条件逐步使我校成为国际性学术中心之一。

(6)加强研究生培养工作,为立足国内培养高级专门人才做出应有贡献。逐步增加在校研究生人数,1990年计划内在校研究生人数达到3000人(包括攻读博士学位研究生500人左右),计划外接受委托培养的在校研究生达到800人。结合重点学科建设和师资队伍建设,创造条件争取增加授予硕士学位和博士学位学科点的数量和博士生导师人数。认真总结近几年来研究生培养工作的经验,修订硕士学位研究生培养方案,加强研究生课程建设和对研究生科研工作的指导，解决好研究生和本科生在培养方面的衔接问题。加强对研究生的全面指导。创造条件积极开展同外国大学和学者联合指导研究生的工作。

（7）积极开展科技开发工作，为"四化"建设和学校发展服务。根据《中共中央关于教育体制改革的决定》，充分发挥学校人才密集、知识密集、学科齐全的优势，为"四化"建设多做贡献，为学校筹集办学资金。除加强科技开发部，统管全校各系各单位的科技开发工作以外，拟成立科技开发公司。搞好科技开发工作，要兼顾国家、集体（校、系）、个人三方面的利益。

（8）改革后勤工作，提高服务质量和工作效率。后勤工作要进一步贯彻为教学、科研服务，为师生员工生活服务的工作方针。后勤改革的总方向是逐步实现社会化。到1990年，我校后勤工作要切实办好几件实事：一是下工夫办好食堂；二是搞好煤气管道安装工作，到1987年年底使大多数住宅装上管道煤气；三是五年内逐步普及校内电话网；四是搞好教室和公共设施的使用和管理；五是搞好宿舍及环境卫生，进一步绿化和美化校园；六是认真搞好住房的建设、分配、管理和维修；七是办好校医院，改善医疗条件和质量，增加住院医疗病床。

（9）搞好校舍扩建工程，为学校九十年代的发展创造物质条件。全面规划，创造各种条件，力争到1990年完成已被列入国家重点建设项目的校舍扩建工程中的主要项目。用五年或稍多一点时间，完成扩建校舍29万平方米的任务。

（10）统筹安排，努力建设好四支办学队伍。

①教师队伍。到1990年教师总数应达到3500人左右（包括专职科研编制），比现在增加800人。从1986年起，试行教师职务聘任制。继续加强教师的培养提高工作，有计划地做好选派教师到国内外考察、进修、从事合作研究、参加学术会议、支援兄弟院校办学、进行咨询服务等工作。大力加强学科带头人的选择培养工作以及学术梯队的建设。搞好教师任职资格评审工作。

②党政管理干部队伍。建设一支专职和兼职相结合的、又红又专的党政管理干部队伍。从大学生、研究生中选留一批政治上强、业务上好的优秀毕业生做党政管理工作。对现有党政管理干部应分别不同情况，采取相应的培养提高措施。

③实验技术和图书资料工作队伍。有计划地选留硕士和本科毕业生及从现有教师中选调合适人员充实这支队伍。继续办好实验技术专修科，创造条件自办或委托附中办实验技术、图书资料中专班。加强对现有人员的定向培养。

④生产和后勤工作队伍。继续从教师选调和选留本科毕业生中合适人员充实校办工厂和后勤管理工作；采取委托培养或者自办职业中专班、技工班等办法，补充校办厂和后勤部门的技术干部和技术工人队伍；充分发挥劳动服务公司

的作用;办好职工学校,加强校办工厂和后勤职工队伍的政治和业务培训。

（11）加强分类指导,改革学校管理体制。在"七五"期间仍实行院、系并存的体制。简政放权,扩大院、系自主权。进一步完善岗位责任制和任务责任制。

会议通过的《关于加强学生思想政治工作的决定》的主要内容如下。

在继续清除"左"的错误思想的同时,反对和抵制资产阶级自由化,把学校办成培养有理想、有道德、有文化、有纪律的高级专门人才的重要阵地,办成坚持、发展马克思主义的思想理论阵地和以马克思主义为指导的科研学术阵地。

加强学生思想政治工作特别要注意:①坚持以说服教育为主,对学生中的思想认识问题要坚持疏导的方针;②把加强思想政治教育和进行专业教育结合起来,和引导学生参加社会实践结合起来,和严格学校管理结合起来,和关心、改善学生的学习、生活条件结合起来;③加强思想政治工作的科学研究,不断提高思想政治工作的水平。

要建设一支精干有力的思想政治工作队伍,要选调一批优秀毕业生和教师做思想政治工作,要解决思想政治工作干部的职称、待遇问题。

第九次党员代表大会:1994 年 7 月 17—20 日举行。出席大会正式代表 291 人,列席 88 人,代表党员 4498 人。

大会审议、通过了汪家镠代表上届党委所做《为建设世界一流的社会主义大学而奋斗》的工作报告和纪委的工作报告;讨论了提交会议讨论的《北京大学改革与发展纲要》;选出了中共北京大学第九届委员会委员 25 人和新的纪律检查委员会委员 13 人。

中共中央政治局委员、中共北京市委书记陈希同,国家教委主任朱开轩、副主任张孝文,中共北京市委副书记李志坚,市委秘书长段柄仁,市委教育工委书记陈大白及国家教委人事司、市委组织部、市委教育工委的负责人出席了大会。各民主党派在我校的负责人和无党派人士应邀到会。校党委副书记郝斌致开幕词。陈希同、张孝文分别代表中共北京市委、国家教委讲话。他们对北大上届党委在过去几年中所做的工作成绩给予肯定,对新一届党委提出了希望。

汪家镠在工作报告中说,这次大会的主要任务是:以邓小平同志建设有中国特色社会主义理论为指导,认真贯彻党的十四大和全国教育工作会议精神,总结第八次党代会以来贯彻党的基本路线和教育方针、推进学校改革和发展方面的实践经验,确定今后一个时期学校改革、发展、稳定的总体目标和工作任务,选举新的党的委员会和纪律检查委员会,动员全校共产党员和师生员工团结一致,解放思想,抓住机遇,深化改革,扩大开放,促进发展,保持稳定,为把北京大学建设成为世界一流的社会主义大学而努力奋斗。

我校的总体目标是,到 21 世纪初叶,把北京大学建设成为一所包括自然科学、技术科学、人文科学、社会科学、语言科学、管理科学、教育科学、医药科学和新型工程科学等多种学科的社会主义综合大学；成为集人才培养、科学研究、社会服务为一身的先进的教育中心和科学研究中心；成为国家培养高级专门人才、发展科学技术文化、研究马克思主义和弘扬民族优秀文化传统的重要基地；成为具有世界一流水平的社会主义大学。

为实现这个总体目标，拟实行分两步走的战略：第一步，从现在起到 20 世纪末，使北京大学在教育质量、学科建设、科学研究、队伍建设、社会服务、管理水平及效益等方面有较大的提高，在教育改革方面有明显进展，办学条件有较大改善，为创办世界一流大学奠定基础；第二步，再经过一二十年的努力，到 21 世纪初叶，使北京大学在人才培养质量、科学研究水平等方面接近或达到世界一流大学的水平。

我校改革和发展的思路是：在邓小平同志建设有中国特色的社会主义理论指导下，全面贯彻党的基本路线和教育方针，积极探索同社会主义市场经济体制相适应的新的办学模式和路子，抓住机遇，解放思想，以学科建设和教学改革为核心，以教师队伍和干部队伍建设为关键，以发展校办产业、增强经济实力为后盾，以加强和改进党的建设和思想政治工作为保证，全面提高教育质量和科学研究水平，全面提高管理水平和效益。

今后的主要任务是：①深化教育和教学改革，努力提高人才培养质量。②加强学科建设，优化学科结构，提高科学研究水平。③加强队伍建设，提高教职工队伍素质。④积极推进管理体制改革，不断提高管理水平和工作效率。⑤积极发展校办产业，多渠道筹集办学经费。⑥加强后勤与物质保障体系建设，努力改善办学条件。⑦改进和加强思想政治工作，加强校园文化建设，优化育人环境。

要把北大党的组织建设得更加坚强：①加强党的思想建设，用建设有中国特色社会主义理论武装全体党员。②加强领导班子建设，使之成为领导学校改革发展的坚强集体。③加强基层党支部的建设，充分发挥党员的先锋模范作用。④进一步加强组织发展工作，吸收更多的优秀分子入党。⑤认真做好党的统战工作、共青团等群众组织的工作。

三、党代表会议

1962 年 5 月 7 日，校党委召开党代表会议，选举出席北京市第三次党代表大会的代表。出席会议代表 146 人。会议选出出席市党代表大会的正式代表 12 人：陆平、刘长顺、沈克琦、季羡林、马振明、谭继震、谢道渊、周培源、郑有熙、刘文兰、聂元梓、许师谦；候补代表 1 人：夏自强。

1987 年 11 月 5 日，校党委召开党代表会议。出席会议代表 216 人。会议选举王学珍、丁石孙、王选、郝斌为出席中共北京市第六次党代会代表。

1992 年 10 月 24 日,校党委召开党代表会议,出席会议代表 225 人。会议选举汪家镠、郝斌、袁明三人为出席中共北京市第七次党代表大会代表(按:上报材料为郝斌、袁明、王桂英)。

1997 年 10 月 5 日,校党委召开党代表会议,出席会议代表 174 人。会议选举任彦申、石青云为出席中共北京市第八次代表大会代表(按:1997 年 5 月 18 日,校党委扩大会议选举石青云为出席中共北京市第八次代表大会代表,任彦申、陈佳洱为当然代表)。

当选中共北京市委委员、候补委员名单(1955—1997)

当选时间	名称	姓名
1955.6	中共北京市委(第一、二届)委员 (中共北京市第二次代表大会于 1958 年 8 月举行,因距第一次代表大会的时间较短,经中共中央批准,没有重新选举市委委员)	江隆基
1962.5	中共北京市委第三届(至"文革"前夕)委员	陆平
1971.3	中共北京市委第四届委员 (1976 年 10 月粉碎"四人帮"反革命集团,11 月王连龙被停职检查,后又被撤销职务)	王连龙
1982.11	中共北京市委第五届委员	沙健孙
1987.12	中共北京市委第六届委员	郝斌
1992.12	中共北京市委第七届委员	汪家镠、任彦申
1997.12	中共北京市委第八届委员	任彦申

第三节　党委组织机构

北京解放前,北大党组织处于地下秘密状态。当时的党支部、党总支,除委员之间的分工之外,不可能另设什么机构。北京解放后,1949 年 2 月,经中共北京市委指定成立中共北京大学总支委员会。总支除书记外,还有两名相当于总支委的干事。1949 年 3 月、5 月和 9 月,第二、三、四届总支委员会先后设有秘书长(秘书处负责人)和组织部、宣传部、校政部(开始称校政党组)、团党组、学生会党组、教联会党组和保卫组。1950 年 3 月,第五届总支委员会改设组织委员、宣传委员和校委会党组、团党组及保卫组。1950 年 9 月,第六届总支委员会除照设组织委员、宣传委员和保卫组外,校委会工作和团委工作由总支委分工负责,不设党组。1951 年 2 月,北大党组织的建制由党总支改为党委会,设组织部、宣传部、统战委员、保卫委员（下设保卫组）、青年委员。1952 年 10 月，院系调整以后，党委设有组织部、宣传部和保卫组，青年团、统战等工作，由委员分工负责。1954 年，增设统战部。1957 年，党委办公室设办公室主任，成为党委的一个正式职能部门。1960 年，保卫组改为保卫部；同年，成立党委政策研究室。1966 年 6 月"文化大革命"开始，学校党组织和各职能部门基本上处于瘫痪状态。其中，保卫部由工作组二组（保卫组）取代。校文革和校革委会成立后，沿用了保卫组名称。1971 年 5 月，学校召开第六次党代会，产生第六届党委会，恢复设置党委办公室。1972 年 2 月，成立政工组（1973 年改称政治部），同时成立组织组和宣传组（1976 年改称组织处），隶属于政工组（政治部）。1974 年，保卫组与武装部合并称武装保卫部。1975 年，成立统战组，翌年改为统战处。粉碎"四人帮"后，武装保卫部解体，恢复设置保卫部和武装部。1978 年，恢复设组织部、宣传部和统战部。1979 年 4 月，增设青年工作部，1981 年改名为学生工作部。1982 年，恢复设置直属校党委的政策研究室。此后，一直到 1997 年，校党委的组织机构基本未变。

党委办公室

1949 年北平解放后，中共北京大学总支部委员会曾设秘书长。1951 年 2 月 24 日，总支部委员会改制为中共北京大学委员会，仍设秘书长一职。不久，党委只设秘书，不设秘书长。1957 年 12 月开始设党委办公室主任。"文化大革命"初，党委办公室被迫停止工作。1971 年 5 月，中共北京大学第六次代表大会召开，产生第六届党委会，又恢复设党委办公室。"文化大革命"结束，党委办公室的工作逐渐趋于正常。

党委办公室是校党委的综合办事机构，处于承上启下、协调左右的地位，围绕学校的中心工作，发挥领导的参谋助手、决策的督促检查、部门的协调综合作用。它担负着文秘、信息、督查、调研、重要活动组织、综合事务管理和领导交办的其他工作。其具体的职责范围（各个时期略有不同）如下。

（1）根据校党委的决定，具体安排和落实党委的工作日程（包括各项重要活动和党委的集体学习），检查和了解党委有关决议的执行情况。

（2）安排和组织包括党代会、党委会、党委常委会、党员干部会、党员大会在内的各种会议。

（3）负责党委的文书工作，包括组织和起草党委文件、会议记录、《北大简报》等有关材料，党委日常的文书处理以及党委、党办的印信管理。

（4）负责信访和接待工作。

（5）负责机要文件的管理工作。

（6）负责收集各方面信息和动态，编写《每周信息》《情况反映》等。

（7）负责出国人员的政审工作。

（8）负责党委领导的秘书工作。

（9）完成领导交办的其他工作。

党办负责人更迭一览表

单位名称	职务	姓名	任职时间	备注	单位名称	职务	姓名	任职时间	备注
党总支委员会	秘书长	许世华	1949.3.5—5.12						
校党委	秘书长	余叔通	1949.9.23—1950.3						
党办	主任	魏自强	1957.12.20—1966.6.2						
党办	主任	李家宽	1972.2.25—1973.10.27	军宣队	党办	副主任	范 明	1972.2.25—1974.9.6	
						副主任	高立明	1973.10.27—1976	军宣队
						第一副主任	范 明	1974.9.6—1976.1.27	
						副主任	张纯友	1975—1975.10	工宣队
						副主任	刘宝进	1974.9.6—1976.1.27	军宣队
						副主任	高立明	1976.1.27—1977.3	军宣队
党办革办（党办）	主任	李家宽（兼）	1976.1.22—1977.3	军宣队		副主任	范 明	1976.1.27—1977.3	

北京大学志（第四卷）

单位名称	职务	姓名	任职时间	备注	单位名称	职务	姓名	任职时间	备注
党办革办（党办）					党办	第一副主任	范明	1977.3.19—1979.2	
						副主任	范明	1979.2.21—1982.4	
						副主任	韩家鳌	1977.3.19—	联络组
						副主任	郝克明	1977.3.19—1981.3	调任校高教所
党办	主任	洪影	1978.1—1980.3.7	改任纪委筹备小组副组长	党办	副主任	朱文祥	1979.2.21—1981	调离北大
	主任	魏自强	1980.3.7—1982.10.12			副主任	赵存生	1980.7.10—1983.1.26	改任政策研究室副主任
	主任	郝斌	1982.10.12—1983.2.24			副主任	李宝珍	1982.10.12—1997.1	
	主任	花文廷	1983.7.12—1984	调科技开发部		副主任	潘维明	1983.4.5—10.4	任团委书记
	主任	赵亨利	1987.1—1994.12.28	调出版社		副主任	朱宏涛	1993.3—1995.3	调勺园管理处

单位名称	职务	姓名	任职时间	备注	单位名称	职务	姓名	任职时间	备注
党办	主任	靳 毅	1995.10.5—1997.10			副主任	刘宇辉	1996.6—1997.10	主任
		刘宇辉	1997.10						

党委组织部

1949 年北平解放后,中共北京大学总支部委员会于是年 3 月设有组织部。1950 年 3 月至 1951 年 2 月,只有组织委员,不设部。1951 年 2 月党总支改制为中共北京大学委员会后,重新设立组织部。"文化大革命"初,党委组织部被迫停止工作。军工宣队进驻学校后,于 1972 年 2 月成立政工组(1973 年改称政治部),同时成立组织组(1976 年改称组织处),隶属政工组(政治部)。1978 年恢复党委组织部。

党委组织部是在校党委领导下负责全校基层党组织建设,党员的发展、教育、管理,中层干部的考察、培养、选拔、使用、教育,党校建设以及开展党建研究的职能部门。其具体职责范围(各个时期略有不同)如下。

(1)贯彻执行党的基本路线和组织路线。按照上级有关组织工作的指示精神和校党委的决议要求,从学校的实际出发,调查研究有关组织建设方面的情况,制定开展组织工作的计划及实施措施,经校党委批准后贯彻落实,为完成学校的根本任务和中心工作提供组织保证。

(2)负责学校中层领导班子的组织建设。会同有关部门搞好中层领导班子的思想作风建设。在校党委的领导下,走群众路线,做好中层领导班子的调整、充实、配备和换届工作。做好全校中层干部的考察、培养、选拔、使用、教育等工作。负责校、院(系、部、处)两级后备干部队伍的建设和干部轮岗交流工作。主管中层干部的离退休工作和干部审查工作。

(3)按照党章和上级组织的要求,做好党的基层组织建设。坚持和完善组织生活制度、民主生活会制度及其他各项规章制度。努力探索新时期加强基层组织建设的新方法和新途径。

(4)负责全校党员的管理工作。做好党员发展和入党积极分子的培养工作。协助或配合有关部门开展党员思想教育工作、党风党纪教育、检查工作。

(5)负责党校工作。利用党校开展对党员领导干部、后备干部、中青年学术和管理骨干以及广大入党积极分子的教育培训。开展党建研究。

（6）负责全校中层以上干部统计、党的组织和党员统计及党费收缴、管理、使用工作，接转党员的组织关系。受理干部、党员的申诉、来信来访工作。

（7）完成上级部门和领导交办的其他任务。如协助筹办学校党的代表大会和代表会议，做好区县、市和全国人大代表、党代会代表的推荐审查工作等。

组织部负责人更迭一览表

单位名称	职务	姓名	任职时间	备注	单位名称	职务	姓名	任职时间	备注
组织部	部长	殷汝棠	1949.3.5—3.10						
	部长	彭瑞骢	1949.3.10—9.23						
	部长	林乃燊	1949.9.23—1950.3.1		组织部	副部长	王琦	1949.9.23—不详	
	组织委员	林乃燊	1950.3.1—12.10			副组委	王学珍	1950.3.1—12.10	
	组织委员	王学珍	1950.12.10—1951.2.26						
	部长	王学珍	1951.2.26—1953.4.27			第一副部长	谢青	1951.2.26—1952.10.12	
						第二副部长	解才民	1951.2.26—1952.9.22	
						副部长	李建武	1952.10.12—1956	
						副部长	谢青	1952.10.12—1953.4	

单位名称	职务	姓名	任职时间	备注	单位名称	职务	姓名	任职时间	备注
	部长	谢青	1953.4—1956			副部长	肖蔚云	1953—不详	
	部长	张侠	1956—1957.12			副部长	谢青	1956—	1958年病休至1966年
	部长	史梦兰	1957.12.20—1960.4.8			副部长	伊敏	1958—1960.4.8	
	部长	伊敏	1960.4.8—1962.11.26			副部长	王云璋	1960.4.8—1963.10	
						副部长	潘乃穆	1960.4.8—1962.11.26	
	部长	张学书	1962.11.26—1966.6.1			副部长	邹志正	1963.10.23—1966.6.1	
						副部长	潘乃穆	1963.10.23—1966.6.1	
						副部长	彭家声	1963.10.23—1966.6.1	
组织组	组长	徐雅民	1972.2.25—		组织组	副组长	郭景海	1972.2.25—1974.4.23	
						副组长	王来僧	1972.2.25—1972.8.11	军宣队
						副组长	刘隆亨	1974.9.6—1976.7.27	
						副组长	陈淑敏	1974.9.6—1976.1.27	

单位 名称	职务	姓名	任职 时间	备注	单位 名称	职务	姓名	任职 时间	备注
						副组长	董金双	1975— 1976.1.27	工宣队
组织处	处长	董金双	1976.1.27— 1977.3	工宣队	组织处	副处长	刘隆亨	1976. 1.27— 1977.3	
						副处长	陈淑敏	1976. 1.27— 1977.3	
组织部	部长	穆 颖	1978.7.22— 1980.7.19	调北 京市	组织部	副部长	李明华	1978. 7.22— 1987	
	部长	伊 敏	1980.7.19— 1983.2.24			副部长	赵国栋	1980. 7.19— 1984	
						副部长	张起永	1980.8.1— 1980.12	
						副部长	杨孚旺	1982. 1.15— 1994.6	
	部长	郝 斌	1983.2.24— 1985.9.3						
	部长	于 洸	1985.9.3— 1992.7.6			副部长	石进元	1986. 2.28— 1993	
						副部长	侯学忠	1991.6—	
						副部长	王淑文	1991.12—	
	部长	朱善璐	1992.7.6— 1994.5.13						
	部长	岳素兰	1994.5.13—			副部长	张宝岭	1995—	

党委宣传部

1949年北平解放后,中共北京大学总支部委员会于是年3月设有宣传部建制。1950年3月至1952年2月只有宣传委员,不设部。1951年2月党总支改制为中共北京大学委员会后,重新设立宣传部。"文化大革命"初期,党委宣传部被迫停止工作。"文革"中后期,在政工组(后改为政治部)下设宣传组(后改为宣传处)。1978年恢复党委宣传部。

党委宣传部是在校党委领导下,贯彻、落实和宣传党的路线、方针和政策,紧密围绕学校的中心工作开展全校宣传工作的职能部门。其具体职责范围(各个时期略有不同)如下。

(1)制订和组织实施宣传发展规划和年度宣传计划。

(2)积极开展马克思主义理论学习和时事政策教育活动,协助校党委搞好校、院两级理论中心组的学习,推进马克思主义理论研究队伍的建设。

(3)开展调查研究工作,把握师生员工的思想动态,深化对师生员工的思想政治教育。

(4)指导或领导意识形态领域的各项工作,坚持以科学的理论武装人,以正确的舆论引导人,以高尚的精神塑造人,以优秀的作品鼓舞人,讲政治,讲学习,讲正气。

(5)主管新闻中心的工作,管理和协调校刊、广播电视台、网站与摄影等媒体,负责对内对外的新闻报道以及校级新闻发布会的组织筹备工作。

(6)负责校园文化的宏观管理,指导与支持重要文化社团及文化活动。

(7)配合有关职能部门开展公关活动,与社会各界进行广泛合作,促进学校的发展。

宣传部负责人更迭一览表

单位名称	职务	姓名	任职时间	备注	单位名称	职务	姓名	任职时间	备注
宣传部	部长	黄仕琦	1949.3.5—5.12						
	部长	吕祖荫	1949.5.12—9.23						
	部长	许世华	1949.9.23—1950.2.28						
	宣传委员	许世华	1950.3.1—9.6						

单位名称	职务	姓名	任职时间	备注	单位名称	职务	姓名	任职时间	备注
	宣传委员	欧阳本先	1950.9.7—12.10	因病改由王孝庭任宣委					
	宣传委员	王孝庭	1950.12.10—1951.2.26						
	部长	王孝庭	1951.2.26—1957.12.20		宣传部	副部长	程贤策	1951.2.26—1952.10	
						副部长	许世华	1952.10.12—1953	
						副部长	龚理嘉	1952.10.12—1957	
						副部长	王庆淑	1956—1957	
						副部长	韩佳辰	1957—不详	
						副部长	庄守经	1957—不详	
	部长	谢道渊	1957.12.20—1966.6.1			副部长	范 明	1958.10—1962.11.26	
						副部长	李 普	1960.4—不详	
						副部长	庄守经	1960.4—不详	

单位名称	职务	姓名	任职时间	备注	单位名称	职务	姓名	任职时间	备注
						副部长	钟哲明	1960.4—1966.6.1	
						副部长	周家本	1961—1962.11.26	
						副部长	王庆淑	1962.11.26—1964	1964 年调研究所
						副部长	杨文娴	1964.5—1966.6.1	
宣传组	组长	何沁	1972.2.25—1976.1.27		宣传组	副组长	宋柏年	1972.2.25—1976.1	
						副组长	霍生杰	1972.2.25—1976.1	军宣队
						副组长	张侠	1973.3—1976.1	
						副组长	杨文娴	1973.3—1976.1	
						副组长	郭景海	1974.4.23—1976.1.27	
宣传处	处长	何沁	1976.1.27—1977.3		宣传处	副处长	宋柏年	1976.1.27—11.5	
						副处长	郭景海	1976.1.27—1977	

第二十章 中国共产党北京大学组织

续表

单位名称	职务	姓名	任职时间	备注	单位名称	职务	姓名	任职时间	备注
						副处长	张　侠	1976. 1. 27—1977. 3	
宣传部	部长	王效挺	1978. 7. 22—1984. 1. 16		宣传部	副部长	刘文兰	1978. 7. 22—	
						副部长	杨文娴	1979. 3. 15—	
						副部长	赵宝煦	1980. 8. 1—	
						副部长	郭景海	1981—1984. 10. 25	
						副部长	古　平	1983. 10. 4—1991. 12	
	部长	刘文兰	1984. 1. 16—1985. 5. 7			副部长	杨康善	1985. 4. 9—1997. 11	
	部长	晏智杰	1986. 3—1989. 3						
	部长	梁　柱	1989. 10—1991. 9. 5			副部长	陈占安	1991. 5—12	
	部长	陈占安	1991. 12. 24—1997. 4			副部长	赵为民	1993. 7—1997. 4	
	部长	赵为民	1997. 4			副部长	魏国英	1997. 10—	
						副部长	张黎明	1997. 10—	
						副部长	夏文斌	1997. 10—	

北京大学志（第四卷）

1818

党委统战部

北京大学是我国高校统战工作的重要阵地。北大党委历来重视统战工作。1951年北大党组织的建制由党总支改为党委会时设有统战委员。1954年设立了统战部。"文化大革命"初,党委统战部被迫停止工作。"文革"后期,恢复统战工作,在政治部下设统战组(后为统战处)。1978年,恢复设立统战部。

统战部是校党委主管统一战线工作的职能部门,在校党委的直接领导下和上级统战部门的指导下,贯彻执行党中央关于统一战线的方针、政策和市委统战部的具体工作部署,围绕学校的中心工作,开展学校统战方面的工作。其职责范围(各个时期略有不同)如下。

(1)围绕学校中心工作,提出开展学校统战工作的建议和具体措施。

(2)负责联系学校各民主党派组织和无党派人士,及时汇报情况,反映他们的意见和建议,研究、贯彻党领导的多党合作和政治协商制度及对民主党派的方针、政策;落实党中央关于发挥民主党派参政议政和民主监督作用的工作;支持、协助各民主党派加强自身建设,参与学校的民主管理、民主监督。

(3)调查研究党外知识分子的情况,反映意见,协调关系,提出意见和建议。

(4)联系并培养党外知识分子的代表人物;负责党外人士的政治安排、实职安排和特约工作人员的选拔、推荐工作。

(5)以祖国统一为重点,负责联系归侨、侨眷、台胞、台属、港澳同胞及其家属并做好有关工作,负责对台方针、政策的宣传教育工作。

(6)负责宣传贯彻有关民族、宗教工作的大政方针、政策,并协调检查有关执行情况。

(7)负责开展统一战线的理论宣传和信息调研工作。

(8)协调校内各单位的统战工作。

统战部负责人更迭一览表

单位名称	职务	姓名	任职时间	备注	单位名称	职务	姓名	任职时间	备注
	统战委员	汪子嵩	1951.2.26—1952.10						
	统战负责人	文重	1952.10—1953						
统战部	部长	谢道渊	1954.7—1957.12		统战部	副部长	程贤策	1954.7—1959.2	
	兼管	陆平	1957.12—			副部长	赵国栋	1959—1960.4	

单位名称	职务	姓名	任职时间	备注	单位名称	职务	姓名	任职时间	备注
	部长	赵国栋	1960.4—1966.6						
统战组	负责人	任瑞峰	1975—1976.1		统战组	副组长	平秉权	1975.3—1976.1	
统战处	处长	平秉权	1976.1—1977.3						
统战部	部长	平秉权	1978—1983.1		统战部	副部长	许师谦	1979—1979.12	
						副部长	任宁芬	1981.4—1983.1	
	部长	任宁芬	1983.1—1983.4	调市委统战部					
	部长	葛淑英	1983.4.1—1993.2			副部长	张庆熹	1986.2—	
						副部长	程敦慧	1987.1—1997.1	退休
	部长	张万仓	1993.2—1997.2						
	部长	卢咸池	1997.2—						

党委学生工作部

北大党委于 1979 年 4 月 5 日成立青年工作部,刘崑任部长;1981 年改名为学生工作部。1981 年 8 月 20 日,校行政成立学生处,由学生部一位副部长兼处长。1984 年 9 月 22 日,学生处与学生部合并,合并后名为"北京大学学生工作部"。它既是党委的一个职能部门,又是校行政的一个机构,在校党委和校长的领导下,负责全校学生的思想政治工作和有关的行政管理工作。其具体职责范围(各个时期略有不同)如下。

(1) 负责学生思想政治教育工作,包括组织实施对学生的爱国主义、集体主义、社会主义和艰苦创业精神教育,世界观、人生观、价值观和成才观教育,品德教育、纪律教育、法制教育和心理卫生教育,形势与政策教育,国防教育,新生入学教育,毕业生择业教育和其他有关日常工作。

(2)负责学生行为规范管理工作,主要有:①优秀学生激励体系的建设和管理,包括学生素质综合测评、奖励评比和奖学金评审的组织等;②经济困难学生助学体系的建设和管理,包括学费减免和临时困难补助的审批、助学贷款的初审等;③罪错学生的处理;④学有余力学生勤工助学活动的组织和管理。

(3)负责开辟和管理有助于学生健康成长和全面成才的服务工作,包括学生就业指导和服务、勤工助学指导和服务、心理咨询服务、法律援助服务等。

(4)调查研究学生的思想状况和实际需求,推进思想政治教育学科建设,增强学生与学校的沟通与交流。

(5)学生工作干部队伍的建设和管理。

(6)反映学生的意见和建议,配合有关部门开展工作。

(7)完成上级组织和校领导布置的其他工作。

学生工作部负责人更迭一览表

单位名称	职务	姓名	任职时间	备注	单位名称	职务	姓名	任职时间	备注
青年工作部	部长	刘崑	1979.4.5—1981		青年工作部	副部长	王丽梅	1980.6—1981	
学生工作部	部长	刘崑	1981—1983.5		学生工作部	副部长	王丽梅	1981—1985.12	
					学生工作部	副部长	王德新	1981.8—1983.5	
学生工作部	部长	郭景海	1984.10—1988.2		学生工作部	副部长	刘晓峰	1984.10—1986.7	
					学生工作部	副部长	王云鹗	1984—1989.3	
					学生工作部	副部长	郝平	1986.9—1991.6	
					学生工作部	副部长	沈继英	1986.5—1989.12	
学生工作部	部长	朱善璐	1988.2—1989.12		学生工作部	副部长	张章才	1988.8—1997.7	

单位名称	职务	姓名	任职时间	备注	单位名称	职务	姓名	任职时间	备注
					学生工作部	副部长	王春梅	1989.10—1993.4	
学生工作部	部长	沈继英	1989.12—1992.1		学生工作部	副部长	卢新理	1990.11—1991.9	
					学生工作部	副部长	巩献田	1991.5—1992.11	
学生工作部	部长	王桂英	1992.1—1994.2		学生工作部	副部长	黄建纲	1992.11—1995.9	
					学生工作部	副部长	张强	1993.6—1996.9	
学生工作部	部长	邱水平	1994.2—1995.10		学生工作部	副部长	石秀梅	1995.1—	
学生工作部	部长	刘渤	1995.10—1997.12		学生工作部	副部长	陈建龙	1996.9—	
						副部长	王武召	1996.9—	
					学生工作部	副部长	安国江	1996.9	武装部副部长兼

党委政策研究室

北京大学党委政策研究室成立于 1960 年,工作人员 4 人,主任郝克明。1966 年 6 月"文化大革命"初,党委政策研究室被迫停止工作。1974 年,军工宣队进驻北大时期,曾在党委办公室下设政策研究室。1976 年 10 月粉碎林彪、江青反革命集团后,政策研究室的 3 名工作人员陆续回系,该室也不再存在。1978 年,在党委办公室下设置了政策研究室,工作人员 3 人,由党委办公室一位副主任主持工作。1980 年 3 月,校党委常委会决定成立高等教育研究室(后为高等教育研究所),党委政策研究室的 3 位工作人员合并到高教研究室。1982 年 12 月 29 日,党委常委会决定重新设置直属于党委的政策研究室。

党委政策研究室是在学校党委领导下从事政策研究、学校工作调研、为学校党委和行政领导贯彻执行党的路线、方针、政策提供意见和建议的职能部门。其主要职责(各个时期略有不同)如下:

（1）围绕学校的办学方向、发展规划、党的建设和思想政治工作以及有关的重大问题，根据学校工作部署，进行调查研究，总结经验，分析和提出工作中带有政策性、倾向性问题和解决这些问题的建议和办法，供校领导决策参考。

（2）参与学校重要文稿（规划、工作计划、报告、总结等）的起草工作。

（3）收集和积累国内外高等教育情况及有关教育改革的信息资料，编写《高等教育改革与发展参考资料》供领导参考。

（4）承担学校党政领导交办的各种临时任务，如对某一问题进行专门调研，起草校领导讲话稿等。

政策研究室负责人更迭一览表

单位名称	职务	姓名	任职时间	备注	单位名称	职务	姓名	任职时间	备注
政策研究室	主任	郝克明	1960.4—1966.6						
					党办政策研究室	副组长	阎志民	1974.9—1976	
党办政策研究室	组长	阎志民	1976—1976.10						
党办政策研究室	主持工作	郝克明	1978—1980.3						
政策研究室	主任	陆嘉玉	1983.1—1986.12		政策研究室	副主任	赵存生	1983.1—1987.1	
政策研究室	主任	赵存生	1987.1—1994.9		政策研究室	副主任	赵亨利	1985.6—1994.12	
					政策研究室	副主任	彭兴业	1992.3—1994.9	
政策研究室	主任	彭兴业	1994.9—10						
政策研究室	主任	孙绍有	1994.12—1997.12						
政策研究室	主任	岳庆平	1997.12—						

保卫部

安全保卫是学校的一项重要管理工作。1949 年,中共北京大学总支部委员会成立后设保卫组。1951 年 2 月总支部委员会改制为中共北京大学委员会后,沿用了保卫组名称;1960 年 4 月改称保卫部。1966 年 6 月"文化大革命"开始后,由工作组二组(保卫组)取代。校"文化革命委员会"和"校革命委员会"成立后都沿用了保卫组名称。1974 年 12 月保卫部与武装部合并称武装保卫部。1976 年 10 月"文革"结束后,武装保卫部解体,校党委恢复设置保卫部,又称北京大学保卫部。它既是校党委的一个职能部门,也是校行政一个职能机构。

除保卫部外,学校党和行政还设有其他有关安全保卫的组织,主要如下。

(1) 安全委员会。1950 年 1 月成立,由校务委员会主席汤用彤兼任主任。同年 3 月,主任更名为主席,由秘书长郑天挺兼任主席。1952 年院校调整时撤销。

(2) 校卫队。1951 年建立,是校行政管理校园治安的一个机构,业务工作归党委保卫组领导。1973 年,其行政管理也并入保卫组。

(3) 保密委员会。1959 年建立,1966 年"文革"开始后失去作用。1982 年重新建立,下设保密办公室。

(4) 防火、交通安全委员会。1982 年建立,1988 年分成北京大学防火、燕园地区交通两个安全委员会。防火和交通管理的实际工作则由保卫部负责。

(5) 治安综合治理委员会。1981 年成立综合治理治安领导小组。1991 年改为现名,下设综合治理办公室。

(6) 燕园派出所。1983 年 1 月与海淀区公安分局合建。1988 年 9 月改为同北京市公安局十四处、海淀公安分局三家合办。所长由公安机关派任,正副指导员由北大选派,副所长及民警由双方选派。业务工作由公安机关主管,思想政治工作由学校管理。

(7) 国家安全工作领导小组。1985 年成立,下设国家安全工作办公室。

以上保密办公室、燕园派出所、国家安全工作办公室、治安综合治理办公室的行政管理、人事和党组织关系均归属保卫部。

学校还有一些群众性的保卫组织,包括曾经有过、后已撤销的,主要如下:

(1) 校园工警纠察队。1949 年 8 月成立,1951 年撤销。

(2) 学生会安全部。1950 年 3 月一度成立。

（3）治安保卫委员会。1952 年 6 月成立，目前仍存在，为全校性的群众保卫组织（包括教工和学生）。

（4）大学生治安保卫委员会。1982 年成立，1992 年研究生加入。由学生会和研究生会指派负责人。

（5）维护学生安全权益会。1993 年 12 月成立，由本科生、硕士生、博士生组成。

上述群众性保卫组织，业务上均受保卫部（组）指导。

保卫部的具体职责范围（各个时期略有不同）如下。

（1）在校党委、校行政的领导下，在上级公安机关、国家安全机关的指导和监督下，宣传贯彻国家法律、法规和政策；贯彻执行国家教育行政部门、北京市有关部门和学校制定的各项有关安全保卫的规章、制度。

（2）对全校的治安保卫情况进行调查研究，提出建议和意见，当好校党委、校行政的参谋。

（3）在校内保护师生员工的合法权益和人身安全；保卫公私财产不受侵犯，维护学校的安全和稳定。

（4）预防境内外敌对势力的各种侵害和失密与窃密。协助公安、国家安全机关打击在校内危害国家安全及窃取情报的犯罪活动。

（5）预防、制止刑事犯罪，维护学校治安秩序，查处各类违法违纪人员。指导基层单位严密防范管理措施与技术预防。协助公安机关侦破与打击刑事犯罪、处理治安事件。

（6）根据"预防为主，防消结合"的方针，负责学校的消防工作。协助消防机关查处重大的火灾事故。

（7）协助有关部门对易燃、易爆、高压容器、枪支、弹药、菌种、剧毒、放射性物品进行专项管理。

（8）宣传贯彻交通法规，负责校园交通管理。

（9）保卫中央首长、重要外宾在校参观、访问期间的安全；保卫学校重大集会场地安全。

（10）管理集体户口和外来人口；管理校门。

（11）指导大学生治保会、维护大学生安全权益会、义务消防队工作。

（12）对有关单位和个人实行治安奖惩或提出奖惩建议。

（13）完成校党委、校行政和上级公安、国家安全、保密、消防、交通等机关交办的事项。

保卫部负责人更迭一览表

单位名称	职务	姓名	任职时间	备注	单位名称	职务	姓名	任职时间	备注
保卫组	组长	余叔通	1949—1951.8		保卫组	副组长	尔联柏	1953.3—1954.4	
保卫组	组长	李家驹	1951.9—1954						
保卫组	组长	尔联柏	1954.4—1960.3						
保卫部	部长	尔联柏	1960.4—1966.1		保卫部	副部长	梅逢侠	1960.4—1966.6	
保卫组	组长	蔡润田	1966.9	中央工作组成员	保卫组	副组长	张文	1972.2—1973.3	内挂职务
保卫组	组长	谢甲林	1966.9—1968秋	校"文革"调入	保卫组	副组长	陈宝善	1972.2—1973.3	军宣队员
保卫组	组长	李志刚	1969.9—1972.1	军宣队员					
保卫组	组长	郑贵铨	1972.2— 1973.3	军宣队员未在保卫组工作,内挂职务	保卫组	副组长	张文	1972.2—1973.3	内挂职务
					保卫组	副组长	陈宝善	1972.2—1973.3	军宣队员
保卫组	组长	崔殿祥	1973.3—1974.12						
武装保卫部	部长	回登昌	1974.12—1978.2	军宣队员	武装保卫部	副部长	崔殿祥	1974.12—1980	
					保卫部	副部长	刘宝进	1974.12—1976.10	军宣队员
保卫部	部长	王林	1978.5—1990.5	保卫组	保卫部	副部长	李醒民	1979.12—1984.1	
					保卫部	副部长	高连瑞	1979.12—1992.1	

北京大学志（第四卷）

单位名称	职务	姓名	任职时间	备注	单位名称	职务	姓名	任职时间	备注
					保卫部	副部长	刘彬	1986—1992.4	
					保卫部	副部长	李玉川	1990.3—1995.10	
保卫组	顾问	白晨曦	1981—1982		保卫部	副部长	肖祖德	1990.7—1994.12	
保卫部	部长	童宣海	1990.5—		保卫部	副部长	张虹	1992.1—	
					保卫部	副部长	张寅	1993.2—	
					保卫部	副部长	夏祖述	1994.12—	
					保卫部	副部长	刘长友	1995.6	

燕园派出所负责人更迭一览表

单位名称	职务	姓名	任职时间	备注	单位名称	职务	姓名	任职时间	备注
					燕园派出所	副指导员	杨武年	1982.12—1990.12	
燕园派出所	所长	贾树声	1983—1987.1	海淀公安分局派任					
燕园派出所	所长	李志刚	1987.2—1988.8	海淀公安分局派任					
燕园派出所	指导员	张茂清	1988.9 1991.2		燕园派出所	副所长	李树嘉	1988.9—1992.1	北京市公安局十四处派仕
燕园派出所	所长	佘志嘉	1988.9—1992.10	北京市公安局十四处派任	燕园派出所	副所长	刘彬	1988.9—1992.4	
					燕园派出所	副所长	张怀信	1988.9—1992.1	海淀公安分局派任

单位名称	职务	姓名	任职时间	备注	单位名称	职务	姓名	任职时间	备注
燕园派出所	指导员	童宣海	1991.3		燕园派出所	副指导员	万玉珍	1991.12—	
					燕园派出所	副所长	普兆启	1992.1—1994.12	
					燕园派出所	副所长	张寅	1992.1—1994	
					燕园派出所	副所长	田志昌	1992.1—	海淀公安分局派任
燕园派出所	代所长	普兆启	1993.1—1993.12						
燕园派出所	代所长	张寅	1994—						

人民武装部

1958年9月18日,北京大学建立民兵师(当时宣布为北大赤卫军民兵师),师长马适安(副校长),政委陆平(校党委书记)。1961年年底(或1962年年初),成立北京大学人民武装部。1966年6月"文化大革命"开始,武装部停止工作。1972年,恢复武装部,学校口头任命郭利敬为副部长。1974年12月,武装部与保卫部合并称武装保卫部。1976年10月,"文革"结束后,武装保卫部解体,恢复人民武装部的建制。1997年6月,校党委常委决定成立"军事教研室",并明确军事教研室与武装部合署办公,为两块牌子一套人马。

1963年,国务院批转国防部、教育部制定的《高校民兵试点训练大纲》,全国有38所高校进入军训试点,北大为其中之一。1981年,党中央在关于民兵组织调整改革的文件中,作出了"将高等院校学生的军事训练纳入学校教学计划统一安排"的决定。1984年6月,第六届全国人民代表大会第二次会议通过新的兵役法,把学生军训单列为第八章,其中进一步明确了要加强高等学校学生军事训练组织机构建设的问题。但我校并未立即设置军事教研室,因为根据国家教委和三总部的联席会议关于"24军包北大军事训练"的决定,由24军派遣军事理论教员17名,入驻我校担任军事教学任务。1997年成立军事教研室后,军事理论教员仍为24军派驻北大的7名团职干部。

　　1989 年 9 月,国务院和中央军委指定北京大学本科新生分别到石家庄、信阳陆军学院军训一年。至 1993 年 7 月,我校有四届学生去陆军学院接受训练。1994 年 5 月,国家教委和三总部重新修订颁发了《高校学生军事训练大纲》,其中规定:集中军训 6 门课程,时数 4—5 周;军事理论教学 8 门课程,时数 60—70 小时。从是年开始,我校学生军事训练即按此进行安排。军事理论课在校内进行,军事训练课到部队进行。

　　人民武装部的具体职责范围(各个时期略有不同)如下:

　　(1) 学校的民兵动员工作。

　　(2) 学校的国防潜力建设(军地通用装备、器材,军地通用人才,后备兵员等)。

　　(3) 民兵预备役工作和预备役军官的管理、训练工作。

　　(4) 学生军训与军事理论教学工作(必修)。

　　(5) 国防后备军官的选拔培训与国防定向生的招收培训工作。

　　(6) 军校共建和军事设施的保护工作。

　　(7) 学校全民国防教育工作。

　　(8) 协同有关部门加强民兵执法工作,督促和指导兵役法规的落实。

武装部负责人更迭一览表

单位名称	职务	姓名	任职时间	备注	单位名称	职务	姓名	任职时间	备注
					武装部	副部长	曹琦	1962—1962.11	
					武装部	副部长	张起永	1963—1966.1	
					武装部	副部长	郭利敬	1972.2.25—1974.12	
					武装部	副部长	王来僧	1972.2.25—8.18	
武装保卫部	部长	回登昌	1974.12—1976.10		武装保卫部	副部长	刘宝进	1974.12.31—1978.2.15	

单位名称	职务	姓名	任职时间	备注	单位名称	职务	姓名	任职时间	备注
					武装保卫部	副部长	崔殿祥	1974.12.31—1976.10	
武装部	部长	回登昌	1976.10—1978.2		武装部	副部长	杨永义	1979.2.21—1986.9	
武装部	部长	杨永义	1986.9.26—1996		武装部	副部长	安国江	1996—	

第四节　校党委下属党组织

北平解放前,北大党组织处于地下秘密状况,或设一个党支部,或设几个平行的党支部、党总支,或由上级党组织单线联系,直到 1948 年 11 月,才成立全校统一的党总支。总支下设支部。其具体设置情况,见"组织沿革部分"。新中国成立后,学校党总支下设北法、北文、农学院、理沙、北医、北工、教员、职工等 8 个分支部。1951 年 2 月,学校党组织的建制由党总支改为党委会。党委下设银行专修科和工农速成中学两个总支、12 个直属支部。两个总支下有 8 个分支。1952 年院系调整后,党委下设一个党总支(工农速成中学总支)、8 个直属支部(其中教员支部 2 个,职工支部 1 个,学生支部 5 个)。1954 年下半年,建立了学生党总支,下属 17 个分支。1955 年 3 月,党委下设工农速成中学、法律系和学生三个总支、19 个直属支部,三个总支下有 34 个分支(工农速中有 16 个分支,法律系 4 个分支,学生 14 个分支)。1955 年 9 月,11 个系建立党总支,统一领导本系的教师支部和学生支部,另有 11 个直属支部。1956 年 2 月,校党委决定,各系原则上均成立党总支(党员较少的系待条件成熟时成立)。当时共设有 12 个党总支(1959 年以后为 13 个党总支)。从此,形成了以党总支为主另有若干直属支部的情况。至 1966 年 6 月,全校共有党总支 20 个,直属党支部 4 个。1966 年 5 月"文化大革命"开始后,各级党组织均陷于瘫痪。

1971 年 5 月,学校第六次党代会(5 月 22—24 日)前,全校共有两个分党委(江西分校党委、汉中 653 分校党委)和 5 个党总支(化学系、东语系、制药厂、电子仪器厂、后勤组)、44 个党支部。

1971 年第六次党代会后,11 月 6 日统计,全校有 15 个党总支(所属党支部 59 个)和 11 个直属党支部。

1973 年 12 月,全校有 26 个党总支,178 个党支部。1974 年 12 月,全校有党总支 27 个,党支部 225 个。1977 年 12 月,全校有基层党委 3 个(北大总校党委、汉中 653 分校分党委、大兴分校分党委)、党总支 31 个(北大总校 25 个,汉中 653 分校 6 个),党支部 309 个。1978 年 12 月,全校有基层党委 3 个(北大总校党委、汉中 653 分校分党委、大兴分校分党委),党总支 36 个(其中总校 30 个,汉中分校 6 个),直属支部 7 个,党支部 344 个。

1978 年 4 月 28 日,学校党委做出撤销汉中 653 分校的决定并上报教育部。6 月,教育部计划司电话传达党组意见:关于汉中分校搬迁问题,部党组已研究,同意逐渐交陕西省。汉中分校分批于 1978、1979 年迁回总校后,分校的无线电系与总校无线电系合并,力学系和技术物理系各列为学校一个系,其他单位和人员均融合到总校各有关单位。汉中 653 分校分党委相应撤销。此前,学校党委已决定与当地部队联系,将大兴分校之地借给他们耕种,大兴分校与大兴分校分党委撤销。

1979 年 12 月,校党委下有党总支 25 个,党支部 332 个。1980 年 12 月,校党委下有党总支 26 个,党支部 270 个。1981 年 12 月,校党委下有党总支 29 个,党支部 270 个(包括直属支部 10 个)。1982 年 12 月,校党委下有党总支 30 个,党支部 263 个(其中学生支部 59 个)。1984 年 12 月,校党委下有党总支 34 个,直属党支部 8 个,党支部 263 个。1988 年,校党委下有党总支 37 个,直属支部 8 个。

1988 年 4 月 12 日,校党委常委会决定将各系的党总支改为系党委,两个机关党总支和后勤党总支改为机关党委和后勤党委。总支改党委后,其职权不变,任期由二年改为三年。计算机科学研究所和北大一附中的党总支不改,各直属支部不改。此时,在校党委下有各系各单位党委 33 个,党总支 2 个,直属支部 8 个。

1993 年 12 月,校党委下有各系各单位党委 35 个,党总支 2 个,党支部 355 个。1994 年 12 月,校党委下有各系各单位党委 38 个,党总支 2 个,党支部 381 个。1995 年 12 月,校党委下有各系各单位党委 37 个,党总支 3 个,党支部 410 个;另在外商投资企业中建立党总支部 1 个,支部 4 个,党员 80 人。1996 年 12 月,校党委下有各系各单位党委 37 个,党总支 3 个,党支部 440 个。1997 年 12 月,校党委下有各系各单位党委 38 个,党总支 2 个,直属支部 3 个。

下面将新中国成立后各个时期分党委、总支、直属支部的书记、副书记列表介绍如下。

1. 1949年6月—1952年9月

学校党总支下设分支书记、副书记名单(1949年6月)

单位	支书	副支书	党员人数
北法分支	江仲怡		24
北文分支	颜永年		30
农学院分支	周大澂		10
理沙分支	文重		48
北医分支	李振平	祝寿河	60
北工分支	袁永厚		41
教员分支	汪子嵩		19
职工分支	沈承昌		9
			241

1951年2月至1952年9月,学校党组织的建制由党总支改为党委会后,下设的2个总支、12个支部的书记、副书记名单见下表。

1951年2月—1952年9月学校党总支下设分支书记、副书记名单

单位	书记	副书记	任职时间
银行专修科总支	董渡峰	袁留忠	1951.2—1952.夏
工农速成中学总支	蔡有仁	杨炳安	1951.4—1951.10
	杨炳安	蔡有仁	1951.10—1952.9
理沙一支部	文重		1951.2
理沙二支部	解才民		
文法支部	肖蔚云	黄立思	1951.2—1952.9
东语支部			
北工支部	李恩元		1951.2—1952.9
沙教支部	汪子嵩	欧阳本先	1951.2—1952.9
北工教师支部	杨秉寿		1951.2—1952.9
西斋(肺病)支部	尔联柏	丁祖永	1951.2—1952.9
职工支部	沈承昌	涂继武	1951.2—1952.9
出版部支部	舒立新	赵广继	1951.2—1952.夏
干部支部	谢青		

2. 1952年10月—1955年9月

1952年院系调整后，从当年10月至1955年9月，党委下设的党总支（分党委）和直属支部的书记、副书记名单（1954年下半年，在原来5个学生支部基础上组建的学生党总支的书记，副书记的名单，目前还未找到，未包括在内）见下表。

1952年10月—1955年9月学校党委下设党总支（分党委）书记、副书记名单

单位	书记	任职时间	副书记	任职时间	备注
工农速成中学党总支（分党委）	解才民	1952.10—1954上半年	刘延春	1952.10—1954上半年	
	宋超	1954下半年—1955.9	黄立思	1954.下半年—1955.9	
			谢静修	1954.下半年—1955.9	
文科教员支部	夏自强	1952.10—1955.9			
理科教员支部	叶于浦	1952.10—1955.9			
职工支部	庄守经	1952.10—1955.9	沈承昌	1952.10—1955.9	
文史哲学生支部	程贤策	1952.10—1955.9			
西俄学生支部	黄立思	1952.10—1954			1954年下半年建立学生党总支，下设17个分支，55年改为14个分支。学生党总支书记、副书记名单未查到
数理学生支部	管维炎	1952.10—1954			
生化学生支部	文乾	1952.10—1954			
东语系学生支部	肖蔚云	1952.10—1954			

3. 1955 年 9 月—1966 年 6 月

1955 年 9 月—1966 年 6 月党委下设分党委、党总支和直属支部书记、副书记名单

单位	书记	任职时间	副书记	任职时间	备注
工农速成中学分党委	宋超	1955.9—1957.3	黄立思	1955.9—1957.3	1957.3 速中党组织关系转西四区委会
			谢静修	1955.9—1957.3	
数学系党总支	林建祥	1955.9—1958.10	耿明宏	1955.10—1957.12	
	刘沙	1958.10—1961.12	林建祥	1958.10—1959	
	陆元灼	1961.12—1966.6	韩启成	1958.1—1966.6	
物理系党总支	潘永祥	1955.9—1958.2	梁静国	1955.9—1961	
			汪永铨	1957—1958.12	
	张群玉	1958.2—1959.1			
	沈克琦	1959.1—1959.夏	曹芝圃	1959.夏—1966.6	
物理系党总支	平秉权	1959.夏—1966.6	沈克琦	1959.夏—1966.6	
化学系党总支	文重	1955.9—1958.2	卢锡锟	1956.9—1957	卢锡锟 1956.9—1957.8 为代理书记
	王效挺	1958.2—1966.6	黄文一	1956.10—1957.12	
				1959.1—1966.6	1960 下半年和 1961.3—6，王效挺因病住院期间，黄文一为代理书记
			文重	1958.2—1962.11	

单位	书记	任职时间	副书记	任职时间	备注
生物系党总支	李建武	1955.9—1956	胡寿文	1955.9— 1959.6—7	
生物系党总支	胡寿文	1956— 1956.6—7			
	陈守良	1956.6— 7—1958.10			
	胡寿文	1958.10— 1964.4	潘乃穟	1960— 1964.4	
	潘乃穟	1964.4— 1966.6	朱孔生	1960—1966.6	
地质地理系 党支部、党总支	王恩涌	1955.9— 1957.12	陈凯	1956—1959.6	1956 年支部 改为总支
	梁毅	1958.11— 1959 秋	陆元灼	1959—1961.12	
	陈凯	1959 秋— 1966.6	张延亮	1960.4—不详	
			崔海亭	1960—1966.6	
			张炳光	1964.3—1966.6	
地球物理 系党总支	苏士文	1958.12—1962	丁民扑	1959.2—不详	
			李志高	1959.8—1962	
	李志高	1962—1964.2	葛淑英	1961.11—1964.6	
	葛淑英	1964.6—1966.6			
无线电电子 学系党总支	汪永铨	1958.12— 1959.11	罗平基	1958.12—1960	
			张茜	1958.12—1960	
	谭继震	1959.11— 1969.3	汪永铨	1959.11—1964.3	
			李醒民	1960.4—1964	
	汪永铨	1964.3—1966.6	陈良焜	1964 春—1966.6	
			王义遒	1964 春—1966.6	

北京大学志（第四卷）

单位	书记	任职时间	副书记	任职时间	备注
原子能系、技术物理系党总支	石幼珊	1958.12—1960.9	郑必俊	1958.12—1961.11	
			胡济民	1958.12—1960.9	
	胡济民	1960.9—1961.11	刘元方	1960.5—不详	胡先为代理书记，不久任命为书记
	郑必俊	1961.11—1963.6			
	戴新民	1963.6—1966.6			
中文系党总支	兰芸夫	1955.9—1957 上半年	吕德申	1957—1960	
	孙觉	1957 上半年—1957 年底	程贤策	1958.2—1958.10	
	兰芸夫	1958.1—1958.10	吕廼岩	1958.10—1960	
	程贤策	1958.10—1966.6	曹先擢	1960—1961	
中文系党总支	华秀珠	1961.4—1966.6			
			按苗	1962.8—1963	
历史系党总支	夏自强	1955.9—1957.12	荣天琳	1955.9—1956	
			徐华民	1956—1962	
	许师谦	1958.1—1962	李志义	1960—1962	
			楼开炤	1960—1961	
	徐华民	1962—1966.6	周恩厚	1963.6—1966.6	
哲学系党总支	汪子嵩	1955.9—1957 年夏	韩佳辰	1956—1957	
			谢龙	1956—1957	

单位	书记	任职时间	副书记	任职时间	备注
哲学系党总支	王庆淑	1957 年夏—1962.11	任宁芬	1957—1963	
			邓艾民	1958.10—1962	
	聂元梓	1962.11—1966.6	赵正义	1963—1966.6	
			谢龙	1963—不详	
			孔繁	1964—1966.6	
经济系党总支	刘文兰	1955.9—1956.9	朱云芬	1959.9—1958.10	
	龚理嘉	1956.9—1966.6	矫左羽	1958.10—1960	
			朱云芬	1960—1966.6	
政治学系党总支	张侠	1960.6—1966.6	李普	1960.6—1961 春	
			赵宝煦	1961 春—1962	
			张俊彦	1961.8—1963	
			高作民	1964.3—1966.6	
法律系党总支	马振明	1955.9—1959	程鹏	1959.9—1956	
			石平	1956—1959	
			肖永清	1959—1960.4	
	肖永清	1960.4—1962.11	任瑞峰	1960.4—1963	
	范明	1962.11—1966.6	杨紫煊	1964.6—1966.6	
图书馆学系党支部	张树华	1957—1958.1			
	闫光华	1958.1—1966.6	张树华	1958.1—1958 或 1959 上半年	
图书馆学系党支部			赵琦	1960.4—不详	
			吴呈志	1964.4—1966.6	

单位	书记	任职时间	副书记	任职时间	备注
东语系党总支	贺剑城	1955.9—1960.12	黄宗鑑	1955.9—1961	贺剑城1960年1至10月在党校学习，由彭家声代书记
			白锐	1956—1957	
			彭家声	1957—1960.1	
	彭家声	1960.1—1962.7	龚云宝	1961年时曾任副书记	
	贺剑城	1962.7—1966.6	彭家声	1962.7—1963.10	
			张殿英	1962—1966.6	
西语系党总支	雷崇立	1955.9—1957	关树强	1955.9—1957	
	关树强	1957—1958.1	雷崇立	1957—1966.1	
	杨傅伟	1958.1—1960.9	关树强	1958.1—1959	
	石幼珊	1960.9—1966.1			
俄语系党总支	尹企卓	1955.9—1957	岳凤麟	1955.9—不详	
			李吟波	1955.7—不详	
			倪孟雄	1956.9—1957	
	倪孟雄	1957—1966.1	武兆令	1959—1966.1	
西俄党总支	倪孟雄	1966.1—1966.6	武兆令	1966.1—1966.6	
公共理论课支部	冯瑞芳	1965—1966.6			
总务处党总支	庄守经	1957—1959	杨汝洁	1957—1959	
			王秀敏	1957—1959	
机关党总支	庄守经	1960—1961	沈承昌	1960—1961	
	李恂	1961—1962			
机关一总支	李恂	1962—1966.6	陈守良	1962—1966.6	
			梁毅	1963—1966.6	

单位	书记	任职时间	副书记	任职时间	备注
机关二总支	庄守经	1962.11—1966.6	沈承昌	1961.11—1963	
			刘德贵	1962.11—1966.6	
			石平	1962.11—1966.6	
北大附中党支部	李恂	1960—1961	刘文铎	1960—1961	
			刘美德	1960—1962	
	刘美德	1962—1966.6	张春林	1962—1966.6	
外国留学生中国语文专修班党支部	戴新民	1956—1957			
	王向立	1957—1959			
	王裸	1959—1960	庄守经	1959—1960	
留学生班党支部	麻子英	1960—1966.6	唐传寅	1961—不详	
			赵茂勋	1963.6—1966.6	

4. 1971 年 11 月—1977 年

这期间,多由工、军宣队队员任分党委、党总支、直属支部的书记、副书记。1977 年 11 月,按照中央的决定,工、军宣队从学校撤走,他们所担任的职务自然撤销。

1971 年 11 月—1977 年党委下设分党委、党总支、直属党支部书记、副书记名单

单位	书记	任职时间	副书记	任职时间	备注
数学力学系党总支	曹林贵（军宣队）	1971.11—1972.9	于德（工宣队）	1971.11—不详	
数学力学系党总支	韩启成	1972.9—1977 底	马树孚	1971.11—1977.12	
			曹林贵（军）	1972.9—1972 冬或 1973 春	
			戴新民	1973.2—1977.12	
			刘鸿儒	1974.2—1975	
			李清生（工）	1976.3—1977.11	

单位	书记	任职时间	副书记	任职时间	备注
物理系党总支	伍祥兴（军）	1971.11—1972.8	高金发（工）	1971.11—1972	
			曹芝甫	1971.11—1977.12	
			张为合	1971.11—1977.12	
			平秉权	1972.8—1975.3	
	魏自强	1972.9—1973.6	赵明福（工）	1974.2—1977.11	
	王岳	1973.6—1977.3	王凤桐	1975.8—1976	
化学系党总支	李忠信（军）	1971.12—1972.8	邱云祥	1971.12—1977.12	
			王孝庭	1971.12—1973.6	
			王来僧（军）	1972.8—1976.5	
			马云章	1972.8—1977.12	
			王孝庭	1973.6—1976.5	第一副书记（1972.8—1976.4，书记空缺）
			姚佳才	1974.3—1976	
			吴宝山（工）	1975..10—1972.11	
	童竞	1976.5—1977 底			
生物系党总支	张凤儒（军）	1971.11—1972.8	陈阅增	1971.11—1972	
			顾大明	1971.11—1977.12	
			华子千	1972.8—1973 春	
			张凤儒（军）	1972.8—1973	

单位	书记	任职时间	副书记	任职时间	备注
生物系党总支			华子千	1973 春—1976.5	第一副书记（1972.8—1976.4,书记空缺）
			陆元灼	1973.2—1976.2	
			李至善(工)	1974.2—1977.11	
			任时仁	1974—1977.12	
	王来僧(军)	1976.5—1977.11	华子千	1976.5—不详	
地球物理系党总支	姚秀琦(军)	1971.11—1972	张广堂(工)	1971.11—1972.11	
			崔殿祥	1971.11—1973.2	
			王桂琴	1971.11—1977.12	
	魏自强	1972—1977.12	葛淑英	1972.8—1977.12	
地质地理系党支部(总支)	肖世发(军)	1971.12—1972.6	张延亮	1971.12—1972.8	1972.6 改为总支
地质地理系党支部(总支)	张延亮	1972.8—1976.3	汪培谟	1971.12—1977	
			王德新	1972.6—1977.12	
			张彦魁(军)	1972.8—1973	
地质地理系党支部(总支)			张连城(工)	1974.2—1974	
			樊永和(工)	1975.4—1976.3	
			穆治国	1975.4—1977.12	
			王君玲	1975.4—1976	
			张占义(工)	1976.3—1977.11	

单位	书记	任职时间	副书记	任职时间	备注
无线电电子学系支部（临时总支、总支）	李福顺（军）	1971.12—1972.8	董金双（工）	1971.12—1973	1972年8月改为临时总支，1974年10月改为总支
			刘景生	1971.12—1973	
			龚理嘉	1972.8—1974.10	临时总支第一副书记（1972.8—1974.10改为副书记）
			李福顺（军）	1972.8—1974.10	
			陈长年	1974.4—1977.12	
	李福顺（军）	1974.10—1977.11	龚理嘉	1974.10—1977.12	
			焦锦堂	1974.10—1977.12	
			李平方	1976.3—1977.12	
中文系党总支	楚元科（军）	1971.11—1972.9	邵岳	1971.11—1975	
			闫光华	1971.11—1972.6	
	吕梁	1972.9—1974.4	华秀珠	1972.8—1977.12	
中文系党总支			楚元科（军）	1973—1977.11	
	尹良兵（军）	1974.4—1977.11	吕梁	1974.4—1975.7	
历史系党总支	高松栓（军）	1971.11—1972.8	周恩厚	1971.11—1972.4	
			张万仓	1971.11—1977.12	
			徐华民	1972.6—1972.8	
	徐华民	1972.8—1977底	高松栓（军）	1972.8—1972冬或1973初	

单位	书记	任职时间	副书记	任职时间	备注
历史系党总支			胡德禄(工)	1973—1976.2	
			贾玉平(工)	1975.3—1977.11	
哲学系党支部(总支)	赵文听(军)(总支负责人)	1971.12—1973	赵正义	1971.12—1977.12	1972年5月改为总支
			李德良	1971.12—1977.12	
			张光明(工)	1974.2—1977.11	
			刘泽远	1974.3—1977.12	
	秦锡瑜(总支负责人)	1975—1976	张纯友(工)	1975.10—1977.11	1976年开始负责全面工作
			秦锡瑜	1976—1977.12	
经济系党支部(总支)	李志勇(军)	1971.11—1972.5	朱云芬	1971.11—1977底	1972年5月改为总支
			王元泰(工)	1971.11—1972冬或1973初	
经济系党支部(总支)	刘崑	1972.5—1977底	陈为民	1973—1974	
			范德湘(工)	1973—1974	
			杨岳全	1974—1997.12	
经济系党支部(总支)			蔡振鹏(军)	1974.8—1977.11	
			赵明伦(工)	1975.3—1976	

单位	书记	任职时间	副书记	任职时间	备注
国际政治系党支部（总支）	曹国华（军）	1971.11—1972.6	杨光远	1971.11—1972.6	1972年6月改为总支
			赵国栋	1971.11—1972.6	
	赵国栋	1972.6—1977底	曹国华（军）	1972.6—1977.11	
			沈仁道	1974.3—1977.12	
			蔡连顺	1975.3—1976	
			王立元（工）	1975.10—1976.2	
法律系党支部（总支）	刘伟群（军）	1971.11—1973	肖蔚云	1972—1973	1974年4月改为总支
	杨紫煊	1973—1977底	陈景枢（工）	1973—1977.11	
			孙绍有	1974.4—1977.12	
图书馆（系合到馆）党支部（总支）	李国臣	1971.11—1972.6	魏香文	1971.11—1972.6	1972年6月改为总支
			李怀玉	1971.11—1972.6	
	阎光华	1972.6—1977底	蔡XX	1972.6—1973	
图书馆（系合到馆）党支部（总支）			白晨曦	1972.6—1977.12	
			郝克明	1973.2—1977.3	
			华广信（工）	1973—1974	
			黄金生	1975.3—1977.12	
东语系党总支	李德金（军）	1971.11—1972.7	董立功（工）	1971.11—1974	

单位	书记	任职时间	副书记	任职时间	备注
东语系党总支	彭家声	1972.7—1977.12	彭家声	1971.11—1972.7	
			张殿英	1971.11—1977.12	
			贺剑城	1972.8—1977.12	
			钱兴尧	1972.8—1977.11	
			张贤遵	1973.2—1977.11	
			陈兴涛	1974.2—1974.7	
			董立功(工)	1974.2—不详	
			李德超(工)	1975.10—1972.11	
			吴新英	1975.10—1977.12	
西语系党总支	陶俊起(军)	1971.11—1972.9	马忠祥(工)	1971.11—1972	
			巫宇甦	1971.11—1972.9	
	巫宇甦	1972.9—1976.2	陶俊起(军)	1972.9—1974	
			严宝瑜	1972.9—1974.3	
			张振国	1974.3—1977.12	
			马德润(工)	1974.3—1975	
			陈昌年	1976.3—	
俄语系党支部(总支)	高宝(军)	1971.11—1972.2	史文林(工)	1971.11—1972.2	1972.2改为总支
			陆嘉玉	1971.11—1972.2	
			武兆令	1971.11—1977.12	
俄语系党支部(总支)	陆嘉玉	1972.2—1976	倪孟雄	1972.2—1973.2	
			高宝(军)	1972.2—不详	
			史文林(工)	1974.2—1977.11	陆嘉玉带学生去太平庄时，由史代书记

单位	书记	任职时间	副书记	任职时间	备注
研究所党总支	巫宇甦	1976.2—1977底	陆元灼	1976.2—1977.12	
			王立元(工)	1976.2—1977.11	
			赵存生	1976.2—1977.12	
机关党总支	卢洪胜(军)	1971.11—1972.1	伊敏	1971.11—1973.10	
			高立明(军)	1971.11—1973.10	
			范明	1971.11—1973.10	
	李家宽(军)	1972.2—1973.10	张侠	1972.2—1973.10	1973年10月机关党总支撤销
	范明	1976.1—1977底	牛汝俭(工)	1976.1—1977.11	
			高立明(军)	1976.5—1977.11	
			崔殿祥	1976.5—1977.12	
教改组党总支	金玉波(军)	1974.2—1976.1	沈兴胜(工)	1974.2—1976.1	
			麻子英	1974.2—1975.1	
直属单位总支	金玉波(军)	1976.1—1977.11	任瑞峰	1976.1—1977.12	
政治组(部)党总支	韦禾(军)	1974.2—1975	徐雅民	1974.2—1976.1	
			伊敏	1974.2—1976.1	
			王丽梅	1974.3—1976.1	
政治组(部)党总支			彭博(工)	1974.3—1976.1	
			牛汝俭(工)	1975.10—1976.1	

单位	书记	任职时间	副书记	任职时间	备注
后勤党总支	吕国富(军)	1971.11—1972.2	丛树吉(工)	1971.11—1972.2	
			李贵海	1971.11—1972.2	
			马振明	1971.11—1972.2	
校务组(部)党总支	刘文兰(总支负责人)	1972.3—1973.3	庄守经	1972.11—1973.5	
			刘文兰	1973.3—1977.12	
			李贵海	1973.3—1977.12	
	庄守经	1973.5—1977底	赵桂莲	1974.3—1977.12	
			赵俊祥(工)	1975.10—1976.7	
			蔡寿德(工)	1976.12—1977.11	
制药厂党总支	李忠(军)	1971.11—1972.8	张凤池(工)	1971.11—1972	
			谢龙	1971.11—1972.8	
			段秀金	1971.11—1977.12	
	谢龙	1972.8—1977底	李忠(军)	1972.8—1975	
制药厂党总支			刘文思(工)	1976.10—1977.11	
电子仪器厂党总支	童宣海(军)	1971.12—1977底	郑殿成	1971.12—1977底	
			刘振德(工)	1974.4—1977.11	
			聂莉莉	1974.4—1977.12	

单位	书记	任职时间	副书记	任职时间	备注
北大附中党支部	冯俊阁	1971.11—1972	张春林	1971.11—1972	
	张春林	1972—1977 底	孟广平	1972—1977.12	
			杨魁定	1972—不详	
			陈护柏（工）	1974.6—1975	
			张秀全	1976—1977.12	
北大附小党支部	吴树香	1971.12—1975.7	罗正清	1972—1973	
	柯学龙（工）（代理书记）	1975.7—1977.11	李朝（超）纲	1975—1977.12	
大兴农场党总支（支部）	刘兆祥（军）	1971.11—1972.4	易传创（工）	1971.11—1972.4	
			张起永	1971.11—1972.4	
			杨紫煊	1971.11—1973.3	
	张起永	1972.4—1973	刘兆祥（军）	1972.4—1973	
			杨春洗	1972.4—1973	
			张海山	1972—1973	
			李中华	1974.4—1975	支部副书记
大兴分校分党委	徐雅民	1975.7—1976.3	董立功（工）	1975.7—1977.11	
			徐凯	1975.7—1976.3	
			张起永	1975.8—1977.12	
			徐华民	1975.8—1976.3	
			曹一兵	1975.8—1976.3	
大兴分校分党委	徐凯	1976.3—1977 底			

单位	书记	任职时间	副书记	任职时间	备注
太平庄基地临时总支	陶俊启（军）	1975.12—1977.11	葛雷	1975.12—1977	
			黄宗鑑	1975.12—1977.12	
			陆嘉玉	1976.9—1977.12	1977年3月起主持基地工作
653分校分党委①	王邦周（军）	1971.12—1972.8	田志武（军）	1971.12—1974.3	
			刘家祯	1971.12—1977	
	马石江	1972.8—1975.9	王永成	1972.8—1977	1975年9月马石江任校党委副书记后,653分校未另任命分党委书记。
			周恩厚	1974.3—1977	
			由国栋	1974.3—1977	
			王五法	1972.2—1976	
			赵元庆	1976.1—1977	
653分校力学系党总支			秦寿珪（第一副书记）	1972.11—1973.12	
			林钧敬	1972.11—1977.12	
			邸先福	1975.2—1977.12	
	申锦琮（工）	1975.3—1977.11	秦寿珪	1976—1977.12	
			姚洪林（工）	1976.1—1977.11	
653分校无线电系党总支	汪永铨	1972.11—1976.1	马西贵	1972.11—1973	

① 1971年5月,北大举行第6次党代会选出北大党委前,653分校已于1970年6月成立分校党委,书记为孙廉忠,副书记为刘文元、刘家祯。北大党委成立后,于1971年12月,重新任命了分校党委的书记、副书记。

单位	书记	任职 时间	副书记	任职 时间	备注
653分校无线 电系党总支			白振统	1972.11—1977.12	
			田兆基	1973.3—不详	
			吕俊平	1974.11—1977.12	
			郝国 敏(工)	1976.1— 1977.11	
			何福 生(工)	1977—1977.11	
653分校技术 物理系党总支			刘激扬 (第一副 书记)	1972.11—1975	
			李认兴	1972.11—	
			胡济民	1972.11—	
			金岳孝	1973—1974	
	刘濂 儒(工)	1974.3— 1977.11	包尚联	1975.3—1977.12	
			王禄(工)	1976.1—1977.11	
			刘激扬	1976—1977.12	
653分校校 办厂党总支	张福 田(工)	1972.11— 1974.3	张民权	1972.11—	
			郭菊芳	1972.11—1975.3	
	中锦 琼(工)	1974.3—1975.3	李战波	1975.2—1977.12	
			王凤堂	1976.1—1977.12	
	宋显绪	1976—1977.11	成运 花(工)	1976.1—1977.11	
653分校教改 组党总支	刘绍田	1975.2—1976	秦寿珪	1975.2—1976	
			张宏健	1975.4—1976	
653分校教改 组党总支			李春含	1976.1—1977.12	

单位	书记	任职时间	副书记	任职时间	备注
653分校校务组党总支	沈承昌	1972.11—1975	李振玉	1972.11—1973	
			刘必佐	1972.11—1977.12	
			赵宝玺	1972.11—1975.3	
	周言恭（代理书记）	1975—不详	单元武（工）	1976.1—1977.11	

5. 1978年—1988年4月

1978年—1988年4月党委下设党总支、直属支部书记、副书记名单

单位	书记	任职时间	副书记	任职时间	备注
数学系党总支	程民德	1978.1—1978.2	邓东皋	1978.1—1978.2	
			马树孚	1978.1—1981.6	
	邓东皋	1978.2—1980.3	程民德	1978.2—1981	
			黄枭萍	1978.2—不详	
			林建祥	1978.11—1980.5	
	林建祥（代理书记）	1980.5—1981.4	张芷芬	1981—1984	
数学系党总支	林建祥	1981.4—1983.7	黄槐成	1982.2—1983.7	
			邓东皋	1982.12—1983	
	黄槐成	1983.7—1985.3	黄枭萍	1983.7—1987	
	王卫华	1985.6—1988.4	吴宝科	1985.6—1988.4	
			董镇喜	1987.11—1988.4	
概率系党支部（总支）	戴中维	1985.12—1988.4			
力学系党总支	陆元灼	1979.4—1986.6	秦寿珪	1979.4—1986.6	
			林钧敬	1979.4—1981	
			睢行严	1979.6—1980	
			武际可	1984.4—1988.4	
	秦寿珪	1986.6—1988.4	孙峻岫	1986.6—1987	

单位	书记	任职时间	副书记	任职时间	备注
物理系党总支	汪永铨	1979.1—1980.7	张为合	1980.7—1981.12	
	侯正勇	1980.7—1981.12	刘宏勋	1982.1—1985	
	张为合	1982.1—1988.4	侯学忠	1984.6—1988.4	
			戴远东	1985—1986	
			刘尊孝	1987.12—1988.4	
化学系党总支	花文廷	1978.1—1983.7	王长富	1978.1—1983.7	
			杨培增	1978.1—1980.7	
			叶于浦	1980.9—1986	
	王长富	1983.7—1984.4	黄振迪	1983.7—1986.4	
	李明谦	1984.4—1985.10	李明谦	1985.10—1987.6	
	王长富	1985.10—1987.6	何元康	1985.11—1988.4	
化学系党总支	李明谦	1987.6—1987.12（代理书记）1987.12—1988.4（书记）	杨培增	1987.12—1988.4	
			李旺荣	1987.12—1988.4	
生物系党总支	王镜岩	1978.1—1978.8	蔡益鹏	1978.1—1978.8	
			李秀茹	1978.1—1980.10	
	胡寿文	1978.8—1980.10	王镜岩	1978.8—1980.10	
			李绍文	1978.8—1982.9	
	王镜岩	1980.10—1982.9	吴才宏	1980.10—1981	
			吕以乔	1982.7—1988.4	

单位	书记	任职时间	副书记	任职时间	备注
生物系党总支	李绍文（代理书记）	1982.9—1983.8			
	葛明德	1983.8—1987.7	李荣敖	1980.10—1981	
	李绍文	1987.7—1988.4	任时仁	1987.7—1988.4	
地球物理系党总支	王桂琴	1980.6—1984.3	刘余滨	1980.6—1981	
			张荫春	1980.6—1986.6	
			韩立国	1980.11—1985	
	张荫春	1986.6—1988.4	林本达	1986.6—1988.4	
地质系党总支	王德新	1978.2—1981.10	何国琦	1978.6—1973	
	于洗	1981.10—1985.9	金善燏	1983.11—1984.9	
	金善燏（代理书记）	1985.9—1986.4	刘锡大	1984.8—1986.4	
地质系党总支	刘锡大	1986.4—1988.4	艾永富	1986.4—1988.4	
			宋振清	1988.1—1988.4	
地理系党总支	王恩涌	1978.2—1979.6	陈凯	1978.3—1983.11	
			张起永	1979.1—1979.6	
	张起永	1979.6—1981.1	王恩涌	1979.6—1983.1	
	韩启成	1981.1—1988.4	简兰芝	1983.12—1988.4	
			邵庆山	1987.11—1988.4	
技术物理系党总支	徐华民	1978.10—1986.6	包尚联	1980.10—1981	
			李认兴	1980.10—1985	
			沈承昌	1980.10—1981	
			李如英	1984.3—1985	
	哈鸿飞	1986.6—1988.4	沈能学	1986.6—1988.4	

单位	书记	任职时间	副书记	任职时间	备注
无线电系党总支	白圣诒	1978.3—	王义遒	1979.4—1980	
			徐承和	1980.3—1980.11	
			焦锦堂	1980.3—1981	
			程光裕	1980.3—1984.5	
	程光裕	1984.5—1988.4	林璇英	1984.5—1985	
			王庆吉	1984.5—1985	
			吴锦雷	1986.11—1988.4	
			栾桂冬	1987.9—1988.4	
计算机系党总支	魏自强	1978.12—1980.3	张世龙	1978.12—1979	1978年3月魏自强任200号党总支书记
			崔殿祥	1981.4—1986.4	
	崔殿祥	1981.4—1985	王丕显	1981.4—1986.11	
	王丕显	1986.11—1988.4	李佑斌	1986.12—1988.4	
			魏引树	1986.12—1988.4	
心理系党支部（总支）	姜德珍	1978.7—1986.6	吴志杰	1985—1988.4	1987年1月改为总支
	韩立国	1986.6—1988.4			
中文系党总支	吕梁	1978.2—1980.10	华秀珠	1979.1—1981	
			向景洁	1979.1—1981	
			费振刚	1979.1—1981	
	曹先擢	1980.10—1981.7			
	于效谦	代理书记1987.7—1982.1 书记1982.1—1984			

单位	书记	任职时间	副书记	任职时间	备注
中文系党总支	曹先擢	1984.11—1985.12	张剑福	1984.11—1988.4	
	闵开德	1985.12—1988.4	李小凡	1988.3—1988.4	
历史系党总支	郝斌	1980.7—1981.8	郑必俊	1980.7—1981	
			张万仓	1980.7—1981.8	
			王春梅	1980.7—1988.4	
	张万仓	1981.9—1983.7（代理书记）			
	郑必俊	1983.7—1986	梁志明	1983.7—1988.4	
	张万仓	1986.10—1988.4			
考古系党支部	夏超雄	1983.11—1986.3	高崇文	1983.11—1985	
	高明	1986.2—1988.4	权奎山	1986.2—1987	
哲学系党总支	洪影	1978.10—1980.3	朱德生	1978.10—1980.3	
			石坚	1979.3—1980	
			赵正义	1979.3—1981	
			魏英敏	1979.3—1984	
	朱德生	1980.3—1987.11	闫国忠	1984.5—1988.4	
			王桂英	1984.5—1988.4	
	施德福	1987.11—1988.4	冯瑞芳	1987—不详	

北京大学志（第四卷）

单位	书记	任职时间	副书记	任职时间	备注
经济系（学院）党总支	石世奇	1978.1—1984.5	杨勋	1978.6—1981	
			张胜宏	1978.6—1980.4	
			丁国香	1980.4—1986.12	
			朱云芬	1980.4—1981	
	陈为民	1984.5—1986.11	朱正直	1984.5—1984	
	丁国香	1986.11—1988.4	王志伟	1986.12—1988.4	
国际政治系党总支	赵国栋	1980.7—1980.10	沈仁道	1980.7—1980.11	
	沈仁道	1980.11—1985	李玉田	1980.11—1988.4	
			张映清	1982.9—1985.10	
	张映清	1985.10—1988.4	邱恩田	1985.10—1988.4	
政治系党总支	梁柱	1987.12—1988.4	张国庆	1987.12—1988.4	
法律系党总支	赵震江	1978.1—1983.7	金瑞林	1978.1—1980	
			王德意	1980.10—1981	
			杨紫煊	1980.10—1982	
	杨春洗	1983.7—1984.10	魏振瀛	1983.7—1984.10	
			贾俊玲	1983.7—1985	
法律系党总支	魏振瀛	1984.10—1986.5			
	张文	1986.5—1988.4	刘高龙	1986.5—1988.4	
			卢新理	1986.5—1987	
			孙绍有	1986.5—1988.4	
社会学系党支部	王永生	1982.1—1988.4	曹建民	1986.9—不详	

单位	书记	任职时间	副书记	任职时间	备注
图书馆学系党总支	闫光华	1978.12—1980.7	黄爱华	197812—1980.7	
			李纪友	1978.12—1984	
	黄爱华	1980.7—1984.2			
	张文儒	1985.2—1988.4	肖东发	1985.3—1988.4	
东语系党总支	桂智贞	1980.7—1985.5	沙敬范	1980.7—1982	
			吴宝楚	1983.7—1988.2	
			刘宝珍	1983—1984	
			贺剑城	1983.11—1985.10	
	贺剑城	1985.10—1988.1	吴新英	1985.11—1988.4	
	张殿英	1988.2—1988.4	韩德吴	1988.2—1988.4	
西语系党总支	倪孟雄	1978.2—1980.3	包智星	1978.4—1988.4	
			孙坤荣	1978.4—1983	
	石幼珊	1980.4—1983.11			
	周祖生	1983.11—1988.4	杜成勤	1983.11—1988.4	
英语系党总支	石幼珊	1983.11—1985 病休	胡壮麟	1983.11—1985.11	
			任进宝	1983.11—1987	
			胡春鹭	1983.11—1986.11	
	胡壮麟（代理书记）	1985.11—1986.11	黄健	1985.11—1987	
	胡春鹭	1986.11—1988.4			

单位	书记	任职时间	副书记	任职时间	备注
俄语系党总支	武兆令	1978.2—1984.1	王荣宅	1978.5—1983	
			董青子	1978.5—1984.1	
	董青子	1987.1—1988.4	杜凤珍	1984.3—1986.7	
			郏惠康	1984.3—1988.4	
			赵欣	1986.7—1988.4	
马列主义教研室党支部（总支）	杨文娴	1978.1—1986.2	冯瑞芳	1980.6—1986.2	1982年10月改为总支
			矫左羽	1980.6—1982.9	
中国革命与建设中心党总支	杨文娴	1986.2—1987.12			该中心于1987年12月撤销
马列所党支部	郭用宪	1980.4—1985.6	闫志明	1980.4—1983	
	徐雅民	1985.6—1986.10			
	贾维本	1986.10—1988.4			
环境中心党支部	安维朴	1987.1—1988.4			
亚非所党支部	高作民	1979.1—1981.6	张振国	1980.3—1986.1	
	马锐敏	1981.6—1986.1			
	张振国	1986.1—1988.4			
外哲所党支部	沈少周	1980.3—1988.4			

单位	书记	任职时间	副书记	任职时间	备注
南亚所党总支（支部）	范明	1983.8—1986.3	刘学成	1983.8—1985.1	
南亚所党支部			林良光	1985.1—1986.3	
	林良光	1986.3—1986.11			
南亚东南亚所党支部	林良光	1986.11—1988.4			
图书馆党总支	庄守经	1980.3—1981.10	童竞	1980.3—1981.12	
	童竞	1981.12—1983.5			
	庄守经	1983.5—1987.2	隋凤花	1983.5—1988.4	
	徐雅民	1987.2—1988.4			
校务部、总务部后勤党总支	刘崑	1978.3—1979.4			
	刘振瑜	1979.4—1983	赵桂莲	1981—1986.1	
	赵桂莲	1986.1—1988.4	何健	1986.1—1988.4	
电子仪器厂党总支	郑殿成	1981.3—1987.5			1987年5月,该厂与工厂总支所属各单位合并
校办工厂党总支	白圣诒	1980.11—1985	石平	1980.11—不详	
			杨永义	1981—1981.5	
	王津生（负责人）	1985—1987.5			
	郑殿成	1987.5—1988.4			
一机关党总支	范明	1979.12—1983.8	陈德威	1979.12—不详	
			古平	1979.12—1983.8	

单位	书记	任职时间	副书记	任职时间	备注
一机关党总支	古平（代书记）	1983.8—1986.2			
	沈承昌	1986.2—1987	古平	1983.2—1987	
			苏文砚	1984—1987	
	古平（代书记）	1987—1988.2			
	古平	1988.2—1988.4	王丽梅	1988.2—1988.4	
二机关党总支	王学珍	1979.8—1982.10	石平	1979.8—1980.11	
			任瑞峰	1979.12—1981上半年	
			杨永义	1981.6—1982.10	
	杨永义（代书记）	1982.10—1986.2			
	杨永义	1986.2—1988.4	杜勤	1986.6—1988.4	
出版社党支部（总支）	麻子英	1980.4—1987.4			
	吴金泉	1987.4—1988.4	杜旭升	1987.4—1988.4	
校医院党总支	苏流	1980.11—1984.4			
	闫志良	1984.4—1985.1			
	周玉芳	1985.1—1988.4	付新	1985.4—1988.4	
燕园街道办事处党总支	刘振瑜	1981.12—1986.11	温淑珍	1984—1985.10	
	焦锦堂	1986.11—1988.4	赵子钰	1986.11—1988.4	

单位	书记	任职时间	副书记	任职时间	备注
北大附中党支部（总支）	孟广平	1979.1—1980.10	张秀全	1979.1—1980.10	
	张秀全（代书记）	1980.10—1982.6			
	张秀全	1982.6—1984.5			
	马树孚	1984.5—1985.4	张秀全	1984.5—1985.4	
			赵宝玺	1984.5—1985.4	
	张秀全	1985.4—1988.4			
附中分校、二附中党支部	赵宝玺	1982.9—1984.5 1985.4—1988.4			
北大附小党支部	罗正清	1978.3—1979.4			
	贾洪博	1979.4—1983.2			
	汪惠莲	1983.2—1984.6			
	刘桂花	1984.6—1988.4			
制药厂党总支	段伟中	1978.1—1980.5	文重	1978.1—1980.5	1980年5月该厂建制撤销
计算机科学研究所党总支	龚理嘉	1983.7—1988.4			

6. 1988 年 4 月—1997 年 12 月

1988 年 4 月,校党委决定将各系的党总支、两个机关党总支、后勤党总支改为党委,计算机科学研究所、北大一附中的党总支和各直属支部不改。

1988 年 4 月—1997 年 12 月校党委下设各党委、党总支、党支部书记、副书记名单

单位	书记	任职时间	副书记	任职时间	备注
数学系党委	王卫华	1988.4—1991.11	吴宝科	1988.4—1995.12	
			董镇喜	1988.4—1991.11	
			范桂芝	1991.7—1995.12	
	董镇喜	1991.11—1995.12			

单位	书记	任职时间	副书记	任职时间	备注
数学科学学院党委	王杰	1995.12—	孙丽	1995.12—	
概率系党委	载中维	1988.4—1995.10	李桂霞	1988.4—1990.6	1995年10月该系成为数学科学学院的一个系
			田立青	1991.4—1995.10	
力学系党委	秦寿珪	1988.4—	武际可	1988.4—1991.12	
			黄福华	1989.1—1991.12	
			于年才	1991.12—1996.1	
			黄巧荣	1991.12—	
			荣起国	1996.1—1997.1	
			李文胜	1997.4—	
物理系党委	张为合	1988.4—1997.2	侯学忠	1988.4—1991.10	
			刘尊孝	1988.4—1997.2	
			张万中	1991.6—1993.3	
			孙玉梅	1993.4—	
	周岳明	1997.2—	郭建栋	1997.2—	
化学系党委	李明谦	1988.4—1995.12	何元康	1988.4—1992	
			杨培增	1988.4—1992	
化学系党委			李旺荣	1988.4—1989	
			岳素兰	1990.5—1994.7	
			孙丹虹	1992.11—1994.3	
			黄维	1992.11—1994.2	
			孙丹虹	1994.3—1996	
			骆初平	1994.7—1997	
			何元康	1995.12—	
			焦书明	1997.7—	

单位	书记	任职时间	副书记	任职时间	备注
生物系党委	李绍文	1988.4—1992.10	任时仁	1988.4—1994.3	
			吕以乔	1988.4—1994.3	
	华子千	1992.10—1994.3	崔克明	1992.10—1994.3	
生命科学学院党委	华子千	1994.3—1995.12	任时仁	1994.3—1995.12	
			崔克明	1994.3—1995.12	
			吕以乔	1994.3—1995.3	
			杨继	1995.12—1997.4	
	李松岗	1995.12	沈扬	1995.12—	
			任时仁	1997.4—	
地球物理系党委	张荫春	1988.4—1994.7	林本达	1988.4—1994.7	
	卢咸池	1994.7—1997.7	仲维英	1994.7—1997.7	
			谭本馗	1994.7—	
	仲维英	1997.7—	张华伟	1997.7—	
地质系党委	刘锡大	1988.4—1992.5	艾永富	1988.4—1992.5	
			宋振清	1988.4—1995.11	
	艾永富	1992.5—1995.11	郝维城	1992.5—	
	宋振清	1995.11—	侯建军	1995.11—	
城市与环境系党委	韩启成	1988.4—1992.5	简兰芝	1988.4—1994.4	
			邵庆山	1988.4—1996.1	
	吴月照	1992.5—	邓宝山	1996.1—	
技术物理系党委	哈鸿飞	1988.4—1993.6	沈能学	1988.4—1992	
			石进元	1993.6—1997.6	
			白郁华	1993.6—1995	
			贺飞	1995—	
	白郁华	1997.6—	陈金象	1997.6—	

单位	书记	任职时间	副书记	任职时间	备注
无线电系党委	程光裕	1988.4—1993.3	吴锦雷	1988.4—1990	无线电系于1996年4月改名电子学系
			栾桂冬	1988.4—1993.7	
			郭英	1991.7—1996.4	
	栾桂冬	1993.3—1996.4			
电子学系党委	栾桂冬	1996.4—	郭英	1996.4—	
			胡治刚	1996.4—	
计算机系党委	王丕显	1988.4—1993.6	魏引树	1988.4—1993.6	
	魏引树	1993.6	初育国	1993.6—1995.3	
			倪学文	1993.6	
			周有光	1996.6	
心理学系党委	韩立国	1988.4—1996.12			
	肖健	1996.12—			
中文系党委	闵开德	1988.4—1991.12	张剑福	1988.4—	
			李小凡	1988.4—1995.11	
			马振芳	1990.6—1991.12	
	黄书雄	1991.12—1995.11	董丽芬	1991.12—1996	
	李小凡	1995.11—	蒋朗朗	1995.11	
历史系党委	张万仓	1988.4—1993.2	梁志明	1988.4—1996.1	
			刘隐霞	1991.7—	
	王春梅	1993.2—	刘一皋	1996.1	
考古系党支部	高明	1988.4—1988.6			
	赵朝洪	1988.6—1991.1			
	高崇文	1991.1—1993.6			
	赵朝洪	1993.6—1994.3			
考古系党委	赵朝洪	1994.3	刘绪	1994.7—	

单位	书记	任职时间	副书记	任职时间	备注
哲学系党委	施德福	1988.4—1993.7	闫国忠	1988.4—1992	
			王桂英	1988.4—1991.9	
	赵家祥	1993.7—1997.1	张学智	1993.7—1997.1	
			丰子义	1993.7—1997.1	
	丰子义	1997.1—	郭建宁	1997.1—	
			束鸿俊	1997.1—	
经济学院党委	丁国香	1988.4—1997.6	王志伟	1988.4—1994.7	
			靳兰征	1990.3—1994.7	
			郝敬林	1991.7—1993	
			卢自海	1992.10—	
			张小强	1994.7—	
	睢国余	1997.6—			
（工商管理学院、光华管理学院）党委			王其文	1994.5—	
			李九兰	1994.5—	
国际政治系党委	张映清	1988.4—1996.1	李玉田	1988.4—1991.6	
			邱恩田	1988.4—1990.1	
			王其芬	1991.6—1996.1	
国际关系学院党委	张映清	1996.1—1997.9	邱恩田	1996.1—1997.9	
			王其芬	1996.1—	
			李寒梅	1997.9—	
政治学与行政管理系党委	梁柱	1988.4—1990.7	张国庆	1988.4—1991.7	
	石志夫	1990.7—1996.6	刘宇辉	1992.10—1990	
	陈庆云	1996.6—	江荣海	1996.6—	
法律系党委	张文	1988.4—1997.2	孙绍有	1988.4—1992	
			刘高龙	1988—1989	
			乔从启	1992.12—1994.12	
			曲三强	1992.12—1995	
			叶静漪	1992.12—	
	刘守芬	1997.2—	张建武	1997.2	

单位	书记	任职时间	副书记	任职时间	备注
社会学系党支部（党委）	王永生	1988—1991.9			1991年9月改为党委
	杜勤	1991.9—1995.3	夏学銮	1991.9—1996.7	
	吴宝科	1995.3—	鄢盛明	1996.7—	
图书馆学情报学系党委	张文儒	1988.4—1992.10	肖东发	1988.4—1991.12	
			吴慰慈	1991.12—1992.10	
			段明莲	1991.12—1992.10	
信息管理系党委	张文儒	1992.10—1994.3	吴慰慈	1992.10—1994.3	
			段明莲	1992.10—1996.7	
	吴慰慈	1994.3—1996.7	刘兹恒	1994.3—1996.7	
	刘兹恒	1996.7—	陈文广	1996.7—	
东语系（东方学系）党委	张殿英	1988.4—1996.2	韩德英	1988.2—1993	
			吴新英	1988.4—1996.2	
			傅增有	1992.2—1996.2	
	吴新英	1996.2—	刘旭东	1996.2—	
			王彩琴	1997.9—	
西语系党委	周祖生	1988.4—1993.6	李文寿	1988.6—1992	
			丁文林	1988.6—1991.4	
	林成勤	1993.6—	马建钧	1993.6—1996.10	
			王东亮	1996.10—	
俄语系党委	董青子	1988.4—1991.7	郏惠康	1988.4—1991.9	
			赵欣	1988.4—1991.7	
	郏惠康	1991.9—	张百武	1991.9—1997.7	
			戚德平	1991.9—	

单位	书记	任职时间	副书记	任职时间	备注
英语系党委	胡春鹭	1988.4—1995.6	胡丽安	1988.10—1992.1	
			黄健	1988.7—1991.10	
			李桂霞	1990.6—	
			高淑清	1992.1—1996	
	孔宽倬	1995.6—			
马克思主义理论教育中心党委	杨文娴	1990—1992	黄南平	1992.3—1995.4	
马克思主义学院党委	赵存生	1992.3—1995.4	侯玉杰	1995.4—	
	黄南平	1995.4—	张守民	1995.4—	
艺术系党支部	彭吉象	1997.12—			
海外教育学院党总支	张秀环	1995.5—			
环境中心党支部（总支）	安维朴	1988.4—1994.10	刘宝章	1991.6—1994.10	1992年改为总支
	刘宝章	1994.10—			
亚非所党支部	张振国	1988.4—1991.5			
	靳毅	1991.5—1995.11			
	樊建明（代理书记）	1995.11—1996			
南亚东南亚所党支部	林良光	1988.4—1988.5			1991年5月，南亚东南亚所合并于亚非所
	张保胜	1988.5—1989.8			
	林良光	1989.8—1991.5			

单位	书记	任职时间	副书记	任职时间	备注
图书馆党委	徐雅民	1988.4—1989.1	隋凤花	1989.1—1991.12	
	隋凤花	1991.12—1997.10	戴隆基	1991.12—1995	
			高倬贤	1995.6—1997.10	
	高倬贤（代理书记）	1997.10—			
出版社党委	吴金泉	1988.4—1993.10	杜旭升	1988.4—1991.12	
			王春茂	1991.12—1993.10	
			郑彦文	1991.12—1996	
	王春茂	1993.10—1996.1			
	周月梅	1996.1—			
一机关党委	古平	1988.4—1993.9	王丽梅	1988.4—1994.1	
	王丽梅	1994.1—	朱宏涛	1994.1—1995	
			陈淑敏	1994.1—	
二机关党委	杨永义	1988.4—1994.10	杜勤	1988.4—1991.9	
	李国斌	1994.10—	仇守银	1994.10—	
			李树芳	1994.10—1997	
后勤党委	赵桂莲	1988.4—1994.10	何健	1988.4—1990	
			洪贵喜	1989.11—1993	
			李贡民	1992.5—	
	赵钰林	1994.10—	刘宝栓	1995.5—	

单位	书记	任职时间	副书记	任职时间	备注
工厂党委	郑殿成	1988.4—1992.12			1992年合并到校办产业党委
校办产业党委	孙绍有	1992.12—1994.12	张书仁	1992.12—1994.7	
			韦俊民	1994.12—	
	隋凤花	1997.9			
校医院党委	周玉芳	1988.4—1993.3	付新	1988.4—1993.3	
	付新	1993.3—	叶树青	1993.3—	
燕园街道党委（工委）	焦锦堂	1988.4—1994.7	赵子钰	1988.4—1991.12	1993年3月改为工委
	张书仁	1994..7—			
昌平园区工委	张荫春	1994.7—	崔殿祥	1994.8—	
			黄建纲	1994.8—1995	
			朱非	1997.7—	
北大附中党总支	张秀全	1988.4—1992.8			
	高玉琴	1992.8—1996.1（1992.12以前为代书记）	张国栋	1992.12—1996.1	
	张国栋	1996.1—1997.7	赵聪	1996.1—1997.7	
北大二附中党支部	陈建新	1988.4—1994.7	胡朝栓	1992.1—1995	
	孟昭为	1994.7—1997.7			
北大附中党委	董灵生	1997.7—	赵聪	1997.7—	1997年7月,两个附中合并,成立党委
北大附小支部	刘桂花	1988.4—1992.10			
	李秀琴	1992.10—			
计算机科学研究所党总支	龚理嘉	1988.4—1991.9			1991年9月该所党总支撤销

单位	书记	任职时间	副书记	任职时间	备注
外哲所党支部	王永江	1988.5—1991.11			
	李青宜	1991.11—1995.11			1995 年 11 月该所并到哲学系

第五节　党员情况

　　1949 年 1 月北平解放。是年 6 月 27 日,中共北京大学总支部公开公布全体党员名单,当时全校共有党员 241 人。此后,随着形势的发展,党员人数逐年增加。1950 年 10 月经济系和中国人民银行合作举办的银行专修科 120 名学员(多数为抗日战争初期参加革命工作)入学和 1951 年工农速成中学开学后,党员人数增加较多。1957 年 3 月,由于工农速成中学已转交北京市西四区领导,该校党员的组织关系也转至西四区委会。因此,是年的党员人数有所减少。1960 年吸收大批转业军人来学校工厂等处工作,党员人数又有较大增加,达 3237 人。1961 年,根据上级指示,开始动员 1958 年后转业到北大的义务兵支援农业回乡生产,加以招生人数减少,党员人数从 1961 年起至 1965 年也逐年下降。1966 年 4 月统计,全校党员 2208 人。

　　从 20 世纪 50 年代初期起,学校党委重视党的发展工作。1956 年 2 月,学校制订了《1956—1957 年发展党员工作规划(草案)》,其中提到,现有党员 1490 人,占师生员工总数 8717 人的 15.9%;党员中,教授 18 人,占教授总数 208 人的 8.6%;讲师 33 人,占讲师总数 188 人的 17.5%;助教 120 人,占助教总数 444 人的 27%;职员 149 人,占职员总数 679 人的 21.9%;大学生 623 人,占大学生总数 5517 人的 11%;研究生 116 人,占研究生总数 369 人的 31%。该规划要求到 1957 年底,在所有 74 个教研室均有党员,并在一部分教研室中建立起党支部或党小组。从现有的 15 个教员党支部增加到 35 个,每个支部应有党员 10 人左右。两年内使所有 244 个学生班(包括研究生 26 个班)中,每个班至少有 3 个党员,基本上做到按专业的年级建立学生党支部,从现有 51 个学生党支部(包括研究生支部)增至 100 个。以后的五年中,学校党的队伍进一步壮大,1958—1962 年共发展新党员 607 人,其中教师 78 人,学生 422 人,职工 107 人。到 1962 年,全校有党员 2786 人,与 1957 年比较,党员人数增加了 874 人。另外,学校党委注意在专家、教授中发展党员,院系调整四年来,共发展新党员 819 人,其中教授、副教授 16 人。1956 年发展的教授、副教授有:沈同、陈阅增、张龙翔、曹靖华、任继愈、季羡林、朱光亚、冯至、卞之琳、吴组湘、程民德、周一良、陈定民、严仁赓。

1966 年 6 月"文革"开始后,我校各级党组织处于瘫痪,党员发展处于停顿。1967 年和 1968 年学校党员人数缺乏统计。1968 年,随着学生党员毕业分配离校,全校党员人数逐渐减少,到 1969 年 9 月,军工宣队组织开门整党、开展逐个恢复党员组织生活工作时,在校党员共有 1575 人,9 月底,全校 24 个基层重新建立了党支部(按:1969 年 9 月 3 日《预计党员恢复组织生活数统计表》内记载:党员人数为 1869 人。见北大档案馆组织部 1969 年 1 卷)。

1970—1975 年招收工农兵学员进校,党员有所增加。1971 年 12 月统计,共有党员 3726 人,其中学生党员 1171 人。到 1975 年年底,学校党员人数达到 5842 人,其中学生党员 3296 人。

1976 年 10 月,粉碎"四人帮"后,北京大学进入历史发展的新时期,学校党委为搞好北大各方面工作,着手加强党员发展工作,增加党员数量,提高党员素质。但从 1977 年开始,由于工农兵学员党员陆续毕业离校,学生党员总数逐渐减少。校党委计划于 1977—1983 年每年发展党员 100—200 人左右,1984 年开始,党员发展逐年增多。1989 年受政治风波影响,在学生中发展党员工作放慢,学生党员人数逐年减少。1990 年,学校党委在提出要加强党员发展工作的同时,强调要认真贯彻"坚持标准,保证质量,改善结构,慎重发展"的方针,并于 1991 年 9 月将 1986 年成立的业余党校改为独立建制、直属校党委的中共北京大学委员会党校,以加强轮训党员和培训入党积极分子的工作。为了做好发展党员的工作,还建立了组织员制度,配备有兼职组织员。1995 年,组织员有 59 人。

经过一段时间的工作,我校发展党员数量又开始上升,1991 年发展 237 人,1992 年 421 人,1993 年 259 人,1994 年 308 人,1995 年 450 人,1996 年 698 人,1997 年 756 人。到 1997 年全校党员总人数为 6744 人,其中:干部党员 605 人,占干部总数 650 人的 93%;教师党员 1623 人,占教师总数 2504 人的 65%(其中:教授党员 660 人,占教授总数 814 人的 81%;副教授党员 541 人,占副教授总数 808 人的 67%;讲师党员 349 人,占讲师总数 707 人的 49%;其他教师党员 73 人,占其他教师总数 175 人的 42%;35 岁以下青年教师党员 387 人,占 35 岁以下青年教师总数 790 人的 49%);其他专业技术人员党员 566 人,占专业技术人员总数 2039 人的 28%;工人党员 247 人,占工人总数 1354 人的 18%;学生党员 2012 人,占学生总人数 14449 人的 14%(其中研究生党员 1115 人,占研究生总人数 5416 人的 21%;本科生党员 897 人,占本科生总人数 9033 人的 10%)。

附表：

（一）北京大学 1949—1997 年党员情况统计表

（二）北京大学历年党员总人数及发展数统计表（1949—1997）

（三）北京大学党员基本情况统计表（1997 年 12 月）

（四）北京大学党员构成分布统计表（1997 年 12 月 31 日）

（一）北京大学 1949—1997 年党员情况统计表（1）

时间	1949.12.20	1950.12.16	1951.11.25	1952.12.31	1953.12.31	1954.12.31	1955.12.31	1956.12.31	1957.10.31	1958.12.1	1959.12.31	1960.12.31	1961.12.30
党员人数总计	284	294	347	595	867	1220	1407	2251	1912	2278	2491	3237	3204
其中:1.教职工	68	68	67	121	197	278	394	631	733	814	979	1543	1292
其中:专任教师				61	108	159	212	308	384	498		595	727
内:教授							9	17	17	27		17	22
副教授							8	10	10			7	26
讲师							33	57	58			164	170
教员							14	21		471		25	
助教							其他 119 20	203	229			382	509
2.学生	216	226	280	202	285	506	761	1269	1179	1464	1458	1379	1780
其中:博士生					31	97	116	78	41	33		51	
硕士生													研进 187
本科生					254	409	622	1142	1054	1359		1225	1593
进修、专科							23	49	84	72		98 医预5	

北京大学志（第四卷）

1872

时间	1949.12.20	1950.12.16	1951.11.25	1952.12.31	1953.12.31	1954.12.31	1955.12.31	1956.12.31	1957.10.31	1958.12.1	1959.12.31	1960.12.31	1961.12.30
3.速中学生				速中学生 272	速中学生 385	速中学生 436	速中学生 252	速中学生 351					
4.其他											54	315	132
其中:1.正式党员		194		421	674	945	1063	1593	1423		2225	2705	2888
2.预备党员		100		174	193	275	344	658	489		266	532	316
其中:1.男		251	282								1917	2610	2482
2.女		43	65								574	627	722
其中:1.汉族							1383				2424	3151	3113
2.少数民族							24				67	86	91
其中:1.研究生													
2.大专生以上		182	113				1061				2104	2498	2734
3.中专生													
4.高中		15	17				146				83	102	132
5.初中		30	43				161				150	306	198
6.小学		67	174				38				153	329	135
7.文盲							1				1	2	5

注:表中统计数字均摘自党委和党委组织部统计年报表

北京大学志（第四卷）

（一）北京大学 1949—1997 年党员情况统计表（2）

时间	1962.12.30	1963.12.30	1964.12.30	1965.12	1966.4.5	1967	1968	1969	1970	1971.12	1972.12	1973.12	1974.12
党员人数总计	2786	2259	2074	2078	2208	无	无	无	无	3726	4257	5041	5079
其中：1.教职工	1344	1326	1413	1505	1507					1825	1776	2167	2503
其中：专任教师	740	734	760	793	794					968	961	1187	1241
内：教授	19	20	19	18	18								
副教授	25	27	25	25	25								
讲师	236	235	231	229	228								
教员	50	38	42	23	23								
助教	410	414	443	498	500								
2.学生	1438	933	654	573	693					1711	2217	2841	2534
其中：博士生	81	86	75	69	70								
硕士生													
本科生	1209	732	501	480	600								
进修、专科	58 其他 90	78 其他 37	49 其他 29	16 其他 8	16 其他 7								
3.离退休人员													
4.其他	4		7		8					190	264	33	42
其中：1.正式党员	2611	2192	1977	1800									

时间	1962.12.30	1963.12.30	1964.12.30	1965.12	1966.4.5	1967	1968	1969	1970	1971.12	1972.12	1973.12	1974.12
2.预备党员	175	67	97	278									
其中:1.男	2112	1706	1561	1541						2925	3275	3814	3666
2.女	674	553	513	537						801	982	1227	1413
其中:1.汉族	2700	2189	2020	2021						3630	4139	4915	4936
2.少数民族	86	70	54	57						96	118	126	143
其中:1.研究生													
2.大专生以上	2408	1904	1702	1714						3040	3582	4298	
3.中专生													
4.高中	107	110	101	107						114	122	136	
5.初中	162	156	155	161						295	299	359	
6.小学	106	88	113	95						277	254	248	
7.文盲	3	1	3	1									

注:表中统计数字均摘自党委和党委组织部统计年报表

(一)北京大学 1949—1997 年党员情况统计表(3)

时间	1975.12	1976.12	1977.12	1978.12.31	1979.12	1980.12	1981.12	1982.12	1983	1984.12	1985	1986.12	1987.12
党员人数总计	5842	5727	5622	4684	4125	3247	3337	3205	无	3769	无	4965	5147
其中:1.教职工	2532	2683	2739	2511	2503	2336	2547	2586		2656		2971	3035

时间	1975.12	1976.12	1977.12	1978.12.31	1979.12	1980.12	1981.12	1982.12	1983	1984.12	1985	1986.12	1987.12
其中：专任教师		1416	1437	1403	1365	1549	1500	1560		1536		1775	1650
内：教授					136	32	35	39		57		164	163
副教授						118	244	250		329		489	554
讲师					593	866	766	806		720		732	695
教员					636					430			
助教						533	455	465				390	238
2.学生	3296	3021	2845	2149	1604	883	754	539		1021		1853	1807
其中：博士生						159		225		399		103	150
硕士生												776	775
本科生						722		205		187		584	572
进修、专科						2		109		435		390	专科310
3.离退休人员						23	7	68		88		141	247
4.其他	14	23	38	24	18	5	29	12		4			58
其中：1.正式党员			5618	4590	4028	3165	3168	3043		3452			4533
2.预备党员			4	94	97	82	169	162		317			624
其中：1.男	4133	3983	3881	3307	2959	2375	2431	2281		2688			3605

时间	1975.12	1976.12	1977.12	1978.12.31	1979.12	1980.12	1981.12	1982.12	1983	1984.12	1985	1986.12	1987.12
2.女	1709	1744	1741	1377	1166	872	906	924		1081			1542
其中:1.汉族	5675	5554	5446	4555	3999	3157	3241	3113		3667			4976
2.少数民族	167	173	176	129	126	90	96	92		102			171
其中:1.研究生													
2.大专生以上				3952	3427	2558	2625	2499		3061			4146
3.中专生						40	44	45		46			172
4.高中				160	161	109	127	124		137			287
5.初中				350	310	321	323	320		344			357
6.小学				216	218	212	213	210		172			185
7.文盲				6	9	7	5	7		9			

注:表中统计数字均摘自党委和党委组织部统计年报表

(一)北京大学 1949—1997 年党员情况统计表(4)

时间	1988.12	1989.12	1990.12	1991.12	1992.12	1993.12	1994.12	1995.12	1996.12	1997.12		
党员人数总计	5149	4791	4697	4757	4951	5158	5203	5298	6050	6744		
其中:1.教职工	3110	3164	3209	3122	3177	3144	3145	3183	3182	3186		
其中:专任教师	1905	1640	1645	1432	1542	1382	1446	1430	1432	1623		

北京大学志（第四卷）

时间	1988.12	1989.12	1990.12	1991.12	1992.12	1993.12	1994.12	1995.12	1996.12	1997.12			
内：教授		237	228										
副教授		625	588										
讲师		513	518										
教员			311										
助教		265											
2.学生	1677	1051	917	821	929	1074	1151	1193	1653	2012			
其中：博士生	181	135	70	583	634	628	634	670	954	1115			
硕士生	731	601	537										
本科生	479	237	206	238	295	446	517	523	699	897			
进修、专科	专科286	专科78	专科104										
3.离退休人员	311	354	427	480	519	646	617	676	765	1071			
4.其他	51	167	144	334	326	294	290	246	450	475			
其中：1.正式党员	4838	4487	4621	4535	4700	4892	4964	4564	5588	5828			
2.预备党员	311	304	76	222	251	266	239	734	462	916			
其中：1.男	3551	3528	3181	3187	3307	3436	3399	3527	4014	4301			
2.女	1598	1533	1516	1570	1644	1722	1804	1771	2036	2443			
其中：1.汉族	4967	4625	4535	4581	4754	4947	4983	5088	5807	6550			
2.少数民族	182	166	162	176	197	211	220	210	243	194			

续表

时间	1988.12	1989.12	1990.12	1991.12	1992.12	1993.12	1994.12	1995.12	1996.12	1997.12			
其中：1.研究生													
2.大专生以上	4236	3959	3838	3922	4109	4321	4472	4567	5292	5986			
3.中专生	242	145	143	139	142	148	129	129	131	131			
4.高中	206	228	253	228	226	212	136	135	144	144			
5.初中	286	268	274	279	284	293	285	286	301	301			
6.小学	164	176	175	175	176	170	170	170	171	171			
7.文盲	15	15	14	14	14	14	11	11	11	11			

注：①表中统计数字均摘自党委和党委组织部统计年报表。

②1980年以前,离退休人员未单独统计。

(二)北京大学历年党员总人数及发展数统计表(1949—1997年)(1)

年月	党员总数	当年发展数	年月	党员总数	当年发展数	
1949	284	98	1964	2074	122	
1950	294	76	1965	2078	307	
1951.11	347	1	1966.4	2208	145 第一季度 191 全年	
1952	595	249	1967	缺统计数		
1953	867	153	1968	缺统计数		1
1954	1220	70	1969	1869		
1955.11	1209	243	1970	缺统计数	91	
1956	2251	447	1971	3726	198 上半年	共 467
1957.10	1912	31	1972	4257	178	
1958.9	2278	8	1973	5041	211	
1959	2491	91	1974	5079	243	
1960	3237	136	1975	5842	219	

年月	党员总数	当年发展数	年月	党员总数	当年发展数	
1961	3024	249	1976	5727	210	
1962	2786	117	1977	5622	122	
1963	2259	19	1978	4684	73	

注:①1950.5—1952.4基本上未发展新党员;②1969—1972年底,共发展新党员467人。

(二)北京大学历年党员总人数及发展数统计表(1949—1997年)(2)

年	党员总数	当年发展数	年月	党员总数	当年发展数	
1979	4125	106	1994	5203	308	
1980	3247	87	1995	5298	450	
1981	3337	169	1996	6050	698	
1982	3205	194	1997	6744	756	
1983	缺统计数	217				
1984	3769	357				
1985	缺统计数	829				
1986	3965	710				
1987	5147	687				
1988	5149	435				
1989	4791	102				
1990	4697	69				
1991	4757	237				
1992	4951	421				
1993	5185	259				

(三)北京大学党员基本情况统计表(1997年12月)

项目		党员数		项目	党员数
总　计		6744		1927.8—1937.7	3
正式党员		5828		1937.8—1945.9	41
预备党员		916		1945.9.3—1949.9	148
性别	男	4301	入党时间	1949.10—1966.4	1139
	女	2443		1966.5—1976.10	815
民族	汉族	6550		1976.11—1992.9	2115
	少数民族	194		1992.10以后	2483

项目		党员数	项目		党员数
	25 岁以下	1653	现有文化程度	大学以上(含大专)	5986
年龄	26 岁至 35 岁	1305		中专	131
	36 岁至 45 岁	775		高中	144
	46 岁至 55 岁	830		初中	301
	56 岁至 60 岁	605		小学	171
	61 岁至以上	1280		文盲	11

(四)北京大学党员构成分布统计表(1997 年 12 月 31 日)

(1997 年 12 月 31 日)

职业／人数／项目	总计	干部	教	其中									其他专业技术人员	工人	学生	其中				干部专修科	附中、附小教工	离退休人员	其他
				职称状况				35 岁以下青年教师								研究生	本科生	大专生	中专生				
				教授	副教授	讲师	其他	总数	教授	副教授	讲师	其他											
全校总人数	21401	650	2504	814	808	707	175	790	9	167	442	172	2039	1354	14449	5416	9033				405		
其中 党员总人数	6744	605	1623	660	541	349	73	387	2	78	251	56	566	247	2012	1115	897				145	1071	475
党员占%	31	93	65	81	67	49	42	49	22	47	57	33	28	18	14	21	10				36		

说明:(1)本表党员数只统计党的正式组织关系在本单位的党员。

(2)职业分类按所从事的工作分类,从事两项以上工作的按从事的主要工作统计。

(3)教辅人员属于干部的填到"干部"栏,属于工人的填到"工人"栏。

(4)"其他专业技术人员"指除教师之外从事专业技术工作的人员。

补充资料:(1)校级党委 1 个,系级党委 38 个,党总支 2 个,党支部 440 个,其中直属党委领导的直属党支部 2 个。

(2)本年发展的本科生党员总数 451 名,其中发展时属于一年级 45 名,二年级 63 名,三年级 167 名,四年级 176 名。

第六节　党员教育

一、整党整风与党员登记

新中国成立以后,除了"文革"时期的"开门整党整风"外,主要经历了以下四次整党整风与党员登记。

1. 1950 年整风和整党

1950 年 6 月 6 日，毛泽东主席在中共七届三中全会上提出，全党应在 1950 年夏、秋、冬季，在各项工作任务密切地相结合而不是相分离的条件下，进行一次大规模的整风运动。

1950 年 7 月，中共北京市委部署了整风学习。市委决定，这次整风，在学校中主要是整党，非党群众不整，内容主要是总结工作，检查政策贯彻执行情况。

北大党组织根据中央和北京市委的指示精神，从 1950 年 7 月 8 日至 14 日、8 月 6 日至 17 日，在党内进行了整党学习，参加整党学习的党员 200 多人。这次整党学习，主要学习了中央和华北局关于整风的决定、彭真同志关于整风的报告以及毛泽东主席在中共七届三中全会上的报告等文件。一般党员还重点学习了关于批评与自我批评、反对自由主义、与党外人士合作、增强党性等方面的文件。整党计划安排了动员报告、小组讨论、个人总结、开展批评、支部鉴定等阶段，采取脱产干部先行学习，然后一般党员再进行学习的方式进行。其目的是通过学习，明确整党的意义，了解党的政策及国内外形势，提高每个党员的思想觉悟，以便团结最大多数人来建设新中国。新党员还要解决个人与党的关系方面的问题。

整党学习开始不久（约一个月），由于国际和国内形势的变化、各项政治运动的陆续开展，根据中共北京市委的指示，整党学习暂时停止。这样，我校的整党工作在学习文件阶段便停了下来。

1952 年 8 月，校党委作出整党结束工作计划，即在 1950 年整党学习的基础上，继续完成整党任务。

校党委指出，经过"三反""清理中层"以及"思想改造"和"忠诚老实"运动，我校党组织和党员经受了锻炼，党员在思想觉悟上有了很大提高。党组织获得了清理，党内清除了严重丧失立场的分子 5 人（计开除党籍 4 人，取消候补党员资格 1 人），党员因犯错误而给予纪律处分者 11 人（其中留党察看 5 人，警告 2 人，劝告 4 人），犯错误而免予处分者 10 人，并结合运动对党员的政治历史情况进行了审查，党组织得到了进一步纯洁与巩固，为整党结束工作打下了良好的基础。

此次整党结束工作要总结整党教育和"三反"以来的收获，并在此基础上找出主要问题，明确今后的努力方向。具体做法和收获大致如下。

（1）首先在校内对党员、候补党员及培养对象普遍地、系统地进行党员标准八项条件的党课教育，使党员受到共产主义的教育，明确党员八项条件及党的最终目标是实现共产主义，并决心以此来要求自己，为共产主义奋斗终生。

（2）党课教育后，自 1953 年 2 月 10 日至 27 日，分两批进行整党结束工作，首先在脱产干部中进行，取得了初步经验，然后在大学教师和学生党员中进行。

（3）方法和要求：① 要求参加整党的党员总结、巩固在整党教育和"三反"运动中的收获，在此基础上用党员标准八项条件检查自己，采取自觉地认真地结合工作进行检查，找出自己存在的主要问题，明确今后努力方向，提高觉悟。个人检查和小组帮助都要实事求是，不扣帽子。② 进行动员报告、小组讨论（包括漫谈、自我检查、开展批评和帮助，通过个人检查）、填党员登记表和写鉴定。以党支部为基础，共分十七个小组，2 月 20 日召开全体党员大会进行动员，21 日至 23 日小组会自我检查，24 日至 25 日二次小组讨论，然后以支委会为主写鉴定。③ 处理运动中遗留的积案，妥善地处理一部分不够或不完全够条件的党员的问题。

（4）收获：通过整党教育和整党结束工作，每个党员都自觉地进行了总结和检查，认清了自己的主要问题，认识到思想改造是长期艰苦的过程，认识了当前教学改革的任务和自己工作的关系，增加了今后改造自己的决心和信心。党员的具体收获大致如下：① 对共产主义和共产党有了科学的系统的了解，对党的奋斗目标——共产主义认识更加清楚，并用党员标准八项条件要求自己，把当前工作与共产主义的目标结合起来，为党的最终目标奋斗终生。② 进一步划清了敌我界限，在整党教育过程中逐步划清了资产阶级与无产阶级界限。③ 在运动中锻炼了立场，加强了斗争性和政策观点。④ 对小资产阶级的个人主义、个人英雄主义和自由主义等思想的危害性有了进一步的认识，并自觉地暴露缺点展开批判。

但是，在学校党组织中，有的党员个人主义、患得患失的思想还相当严重，小资产阶级思想在党内仍然没有彻底解决，解决这些问题的任务还相当艰巨。有些党员对自己要求不严格，组织生活不健全，党内思想工作薄弱等问题还比较普遍地存在，有待于今后通过党组织不断地进行教育和党员自觉地进行思想改造加以解决。

2. 1957 年的整风运动（见"中华人民共和国成立后的政治运动"一章中的"整风运动和反右派斗争"）。

3. 1984 年整党

1983 年 10 月 12 日，中共十二届二中全会通过《中共中央关于整党的决定》，规定此次整党的任务是统一思想，整顿作风，加强纪律，纯洁组织。具体方法是，在认真学习文件、提高认识的基础上，开展批评和自我批评，分清是非，纯洁组织。

中共北京市委教育工作部于 1983 年 11 月 7 日至 9 日召开高校领导干

部会,要求各校做好整党准备工作;1984年5月,进行了整党工作的部署。

我校于1983年上半年开始,先后分批轮训了党支部书记以上的党员干部和教职工党员1100余人,学习《十一届三中全会以来重要文献选编》;组织全体党员学习《邓小平文选》和《中共中央关于整党的决定》;调查研究党的组织和党员的状况;调整校系两级领导班子;进行核查"三种人"的工作,从思想上、组织上为整党做了准备。

1984年5月,我校开始整党。校党委成立了整党领导小组和整党办公室。整党领导小组组长王学珍(校党委书记)、副组长王效挺(校党委副书记),成员郝斌(校党委副书记兼组织部长)、项子明(党委常委、顾问)、巫宇甦(党委常委、纪委书记)、于洸(地质系党总支书记)。整党办公室主任郝斌、副主任于洸。

整党分整党学习、对照检查、组织处理、党员登记四个阶段。1984年5月至1985年1月为整党学习阶段,即学习文件、统一思想阶段。5月28日,党委书记王学珍在全校中层以上干部、机关党员干部会上作了整党动员报告。此后由各总支据此向教职员党员作了动员。学习的文件主要包括:《中共中央关于整党的决定》,中共中央整党指导委员会通知1—8号,邓小平《实现四个现代化必须坚持四项基本原则》和《在中国共产党第十二次全国代表大会上的开幕词》,胡耀邦《全面开创社会主义现代化建设的新局面》,赵紫阳《在六届人大第二次会议上的政府工作报告》等。这次学习要求结合北大的实际情况,着重在以下问题上统一思想,即:(1)进一步统一对党的对内搞活经济、对外实行开放的政策的认识;(2)进一步统一对办学指导思想的认识;(3)进一步统一对改革的思想认识;(4)进一步统一对彻底否定"文化大革命"以及解决"文革"后遗症问题的认识;(5)进一步统一对整顿作风、加强纪律问题的认识。

在整党学习中,首先集中学习和讨论了上述五个问题中的前三个专题。7月18日,校党委和校行政在学习过程中,综合考虑学校各方面情况,提出了《关于北京大学改革工作的八点意见》。该意见提出:改革要从中国实际情况出发,"面向现代化,面向世界,面向未来";改革的根本目的是要调动全校各个方面和广大师生员工的积极性,努力建设具有中国特色和北大特点的社会主义大学,建设先进的教育中心和科学中心,更多更快更好地出人才,出科学成果;改革措施要符合教育工作和科学工作的规律;改革要有领导有计划有步骤地进行。其中的八点意见是:(1)调整和增设系科专业,改革学校结构。要使北大成为一所包括自然科学、技术科学、人文科学、社会科学、管理科学等多种学科的社会主义大学,在国内是能够代表国家高等教育水平的第一流的教育中心和科学研究中心,在国际上也是一所先进的大学,某些学科应成为国际学术中心之一。(2)适当扩大学校规模,并在着重培养本科生、研究生的同时,开展多种形式办学。(3)改革教学内容和教学方法,提高教育质量。要进一步调整和明确学校的培养目标。要本着加强基础,适当扩展知识面,注意培养实际能力和创造精神,增强适应性的原则,改革教学内容和方法。(4)改革科学研究工作的组织与管理,大力提高科学水平。要切实贯彻理论联系实际的原则和面向经济建设、为四化服务的方针。(5)改革后勤、生产、服务单位的经营管理制度,提高工作效率和服务质量。(6)改革人事管理制度和工资制度,促进人员流动和教职工队伍建设。(7)积极开展社会服务工作,讲求经济效益,增加学校收入。(8)明确机关部、处的职责权限,扩大系一级的自主权。

1984年10月开始进行第四个专题,即彻底否定"文化大革命"的学习。校党委书记王学珍于10月5日在党委扩大会议上、11月7日在教职员党员大会上,作了彻底否定"文革"教育的动员报告。党委副书记王效挺在10月5日的党委扩大会上作了彻底否定"文革"的发言,为了搞好这个专题的学习,除要求学习《中共中央关于整党的决定》等文件以外,还要求学习《中国共产党中央委员会关于建国以来党的若干历史问题的决议》《关于党内政治生活的若干准则》《中国共产党章程》、毛泽东《学习与时局》等文件。校党委还印发了《北京大学"文化大革命"若干事件简介》,列举"文化大革命"前北大的社教运动、聂元梓等七人的"第一张大字报"、北大工作组与"六一八"事件、校内大规模的武斗事件、"北京大学、清华大学大批判组"等14件事,供大家联系实际进行学习。通过学习、讨论,大家比较深刻地认识到"无产阶级专政下继续革命理论"的错误实质,进一步从理论和实践的结合上否定了"文革",也基本上解决了历次政治运动中的是非问题;明确"文革"中的两派都是错误的,进一步认清派性的实质及其危害,加强了团结;进一步认识"文革"对党的建设的严重破坏,自觉清除党内生活中的"文革后遗症",增强党性;联系个人在"文革"中的经历和思想,正确总结经验教训,提高了党员同党中央思想上、政治上保持一致的自觉性。

1984年12月中旬至1985年1月底进行整党第五个专题的学习,开展以坚持共产主义的理想、信念,牢记全心全意为人民服务的宗旨,自觉遵守党的纪律为主要内容的党性、党风、党纪教育。这一专题,共作了"共产党员必须为共产主义奋斗终生""全心全意为人民服务是共产党人的根本宗旨""坚持民主集中制的组织原则,加强党的纪律"等三次党课。第一讲由王学珍给教职员讲,其他两讲由各单位党总支根据整党办公室编写的提纲,结合本单位的实际情况给党员讲。中纪委书记李昌同志还应邀来校给党支委以上干部讲了"在伟大的新时代,党风正,改革好,破浪前进"的党课。通过学习,大家加深了对科学共产主义的理解,进一步明确了共产党员必须树立坚定的共产主义信念并为之奋斗终生;进一步明确全心全意为人民服务是党的根本宗旨和对党员的基本要求,增强了端正党风的自觉性;进一步明确了执行民主集中制的重要性,增强了组织纪律观念。

1985 年 3 月至 5 月为整党的对照检查阶段。根据中指委指示,对照检查自上而下进行。领导班子的对照检查要体现"四个为主",即以集体对照检查为主、以现在领导班子为主、以检查近期为主、以检查开创新局面为主。1985 年 3 月 20 日,校党委书记王学珍在全校党员大会上代表党委常委作集体对照检查(包括个人对照检查)。党委常委、校长丁石孙也在这次会上作了个人对照检查。其他常委个人的对照检查除在常委会上作以外,还在所在支部和自己分管方面的一定范围的干部会上作。各党总支书记、党员系主任在全系党员大会上作对照检查,副职对照检查的范围由各单位确定。

个人对照检查的内容着重在以下方面:(1)思想、政治路线是否端正;(2)是否做到了使自己所从事的工作服务于、服从于党的总任务、总目标的要求;(3)"文化大革命"中的问题和经验教训;(4)在党性、作风、纪律等方面存在的问题。每人对照检查时要抓住自己的主要问题,总结经验教训,明确今后的努力方向,不面面俱到。

1985 年 5 月下旬先后开始组织处理和党员登记,7 月上旬基本完成。关于组织整顿,早在整党开始前,学校就因"文革"中的问题,处理了 12 人,其中聂元梓等 8 人分别受到判刑、劳改、劳教等处理,4 人受到党政处分。这次整党工作开始后,对 67 人进行了核查,其中党员 59 人。67 人中已定为一般性错误的 36 人,属一般性问题的 8 人,有 32 人尚待定性,其中包括"三种人"和犯严重错误的人。

关于党员登记。这次参加整党的正式党员 3394 名(内含教职工党员 2761 人,学生党员 633 人),预备党员 642 名。有 3296 名正式党员进行了党员登记,在外单位登记的 51 名,暂未登记的 46 名,缓期登记的 1 名,由于出国学习等原因没有参加整党或没有参加整党全过程的 191 名,需要进行整党补课。

这次整党中,学生党员(大学生 286 名,研究生 347 名)采取单独集中进行,学生整党的主要目的是要进行一次党的基本理论、党的路线和党员标准的教育,联系个人思想实际,提高政治素质。整党分为两个阶段,7 个单元进行,即整党学习阶段分为动员、彻底否定"文革"教育、共产主义理想和党的根本宗旨教育、党的组织原则和党纪教育 4 个单元;对照检查阶段分为共产党员标准再教育、个人小结和对照检查、党员登记 3 个单元。整党从 1985 年 3 月开始到学期末结束。

4. 1990 年党员重新登记

1989 年政治风波后,根据中央转发《中央组织部关于在部分单位进行党员重新登记工作的意见》的通知和中共北京市委的部署,北京大学从 1990 年 5 月开始至 1991 年 4 月进行了党员重新登记工作。

为了做好党员重新登记思想上和组织上的准备,校党委做了以下工作:(1)进行清查清理工作;(2)考察干部,充实调整部分系级单位的领导班子,先后两次调整充实党支部书记;(3)组织党员和干部围绕十三届四中全会的精神,进行了七次专题学习;(4)调查分析党员和党组织的状况;(5)制定了《中共北京大学委员会关于党员重新登记工作的实施意见》;(6)建立校、系、支部三级党员重新登记工作领导小组。校级由党委正副书记、校长、组织部长 7 人组成,组长王学珍(校党委书记),组员吴树青(校长、党委常委)、郝斌(校党委副书记)、郭景海(校党委副书记、副校长)、梁柱(校党委副书记)、于洸(组织部长),并成立党员登记办公室负责日常工作。

按照校党委《关于党员重新登记工作的实施意见》,党员重新登记工作分两批进行。第一批为 1990 届应届毕业生党员,从 1990 年 5 月下旬开始,至 7 月结束。在 431 名学生党员中,准予登记的 413 人,预备党员仅参加学习的 11 人,延长预备期的 10 人(至 1991 年 1 月,其中 8 人已转正并登记,2 人此时尚未到期)。受留党察看处分的 2 人,受党内严重警告处分(准予登记)的 2 人,缓期登记的 3 人(含留察处分 2 人),不申请登记、党内除名的 2 人。

第二批为全校教职工及在校学生党员,从 1990 年 8 月 23 日开始,至 1991 年 1 月底基本结束。

党员重新登记工作分四个阶段进行,即:学习和教育阶段;个人总结和个人提出申请登记阶段;民主评议、党支部大会作出决议阶段;上级党委审批阶段。

学习和教育阶段从 1990 年暑假末期开始,先利用暑假集中了 10 天时间进行学习,开学以后每周再用 3 个单元时间进行学习,一直到 1990 年 12 月上旬。这一阶段总的要求是:紧密联系当前国际国内形势,联系 1989 年政治风波的实际,联系资产阶级自由化在我校的影响,联系党员个人的思想和表现,在平暴以来已进行的学习教育基础上,再集中进行一次坚持四项原则、反对资产阶级自由化和党的理想、宗旨、纪律的教育,进行一次坚持党员标准、做一名合格共产党员的教育。

个人总结、申请登记和民主评议,党支部大会作出决议这两个阶段,从 1990 年 12 月中旬开始,至 1991 年 1 月底基本结束,一般用了 18 个单元的时间,少数单位在寒假初期及开学后还用了一些时间。在此项工作开始前,培训了党支部书记以上干部。上级党委审批一般是在寒假期间进行,少数在开学以后。

通过党员重新登记,第一是广大党员的思想政治素质有所提高,主要是提高了坚持四项基本原则、反对资产阶级自由化的自觉性,坚定了共产主义信念,增强了坚持社会主义道路的信心,提高了对 1989 年政治风波斗争性质的认识,增强了反和平演变的意识。第二是党员意识有所增强,党内存在的软弱涣散状况有所克服,多数党组织的战斗力和凝聚力有一定程度的提高,进一步明确了共产党员一定要有坚定的无产阶级立场、正确的政治方向,发挥政治作用;进一步明确了共产党员要实践党的全心全意为人民服务的宗旨,发挥先锋模范作用;进一步地开展批评与自我批评。第三是通过加强纪律教育,通过处理、处置违纪党员和不合格党员,增强了党员的纪律观念,严肃了党的纪律,纯洁了党的组织。

在进行党员登记和组织处理阶段,全校共产党员总数 5033 人(包括第一批进行的 1990 届毕业生党员,下同),被批准重新登记的党员 4364 人。未参加党员重新登记 669 人,其中因在国外、在外单位已登记、预备期未满未参加重新登记的 623 人,因精神病保留党籍的 7 人,不申请登记的 7 人,不予登记的 2 人,取消预备期资格的 1 人,开除党籍的 8 人(包括十三届四中全会以后党员登记以前开除的),自动退党、党内除名的 10 人,缓期登记的 5 人,待处理的 6 人。另外,有 22 名党员受到处分,其中留党察看 4 人,严重警告 7 人,警告 11 人。有 13 名预备党员延长了预备期。

二、经常性的党员教育

在党员教育方面,除了整党整风教育外,经常性的教育主要包括:(1)形势与任务学习,要求党员和群众一起通过学习中共中央发布的有关国内外形势、方针、政策的文件、报告以及学校的中心任务,了解国内外形势,明确党员的责任,提高党员的政治水平和工作能力;(2)进行党纲、党章等党的基本知识的学习,特别是对于新党员和申请入党的积极分子进行党课教育,使党员了解党的历史、任务、纪律和最终目标,树立为党的事业奋斗终生的决心;(3)组织党员和干部系统地学习马克思列宁主义、毛泽东思想和邓小平理论,提高党员的政治理论水平。在学习方式和制度上,主要通过党的组织生活、党课、马列主义夜大学以及每周的形势与任务学习(通常与党外群众在一起)进行。

1. 党的组织生活

从 1949 年 2 月建立北大党总支后,即规定党员要定期过好组织生活。从 1949 年 2 月至 9 月,党小组组织生活每月二三次,党支部会每月约三次。

1950 年 3 月,在党分支书联席会上,校党总支规定:党支部要严格执行一月两次党支部大会,一次党小组会(一般安排在星期日晚上)。

1952 年 10 月 14 日,临时党委会按上级组织意见规定党的会议为:支部大会每月 2 次,党小组会每月 1 次,支委会每月 4 次,党委会每月 1 次,支部书记、宣委、组委联席会议每月 1 次。

组织生活内容,主要是结合学习校内外各个时期党的方针、政策,并检查党的决议贯彻执行情况;讨论积极分子入党和预备党员转正以及党员汇报思想情况和检查党员的学习、工作、作风、群众关系,开展批评与自我批评,并反映党外群众的思想和要求。

这个制度在"文革"时期受到干扰和破坏。粉碎"四人帮"以后,组织生活制度逐渐恢复正常。

为了加强党政领导班子建设,从 1980 年开始,坚持和健全领导班子中心组学习制度,以及坚持党员领导干部的双重(支部和领导班子之间)民主生活会制度。1982 年起,各系党总支委员会、直属支部也实行系党政领导干部双重民主生活会制度,每年召开组织生活会 1—4 次,多数是 2—3 次。1989年 3 月 29 日,校党委在《关于我校党建工作报告》中再次提出加强组织生活的意见,要求各支部坚持每月一次(最少)党的活动、每学期一次民主生活会的制度;同时提出建立组织员制度,做好党的发展工作,组织员由系党委挑选有一定党龄和经验的、作风正派的教职员兼任。1995 年 1 月,北京大学党建工作会议后,规定校、院(系)二级都要建立和健全领导班子中心学习组制度,以及领导干部的双重民主生活会制度,每半年召开一次民主生活会议,每次民主生活会后,将会议记录整理上报上级党委。

2. 马列主义理论学习

1954 年 9 月,校党委决定在教职员中开办马列主义夜大学,夜大学由校党委领导,宣传部负责日常工作。同月,夜大学开学。从 1954 年 9 月至 1964 年 2 月,开设了《马克思主义基础》《辩证唯物主义与历史唯物论》《经济建设常识》三门课程(即"党史""哲学""政治经济学"),共有 1083 名教职员党员和非党群众参加了学习。此夜大学至"文革"时被迫停办。

3. 党课教育和党校

1949 年 2 月,校党总支成立后,即通过党课对党员进行党的基本知识教育。1949 年 7 月,我校组织 134 名师生参加由中共北京市委举办的"暑假学校党员训练班"学习。1950 年 9 月,根据中共北京市委决定,校党总支决定今后在校内有系统地进行党课教育,每月一次。1951 年 9 月,校党委制定了对党员进行党的基本知识教育计划,建立了党课制度,基本上每月一次党课,并规定校党委设党课秘书,各党支部设党课辅导员。党课根据各个时期党的任务、方针、政策进行讲授，但基本内容为党章、党纲、党员条件和义务。有时还吸收申请入党积极分子听党课。

　　1983年上半年，校党委为1984年整党做准备，于1983年上半年组织五期党支部书记以上干部和教职工党员轮训班，学习《十一届三中全会以来重要文献选编》和《邓小平文选》，参加学习的有1100余人。1984年整党期间，进行了多次党课教育。整党结束后，于1986年成立业余党校，主要任务是轮训党员和培训入党积极分子。1991年9月，党校独立建制，由校党委直接领导。参加党校学习的以党政管理骨干、党员学术骨干以及申请入党的积极分子为重点。从1991年下半年至1997年，党校分别举办了中青年党员（含中层领导）干部马克思主义理论读书班17期、302人次，党员博士生导师学习研讨班3期、102人次，分党委书记研讨班4期、179人次，新上岗（副处以上）干部研习班2期、48人次，中青年（含中层）干部培训班4期、82人次，党支部书记培训班8期、587人次，入党积极分子提高班和普通班16期、11558人次，处以上干部"党性党风教育"学习班（补课学习中央十五大文件）3期、57人次，民主党派新成员学习班1期、35人次（与统战部和校内各民主党派组织合办）等。

北京大学党校培训党员及积极分子学习班情况表(1980年4月—1997年12月)

日期	学习班名称	人数	学习内容
1980.4.5—1980.4.10	第一期中层以上干部学习班（党总支、直属支部书记、机关正、副部长）	32	《关于党内政治生活的若干准则》
1980.4.21—1980.4.25	第二期中层以上干部学习班		《关于党内政治生活的若干准则》
1980.5.7—1980.5.10	第三期中层以上干部学习班		《关于党内政治生活的若干准则》
1983年上半年	1—5期党支部书记以上干部和教职工党员轮训班	1100余人	《十一届三中全会以来重要文献选编》、《邓小平文选》，为1984年整党做准备
1990.3.18—6.10	入党积极分子学习班	800	党的基本知识
1991.10.20—12.22	第四期积极分子培训班	962人873人结业	党的基本知识（第一至第三期缺载）

日期	学习班名称	人数	学习内容
1991.11.21	第一期党员博士生导师学习研讨班		当前形势、任务和建设有中国特色的社会主义理论
	第二期党员博士生导师学习研讨班	102	当前形势、任务和建设有中国特色的社会主义理论
1991.12.19	第三期党员博士生导师学习研讨班		当前形势、任务和建设有中国特色的社会主义理论
1992.4.10—4.18	第一期党支部书记培训班	45	中央[92]2号文件、江泽民《在庆祝中国共产党成立七十周年大会上的讲话》、邓小平《坚持四项基本原则》、党章等。
1992.5.8—5.16	第二期党支部书记培训班	91	中央[92]2号文件、江泽民《在庆祝中国共产党成立七十周年大会上的讲话》、邓小平《坚持四项基本原则》、党章等。
1992.6.12—6.16	第三期党支部书记培训班	支书47 总支书7	邓小平南方视察时的讲话,关于北大改革开放问题
1992.6.26—6.30	第四期党支部书记培训班	84	邓小平南方视察时的讲话,关于北大改革开放问题
1992	第五期党支部书记培训班	45	邓小平南方视察时的讲话,关于北大改革开放问题
1992.4.15—6月底	第一期入党积极分子提高班	第一期至第五期共1840人次	刘少奇《论共产党员的修养》、毛泽东《在延安文艺座谈会上的讲话》、江泽民《在庆祝中国共产党成立七十周年大会上的讲话》中关于加强党的建设部分
	第二期入党积极分子培训班		见第一期

日期	学习班名称	人数	学习内容
	第三期入党积极分子培训班		见第一期
	第四期入党积极分子培训班		见第一期
1992.10.11—12.20	第五期入党积极分子培训班		党的基本理论、基本知识和基本路线，党的十四大工作报告和十四大新党章，《共产党宣言》，邓小平南方视察讲话
1992.11.4	文科党委书记研讨会	18	中共十四大文件
1992.11.11	理科党委书记研讨会	17	中共十四大文件
1992.11.7—12.4	第一期中青年党员干部马克思主义理论读书班	32	中共十四大文件，江泽民在中央党校讲话，邓小平著作等。
1992.12.10—12.29	第二期中青年党员干部马克思主义理论读书班	26人结业	中共十四大文件，江泽民在中央党校讲话，邓小平著作等。
1993.3.26—4.17	第三期中青年党员干部马克思主义理论读书班	23人结业	中共十四大文件
1993.5.6—5.29	第四期中青年党员干部马克思主义理论读书班	18人结业	中共十四大文件
1993.10.8—10.29	第五期中青年党员干部马克思主义理论读书班	11人结业	中共十四大文件，党纲、邓小平南方视察讲话，毛泽东《实践论》，《邓小平文选》第三卷和建设有中国特色社会主义理论
1993.12.3—12.13	第六期中青年党员干部马克思主义理论读书班	13人结业	中共十四大文件，党纲、邓小平南方视察讲话，毛泽东《实践论》，《邓小平文选》第三卷和建设有中国特色社会主义理论
1993.10.10	第六期积极分子培训班		

日期	学习班名称	人数	学习内容
1994 年	中青年（含中层）干部培训班 1—4 期,每期 15 天	82	邓小平建设有中国特色社会主义理论和市场经济
1994 年	各系党委书记、党委部长培训班	100	邓小平建设有中国特色社会主义理论和市场经济
1994 年	入党积极分子培训班 1—2 期每期 40 学时	1250	邓小平建设有中国特色社会主义理论、党的基本知识
1994.10.23—12.25	第七期入党积极分子培训班		
1994.4.25—5.14	第七期中青年党员干部马克思主义理论读书班	22	中共十四大报告,中央关于学习《邓小平文选》第三卷的决定,江泽民在学习《邓小平文选》第三卷报告会上讲话,党章
1994.10—	第八期中青年党员干部马克思主义理论读书班	18	中共十四大报告,中央关于学习《邓小平文选》第三卷的决定,江泽民在学习《邓小平文选》第三卷报告会上讲话,党章
1994.12.5—12.17	第九期中青年党员干部马克思主义理论读书班	21	中共十四大报告,中央关于学习《邓小平文选》第三卷的决定,江泽民在学习《邓小平文选》第三卷报告会上讲话,党章
1995.4.3—4.14	第十期中青年党员干部马克思主义理论读书班	18	建设有中国特色社会主义理论、社会主义市场经济基本理论（中共十四大报告、邓选、党章）
1995.6.12—6.23	第十一期中青年党员干部马克思主义理论读书班	19	建设有中国特色社会主义理论、社会主义市场经济基本理论（中共十四大报告、邓选、党章）
1995.10.30—11.10	第十二期中青年党员干部马克思主义理论读书班	15	建设有中国特色社会主义理论、社会主义市场经济基本理论（中共十四大报告、邓选、党章）

日期	学习班名称	人数	学习内容
1995.3.27—4.8	第一期党委书记研讨班	共44	中共十四大报告,四中全会决定,学校党建工作会议文件,研讨加强党的建设
1995.4.24—5.6	第二期党委书记研讨班		
1995.5.8—22	第一期教工党支部书记培训班	共268	讨论党支部建设在整个党的建设中的地位和加强党支部建设的指导方针,党支部书记在支部建设中的地位和作用,如何当好党支部书记
1995	第二期教工党支部书记培训班		
1995	后勤党支部书记培训班(由后勤党委办、党校指导)		
1995	新上岗的年轻党委书记、副书记研讨班(与党委组织部合办)	23	根据党的十四届四中全会和五中全会精神,结合北大改革发展目标,研讨如何做一个合格的中层领导干部
1995年上半年	入党积极分子党性教育读书提高班	481	党的基本理论、党的基本路线和党的基本知识教育
1995年下半年	入党积极分子的普及班	1875	党的基本理论、党的基本路线和党的基本知识教育
1996.5.13—5.24	第十三期中青年党员干部马克思主义理论读书班	11	建设有中国特色社会主义理论,党建的形势、任务和目标
1996.6.10—6.21	第十四期中青年党员干部马克思主义理论读书班	14	建设有中国特色社会主义理论,党建的形势、任务和目标
1996.10.7—10.18	第十五期中青年党员干部马克思主义理论读书班	13	建设有中国特色社会主义理论,党建的形势、任务和目标
1996.11.25—12.6	第十六期中青年党员干部马克思主义理论读书班	13	建设有中国特色社会主义理论,党建的形势、任务和目标

日期	学习班名称	人数	学习内容
1996.1.5	近年上岗的中层干部研讨班(即各院系党委正副书记)	25	根据四中全会精神,讨论怎样做一个合格的党员领导干部
1996	入党积极分子普及培训班	2037	帮助入党积极分子进一步提高对党的认识,树立科学的世界观和为共产主义奋斗终生的决心,明确党性锻炼的要求,端正入党动机,努力争取做一个合格的共产党员
1996	入党积极分子党性教育读书提高班	727	帮助入党积极分子进一步提高对党的认识,树立科学的世界观和为共产主义奋斗终生的决心,明确党性锻炼的要求,端正入党动机,努力争取做一个合格的共产党员
1997.5.12—5.23	第十七期中青年党员干部马克思主义理论读书班	15	建设有中国特色社会主义理论、党建
1997.4.19—4.29	第一期民主党派新成员学习班(与统战部和校内各民主党派组织合办)	3534 人结业	邓小平统战理论和中央有关统战工作的文件
1997.11.8—11.21	处以上干部"党性党风教育学习班(补课第一期)"	共 57 人	中央十五大文件
1997.11.25—11.28	处以上干部"党性党风教育学习班(补课第二期)"		
1997.12.3—12.5	处以上干部"党性党风教育学习班(补课第三期)"		
1997	入党积极分子培训班二期	2538 其中普通班 1700	中央十五大工作报告和新党章、《共产党宣言》、邓小平理论"学习纲要"

三、先进集体、先进个人评选

从 20 世纪 80 年代开始,北大党委积极组织参加北京市先进党支部及优秀党员评选工作,并于 1981 年 6 月开始,为纪念建党六十周年作出评选先进党支部及表彰优秀党员的决定。1995 年北大党委作出表彰党务、思想政治工作先进集体和优秀个人的决定。历年北京大学获得北京市先进党支部、优秀党员称号的名单与获得学校先进党支部、优秀党员的情况,以及北京大学获得北京市和中共中央组织部、中共中央宣传部、教育部党组授予"党的建设和思想政治工作先进普通高等学校"称号和学校表彰党的建设和思想政治工作先进单位及优秀个人的情况分列如下。

1. 先进党支部

(1) 受到中共北京市委表彰的先进党支部

1986 年 6 月,国际政治系共运教研室党支部。

1997 年 6 月,国际关系学院本科生党支部(历史系党委同时获提名奖)。

(2) 受到中共北京市委表扬的党支部

1986 年 6 月,东语系日语教研室党支部。

(3) 受到学校党委表彰的先进党支部

1981 年 6 月表彰 25 个先进党支部。名单如下:数学系学生党支部,物理系七七级党支部,地球物理系七七级党支部,无线电系水声物理教研室党支部,地质系七八级党支部,地理系国家遥感中心技术培训部党支部,技术物理系学生党支部,中文系七七级文学专业党支部,哲学系七七级(三)班党支部,经济系七八级政经(一)班党支部,经济系经济史、经济学说史教研室党支部,国际政治系国际共产主义运动史教研室党支部,法律系七八级党支部,图书馆学系七七级党支部,东语系行政党支部,西语系英语教研室党支部,图书馆资料室党支部,机关一总支党委办公室党支部,机关一总支家属委员会党支部,机关二总支人事处党支部,机关二总支物资设备处党支部,校务总支材料科党支部,校务总支幼儿园党支部,校办工厂总支印刷厂党支部,电子仪器厂微电子学研究室党支部。

1982 年 6 月表彰 19 个先进党支部。名单如下:物理系低温教研室党支部,力学系固体力学教研室党支部,技术物理系加速器教研室党支部,地球物理系气象教研室党支部,无线电系声学教研室党支部,地质系班级主任党支部,计算机系软件教研室党支部,中文系汉语 79 级党支部,历史系世界史研究室党支部,经济系世经 78 级党支部,国际政治系共运史教研室党支部,国际政治系共运史 78 级(二)班党支部,法律系 79 级(三)班党支部,西语系英语教研室党支部,图书馆采编部党支部,幼儿园党支部,修建处材料科党支部,印刷厂党支部,医院门诊党支部。

1987 年 7 月表彰 36 个先进党支部。名单如下:概率统计系直属党支部,数学系本科生党支部,力学系学生第一党支部,低温物理教研室党支部,物理系 85 级学生党支部,普通化学教研室党支部,高分子化学教研室党支部,胶体化学教研室党支部,地球物理系本科生党支部,地质系本科生党支部,环境地学教研室党支部,放射化学教研室党支部,无线电系研究生党支部,中文系八四级研究生党支部,世界古代史、亚非拉史教研室党支部,历史系本科生党支部,哲学系美学、伦理学、自然辩证法、逻辑学研究生党支部,国际经济系教员党支部,经济学院八五、八六级本科生党支部,国际共运史教研室党支部,国际政治系政治学专业本科生党支部,法律系办公室、资料室党支部,法律系研究生八五级混合班党支部,图书馆学情报学系研究生党支部,东语系学生党支部,俄罗斯语言教研室党支部,中国革命与建设研究中心研究生党支部,党委办公室党支部,党委组织部党支部,党委学生工作部、团委党支部,人事处党支部,教学行政处党支部,高教研室所党支部,勺园管理处党支部,印刷厂党支部,北大附中初中党支部。

1991 年 7 月表彰 28 个先进党支部。名单如下:力学系行政办公室党支部,物理系普通物理实验室党支部,化学系有机化学教研室党支部,化学系胶体化学教研室党支部,生物系微生物遗传教研室党支部,地球物理系气象教研室党支部,地质系矿物、矿床教研室党支部,技术物理系放射化学教研室党支部,无线电系声学与应用电子学研究所党支部,计算机系微电子研究所党支部,计算中心党支部,中文系古典文献研究所党支部,哲学系美学和伦理学教研室党支部、哲学系马克思主义哲学原理第二教研室党支部,经济学院八八级本科生党支部,法律系刑法教研室党支部,法律系九〇级研究生第二党支部,政治学与行政管理系中国革命史专业研究生党支部,图书馆学与情报学系本科生党支部,校党委办公室、研究室党支部,社会科学处党支部,成人教育学院党支部,后勤机关党支部,印刷厂党支部,校医院外科、中医科党支部,仪器厂党支部,燕园街道中关园党支部,北大第二附属中学党支部。

1993 年 6 月表彰 11 个优秀学生党支部。名单如下:化学系九二级博士生党支部,力学系研究生党支部,地质系硕士生党支部,国际政治系共运、党史专业硕士生党支部,政治学与行政管理系中共党史专业硕士生党支部,马克思主义学院研究生党支部,无线电系本科生党支部,城市与环境学系本科生党支部,经济学院九〇级本科生党支部,东方学系本科生党支部,英语系本科生党支部。

1995 年 3 月,表彰"北京大学 1993—1994 年度优秀学生党支部"15 个。

1996年7月表彰43个先进党支部。名单如下：校党委保卫部党支部，校党委组织部党支部，人事处党支部，研究生院党支部，高教研究所党支部，数学科学学院概率统计系党支部，力学与工程科学系行政党支部，物理系国家重点实验室党支部，物理系普通物理教研室党支部，地球物理系本科生党支部，技术物理系本科生党支部，电子学系本科生党支部，计算机系行政党支部，化学与分子工程学院稀土中心党支部，化学与分子工程学院九二—九三级本科生党支部，生命科学学院生物化学及分子生物学党支部，地质系地震地质教研室党支部，城市与环境学系本科生党支部，中文系博士生党支部，历史系亚非拉世界古代史教研室党支部，历史系九四级研究生党支部，哲学系哲学原理——现代中国哲学党支部，哲学系九五级研究生党支部，经济学院人口所党支部，经济学院九五级研究生党支部，法律系九四级研究生（2）班党支部，法律系九二级本科生党支部，国际政治系行政党支部，国际政治系九二—九三级本科生党支部，政治学与行政管理系本科生党支部，社会学系本科生党支部，东方学系本科生党支部，西语系法语教研室党支部，英语系大学英语教研室党支部，马克思主义学院研究生党支部，后勤事务中心园林科党支部，后勤伙食处第三党支部，图书馆采访流通部党支部，街道办事处承泽园党支部，出版社印刷厂党支部，昌平园区学生党支部，北大附中理科党支部，校办产业资源开发公司党支部。

2. 优秀党员、优秀党务工作者

（1）受中共北京市委表彰的优秀党员

1986年7月，虞福春被授予北京市优秀党员称号。另有高洪珍，张瑞云、马树孚、许振东、吕以乔5名党员受到表扬。

1989年12月，侯学忠、黄巧荣、程光裕、张殿英、赵亨利、洪贵喜、李宝富等7人被评为北京市优秀党务工作者。

1989年12月，中共北京市委表彰从事党务工作三十年以上的党员。我校有37人。他们是：王路宾、孟林、戴新民、项子明、张学书、王效挺、何健、李明华、朱云芬、陆元灼、王林、赵欣、高连瑞、龚理嘉、张起永、杨联洁、庄守经、张秀全、杨文娴、郑殿成、吴金泉、贺剑城、徐华民、赵子钰、苏文砚、姜德珍、华秀珠、李宝珍、邹果秀、王秀麟、简兰芝、王守信、关淑贞、李如英、葛淑英、李玉川、韩启成。

（2）受学校党委表彰的优秀共产党员标兵和优秀党员

1981年6月表彰优秀共产党员118名。名单如下：马树孚、陈家鼎、王杰、刘森、李佩英、侯学忠、孟小凡、谢慧瑗、李椿、徐伯良、段晓青、黄振迪、孙亦樑、王子模、孟宪佐、葛明德、吴才宏、姚湘琴、朱元竟、刘锦平、张天润、于洮、冯钟燕、薛佳、王成绪、王义遒、郝永成、曲志深、蒋曼英、童建昌、杨芙清、田照一、崔海亭、王敏华、蒋绍愚、张剑福、乐黛云、颜乾虎、李维一、魏英敏、李旭光、刘一杰、尹刚、朱善璐、王其文、董文俊、张煒、韩洪钖、王春梅、陆庭恩、成汉昌、潘国华、李茂春、杨水生、蔡武、沈仁道、姜明安、罗建平、王方平、张国华、罗豪才、王世洲、张建早、张文、张瑞云、陈定芳、于茂林、李认兴、沈承昌、肖东发、施维克、季羡林、陈加厚、袁有礼、方薇、孙坤荣、钮友翕、王荣宅、李明滨、李彦奇、王申、成素梅、戴新民、沙健孙、徐明、钱淦荣、薛启亮、鲁仁、高鲲、武恩德、王希祜、崔际芳、高洪珍、韩仲秋、吴钖全、王存玺、朱志良、杜仲宗、李恂、郭景海、杜万镒、张存珪、任进宝、张颂华、邓宝强、朱飞云、陈竹梅、覃刚林、苗家综、陈江深、张兴华、冯秀兰、陈贤、王廷淑、王德荣、沈鹏、曹杰英、王惠芳。

　　1982年6月表彰优秀共产党员102名。名单如下：段学复、李忠、林建祥、黄植文、李椿、任万功、夏廷康、蒋硕健、戴乐蓉、焦书明、顾燕恬、王守信、胡美浩、赵贵槐、尹宏、张荫春、李迎春、郝永成、钱越英、宋振清、赵永红、徐海鹏、郝嘉凤、吕晋育、陈金象、于茂林、沈承昌、睢行严、黄巧荣、王申、曹先擢、周强、马振方、李小凡、潘润涵、罗正清、段胜武、冯国瑞、童淑英、朱善璐、蔡沐培、李克刚、黄湘平、李宗扬、张汉清、陈哲夫、宋志强、穆毅锐、张国华、王世洲、王方平、高志新、闫征、张建早、李严、邵巍、徐晓阳、陈加厚、方薇、朱彦彬、胡春鹭、李文寿、赵欣、戴新民、沙健孙、马锐敏、谢福苓、成素梅、郭松年、朱志良、古平、张茂清、吴景华、钟跃坤、杜万镒、李盐、任进宝、黄必腾、李长山、张颂华、刘淑贤、王兰英、王希祜、刘德贵、宗殿奎、董玉香、高洪珍、蔡永茂、王存玺、刘玉田、唐海宽、陈江深、史增明、孙辩华、段小荣、曹杰英、邱淑清、马树孚、张淑贤、王德荣、李恂、庄德福。

　　1987年7月表彰优秀共产党员135名。名单如下：程民德、蒋定华、王杰、郑忠国、李俊峰、黄巧荣、周青、张瑞云、戴远东、刘尊孝、侯学忠、周勇跃、陈晓林、许东、田文、尚振海、李标国、郑克祥、赵振国、罗传秋、刘兆兰、刘美德、胡美浩、吕以乔、陈志明、罗建源、钮宏武、李守中、罗先汉、贾国强、吴凤雷、董申保、魏绮英、李宝富、徐海鹏、胡甲均、包尚联、邰可声、金瑞鑫、冯立、张肇仪、吴锦雷、连波、杨同立、孙光斗、耿素云、徐正旺、江红、初育国、张鹏、李小凡、郭力、谭圣安、王春梅、李建勤、李伯谦、陈占安、王梦真、蔡沐培、王永治、周勤英、王二杰、张胜宏、陆昊、燕翔、周万军、陈哲夫、潘国华、苏品端、徐毓陉、安天剑、王晶、吴东、马长祥、储槐植、王晨光、王小能、蔡志敏、张文生、刘建民、张志刚、李毅多、邱水平、曲三强、彭章秀、张以忠、王锦贵、赵林立、丁卫、王思斌、于长江、马明洁、郭应德、韩德英、刘振泉、吴宝楚、严宝瑜、姜鹅鹅、赵欣、安美华、吴玉雯、梁柱、沈继英、许宗宣、周家珍、成素梅、李晓娟、叶树青、孙曾彪、李秀兰、沈承昌、赵亨利、杨康善、李洋、段秀云、马树孚、陈定芳、周金福、朱飞云、张桂英、李文华、黄必腾、张文礼、刘德贵、吴君明、张志君、李金贵、王富、洪贵喜、高洪珍、李恂、习玉树、江超华、蒋自媛、张书仁。

1991 年 7 月表彰优秀共产党员 125 名。名单如下：陈让福、丘维声、张瑞云、黄巧荣、胡永生、刘尊孝、黄植文、许力田、周峥嵘、俞启全、焦书明、岳素兰、张鸿志、刘峰、尚振海、李标国、潘乃穟、崔克明、周曾铨、何笃修、沈同、吴玉军、盛斐轩、蔡蓉华、仲维英、安太庠、徐振邦、黄福生、徐海鹏、任重、吴月照、赖建洲、刘洪涛、吴秀兰、于茂林、李认兴、薛增泉、吴德明、刘捷、李保忠、倪学文、魏引树、姜德珍、王登峰、张剑福、李小凡、冯钟芸、高秀芳、王天有、郭海、冯继仁、赵正义、冯国瑞、黄书进、李本海、曾毅、卢自海、刘文忻、刘义方、陆文东、冯春、蔡志敏、孙绍有、刘东进、吉罗洪、白晟、梁根成、潘国华、张汉清、时和兴、李纪有、张文儒、张辉、顾海根、安书祉、潘虹、张臣武、祝畹瑾、李效忠、邵可声、陆庭恩、李宝珍、陈翠微、童宣海、张寅、魏国英、张强、马树孚、杨文娴、王毓钟、李国斌、王国堂、王兴章、胡京翔、闫成忠、李文华、陆小玉、孙玉梅、张连贵、喻宝山、韩淑英、刘书查、赵礼生、赵有林、徐晓辉、唐辛生、李珊珊、马景福、成素梅、周月梅、王春茂、傅新、曹杰英、郭菊芳、张书仁、刘金焕、郝大鹏、习玉树、李淑琴、丁淑琴、王秀芳、谈玉英、凌佩舜、吴治和、刘开云。

1996 年 6 月表彰优秀共产党员标兵 10 名。名单如下：黄楠森、石青云、严纯华、何健、陈文申、李岭、季红、朱苏力、崔殿祥、张胜群。

1996 年 6 月表彰优秀共产党员 138 名。名单如下：孙绍有、夏祖述、曲春兰、张庆熹、刘颖、吴同瑞、杜临生、过祖贤、张桂英、杨学祥、赵立群、李研、刘欣、刘万焱、白敏珠、高立洲、黄少云、田立青、戚立峰、叶以同、李山虎、于年才、孙骊亨、刘继周、段家恹、刘国良、刘松秋、巩玲华、周维金、王志、曹保鹏、杨庆华、蒋硕健、周锡煌、杨迈之、华子千、安成才、韩嵘、沈扬、郭振泉、陈重、张华伟、林本达、张全铎、唐镇松、吴兰芳、王大根、冯仲燕、李小凤、刘玉琳、黄润华、李宏、毛小苓、徐希孺、周有光、倪学文、耿素云、冯燕、刘宝章、苏彦捷、张宏、宋绍年、马真、李海燕、王春梅、祝总斌、赵伟、金可溪、束鸿俊、夏剑豸、张晓黎、丁国香、柳玉芝、王俊宜、李世波、杨田洲、王其文、方羽、叶静漪、张为一、沈岿、程道德、沈纬莹、王磊、张汉清、王联、王勇、谢鹏、李景鹏、陈志能、马锦、薛美华、夏学銮、刘士杰、关成华、刘勇、唐仁虎、李生俊、傅成劼、杜长有、田贵森、孙亦丽、吴贻翼、陆庭恩、朱晓东、崔芳菊、冯春香、杨永庚、赵桂莲、赵岚明、宗殿魁、杨仲昭、张耀鸿、牛林青、邵柯、武振江、虞逸娟、陈文琴、郑昌德、郭洪勇、刘勇、陈振群、冯金梅、陆剑梅、孟昭为、尹超、于素荣、蒋明、宋云、李如俊、张永祥、李平方、姬建军、杜宗躬、丁淑琴、贾传喜、赵登池、张书仁。

3.党的建设和思想政治工作优秀单位及优秀个人

（1）受上级党组织表彰

1991年3月,东方语言文学系被评为北京市思想政治工作优秀单位。

1991年3月,哲学系教师王桂英被评为北京市优秀思想政治工作者。

1992年9月,北京市德育先进工作者11名:吴宝科、宋振清、崔克明、刘宇辉、张章才、邱水平、周开让、江长仁、陈定芳、许树新、王海燕。

1994年2月,北京大学被评为北京市党的建设和思想政治工作先进高等学校。

1996年10月,王春梅被授予北京市优秀思想政治工作者称号。

（2）受学校党委表彰

1995年6月,党务和思想政治工作先进集体10个:历史系党委、经济学院党委、国际政治系党委、概率系党委、力学系党政班子、无线电系党政班子、图书馆党委、后勤党委、二附中党支部、中国民主同盟北京大学委员会。

1995年6月,党务和思想政治工作特别奖获得者2个:昌平园区工委,学生工作部、团委会。

1995年6月,优秀党务和思想政治工作者一等奖——李大钊奖获得者10名。名单如下:梁志明、李小凡、刘旭东、韩立国、魏引树、宋振清、李宝珍、赵享利、张万仓、崔芳菊。

1995年6月,优秀党务和思想政治工作者二等奖获得者50名。名单如下:赵朝洪、王守常、刘宇辉、邱恩田、叶静漪、张建武、卢自海、赵林立、马建钧、李桂霞、左少兴、仝华、靳毅、范桂枝、于年才、戴中维、刘雪林、任时仁、骆初平、严宣申、贺飞、姚德一、郭瑛、魏绮英、吴月照、刘宝章、王丽梅、王淑文、张茂清、陈占安、夏祖述、陈淑敏、吕凤囊、黄道林、陈定芳、陈建龙、隋凤花、苏勇、付新、张炳贤、高玉琴、宋丽明、李秀琴、赵钰琳、赵岚明、赵靖（中国民主同盟北大委员会）、阴法鲁（九三学社北大委员会）、崔季五（中国民主促进会北大总支）、于海永、李莉。

1995年6月,党务工作奉献奖获得者136名。名单如下:（包括民主党派的党务工作者4名）王学珍、王效挺、郭景海、郝斌、李宝珍、程贵权、孙绍有。;沈承昌、陈翠微;杨孚旺、张茂清、黄爱华、侯学忠;古平、桑祥森、刘文兰;张万仓、程敦慧;李玉川、李树恬、普兆启、童宣海、肖祖德、王锡山;仇守银;刘宏勖、刘永福;张学书、谢青、黄文一;刘家祯、张永魁;杨永义;段秀金;刘必佐、庄守经、朱芝仙、王培章、丁有骏、麻子英、吴金泉、李一华;周玉芳;焦锦堂、孟宝珠;马树孚、刘悦清、刘双贵、孟俊国、赵桂莲、张发新;费振刚、闵开德、黄书雄、索振羽、安平秋;罗正清、鲍良俊、梁志明、王春梅、张玉春;

宁骚、石志夫；张汉清、李玉田、张映清、邱恩田；杨春洗、杨紫煊、肖蔚云；丁国香、晏智杰、朱正直、石世奇；董文俊、李九兰；杜勤；张文儒、张锦英、张殿英、孔远志；李文寿；陆嘉玉、郑惠康、张臣武、李明滨；彭家声、张振国；崔殿祥、张荫春、贾克林；董镇喜；秦寿珪、黄巧荣、强明；张为合、刘尊孝、张虹、邹果秀、高崇寿；刘洪涛、石进元、哈鸿飞、周维金、李认兴、包尚联、郑春开、沈能学；华子千、高伟良、陈志明、吕以乔、任时仁；王长富、花文廷、杨培增、倪朝烁；邓宝山、刘长铨、邵庆山、简兰芝、韩启成、王恩涌、陈凯；何国琦、穆志国、牟保磊、聂宝琦、李新堂、舒桂明；韩立国；安维朴；林启武（民主促进会北大总支）、胡代光（国民党革命委员会北大支部）、赵靖（民主同盟北大委员会）、阴法鲁（九三学社北大委员会）。

1997年6月，党务和思想政治工作先进集体10个。名单如下：历史系党委、东方学系党委、地质系党委、电子系党委、一机关党委、保卫部、后勤党委、昌平园区工委、校医院党委、九三学社北大委员会。

1997年6月，优秀党务和思想政治工作者一等奖——李大钊奖获得者8名。名单如下：王春梅、赵家祥、孙丽、周有光、侯学忠、张荫春、赵钰林、章立源（中国民主同盟北大委员会）。

1997年6月，优秀党务和思想政治工作者二等奖获得者32名（包括民主党派工作者2名）。名单如下：黄巧荣、李支敏、刘洪涛、郝福英、仲维英、郭瑛、盛淑兰、吴月照、丁国香、张文、王其芬、段明莲、吴宝科、赵朝洪、沈维英、林成勤、李桂霞、杨康善、孙绍有、童宣海、刘渤、石青云、张景春、廖陶琴、李蔚倩、吴宝炬、周家珍、叶树青、周平、唐爱国、阚法篪（民进北大总支）、梁立基（致公党北大支部）。

1997年6月，党务工作奉献奖获得者41名。名单如下：包科达、刘继周；何元康、孙丹虹；李绍文、罗林儿、刘春青；宋振清、艾永富、闫国翰、杨守仁、郑文涛；吴月照；刘元方、何永克、浑秀荷；刘宝章；朱启超；杨岳全；潘乃谷；王淑文、杨康善、赵为民、王丽梅、陈淑敏、石秀梅、田为民、张继洲；李树芳、王桂馨、张陶生、汪永铨；任广峰、张振铎、洪贵喜、何健、宁士敏、白荫良；侯荣菊、李世凯；隋凤花。

第七节　党的纪律检查

一、纪检机构沿革

北平解放至20世纪50年代初期，学校党的总支委员会和党的委员会中,没有专门负责纪律检查的委员,也未设置专职机构。纪律检查工作由组织部或党总支委员会和党委会中分管组织工作的委员兼管。1956年5月26日至6月2日举行的第二次党代会上,根据上级的规定,选举产生了首届党的监察委员会。1956年中共第八次全国代表大会通过的党章规定,党的监察委员会由党委会选举产生、属同级党委领导。此后,北大党的监察委员会于1958年、1962年和1963年换届时,其委员均由校党委会选举产生。"文革"期间,学校党的监察委员会被取消。"文革"后,1977年8月中共第十一次全国代表大会通过的党章规定设置党的纪律检查委员会,并规定党的纪律检查委员会由党员代表大会选举产生,其领导和管理体制改为由同级党委和上级纪律检查委员会双重领导。据此,校党委于1980年5月,经市委组织部批准,成立党委纪律检查委员会筹备小组,同年12月,在学校的第七次党代会上选举产生了党的纪律检查委员会,并设立纪委办公室。随后,在1986年3月和1994年7月举行的第八、九次党代会上均选举产生了党的纪律检查委员会。

北大历届党的监委、纪委成员名单

名称	成立时间	届次	书记	副书记	委员	备注
北大监委	1956.6.2—1958.9.18	一	史梦兰		尔联柏、白晨曦、史梦兰、范明、杨汉义、兰芸夫韩增敏 候补委员:戴新民、谢青	
北大监委	1958.9.18—1962.5.31	二	史梦兰		史梦兰、王裸、伊敏、马振明、潘乃穆	
北大监委	1962.5.31—1963.2.5	三	史梦兰	伊敏	史梦兰、伊敏、马振明、尔联柏、刘崑、郑桥、张侠	
北大监委	1963.2.5—1966.6	四	史梦兰	孟琳	史梦兰、伊敏、尔联柏、郑桥、马振明、刘崑、邹志正	
北大纪委筹备组	1979.12.18—1980.12.5		组长:王路宾	副组长:张学书 巫宇甦 洪影	组员:李明华、伊敏、王林	

名称	成立时间	届次	书记	副书记	委员	备注
北大纪委	1980.12.5—1984.6.1 1984.6.1—1986.4	五	张学书 巫宇甦	巫宇甦 张起永 陈翠微	王林、王津生、赵国栋、巫宇甦、李明华、张起永、杨培增、陈淑敏、陈翠微、洪贵喜、张学书、朱飞云、魏英敏	顾问:孟琳,由北大党委决定,经上级批准。
北大纪委	1986.4.11—1994.7.27	六	郝 斌	张起永 陈翠微 沈承昌 闵开德 （沈1986年12月31日起,闵1992年11月起）	郝斌、王丽梅、张起永、陈淑敏、陈翠微、邓成光、杨以文、杨孚旺、高连瑞、朱启超、魏英敏、向景洁、薛化石	
北大纪委	1994.7.27	七	闵开德	王丽梅	王丽梅、王淑文、石进元、曲春兰、朱启超、孙绍有、吴新英、闵开德、张书仁、陈文申、陈淑敏、栾桂冬、廖陶琴	

注:"文革"期间,监委被迫停止工作。

二、纪律检查委员会的职责范围

根据党章规定,纪委的工作职责如下。

1. 维护党的章程和其他党内法规,做出维护和贯彻执行党的纪律的决定;坚持以教育为主、预防为主的方针,经常对党员进行党性、党风、党纪教育。

2. 检查党组织和党员贯彻执行党的路线、方针、政策和决议的情况,对学校党委成员实行党章规定范围内的监督。

3. 协助党委抓好学校的党风廉政建设,深入实际调查研究,及时向党委和上级纪检机关汇报党风、党纪和廉政建设的情况,协助党委制定党风廉政建设的规则,抓好党风廉政建设责任制的落实。

4. 检查和处理学校各级党的组织和党员违反党的章程和其他党内法规

的案件,按照有关规定和干部管理权限,决定或取消对这些案件中党员的党纪处分。

5. 受理对党组织和党员违反党纪的检举和控告,受理党组织和党员对党纪处分不服的申诉,保障党员的民主权利不受侵犯。

6. 定期向党员代表大会和学校党委报告工作,积极争取学校党委对纪检工作的领导。

7. 指导和检查本校党的纪律检查工作。

8. 完成校党委和上级纪检机关交办的有关事宜。

三、纪检工作简况

北京大学党的纪律检查工作分为监察委员会时期(1956 年 6 月—1966年 6 月)和纪律检查委员会时期(1980 年 12 月—)。在前一时期的十年间,监委在校党委的领导下,结合党的路线、方针、政策的贯彻执行和学校的中心工作,针对党内出现的各种不良倾向,坚持不懈地对党员、干部进行党性和党纪教育,并按照党章规定,对于校内党员、干部中发生的违反党章、党纪和国家法律、法令的案件进行了检查处理。据不完全统计,从 1958 年到1961 年,监委对日常发生的案件共给予 81 名党员党纪处分,其中开除党籍24 人,留党察看 12 人,撤销职务 2 人,严重警告 18 人,警告 22 人,劝退 3 人(不包括反右派、反右倾等运动中受处分的)。

后一个时期,即 1980 年 12 月在学校第七次党代会上选举产生了党的纪律检查委员会以后,纪检工作大体上可分为三个阶段。

第一阶段(1980 年 12 月—1986 年 4 月)为恢复、起步阶段。"文革"十年动乱,整个党的工作受到了严重破坏,党的纪律检查工作亦瘫痪、中断。"文革"结束,党的纪律检查机构恢复重建后,第一是复查、平反冤假错案。在校党委的领导和统一部署下,纪委同组织部、统战部、人事处、保卫部等部门一起,在 1978 年 1 月和 10 月先后成立第一、二落实政策办公室(前者负责平反、改正"文革"中的冤假错案和解决 1959 年反右倾运动中的遗留问题;后者负责清理"反右派"问题及 1963 年至 1965 年被定为"反动学生"和"文革"中被作为"有政治问题学生"的案件),进行平反冤假错案、落实党的知识分子和干部政策的工作。此期间共复查、平反了"文革""反右派""反右倾"等政治运动中造成的冤假错案和遗留问题,并对 1963 年至 1965 年被定为"反动学生"的 16 人和"文革"中定为"反动学生"的 10 人,"文革"中被揪斗、审查,作为有严重政治错误、一般政治错误结论的 34 人,共 60 人作了复查改正结论。此外,纪委还根据有关规定,进行清理档案和归还查抄财物等工作。

第二,进行党性、党风、党纪教育,提高党员素质。十年动乱,党内生活受到严重破坏,造成党员党性观念、组织观念薄弱,纪律松弛。为此,纪委会同组织部、宣传部组织广大党员、干部认真学习中央制定的《关于党内政治生活的若干准则》。学习强调联系党内生活的现状,克服组织涣散、纪律松弛等不良现象。同时,纪委还将几起刚刚处理的党员违纪的典型案例以党内通报的形式发出,以对党员进行党性、党风、党纪教育。

第三,纠正不正之风,查处违纪案件。纪委在拨乱反正、平反冤假错案的同时,集中力量检查和纠正群众反映强烈的学校财务、招生、分配、住房等方面出现的问题或不正之风,并注意严厉查处经济违纪案件。这一阶段,共查处各类违纪案件 90 件。

第二阶段(1986 年 4 月—1994 年 7 月)为纪检工作全面展开的阶段。纪委不局限于执纪办案,而是执行党章所规定的各项任务,履行保护、惩处、监督、教育四项职能。纪委积极参与和支持学校的各项改革,为学校的改革和发展服务,保护、支持广大党员、干部改革创新的积极性,协助有关部门处理经济纠纷,化解改革中利益调整所带来的各种矛盾等。纪委还积极参加学校的财务检查、廉政检查,加强对招生、毕业生分配、职称评定、住房分配等项工作的监督。

纪委还协助校党委和校行政制定《北京大学关于干部廉洁自律的规定》,并于 1994 年 5 月 1 日起执行;督促校系党组织坚持"党政领导干部民主生活会制度"和"廉政检查制度",帮助一些职能部门制定"两公开一监督"的办事制度。在执纪办案方面,8 年中共查处违纪案件 109 件,复查各类案件 12 件。

1986 年—1994 年上半年查处违纪案件情况

处理件数 \ 别数	总计	开除党籍	留党察看	严重警告	警告	其他方式处理	备注
违反政治纪律	57						被处理人员中,处级干部 8 人,科级干部 9 人,另,复查各类案件 12 件。
经济案件	34						
违反社会主义道德	7						
其他	11						
总计	109	14	10	14	18	49	

此外,纪委还于 1991—1992 年间,在全校党员、干部中集中进行了党纪

条规知识考核。

第三阶段(1994年7月以后)为巩固、深入阶段。这一阶段,纪委和监察室(1993年起两个部门合署办公)认真落实中纪委、监察部提出的抓好"领导干部廉洁自律、办案和纠正不正之风"三项工作的意见。在促进干部廉洁自律方面,协助校党委充实和完善了《北京大学关于干部廉洁自律的规定》,协助校党委制定了《北京大学校级领导干部改进工作作风若干措施》《关于大额度资金使用审批的规定》等规章制度;组织全校党员、干部学习《中国共产党党员领导干部廉洁从政若干准则(试行)》《中国共产党纪律处分条例(试行)》和校纪委、监察室编发的《党政领导干部廉洁自律条规汇编》等,以提高党员、干部廉洁自律的意识和自觉性;对"学校副处级以上干部在公司、经济实体兼职取酬情况""副处级以上干部住房、购房及公款装修个人住房情况"以及执行"个人财产收入申报制度""公务活动中接受礼品登记上交制度"等情况进行了专项检查和监督。在办案方面,纪委查处了一批重要的有影响的案件。在纠风方面,纪委对学校的招生情况、各单位科研经费管理和使用情况、建筑工程招标情况等进行了检查和监察。

纪委和监察室还加强了内部管理,进一步完善了岗位责任制。在此期间,北大纪委和监察室成为北京高校纪检监察系统中首批通过的案件审理达标单位,并于1997年被北京市纪委授予"办案集体二等功"。校纪委和监察室还多次被北京市纪委、中纪委授予信息上报先进单位称号,纪委、监察室工作人员撰写的多篇纪检监察方面的调研报告和论文获北京市或全国教育系统纪检监察优秀调研成果奖。

第二十一章 民主党派北京大学组织

在抗日战争和解放战争时期，北京大学就有一批爱国民主人士和民主党派成员，继承五四运动的光荣革命传统，坚持团结抗日，积极配合中国共产党为反对国民党反动政权的法西斯统治而进行不懈的斗争。在斗争中有的民主党派成员为此流血，有的甚至献出了宝贵的生命。

新中国成立后，民主党派陆续在我校建立各自的基层组织。1951 年 6 月成立了九三学社北京大学支社，1952 年成立了民盟北京大学区分部，1952 年 11 月 30 日成立了民进北京大学支部，1953 年成立了民革北京大学支部，1987 年 4 月成立了致公党北京大学支部，1996 年 8 月成立了民建北京大学支部。北京大学各民主党派在校党委的领导下，互相协商，团结合作，对北大的改革、建设和发展做出了很大贡献。"文化大革命"中，我校各民主党派被迫停止活动，成员中不少人遭到了批判和迫害。"文化大革命"结束后，1979 年 5 月 31 日校党委副书记马石江代表党委宣布，林彪、"四人帮"强加给民主党派的一切诬蔑不实之词一律推倒，恢复民主党派北大基层组织的名誉和活动，希望各民主党派积极开展工作，在建设北大，在提高教学质量、开展科研工作，在培养中青年教师等方面做出新的贡献。民主党派基层组织也积极行动起来，恢复组织，恢复活动，并加强了民主党派自身的思想、组织建设。据 1993 年 6 月统计，1979 年 6 月前共发展了 134 人，1980 至 1993 年 6 月共发展了 243 人。民盟北京大学支部和九三学社北京大学支社分别于 1990 年 10 月 18 日、1990 年 12 月 8 日升格为民盟北京大学委员会和九三学社北京大学委员会。1990 年 12 月 31 日民进北京大学支部升格为民进北京大学总支部。截至 1997 年年底统计，我校六个民主党派组织成员加上农工民主党、台湾民主同盟成员共有 439 人，外单位成员在我校过组织生活的有 31 人。我校有 8 位教授担任过民主党派中央主席；有 15 位教授担任过民主党派中央副主席；有 25 位教授担任过全国人大代表，其中常委 11 人、副委员长 5 人；有 54 位教授担任过全国政协委员，其中常委 18 人，副主席 6

人；有 18 人担任过北京市人大代表，其中常委 4 人，副主任 1 人；有 35 位教授担任过北京市政协委员，其中常委 15 人，副主席 4 人。在 439 位民主党派成员中（与中共交叉党员 50 人），有高级职称的 338 人，占全体民主党派成员数的 77％。

校党委很重视民主党派的工作，为民主党派参政议政、办好北京大学献计献策创造了条件。我校民革成员王存厚被最高人民法院聘为特邀监察员；民盟成员章立源被北京市检察院聘为特邀检察员；民建会员倪晋仁被国家土地局聘为特邀土地监察员；致公党成员王德煌被国家监察部聘为特邀监察员；九三学社成员许保良被北京市教工委聘为党风监督员。

第一节　中国国民党革命委员会北京大学支部

一、沿革

中国国民党革命委员会简称"民革"，是中国共产党领导的爱国统一战线的民主党派之一，是所联系的一部分社会主义劳动者和拥护社会主义的爱国者的政治联盟，是为社会主义服务的政党。我校在新中国成立初期，就有民革成员，并建立了民革北京大学小组，经济系教授周炳琳担任小组长。1953 年，建立了民革北京大学支部，由周炳琳任支部负责人。1963 年 10 月周炳琳逝世后，由西语系教授郭麟阁任支部负责人。1966 年"文化大革命"开始后，民革北大支部被迫停止活动。1979 年 6 月 10 日民革北京大学支部举行了恢复组织活动会议。民革市委领导小组成员张克明、中共北京大学党委统战部长平秉权及北大参加民革北大支部的成员出席了会议。会议由支部负责人郭麟阁主持，胡代光传达了民革市委和中共北京大学党委对北大民主党派工作的要求和意见。平秉权代表校党委、张克明代表民革市委在会上讲话。

二、成员人数统计表

年份	1957	1984	1988	1990	1993	1994	1995	1996	1997
人数	6	10	22	23	18	21	22	22	21

三、历届支部主任委员、副主任委员名单

时间	主任委员（负责人）	副主任委员
1953 年—1963 年 10 月	周炳琳	

时间	主任委员（负责人）	副主任委员
1963 年 11 月—1984 年 7 月	郭麟阁	
1985 年 10 月 26 日—1988 年	胡代光	王存厚
1988 年—1990 年	胡代光	臧仲伦
1990 年—1992 年	胡代光	王存厚、臧仲伦
1992 年—1994 年	韩汝琦	王存厚、臧仲伦
1994 年—1996 年	韩汝琦	王存厚、臧仲伦
1996 年—1997 年	韩汝琦	臧仲伦、钮珍南

四、组织发展情况

年份	1950	1951	1980	1981	1982	1983	1984	1985
人数	1	2	2	1	1	1	3	2

年份	1986	1988	1990	1993	1994	1995	1996	1997
人数	2	3	3	6	1	1	2	2

五、成员在历届民革中央、市委，全国、北京市人大，全国、北京市政协任职情况

周炳琳　第三、四届民革中央委员会委员，第二、三届全国政协委员。

郭麟阁　第六届民革中央委员会委员，第五、六届民革北京市委员会委员，第七、八届民革北京市委员会常委，第六届全国政协委员。

胡代光　第七、八届民革中央委员会常委，第九届中央民革委员会顾问；第七届全国人大常委。

商鸿逵　第二届民革北京市委员会候补委员，第七届民革北京市委员会委员。

袁晓华　第八届民革北京市委员会委员。

臧仲伦　第九、十届民革北京市委员会委员。

韩汝琦　第八、九届民革中央委员会常委，第十届民革北京市委员会副主任委员，第十一届民革北京市委员会主任，第九届全国政协常委，第八届北京市政协常委，第九届北京市政协副主席。

陈炎　第八、九届民革北京市委员会委员。

六、成员、组织受表彰情况

民革北京市委于 1984 年 11 月 26 日在中山公园中山堂召开民革北京市委为四化服务先进集体、先进个人表彰大会,北大支部成员周先庚、臧仲伦、王存厚受表彰。1992 年 9 月政协北京市委员会、中共北京市委统战部召开北京市第二次统战系统先进集体、先进个人表彰大会,王存厚被评为先进个人。北京大学 1995 年党务和思想政治工作表彰大会上,胡代光获党务工作奉献奖。民革北京市委于 1995 年 12 月 27 日在首都剧场召开民革北京市委会先进集体、先进个人表彰大会,刘桂生、纽珍南受到表彰,沈琨受表扬。民革北大支部 1995 年被评为民革北京市委会先进支部。民革北大支部主委韩汝琦在主持民革市委会参政议政工作期间,共组织 20 多次专题调研,其中 12 件调研报告分获一、二、三等奖,提出 20 多件党派提案,4 件获优秀提案奖。

第二节　中国民主同盟北京大学委员会

一、沿革

中国民主同盟简称"民盟",是中国共产党领导的爱国统一战线中的民主党派之一,是以从事文化教育方面工作的知识分子为主的社会主义劳动者和拥护社会主义的爱国者的政治联盟,是为社会主义服务的政党。民盟的前身是中国民主政团同盟。中国民主政团同盟 1941 年 3 月成立于重庆,由青年党、国家社会党(后改组为民主社会党)、中华民族解放行动委员会(后改名为农工民主党)、救国会、中华职业教育社和乡村建设协会联合组成。1944 年 9 月中国民主政团同盟改名为中国民主同盟。"民盟"在北大的活动,可追溯到国立西南联合大学时期。抗日战争期间,西南联大教师中有闻一多、吴晗、潘光旦、曾昭抢、闻家驷、季镇淮等先后参加了中国民主同盟。民盟云南省支部的前身为政团同盟昆明支部,1943 年 5 月正式成立,潘光旦任财务委员。1944 年 10 月 1 日,民盟昆明支部召开全体盟员大会,决定将昆明支部改为云南省支部,费孝通、潘光旦、闻一多、吴晗为委员(吴晗为青年委员)。云南省支部和中共云南地下组织及其在西南联大等校学生中建立的外围组织"中国民主青年同盟"有密切联系。它们互相配合,开展了各种活动。1944 年 12 月民盟云南省支部改选,费孝通、潘光旦、闻一多为委员,闻一多任宣传部长兼青年委员会主任,潘光旦任财务委员会主任,吴晗任《民主周刊》社社长。1946 年 3、4 月间,民盟在北平成立了华北总支部,曾昭抡参加了华北总支部的领导工作。1946 年 7 月 11 日李公朴在昆明被国民党特务暗杀，民盟中央委员闻一多冒着生命危险，组织李公朴治丧委员会。7 月 15 日，李公朴治丧委员会在云南大学召开追悼会，当一些特务在会上捣乱时，闻一多忍无可忍，拍案而起，当场谴责国民党特务杀害李公朴是"历史上最卑劣、最无耻的事情"，指出"正义是杀不完的，真理永远存在"。追悼会后，闻一多又出席了民盟在《民主周刊》社为李公朴被暗杀事件举行的记者招待会。在回家途中，他被国民党特务杀害。其长子闻立鹤为了保护闻一多，也身受重伤。闻一多不幸遇难，不仅在联大师生中引起了极大的悲痛和愤慨，而且引起了国内外强烈的反应。1946 年 8 月中旬，吴晗、潘光旦、费孝通参加了民盟总支部的领导工作。后来华北总支部决定，由吴晗主持民盟北平市支部临时工作委员会的工作。

　　1952 年民盟北京大学的负责人是曾昭抡、孙承谔，燕京大学的负责人是林庚。民盟北京大学区分部成立于 1952 年。首届北大区分部主任委员是化学系教授孙承谔。1960 年初，为了加强领导，支部成立了核心组。1966 年"文化大革命"开始后，民盟北京大学支部被迫停止活动；"文化大革命"结束后，于 1979 年 5 月恢复活动。1989 年 3 月，根据民盟第六次全国代表大会所修订的《中国民主同盟章程》，经民盟北京市委同意，决定筹备成立"中国民主同盟北京大学委员会"。在筹备期间，先将"民盟北京大学支部委员会"改为"民盟北京大学临时委员会"，主持筹备成立民盟北京大学委员会。原支部委员均转任临时委员会委员。

　　1990 年 10 月 18 日，中国民主同盟北京大学委员会正式成立。1993 年 10 月民盟北京大学委员会创办《北大盟讯》。《北大盟讯》是内部通讯，内容以报道民盟北大委员会活动为主，每学期出刊一至二期，1993—1997 年共编印了八期，主编朱龙华。

二、成员人数统计表

年份	1952	1957	1976	1979	1981	1983	1988	1990	1993	1994	1995	1996	1997
人数	80	132	99	97	105	115	147	158	174	178	187	188	189

三、历届区分部、支部、基层委员会主任委员、副主任委员名单

时间	主任委员	副主任委员
1952—1956.10 区分部	孙承谔	周一良、季镇淮
1956.10—1979.5 区分部、支部委员会	褚圣麟	熊伟、陈振汉、周一良

时间	主任委员	副主任委员
1979.5—1983.11 支部委员会	褚圣麟	熊伟(1979—1981 常务副主委)、赵靖(1981—1983.11 常务副主委)、冯钟芸、张芝联
1983.11—1987 支部委员会	褚圣麟	赵靖、庞礼
1987.10—1989.12 支部委员会	赵靖	庞礼、章立源、傅素冉、陆颖华
1989.3—1991 临时基层委员会	赵靖	庞礼、章立源、傅素冉、陆颖华
1991—1993.6 第一届基层委员会	赵靖	章立源、陆颖华
1993.7—1996.8 第二届基层委员会	章立源	谢文蕙、朱龙华
1996.8—第三届基层委员会	黎乐民	谢文蕙、黄嘉佑

四、组织发展情况

年份	1979 年前	1980	1981	1982	1983	1984	1985	1986	1987
人数	83	3	1	2	8	6	12	5	6

年份	1988	1989	1990	1991	1992	1993	1994	1995	1996	1997
人数	20	10	8	4	5	6	14	5	9	7

五、成员在历届民盟中央、北京市委，全国、北京市人大，全国、北京市政协任职情况

曾昭抡　民盟中央执行委员会委员，第一、二届中央委员会常委，第三届中央委员会委员，北平市临时工作委员会主任委员，第一届北平市支部委员会执行委员，第二、三、四届北京市支部委员会委员，第一届北京市委员会委员；第一届全国人大代表；第一、二、三、四届全国政协委员。

闻家驷　民盟第一、二届中央委员会委员，第三届中央委员会常务委员，第四、五届中央委员会副主席，第一、二、三届中央参议委员会副主任，第八、九届中央委员会名誉副主席，北平临时市支部执行委员会委员，第一届北平市支部委员会执行委员，第二、三、四届北京市支部委员会副主任委员，第一、二、三届北京市委员会副主任委员，第四届北京市委员会主任委员，第五、六、七届北京市委员会顾问；第七、八届北京市人大副主任；第三届全国政协委员，第四、五、六、七届全国政协常务委员，第一、二、三、五届北京市政协副主席。

费孝通　民盟第二、三届中央委员会常务委员，第四届中央委员会副主席，第五、六、七届中央委员会主席，第八、九届中央委员会名誉主席，第二届北京市支部委员会委员，第四届北京市支部委员会副主任委员，第一届北京市委员会副主任委员；第一届全国人大代表，第七、八届全国人大常委会副委员长；第三、四届全国政协委员，第五届全国政协常务委员，第六届全国政协副主席。

金岳霖　民盟第二届中央委员会委员，第三、四届中央委员会常务委员，第五届中央委员会顾问；第三届全国人大代表；第二、三、四、五、六届全国政协委员。

冯友兰　民盟第二、三届中央委员会委员；第四届全国人大代表；第二、三、四届全国政协委员，第六、七届全国政协常委。

朱光潜　民盟第三、四、五届中央委员会委员；第二、三、四、五届全国政协委员，第六届全国政协常务委员。

季镇淮　民盟第三、四、五届中央委员会委员，第一、二届中央参议委员会委员，第三届中央参议委员会常务委员，第二、三届北京市委员会常务委员，第四届北京市委员会副主任委员，第五、六、七届北京市委员会顾问；第二、三、四届北京市政协委员，第五、六届北京市政协常务委员。

褚圣麟　民盟第三、四、五届中央委员会委员，第一、二届中央参议委员会委员，第三届中央参议委员会常务委员，第四届北京市支部委员会候补委员，北京市第一、二、三、四、五届北京市委员会委员，第六、七届北京市委员会顾问；第五、六届北京市政协委员。

江泽涵　民盟第四、五届中央委员会委员，第一、二、三届中央参议委员会常务委员；第七届北京市人大代表；第三、四、五、六届全国政协委员。

李汝祺　民盟第四届中央委员会委员，第五届中央委员会顾问，第一、二届中央参议委员会委员，第三、四届北京市委员会委员；第五、六届北京市政协常务委员。

王瑶　民盟第五、六届中央委员会委员；第二、六、七届全国政协委员，第二、三、四、五届北京市政协委员。

王铁崖　民盟第五、六届中央委员会委员；第三届中央参议委员会委员；第六、七届全国政协委员，第一届北京市政协委员。

朱德熙　民盟第五、六届中央委员会常务委员；第七届全国人大常务委员。

吴组缃　民盟第四、五届中央委员会委员，第二、三届中央参议委员会委员，第一届北京市委员会委员；第一、二、三、四、五、六届北京市政协委员。

冯钟芸　民盟第五、六届中央委员会委员，第三届中央参议委员会委员,第一、二、三、四、五届北京市委员会委员。

丁石孙　民盟第五届中央委员会常务委员,第六届中央委员会副主席,第七、八、九届中央委员会主席;第九届全国人大常委会副委员长;第七届全国政协委员,第八届全国政协常务委员。

张芝联　民盟第五、六、七届中央委员会常务委员,第五届北京市委员会常务委员;第六、七、八届全国政协委员。

赵靖　民盟第五、六、七届中央委员会委员,第五、六、七届北京市委员会副主任委员,第八届北京市委员会顾问;第七、八届全国政协委员,第六届北京市政协委员,第七届北京市政协常务委员。

袁行霈　民盟第七、八、九届中央委员会副主席;第八、九届全国政协常务委员。

厉以宁　民盟第七、八、九届中央委员会副主席;第七、八、九届全国人大常务委员。

潘文石　民盟第七、八、九届中央委员会委员,第六、七届北京市委员会委员。

章立源　民盟第七届中央委员会委员,第六届北京市委员会委员,第七届北京市委员会副主任委员,第八届北京市委员会顾问;第七届北京市政协委员,第八届北京市政协常务委员,第九届北京市政协副主席。

黎乐民　民盟第八、九届中央委员会常务委员,第七、八、九届北京市委员会副主任委员;第八届全国政协委员,第九届全国政协常委。

季羡林　民盟第四届北京市支部委员会候补委员,第一届北京市委员会常务委员;第六届全国人大常委委员;第二、三、四、五届全国政协委员。

孙承谔　民盟第一届北京市委员会委员。

熊伟　民盟第二、三、四、五届北京市委员会委员,第六届北京市委员会顾问。

高名凯　民盟第三届北京市委员会委员;第一、二、三届北京市政协委员。

唐作藩　民盟第五、六届北京市委员会委员。

朱环　民盟第五、六届北京市委员会委员。

邹悦　民盟第六、七届北京市委员会委员。

王晓秋　民盟第八、九届北京市委员会委员;第九届全国政协委员。

甘良兵　民盟第八、九届北京市委员会委员。

沈正华　民盟第八、九届北京市委员会委员。

张景钺　第一、二届北京市人大代表。

徐光宪　第三届全国人大代表;第七届北京市人大代表;第五、六、七、八届全国政协委员。

任继愈　第五、七届全国人大代表。

邵循正　第三、四届全国政协委员。

俞大纲　第四届全国政协委员。

徐宝禄　第四届全国政协委员。

高小霞　第三届全国人大代表；第五、六、七届全国政协委员，第五届北京市政协委员。

邓广铭　第六届全国政协委员，第五届北京市政协委员。

邢其毅　第六、七届全国政协委员，第五届北京市政协常务委员。

赵理海　第七届全国政协委员。

芮沐　第五、六届北京市政协委员。

张龙翔　第六届北京市政协常务委员。

段学复　第六届北京市政协委员。

六、成员、组织受表彰情况

1985 年 12 月中共北京市委统战部会同市政协和各民主党派隆重召开了北京市统战系统为四化服务先进集体、先进个人表彰大会。盟员潘文石、傅素冉、张芝联三人为先进个人，受到表彰。1992 年 9 月政协北京市委会、中共北京市委统战部召开北京市第二次统战系统先进集体、先进个人表彰大会。盟员赵靖、郭兰芳、邹悦、潘文石四人为先进个人，受到表彰。北京大学 1995 年党务和政治思想工作表彰大会上，中国民主同盟北京大学委员会被评为先进集体，获集体奖状和 5000 元奖金。赵靖被评为优秀党务和思想政治工作二等奖获得者和党务工作奉献奖获得者，获优秀个人奖状和 1000 元奖金。北京大学 1997 年表彰优秀党务和思想政治工作者及先进集体大会上，章立源被评为优秀工作者，获一等奖，被授予"李大钊"奖，奖金 2000 元。

第三节　中国民主建国会北京大学支部

一、沿革

中国民主建国会简称"民建"，是中国共产党领导的爱国统一战线中的民主党派之一，是从事工商企业和其他经济工作人士为主的社会主义劳动者和拥护社会主义的爱国者的政治联盟，是为社会主义服务的政党。民建在北京大学发展会员是从 1992 年 8 月开始的。由于北京大学地球物理系与国家地震局有工作关系,第一批加入民建的地球物理系的三位教师,参加民建地震局支部活动。1995年4月民建市委成立院校联合支部,由我校地球物理系刘宝诚教授任主委。1996年我校民建会员已发展到12名(其中4人是企业编制),他们中有从事教学、科学研究的教授,有在社会上有一定影响的经济学专家,还有经营校办产业的骨干,具备了建立民建支部的条件。根据以上情况,民建北京市委于1996年3月18日正式向中共北京大学党委提出在北京大学建民建支部。校党委同意民建市委意见,并在请示中共北京市委统战部同意后,经与民建市委、海淀区工委协商筹备,于1996年8月28日下午召开了民建北京大学支部成立大会。民建海淀区工委负责人宣布由晏懋洵研究员任主委。民建中央副主席冯梯云、校党委副书记赵存生、民建市委副主委钱椿涛出席了成立大会,并分别代表民建中央、校党委、民建市委表示祝贺并讲话。

二、支部成员人数统计表

年份	1996	1997
人数	15	18

三、支部主任委员、副主任委员名单

年月	届别	主任委员
1996年8月	第一届	晏懋洵

四、组织发展情况

年份	1992	1993	1994	1995	1996	1997
人数	2	5	1	2	2	2

五、会员在历届民建中央、市委,全国、北京市人大,全国、北京市政协任职情况

肖灼基　1994年入会后即增补为民建中央委员;1997年11月16日在民建第七次全国代表大会上当选为民建中央委员会常务委员;第九届全国政协委员。

晏懋洵　1997年11月16日在民建第七次全国代表大会上当选为民建中央委员会常务委员,1997年6月在民建北京市第七次代表大会上当选为北京市委副主委;同年当选为第十一届北京市人大常委;第九届全国政协委员。

倪晋仁　第九届全国政协委员。

六、会员受表彰情况

1995 年年底,刘宝诚、吴梦如被评为民建海淀区工委先进会员。1997 年 11 月 28 日海淀区政协召开各民主党派、工商联为两个文明建设作贡献交流表彰会,北大宁杰远被评为先进个人。

第四节　中国民主促进会北京大学总支部

一、沿革

中国民主促进会简称"民进",是中国共产党领导的爱国统一战线中的民主党派之一,是从事文教工作知识分子为主的社会主义劳动者和拥护社会主义的爱国者的政治联盟,是为社会主义服务的政党。民进 1945 年 12 月成立于上海,以发扬民主精神、推进中国民主政治之实现为宗旨。主要发起人中有马叙伦、林汉达、严景耀、雷洁琼教授。1945 年 6 月 23 日,民进领导人参加了上海反内战大会和上海人民和平请愿团赴南京向国民党政府呼吁和平,代表团到达南京下关车站时,遭到国民党特务的包围毒打,雷洁琼等身受重伤,造成了震惊中外的"下关事件"。林汉达不久也遭反动派密令逮捕。雷洁琼、严景耀于 1946 年 9 月、林汉达于 1950 年到燕京大学任教。

1952 年 11 月 30 日民进北京大学支部成立。1957 年 2 月 24 日在临湖轩召开全体会员大会,选举第三届支委会。本校党委会及民盟、九三、民革等民主党派都有代表到会祝贺、讲话,该会中央理事严景耀及北京市分会主席雷洁琼也都出席讲话。1966 年"文化大革命"开始后,民进北京大学支部被迫停止活动。

1979 年 5 月 31 日支部恢复活动。

1990 年 12 月 31 日由于会员增加和工作需要,民进北京大学支部经民进北京市委批准升格为民进北京大学总支部。

二、支部成员人数统计

年份	1951	1952	1953	1954	1955	1956	1957	1958	1979	1980	1981	1982	1983
人数	7	9	13	13	13	25	30	31	25	22	23	24	27

年份	1984	1985	1986	1987	1988	1989	1990	1991	1992	1993	1994	1995	1996	1997
人数	35	37	40	45	54	58	62	69	70	75	80	82	85	90

三、历届支部、总支部主任、副主任名单

时间	届别主任	副主任
1952.11.30	第一届　张又渔	
1954.2.4	第二届　章廷谦	
1957.2.24	第三届　章廷谦	郭沛田　姚冬
1958.9.8	第四届　章廷谦	
1979.5.31	支部恢复　章廷谦	林启武
1981	林启武	崔季五　于德仁
1990.12.30	总支成立	
	第一届林启武	陈天杰　崔季五　徐邦志
1993.1		高巧君（因陈天杰于1993年4月出国补选）
1994.7.16	第二届　高巧君	崔季五　阚法箴　徐邦志
1996.11.30	第三届　高巧君	崔季五　张颐武

四、组织发展情况

年份	1951	1952	1953	1956	1957	1958	1981	1982	1983	1984	1985
人数	4	6	4	12	11	1	3	2	4	8	2

年份	1986	1987	1988	1989	1990	1991	1992	1993	1994	1995	1996	1997
人数	3	5	9	4	4	4	4	7	5	4	2	5

五、成员在历届民进中央、北京市委，全国、北京市人大，全国、北京市政协任职情况

　　严景耀　第一、二届民进中央理事会理事，第三届民进中央理事会常务理事，第四、五届民进中央常务委员；第一、二、三届全国人大代表；第一届全国政协委员。

　　雷洁琼　第一届民进中央理事会候补理事，第三届民进中央理事会理事，第四、五届民进中央委员会常务委员，第六届民进中央委员会副主席，第

七、八、九届民进中央委员会主席，第十、十一届民进中央委员会名誉主席；第一届民进北京市理事会理事，第二届民进北京市理事会副主任理事，第三届民进北京市理事会主任理事，第四、七、八届民进北京市委员会主任委员；第一、二、三届全国人大代表，第六届全国人大常务委员，第七、八届全国人大常委会副委员长，第一、二、七、八届北京市人大代表；第一届全国政协委员，第五届全国政协常务委员，第六届全国政协副主席，第一、二、三、四届北京市政协常务委员，第五届北京市政协副主席。

章廷谦　第四、五届民进中央委员会委员，第六届民进中央常务委员；第五届北京市政协委员。

郭沛田　第四届民进北京市委员会候补委员。

林启武　第六届民进北京市委员会委员，第七、八届民进北京市委员会常委，第九、十、十一届民进北京市委员会顾问。

崔季五　第九届民进北京市委员会委员。

陈天杰　第十届民进北京市委员会委员（因出国工作 1993 年 4 月免职）

高巧君　第十届民进北京市委员会委员（1993 年 4 月补选），第十一届民进北京市委员会常委。

赵承信　第一、二届北京市人大代表。

吴继文　第一、二、三、四、五届北京市政协委员。

王铮　第九届北京市政协委员。

六、成员、组织受表彰情况

1960 年阎华堂被民进市委会评为先进工作者。1980 年民进北京大学支部在民进第一次会员为四化服务经验交流会上被评为先进支部。1985 年在民进第二次为四化服务经验交流表彰会上崔季五、阚法篯被评为先进个人。1994 年 7 月民进北京大学第三支部在民进北京市委会参政议政工作表彰会上被评为先进集体，王燕海、张主、阚法篯、潘燕生被评为先进个人。1995 年 10 月民进北京大学总支部在民进北京市委会庆祝会暨表彰先进大会上被评为先进集体，程红、都启明、齐惠荣、王燕海、徐邦、杨俊英、阚法篯、高巧君被评为先进个人。在北京大学 1995 年党务和思想政治工作表彰大会上，崔季五获优秀党务和思想政治工作二等奖，奖金 1000 元，林启武获党务工作奉献奖。6 月 20 日北京大学召开 1997 年表彰优秀党务和思想政治工作者及先进集体大会，阚法篯获优秀党务和思想工作二等奖，奖金 1000 元。

第五节　中国致公党北京大学支部

一、沿革

中国致公党简称"致公党",是中国共产党领导的爱国统一战线中的民主党派之一,是以归侨、侨眷为主的社会主义劳动者和拥护社会主义的爱国者的政治联盟,是为社会主义服务的政党。1984 年 4 月,北京大学四名归侨、侨眷经致公党市委司徒柱介绍参加致公党,并成立了致公党北京大学党小组,由李崇熙(化学系教授)任组长。1987 年 9 月 19 日,在北京大学办公楼会议室召开了致公党北京大学支部成立大会。致公党中央常委、执行组成员、致公党北京市委会副主委蔡其侃,中共北京大学党委书记王学珍,中共北京市委统战部副部长任宁芬,北京大学副校长罗豪才以及民革、民盟、九三学社、民进、侨联在校组织的主要负责人或代表胡代光、褚圣麟、徐继曾、崔季五、苏志中参加了会议,表示祝贺并发表了讲话。谢价恒代表致公党市委宣读了致公党在北京大学建立支部的决定。致公党北京大学支部主任委员李崇熙汇报了致公党北京大学小组几年来的工作概况:致公党成员已从 1984 年的 4 人发展到 13 人,其中高级职称占成员总数的 53%。1986年有一名致公党成员加入了中国共产党。1995 年 11 月北京大学副校长罗豪才调致公党中央任副主席,仍为北京大学兼职教授。

二、成员人数统计

年份	1987	1988	1989	1990	1991	1992	1993	1994	1995	1996	1997
人数	17	17	19	19	19	19	19	20	21	23	26

三、历届支部主委、副主委名单

届别	年份	主委	副主委
第一届	1987—1990	李崇熙	蔡祝生
第二届	1990—1994	李崇熙	梁立基
第三届	1994—1997	李崇熙	曹　焯

四、组织发展情况

年份	1984	1985	1986	1987	1988	1989	1994	1995	1996	1997
人数	5	1	2	9	1	2	1	1	2	3

五、成员在历届致公党中央、北京市委，全国、北京市人大，全国、北京市政协任职情况

罗豪才　第十届致公党中央副主席，第十一届致公党中央主席；第八届北京市人大代表，第九、十届北京市人大常委；第八届全国政协常委，第九届全国政协副主席。

梁立基　第九届致公党中央委员，第十届致公党中央常委，第三、四届致公党北京市委副主委；第七、八届北京市政协常委。

叶文虎　第十一届致公党中央委员，第五届致公党北京市委副主任，第十一届北京市人大常委；第九届全国政协委员。

李崇熙　第三、四届致公党北京市委委员。

郑胜利　第四届致公党北京市委常委，第五届致公党北京市委副主委；第九届北京市政协委员。

王德煌　第九届北京市政协委员。

六、成员、支部受表彰情况

1992 年 9 月，致公党北京大学支部在中共北京市委统战系统表彰大会上被评为先进支部。1993 年，李崇熙、叶文虎被国家民委、中共中央统战部评为科技支边扶贫先进个人。1997 年，梁立基被校党委评为党务工作先进个人，获二等奖，奖金 1000 元。

第六节　九三学社北京大学委员会

一、沿革

九三学社是中国共产党领导的爱国统一战线中的民主党派之一，是以科学技术界高、中级知识分子为主的社会主义劳动者和拥护社会主义的爱国者的政治联盟，是为社会主义服务的政党。1944 年年底一批以许德珩（北大教授）为代表的爱国忧时的学术界进步人士，继承五四运动的革命传统，

坚持团结抗战,坚持民主与科学,在重庆组织"民主科学社";1945 年为纪念抗日战争和国际反法西斯战争的胜利,改名九三学社;在解放战争时期,积极参加了党领导的反内战、反饥饿、反迫害等斗争。九三学社北京大学支社成立于 1951 年 6 月。成立大会在北大沙滩孑民纪念堂举行。首任主任委员是地质系孙云铸教授。"文化大革命"开始后,九三学社北京大学支社被迫停止活动,"文化大革命"结束后,1979 年 5 月恢复活动。1990 年 12 月 8 日,由于社员人数增加和工作需要,经九三学社北京市委批准,升格为九三学社北京大学委员会。

二、支部成员人数统计表

年份	1957	1959	1961	1988	1990	1993	1994	1995	1996	1997
人数	60	32	48	73	81	80	84	85	93	97

三、历届主任委员、副主任委员名单

年月	主任委员	副主任委员
1951.6—1953	孙云铸	
1953—1958	周培源	游国恩
	魏建功	
	王竹溪	
1980	唐有祺	阴法鲁、徐继曾
1984	徐继曾	阴法鲁、何雪华、吴全德
1988	阴法鲁	霍鸿遏、何雪华、张有民(1990 年 5 月 12 日增补)
1990 年 12 月 8 日	阴法鲁	余同希、张有民、霍宏遏
1994 年 4 月	张有民	霍宏遏、张镡、许保良(1996 年 12 月增补)

四、历年组织发展情况

年份	1979 年前	1980	1981	1982	1983	1984	1985	1986	1987
人数	30	1	3	0	5	3	8	12	6

年份	1988	1989	1990	1991	1992	1993	1994	1995	1996	1997
人数	4	5	2	2	1	1	5	4	9	7

五、成员在历届九三学社中央、北京市委，全国、北京市人大，全国、北京市政协任职情况

许德珩　九三学社(1946.5.4)任理事，第一、二届中央理事会主席，第三、四、五、六、七届中央委员会主席；第一届全国人大常委，第二、三届全国人大代表，第四、五、六全国人大常委会副委员长；第一届北京市人大代表；第一届全国政协委员，第一、二、三届全国政协常委，第四、五、六届全国政协副主席。

周培源　九三学社第三届中央委员会委员，第四届中央委员会常委，第五、六、七届中央委员会副主席，第八届中央委员会主席，第九届中央委员会名誉主席；第一、二、三届全国人大代表，第五届全国人大常委，第七届北京市人大代表；第三、四届全国政协常委，第五、六、七、八届全国政协副主席。

薛愚　九三学社第一、二届中央理事会常务理事，第三届中央委员会常委，北京分社筹委会主任理事，第一、二届北京市委主委；第一、二届北京市人大代表；第一届全国政协委员。

方亮　九三学社第一、二届中央理事会理事，第三届中央委员会常委，第二届北京市委委员。

袁翰青　九三学社第二届中央理事会理事，第三届中央委员会常委；第一、二届全国政协委员。

魏建功　九三学社第三、四、五届中央委员会常委，第六届中央委员会委员；第三、四届全国人大代表，第三、四、五届北京市人大代表；第一、二、三届北京市政协委员。

游国恩　九三学社第三、四、五届中央委员会委员；第三、四、五届全国政协委员，第一届北京市政协委员。

王竹溪　九三学社第六届中央委员会副主席，第三、四届北京市委常委，第五届北京市委副主委(A)(1962.2)、主委(B)(1980.2)；第三届全国人大代表；第五届全国政协委员，第二、三届北京市政协委员，第五届北京市政协常委。

金克木　九三学社第四届中央委员会委员，第五、六、七届中央委员会常委，第八、九届中央委员会中央参议委员会常委；第三、四、五、六、七全国政协委员。

黄子卿　九三学社第四、五届中央委员会委员，第六届中央委员会常委；第三、四、五届全国政协委员。

俞平伯　九三学社第四届中央委员会委员，第一届北京市委理事会理事。

李孝芳　九三学社第四、五届中央委员会候补委员，第七届中央委员会常委,第二届北京市委委员;第六、七届全国政协委员。

唐有祺　九三学社第六、七、八届中央委员会委员;第九届中央委员会中央参议委员会委员;第七届北京市人大代表;第六届全国政协委员,第七、八届全国政协常委兼第七、八届科技委员会副主任,第五届北京市政协委员。

吴阶平　九三学社第七届中央委员会委员,第八届中央委员会副主席,第九、十届中央委员会主席;第七届全国人大代表,第八、九届全国人大常委会副委员长,第二、三届北京市人大代表;第五、六届全国政协委员。

阴法鲁　九三学社第七、八届中央委员会委员,第九届中央委员会中央参议委员会委员;第五届北京市委委员,第六届北京市委常委;第八、九届北京市人大代表。

谢义炳　九三学社第七、八届中央委员会委员,第九届中央委员会中央参议委员会委员。

金开诚　九三学社第七届中央委员会委员,第七届中央委员会中央执行局候补委员,第八届中央委员会常委,第九届中央委员会副主席;第六届全国政协委员,第七、八、九届全国政协常委。

樊弘　九三学社第七届中央委员会顾问,第一、六届全国政协委员。

叶恭绍　九三学社第二届北京市委委员;第二、三、四届北京市人大代表。

徐继曽　九三学社第七届中央委员会候补委员,第八届中央委员会委员,第六届北京市委委员。

李赋宁　九三学社第七、八届中央委员会委员,第九届中央委员会中央参议委员会委员,第五、六届北京市政协委员。

庄圻泰　九三学社第七届中央委员会顾问,第八、九届中央委员会中央参议委员会委员;第五、六届北京市政协常委。

张合义　九三学社第八届中央委员会常委,第七届北京市委副主委;第七届北京市政协常委。

黄昆　第三届全国人大代表,第五、六、七届全国政协常委。

赵柏林　九三学社第九届中央委员会委员;第八、九届全国政协委员。

何雪华　九三学社第六届北京市委候补委员,第七届北京市委委员。

金鼎汉　九三学社第七、八届北京市委委员。

霍宏遏　九三学社第七、八届北京市委委员。

张有民　九三学社第八、九届北京市委常委。

许保良　九三学社第九届北京市委委员。

陈家宜　第九、十届北京市人大代表。

余同希　第七、八届北京市政协委员。

申丹　　九三学社第九届中央委员会委员；第九届全国人大代表，第十、十一届北京市人大常委。

王选　　九三学社第九届中央委员会副主席，第九届全国人大常委；第八届全国政协委员。

林超　　第六届北京市政协委员。

六、社员和组织受表彰情况

1985年年底，中共北京市委统战部会同北京市政协和各民主党派召开了"北京市统战系统为四化服务先进集体、先进个人表彰大会"。张合义、霍宏暹二位社员受表彰，获先进个人称号。1992年政协北京市委会、中共市委统战部召开北京市第二次统战系统先进集体、先进个人表彰大会，九三学社北京大学委员会被评为先进集体，乔净被评为先进个人。1992年九三学社北京大学委员会被九三学社北京市委评为先进集体，1993年被九三学社中央评为先进集体。北京大学1995年党务和思想政治工作表彰大会上，阴法鲁被评为优秀党务和思想政治工作二等奖获得者和党务工作奉献奖获得者，并获奖金1000元。1997年6月20日北京大学召开1997年表彰优秀党务和思想政治工作者先进集体、先进个人大会，九三学社北京大学委员会被评为先进集体，获奖金5000元。

第七节　农工民主党和台湾民主同盟在北京大学的成员

农工民主党和台湾民主同盟没有在我校建立基层组织，但都有成员在北大。农工民主党在北大有四位成员。他们分别于1948年、1987年、1988年、1990年加入该党。台湾民主同盟在北大有彭克巽一位盟员。他于1949年7月参加台盟，曾任第四、五届台盟中央委员，第四、五、六届台盟北京市副主任委员，第七、八届北京市政协常务委员。

第二十二章 中华人民共和国成立前中国共产党的秘密外围组织

北京大学中共地下党的外围组织,除个别是半秘密半公开的以外,都是秘密的。最早有1936年2月在北平建立的"中华民族解放先锋队",简称"民先"。1937年,抗日战争爆发,北平沦陷,北大南迁长沙,与清华大学、南开大学联合组成长沙临时大学,翌年,再迁云南昆明,改称西南联合大学。1945年初,西南联大地下党在昆明建立外围组织"社会科学研究会",简称"社研";1945年,又在昆明成立"中国民主青年同盟",简称"民青"。抗日战争胜利后,北大于1946年复员回北平,"中国民主青年同盟"为北大南系地下党的外围组织。1947年7月,北大北系地下党也建立了外围组织,其名称为:沙滩区的文、理、法三学院和"沙工""沙医"(工学院和医学院一年级学生在沙滩上基础课,称"沙工""沙医")以及农学院、四院均称为"民联";工学院称为"进步青年联盟",简称"进联";医学院称为"民主进步青年联盟",亦简称"进联";沙滩区的"沙农"(农学院一年级学生在沙滩上基础课,称"沙农")则称"农业青年联谊会",又称"中国进步农业青年联盟",均简称"农联"。"进联"、"农联"都是"民联"的别称,这些别称主要是为了更好地适应地下环境,开展工作,迷惑敌人。1948年秋,北大地下党又成立了"文化工作者联盟",简称"文联",主要在讲师、助教及少数研究生中发展盟员。此外,1948年6月,冀热察党的系统在北平成立"中国革命青年联盟",简称"革青",北大有"革青"的一个支部。

新中国成立后,北大南系、北系地下党的外围组织"民主青年同盟"、"民主青年联盟"和工学院的"进步青年联盟"、医学院的"民主进步青年联盟"、沙农的"中国革命青年联盟"(又称"农业青年联谊会"),以及冀热察党的系统的"中国革命青年联盟"等六个革命青年组织,于1949年3月13日合并,成立盟总支,总支下设支部。当时全校盟员约300多人。1949年4月6日,北大建立新民主主义青年团总支部,盟员除参加人民解放军南下工作团以及组织上抽调参加北平市中学和街道等工作因而离校者以外,都转为青年团员(共 248 人)。

1949 年"五一"前夕,"文化工作者联盟"扩大为教职员联合会,后又在此基础上筹组建立了教育工作者工会。

第一节　中华民族解放先锋队和社会科学研究会

中华民族解放先锋队(简称"民先")刚成立时称"民族解放先锋队",前面没有"中华"二字,1937 年 2 月举行的代表大会上决定前面加"中华"二字。它是根据党中央 1935 年 11 月发布的《关于青年工作的决定》的精神建立的,是在中国共产党领导下的抗日先进青年的群众性组织。"一二·九"运动时,平津学联组织"平津学生南下宣传团",共组成四个团,北平三个,天津一个,北大和东城地区的大中学校学生为第一团,由北大领导,团长韩天石,于 1936 年 1 月 3 日南下进行抗日宣传。宣传团行至保定,学联领导根据当时的形势,决定返回北平,迎接新的斗争。在保定举行的第一团和第二团最后一次全体大会上,大家表示了奋斗到底的决心,并决定成立永久性的组织,定名为"民族解放先锋队",宣传团全体团员为"民先"队的当然队员。与此同时,由清华、燕京、辅仁、朝阳等院校同学组成的第三团,于 1 月 16 日在燕京大学召开的全体团员大会上也决定成立一个永久性组织——"中国青年救亡先锋团"。南下宣传团返回北平后,经中共北平市委书记林枫与学联负责人黄敬、姚依林等讨论决定,将第一、二团和第三团成立的两个永久性组织合并,定名为"民族解放先锋队",并于 1936 年 2 月 1 日在北平师范大学召开第一次代表大会,宣布"民族解放先锋队"正式成立。

1936 年 9 月 20 日,中共北平市委贯彻中央的决定,取消了共青团,"民先"队便成为党领导青年抗日救亡运动的重要组织。在抗日战争时期,它团结广大先进青年,战斗在民族解放斗争的前线。北大许多革命学生都参加了民先队组织,他们在抗日战争中发挥了积极的作用。毛泽东同志在谈到"民先"时说:"1935 年 12 月 9 日,北京学生群众在我们党的领导下,发动了英勇的爱国运动,成立了中华民族解放先锋队,并把这种爱国运动推到了全国各大城市。"

"民先"设总队部,主要负责人李昌、孙传文(孙陶林)、杨雨民、刘文卓(刘导生)、吴承民,除李昌外,都是北大学生。"民先"成立时有队员 300 人左右,分为 26 个分队,分属四个区:城内的东、西、南三区和城外的西郊区。"民先"在大、中学编了区队,有 14 个中学区队,4 个大学区队(地区相近的组织一个区队），区队下面有四五个分队。

"民先队"成立时，"北大民先队"也同时成立。当时有队员 50 人左右，组成"北大民先"分队，队长杨雨民，属北大区队。北大分队是按宿舍分片的，一个宿舍有几个小队，由一个组织干事或组织员负责。北大"民先"成立后，在党组织领导下，开展了一系列的抗日救亡活动。至西安事变时，"民先"有了相当大的发展，队员达到 200 多人。北大"民先"分队先后由杨雨民、宋应（宋尔纯）、谢邦治、莫家鼎担任分队长。分队下为小队，一般是十人以上为一小队。当时"民先"还有自己的队歌。歌词是：

> 前进、前进、向前进！
> 我们勇敢、活泼、坚定，
> 大家一条心，为了争取民族的明天，
> 主张民主，反对侵略，掀起解放的战云！
> 前进，祖国的孩子们，
> 我们是民族解放的先锋队，
> 高举起我们的队旗，
> 向着解放的路上，前进！
> 前进，前进，前进，向前进！

1937 年七七事变后，北平沦陷。北大"民先"根据党支部的通知，陆续撤离北平，民先队员分头奔赴抗日前线和后方。

1938 年 5 月，北大、清华、南开三校在昆明组建的西南联合大学开学，不久，"民先"队也在西南联大恢复活动。1937 年抗日战争开始后在昆明建立了"抗日先锋队"，简称"抗先"，由李家鼎（李同生，党员）担任队长，唐登岷（党员）担任副队长。1938 年 7 月，原在北平崇德中学入党的力易周从延安辗转到了昆明。8 月，在北平入党的黄元镇、郝诒纯也到了昆明。三人成立了临时党小组，力易周任组长。10 月，三人一起考入西南联大。而黄元镇、郝诒纯在北平时都是"民先"的骨干。他们遂与李家鼎联系，共同开展抗日救亡活动。后根据中共中央长江局巡视员马子卿的指示，联大"民先"与"抗先"合并，成立"中华民族解放先锋队云南地方部队"，仍简称"民先"，选举力易周为队长，李家鼎为副队长兼宣传部长，郝诒纯为组织部长，徐干（徐树仁）、黄元镇、袁永熙为队部干事。以后徐树仁、袁永熙曾先后任过"民先"队长。"民先"队部设在昆明市威远街 70 号李家鼎家中，出版了五六期《民先队刊》。"民先"在西南联大成立一个大队，李善甫任大队长，地下党员莫家鼎、董凌云均为大队部负责人。其成员多为北大、清华、南开三校在平津时的老"民先"队员，以后不断发展，到 1939 年秋队员已近百人。"民先"队的负责人基本上都是地下党员，这个组织先是秘密的，后来是半公开的，活动是半秘密的。我党的主张、方针、政策通过"民先"队员宣传贯彻到群众中。

1939年9月，为了转变在国民党统治区的工作方式，更广泛地团结中间群众，避免"民先"成员中的共产党员暴露，中央南方局决定撤销"民先"。西南联大党组织经反复讨论，执行了这个决定。

"民先"撤销后，1940年初成立了"社会科学研究会"（简称"社研"），原来的"民先"队员，一部分具备党员条件的入了党，多数参加了"社研"。"社研"是较为秘密的组织，其成员组成小组，分别在各党分支或党小组领导下贯彻党的主张，开展各项工作。当时发展党员主要从"社研"中选择对象，"社研"成员入党的不少。

第二节　中国民主青年同盟

1944年，世界反法西斯战争取得重大胜利，中国共产党领导的八路军、新四军对日寇不断进行打击，而国民党军队在日军进攻下接连溃败，国民党政府在政治上极端腐败，民怨鼎沸，中共中央发出要求结束国民党一党专政、成立民主联合政府、挽救民族危机的号召，得到全国人民的响应。当时昆明在省工委领导下，以西南联大为中心，以纪念五四运动为起点，开展了一系列的爱国民主斗争。

在这种形势下，西南联大个别失掉党的关系的党员和几个迫切要求寻找党组织的进步骨干洪德铭（洪季凯）、肖松、严振（谭正儒）、王念平、陈定侯、何东昌等，酝酿建立革命青年组织"民主青年同盟"（简称"民青"）。1945年2月初，"民青"在滇池湖中心一艘大木船上秘密召开了第一次代表大会，出席代表11人，代表盟员30多人（云大五六人，东方语专二人，余为联大学生）。经过全体代表认真热烈的讨论，代表大会通过了修改后的《民主青年同盟章程》和当前工作计划要点，选举了第一届执委会：主任委员陈定侯，组织股长洪德铭，宣传股长严振，联络股长肖松，总务股长何东昌。第一届执委会的任期是1945年2月至1945年6月。"民青"组织的建立，经袁永熙、肖松向云南省工委汇报，得到了省工委的支持和领导。4月底，省工委调肖松筹建地下印刷厂及建立秘密工人组织，肖松不能再承担"民青"执委的工作。1945年6月，"民青"召开第二次代表大会，进行改选，由洪德铭任主任委员，王汉斌、严振负责组织、宣传工作，王炽生、徐克权负责联络工作。这届执委会的任期是1945年6月至1946年2月。袁永熙受省工委委托，联系领导这一支"民青"工作。1946年2月，"民青"召开第三届代表会，选出第三届执委会 4 人：主任洪德铭，组织王汉斌，宣传严振，联络缪祥烈。这届执委会的任期是 1946 年 2 月至 1946 年 7 月。

1945 年 5 月，在西南联大还建立了另一支"民主青年同盟"。原来，1942 年 9 月，云南省工委决定在西南联大成立党支部，由马识途（马千禾）任书记，何功楷、齐亮为委员。由于当时贯彻党中央"隐蔽精干"的方针，停止发展党员，党支部就在联大陆续建立秘密的学习小组，开展阅读革命理论和进步报刊活动，到 1944 年年底，多数院系、年级都陆续建立了学习小组，团结了一大批进步青年。马识途根据云南省工委的指示，召集许师谦（许寿谔）、李明、李晓、侯澄（云大）、许乃炯、王刚等商量，认为革命高潮到来时，革命的组织形式应相应跟上去，决定成立"民青"组织。他们在原来学习小组的基础上，从 1944 年冬开始陆续发展"民青"成员 60 多人。1945 年 5 月，这支"民青"在昆明金碧路中华职教社业余中学楼上一间教室里，召开了代表会议，到会者约十六七人，代表盟员 60 多人。会议选举了执委会。许师谦、马识途、李明、李曦沐、许乃炯当选为执委，侯澄、王刚为候补执委。许师谦任主任委员，马识途、李明负责组织，李曦沐（李晓）负责宣传，许乃炯负责总务。同年 9 月，许师谦、马识途、李曦沐毕业，由李明、许乃炯、侯澄、王刚、刘新、殷汝棠负责。"一二·一"运动前后，李明患病，"民青"的领导工作由李凌、刘新负责，省工委郑伯克直接联系李凌。

这两支"民青"都是中共的外围组织，其章程也基本相同，明确规定"受最先进政党领导，与民主力量合作"，"为新民主主义而奋斗"。1945 年 6 月，云南省工委决定，洪德铭等组织的"民青"为"民青"第一支部，马识途等组织的"民青"称"民青"第二支部，两个"民青"支部不发生横的联系，袁永熙、马识途代表党组织分别领导"民青"第一支部和第二支部。

"民青二支"成立后，积极发展组织，先后在西南联大、云大、中法大学、英专和部分中学中建立了组织，也在社会青年和几个专科学校、县中学、昆明市一些工厂里发展了组织。

"民青一支"主力在西南联大，除在联大五个学院、云大、东方语专、昆华女中、云大附中、建民中学以及部分工厂中先后建立了分支部（昆华女中分支部后转给二支）外，只在昆明市其他六所中学和职业青年中建立了小组或发展了个别联系的盟员。根据省工委指示，"民青一支"工人分支部于 1945 年 7 月正式转为"民主工人同盟"，直接归党组织领导。"民青一支"从 1945 年暑假起，还先后在石屏、建水、蒙化三县几所中学中发展了组织，建立了分支部。

由于省工委加强了对"民青"的领导，两支"民青"很快发展壮大起来，到"一二·一"运动前夕，盟员增至 300 人左右，其中联大累计约 200 人，遍布在西南联大的各个系和年级，在全市 29 所大中学校中建立了分支部（大多数）和小组（少数），基本上掌握了"昆明学联"、29 所大中学学生自治会和"联大昆明校友会"的领导权，为党后来领导"一二·一"运动打下了组织基础。

"一二·一"运动中，党对运动的领导，党的方针、政策、指示，主要是通过"民青"去组织实现和贯彻执行的。

经过"一二·一"运动的战斗洗礼，"民青"锻炼得更加强大。到 1946 年6 月，"民青"一、二支除输送了几十名骨干入党外，盟员人数比"一二·一"运动前增加了一倍，总数约 600 人，其中联大盟员累计 270 人。

1946 年 6 月、7 月，联大三校分批复员北上，联大"民青"成员北上和到解放区的约 200 人（包括学生、教职工及已是党员的原"民青"盟员）。留在云南的"民青"盟员继续在当地党组织领导下，进行反内战、争民主的斗争。

复员北平时，北大有"民青"盟员 80 多人。复员后，随着反美反蒋学生运动的开展，发展了大批盟员，成为地下党的得力助手。北大的"民青"，从复员北平开始，不再建立单独的组织系统，盟员均由地下党员分别联系。

第三节　民主青年联盟

1947 年五二○运动后，项子明（化名汪志德，受晋察冀中央局城工部学委、大学委派遣，进入北大法律系，以学生身份为掩护，领导北大 6 个学院学生党的工作）向北大北系地下党员张硕文传达了晋察冀中央局城工部的决定：鉴于南系地下党建立外围组织"中国民主青年同盟"（简称"民青"）的经验很好，上级决定建立北系地下党的外围组织"中国民主青年联盟"（简称"民联"）。关于这个组织建设和领导的原则是：全体党员都是"民联"的当然成员，每个党员都要把建立和发展"民联"作为最重要的工作，要以"民联"成员的身份把学生运动中的先进分子吸收进来，参加"民联"。经过一段教育和考察，再把其中具备党员资格的人介绍入党，今后不再从群众积极分子中直接发展党员。"民联"由党的组织直接领导，不建立独立的组织系统。"民联"完全是秘密的，不许打通横的关系。盟员要服从组织决议，承担组织上交付的工作。党员以盟员的身份联系盟员，在盟员条件成熟、介绍其入党前，党员不能向盟员暴露自己的党员身份。为了适应秘密工作的需要，有利于迷惑敌人，"民联"在北大可以有不同的名称。

"民联"筹备工作领导小组成员包括项子明（总负责）、孙立（负责文法学院）、张硕文（负责理工医农学院）等，后因项子明工作繁忙，由孙立总负责，向宽（法学院党支委）负责文法学院，张硕文仍负责理工医农学院的工作。1947 年 6 月，法学院党支部书记孙立（宋兆琳）起草"民联"章程，在项子明主持下,经过多次酝酿讨论,于 1947 年 7 月在北大沙滩红楼后面操场的西北角平房(学生会办公室)召开"民联"的第一次会议。会议由孙立主持,出席会议的有项子明、张硕文、贾铤(法学院党支委)、于培芝(法学院党员)、杨节(文学院党员)、鲁达(李志奇,法学院党员)、陈友珍(法学院学生,当时未入党)、卜超凡(法学院党员)、金鸿选(法学院学生,当时未入党)、王民(王树增,当时未入党)、王禄庆(王君健,法学院学生,当时未入党)等,还邀请南系"民青"一人列席会议。孙立宣读"民联"章程草案,阐明"民联"的性质和宗旨。会议经过讨论,通过了章程,"民联"在北京大学正式成立。

"民联"成立后,由各学院党支部派党员单线联系盟员,有的成立三人小组,小组长一般都是党员。党支部通过党员小组长和联系盟员的党员领导盟员,盟员除小组成员外,不发生其他纵的和横的联系。派到"民联"工作的党员,除过盟的组织生活外,还要过党的组织生活。

北京大学北系地下党的外围组织的名称,在北大各学院有所不同。多数称"民主青年联盟",简称"民联";工学院称"进步青年联盟",简称"进联";医学院称"民主进步青年联盟",亦简称"进联";沙农称"农业青年联谊会"或"中国进步农业青年联盟",简称"农联"。

北系地下党外围组织的发展对象必须是历次学生运动中的积极分子,政治可靠,有一定的政治思想觉悟,倾向于共产党,能够接受组织分配的任务,为人正派,能够联系群众。每个人都要经过一定时间的考察,经党支部批准后,才能发展入盟。发展时个别履行手续,不写自传,不宣誓。盟员必须遵守组织纪律,服从组织安排,积极完成组织交给的各项任务,如发动和组织同学参加学生运动和罢课、游行等;在党的领导下组织进步社团,如读书会、阅览室、壁报社、剧团等,宣传革命思想,揭露国民党的反动本质;北平解放前夕,协助党调查敌军情况,散发有关城市政策的传单,组织应变,保护贵重仪器设备和图书资料,做教授的思想工作,劝说他们留在北平,一起迎接解放。

北大的"民联"组织除在北大发展盟员外,还在中学、专科学校和其他大学发展了相当一批盟员。

北大各学院地下党外围组织的情况如下。

1. 文学院

1947 年 7 月,文学院"民联"正式建立,负责人唐过。1947 年 10 月底,唐过去解放区,由杨节任负责人。1948 年 6 月,由郭焰烈(法学院)任负责人。

2. 法学院

1947 年秋,法学院"民联"正式建立,孙立任负责人。1948 年春,向宽任负责人。1948 年 11 月,李文、郭焰烈先后任负责人。

法学院"民联"在法学研究会、民间歌舞社、骆驼社、拓荒社、大众社、北大星火体育会体群篮球队、北大教职工联合会、北大先修班（四院转来）均建立"民联"小组，此外，在校外也发展"民联"。

3. 理学院及"理沙"

理沙的"民联"一直由张硕文领导。南、北系合并后，晏毓鹏曾任理沙"民联"负责人。

4. 四院（在国会街）

四院"民联"成立早于党支部二十多天。1947 年 9 月，在沙滩北楼一间地下室，项子明、孙立、张硕文召集会议，孙立宣布在四院建立"民联"，由蔡玉梁任负责人，以后，何正木、田昌五也曾任过负责人。1948 年暑假后，1947 级同学升入二年级迁往沙滩，其中"民联"成员 20 多人。四院党支委会有李华、李容、尔联柏，不久，李华赴解放区，李容和尔联柏兼任党和盟的工作，到 1948 年 11 月，"民联"又在四院发展 20 多人。

5. 农学院（在罗道庄）

1948 年 9 月，北大农学院（地点：罗道庄）正式成立"农联"，党员袁书平任负责人。

6. 医学院

1947 年 7 月，北大医学院建立"民主进步青年联盟"，简称"进联"，由颜纯代表党支部领导"进联"的工作。1948 年 10 月，颜纯赴解放区，改由蒋惠中领导。

7. 工学院

1947 年 7 月，北大工学院建立"进步同学联谊会"（后定名为"进步青年联盟"）（均简称"进联"），由廉仲代表党支部领导"进联"的工作。1947 年底，盟员发展到 20 多人，此时，廉仲赴解放区，周景颐、许文、杨秉寿先后任"进联"负责人。1948 年年底，"进联"成员有 40 多人。

8. "沙农"

张硕文与党员黄国珍、郑秉泇等研究，并经项子明批准，于 1948 年 9 月成立"农业青年联谊会"（或称"中国进步农业青年联盟"），简称"农联"，由郑秉泇领导，后由陈纪泽任负责人。1949 年 3 月，"农联"发展了 20 多人。

第四节　中国革命青年联盟

中国革命青年联盟（简称"革青"）是中共冀热察区党委城工部平津工委领导的党的外围组织。平津工委书记是谷全一，组委是鲁刚，宣委是岳麟章

（当时系北大历史系学生，党员）。

"革青"成立于 1948 年 6 月，是在中共冀热察区党委城工部在平津两市原有的地下党员的基础上建立和发展起来的，共有党员、盟员三百多人。按照城工部的指示，其成员主要是先进青年学生。它在各校成立"革青"支部。建立"革青"支部和发展成员时，都说明是党领导的地下秘密工作，每个人都写了自传，经党组织审查批准。"革青"总部，书记是岳麟章，委员有李若谷（当时华北学院学生）、韩应民（当时师大学生）、魏宏远（当时辅仁大学学生）、韦江凡（当时美专教师）、陈正纬（当时清华大学学生）、王祖陶（当时南开大学学生）。各高等院校设党支部兼"革青"支部。北京大学"革青"支部的书记为高辑（当时为历史系学生，子民图书馆理事）。

"革青"的任务主要是在平津工委领导下，进行城市地下工作，学生运动是其工作的一部分。其主要工作如下。

1. 开展宣传工作。

成立了地下刊物编辑部，编辑出版党的城市政策、解放区新气象等小册子，并秘密印刷传播毛泽东同志著作。编辑部成员（党员、盟员）为陆超祺、李瑛、艾治平、马丁、刘华麟、侯雨皱，均为北大学生。出版的地下书籍有：《新中国在前进》（介绍我解放区新气象）、《新中国目击记》（介绍我解放区人民翻身做主的情况）、《"七五"前后》（揭露国民党制造"七五惨案"）、《秉烛夜谈》（伪装书名，介绍我党城市政策）、毛泽东同志的三本著作《中国革命与中国共产党》《新民主主义论》《论联合政府》以及传单《将革命进行到底》（七千份）。这些出版物，除发给党员、盟员学习外，并分发给一些统战对象，同时由"革青"成员秘密散发。

2. 为解放区输送干部。

3. 在工委领导下进行策反、情报、统战等工作。如派北大"革青"成员（皆党员）曹进民、王兆榛完成对国民党驻北京永定门某军一个师的策反起义工作。

4. 在工委领导下进行工人运动的工作。

5. 在工委领导下迎接平津解放的工作。

1948 年 11 月底，冀热察城工部将"革青"交给华北局城工部领导。

第五节　文化工作者联盟

北平解放前，因为"民青"过于暴露，为避免敌人破坏，地下党南方局北平学委决定在学校的教职员和研究生中建立类似"民青"的进步青年秘密组织，在党的直接领导下进行反美反蒋斗争。经学委王汉斌布置，在北大地下党教员支部领导下，于1948年秋成立了"文化工作者联盟"，简称"文联"（关于"文联"成立的时间，据郭沂曾、苏勉曾证明是1948年10月至11月，吕德申证明是1948年9月至10月，殷汝棠证明是1948年秋，李文达、李吕辉、陈司寇、谭元堃、沈克琦证明是1948年下半年，现暂取1948年秋），由文理学院教员地下党支部委员谭元堃任"文联"书记，并起草章程，规定其任务是："反对帝国主义、封建主义、官僚资本主义，拥护新民主主义的政治、经济、文化，为建立新民主主义的文化教育而奋斗。"

"文联"的发展对象主要是讲师、助教及少数研究生，范围以北大为主，包括北平研究院、中法、辅仁等院校，总人数约140多人。"文联"实行个别发展的原则，发展手续是经过组织谈话，本人申请，党员介绍，组织批准。该组织实行民主集中制原则，由各院、系盟员三至五人组成小组，各小组都有党员以"文联"盟员身份负责领导。

"文联"的活动内容主要是从教师方面配合学生运动，协助党在教师中做工作，进行反迫害、反饥饿、争民主的斗争。北平解放前夕，"文联"主要协助地下党开展迎接解放的运动，争取教师不随国民党撤退，保护贵重仪器设备，学习宣传党的政策、主张。

第二十三章　中国共产主义青年团北京大学组织

第一节　组织沿革

　　1920年10月,中国共产党北京小组在北京大学成立,11月命名为"中国共产党北京支部"。中国共产党北京支部成立后,立即进行青年团的组建工作。同年11月,在李大钊亲自指导下,以北京大学为中心,由张国焘、邓中夏等人发起组织北京社会主义青年团。高君宇、张国焘、邓中夏、刘仁静、罗章龙、何孟雄、黄日葵、范鸿劼、朱善务、黄绍谷、杨人杞、缪伯英等40余人,在沙滩红楼北京大学学生会办公室举行北京社会主义青年团第一次大会,宣告北京社会主义青年团成立。张国焘代表党组织在会上致开幕词,北京大学地质系学生、北大学生会主要负责人高尚德(即高君宇)当选为北京社会主义青年团第一任书记,与会者即为北京首批青年团员。中国共产党北京支部的成员几乎都是青年团员。数月后,青年团的书记由张国焘担任。到1921年3月,团员发展到55人,其中已确知为团员的北京大学学生有高君宇、张国焘、邓中夏、刘仁静、罗章龙、黄日葵、何孟雄、范鸿劼、朱善务、王有德、杨人杞、吴汝铭、黄绍谷、罗汉、李骏、陈德荣等。

　　北京社会主义青年团的创立和发展,都以北京大学为基地,青年团的绝大部分成员和书记都是北大学生,北京大学自然成为当时北京社会主义青年团活动的中心。1922年1月,团中央创办的机关刊物《先驱》也在北京大学出版和发行。因而,北京社会主义青年团的成立,也就是北京大学青年团的成立。1921年3月30日,北京社会主义青年团在北京大学召开第四次大会,一致通过李大钊等人(李大钊也是团员)的提议,建立团的机关,实行执行委员会制,并继续选举张国焘为书记。

　　1921年5月,由于团内成分复杂、信仰各异、经费紧张、人员变动及反动当局加强控制等原因,北京团的组织停止活动。1921年11月在党的领导下,北京大学单独建立了团的组织,由黄绍谷任书记。是年年底,北京社会主义青年团改称中国社会主义青年团北京地方团,建立了中国社会主义青年团北京地方团执行委员会(简称"团地委"),邓中夏任书记。北京大学团组织成为北京地方团的一个支部,黄绍谷任支部书记。1924 年,北大团支部改由 1923 年入团的屈武任书记。是年,由于北京地方团内发生纠纷,团中央决定解散,并组织筹备委员会另组新的北京地方团。当年 10 月,派旅欧回国的刘伯庄到北京主持团的工作,任筹委会秘书(1924 年 3 月—4 月,团中央二届二次扩大会议决定取消委员长职务,而设秘书代之)。刘伯庄与筹委会对北京团员进行了审查。11 月 18 日,刘伯庄在给团中央执行委员会的报告中说,已经筹委会审查认为可以加入团的有 110 人,其中北大 33 人。

1925 年 1 月,中国社会主义青年团改名为中国共产主义青年团。是年下半年,北大团支部改由杜孟谟(杜宏远)任书记;1926 年暑假前后,由张勃川(张百川)任书记。

1927 年 4 月,蒋介石叛变和奉系军阀张作霖杀害李大钊等 20 位革命志士后,北方的革命走向低潮,北京的革命力量处于严重白色恐怖之下。1927 年至 1928 年间,北京市党组织遭受多次破坏,北大的党组织亦受到很大损失。这期间,北大团支部的情况不详。据现在所知,1929 年下半年,北大团支部书记是王定南,1930 年 1 月改为王青士(王青石),同年 3 月改为冀丕扬。

1930 年 6 月,李立三主持党中央工作,决定党团合并。王定南任党团合并后的北大党支部书记。1930 年 9 月,停止李立三路线,决定恢复党、团的独立组织和经常工作。此后,北京市党组织和北大的党团组织又受到严重破坏,直到 1935 年 11 月,北大党团支部才得以恢复,当时,只有 3 名党员、4 名团员。团支部书记为刘居英(刘志诚),后由曹振之(曹盼之)继任。

1935 年 11 月 1 日,党中央发布了《关于青年工作的决定》,取消国民党统治区共青团的组织,大批吸收共青团员加入中国共产党。1936 年 9 月 20 日,北平市委根据党中央中华指示,北平共青团各级组织先后取消,团员可以转为党员,部分团员转为"中华民族解放先锋队"队员("中华民族解放先锋队"简称"民先",于 1936 年 2 月 1 日成立)。其时,北大也成立民先队,大约有队员 50 人左右,队长杨雨民。

共青团取消后,民先队成为党领导青年抗日救亡运动的重要机构,在"七·七事变"前,北大有民先队员近 200 人。

从 1936 年 2 月至 1949 年 3 月,党的外围组织先有上述的"中华民族解放先锋队",后有地下党陆续建立的秘密的外围组织,如 1945 年在昆明西南联大建立的"中国民主青年同盟"(简称"民青"),1947 年 7 月在北大建立的"民主青年联盟"(简称"民联")、"进步青年联盟"(简称"进联",是北大工学院的)、"民主进步青年联盟"(简称"进联",是北大医学院的)、"中国进步农业青年联盟"(简称"农联",是沙滩农学院的),"进联"、"农联"都是"民联"的别称。此外,还有 1948 年 6 月由冀热察系统在北平建立的"中国革命青年联盟"(简称"革青",北大有一个支部)。这些革命青年组织在党的领导下,团结青年学生,坚持抗日救亡活动和反对国民党反动派的活动。1949 年 1 月,中共中央发布《关于建立中国新民主主义青年团的决议》,北平开始重新建团工作。1949 年 3 月 13 日,由中共地下党组织在北京大学发展建立的上述革命青年组织,在北大四院礼堂联合召开盟员大会,宣布成立北京大学盟总支。总支书记为汪家镠,副书记刘力邦,组委李德文,宣委王孝庭、杨中岳。总支下按学院成立了 7 个盟支部。1949 年 3 月 24 日,北京大学盟总支召开全校盟员代表大会,选出建团筹委会委员汪家镠等 7 人,进行新民主主义青年团的筹建工作。1949 年 4 月 6 日,新民主主义青年团北京大学总支部正式成立。成立大会在北大子民纪念堂举行。会议选举陈一如为团总支书记,汪家镠为副书记,李德文为组织委员,刘文宗为宣传委员(后增加王孝庭)。这时团员共 317 人,其中由盟员转为团员的 248 人,新发展团员 69 人。7 月,陈一如调至团市委筹委工作,汪家镠为书记。1949 年 9 月 26 日,新民主主义青年团北京大学总支部改建为青年团北京大学委员会。是日,北大团总支在中法大学礼堂举行全体团员大会,总结工作,选举新的团委,成立团委会。书记为汪家镠,副书记丁祖永、杨传纬。团委会设组织、宣传等部。团委会下设 14 个团支部。共有团员 428 人。

从 1950 年 2 月起至 1955 年 2 月第一次团代会前,北大团委几经换届和调整,情况如下。

(1)1950 年 2—9 月,团委书记张群玉,副书记丁祖永、王孝庭;

(2)1950 年 9 月—1951 年 5 月 17 日,团委书记张群玉,副书记田昌五、王孝庭;

(3)1950 年 12 月,团委副书记胡孝宣;

(4)1951 年 5 月 17 日—11 月 2 日,团委书记胡启立,副书记胡孝宣;

(5)1951 年 11 月 2 日,校团委干部调整分工,团委书记胡启立,副书记胡孝宣、杨传纬;

(6)1952 年 10 月,校党委确定新团委组成人员,团委书记胡启立,副书记胡孝宣、杨传纬;

(7)1954 年 9—12 月,团委书记胡启立,副书记石幼珊;

(8)1954 年 12 月—1955 年 2 月,团委书记胡启立,副书记石幼珊、梁思萃。

1955 年 2 月 26 日,北京大学举行第一次团代表大会。从这时开始,至

1966年"文革"前,全校一共召开了8次团代会,选举了8届团委会(第一届至第八届)。各届团委会的负责人如下。

(1)第一届(1955年2月—1956年2月):团委书记胡启立,副书记石幼珊,组织部长郑必俊,宣传部长阎光华。

(2)第二届(1956年2月—1957年3月):团委书记石幼珊,副书记兼组织部长郑必俊,副书记兼宣传部长宋诚。

(3)第三届(1957年3月—1958年7月):团委书记石幼珊,副书记郑必俊、宋诚,组织部长朱孔生,宣传部长钟哲民,教研工作部长戴中维。其间,1957年5月,"中国新民主主义青年团"改为"中国共产主义青年团"。

(4)第四届(1958年7月—1960年5月):团委书记张学书,副书记刘文兰、郑必俊、宋诚、张炳光,组织部长刘崀,宣传部长康式昭,军体部长马士沂,教研工作部长祝总斌。1958年10月,增设办公室和职工工作部。

(5)第五届(1960年5月—1962年7月):团委书记刘文兰,副书记宋诚、刘崀、杨永源、王家俊。团委会下设办公室和组织、宣传、文化、教研、职工、军体等部。

(6)第六届(1962年7月—1963年9月):团委书记刘文兰,副书记刘崀、杨永源、桂智贞。团委会下设办公室和组织、宣传、军体文化、教研等部。

(7)第七届(1963年9月—1964年8月):团委书记刘文兰,副书记刘崀、周偈。

(8)第八届(1964年8月—1966年6月):团委书记刘崀,副书记桂智贞、郭景海。团委会下设办公室和组织、宣传、学习劳动、军体、文化等部及青年教师研究生和青年职工两个工作委员会。

1966年6月到1969年10月,全校各级团组织因"文化大革命"而停止活动。

1969年10月7日,北京大学共青团开始整团建团,截止到10月16日工作基本结束。全校3325名共青团员,除因病、外出未参加整团及当时认为有问题的169人外,其余3156人开始过团组织生活,各基层全部建立了团支部(当时无团委干部名单)。

1971年12月至1976年4月,共召开第九、第十、第十一次团代会,选举了这三届团委会(第九届至十一届)。各届团委会的负责人如下。

(1)第九届(1971年12月—1974年3月):开始时,团委书记为徐雅民,副书记郭景海、周月梅。1973年3月14日,经校党委批准,团委书记改由顾大明担任,副书记为周月梅、李平方、肖白。

(2)第十届(1974年3月—1976年4月):开始时,团委书记为顾大明,副书记李平方、李俊庆、肖白、隋凤花、阎玉霞、张桂福、王凤桐、苏谊。1975年4

月 10 日,校党委任命曹一兵为团委书记。1976 年 1 月 27 日,校党委决定,由曹一兵任团委书记,副书记为李平方、李俊庆、隋凤花、阎玉霞、肖白、苏谊。

(3)第十一届(1976 年 4 月—1978 年 6 月):团委书记曹一兵,副书记李平方、李俊庆、隋凤花、阎玉霞。

这届团委会产生不久,1976 年 10 月,江青反革命集团被粉碎,"文革"结束,我校经过拨乱反正,于 1978 年 6 月 18 日召开了第十二次团代会暨第十一次学代会。这次大会的召开,标志着青年团和学生会的工作,重新走上了正轨。

从 1978 年到 1997 年,共召开了五次团代会(第十二次至第十六次),选举了五届(第十二届至第十六届)团委会。各届团委会的负责人如下。

(1)第十二届(1978 年 6 月—1982 年 2 月):团委书记王丽梅,副书记李俊庆、袁纯清、隋凤花、阎玉霞。团委会下设办公室和组织、宣传、文化、体育、青年职工(原为青年职工工作委员会)等部。

(2)第十三届(1982 年 2 月—1984 年 3 月):开始时,团委书记为李克强,副书记阎玉霞、张虹海、黑良杰。团委会下设办公室和组织、宣传、文化、体育、学术实践等部。1983 年 6 月,增设研究生部。1983 年 10 月 4 日,校党委常委决定,改由潘维明任团委书记,张力、刘晓峰任副书记。

(3)第十四届(1984 年 3 月—1987 年 11 月):开始时,团委书记为刘晓峰,副书记张力、朱善璐。团委会下设机构,开始时与上届相同,1985 年上半年,增设学生勤工助学中心、青年活动中心和教学改革研讨会等三个机构。同年 9 月,又增设理论研究室。1985 年 6 月 11 日,校党委常委决定,改由朱善璐任团委书记。

(4)第十五届(1987 年 11 月—1996 年 5 月):团委书记张来武,副书记彭兴业、卢新理。团委会下设办公室和组织、宣传、学术实践、青年职工工作等部和文体中心、理论研究室。1988 年 10 月,增设学生就业指导中心和学生综合咨询科技服务中心。1991 年 9 月,改青年职工工作部为青年工作部,增设研究生部和社团工作部。1992 年 9 月,撤销学生就业服务指导中心和青年工作部。1994 年 7 月,改青年综合咨询科技服务中心为科技工程办公室。另设昌平园区团工委。

(5)第十六届(1996 年 5 月—):开始时,团委书记为王登峰,副书记张彦、丁学国、李文胜、彭华彰、戚立峰。团委会下设机构与上届同。1997 年 7 月,经校党委批准,团委组织分工进行调整,由关成华任团委书记,张彦、丁学国、彭华彰、戚立峰任副书记。团委会下设办公室、组织部、宣传部、学术实践部、社团部、研究生部、文体中心、研究室、团校办公室、科技服务中心、昌平区团工委。

第二节　历次团代会和团代表会议

（一）第一次团代会

1955 年 2 月 26 日—3 月 6 日举行，出席大会代表 277 人。江隆基副校长、党委书记史梦兰出席大会并讲话；胡启立代表上届团委向大会作工作报告，并在闭幕式上作总结报告；大会选出了新一届团委委员 23 人（团委主要负责人见组织沿革部分，下同）。

同年 11 月 30 日，团委统计：全校团员 4154 人，其中本科生、专科生中 3506 人，工农速成中学学生中 218 人，教师中 270 人，职员工人中 160 人。

（二）第二次团代会

1956 年 2 月 17—19 日举行，出席大会的正式代表 447 人，列席代表 350 人，代表全校团员 4328 人。石幼珊代表上届团委作工作报告和关于学生工作的两年规划；江隆基副校长做了题为"向科学进军"的报告；还有 11 位代表就向科学进军问题在会上发了言。大会通过了上届团委的工作报告和学生工作两年规划，选出了新一届团委委员 25 人。

（三）第三次团代会

1957 年 3 月 20—31 日举行。出席大会的代表 532 人，代表全校 6682 名团员。大会的中心议题是：如何进一步巩固团的组织，提高团员质量，发挥团的战斗作用，团结全校青年为培养社会主义建设干部而努力。石幼珊代表上届团委作了工作报告，校党委副书记崔雄崑在会上讲话。大会选出新的团委委员 31 人。

（四）第四次团代会

1958 年 7 月 20—23 日举行。出席大会代表人数无记载，代表全校团员 5947 人。张学书代表上届团委作了题为《兴无灭资，解放思想，以共产主义风格培养青年成为有社会主义觉悟的有文化的劳动者》的工作报告；校党委第二书记江隆基做了题为《教育为政治服务，教育与生产劳动结合》的报告；中共中央宣传部部长陆定一应邀在会上做了有关教育方针的报告。大会通过了上届团委的工作报告，表扬了 107 名优秀团员和 32 个某一方面先进的集体，选出了第四届团委会委员 36 人。

（五）第五次团代会

1960 年 5 月 15 日召开。出席大会代表 560 人，代表全校团员 8432 人。校党委副书记史梦兰在会上讲话；宋诚代表上届团委作《高举毛泽东思想的旗帜，培养青年成为共产主义劳动者》的工作报告；13 个单位的代表在大会上发言,汇报在思想革命、教育革命、技术革命中取得的成绩。大会通过了共青团北京大学第五次代表大会的决议和关于表扬先进单位、优秀团员和青年的决议,受到表扬的有 59 个先进单位和 53 个优秀团员和青年;选出了新一届团委委员 35 人。

(六)第六次团代会

1962 年 7 月 26—28 日举行。出席大会代表 563 人,代表全校团员 8966 人。刘文兰代表上届团委作工作报告;校党委书记陆平到会讲了话,他强调对青年要坚持社会主义方向和道路的教育,坚持党的教育方针的教育,坚持又红又专方向的教育,共青团必须贯彻民主集中制,开展批评与自我批评,改进工作作风和工作方法。大会通过了上届团委的工作报告;选出了第六届团委会委员 41 人和出席北京市第五届团代会代表汪家镠、刘文兰等 20 人,候补代表 3 人。

(七)第七次团代会

1963 年 9 月 21—22 日举行。出席大会代表 524 人,代表全校团员 8350 人。刘文兰代表上届团委作工作报告,12 位代表发了言,校党委书记、校长陆平到会讲话。大会选出了第七届团委委员 41 人。

(八)第八次团代会

1964 年 8 月 24 日—9 月 9 日举行。出席大会正式代表 545 人,列席代表 1000 余人。校党委书记、校长陆平就当前学校阶级斗争形势和社会主义教育运动问题作了报告,刘文兰传达了共青团全国第九次代表大会的精神,刘崑代表上届团委做了工作报告。大会通过了关于上届团委会的工作报告,选出了第八届团委委员 39 人。

(九)第九次团代会

1971 年 12 月 26—29 日举行。出席大会正式代表 184 人,代表全校团员 1600 余人。各系团总支(支部)的负责人列席了大会。校党委副书记王连龙在会上讲话。大会选举第九届团委委员 25 人。

1973 年 3 月 3 日,第九次团代会举行第二次会议。出席大会代表 172 人。选举了出席共青团北京市第六次代表会议代表 11 名(后又增选 12 名,共 23 名),补选了 6 名校团委委员。

(十)第十次团代会

1974 年 3 月 24 日,共青团北京大学第十次代表大会和北京大学第十次学代会分别召开,出席两会代表共 500 多人。两会代表选举产生了第十届团委会和第十届学生会。

(十一)第十一次团代会

1976 年 4 月 25 日举行。出席大会正式代表 220 人,列席代表 30 人,代表全校团员 4000 余人。校党委副书记郭宗林代表校党委向大会表示祝贺。曹一兵代表上届团委会作工作报告。大会选举产生了新一届团委委员 36 人。

（十二）第十二次团代会

1978 年 6 月 18 日，共青团北京大学第十二次代表大会和第十一次学代会同时举行。出席团代会的代表 238 人，学代会代表 292 人。校党委书记、副书记及清华、北师大、北师院、化工学院、第二外国语学院、中央民族学院、北京体育学院、北京建工学院等院校代表出席了大会。大会筹备组组长王丽梅做了题为《全校青年团结起来，为实现党在新时期的总任务而奋斗》的报告；有三位代表发了言；校党委书记周林讲了话。大会通过了《青年团要做新长征的突击队，青年人要当新长征突击手》的决议和《北京大学学生守则》；选出了新一届团委委员 37 人。

（十三）第十三次团代会

1982 年 2 月 21 日举行。出席大会代表 400 多人。团中央书记陈昊苏、团市委副书记王晋及校领导应邀出席大会。陈昊苏和校党委副书记项子明讲了话。大会通过了《关于在全校团员、青年中开展文明校园活动的决议》，选出了第十三届团委委员 31 人。

（十四）第十四次团代会

1984 年 3 月 11 日，共青团北京大学第十四次代表大会和第十五届学生代表大会同时举行。出席大会的团代会代表 383 人（实到 308 人），学代会代表 323 人（实到 232 人）。张龙翔、王学珍、张学书、沈克琦、王效挺等校领导出席大会。团中央书记刘延东，候补书记、全国学联秘书长李克强，团市委副书记张虹海，团市委大学部部长蒋效愚和清华大学、中国人民大学等 40 余所兄弟院校代表应邀出席大会。刘延东代表团中央向大会致贺词。潘维明、王琦分别代表上一届团委会和学生会做了工作报告。大会通过了团委和学生会的工作报告和修改后的学生会章程；选举了新一届团委会和学生会，其中团委会委员 51 人。团代会还做出了《加强思想建设和组织建设，提高团的战斗力》的决议；学生会发出了《大力开展绿化祖国植树种草活动》的倡议。校党委副书记王效挺代表校党委讲了话，刘晓峰致闭幕词。

（十五）第十五次团代会

1987 年 11 月 22 日举行，出席大会正式代表 306 名和特邀代表 26 人。朱善璐代表上届团委作题为《在改革开放中培养全面发展的一代新人》的工作报告；校党委副书记郭景海，团中央候补书记李克强，原北大党委副书记、副校长王路宾先后在大会上讲话；校党委副书记、副校长张学书，团中央大学部部长袁纯清，团市委副书记强卫、张虹海、邱进等参加了大会。大会通过《立足社会主义初级阶段,为开创北京大学共青团工作新局面而努力》的决议;表彰了 95 名优秀团员、92 名优秀团干部、13 个社会实践先进集体,并授予 108 位同学"社会实践建设营突击手"称号,通报表扬 20 个社会实践团。大会选出了第 15 届团委委员 35 人。

(十六)第十六次团代会

1996 年 5 月 26 日举行,出席大会代表 300 人。团委书记王登峰代表上届团委作题为《团结奋斗,开拓进取,为迎接新世纪的挑战,努力培养高素质合格人才》的工作报告。团中央书记处书记孙金龙、北京市团委书记吉林、校党委书记任彦申和副书记朱善璐在会上讲话,祝贺大会的召开。大会通过了工作报告和《共青团北京大学第十六次代表大会致全校团员、青年的倡议书》,选出第十六届北大共青团委员会委员 31 人。团中央学校部副部长邓勇、团市委副书记张效廉以及曾在北大工作过的中共中央对外联络部部长助理蔡武、首都师范大学党委书记于洸、中央青年政治学院常务副院长张来武以及北大校长吴树青等出席了大会。

(十七)共青团北京大学团员代表会议

1997 年 3 月 16 日,校团委召开团员代表会议,选举出席北京市团代会的代表。团委书记王登峰、副书记张彦、于鸳隆、法律学系团委书记龚文东、生命科学学院学生赵欣 5 人当选。

新中国成立前北京大学团组织历届负责人一览表

时间	团支部书记	副书记	备注
1920.11—1921.3	高君宇		当时称北京社会主义青年团
1921.3—1921.12			从 1921 年 5 月开始,北京团组织因成分复杂、经费紧张、反动当局加强控制等原因,停止活动。
1921.12—1923.6	黄绍谷		这时北大单独建立了团支部
1923.6—1923.12			不详
1923.底—1924	屈武		
1925—1926 年上半年	杜孟谟(杜宏远)		1925 年 1 月,中国社会主义青年团改名为中国共产主义青年团
1926 年暑假前后	张勃川(张百川)		
1927 年—1929 年春			不详
1929 年下半年	王定南		

时间	团支部书记	副书记	备注
1930 年 1 月—3 月	王青士（王青石）		
1930 年 3 月—6 月	冀丕扬		
1930 年 6 月—1935 年 11 月			1930 年 6 月，李立三主持党中央工作，决定党团合并。合并后，王定南任党支书。1930 年 9 月停止立三路线，决定恢复党、团的独立组织和经常工作。这以后，北京的党组织和北大的党、团组织遭受严重的破坏，至 1935 年 11 月，北大党、团支部才得以恢复，当时仅有 3 名党员、4 名团员。
1935.11—1936.3	刘居英（刘志诚）曹振之（曹盼之）		刘、曹先后任团支部书记

新中国成立后北京大学历届团（总支）委会委员、常委人数和书记、副书记名单

届次	时间	团（总支）委会委员、常委人数	团委（总支）书记	团委（总支）副书记	备注
	1949.4.6—7 月		陈一如团总支书记	汪家镠团总支副书记	
	1949.7—9 月		汪家镠		
	1949.9.26—1950.2		汪家镠	丁祖永、杨传纬	团的建制由总支改为团委
	1950.2—1950.9		张群玉	丁祖永、王孝庭	
	1950.9—1950.12		张群玉	田昌五王孝庭	
	1950.12—1951.5		张群玉	胡孝宣	
	1951.5—11		胡启立	胡孝宣	
	1951.11—1952.10		胡启立	胡孝宣、杨传纬	
	1952.10—1954.9		胡启立	胡孝宣、杨传纬	
	1954.9—12		胡启立	石幼珊	

届次	时间	团(总支)委会委员、常委人数	团委(总支)书记	团委(总支)副书记	备注
	1954.12—1955.2		胡启立	石幼珊、梁思萃	
一	1955.2.26—1956.2.17	委员23人	胡启立	石幼珊	
二	1956.2.17—1957.3.20	委员25人	石幼珊	郑必俊、宋诚	
三	1957.3.20—1958.7	委员31人 常委5人	石幼珊	郑必俊、宋诚	1957.5月由"中国新民主主义青年团"改为"中国共产主义青年团"。
	1958.2—7.20		第一书记 张学书		
	1958.2—6		第二书记 石幼珊		
	1958.6—7.20			刘文兰、宋诚 张炳光	
四	1958.7.20—1960.5.15	委员36人	张学书	刘文兰 (1958.7.20—1960.5.15)	
				郑必俊 (1958.7.20—10)	
				宋诚 (1958.7.20—1960.5.15)	
				张炳光 (1958.7.20—1960.5.15)	

届次	时间	团（总支）委会委员、常委人数	团委（总支）书记	团委（总支）副书记	备注
				王家俊 （1958.10—1960.3）	
				周家本 （1958.10.30—1960.3）	
				刘崑 （1960.3—5.15）	
				杨永源 （1960.3—5.15）	
五	1960.5.15—1962.7.26		刘文兰	宋诚 刘崑、杨永源 王家俊	
六	1962.7.26—1963.9.21	委员41人 常委11人	刘文兰	刘崑、杨永源 桂智贞	
七	1963.9.21—1964.8.24	委员41人 常委9人	刘文兰	刘崑、桂智贞 周倜	
八	1964.8.24—1966.6	委员39人 常委9人	刘崑	桂智贞 郭景海	
九	1971.12.26—1974.3.24	委员25人 常委5人	徐雅民 （1971.12.26—1973.3.14）	郭景海 （1971.12.26—1973.3.14）	
			顾大明 （1973.3.14—1974.3.24）	周月梅 （1971.12.26—1974.3.24）	
				李平方 （1973.3.14—1974.3.24）	

届次	时间	团(总支)委会委员、常委人数	团委(总支)书记	团委(总支)副书记	备注
				肖白 (1973.3.14—1974.3.24)	
十	1974.3.24—1976.4.25		顾大明 (1974.3.24—1976.1.27)	李平方、李俊庆 肖白、隋凤花 阎玉霞、苏谊 张桂福、王凤桐 (1974.3.24—1976.1.27)	
	1976.1.27		曹一兵		
十一	1976.4.25—1978.6.18	委员36人	曹一兵	李平方、李俊庆、肖白、隋凤花、阎玉霞	
十二	1978.6.18—1982.2.21	常委11人	王丽梅 (1978.6.18—1981.11.24)	李俊庆、袁纯清 (1978.6.18—1981.11.24)	
				隋凤花、阎玉霞 (1978.6.18—1982.2.21)	
	1981.11.24—1982.2.21		李克强	张虹海、黑良杰 (1981.11.24—1982.2.21)	
十三	1982.2.21—1984.3.11		李克强 (1982.2.21—1983.10.4)	阎玉霞、黑良杰、张虹海 (1982.2.21—1983.10.4)	
	1983.10.4—1984.3.11		潘维明	阎玉霞、张虹海、黑良杰	
十四	1984.3.11—1987.11.22		刘晓峰 (1984.2.11—1985.6.11)	张力、朱善璐 (1984.3.11—1985.6.11)	

届次	时间	团（总支）委会委员、常委人数	团委（总支）书记	团委（总支）副书记	备注
	1985.6.11—1987.11.22		朱善璐	柴挚、李洋、范强、彭兴业 1986.11.3	
十五	1987.11.22—1994.7.7	委员 35 人 常委 9 人	张来武 (1987.11.22—1990.8)	彭兴业、卢新理 李晓军 (1990.1)	
	1990.8—1991.9.5		卢新理	李晓军、郝敬林 邱水平 (1990.8—1991.5)	
	1991.5—1994.7		邱水平	张宝岭 (1991.5—1993.9)	
				韦俊民 (1991.5—1996.5.26)	
				周开让、陈建龙 (1993.9—1996.5.26)	
	1994.7.7—1996.5.26		王登峰	陆跃烽	
十六	1996.5.26—	委员 31 人	王登峰 (1996.5.26—1997.7)		
				（张彦 1996.9—)	
	1997.7—		关成华	丁学国 (1996.9—)	
				彭华彰 (1996.9—)	
				戚立峰 (1996.9—)	

届次	时间	团(总支)委会委员、常委人数	团委(总支)书记	团委(总支)副书记	备注
				李文胜 (1996.9—)	
				刘颖 (1997.12—)	
				于鸳隆 (1998.5—)	

新中国成立后北京大学历年团的基层组织数和团员人数统计表

时间	校团委	分团委	团总支	团支部	团员	备注
1949.4.6	1(总支)			7	317	其中盟员转为团员248人
1949.9	1			14	428	团总支改建为团委
1950.2	1				961	
1951.11	1				1274	
1952.7	1				1678	
1953.4	1		7	84	1871	
1954	1		19	支部8 分支151	3282	
1955.11	1		15	支部9 分支170	4154	大学生团员3506 速成中学团员218
1956.2	1			234	4328	
1957.10	1			333	6682	
1958.1	1				6611	
1959.10	1		19	441	9443	其中超龄团员1128 学生团员7565
1960.5	1			404	8432	
1961.12	1				8859	
1962.7	1				8966	
1963.10	1		20	441	9543	

时间	校团委	分团委	团总支	团支部	团员	备注
1964.1	1				6308	仅学生团员数
1965.11	1					未查到资料
1966.6	1			415	7121	
1967						无材料
1968						无材料
1969.10					3325	
1970						无材料
1971.1	1		9	68	1653	
1972.12	1	1	19	118	2311	汉中653分校建立分团委
1973.12	1	2	24	181	3053	
1974						无材料
1975						无材料
1976	1				4000余	
1977						无材料
1978						无材料
1979						无材料
1980						无材料
1981						无材料
1982.3	1		22	253	6936	
1983.12	1	1	24	384	10169	
1984.12	1	7	21	403	10902	
1985.12	1	2	38	395	10851	
1986.12	1		32	421	11751	
1987	1		37	408	11076	
1988	1		34	413	11277	独立团支部2
1989	1					无资料记载
1990	1					无资料记载
1991	1					无资料记载
1992	1					无资料记载

时间	校团委	分团委	团总支	团支部	团员	备注
1993	1					无资料记载
1994	1	30		386	10024	团委档案无资料记载。此数字系在校党委组织部年终统计表内关于团的数字。
1995	1	30		386	13000	
1996.12	1	30		386	13000	
1997	1	30		286	13000	

第三节　围绕党(政)的中心工作开展活动

　　新中国成立前,北京大学团的组织在中国共产党的领导下,学习和传播马克思主义,团结广大同学,从事反帝反封建的革命活动。其中,在 20 世纪 30 年代,主要是组织同学参加抗日救亡的活动。

　　1936 年 9 月,根据党中央关于取消国民党统治区共青团组织的决定,北平共青团各级组织先后取消(部分团员可以转为党员,部分团员转为民先队员),北京大学的团组织也停止了活动。

　　1945 年起,北京大学党组织建立了秘密的党的外围组织"民青""民联"等,组织同学进行反对日本帝国主义和反对国民党反动派的斗争。

　　1949 年 4 月,北大在"民青""民联"等党的外围组织的基础上,重新恢复了青年组织,由以往组织同学参加学生运动转变为带领青年师生投入新民主主义的改革和建设中去。此后,校团组织在校党委领导下,全面负责学生的思想政治工作,组织形势学习,加强班级建设,并根据中国新民主主义青年团第一次全国代表大会的指示,把工作思路确定为帮助、引导青年成为具有共产主义觉悟,掌握一定科学知识,有强健体魄而且坚强、勇敢、乐观、开朗,具有创造精神的敢作敢为的社会主义战士。

　　在 20 世纪五六十年代,校团委组织团员和同学参加抗美援朝和思想改造运动,围绕教学进行思想政治教育,开展学习雷锋、争创"三好"个人和"四好"集体以及向科学进军等活动。在抗美援朝期间,校团委与学生会广泛开展宣传,进行反美爱国思想教育,组织同学到市区和农村,通过讲演、歌咏、舞蹈、话剧等形式,向市民和农民进行宣传。广大团员和同学们一起积极参加向中国人民志愿军写慰问信、寄慰问袋等活动。据 1950 年 12 月统计,全校写给朝鲜人民军和中国人民志愿军的慰问信共约 2300 多封。1950 年 12 月,团中央发布《告全体青年团员书》,要求青年团员积极参加军事干部学校。我校参加军事干校同学三批共 108 人。在知识分子思想改造运动中,校团委配合党和国家的政策,针对贪图享乐等小资产阶级思想,在同学中广泛开展反自由散漫、反对资产阶级思想侵蚀的活动,进行批评与自我批评。

1955 年,校团委组织同学学习毛主席关于"身体好、学习好、工作好"的指示,贯彻执行德、智、体全面发展的方针。1957 年,党号召青年走又红又专的道路,校团委在校党委领导下,开展相应的社会主义教育运动,组织红专辩论,树立红专标兵,批判追求名利的个人主义思想,激励青年为社会主义建设添砖加瓦。1958 年,校团委组织团员和学生学习党的"鼓足干劲,力争上游,多快好省地建设社会主义"的总路线,贯彻学校提出的"教学、科研、生产劳动相结合"的口号,校团委以思想工作为主,广泛开展各种活动,如建设校舍的义务劳动、组织"科学研究小组"、开展向科学进军等,并配合学校组织了大规模的十三陵义务劳动,促进了青年知识分子与生产劳动相结合。

1957 年,中共中央向全党发出了《关于整风运动的指示》,在党内进行一次普遍的、深入的反对官僚主义、主观主义和宗派主义的整风运动,随后又在全国范围内开展"反右"运动。共青团中央发出了关于参加整风"反右"运动的号召。校团委积极响应党和团中央的号召,结合同学中出现的情况,做团员和同学的思想工作,组织他们以大字报、大辩论等形式参加整风"反右"运动。

20 世纪 60 年代,校团委组织学生下厂下乡参加技术革新和支援农业建设,并在校内开展克服三年暂时困难等活动。1961 年 10 月至 1962 年 1 月,校团委举办星期天系列讲座,邀请郭沫若、邓颖超、黄昆等人讲演。讲座深受同学欢迎,先后共举行了十四次,听讲人数达一万六千多人次。

"文化大革命"开始,共青团组织停止了活动,到 1969 年才恢复了团组织,1971 年 12 月才重新组建北京大学团委会。但团的工作仍无法正常开展。1976 年粉碎"四人帮"后,经过拨乱反正,共青团工作才逐步走上正常轨道。

1979 年 4 月,校党委为加强对学生工作的领导,设立青年工作部,1981 年改为学生工作部。在学生工作部和校团委共同努力下,北大的学生思想政治工作得到了加强,共青团的工作得到了进一步的发展。1980 年,校团委开展"以学习为中心,三好为目标"的"学雷锋、创三好、争当新长征突击手"活动。1981 年 3 月 20 日,为庆祝在世界杯预选赛中,中国男排战胜劲旅韩国队,夺得亚洲冠军,北大学生喊出"团结起来,振兴中华"的口号。同年,校团委推出"最佳团日"活动,把广大团员、青年团结到团的旗帜下。1982 年,校团委号召全校团员、青年向蒋筑英等英雄人物学习,帮助广大团员和青年抵制不良风气的影响,树立正确的人生观、价值观。党的十二大以后,校团委组织团员和青年以上党课、组织党章学习小组、马列主义学习小组等形式，学习十二大文件、马列主义、毛泽东思想和党的基本知识。1983年开展"学习张海迪，把知识献给人民"的活动。1984年国庆35周年庆典，北大游行队伍经过天安门时举起了"小平您好"的巨幅横标，表达了北大人对一代伟人的爱戴与敬意。1985年是世界反法西斯战争胜利40周年，从5月到10月，校团委在全校开展"在英雄事业中"的宣传教育活动，邀请老山前线"献青春、保边疆"英雄事迹报告团来校演讲。1986年初，北大学生参加北京市委赴老山前线慰问团，校团委举办"前线归来的思考"主题团日活动，由参加慰问团的三名同学主讲，全校同学参加，引起强烈反响。同年，党的十三大召开，校团委组织各级团干部和学生骨干认真学习邓小平讲话和中央文件精神。此外，每年12月，校团委都举办"一二·九""一二·一"运动的纪念活动，邀请当年参加过运动的老同志与同学座谈，进行爱国主义、共产主义思想教育。在此期间，校团委还进行了健全和活跃团支部组织生活的工作，开展"合格共青团员"教育活动，推动"五讲四美""学雷锋、树新风"活动的开展。

1989年政治风波以后，北大共青团注重把思想政治教育落实到基层，加强基层的思想建设和组织建设。在思想建设方面，首先是在校党委领导下，进行反对资产阶级自由化思潮、反对和平演变的思想教育，帮助同学树立科学的世界观和人生观。1990年3月23日，江泽民总书记邀请部分北大学生到中南海怀仁堂座谈，并发表重要讲话。校团委组织团员和同学认真学习了江总书记的讲话。1990年4月，校团委举行了纪念五四运动71周年和鸦片战争150周年座谈会，就北大的光荣革命传统、当代知识分子成长道路等问题展开了热烈讨论。1991年12月，校团委举行"社会主义与当代世界"理论研讨会，就社会主义的前途和命运、社会主义的意义和功绩、社会主义必然胜利的原因等进行讨论，坚定对社会主义的信心。同年12月16日，校团委还与"北大中青年马克思主义研究会""社会主义研究会""毛泽东思想研究会""马列主义读书会"等联合举办了学习马克思主义、毛泽东著作、理论联系实际经验交流会。1990年前后，为落实"结合实际进行爱国主义教育和思想政治工作"的方针，校团委多次组织同学到校外进行义务植树、义务劳动、义务社会服务等活动。如亚运会期间，我校有近150人承担了翻译和陪同任务，近3000人次担任文明拉拉队和观众的任务。

1992年以后，校团委注意开展适合团员和青年特点的活动。1993年，为响应邓小平"用中国历史教育青年"的号召，校团委社团部联合百家社团开展了"国学文化月"活动。1994年，推出了"文明修身工程"，要求团员和青年了解并实践"治国平天下，先自修身起"，并在继续利用暑假进行社会实践的同时，于每年暑期组织同学参加社会考察活动，用祖国各地改革开放的成果教育团员和青年，使他们了解国情，增强信心和使命感。1995年，举办以"弘扬传统文化，激发爱国热情"为主题的北京大学爱我中华民俗文化节。1997年，结合纪念邓小平、迎接十五大、庆祝香港回归等主题，校团委组织了"纪念邓小平"征文活动、"百家支部迎回归"活动、"我的心声——迎香港回归演讲报告会"、"北大学子同心企盼香港回归"签名活动、"展示新成就迎接十五大"展览、"高举伟大理论旗帜、构筑时代精神支柱"为主题的学习十五大座谈会和"我看改革开放"演讲比赛等。

在组织建设方面，一是多次召开理论工作会议、共青团工作研讨会、团支部工作经验交流会等，推动团的工作的改进。二是着重抓好团支部的工作。1991年6月，校团委决定建立最佳团日，把团日活动引向深入。三是利用团校，举办团干部培训班、新生团支部书记培训班、学生骨干初级培训班和学生骨干高级培训班等，培训团的干部。1990年和1991年两次选派部分系的团委书记到工厂、农村挂职锻炼一年。四是在校团委建立社团工作部，进一步做好学生社团工作。1995年，校团委召开"95北京大学社团大会"，通过了《加强社团内部建设，提高管理工作水平》的报告和《社团管理规章》，推动学生社团工作持续健康地发展。

1996年以后，校团委围绕着继承和发扬北大"爱国、进步、民主、科学"的革命传统和"勤奋、严谨、求实、创新"的优良学风，开展了多种多样的迎接百年校庆的活动。

第四节　先进集体、先进个人评选

为促进团的建设和学生的思想政治工作，上级团组织和校团委长期以来都进行表彰先进团支部、优秀团员和其他先进集体、先进个人的工作。1959年4月，校团委通过了建立"共青团北京大学委员会关于建立光荣簿的决议"，规定：凡经团委会正式决定在全校范围内表扬的，在贯彻执行党的方针、政策和日常表现中有突出成绩和模范行动的团员和集体，其名字得列入光荣簿。

历年受到表扬的先进团组织、优秀团员和其他先进集体、先进个人的情况（包括上级团组织、校团委和其他单位联合表彰的）见下列各表。

历年受上级团委表彰的先进集体和先进个人

时间	姓名、单位	称号	表彰单位
1955.10.30	北大 6 名学生	1955 年北京市高校生产实习积极分子大会获奖	青年团北京市委
1956.4.21	周光召、朱家玉	北京市青年社会主义建设积极分子	共青团北京市委（北京市高校青年教师大会）
1959.5.4	北大 25 名同学： 尹广烟、齐引忠 田昭舆、刘寄星 刘庆有、刘云峰 李元恒、闫守和 沈天佑、吴贻翼 吴辉碇、金钦汉 韦全贵、马反超 纪国祥、胡立基 陈濂生、陈佩珍 唐世敏、徐芝圃 张文儒、彭孝渊 董光璧、程　梅 廖可人	"五四"纪念章	共青团中央
1965.5	何思谦	学习毛主席著作青年积极分子	共青团北京市委
1979.7.9	傅己生等 35 人 东语系团总支、学生会,地质系 77 级古生物专业,物理系 77 级二班,图书馆学系 77 级团支部,政治经济系团总支、学生会	三好学生 先进集体 5 个	共青团北京市委、北京市高等教育局
1979.9.11	李铁军、尹广德 朱东升、冯夏红 高斌旗、易　钢 杨明宏、刘晓云 吴新英等 9 名同学	北京市新长征突击手	共青团北京市委
	图书馆系 77 级团支部	北京市新长征突击队	

时间	姓名、单位	称号	表彰单位
1980.11月中旬	王云鄂、仇守银 王其文、岳素兰 梁 西、张剑福 张瑞云、冯国瑞 刘金平、曲志琛 李茂春、宋振清 共12人	高等学校优秀学生政治辅导员、优秀班主任和优秀团干部	中共北京市委教育工作部、共青团北京市委北京市高教局
	肖东发、张臣武2人	受到表扬和奖励	
1980.12.9	北京大学	优秀三好学生18名 先进集体5个	共青团北京市委、北京市教育局
1982.3	王申（心理系学生）	全国三好学生	共青团中央、教育部
1983.12.6	北京大学	1983年度北京市开展群众性体育活动先进单位一等奖	北京市体委 北京市高教局 北京市教育局 共青团北京市委
1989	张来武（校团委书记）	北京市"五四"奖章	共青团北京市委
	郝敬林	优秀团干部称号	共青团北京市委
	韦俊民	优秀团干部称号	共青团北京市委
	陈跃华	优秀团干部称号	共青团北京市委
	后勤团总支	红旗团总支称号	共青团北京市委
1990.5.4	卢新理（校团委副书记）	1989年度市级优秀团干部称号	共青团北京市委
1990	北京大学	首届"挑战杯全国大学生课外学术科技活动成果展"：一等奖1，三等奖1，四等奖2。	共青团中央等20个单位
1991.5.7	哲学系88级团支部	首都高校"先锋杯"标兵团支部称号	共青团北京市委
	国际经济系等6个班级	"先锋杯"优秀团支部称号	共青团北京市委
	周爱兵（哲学系87级学生）	1990年度北京市优秀团员	共青团北京市委
	赖小卫（生物系87级学生）	1990年度北京市优秀团员	共青团北京市委
	5个团支部	优秀团支部提名	共青团北京市委

时间	姓名、单位	称号	表彰单位
1992.2.23	陈章良（生物系教授）	全国青年科技先锋	共青团中央
1992.2.26	北京大学	1991年社会实践活动先进单位	中共中央宣传部、国家教委、共青团中央
1992.10.22	北京大学10个集体17名师生	高等学校生产实习和社会实践工作表彰奖牌（奖牌名列第一）	北京市高校生产实习和社会实践工作领导小组、市委教育工委、市教育局、共青团北京市委
1993.2.27	周其凤（化学系教授）	中国青年科学家奖提名奖	共青团中央、全国青联、中国青少年发展基金会
1993.11.8	北京大学	第三届挑战杯全国大学生课外学术科技作品竞赛冠军，其中：	共青团中央等
		一等奖2 二等奖1 三等奖2 团体总分360分	
1994.4.12	严纯华	首届北京十大杰出青年	共青团北京市委、北京市青联、北京日报、北京电视台、北京青年报
1994.4	化学系91级5班团支部	首都高校"先锋杯"标兵团支部	共青团北京市委
	哲学系91级团支部	首都高校"先锋杯"优秀团支部	共青团北京市委
	计算机系92(1)团支部	首都高校"先锋杯"优秀团支部	共青团北京市委
	东方学系91级日语团支部	首都高校"先锋杯"优秀团支部	共青团北京市委
	技术物理系91级应化(2)班团支部	首都高校"先锋杯"优秀团支部	共青团北京市委

第二十三章 | 中国共产主义青年团北京大学组织

时间	姓名、单位	称号	表彰单位
	心理学系 93 研究生团支部	首都高校"先锋杯"优秀团支部	共青团北京市委
	政治学与行政管理系 93 本科团支部	首都高校"先锋杯"优秀团支部	共青团北京市委
	法律学系 92(2)团支部	首都高校"先锋杯"优秀团支部	共青团北京市委
	英语系 91 级团支部	首都高校"先锋杯"优秀团支部	共青团北京市委
	地质学系 91 级团支部	首都高校"先锋杯"优秀团支部	共青团北京市委
	生命科学学院 90 级生化团支部	首都高校"先锋杯"优秀团支部	共青团北京市委
1994.5.12	邱水平	北京市第八届"五四"奖章	共青团北京市委
1995.5.4	经济学院分团委	北京市 1994 年度红旗团委标兵	共青团北京市委
	化学与分子工程学院 92(1)班团支部	北京市 1994 年度红旗团支部	共青团北京市委
	李文胜(力学系分团委书记)	北京市 1994 年度优秀团干部	共青团北京市委
	蒲宇飞(光华管理学院 91 级学生)	北京市 1994 年度优秀团员	共青团北京市委
	王登峰(校团委书记)	北京市"五四"奖章	共青团北京市委
	昌平园区团工委	北京市红旗团委	共青团北京市委
1996.5.15	迟行刚	北京市优秀共青团员	共青团北京市委
	法律系 94(2)班团支部	北京市红旗团支部	共青团北京市委
	心理学系 92 级本科团支部等 10 个团支部	首都高校"先锋杯"优秀团支部	共青团北京市委
1996.10.25	北京大学学生邓小平理论与实践研究会	首届"首都大学生十大优秀理论社团"第二名	中共北京市委教工委共青团北京市委

时间	姓名、单位	称号	表彰单位
1997.11.12	北京大学	第五届"挑战杯"全国大学生课外学术科技作品竞赛团体第二名,其中:一等奖3,三等奖2,鼓励奖1,总分:400分	共青团中央等单位

历年受上级单位表彰的情况统计

时间	姓名单位	称号	表彰单位
1956.5.4	北京大学84名学生	出席北京市"三好"学生大会	北京市
1958.11.22	北大4人:靳兰征、陈佳洱、费振刚、梁思萃	参加全国青年社会主义建设积极分子大会代表	
1987.11.25	游文昌(社会学系85级学生)	全国大学生暑期农村征文评选一等奖	
1992.3.2	北大9间宿舍	北京市高校"文明宿舍"	北京市
1992.10.6	陈章良(生物系教授)	第三届中国十大杰出青年	
1993.10.17	北京大学6个队	全国大学生数学模型竞赛北京赛区团体第一名 数学系获特等奖,一、二等奖 物理系获一、二等奖 概率统计系获成功参赛奖	
1993.11	北京大学	北京市优秀班集体10个 北京市三好学生23名 北京市优秀学生干部3名	北京市 北京市 北京市
1993	北京大学	北京市理工科优秀学生15名	北京市

日期	项目	受表彰单位和个人	备注
1994.11	北京大学	北京市先进班集体10个	北京市
1997.4.21		中共北京市委教育工委决定:全市大学生向北大国政92本科班先进集体学习	中共北京市委教育工委

校团委表彰先进集体和先进个人(1955—1997)

日期	项目	受表彰单位和个人	备注
1955.5.4	校团委举行"表扬先进团支部、团小组和先进团员"大团日	先进团总支4个 团小组3个 先进团员33名(其中:教员25名、研究生进修生8名)	
1958.7.23	第四次团代会	优秀团员107名 某一方面先进集体32个	
1959.5.4	五四运动40周年营火晚会	优秀团员74名 先进集体13个	74名优秀团员中有25人获团中央颁发的"五四"纪念章。
1960.4.4	校团委发布《关于表扬吴惠芳、徐美珍同志的决定》	吴惠芳通报表扬 徐美珍通报表扬	
1960.5.15	第五次团代会	先进单位59个 优秀团员和青年53名	
1963.5.4	全校团员大会	优秀团员121名(其中学生95人)	
1964.5.4	学校举行五四运动45周年大会	先进团支部13个 优秀团员190名	1964.4.29校团委关于表扬优秀团员和先进团支部的决议(分两批公布光荣榜)
	第一批光荣榜	先进团支部13个,优秀团员190名	
	第二批光荣榜	先进团支部1个 优秀团员41名 (第一批表扬遗漏名单2名)	

日期	项目	受表彰单位和个人	备注
1965.1.19	校团委关于表扬李先德同志的通报	李先德	抢救落水儿童
1965.5	校团委关于表扬何思谦的通报	何思谦	学习毛泽东著作积极分子
1966.5.4	校团委举行五四运动47周年大团日活动	命名表扬6个四好团支部	
1981.11.4	校团委召开表彰大会	先进团支部36个 优秀团员191名 授予勇斗歹徒的经济系77级学生黄少敏优秀共青团员称号	
1982.12.8	校团委进行1982年度最佳团日评比	总支级：一等奖6项 二等奖3项 表扬5项 支部级：一等奖25项 二等奖10项 表扬32项	
1983.5.3	校团委召开表彰先进大会	国政系80共运专业等先进团支部31个 胡春华等优秀团员89名 唐志强等优秀团干部80名 朱善璐等优秀学生干部80名	
1985.1.20	校团委、学生会召开1984年度先进集体表彰大会	授予计算机系分团委、法律系分团委1984年度优秀分团委称号 授予中文系团总支、哲学系团总支、地质系团总支先进团总支称号 给予经济系分团委、图书馆系团总支通报表扬 给予力学系团总支、无线电系分团委、化学系分团委单项表扬奖	

日期	项目	受表彰单位和个人	备注
1985.1.20	校团委关于对1984年度最佳团日活动奖励的决定	一等奖15名：中文系汉语专业81级团支部等 二等奖20名 三等奖25名	
1985.5.4	校团委、校学生会、校研究生会联合举行1983—1985年度先进个人表彰大会	优秀团员103名 先进团员1000名 优秀团干部和优秀学生干部288名 先进团干部和先进学生干部578名	
1986.12	校团委评出红旗分团委（总支）和优秀分团委（总支）	红旗分团委：法律系分团委 经济学院分团委 技术物理系分团委； 优秀分团委：哲学系团总支 国际政治系团总支 图书馆系团总支 地质系分团委 计算机系分团委 心理系团总支 东语系团总支 概率统计系团总支	
1986.12.1	校团委关于86年暑假社会实践活动"十佳"评选表彰的决定	最佳团委：法律系分团委 经济学院分团委 最佳团支部4个： 中文系84文学专业团支部 历史系83世界史专业团支部 经济学院经管系84团支部 社会学系84团支部。 最佳个人6名； 通报表扬26人。	

日期	项目	受表彰单位和个人	备注
1987.1.12	1986 年全市开展团支部"达标创优"竞赛活动,校团委评出市、校两级红旗团支部	市级红旗团支部: 中文系 84 级文学专业团支部 哲学系 83 级(1)班团支部 无线电系 85 级无线电专业团支部 经济管理系 84 级团支部 技术物理系 84 级应用化学专业一班团支部 法律系 85(1)班团支部 心理系 83 级团支部 校级红旗团支部: 中文系古典文献专业 83 级团支部 无线电系无线电专业 84(2)班团支部 技术物理系 84 级应用化学专业二班团支部 生物系生理生物物理专业 84 级团支部 英语系 85 级团支部 图书馆系情报学专业 84 级团支部 地质系 84 级研究生团支部 计算机系 83(2)团支部 化学系 84(3)团支部	
1987.10.22	第十五次团代会宣布关于表彰 1985—1987 年度优秀团员、优秀团干部的决定	授予:金成德等 95 名同学为优秀团员称号 授予:王新等 92 名同学为优秀团干部称号 授予:108 位同学"社	

日期	项目	受表彰单位和个人	备注
		会实践建设营突击手"称号 通报表扬 20 个社会实践团	
1988.3—5	校团委、青年教师协会和研究生会共同举办首届青年优秀成果奖颁奖活动，评比自十一届三中全会以来 40 岁以下青年教师、研究生、本科生在专著、译作、优秀论文、应用项目、专科发明等方面的优秀者	一等奖 22 人 二等奖 129 人	
1991.5.23	校团委举行 1990—1991 年度团员教育评议总结暨表彰大会	哲学系 88 级等 26 个优秀团支部 周爱兵（哲学系 87 级）、赖小卫（生物系 87 级）等 71 名优秀团员；41 名团干部；26 个最佳团日；5 个红旗团委受到表彰	
1991.7.4	校团委组织的北大青年优秀成果奖	一等奖 16 项 二等奖 80 项	
1992.6	校团委举行 1991—1992 年度庆"七一"奖先进大会	社会学系、历史学系、地质学系、图书馆学系、东语系等五个分团委荣获"红旗团委"称号	
1993.6.24	北大首届"挑战杯"——"五四"青年科学奖颁奖大会	特等奖 7 人 一等奖 13 人 二等奖 26 人 3 个单位获组织奖	校团委组织

日期	项目	受表彰单位和个人	备注
1994.5.3	北大第二届"挑战杯"——"五四"青年科学奖表彰大会	一等奖 8 名 二等奖 16 名 三等奖 30 名 鼓励奖 30 名 无线电系获组织奖一等奖 英语系、地质系获组织奖二等奖	
1994.9.28	校团委召开表彰优秀(先进)集体和优秀(先进)个人大会	红旗团委 5 个 先进团委 3 个 优秀团支部 32 个 先进团支部 43 个 优秀团干部 46 人 先进团干部 60 人 优秀团员 63 人 先进团员 118 人	
1995.5	北京大学第三届"青鸟杯"——"五四"青年科学奖	理科:一等奖 5 名 二等奖 9 名 三等奖 13 名 鼓励奖 13 名 文科:一等奖 5 名 二等奖 11 名 三等奖 17 名 鼓励奖 16 名 集体奖: 一等奖:无线电电子学系 二等奖:化学与分子工程学院 地质学系 信息管理系 三等奖:英语语言文学系 法律学系 心理学系 环境科学中心 历史学系	北京大学"挑战杯"科技工程于 1994 年 11 月正式启动。第三、四、五届挑战杯查不到材料,故缺。

日期	项目	受表彰单位和个人	备注
1995.10.13	校团委召开 1995 年北京大学暑期社会实践总结表彰大会	4 个系、22 个团队和 63 个先进个人受到表彰	
1995.11	校团委表彰"95 北京大学优秀社团及负责人"	爱心社（杨国颢,英语系 93 级） 山鹰社（张勤,计算机系 92 级） 跨世纪协会（王钦刚,国政系 92 级） 爱乐社（余翔,东语系 92 级） 希望工程支持会（段少宇,中文系 93 级） 影视纵横协会（冯雪峰,法律系 92 级） 青年天文学会（王洪光,地球物理系 92 级） 文物爱好者协会（秦岭,考古系 94 级） 计算机协会（唐多,计算机系 94 级） 五四文学社（吴文尚,中文系 94 级）	
1996.6.6	校团委召开 1995—1996 年度表彰大会	对北京市"五四"奖章获得者王登峰、北京市红旗团委昌平园区团工委,以及我校 5 个红旗团委、3 个先进团委、29 个优秀团支部、10 位优秀团支书、15 个最佳团支部进行了表彰。	
1996.10.9	校团委召开 1996 年北京大学暑假社会实践总结表彰大会	先进院(系)奖 6 个 优秀实践团队奖 5 个 先进实践团队奖 12 个	

日期	项目	受表彰单位和个人	备注
		优秀实践个人奖 15 人 先进实践个人奖 30 人	
1997.6.11	校团委举行 1996—1997 年度表彰奖励大会	国际关系学院团委、物理系教授龚旗煌、校团委副书记张彦等一批先进集体和个人受到北京市和校团委的表彰奖励	
1997.10.17	校团委举行 1997 年三下乡(科技、文化、卫生下乡)暑期社会实践总结表彰大会	优秀组织奖 5 个 优秀领导 8 名 优秀实践团队 6 支 先进实践团队 12 支 优秀实践个人 15 人 先进实践个人 45 人	
1997	校团委《共青团工作通讯》公布最佳团支部 8 个	化学与分子工程学院 97 级（1）班本科生团支部 生命科学学院 96 级生理细胞生物学遗体学本科生团支部 经济学院 96 级保险专业本科生团支部 法律系 96 级 3 班本科生团支部 东方学系 96 级阿拉伯语专业本科生团支部 西语系 96 级法语专业本科生团支部 应用文理学院 96 级法语班团支部 国际关系学院 97 级本科生团支部	

表彰三好学生和先进集体情况统计(1954—1997)

日期	项目	受表彰单位和个人	备注
1954.9.29	学校召开全体学生大会颁发模范生奖状	中文系 4 人,东语系 11 人, 俄语系 4 人,西语系 3 人, 历史系 3 人,哲学系 1 人, 经济系 2 人,数力系 3 人, 地质地理系 1 人,物理系 3 人, 生物系 3 人,化学系 12 人	
1955.5.4	学校召开奖励先进班大会	先进班 40 个,其中日语 52—1 班是再次获得先进班称号	
1955.11.19	学校召开青年"三好"积极分子大会,宣布"关于奖励 1954—1955 学年优秀生的决定"	校评议会通过,校长批准全校优秀学生 320 名 校团委会通过北大青年"三好"积极分子 492 名,其中: 全部优秀生 320 名 教员 40 名 研究生、进修生 23 名 学生 25 名 职工 33 名 工农中学 51 名	其中 23 名连续两学年被评为优秀生的同学获得了银质奖章
1964.4.29	第 114 次校务委员会通过关于在今年"五四"表扬三好学生的决定	第一批:三好学生 153 名	1964.5.18 校刊第 468 期公布"光荣榜"
		第二批:三好学生 39 名	1964.6.8 校刊第 472 期公布
1979.1.6	校团委、校学生会召开"学雷锋、创三好"表彰先进大会	先进集体 38 个 三好学生 775 名 优秀学生干部 277 名	

日期	项目	受表彰单位和个人	备注
1979.11.1	学校召开 1978—1979 年度三好学生和先进集体表彰大会	三好学生 482 名 优秀三好学生 34 名 优秀学生干部 323 名 先进集体 37 个	
1980.5.4	学校召开表扬学生工作先进集体和先进个人大会	学生工作先进集体 1 个 优秀学生工作干部 3 名 优秀班主任 3 名 优秀政治辅导员 1 名 教书育人优秀教师 4 名 学生工作先进个人 62 名	
1980.12.4	学校召开 1979—1980 年度三好学生、优秀学生干部、先进集体表彰大会	先进集体 47 个 三好学生 711 名 优秀三好学生 41 名 优秀学生干部 343 名 业余社团积极分子 44 名	
1981.11.26	学校召开学生大会	表彰赵大蕻等 35 名优秀学生,处分 4 名学生	
1982.10.28	学校举行表彰先进集体、三好学生大会	优秀学生标兵 18 名 优秀三好学生 61 名 三好学生 671 名 先进班集体 31 个 班级主任 13 名受到嘉奖 班级主任 38 名受到表扬	

日期	项目	受表彰单位和个人	备注
1983.11.3	北京大学树新风、严肃校纪大会	三好学生 802 名 优秀三好学生 78 名 优秀三好学生标兵 18 名 先进集体 36 名 优秀班级主任 21 名 表扬了 54 名班级主任 宣布对结伙打架的 12 名学生的处分决定	
1984.12.6	学校举行 1983—1984 学年度三好学生、先进集体表彰大会	三好学生 1155 名，其中： 三好学生 984 名 优秀三好学生 140 名 优秀三好学生标兵 31 名 先进集体 46 个	
1986.12.15	学校 1985—1986 年度表彰三好学生	优秀三好生（一等奖）35 名 三好生（二等奖）341 名 另有 341 名学生分别获得学习奖、社会工作奖、体育奖和精神文明奖，41 个班级被授予先进集体奖	
1987.11.12	北京大学关于表彰三好学生和先进集体的决定（1986—1987 年度）	优秀三好学生 33 名 三好学生 301 名 在学习、工作、体育、精神文明建设某一方面取得优秀成绩单项奖 687 名，先进集体 28 个	

日期	项目	受表彰单位和个人	备注
1990.1.9	北京大学	第五届学生五四科学奖： 一等奖 8 名 二等奖 20 名 三等奖 29 名	
1990.11.5	北京大学举行 1989—1990 年度校级三好学生与先进班集体颁奖大会	三好学生奖 1158 名 各种单项奖 269 名 先进班集体 34 个	
1991.12.6	学校召开三好学生、先进集体代表座谈会	三好学生 848 名 单项奖 312 名 市级三好学生 16 名 先进学风班 28 个 先进班集体 20 个 市级先进班集体 14 个 先进系 5 个	
1992.3.23	学校召开表彰会	对我校获得北京市高校"文明宿舍"的 9 间学生宿舍颁发奖状和奖品	
1993.11.25	北京大学三好学生、优秀集体、挑战杯获奖者表彰大会	优秀三好学生标兵 55 名 优秀三好学生 227 名 三好学生 452 名 学生工作优秀系 5 个 学生工作先进系 3 个 优秀班集体 25 个 先进学风班 39 个 对 669 位在学习、社会工作、体育某一方面表现突出的本专科	北京大学关于表彰三好学生和先进集体的决定（校办[1993]217号）和关于通报嘉奖参加"挑战杯"全国大学生课外学术科技作品竞赛同学的决定

北京大学志（第四卷）

日期	项目	受表彰单位和个人	备注
		学生和 117 名研究生颁发各类单项奖学金。向在全国大学生课外学术科技作品竞赛上捧回"挑战杯"的 6 名获奖同学颁奖	
1994.3.5	学校嘉奖	博士生宋豫秦	
1994.11.12	北京大学举行 1993—1994 年度三好学生、先进班集体表彰大会	学生工作先进单位 8 个 北京市先进班集体 10 个 北京大学先进班集体 15 个 北京大学先进学风班 38 个 优秀三好学生标兵 72 名 优秀三好学生 173 名 三好生以及其他单项奖学金获得者 362 名	
1995.7	成人教育学院为 1994—1995 学年度成人教育学院成人脱产班（含学历与非学历）的优秀学生及先进集体颁奖	三好学生 10 名 学习优秀奖 19 名 社会工作优秀奖 24 名 体育优秀奖 6 名 优秀班集体、学习先进班集体、文娱活动先进班集体各 1 个	
1995.12.15	北京大学举行 1994—1995 学年度三好学生和先进集体表彰大会	优秀三好学生标兵 81 名 优秀三好学生 161 名 三好学生 266 名	

日期	项目	受表彰单位和个人	备注
		学生工作先进单位（院、系）6 个 法律学系学生工作特别奖 先进班集体 16 个 先进学风班 35 个 向 796 名在学习、社会工作、体育、艺术活动某一方面表现突出的本科生和 236 名研究生颁发了各类单项奖学金	
1996.12.6	北京大学举行 1995—1996 学年度三好学生表彰大会	优秀三好学生标兵 58 名 三好学生 331 名 优秀学生干部 70 名 另推荐： 李新等 25 名学生为"北京市三好学生"； 张莉等 3 名学生为"北京市优秀学生干部"	
1997.12.26	北京大学举行 1996—1997 学年度三好学生和先进集体表彰大会	先进个人 1424 名 先进集体 72 个	

第五节　团校

1982 年 12 月，北京大学团校成立，其宗旨是"继承北大光荣的革命传统，发扬勤奋、严谨、求实、创新（向上）的精神，培养具有较高理论修养和工作能力的基层共青团干部，培养具有坚定共产主义信仰、善于思考、勇于实践的青年马克思主义者，培养跨世纪的社会主义建设者"。北大团校分期分批地对本校团干部进行基础理论知识和业务知识的培训，逐步形成了对团干部和团员进行不同层次培训的网络和系统。

团干培训大体分为三个层次：（1）新生团干培训班；（2）1985 年增加以研

代训、以会代训的全校各类团干培训班（包括专职团干培训，宣传、组织工作专业培训）；（3）团校提高班。1986年年底，校团委提出通过"团干挂职"的方式培训团干部，在更广阔的社会大课堂中使学生干部受到锻炼，增长才干。如以团校学员为骨干的京郊社会实践团，在北京远郊县37个贫困乡中开展了挂职锻炼活动。

1995年举办首期高级团校，绝大部分学员是各系团委副书记、学生会主席和党支部书记。高级团校是由校团委、学工部、党委组织部、人事处联合组织的。

1996年，校团委在原有团校基础上，形成了学生骨干三级二阶培养模式。三级即新生团支书培训、初级团校培训和高级团校培训，二阶即建立校级团校和系级团校。

团校的团干部培训班，主要培养系一级和学校一级的学生工作骨干和学生会干部，以提高他们的理论水平和实际工作能力。1983年至1988年共举办了四期团校，培养了二百余名团干部。他们毕业后，大部分担任了系团委和学生会、校团委各部和校学生会的主要干部，在各级团的工作中，尤其在搞活团支部、加强基层建设方面发挥了重要作用，促进了我校共青团工作的开展。仅从第八期团校算起，团校学员中就先后有19人当选为校学生会主席、副主席，担任系学生会主席、系团委副书记的就更多了。

自1982年12月团校成立至1997年举办各种培训班的情况见下表。

北京大学团校历年举办的各期培训班、学习班情况统计(1982—1997)

日期	名称	人数	学习内容
1982.7.11—7.16	团干部训练班	85	
1983.4—1983.10	第一期团干讲习班	60余人	团史、共青团工作理论、管理学和法学基础知识等
1983.7.14—7.23	团干讲习班暑期教学		
1984.3—1984.6	第二期团干部讲习班		
1984.7.15—7.25	团干部暑期集训	90	关于团干部如何成材和高校团的工作改革
1985.4—1985.6	第三期团干部干训班	50	共青团的使命、责任、任务和成为党的助手
1985.10—	第四期新生团干部短训班	100余人	共青团工作理论和工作方法

日期	名称	人数	学习内容
1985.11.6—11.7	各系分团委、团总支正副书记短训班		当前形势及团的任务
1986.10.14—12.2	新生团干培训班(86级新生团支委以上干部,包括学生干部)	97	共青团工作现状及新时期共青团工作观念的变革等
1986.11—11.30	团干部培训班(每周日晚上)		
1987.3.22—10.23	第四期团干培训班	63	共青团工作现状,团史等
1987.11.1—	新生团干培训班		
1988.4.3—10.9	第五期团干培训班		
1989.3—1990.4.14	第六期团校	58	
1990.10.25—	第七期学生骨干培训班	88	
1991.10—	第八期团校	70	
1992.10—	第九期团校(主要面向91级、92级本科生)		
1993.10	第十期团校		
1994.10—1995.5	第十一期团校	96	积极探索新思路,以塑造人为中心工作
1995.10—1996.5.19	第十二期团校	102	
1995.10	团委组织部举办新生团支部书记培训班	66	
1995.11.25	首期高级团校开学	45	
1996.10.25—11月下旬	新生团支书培训班		加强基层团组织建设,做一个优秀的团支书

日期	名称	人数	学习内容
1996.11.9—1997.6.1	第十三期团校	69	
1996.10.25—1997.10.22	高级团校 1996—1997 年度学生干部骨干高级培训	35	
1997.10.26—	第十四期团校		

第六节　社会实践活动

社会实践是教育学生、培养人才、增强学生服务意识和社会责任感的重要途径。从 1983 年开始,在校党委、校行政的直接领导和支持下,在共青团中央和共青团北京市委的指导下,校团委成立了学习实践部,以暑期社会实践为代表,安排北大学生深入基层、深入实践,开展了丰富多彩的社会实践活动。

每年的社会实践活动,除固定地服务贫困地区外,均有自身重点和特色。1983 年是与农村共建经济建设与精神文明;1987 年是以"建设营"形式到基层锻炼;1988 年是到发达地区帮助开创经济效益;1991 年是了解国情;1992 年是投身改革洪流;1994 年是希望工程调查;1995 年是星火科技传播;1996 年是志愿者扫盲与科技文化服务;1997 年是科技、文化、卫生三下乡。

校团委于每年暑期,根据不同内容和形式,组织社会实践团队奔赴全国20 多个省、市、自治区进行社会实践活动。自 1984 年以来,我校年年被评为全国高校社会实践先进单位或北京市高校社会实践先进单位。

为了巩固社会实践成果,改进社会实践工作,校团委于每年暑期社会实践结束后,都认真进行总结,表彰先进、座谈交流。

1983 年,北大团委与北京市海淀区东升公社团委互结友好团委,达成共建文明校园和文明农村的公约。东升公社定期到北大介绍农村的经济建设与精神文明建设的形势及发展情况,北大学生去东升公社参加各种生产劳动和社会调查。

1984 年暑期,校团委组织"北大学生暑期赴青海学习服务团"(分为艺术服务队和知识与实践服务队两部分),到青海进行文艺演出、开办企业厂长和经理"经济管理学习班"、做科技普及等活动,写出《青海经济发展战略概想》《西北与东北人口迁移比较》等考察报告。

1985 年,我校研究生组织支援甘肃服务团。该团由英语、哲学、经济、法律、国政、计算机、化学、数学等 17 个专业的 63 名研究生组成,共在当地举办了 28 个培训班,培训了 1100 多名学员,并接受咨询和举行座谈,进行考察和调查。

1986 年暑期,在校团委、校研究生会的组织下,校内各级团组织及系研究生会开展了规模较大(约有三分之一的学生参加)、形式多样的社会实践活动。如赴云贵高原、新疆、内蒙古等地智力支边服务活动;学生艺术团赴吉林武警部队学习慰问活动;赴军营接受严格军事训练,体验部队生活,智力拥军活动;还有回乡下厂挂职锻炼、普法宣传,自费赴川、陕、甘、青、藏和山西大寨、运河沿岸等地进行社会考察活动等。校团委对 1986 年暑期社会实践活动情况进行总结,并经充分讨论和民主评议,评选出 1986 年暑期社会实践的"十佳"单位和个人,计:最佳分团委 2 个,最佳团支部 4 个,最佳个人 6 名,通报表扬了未能列入"十佳"的同学 10 人和未参加评比的优秀团体 4 个、个人 16 名。

1987 年暑期的社会实践活动宗旨是"向实践学习,到基层锻炼,为社会服务,为北大增光"。校团委以"社会实践建设营"为主体形式,组建了 12 个服务团,共 3000 余人(文、理科各 1500 余人),以北京为中心,在河北、山西、黑龙江等地开展活动,重点是贫困落后的地区,还有个别改革试点城市。与此同时,又组织团员、学生参加"爱我家乡""建我家乡"回乡挂职锻炼活动,约有 4000 余人拿到介绍信回乡挂职,还有一部分学生自行回乡联系进行了实践活动。据初步统计,这年暑期共有 8000 余人参加社会实践活动,承担 400 余项服务项目,举办了近百个规模不同的培训班,培训各类人员二万三千人次,组织义务讲座咨询 50 余场次,撰写调查报告 120 篇,计 120 多万字。有的服务团还为当地创造了一定的经济效益。

这次在北京地区的社会实践活动,受到共青团北京市委通报表扬。我校受到表扬的先进个人有 9 人,计:门头沟区 1 人,怀柔区 2 人,密云县 1 人,昌平县 1 人,房山县 1 人,平谷县 3 人。

1988 年暑期,校团委提出"到改革第一线去,在实践中学习,为社会服务,为北大增光,用实际行动宣传和促进改革"的宗旨,组织了 35 个实践服务考察团,1400 余人,到 22 个省、区参加社会实践活动。此外,哲学、政治、中文、地质等系分团委、团总支结合本系教学专业实习课,在实习结束后,就地安排和组织了形式多样的实践活动,参加人数近 1300 人。另有 4000 多名学生到团委领取了"北京大学学生暑期社会活动专用介绍信",回乡参加挂职锻炼等社会实践活动。据初步统计,本年暑期参加社会实践活动的同学近

7000人次，举办各种形式的专业、技术培训班78个，各类讲座21场，培训干部及各类专业、技术人员8000余人；在当地政府和有关部门的支持下，进行了大量的考察和调查研究工作，完成地区、县、乡经济发展状况、规划的考察报告196篇，约83.5万字，并进行形式多样的咨询、企业诊断、技术攻关、文化交流活动，取得了较好的社会、经济效益。

1989年暑期，由于政治风波的影响，学校提前放假，没有组织社会实践活动，只于9月26日，由校团委组织70余名团校学员赴北京市农工商总公司进行了考察、学习。

1990年暑期，校团委提出今年社会实践的基本思路是：（1）到老革命根据地，踏着先辈的足迹，进行革命理想教育；（2）到贫困地区去，了解国情，进行社会服务，培养艰苦奋斗、联系实际、勤俭建国意识；（3）到改革开放的前沿地区去，了解社会主义建设的伟大成就，进行改革开放的政策的教育；（4）到家乡去，把知识奉献给家乡建设。此次社会实践活动，一共组织22个团队，共400余人，分赴福建、河南、上海、河北、内蒙古、江苏、山东、山西、安徽、广东等地进行社会实践活动。

1991年暑期，为了更好地开展近、现代史和国情教育，开展爱国主义、社会主义教育，校团委提出社会实践基本思路是：（1）到革命老区（延安、瑞金）；（2）到少数民族地区、贫困地区（四川平武、内蒙古哲里木盟）；（3）到家乡；（4）到改革开放前沿地区去。校团委还提出："重点是到老、少、边、穷地区雪中送炭，经受锻炼，为地方解决实际问题，为社会主义建设事业无私奉献。"此次，共组织25个社会实践团（约1500余名同学）参加社会调查和挂职锻炼，另由各系结合专业实习，开展时间较长、规模较大、较为深入的社会实践活动。参加社会实践共4400余人。

通过社会实践活动，同学们完成了实践报告130余篇，近60万字。此次社会实践活动，除了思想上的收获以外，有的团还为当地解决了一些实际困难（如赴九江实践团为九江图书馆调试运行成功图书馆微机管理系统），有的则为当地创造了一定的经济效益（如技物系一同学在南充电镀厂任厂长助理期间，为企业攻克多项技术难关，其中一项年创收益30万元）。中宣部、国家教委、团中央授予我校"1991年社会实践活动先进单位"。我校也评选出50位"社会实践先进个人"，予以表彰和奖励。

1992年，校团委组织实施"五百计划"，即500名学生回乡进行改革开放地区的"百点调查"，到农村基层地区"百方挂职"，对国有大中型企业进行"百厂分析"，综合"百类商品"面面观，为贫困地区开发"百人献计"。为此，校团委组织了33支社会实践团队到改革开放的前沿地区和革命老区、少数民族地区和贫困地区进行暑期实践。

此次活动,我校 10 个集体、17 名师生被北京市高校生产实习和社会实践工作领导小组、中共北京市委教育工委、北京市高教局、共青团北京市委授予"高校生产实习和社会实践工作奖牌"。

1993 年暑期的社会实践强调"形式多样、努力创新、学以致用,讲究实效",全校一万多名师生参加了各类社会实践活动,对 2000 余名挂职锻炼的同学分发了专用介绍信,进行定向实践。另有力学系研究生赵耀自费赴西藏、青海 36 天,对两地政治状况、风土人情进行了考察。

1994 年暑期的社会实践,以"小型多样,就近就便,结合科技,农村为主"为原则,以"结合专业,主题性、课题性的科技文化志愿服务"为指导方针,校团委组织了近 30 个科技文化志愿团,约 400 名同学分赴全国各地进行社会实践。

1995 年暑期社会实践,是在党中央、国务院提出"科教兴国"的战略决策和团中央、团市委实施连续五年"扶贫、扫盲、科技文化服务"计划下进行的,我校以"发挥主动、形式多样、科技服务、扶贫扫盲"为原则,以"主题鲜明、课题依托、组织严密、落实到人"为指导方针,组织了 36 个社会实践团队分赴全国 20 余个省、自治区、直辖市进行科技服务、扶贫、扫盲社会实践活动。其中有重走长征路、京九铁路考察、京港青年夏令营等。另外,有 5000 余名同学以个人身份参加了各种形式的社会实践活动,如回乡挂职锻炼、勤工助学、社会调查等。其中,赴广西百色支教扫盲团获得了共青团中央表彰,被授予"95 支教扫盲先进团队"。校团委也召开了总结表彰大会,对在社会实践活动中表现突出的系、团队和个人予以表彰,计有:先进系 4 个,先进团队 22 个,先进个人 63 名。

1996 年暑期社会实践的主题是"志愿者扫盲与科技文化服务"。共组织 42 支团队(378 人,其中有 20 位教师作为团队领队)赴全国 20 个省、市、自治区,深入基层,服务社会。写出个人调研报告 205 篇和 54 篇随感散文。一部分同学参加了团中央组织的 8 所高校的 4 支支教扫盲团,分赴河南、山西农村进行扶贫工作。一批同学个人回乡实践。另外,我校的两个学生社团利用暑期完成每年一次固定的活动,如山鹰社于 8 月 1 日成功登顶玛卿岗日峰(青海境内,6282 米);爱心社组织了第二次"爱心万里行"志愿者服务活动(如进行法律咨询、帮助孤儿院等)。

校团委对在社会实践中表现优秀的组织和个人进行了表彰,计有:先进院(系)6 个,优秀实践团队 5 个,先进实践团队 12 个,优秀实践个人 15 名,先进实践个人 30 名。

1997 年暑期的社会实践活动,有数千人参加,以 45 个团队或以个人形式,在全国 22 个省、市开展了一系列具有特色活动,如爱心万里行、高考状元下乡、万里送好书、千里骑车京港行、"希望工程调查"、"百名博士百企行"、物质文化双扶贫等。是年，我校再次获全国先进单位称号，爱心社则被评为"三下乡"先进团队。为了巩固社会实践成果，校团委举行了1997年"三下乡"（科技、文化、卫生下乡）暑期社会实践总结表彰大会，共表彰了优秀组织奖5个，优秀领队奖技物系王艳等教师8名，优秀实践团队6支，先进实践团队12支，优秀实践个人15人，先进实践个人45人。

1983—1997年学生社会实践活动简况
（不完全统计）

时间	参加人数	主要地区	主要内容
1983年4月		北京市海淀区东升公社	参加各种生产劳动和社会调查
1984年暑期	90多人	赴青海学习服务团	文艺演出、开办企业厂长和经理经济管理学习班，进行科技普及等活动
1985年暑期	63人	研究生支援甘肃服务团	举办28个培训班，培训1100多学员；接受咨询和举办讲座；进行考察和调查
1986年暑期	三分之一以上学生	云南、贵州、新疆、内蒙古、川、陕、甘、青、藏、山西等地	智力支边、学习慰问、下乡下厂挂职锻炼、普法宣传、社会考察、举办讲座等
1987年暑期	8000多人	组建12个建设营（三千余人），到北京、河北、山西、黑龙江等地贫困落后地区进行社会实践活动；4000余人回乡挂职锻炼	承担四百余项服务项目，举办近百个规模不同的培训班，组织义务讲座、咨询五十余场次，培训各类人员二万三千人次
1988年暑期	7000余人	组成35个实践服务考察团赴天津、河北、河南、山东、上海、浙江、江苏、安徽、福建、辽宁、黑龙江、甘肃、内蒙古、新疆等地	举办各种形式的专业技术培训班78个，各类讲座21场，培训干部及各类专业技术人员8000余人，进行大量的考察和调研工作，完成地区、县、乡经济发展状况、规划的考察报告196篇，开展形式多样的咨询、企业诊断、技术攻关、文化交流等

时间	参加人数	主要地区	主要内容
1988 年寒假	75	赴海南考察服务	
1989 年 9 月	70 余人	团校学员赴北京市农工商总公司	考察、学习
1990 年暑期	400 余人	赴福建、河南、上海、河北、内蒙古、江苏、山东、山西、安徽、广东等地	社会实践、考察、服务、调查
1991 年暑期	6000 余人	25 个社会考察团队到全国各地调研考察（主要是革命老区、少数民族地区、贫困地区）	了解国情，开展近、现代史和国情教育及爱国主义、社会主义教育
1992 年暑期		组织 30 多个社会实践团到改革开放的前沿地区和革命老区、少数民族地区、贫困地区进行社会实践	团委组织实施"五百计划"，即：500 名学生回家进行改革开放地区的"百点调查"，到农村基层地区"百方挂职"，对国有大中型企业进行"百厂分析"，综合"百类商品"面面观，为贫困地区开发"百人献计"
1993 年暑期	10000 余人	一万多名师生参加了各类社会实践活动；两千余名学生挂职锻炼。力学系一研究生自费赴西藏、青海考察	
1994 年暑期	约 400 人	组织近 30 个科技文化志愿团赴全国各地进行社会实践	以"小型多样，就近就便，结合科技，农村为主"为原则，以"结合专业，主题性、课题性的科技文化志愿服务"为指导方针
1995 年暑期		组织 36 个社会实践团队赴陕西延安、江西井冈山、贵州遵义、广西百色、山西灵丘，云南丽江等地	科技、服务、扶贫、扫盲；另有 5000 余名学生回乡挂职、勤工助学、社会调查。重走长征路，京九铁路考察，京港青年夏令营等

北京大学志（第四卷）

时间	参加人数	主要地区	主要内容
		赴内蒙古凉城等革命老区、贫困地区；山东、河北、深圳、江苏、北京等地乡镇企业；黑龙江、广西、宁夏等地国有大中型企业等处进行考察调查	
1996 年暑期	社会实践团 378 人；一批学生回乡挂职。	组织 42 支社会实践团队赴河南、山东、广西、甘肃、江西、湖南、陕西、黑龙江等地	志愿者扫盲与科技文化服务，城市社区服务、农村支教（重点扫盲），对企业、公司、市场、经济、文化、自然状况进行科学考察、人文探索；回乡挂职锻炼
1997 年暑期	45 支团队	赴山西、河北、吉林、内蒙古、哈尔滨、云南、山东、江苏、海南	支教扫盲，社会调查，国企改革考察，科技支边，专业实习，"科技、文化、卫生三下乡"服务等

第二十四章　群众组织

第一节　中国教育工会北京大学委员会

一、北大工会的建立与发展

（一）北京大学工会成立

1949 年 6 月 29 日，北大教授干事会、讲助会代表常驻会及理事会、职员联合会举行联席会议，决定成立北京大学教职员联合会筹委会。10 月 15—16 日，北京大学教职员联合会举行第一届第一次代表会，宣告"北京大学教职员联合会"正式成立。教职员联合会成立以后，在会员中进行了向工会过渡的宣传教育工作和有关的组织工作。11 月中旬，北京市教育工作者工会筹备委员会成立后，北大教联执行委员会和工警工会执行委员会举行联席会议，决定两个机构合并组成北京大学工会筹备委员会。筹委会决定：凡教职联和工警工会会员均为北大工会当然会员。

1949 年 12 月 24—31 日，召开北京大学工会第一次代表大会，正式成立北京大学工会。大会通过了《国立北京大学工会章程》。章程规定，北京大学工会的宗旨是"团结全校工作人员，加强学习，提高文化、政治、业务、理论与思想水平，增进福利，保证学校行政任务的完成，并与全校同学团结一致，共同为实现新民主主义教育方针与计划、建设人民的北京大学而奋斗"。章程还规定，本会加入北京市教育工作者工会，为团体会员，遵守其章程，接受其领导；本会代表大会为最高权力机构，选举执行委员会，并付以领导会务之职权等。大会决定建立 8 个分会，97 个工会小组。此时有会员 1544 人。大会选举产生执行委员 45 人（其中执委常委 14 人），候补执行委员 10 人。工会机构设秘书处和组织、宣教、业务、福利、妇女五个部。

（二）北京大学工会创建初期的工作

中华人民共和国成立初期，校工会在学校党组织和上级工会的领导下，积极投入逐步改造旧有学校的工作，并把改造教师队伍、改造旧有学科当作工作中心，对学校的改造与建设发挥了重要的作用。

自工会建立至1952年院系调整，校工会先后召开了四次代表大会。在这一时期校工会主要开展了以下工作。

1. 积极开展马列主义政治理论与时事政策的学习教育。

2. 积极配合学校的中心工作，开展各种活动。如推举6位同志代表工会参加校务委员会，参与学校教学改革和各项重大问题的决策；用五爱——爱祖国、爱人民、爱劳动、爱科学、爱护公物——的精神教育和影响学生；在教师中提倡互帮互学，相互观摩教学，交流教学经验等。协助学校党组织和校行政在教职工中进行"三反""五反"运动，开展劳动竞赛，保证行政各项任务的完成。

3. 在教职工中开展中华人民共和国第一部工会法的学习宣传活动。

4. 宣传动员教职工参加"抗美援朝、保家卫国"运动。

5. 深入宣传祖国革命形势，关心土地改革。

6. 积极支援失业工人和受灾农民兄弟。

7. 创办业余学校。

8. 组织会员认购公债，支援新中国的建设。

9. 关心教职工的生活，积极开展文化体育活动。

（三）1953—1966年校工会的工作

1952年夏，全国高等学校进行院系调整。从院系调整结束到1966年"文革"开始前，北大工会先后召开了第五到第九次代表大会。这段时期，工会主要的工作体现在以下几个方面。

1. 在校党委领导下，对教职工进行思想政治工作，积极开展马克思列宁主义毛泽东思想的宣传教育和形势任务的教育。如在教职工中开办夜大学，系统地学习"政治经济学""经济建设常识"《毛泽东选集》第三卷"唯物论与经验批判论"等。校党委副书记史梦兰在1953年11月召开的北京大学工会第六次代表大会宣布"今后教职工的政治理论学习由校工会负责领导"。此项规定一直延续到1966年"文化大革命"前。校工会还组织教职工进行形势任务的学习，并在部分职员和工人中组织读报组，逐步建立起比较完善的读报制度。

2. 围绕学校中心工作，发挥工会作用，保证学校各项任务的完成。如发动群众对学校行政工作提出合理化建议，发动会员积极投入教学改革等。

3. 关心群众生活，维护教职工权益。校工会从成立时起，就在校行政支持下开办了幼儿园和托儿所；开办浴室；协助合作社改善对教职工生活必需品的供应；开展大件商品赊购；定期组织班车，接送教职工进城购物、观看演出等。对于特别困难的教职工，帮助办理冬衣和棉被困难补助，协助发放福利金，并组织教职工假期休养和开展互助医疗、互助储金等活动。

4. 开展文体活动,丰富教职工文化生活。

5. 开展职工业余教育,提高广大职工的文化水平和业务素质。职工学校除文化班外,还开办了专业技术班。20世纪50年代末60年代初,又组织了电大班。

"文化大革命"期间,工会被迫停止活动。

(四)1978—1997年校工会工作

粉碎江青反革命集团后,经过拨乱反正,工会工作重新走上正常运行轨道。1978年8月18日,北大党委作出《关于恢复北京大学工会的决定》。8月31日,校工会举行第九届委员会扩大会议,决定恢复活动,筹备召开第十次代表大会。11月20日至21日,学校举行第十次工会代表大会,选出新一届委员会。当时有新老会员6756人。

自1978年恢复工会至1997年,北大工会先后召开了第十至第十五次代表大会,并从1986年至1995年召开了三届教职工代表大会(简称教代会)。

这一阶段工会的主要工作如下。

1. 发挥工会教育职能,做好教职工思想政治工作。(1)校工会每年都将教职工的政治学习教育列为工作计划的首要内容,动员会员群众积极参加学习,并采取讲座、参观访问、知识测验和竞赛活动等多种辅助形式,推进教职工的思想政治教育和形势任务教育。(2)开展法制宣传教育,增强教职工法制观念。(3)组织多种形式的群众自我教育活动。如组织到工厂、农村、革命旧址、甲午战争古战场和抗美援朝纪念馆以及军队、开放区等处参观、考察,使教职工受到爱国主义、革命传统和改革开放等方面的教育。校工会还协同有关部门组织迎亚运义务便民活动和抗洪赈灾募捐等活动。

2. 配合学校党和行政部门,加强教职工队伍建设。(1)组织培训,提高教职工的业务、文化素质,提高教师的外语水平。自1978年开始,校工会举办了多种培训班,培训教职工,先后结业的有2800人次。其中1978年11月至1979年12月就举办了培训班50个,培训学员1600余人。内有外语班(英、日、德、法)32个,高考辅导班12个,文化补习班2个,专业班(无线电、图书馆)2个。(2)进行劳动竞赛、评选先进、学习模范人物等活动,推动"三育人"(教书育人、管理育人、服务育人)工作的开展。1979—1983年,校工会开展了群众技术协作、岗位责任制、劳动竞赛活动;评选劳动模范、先进集体、先进单位活动;学习雷锋、蒋筑英等模范人物活动。自20世纪80年代初开始,在"五讲四美""文明礼貌月"等活动的基础上,与有关部门协作开展教书育人、管理育人、服务育人活动。(3)增强教职工职业道德建设。校工会、教代会与其他部门协作,制定了《北京大学教师职业道德规范》;向全校教职工发出关于"爱岗敬业、修身育人"的倡议书和"认真学习党的十五大精神,积极为百年校庆作贡献"的倡议书；召开"北京大学的发展与青年教师的责任"座谈会、女教师"爱岗敬业"演讲会；配合后勤服务单位开展创建"文明服务窗口"活动；组织关于师德状况的问卷调查和座谈，评选师德先进个人和先进群体，进行师德先进事迹的宣传。(4)开展促进教学、科研工作的活动。校工会、教代会配合学校有关部门，组织了教学科研工作经验交流大会、教学科研研讨会和教学科研成果展，并从1994年起每年进行青年教师优秀教学奖评选工作。校工会还进行了"教师教学工作状况""青年教师队伍的基本情况"等专题调研。

3. 参与学校民主管理，推进教代会制度的建设。一方面，积极配合校党委进行"全心全意依靠教职工办好学校"的思想教育，使各级领导干部增强民主意识，尊重教职工的民主权利；另一方面，教育教职工增强主人翁责任感，树立全局观念，在完成好本职工作的同时，积极参与学校民主管理和民主监督。1986年11月召开了北京大学第一届教职工代表大会暨第十三次工会代表大会，标志着教代会制度在我校正式建立。1991年8月，第二届教代会暨第十四次工代会召开，会议通过的《北京大学关于〈高等学校教职工代表大会暂行条例〉的实施细则》中规定：校工会承担教代会日常工作机构的任务，协助校教代会及其工作委员会做好各项工作。1995年10月召开的北京大学第三届教代会暨第十五次工代会上，建立了教代会执行委员会作为教代会的常设领导机构，并在原有的提案审理、教书育人、住房改革和分配审议三个专门工作委员会以外，增设了生活服务和医疗保健民主管理委员会。校工会主席、副主席分别担任校教代会执委会及各工作委员会的正、副主任。1996年校教代会三届二次会议审议通过了《关于院、系、处级单位民主管理的暂行规定》。

4. 做好生活福利工作，为教职工办实事谋利益。一是为教职工排忧解难，如为教职工子女开办高考补习班；开展互助储金活动；建议和督促职能部门先后为教职工解决天然气灶具购置、公共浴室、住宅电话安装、闭路及有线电视收看、班车开通等；开展了为教职工特困户"送温暖"活动。二是做好代购代销工作，满足教职工生活需要。三是组织教职工假期休养旅游等活动。四是开展教职工保健、保险服务工作。

5. 广泛开展群众性文体活动，丰富教职工业余生活。如先后建立了书画社、舞蹈队、合唱团、健美操协会、棋牌协会等社团，开展各类文艺演出活动和体育活动以及一年一度的全校教工田径运动会。

6. 加强工会自身建设，提高工会工作水平。一是抓好组织建设，形成工作网络。建立和健全了由校工会常务委员会、校工会委员会、经费审查委员会和各工作委员会组成的工作班子，以及由工会办公室和各工作部组成的办事机构。在全校各单位建立了部门工会(分会)和工会小组,各部门工会委员会80％以上的主席由具有同级党政副职水平的同志担任。二是加强制度建设,完善工作机制。先后制定、修订并较好地实行了《北京大学工会工作细则》《校工会工作制度》等。三是坚持学习培训、提高工会干部素质。四是从20世纪80年代后期起,根据上级工会的要求,开展"建家"活动,制定了关于部门工会开展"建家"活动的决定、条例及达标条件,使部门工会"建家"达标率逐年上升,1991年为62％,1995年为76.6％,1996年为84.1％,1997年为92％。校工会也于1986年、1991年先后被评为北京市教育系统"合格教职工之家"和"先进教职工之家",1993年被评为"优秀建家单位",1994年被评为北京市"模范职工之家"。

二、历届工会代表大会

(一)北京大学工会第一次代表大会

1949年12月24日至31日,北京大学工会第一次代表大会召开,出席大会的代表305人。钱端升教授致开幕词,沈承昌代表筹委会报告大会筹备经过。校务委员会主席汤用彤、中共北大总支部副书记文重、北京市工会主席肖明、北京市教育工作者工会筹委会负责人解沛基、校团委书记汪家镠、校学生会主席王学珍等出席大会并讲话。他们在讲话中指出,北大工会的成立是北京大学空前大团结的标志,希望大会及大会产生的北京大学工会继续发扬北京大学的光荣革命传统,坚决贯彻新民主主义教育方针,为迎接新中国文化建设高潮而努力。肖明在讲话中着重阐述了工会与行政的关系。

大会讨论通过了《国立北京大学工会章程》,通过了提案审查委员会根据代表提出的229件提案拟定的七项决议案。大会选举产生了由执行委员45人、候补执委10人组成的首届北京大学工会执行委员会。大会由曾昭抡致闭幕词,于1949年除夕闭幕。

1950年1月7日,北京大学工会第一届执行委员会第一次会议选举了常务委员会和正副主席并进行分工如下。

常务委员会委员:钱端升、钟之琦、俞铭传、沈承昌、赵广继、罗常培、高之杕、藉孝宏、郝诒纯、季羡林、费青、曾昭抡、孙鹤龄、杨贵贞。

主席:钱端升

副主席:钟之琦、俞铭传、沈承昌、赵广继

秘书长:罗常培

副秘书长:高之杕、藉孝宏

会上进行了执行委员会的分工,设立秘书处和组织、宣传、业务、福利、妇女五个工作部。

秘书处长:郝诒纯

组织部长:季羡林

宣教部长:费青

业务部长:曾昭抡

福利部长:孙鹤龄

妇女部长:杨贵贞

此次代表大会后,全校建立起 8 个分会,97 个工会小组,共有会员 1544 人,占全校教职工总数的 98%,其中教员 480 人,职员 453 人,工友 611 人。

(二) 北京大学工会第二次代表大会

1950 年 9 月 23 日至 24 日,北京大学工会第二次代表大会召开。

大会由沈承昌主持,李颂琛代表大会主席团致开幕词,上届执委会秘书长罗常培代表首届执委会作工作报告,校务委员会主席汤用彤、教务长曾昭抡、秘书长王鸿桢分别报告了学校的工作。北京市供销合作总社崔鹏欧作供销社和工会关系的专题报告。代表们还听取了全国教育工会第一次代表大会精神的传达。

大会讨论并通过了中国教育工会北京大学委员会组织方案,选举产生了北京大学工会第二届委员会,委员 15 人,候补委员 4 人。

大会还选举了校工会经费审查委员会委员 4 人,候补委员 2 人。

9 月 29 日,校工会第二届委员会第一次会议,进行选举和分工如下。

主席:季羡林

副主席:李颂琛、赵广继、马杏垣

秘书处秘书:邓广铭

组织委员会主任委员:周仁

文教委员会主任委员:冯承植

福利委员会主任委员:沈承昌

(三) 北京大学工会第三次代表大会

1951 年 2 月 24 日至 25 日,北京大学工会第三次代表大会召开。

大会选举了北京大学工会第三届委员会委员 15 人,候补委员 4 人;经费审查委员会委员 5 人,候补委员 2 人。

3 月 2 日,校工会第三届委员会召开第一次会议,进行选举及分工如下。

主席:楼邦彦

副主席:马杏垣、李颂琛、杨继增

秘书处处长:游国恩

组织委员会主任委员：唐敖庆

文教委员会主任委员：汪篯

福利委员会主任委员：沈承昌

（四）北京大学工会第四次代表大会

1951年9月9日至11日，北京大学工会第四次代表大会召开。

马寅初校长出席大会并讲话，汤用彤副校长作学校工作报告。大会讨论并通过了校工会第三届委员会工作报告。

大会选举产生了北京大学工会第四届委员会和经费审查委员会，会上还选举出席北京市工会第二届代表大会代表。

校工会第四届委员会召开会议进行选举及分工如下。

主席：楼邦彦

副主席：文重、庞家驹

1952年国家对高等学校进行院系调整。院系调整后，北大教职工队伍发生了很大变化，原校工会委员中不少已调出北大。为此，北京大学工会报经市教育工会同意，并与有关方面协商后，决定成立"中国教育工会北京大学筹备委员会"。其任务是：(1)协助校行政推进学校工作。(2)做好工会日常工作。(3)准备召开北京大学工会第五次代表大会。

筹备委员会委员21人，主席：徐献瑜

副主席：任华、陈德明、张德珍、沈克琦

秘书长：黄继忠

（五）北京大学工会第五次代表大会

1953年1月30日①，北京大学工会第五次代表大会召开。

大会由沈克琦主持，邢其毅致开幕词，江隆基副校长作学校工作报告。大会选举了工会第五届委员会。第五届委员会分工如下。

主席：金岳霖

副主席：徐献瑜、沈克琦（常务）

秘书长：黄继忠

组织委员会主任委员：胡祖炽

文教委员会主任委员：邢其毅

生活委员会副主任委员：郭松年

---

① 北大工会第五次代表大会何时召开，未找到有关档案资料。1953年1月30日这个日期，是根据一些老人的回忆所写。但也有人认为不是这个时候，而是在1952年9、10月之间。

（六）北京大学工会第六次代表大会

1953 年 11 月 8 日至 9 日，北京大学工会第六次代表大会召开。

大会由执行主席王铁崖主持，上届工会主席金岳霖讲话，沈克琦代表上届工会委员会作工作报告。大会通过了关于工会新的组织方案，代表们听取了大会发言，丁石孙代表数学力学系部门工会向大会介绍了该系工会工作经验。校党委书记史梦兰代表校党委讲话。他在讲话中宣布学校教职工今后的政治理论学习由校工会负责领导。大会以史梦兰的讲话作为本次大会的总结。

大会选出了北京大学工会第六届委员会委员 23 人，经费审查委员会 3 人。

北京大学工会第六届委员会第一次会议进行了选举和分工，并决定在原有的组织、文教、生活福利三个委员会之外，增设文体、财务、职工工作三个委员会，除 23 名正式委员外，特聘 21 名委员参与工会各委员会的具体工作。

主席：季羡林

副主席：谢道渊、陈德明、文重

秘书长：程贤策

组织委员会主任委员：刘元方

文教委员会主任委员：王孝庭

生活福利委员会主任委员：胡钟达

文娱体育委员会主任委员：黄继忠

财务工作委员会主任委员：吴允曾

职工工作委员会主任委员：庄守经

（七）北京大学工会第七次代表大会

1956 年 3 月 10 日至 18 日，北京大学工会第七次代表大会召开。

大会通过了上届工会委员会的工作报告和关于今后工会工作的规划意见。代表们根据周恩来总理《关于知识分子问题的报告》精神，对工会如何加强教职工的思想政治工作问题进行了热烈讨论。代表们认为工会应加强教职工的政治理论和时事政策的学习；工会干部要树立群众观点，改进工作作风，加强同会员的联系，更好地发挥党联系群众的桥梁纽带作用。大会选出了校工会第七届委员会委员 29 人，经费审查委员会委员 3 人。

第七届委员会第一次会议进行选举和分工，并聘请 25 位委员参与工会各委员会的具体工作。

主席：陈守一

副主席：王铁崖、李今、崔芝兰、程贤策

组织工作委员会主任委员:吴达元

文教工作委员会主任委员:张凌清

体育工作委员会主任委员:侯仁之

文娱工作委员会主任委员:姚学吾

生活福利工作委员会主任委员:胡祖炽

财务工作委员会主任委员:严仁荫

职工工作委员会主任委员:王希祜

工会办公室主任:吴允曾

(八)北京大学工会第八次代表大会

1959年6月5日至11日,北京大学工会第八次代表大会召开。出席正式代表161人,列席代表35人。北京市教育工会和校党政负责人及校内各民主党派负责人应邀出席大会。

大会审议并通过了第七届工会委员会的工作报告和经费审查委员会工作报告,通过了《中国教育工会北京大学委员会职责分工若干规定》,选出49名第八届工会委员会委员、9名候补委员和3名经费审查委员会委员。校党委副书记史梦兰在闭幕式上代表校党委讲话。

第八届委员会开会进行选举和分工,并对所属工作委员会作了调整,新建妇女及家属工作、工厂工作和机关工作三个委员会。

主席:侯仁之

副主席:赵国栋、李今、吴达元、周华民

组织工作委员会主任委员:齐良骥

宣教工作委员会主任委员:王向立

文体工作委员会主任委员:沈石岩

福利卫生工作委员会主任委员:胡祖炽

妇女及家属工作委员会主任委员:马涤华

工厂工作委员会主任委员:周华民(兼)

机关职工工作委员会主任委员:王希祜

财务工作委员会主任委员:吴允曾

(九)工会(临时)代表大会

1962年8月底,校工会召开(临时)代表大会,选举王家俊、李慧贞、赵国栋、高名凯、贺玉山、冯军、潘君卓、顾燕怡为出席中国教育工会北京市第三次会员代表大会的正式代表,汤家瀚为候补代表;选举高小霞为我校出席北京市第五届妇女代表大会代表(另外,家属中的妇女选举夏静仁为代表)。

（十）北京大学工会第九次代表大会

1962 年 12 月 7—17 日，北京大学工会第九次代表大会召开。

大会听取了王竹溪、黄一然副校长所作的学校工作报告，通过了侯仁之代表第八届工会委员会作的工会工作报告和李今作的工会财务工作报告。大会还听取了赵国栋传达中国教育工会主席吴玉章和中共北京市委书记处书记邓拓在北京市教育工会第三次代表大会上的报告。大会选出了第九届工会委员会委员 43 人，经费审查委员会委员 3 人。校党委副书记史梦兰代表校党委讲了话。

12 月 21 日，工会第九届委员会召开第一次会议，进行选举和分工如下。

常务委员会委员：侯仁之、李今、吴达元、闫光华、周华民、齐良骥、钟哲明、胡祖炽、张瑾、马涤华、熊正文、吴允曾。

主席：侯仁之

副主席：李今、吴达元、闫光华、周华民

组织工作委员会主任委员：齐良骥

宣教工作委员会主任委员：钟哲明

生活福利工作委员会主任委员：胡祖炽

文体工作委员会主任委员：张瑾

女工家属工作委员会主任委员：马涤华

财务工作委员会主任委员：吴允曾

经费审查委员会主任委员：熊正文

工会办公室主任：王家俊

（十一）北京大学工会第十次代表大会

1978 年 11 月 20—21 日，北京大学工会第十次代表大会召开，出席代表312 人，学校党政领导全部出席了大会。

本次大会的中心任务是：学习贯彻全国总工会第九次代表大会精神和中共中央给大会的贺词；明确新的历史时期工会工作的方针任务。

会上，北京市总工会副主席刘尚贵致贺词，校党委书记周林讲了话，上届工会主席侯仁之致开幕词，工会筹备小组负责人张侠传达了全国工会"九大"精神，季羡林等五人在大会上发了言。大会选出了校工会第十届委员会委员 59 人、经费审查委员会委员 5 人。

这次大会的召开，标志着北京大学工会在"文革"中被迫停止活动十年之后的全面恢复。此时，全校共有新老会员 6756 人，有 54 个部门工会。

第十届委员会第一次会议，进行了选举和分工如下。

主席：张萍

副主席：季羡林、侯仁之、张侠、段伟中、闫光华、邸振江

组织工作委员会主任委员：张振铎

宣教工作委员会主任委员：王孝庭

文体工作委员会主任委员：张瑾

生活福利工作委员会主任委员：邸振江（兼）

妇女工作委员会主任委员：张寄谦

财务工作委员会主任委员：吴允曾

经费审查委员会主任委员：熊正文

（十二）北京大学工会第十一次代表大会

1981年6月12—13日，北京大学工会第十一次代表大会召开，出席代表446人。

这次大会的主要任务是：总结工会恢复以来的工作，讨论校工会今后的任务，选举第十一届工会委员会。北京市总工会领导徐乃乾，校党政负责人韩天石、王路宾、张萍、季羡林等出席了大会。张萍致开幕词，徐乃乾、韩天石、王路宾在会上讲了话。张侠代表上届工会委员会作了工作报告。校党委书记韩天石在代表校党委作的讲话中强调：办好北大要依靠全体教职工，工会应努力提高会员的主人翁责任感，发挥每个会员的积极性和聪明才智；工会要注意抓好精神文明建设，积极开展"五讲""四美"活动，把"团结起来，办好北大，振兴中华"变为每个会员的自觉行动。大会通过了工作报告，选出了49人组成的第十一届工会委员会和5人组成的经费审查委员会。

工会第十一届委员会第一次会议，进行了选举和分工如下。

常务委员会由13人组成：张萍、张侠、侯仁之、闫光华、邸振江、段伟中、熊正文、张寄谦、张振铎、张瑾、王禹功、李佩英、姚曼华

主席：张萍

副主席：张侠、侯仁之、闫光华、段伟中、邸振江

组织工作委员会主任委员：张振铎

宣教工作委员会主任委员：姚曼华

文体工作委员会主任委员：张瑾

生活福利工作委员会主任委员：邸振江

财务工作委员会主任委员：吴允曾

妇女工作委员会主任委员：张寄谦

经费审查委员会主任委员：熊正文

（十三）北京大学工会第十二次代表大会

1984年6月15—16日，北京大学工会第十二次代表大会召开，出席代

表 476 人。

　　本次大会的中心任务是：统一教职工对于我校深化改革的认识和选举新一届工会委员会。市总工会负责人及我校党政领导王学珍、丁石孙等出席了大会。张侠代表上届工会委员会作工作报告，熊正文作财务工作报告。丁石孙校长在开幕式上就我校改革问题讲了话。校党委书记王学珍在闭幕大会上讲话，着重分析了我校改革中的一些思想问题。代表们认真讨论了上述几个报告和讲话，充分肯定了工会几年来的工作成绩，同时还对今后学校工作和工会工作提出了意见和建议。大会选举产生 53 人组成的工会第十二届委员会和 3 人组成的经费审查委员会。

　　工会第十二届委员会第一次会议进行选举和分工如下。

　　常务委员会委员：沈承昌、朱克烺、段伟中、严宣申、戚世昆、孟雨文、闻国椿、陈淑敏、姚曼华、聂宝琪、刘士英、邸振江、张云秀、李志均、吴绪连、李亚东。

　　主席：沈承昌

　　副主席：朱克烺、段伟中、严宣申、戚世昆

　　组织工作委员会主任委员：陈淑敏

　　宣教工作委员会主任委员：姚曼华

　　文化工作委员会主任委员：聂宝琪

　　体育工作委员会主任委员：刘士英

　　福利工作委员会主任委员：邸振江

　　女工工作委员会主任委员：张云秀

　　后勤工作委员会主任委员：李志均

　　工厂工作委员会主任委员：吴绪连

　　经费审查委员会主任委员：闻国椿

（十四）北京大学工会第十三次代表大会

　　1986 年 11 月 19—26 日，北京大学工会第十三次代表大会（与第一届教职工代表大会一起）召开，这是首次教职工代表大会同工会代表大会同时召开。出席会议的 475 名代表，既是教代会的代表，又是工会代表大会的代表，具有双重身份。校务委员会委员、各民主党派代表、离退休教职工代表、街道办事处代表和校系党政工负责人列席大会。校党委书记王学珍，校长丁石孙，副校长张学书、沙健孙、陈佳洱、谢青，学校顾问项子明，原党委副书记、副校长王路宾等出席大会。全国教育工会顾问、党组书记方明，中共北京市委教育工作部副部长陈大白，北京市教育局副局长李煌果，北京市教育工会主席孙军，以及清华、人大、北师大、北工大等院校工会负责人出席大会。

大会由上届工会主席沈承昌主持,张学书副校长致开幕词,方明、孙军致祝词并讲话。丁石孙校长作学校工作报告,谢青副校长作学校财务、基建、后勤工作报告。代表们对丁校长、谢副校长的报告进行热烈的讨论,充分肯定学校各方面的工作,赞同报告中首次提出的要把北大办成世界一流大学的奋斗目标。大会审议通过了沈承昌代表第十二届工会委员会作的题为《总结经验,展望未来》的工作报告和财务工作报告。

这次大会历时 8 天,大会期间收到提案和意见共 590 多条。大会讨论和通过了《北京大学教职工代表大会暂行条例》《北京大学教职工住宅分配暂行办法》《成立住房分配审议委员会的决议》和《关于进一步开展教书育人、服务育人活动的倡议书》。大会选出了由 51 人组成的工会第十三届委员会和 5 人组成的经费审查委员会。

校党委书记王学珍在会议闭幕前做了讲话。他说这次大会是"民主的大会,团结的大会,促进学校工作的大会",他号召全校教职工"团结起来,为振兴北大而奋斗,为把北大建设成为世界第一流大学而努力"。

11 月 27 日,工会第 13 届委员会召开第一次会议,进行选举和分工,并决定为了加强青年教职工工作,增设了青年工作委员会。

常务委员会委员:吴季兰、刘宏勋、朱克烺、严宣申、戚世昆、陈淑敏、沈承昌、王云鹗、李亚东、罗正清、赵云岭、宋益宏、李德昌、王守仁、张淑鸾、何健、武占学。

主席:吴季兰

副主席:刘宏勋(常务)、朱克烺、严宣申、戚世昆、陈淑敏

办公室主任:李亚东

组织工作委员会主任委员:罗正清

宣教工作委员会主任委员:赵云岭

文化工作委员会主任委员:宋益宏

体育工作委员会主任委员:李德昌

生活福利工作委员会主任委员:王守仁

女工工作委员会主任委员:王云鹗

财务工作委员会主任委员:张淑鸾

青年工作委员会主任委员:武占学

提案工作委员会主任委员:朱克烺

经费审查委员会主任委员:聂宝琪

本届工会是学校首届教代会闭会期间的常设工作机构。

(十五)北京大学工会第十四次代表大会

1991 年 8 月 25—28 日,北京大学第二届教职工代表大会暨北京大学工

会第十四次代表大会召开,出席大会的正式代表 323 人。学校党政领导出席大会,全国和北京市教育工会的负责人出席大会并致贺词。

本次大会的主要议程是听取校长工作报告,讨论《北京大学发展十年规划和"八五"计划》,听取和审议第十三届工会委员会的工作报告。

大会收到提案 222 条,意见、建议 86 条,讨论并通过了《北京大学关于高等学校教职工代表大会暂行条例的实施细则》和《北京大学公费医疗改革方案(试行)》。大会选出了由 43 人组成的北京大学工会第十四届委员会和 5 人组成的经费审查委员会。大会还决定设立教代会三个工作委员会,并选出各工作委员会的委员和负责人。校党委书记汪家镠作了讲话。她强调推进学校民主建设,加强民主管理、民主监督的重要意义,要求工会应更好地发挥紧密联系群众的优势,在学校的改革、建设等工作中发挥更大的作用。

9 月 18 日,工会第十四届委员会第一次会议进行选举和分工如下。

常务委员会委员:卢新理、刘宏勋、刘寿安、朱克烺、陈淑敏、陈庆树、李贡民、严宣申、吴祖馨、宋益宏、张淑鸾、张琮、罗国章、赵学文、戚世昆

主席:刘宏勋

副主席;卢新理、朱克烺、陈淑敏、严宣申、戚世昆

组织工作委员会主任委员:刘寿安

宣教工作委员会主任委员:赵学文

文化工作委员会主任委员:宋益宏

青年工作委员会主任委员:张琮

女工工作委员会主任委员:吴祖馨

体育工作委员会主任委员:陈庆树

财务工作委员会主任委员:张淑鸾

生活福利工作委员会主任委员:李贡民

经费审查委员会主任委员:张炳如

大会选举产生了北京大学第二届教职工代表大会各工作委员会如下。

教书育人工作委员会主任委员:罗国章;副主任委员:刘守芬、周起钊

提案审查工作委员会主任委员:朱克烺;副主任委员:朱心才、李贡民

住房分配与改革审议工作委员会主任委员:严宣申;副主任委员:马云章、刘永福。

(十六)北京大学工会第十五次代表大会

1995 年 10 月 31 日—11 月 5 日,北京大学第三届教职工代表大会暨北京大学工会第十五次代表大会召开,出席大会的代表 319 人(其中教学人员194 名),出席大会的有任彦申、吴树青等学校党政领导和 18 位作为特邀代

表的老干部,各部、处、系、所、中心和各民主党派负责人136人列席大会。中共北京市教育工委副书记朱全俊、北京市教育工会副主席杜自中等出席大会并致贺词。中国人民大学、北京理工大学、国际关系学院等兄弟院校工会负责人出席大会。

校党委副书记、大会主席团成员赵存生致开幕词后,吴树青校长作题为《为实现我校"211工程"、"九五"建设规划而奋斗》的学校工作报告。他在报告中提出:从现在到本世纪末冲出亚洲,到2010年或稍长一些时间走向世界。校党委副书记、副校长郝斌作了《关于我校人事制度改革》的报告。他说要控制总量,调整结构,强化管理,逐步加大改革力度,到2000年教工总数控制在6200人,教师与非教师比例为1:1。副校长马树孚作了《关于我校后勤工作改革》的报告,着重阐述了房改和稳步出售公有住房的问题。副校长李安模作了《关于我校目前财务状况》的报告。

大会收到提案176份,意见、建议67份。大会通过了刘宏勋代表上届工会和教代会所作的题为《团结奋斗,开拓进取,把我校工会、教代会推向新的水平》的工作报告;通过了校工会副主席朱克煨作的《北京大学关于高等学校教职工代表大会暂行条例实施细则(修正案)》的报告。此次修正案的重点是增加了关于建立我校教职工代表大会常设机构——教代会执行委员会的规定,并对各专门工作委员会职责作了进一步的规定。大会选出了北京大学第三届教代会执行委员会委员13人和各专门工作委员会负责人,选出了由43人组成的北京大学工会第十五届委员会和5人组成的经费审查委员会。闵维方副校长做了题为《群策群力,锐意进取》的闭幕词。大会还通过了《致全校教职工的公开信》。

11月6日,北京大学工会第十五届委员会召开第一次全体会议,进行选举和分工如下。

常务委员会委员:韦俊民、田敏月、刘永福、刘寿安、汤卡罗、宋益宏、张涵、陈淑敏、岳庆平、赵存生、侯荣菊、倪宝忠、梁燕、廖陶琴、潘成鑫。

主席:赵存生

常务副主席:陈淑敏

副主席:刘永福、汤卡罗、岳庆平、倪宝忠、梁燕

组织工作委员会主任委员:刘寿安

宣传工作委员会主任委员:潘成鑫

文化工作委员会主任委员:宋益宏

体育工作委员会主任委员:田敏月

女教职工工作委员会主任委员:张涵

青年工作委员会主任委员:韦俊民

财务工作委员会主任委员：廖陶琴

生活福利工作委员会主任委员：侯荣菊

大会选举产生的北京大学第三届教职工代表大会执行委员会和各专门工作委员会如下。

教代会执行委员会主任委员：赵存生

副主任委员：马树孚、陈淑敏

提案审理工作委员会主任委员：赵钰林

教书育人工作委员会主任委员：江长仁

住房分配与改革审议工作委员会主任委员：岳庆平

生活服务与医疗保健民主管理委员会主任委员：汤卡罗

北京大学历届工代会及历任工会主席、副主席一览表

届次	召开时间	选举结果	主席	副主席
一	1949.12	委员 45 人，候补委员 10 人，常委 14 人	钱端升	钟之琦、俞铭传、沈承昌、赵广继
二	1950.9	委员 15 人，候补委员 5 人	季羡林	李颂琛、赵广继、马杏垣
三	1951.3	委员 15 人，候补委员 5 人	楼邦彦	马杏垣、李颂琛、杨继增
四	1951.9	缺	楼邦彦	文重、庞家驹
五	1953.1	缺	金岳霖	徐献瑜、沈克琦（常务）
六	1953.11	委员 23 人	季羡林	谢道渊、陈德明、文重
七	1956.3	委员 29 人	陈守一	王铁崖、李今、崔之兰、程贤策
八	1959.6	委员 49 人，候补委员 9 人	侯仁之	赵国栋、李今、吴达元、周华民
九	1962.12	委员 43 人，常务委员 12 人	侯仁之	李今、吴达元、阎光华、周华民
十	1978.11	委员 59 人	张萍	季羡林、侯仁之、张侠、阎光华、段伟中、邸振江
十一	1981.6	委员 49 人	张萍	张侠、侯仁之、阎光华、段伟中、邸振江
十二	1984.6	委员 53 人，常务委员 16	沈承昌	朱克烺、段伟中、严宣申、戚世昆

续表

届次	召开时间	选举结果	主席	副主席
十三	1986.11	委员 51 人，常务委员 17	吴季兰	刘宏勋、朱克烺、严宣申、戚世昆、陈淑敏
十四	1991.8	委员 43 人，常务委员 15 人	刘宏勋	陈淑敏、严宣申、朱克烺、戚世昆
十五	1995.10	委员 43 人，常务委员 15 人	赵存生	陈淑敏（常务）、刘永福、汤卡罗、岳庆平、倪宝忠、梁燕

三、历届教职工代表大会

（一）北京大学第一届教职工代表大会

1986 年 11 月 19—26 日，北京大学第一届教职工代表大会暨第十三次工会代表大会召开，正式代表 475 人。

（二）北京大学第一届第二次教职工代表大会

1987 年 12 月 12—16 日，北京大学第一届第二次教职工代表大会召开，校系党政负责人和工会干部列席大会。

丁石孙校长作工作报告，教务长王义遒作深化教学改革的报告。12 月 16 日，大会举行第二次全体会议，通过提案审查报告和关于附中招生建议书。

大会期间，共收到上次大会提案的答复 187 份。第一届第一次教代会后，代表的许多提案为校领导和校有关部门采纳并得到了落实，如根据代表的提案，学校于今年第一次召开了教书育人、管理育人、服务育人的先进个人和先进集体的表彰大会，开展了普法知识教育等。

（三）北京大学第二届教职工代表大会

1991 年 8 月 25—28 日，北京大学第二届教职工代表大会（与第十四次工代会一起）召开。

（四）北京大学第二届第二次教职工代表大会

1992 年 9 月 17 日，北京大学第二届第二次教职工代表大会召开，校领导吴树青、任彦申出席了大会。

这次会议的主题是讨论学校下半年的工作和学校内部管理体制改革方案。

（五）北京大学第二届第三次教职工代表大会

1993 年 11 月 3—5 日，北京大学第二届第三次教职工代表大会召开，教代会代表、各单位工会主席及系、所、部、处负责人共 300 多人出席会议。这次教代会的主题为研究讨论学校改革、发展大计和近期内为教职工办几件实事。吴树青校长讲话，他讲了一年来的工作进展情况及存在的问题，提出了我校今后一个时期改革和发展的工作思路，即继续围绕"稳定、发展、改革"的六字方针，着重抓我校"八五"计划和十年规划的修订工作、学科建设、师资队伍建设、校办产业和党建、思想政治工作。李安模副校长介绍了学校目前的财政状况及后勤工作情况，并就广大教职工所关心的家属区综合治理、学校闭路和有线电视、自行车棚及电话等问题的解决步骤和措施做了说明。迟惠生副校长报告了我校科技开发、高科技产业的发展状况、规划及其前景。校党委副书记任彦申在讲话中号召全校教职工认清形势，抓住机遇，解放思想，大胆改革，真抓实干，达成共识与合力，力争在建校一百周年时，使北大迈上一个新的台阶。

（六）北京大学第二届第四次教职工代表大会

1994 年 11 月 30 日—12 月 3 日，北京大学第二届第四次教职工代表大会召开。

本次会议主要是审议学校"211 工程"总体规划和 1995 年为教职工做的几件大事。

吴树青、王义遒、赵存生、马树孚等校领导与会，校工会主席刘宏勋主持会议。王义遒副校长向代表们介绍了我校申报"211 工程"的情况。马树孚总务长汇报了本届教代会第三次会议代表们提出的意见和建议的落实情况。吴树青校长也在会上讲了话。

（七）北京大学第三届教职工代表大会

1995 年 10 月 31 日—11 月 5 日，北京大学第三届教职工代表大会（与第十五次工会代表大会一起）召开。

（八）北京大学第三届教职工代表大会 1996 年会

1996 年 12 月 27 日，北京大学第三届教职工代表大会 1996 年会召开。出席代表 319 人，各单位党政干部、部门工会主席 280 人参加了会议。

陈佳洱校长作工作报告，马树孚副校长作关于后勤为教学科研服务、改善教职工学习生活条件的报告，党委副书记兼教代会执委会主任赵存生作教代会工作报告，校党委书记任彦申讲了话。郝斌、岳素兰、李安模、梁柱等校领导出席了会议。会议讨论了《北京大学教师教学工作管理条例》，审议通过了《北京大学教代会执委会、工会委员会关于院（系、所、中心）民主管理的暂行规定》和《北京大学教职工住房分配办法》。

会议期间，共收到代表提案 40 份，意见建议 29 份。

（九）北京大学第三届教职工代表大会 1997 年会

1997 年 11 月 22 日，北京大学第三届教代会 1997 年会召开。参加会议的有学校党政主要领导、教代会代表和部门工会负责人共 250 余人。

这次会议的主题是：学习贯彻党的十五大精神，为百年校庆做贡献。

校长陈佳洱作工作报告，介绍了学校各方面工作的情况，通报了学校对近期工作的基本考虑。他希望全体教职工认真学习、深刻领会江泽民总书记的报告，以十五大精神为指导和动力，推进我校以学科建设为核心的各项改革，有计划、有步骤地落实我校"211 工程"和"九五"计划，认真筹备好百年校庆，使我校各项工作再上新的台阶。

校党委书记任彦申作了关于百年校庆筹备情况的报告，主要内容为：(1)充分认识北京大学百年校庆的重要意义；(2)举办百年校庆的宗旨是"弘扬传统，繁荣学术，面向未来，促进发展"；(3)筹划编排百年校庆活动项目应少而精，讲求质量和效益；(4)抓住百年校庆这一机遇，积极争取国内外各方面的支持，搞好基本建设，为我校实现创世界一流大学目标奠定基础。他说当前我校的中心任务就是贯彻十五大精神，做好迎接百年校庆的工作。

校党委副书记、校教代会执委会主任委员赵存生作了 1997 年教代会执委会工作报告。

会议还通过了《学习中国共产党第十五次代表大会文件，迎接百年校庆倡议书》，表彰了东方学系李谋老师的《关于加速师资梯队建设，明确规定教师退休年龄的建议》等四个优秀提案。

会议前后，代表们提交了议案 62 份，意见建议 29 份。

第二节　学生会

一、中华人民共和国成立前的学生会组织

（一）中华民国成立至 1937 年全面抗日战争爆发时期

1919 年 5 月 4 日，五四运动爆发。北大学生在进行游行示威，参加痛打章宗祥、火烧赵家楼之后，于当晚在北大三院礼堂召开大会。会议决定为营救被捕同学，从次日（5 月 5 日）起进行总罢课至被捕同学回校为止，并联络各校同盟罢课。会议还决定成立"北京大学学生干事会"，以加强对运动的

领导。干事会设总务、文书、交际、会计、庶务、纠察、讲演等股。国民社、新潮社、平民教育讲演团、少年中国学会的成员，很多是干事会中的积极分子。如邓中夏、黄日葵等在文书股负责编辑《五七小报》，张国焘在演讲股，段锡朋被推举为干事会会长。这是北大也是我国高校成立学生会之始。

5月5日上午，北京各大专学校学生代表举行会议，决定自即日起一律罢课。同日下午，北京高校学生3000余人在北大三院礼堂召开全体联合大会。会议决定成立北京中等以上学校学生联合会，并委托北大和高等师范学校的代表起草联合会的组织大纲。5月6日上午，北京中等以上学校学生代表会通过组织大纲，北京中等以上学校学生联合会宣告成立。联合会分评议、干事两部，评议部负责议决事项，干事部负责执行议案。评议部的评议员，由每校出2人担任；干事部则根据组织大纲中"关于全体者，由本会暂行委托北京大学学生干事会执行之"的规定，委托北京大学学生干事会代理。联合会的会址即设在马神庙北大理科。所以，5月6日以后，由北京中等以上学校学生联合会发动的各项斗争，实际上也都是北大学生干事会所进行的工作。

1919年10月，学生干事会为求制度之完备，决定进行改组，分为评议、干事两部，使"立法"与"行政"分开。评议部由每班出一人共86人组成。1919年10月26日，学生会评议部成立，公推方豪为临时主席。评议部成立后，经数次讨论，于11月17日通过《北京大学学生会章程》，20日公布实行。该章程的主要内容有：(1)本会定名为北京大学学生会。本会以本互助之精神，谋学术之发展与社会之改造为宗旨。本会由北京大学全体学生组织之。本会设评议部及干事部。(2)评议部由本校各班学生，每班选出评议员一人组织之。评议员任期一年，于每学年第一学期开学时改选之。本部设主席及预备主席各一人，由评议员互选之。本部之职权为：审定本会章程；议决本会应行事宜；对于干事部质问及弹劾；受理同学之质问及要求；司理本会选举事项；议决本会预算案及决算案；遇必要时得召集全体大会。(3)干事部执行评议部一切议决案及其他应行事务。本部设庶事、教育、出版、实业、体育五股。各股设正副主任各一人，干事若干人；各股正副主任由评议部选任之，但不得由评议员兼任；干事由同学自由认定担任之。本部设干事主任会，由各股正副主任组织之。干事主任会设主席及预备主席各一人，由庶事股正副主任兼任之。各股正副主任及干事均任期一年。(4)本会常年经费由本校同学每人每年担任大洋一元三角；如遇特别需用，经评议部之议决，得募集特别捐。

学生会章程通过后，评议部于11月17日和20日，按章程规定选出应由其选任的人员，其中评议部主席为方豪，预备主席为康白情，干事部庶事股主任为易克嶷,副主任为张国焘,康、张二人亦即为干事主任会的主席和预备主席。

1919年12月11日,因原干事部庶事股正副主任辞职,评议部选举丁肇青为主任,邓康(邓中夏)为副主任。

同日,学生会干事部出版股决定出版发行以发展学术、改造社会为宗旨的《北京大学学生周刊》。该刊创刊号于1920年1月4日出版发行,1920年5月,因北洋军阀政府干涉被迫停刊,共出版了17期。

1920年2月初,学生会评议部主席方豪在反对山东问题由中日直接交涉的爱国斗争中被捕(出狱后也未再与闻学生会会务),评议部推举王自治为评议部主席。3月22日,评议部又召开会议,同意王自治辞去评议部主席职务,选举黄日葵为评议部主席、罗象翯为副主席,并重新选举易克嶷为庶事股主任,丁肇青被改选为出版股主任。

1920年6月2日,《北大日刊》刊载学生会的《学生会改组委员制的理由及章程草案》,认为评议、干事两两分开的制度流弊极大,改为委员制是刻不容缓的事。起草委员会据此,起草了改组学生会的章程草案。

改组北大学生会章程草案制定后,由改组北大学生会临时委员会于1920年11月11日将之公布于《北大日刊》。新的《北京大学学生会章程》与原来章程的不同处主要有:(1)将原来的"本会设评议部及干事部"改为本会设庶事、出版、教育、调查、体育五个委员会。每委员会设委员十二人,由会员投票公举之。各委员会进行事务由各该委员会议决施行。每委员会设主席一人,由每委员会委员自行公举之。(2)设全委员会议。凡关于全委员会之事件,由全委员会议议决之。全委员会议以上述五个委员会之委员为议员。全委员会议设正副主席各一人,由全委员会议之委员公举之。(3)经全委员会之决议或会员五十人以上之提议,由全委员会议主席召开全体会员大会。大会以全体同学四分之一以上出席为开会之法定人数。大会之职权为:讨论议决全委员会交议事件,通过本会预算决算案,对于委员会及委员之质问。(4)有下列各种情形之一时,得由全委员会议之议决,或全体会员二十分之一以上之提议,得举行全体会员总投票决定:①本会章之修改与否;②委员之罢免;③其他关系非常重大之问题。全体投票以有效票达全体同学人数七分之四以上为定足数,以定足人数过半以上同意取决之。

1920年12月10日,《北大日刊》刊载《改组北大学生会临时委员会启事》,略谓:学生会新订章程已经同学投票表决通过,选举学生会各委员会委员的投票自当着手进行,请同学于本月十八日以前投票于各院收票柜内,务使学生会早日成立。12月24日,临时委员会又在日刊上发表致同学的函,宣布这次选举学生会委员,因投票数未得章程规定的全体同学七分之四,不能发生效力。同时说"此恐同仁等办理不善所致，用特宣布辞职，请同学另举干材继续办理"。但此后并未成立新的改组北大学生会临时委员会，也没有再进行选举学生会各委员会委员的投票，而原来的学生会评议部、干事部在此之前已不再工作。这样，学生会实际上就解体了（学生会举办的平民夜校、第二平民学校等，因相对独立，仍照常办学）。1921年9月下旬，召开全体学生大会欢迎出国考察返校的蔡元培校长和当时因山东问题安排同学向市民讲演等活动，是由临时成立的"北京大学临时学生会"组织的。

1922年11月2日，《北大日刊》刊载李国瑄、毛一鸣等八人所写《北京大学学生会有组织必要的意见书》，其中说："自从'五四'以后，北京大学学生的团结力渐渐地散漫……同人等认为现在时机到了，有组织学生会的必要。"同日，《北大日刊》还刊载杨廉、毛一鸣、李国瑄等六人致全体同学的函，说：同人等拟促成北京大学学生会事，昨日开会推定李国瑄等三人起草"发起书"，并定于今日下午开发起会议，有愿加入发起者，届时祈出席为荷。11月6日，《北大日刊》又发表116人的《发起"北京大学学生会"的缘起》。该缘起发表后，在同学中引起热烈讨论，仅当月《北大日刊》就刊登了多批同学的意见。后经学生大会讨论，决定学生会采用委员会，组织干事会，内分各股。1923年1月18日，北大学生会干事会正式成立。中断了两年多的北大学生会组织正式恢复了。

学生会干事会成立以后，除日常工作外，主要是组织同学参加"驱逐彭允彝的斗争"和"支援'二七'大罢工的斗争"。

1924年11月7日，学生干事会决定依章改组，后又成立了"北大学生会筹备处"。11月24日，筹备处召开各班选出的代表开会，正式成立了"北大学生会筹备会"。筹备会内设庶务委员会和起草委员会。1925年1月12日，各班正式代表举行全体会议，通过筹备会起草的《北京大学学生会章程》，并依该章程选出了学生会执行委员会各股委员、审计委员会委员及正式对外代表，宣布北大学生会正式成立，前学生会筹备会及旧学生干事会亦于是日撤销。

这次由各班正式代表大会通过的学生会章程的主要内容有：(1)本会以发扬文化、改进社会、协助学校、谋利会员为宗旨。(2)凡北京大学学生及与本校学生受同等待遇之旁听生，皆为本会会员。(3)本会代表大会由各班比例会员选出之代表组织之。代表大会之职权为：决定一切对内对外之方针；选举执行、审计各委员会之委员及对外代表；召集会员大会；受理会员依章规定之建议；受理各委员会之建议；受理监察委员会之弹劾。代表大会由执行委员会或监察委员会之议决召集之。代表大会之主席，由各委员会之正主任轮流担任。(4)本会执行委员会由代表大会就代表中选出之执行委员组织之。执行委员会决定一切执行方法及程序。执行委员会内分文书、会计、庶务、交际、宣传、调查、卫生等七股，每股设正主任一人，副主任二人。执行委员会之主席，由该会各股主任轮流担任。(5)本会审计委员会由代表大会选举审计委员十五人组织之，设正主任一人，副主任二人。(6)本会监察委员会由执、行审计两委员会以外之代表组织之，设正主任一人，副主任二人。(7)本会对外代表分为二种：常任代表出席学生联合会及其他定期之集会；临时代表出席一切临时集会或办理其他指定之事务。(8)本会会员大会由全体会员组织之。会员大会解决本会一切重要事项。会员大会由代表大会召集之。(9)经代表大会之议决，或会员一百人以上之提议，或开会员大会不成时，得举行总投票。

依据上述章程选出的对外代表、执行委员会各股和审计委员会的正主任为：对外代表曾集熙、杨廉、封岳崧、徐燦生；文书股乌以锋、会计股徐义衡、庶务股曾国光、交际股林熙杰、宣传股王本乾、调查股梁土夒、卫生股毛坤；审计委员会正主任苏志坤。

1925年12月22日，学生会代表大会改选学生会职员，选举结果为：对外代表王德崇、邓文辉、明仲琪、傅启学；执行委员会各股正主任为文书股曾集熙、会计股王振甲、庶务股马文元、交际股武鸿钧、宣传股张经辰、调查股王祖远、卫生股张凤瀛；审计委员会正主任徐炳麐。

1925年4月，教育总长章士钊颁布《整饬学风令》，禁止学生在未得校长允许及职员之督率下举行集会。5月7日，章又禁止学生举行国耻纪念活动。8月，章支持因排斥异己、压迫学生、竭力压制学生进步活动而遭到学生反对的北京女子师范大学校长杨荫榆，以学生"不受检制""蔑视长上"为由，下令解散女师大。北大学生会组织同学和本市其他院校学生一起开展了反对章士钊的斗争，直至章被迫辞去教育总长一职。

1925年12月，学生会决定出版《北大学生会周刊》，作为同学发表言论之公共机关。该周刊于是年12月17日、北大27周年校庆纪念日出版发行（1927年2月下旬学生会决定将刊名改为《北大学生》）。

1927年1月9日，北大学生会代表大会开会，改选职员。选举结果为：对外代表段纯、徐炳麟、康寿康、康选宜；执行委员会各股正主任：文书股张经辰，宣传股戴谨闻、庶务股谭荣葵、交际股李芬、会计股胡进吾、调查股罗曰联、卫生股许延俊；审计委员会主任赵声春。

这次学生会改选职员前，北京已被奉系军阀张作霖控制。1927年3月，张作霖的北京军政府大肆搜捕进步学生，4月，杀害了北大教授李大钊等20位革命者。北大学生会组织同学与其他院校学生及各校当局、教授一起进行营救和斗争。是年8月，张作霖发布北京国立九校改组令，将北大等北京九所国立高校合并成京师大学校。9 月，京师大学校成立，北大的建制被撤销。京师大学校当局对学生实行高压政策，众多学生社团均被解散，而在京师大学校成立前的 8 月 27 日，军政府教育部即通令取消各校学生会及学生联合会。

1928 年 6 月 3 日，张作霖在北伐军的进逼下，撤出北京，京师大学校校长刘哲亦逃离北京。6 月 5 日，北大学生各班代表在西斋集会，成立"复校运动委员会"，发表《北京大学复校宣言》，并决议要陈大齐恢复其代理校长职权，主持北大校务。但南京国民政府却决定将原国立九校合组为国立中华大学，任命李石曾为校长。这一决定遭到北大师生的坚决反对和抵制。1928 年 9 月 21 日，南京国民政府又根据它制定的大学区制，决定将中华大学改名为北平大学，仍以李石曾为校长。对此，北大学生极力反对。他们按照产生学生会代表的办法，组织了恢复北大委员会进行复校斗争，11 月 15 日，学生召开全体大会决定重新组织学生会。11 月 21 日，学生会正式成立。学生会成立后，即组织同学进行复校斗争，直到 1929 年北京大学恢复。

1929 年 8 月 22 日学生会代表大会决定：现在的学生会执行委员会不健全，即组织学生会暑期委员会代替执行委员会职权，办理一切事宜。当时选定余锡嘏、陈泽恩、张汉升、陈家芷、孙丕显等十三人为暑期委员。暑期委员会设文书、交际、宣传、庶务、会计等五股。暑期委员分到各股工作。

10 月 2 日，学生会在《北大日刊》公布经学生代表大会修正通过的《北京大学学生会章程》，准备进行改选。这个章程与原章程的不同之处，主要有：（1）将原章程规定的宗旨改为"本会以拥护三民主义，努力国民革命，发扬文化，改进社会，协助学校谋利会员为宗旨"。（2）取消对外代表。（3）将执行委员会设七股改为设八股，增加一个"办理本会一切关于体育、军事训练、政治训练事宜"的训练股。10 月 16 日，经学生会代表大会选举产生的执行委员会各股主任为文书股余锡嘏、交际股缪培基、宣传股陈德、会计股孙丕显、庶务股尹文德、训练股莫运乾、调查股高凤朝、卫生股吴梦兰，审计委员会主任李辛之。11 月 5 日，学生会执委会决定恢复出版《学生会周刊》，由文书、宣传两股合组周刊委员会办理。

这届学生会选举成立后，除经常工作外，还组织同学进行援助留日被捕学生的斗争。1929 年 10 月 30 日，学生会在《北大日刊》上发表《北京大学学生会援助留日被捕学生宣言》。该宣言指出：上月 4 日，中国留学生与华侨为反对日本出兵东北、进攻苏联，与朝鲜学生和日本群众一起在东京举行抗议示威，遭到日方军警镇压，被捕去我留日学生 14 人；10 月 4 日，又在东京等七处拘捕中国学生 130 余人。宣言呼吁同胞起而援助被捕同学，力促外交当局严重抗议此暴行，要求速释被捕同学，要求日本政府向我国道歉。这个斗争一直延续到 1930 年的 4、5 月。

1930 年 11 月 8 日,学生会召开新一届代表大会,选举新一届学生会职员。选举结果,学生会执行委员会各股主任为文书股夏次叔、交际股王作宾、宣传股翟永坤、训练股仲育生、调查股吴梦兰、会计股孙丕显、庶务股刘绍武、卫生股史凯元,审计委员会主任岳增瑜。

1931 年九一八事变爆发,全国人民异常激愤。9 月 20 日,学生会发出抗日救亡通电,9 月 21 日,学生会决定成立北京大学学生会抗日运动委员会,负责组织全校学生的抗日救亡运动。22 日,北大学生为抗议日本侵略罢课一天,并分成四队到东四、前门、西单等闹市区游行讲演,散发《敬告全国同胞书》,提出"立刻息止内争,集中军队一致对外"。

1931 年 10 月 24 日,学生会按章程的规定召开代表大会,改选学生会职员。选举结果,执行委员会各股主任为文书股庞永福、交际股关纾、宣传股牛存善、会计股徐锡九、庶务股王玉璋、调查股佟本仁、训练股滕大春、卫生股张履坤,审计委员会主任张建中(第二次代表大会补选)。

这届学生会成立后,继续组织同学进行抗日救亡运动。11 月 10 日,600多名北大学生赴顺承王府向张学良副司令请愿,要求武力捍卫国土,收回失地;11 月 14 日,电慰黑龙江省主席马占山将军,支持其抗日义举。11 月 30日,学生会召开全体学生大会,通过了实行全国总动员、全国人民武装起来、反对哭诉国联的乞怜外交、反对划锦州及中国任何地方为中立区、对日绝交、即刻宣战等 14 项决议,并决定 12 月 1 日开始罢课,组织南下示威团到南京向蒋介石政府示威。南下示威团 360 多人分两批先后于 12 月 3 日和 4 日到达南京。5 日,示威团在南京进行游行示威,遭到军警的镇压,当场有 33人受伤,185 人被绑上卡车送到孝陵卫警卫团囚禁。在南京中央大学和其他学校学生的严正交涉和斗争下,在全国各地学生的声援下,南京政府被迫于6 日深夜将北大被捕学生武装押送回北平。

在南京政府镇压北大示威团的同日,国民党《中央日报》刊登了盗用北大学生会名义发来的电报,声称示威团系"少数学生,未经大会决议,自动南下示威,以后该团一切行动,本会概不负责"。南下示威团立即对之予以驳斥,指出这是少数特务学生的阴谋。同日,北大学生会文书股以学生会名义致电南京教育部和国民政府中央党部,指出该电报系奸人捏造。6 日下午,留校学生举行全体同学会,决定组织留校全体学生会,暂时执行学生会及抗日会之职权,停止原学生会职权。南下示威团的同学返校后,留校同学学生会遂与示威团代表团合组,成立非常学生会,执行原学生会及抗日会的一切职权。12 月 15 日,非常学生会在《北大日刊》发表成立宣言,对所以称为"非常学生会"作了解释:本会以适应客观环境,应付目前局面,由全体同学所产生，与经常班代表制不同，故名"非常"。

非常学生会成立后，继续领导同学进行抗日救亡斗争，但有少部分学生则避开学生会，另搞一些活动。12月15日，一些学生发起复课运动，征集签名；21日，以二百余名签名的学生名义发表复课宣言。22日，非常学生会决定就复课问题征求同学意见，进行总签名。24日，非常学生会执委会根据总签名的结果（主张复课者411名，主张罢课者74名），宣布即日复课。同日，主张复课的100多人举行复课运动全体大会，决定12月26日一致复课，推选15人组织复课委员会进行复课事宜，并发表《复课运动大会宣言》说："我们复课运动的组织，纯粹是为进行复课方便起见，只要我们的复课运动完全达到目的，学校一切恢复常态的时候，这种组织便立刻取消。"然而12月31日，复课委员会又在《北大日刊》上发表《紧急启事》说："本会认为所负任务尚未终了，仍当本大会所付之使命继续有所努力。"复课委员会的这一声明，遭到同学的质问和反对，同时该会假借全体学生名义的活动也引起了同学的不满。为此，该委员会于1932年1月2日宣布全体委员总辞职。

非常学生会于1931年12月25日发出通告："本会全体委员决即总辞职，并即依法进行新学生会之产生。在此过渡期间，本会仍暂负维持以前一切职权之责，以俟新学生会正式产生后即行交代。"非常学生会决定，请各班代表于1931年12月31日至1932年1月10日领取选举票，收票日期定为1月14日止。但是这次选举并未能产生新学生会。这是由于投票人没有达到规定的人数，还是由于其他什么原因，不详。1932年2月26日，北大校务会议议决：本校新旧各学生会现在纠纷正多，均不能代表全体学生，应一概不予津贴，并不得代印宣传品，俟统一的学生会产生后再行核办。

1933年11月11日，北大英文学会、史学会、政治学会、经济学会、化学会等五个学会，为发起筹组北大学生会，发表《致全体同学书》，请各学会选派代表，参加定于11月17日举行的学生会筹备会。11月17日，各学会各系代表30人举行会议，选出筹备会职员，正式成立北大学生会筹备会，并决定采用比例代表制，由各班选出班代表，召开新的学生会代表大会。12月4日，新学生会代表举行首次代表大会，选出了本届学生会执委会各股职员。这样学生会就可以正常运转了。然而学生会成立仅仅两个月，即1934年2月，蒋介石为配合对红色根据地的军事"围剿"，在其统治区加强进行"文化围剿"，加紧对进步文化和爱国民主运动的镇压，进步刊物被查禁，进步团体活动被迫停止，学生会的工作也陷于停顿。

1935年12月，一部分学生鉴于国难日亟、华北危急，广大爱国学生迫切要求组织起来开展抗日救亡运动，决定重新建立学生会。经过学生的奔走与组织，12月6日成立由13人组成的筹委会。12月9日，各班选出班代表。

10日上午,召开班代表大会,通过学生会章程。下午,召开全校同学大会宣布学生会正式成立,选举韩天石、朱仲龙(朱穆之)、徐蓁三人为学生会总务,并通过全校罢课、反对成立"冀察政务委员会"变相自治之政治机构、成立救亡宣传委员会、参加北平市学生联合会等决议。晚上,召开第二次代表大会,选举产生由卢荻(陆平)、陈忠经、刘玉柱、谢云晖、刘文卓(刘导生)、袁宝华、葛佩琦等人组成的学生会执行委员会。

学生会宣布正式成立的前一天,爆发了"一二·九"运动,爱国学生冒着严寒,举行游行示威。由于学生会尚未正式成立,北大同学事先未得到市学联的通知,但当游行队伍经过红楼时,在北大的中共地下党团组织和爱国学生的召唤、动员下,有300多同学高举着临时用被单和马粪纸制成的北大校旗,参加了游行示威。学生会成立后即带领广大同学进行抗日救亡运动,其中主要的有组织同学参加"一二·一六"示威大游行;组成由北大领导、包括东城各大中学校学生的"平津学生南下扩大宣传团"第一团,南下宣传;反对选派代表赴南京"聆训";举行"三·三一"抬棺游行等。1936年4月1日,北大校务会议决定开除巫省三、吴沛苍、韩天石、叶纪霖四人学籍,停止学生会的活动。5月31日,学生会召开全校同学大会,议决呈报学校恢复学生会,校方未予批准。6月1日,学生会再次召开全体同学大会,决定将学生会改为北大学生救国会,并选举陈忠经、刘玉柱、朱仲龙、袁宝华、卢荻、葛佩琦等人为执行委员会委员。救国会虽做了许多实际工作,但始终未得到校方批准备案。

1936年秋季开学后,原学生会执委会委员和各系代表多次向学校提出组织学生会问题,直到11月底,学校学生生活辅导委员会主席樊际昌才答应筹组学生会,条件是必须按照国民党中央1930年1月颁发的《高等院校学生自治会组织大纲》进行组织。据此,12月4日,召开北大学生自治会筹备大会,成立学生自治会筹备处,推定刘玉柱等7人组成起草委员会,负责起草自治会章程。12月11日,筹备处召开全体学生大会,通过北大学生自治会章程和由前学生救国会起草的"建设新北大运动"的提案及纲领。当晚又召开班代表大会,选举产生由学生自治会主席陈忠经、副主席葛佩琦等17名执行委员、5名候补委员组成的执委会。这次成立的学生自治会及其通过的《建设新北大纲领》,获得了校方的认可。

这次通过的北大学生自治会章程的主要内容有:本会定名为北京大学学生自治会,简称北大学生会;本会以增进全体会员之福利,养成团结自治之精神为宗旨;全体大会为本会最高权力机关;代表大会在全体大会闭会期间为本会最高权力机关;代表大会设正副主席各一人,由代表互选之,主席对外代表代表大会;执行委员会在代表大会闭会期间为本会员最高执行决策机关，执行委员17人、候补5人，由代表大会互选之；执行委员会设二部七股，部设部长，股设干事；二部为总务部、学术部，总务部设文书、庶务、会计、交际四股，学术部设研究、出版、康乐三股；执行委员会设常务委员3人，由执行委员互选之，得票最多者为首席常委，次多二人分任两部部长。

《建设新北大纲领》的主要内容为：克服个人主义，发扬团结精神，肃清不良习惯，启发青年朝气，改良物质生活，力求整洁严肃，锻炼健强身体，学习时代知识，促成师生合作，光大五四精神等。

这届学生会成立的次日，即12月12日，学生会组织同学参加了为声援绥远抗战、抗议非法逮捕救国会领导沈钧儒等"七君子"而举行的全市大游行。同日西安事变爆发。12月19日，学生会召开全体同学大会，征求对代表大会所拟的对时局的宣言的意见。讨论中两种意见发生激烈争论。一种意见赞成所拟定宣言，主要是主张和平解决西安事变，反对国内一切方式的战争，团结起来，一致抗日。另一种意见则认为张学良劫持统帅，应通电中央明令加以讨伐。两种意见争论激烈，大会中途流会。大会流会后，一部分同学认为本届学生会对于西安事变态度乖张行动荒谬，实已失去代表同学真正公意之使命，另行成立了北京大学非常学生会。但多数同学仍拥护学生自治会，反对非常学生会。20日，学生会发表《告同学书》，表示为了维护全校同学团结、共负责任，暂不对时局表态，而努力于建设新北大运动。12月25日，西安事变和平解决、蒋介石返回南京后，教育部两次通令各校"力防学生活动"，"一律停止学生会活动"。12月28日，学校学生生活辅导委员会决定：本校学生自治会立即停止活动，听候定期改选。

1937年春季学期开学后，按照校方的部署，各班于3月1日至6日选出学生自治会各年级代表候选人，3月18日选出各年级正式代表，3月25日和26日，举行第一次代表大会，选出以刘玉柱为首席常委的学生自治会执行委员会。

学生自治会成立后，在物质改良（如教室、宿舍、浴室之改良及医药设备扩充等）、精神建设（如提倡各种团体生活、增多同学间合作交往机会以谋友爱团结校风之养成等）、学术发展、协合师生及帮助学校灭除浪费、增加经费额数以谋学校之发展与同学福利之增加等方面，提出了一些具体的办法与措施，并积极组织施行。5月，川、甘、陕、豫发生严重灾害，学生自治会发起成立赈灾委员会，在同学中进行节食赈灾活动，并组织同学开展募捐救灾工作。7月7日，卢沟桥事变爆发。10日，学生自治会发出通电呼吁全市同胞镇定团结，作我地方当局及抗战将士有力后援，予侵略者以严重打击；13日和22日，派人携带慰劳品慰问伤兵和抗战将士。

(二) 西南联大时期

1939 年春,北大、清华、南开三校原来的学生干部交换意见,并得到学校的支持,邀请国民党、三青团、群社、基督教青年会"团契",以及某些省籍同乡会等几方面的代表,成立筹备小组,讨论制订《学生自治会章程(草案)》,由各系各年级推选代表,组成代表大会,选举代表大会主席、副主席、干事会主席、副主席及干事,监察委员会主席、副主席及委员。1939 年 5 月,西南联大时期第一届学生自治会成立,裴笑衡当选为代表大会主席,王暘当选为干事会主席。干事会设总务、文书、事务、学术、康乐、社会服务等股。学生自治会成立后,曾于 5 月 4 日,与云南大学等一起举行纪念活动,晚上举行提灯会,"七七事变"两周年时举行纪念大会,举办抗战献金活动;还在学校领导下,于是年 6 月完成校徽的设计和接洽制造等工作。这个校徽一直使用到联大结束。

第一届学生自治会成立仅 5 个月即进行改选。10 月 31 日,第二届学生自治会成立,代表大会主席为王暘,干事会主席为许焕国(徐晃),副主席为朱声度。当时,因云南粮食管理处已对联大停售公米,同时私商抬高了米价,同学生活发生困难,学生自治会即于成立的当日,呈函常委会,请求学校统筹全校同学食用米粮,向云南粮食管理处交涉充分供给,并平抑米价,以免商人居奇;派人向外县购米,整批采购新米,囤积备用;过去所发救济金,为数甚微,同学欲维持最低限度生活已不可能,请速呈教育部早日拨款救济。这届学生自治会还积极支持和组织同学开展文体活动,1940 年由学生会主办成立了联大歌咏会,演唱抗日歌曲。

1940 年 12 月,第三届学生自治会改选后成立。代表大会主席为郝诒纯,副主席为刘维彬,干事会主席为邢福津,副主席为李佩珍与陈梦雄。这届学生自治会成立后没有几天,即于 1941 年 1 月 6 日发生了"皖南事变"。国民党加紧对共产党员和进步人士的迫害,联大也笼罩着白色恐怖的阴影。为防范国民党的迫害,避免损失,中共云南省工委决定将大部分党员和一些进步学生撤出联大,疏散到云南各地隐蔽。联大校内,群社、引擎社等被迫停止活动,影响较大的《群声》等壁报被迫停刊,学生自治会也难以开展工作。

1941 年秋季学期开始,学生自治会原来的干事,有的已疏散到别处,有的已毕业离校,又没有条件立即进行全面改选,乃于是年 10 月将原来的干事会、监察委员会合并改组成立理事会,选举郝诒纯为理事会主席、竹淑贞为理事会副主席。1942 年 5 月中旬,这届学生自治会办公室被三青团的一部分人砸抄,"大印"也被夺走。他们声称自治会的改组不民主,必须改造。11 月改选后的理事会主席为竹淑贞。但同学对他们主持的选举不感兴趣,参加者不多，产生的学生自治会为少数人把持，包而不办，形同虚设。

1944 年 10 月，在许多级会、系会以及"报联"的倡议和推动下，仍按各系各年级每 20 人产生一人的方法，选举产生了学生代表大会，在代表大会上选出 17 名理事、3 名监事。理事会推选齐亮、程法伋、陈定侯三人为常务理事，对外代表学生自治会，对内主持日常工作，由齐亮负责全面工作和与兄弟学校的联系。理事会设学术、服务、风纪、康乐、总务等 5 股，由理事分别负责。学生自治会成立后，出版壁报《联大半月刊》和铅印的《联大通讯》，经常举行各种座谈会演讲会；为筹募寒衣捐款慰劳前方战士，举办募捐游艺会；组织公演话剧《暴风雨前的一夜》；举行欢送志愿从军同学的同乐会；组织球赛、郊游等。学生自治会还于 12 月 25 日，联合云南大学、中法大学、英语专科学校等，在云南大学广场举行纪念云南护国起义 29 周年大会，邀请参加过护国起义的云南耆宿和联大教授讲演。参加者有数千人。会后游行，学生们高呼"废除一党专政""组织民主联合政府"等口号。

1945 年 3 月 6 日，学生自治会举行代表大会改选理事和监事，选举齐亮、余春华、程法伋为常务理事。是月，学生自治会就同学们关心的时局发展问题，举办"国是与团结问题"座谈会和以"战后中国"为总题目的时事演讲会，请联大的教授来座谈或演讲。4 月 4 日学生代表大会通过《国立西南联合大学全体学生对国是的意见》，亦称《国是宣言》，提出"立即停止一党专政，举行国是会议，组织联合政府，立即取消一切特务活动，释放所有爱国政治犯"等意见。这些意见于 4 月 6 日公布，后由昆明《民主周刊》全文刊登，5 月 5 日，又在《云南日报》以广告形式发表。

4 月 30 日—5 月 5 日，联大学生按学生自治会拟定的计划举行"五四纪念周"活动。4 月 30 日学生自治会主办科学晚会。曾昭抡、李继侗等教授在讲话中指出："民主"和"科学"是五四运动的两面旗帜，没有民主就没有科学。华罗庚教授呼吁：政治必须改革，民主必须实行。"五一"晚，联大、云大、中法、英专四校联合举行音乐晚会。"五二"晚由联大新诗社举办诗歌晚会。"五三"晚联大历史学会受四校学生自治会委托举办"五四以来青年运动总检讨"座谈会。"五四"下午由四校学生自治会在云大广场举行纪念大会。昆明各大中学校学生踊跃前来参加，大会通过《昆明各大中学校"五四"纪念大会通电》，指出当前首要任务是废除一党专政，召开国是会议组织联合政府。会后举行游行，游行队伍达 1.3 万余人。

5 月 26 日，昆明中等以上学校学生联合会成立（简称"昆明学联"），联大学生自治会常务理事齐亮被选为首届学联主席。

9 月，学生自治会改选，王瑞沅、李建武、杨邦祺当选为常务理事。

抗战胜利以后，内战的阴云笼罩着中国的大地。学生自治会组织同学冲破重重压力,进行"反内战,要和平,反独裁,要民主"的斗争。12月1日,发生震惊全国的"一二·一"惨案。学生自治会带领广大同学开展"一二·一"爱国民主运动。1946年2月,采用普选方式产生西南联大时期最后一届学生自治会,选举吴显钺、程法伋、王松声为常务理事。这届学生会继续组织同学开展"一二·一"运动,直至4月运动结束。

(三)复员北平时期

1946年10月10日,北大复员返平开学。当时训导长陈雪屏对学生控制甚严,学生自治会一时未能成立。1947年5月,北大院系联合会成立。当年5、6月的反饥饿反内战运动中,北大学生的领导机构即为院系联合会及其成立的"反饥饿反内战行动委员会"。

1947年秋季学期开学后,经过筹备,于10月召开学生代表大会,通过学生自治会章程。11月23日,北大学生自治会总会正式宣告成立,柯在铄等三人任常委。这届学生自治会成立后,带领广大同学参加正在进行的"反迫害"斗争和1948年5、6月间的"反对美国扶植日本军国主义的斗争"、7月的"抗议'五七'血案的斗争"、8月的"反对'八一九'大逮捕的斗争"。1948年11月,人民解放军包围了北平城。学生自治会于围城前后组织同学进行了护校斗争和迎接解放的工作。这届学生自治会还于1948年3月开始出版发行《北大半月刊》。10月,因经费困难,《北大半月刊》停刊后,又与清华合作出版《北大清华联合报》。

二、中华人民共和国成立后的学生会组织

(一)北平解放至院系调整前时期

1949年4月17日至19日,各班选出学生会代表,20日公布全体代表名单,21日召开代表大会,选举许世华、王学珍等17人为学生会执行委员会委员,其中许世华为执委会主席团主席,王学珍为第一副主席。北平解放后第一届学生会正式成立。当时制定的《国立北京大学学生会章程》规定:(1)本会定名为国立北京大学学生会。本会宗旨为:在新民主主义的教育方针下,联合师、职、工警共同为建设人民的北京大学而努力;团结全体同学加强学习革命理论及文化、科学知识,发扬民主精神建立为人民服务的观点;在全体同学利益的基础上,开展文娱活动,举办福利事项,为同学服务;组织同学为新北平的建设及新民主主义革命事业而奋斗。(2)凡取得本校学籍之在校同学均为本会会员。(3)本会以民主集中制为组织原则。本会下设沙滩区、医学院、工学院及农学院四个分会。本会之组织系统如下:在总会为代表大会、执行委员会;在分会为分会员大会或分会代表大会,分会执行委员会;在班为班全体大会,班干事会。(4)本会最高权力机关为代表大会。代

表任期为一学期。代表大会之职权：决定本会的工作方针与任务；决议案件，交执行委员会委执行；修改及解释本会会章，选举及罢免本会执行委员；审查及批准执行委员会之预算和决算；组织有关本会之调查委员会或审查委员会。（5）本会执委会于代表大会闭会期间为本会最高领导机构，向代表大会负责。执委会由代表大会就代表中以不记名联记方式选举执行委员十七人组成，另设候补执委四人，于执委出缺时，按得票多少依次递补。执委会设主席团、秘书处及学艺、康乐、生活福利、社会服务、财务、联络六部。主席团设主席一人，副主席二人；秘书处设正副秘书长各一人；各部设正副部长各一人，均由执委兼任。（6）本会经费来源为本会会员定期缴纳之会费、本会所经营各项事业之收入及校内外之捐助。（7）本会章经会章制订大会通过后公布施行。

这个章程一直沿用至 1951 年上学期，未作大的改动。

1949 年暑期，学生会主席许世华毕业，由王学珍任学生会主席。此后，按照会章召开第二届至第五届学生会代表大会，选举产生第二届至第五届学生会执委会。1951 年 9 月 21—23 日举行学生会第六届代表大会，对学生会章程进行了修订。修订后的章程（草案）与原章程的不同处主要有：（1）将学生会的宗旨改为："协助行政团结和教育全体同学完成国家过渡时期的总任务和实现毛主席关于'身体好，学习好，工作好'的指示，努力学习马克思列宁主义，提高科学知识水平和政治觉悟，开展文娱、体育活动，为培养自己成为德才兼备、体魄健全的人才，为把我国建设成为一个伟大的社会主义国家而奋斗。"（2）规定学生会执委会执委任期一年。（3）执委会设主席一人、副主席若干人，下设秘书处和学习、军事体育、文娱生活福利、安全、中苏友好等部。

新中国成立后至院系调整前历届学生会主席、副主席见下表。

中华人民共和国成立后至院系调整前学生会主席、副主席一览表

日　　期	届别	学生会执委会主席	学生会执委会副主席
1949 年 4 月 24 日	第一届	许世华（当年暑假前） 王学珍（暑假开始后）	王学珍（当年暑假前）
1949 年 10 月 22 日	第二届	王学珍	
1950 年 3 月 14 日	第三届	钱度龄	陈织章、杨传纬、王天根
1950 年 9 月 28 日	第四届	程贤策	钟历清、曹淑媛、韩禹门

日　期	届别	学生会执委会主席	
1951年3月8日	第五届	杨传纬	岳麟章（杨传纬南下土改，由岳主持工作）
1951年9月23日	第六届	刘朴	刘珺珺、时光、王茂辰

这一时期，学生会的主要活动如下。

1. 协助学校，团结和组织同学开展新民主主义学习，努力提高自己的业务水平和思想水平。帮助同学成立学习小组，互相督促，互相帮助。推广制订学习计划，组织同学进行学习经验交流，改进学习方法，提高学习效率。配合校行政，收集、反映同学意见，进行课程的初步改革。1949年12月，校委会决定，在新中国成立后第一个校庆期间召开师生代表会议，总结开展新民主主义学习运动的经验，提出改进的意见。学生会组织同学总结学习的经验，推举代表参加会议。1950年6月，学生会还召开了全校性的新民主主义学习经验交流会。参加交流会的有600多名同学和教师，有10位同学介绍了经验。

2. 协助党政领导，组织同学学习和宣传党的方针政策，学习时事政治。学生会与沙滩区分会联合办有《沙滩壁报》，并将其中重要的稿件分送工学院和医学院。壁报的一项重要任务就是帮助同学学习党的方针政策、学习时事政治。学生会还经常就同学们关心的问题，举办座谈会、讲演会，请有关人士来座谈。如1949年12月，学生会曾委托新文艺社、中文系、西语系举办"一二·一"文艺座谈会，请著名作家李何林、艾青、田间、臧克家等人来校进行座谈。1950年年初利用寒假举办系统报告会，请胡华作中国革命史报告、何思敬作国际问题报告、李立三作国际问题报告、狄超白作财政政策报告、胡绳作革命人生观报告、荣高棠作青年问题报告。1950年上学期，学生会又举办了五次报告、讲演，暑假期间举办了四次。1950年10月抗美援朝战争爆发后，学生会主要是响应中央"抗美援朝保家卫国"的号召，配合学校党政领导，向同学进行爱国主义教育，组织同学到街头、工厂、农村进行抗美援朝的宣传，学生文艺社团还创作了一批文艺节目，在校内外演出。学生会还协助学校发动学生参加军干校，组织同学向抗美援朝前线捐款，购买飞机大炮。1951年4月，学生会参加制定《北京大学师生员工爱国公约》的工作，并专门召开学生代表大会，讨论通过了公约。在深入开展抗美援朝运动的同时，学生会配合党团组织对同学进行土地改革和镇压反革命运动的宣传教育。

3. 组织同学进行人民助学金的评议工作。派代表同校医室、医学院附属医院的代表组成"学生医药补助审查委员会"，制定申请办法，审定是否给予医药补助。

4. 搞好生活福利工作。这是第一、二届学生会的重点工作之一。它主要是要办好膳团和福利站。膳团原来是由同学自由组合，每个膳团人数少，领导和管理薄弱。学生会成立后，将许多小膳团合并成为大膳团，并从自由组合改为竞选办膳团，加强了领导，减少了人力的浪费。与此同时，改善与厨工的关系，尊重他们的劳动，发扬他们的积极性，改进烧煤、煮饭、炒菜等技术，减少了伙食成本，提高了伙食的质量。但是办膳团占用同学的时间和精力太多，从第三届学生会起改为由学校行政统一管理。

福利站的工作又分为豆浆站和电磨坊两部分。豆浆站是新中国成立前由北平学济会在本校沙滩开设的，新中国成立后改为由学济会与前北大学生自治会合资经营，资本各占50%。由于管理不善，销路窄（仅限于北大沙滩），产量少，价格又要比外面市场上便宜，所以它当时是亏损的。学生会接手后，改进了经营管理，建立了正常的会计制度，换了工友，提高生产技术，通过学联打开了中学的销路，减低成本，因而扭亏为盈。豆浆站还利用豆渣养猪（1950年3月时有大猪7只、小猪8只）。豆浆站的盈余均用于补助膳团和其他福利工作。豆浆站虽有盈余，但盈余不多，而占用管理同学的时间与精力太多，于1950年6月全部交给北京市学生福利委员会经营（学济会和北大学生会均参加福利委员会）。福利站的另一项工作是办好电磨坊。电磨坊是1949年7月由学生会与学济会合办的，专为北大同学磨面。1950年3月，改为全由北大学生会经营。电磨坊很难盈利，影响管理同学的学习，乃于1950年8月出售给市学联福利委员会。

5. 开展体育文娱活动。体育方面主要是发动同学参加早操、参加每日下午5时至7时之间的课外体育活动，组织院系之间体育竞赛等。文娱方面主要是组织各种文娱晚会，为同学放映免费电影或低票价的电影，管理沙滩文艺室，请学校资助成立西乐、中乐、舞蹈、歌咏等文艺社团，并帮助它们开展活动。

（二）院系调整后至"文革"前时期

1952年院系调整后的北大，于是年10月迁至西郊原燕京大学校址开学上课。经过院系调整，北大的系科设置发生了很大的变化，学生的组成也相应地有了很大的变化，不可能于开学后立即进行学生会选举，乃由校党委于同年10月，在原北大、清华、燕京三校学生会执行委员会的成员中选定若干人组成院系调整后新的学生会执委会，并指定由刘朴任学生会主席，张人骥、沈桓任副主席。

1953年11月，学生会进行改选工作，由全校同学以无记名投票方式，选出新一届学生会执委会,由徐鸿桂任主席团主席,杜凤珍、胡文耕、郝斌任副主席。

　　1954年11月20日至24日,学生会召开院系调整后第一次学生代表大会,通过新修改的北京大学学生会章程,选举产生新一届学生会执委会。修改后的学生会章程规定学生会宗旨为:协助行政团结和教育全体同学完成国家过渡时期的总任务和实现毛主席关于"身体好、学习好、工作好"的指示,努力学习马克思列宁主义,提高科学知识水平和政治觉悟,开展文艺体育活动,为培养自己成为德才兼备、体魄健全的人,为把我国建设成为一个伟大的社会主义国家而奋斗。学生会的任务是:(1)团结和动员全体同学积极完成祖国交给的学习任务,刻苦钻研、热爱专业、遵守学校纪律,尊敬师长。(2)运用表扬与批评的方式,反对资产阶级思想影响,在同学中发扬社会主义的道德品质,树立社会主义的新校风。(3)团结和教育全体同学关心国内外大事,积极参加政治活动,增进与各国青年的友谊,提高爱国主义与国际主义觉悟。(4)广泛地组织各种群众文化活动、义务劳动及其他课外活动,培养同学热爱劳动、热爱集体和革命乐观主义精神。(5)动员与组织全体同学参加体育锻炼,协助行政推广"劳卫制"锻炼标准,搞好个人卫生与环境卫生,提高同学健康水平。(6)积极向学校行政反映同学在学习与生活各方面的意见和要求。

　　1955年和1956年,学生会均按照学生会章程的规定,于当年10月召开学生代表大会,进行换届。1957年,因整风、反右派运动,未能举行学生代表大会进行学生会换届工作。1958年7月,才召开院系调整后第四次学生代表大会进行换届。1959年11月14—15日举行的第五次学生代表大会通过了对学生会章程的修改,并按照修改后的章程选举产生新一届学生会执委会。修改后的学生会章程规定其宗旨为:团结全校同学积极响应党的号召,贯彻执行"教育为无产阶级政治服务,教育与生产劳动相结合"的共产主义教育路线和党在学校里的各项方针政策,协助党培养同学成为具有共产主义觉悟的掌握现代文化科学技术的身体健康的劳动者。其任务是:(1)在党的领导下,配合团组织动员和组织同学积极参加政治运动和社会活动。(2)鼓励同学努力学习,培养和发扬理论联系实际、学习和独创相结合的精神。(3)协助行政组织同学积极参加校内外生产劳动和社会公益劳动,树立热爱体力劳动的思想和从事体力劳动的习惯,并能掌握一定的生产技术,能从事生产劳动。(4)组织和领导群众文化、体育活动。(5)关心同学福利和健康,听取和反映同学意见,教育同学养成勤俭朴素和吃苦耐劳的良好习惯。(6)增进国际和国内青年学生之间的友谊和团结。章程还规定:本会权力机关是全校学生代表大会;本会经常工作由学生会委员会集体领导;学生会委员会任期至下届学代会召开为止;学生会委员会设有主席团、秘书处、宣传部、文化部、体育部、生活福利部,各部(处)受主席团领导;各系分别成立系学生会;本会基层组织是班委会。

1959年以后至"文革"前,按上述学生会章程,先后于1961年3月、1962年11月、1964年4月召开了三次学生代表大进行学生会换届工作。院系调整以后至"文革"前历届学生会主席、副主席见下表。

院系调整后至"文革"前历届学生会主席、副主席一览表

日期	届别	学生会主席	学生会副主席
1952年10月	第一届	刘朴	张人骥、沈桓
1953年11月	第二届	徐鸿桂	杜凤珍、胡文耕、郝斌
1954年11月	第三届	徐鸿桂	郝斌等
1955年10月	第四届	赵震江	郝斌、王阳元
1956年11月	第五届	赵震江	陈仁凤、史俊杰 龚镇雄、庞春兰
1958年7月	第六届	张炳光	王家俊、董任玺 陈燕芳
1959年11月	第七届	张炳光	王家俊、李发起 周希权、黄晋
1961年3月	第八届	王德洋	贾秉君、王玉琳 王明轩、陈仕安 郭景海、邵济安
1962年11月	第九届	贾秉君	郭景海、杨承运 丁鑑、杨康善 傅士臻、邵济安
1964年4月	第十届	郭景海	王玉玺、左秀秀 杨康善

这一时期学生会的主要活动如下。

1. 院系调整以后,学生会以团结和动员同学完成学习任务,培养自己成为德才兼备、体魄健全的社会主义建设人才为中心开展工作。1952年10月开学上课后,由于学习苏联先进经验进行教学改革的要求过急,教师的教学负担和学生的学习负担过重,产生一些忙乱现象。学生会把了解、调查到的学生的学习负担情况和他们的意见、要求,反映给学校行政,协助行政采取措施克服忙乱情况。1953年6月,毛泽东主席向全国青年发出"身体好、学习好、工作好"的指示,学生会团结和组织同学响应号召,开展创"三好"、争

取做"三好"生活动。1954年,学校为贯彻毛主席的"三好"指示,建立了评选、奖励先进集体和先进个人的制度(当年制定了《北京大学奖励学习模范生与模范班暂行条例》并开始实施,翌年将"模范班"改为"先进班",将"模范生"改为"优秀生"),学生会即在同学中开展向"先进班""优秀生"学习、争取成为"先进班""优秀生"的活动,并参加先进集体和先进个人的评选工作。1956年,中央发出"向科学进军"的号召,学生反应热烈。学生会支持并帮助一些同学组成科研小组,开展课外科研活动。是年5月19日,校刊报道,当时全校已成立188个学生科研小组,参加的同学达1708人。5月23日和6月3日,学校还举行学生科学报告会。此后,为防止有些学生花费过多时间搞科研,影响正课学习和体育锻炼,学校指出"三好"中的学习好就包括了"向科学进军"的意义,把同学的热情引导到"三好"的总方向上来。

1958年和1960年,学生会在党委的领导下,配合学校行政和校团委组织广大同学学习"教育为无产阶级政治服务,教育与生产劳动相结合"的教育方针,立志做一个"有社会主义觉悟有文化的劳动者"。校系学生会还组织同学积极参加当时以贯彻党的教育方针为主要内容的教育革命运动和科学研究"大跃进"活动。1961年年初,学生会组织同学学习党的"调整、巩固、充实、提高"的八字方针,正确认识形势,克服暂时经济困难;《高校六十条》颁布之后,组织同学学习《高校六十条》,提高了对红与专的辩证关系的认识;提高了教学与科研、生产劳动、社会活动之间要以教学为主的认识。1963年3月,毛泽东主席"向雷锋同志学习"的题词发表以后,学生会积极响应号召,广泛地开展了"向雷锋同志学习"的活动。从1963年下学期开始,在学校党委和学校行政的统一领导和组织之下,学生会动员同学积极参加"五反"和"四清"运动。

2. 组织同学参加义务劳动、生产劳动。1958年"教育与生产劳动相结合"的方针发布以前,学生会组织同学参加义务劳动,并结合劳动做一些社会服务工作,如1953年和1954年曾组织同学参加苏联展览馆人工湖的劳动和亚洲学生疗养院工地的劳动。据该学年不完全的统计,一年来参加义务劳动共达18126人次。又如1955—1956学年,学生会和校团委发起"为农业合作化做一件事"活动,组织同学去农村劳动,并帮助合作社开展扫盲、建立农村俱乐部、为民校上课等工作,受到欢迎。该学年学生会还组织同学参加了29400人次的校内外义务劳动。1958年,"教育为无产阶级政治服务,教育与生产劳动相结合"的教育方针发布以后,在学校党政领导下,校团委和学生会发动广大同学上山下乡,积极参加各种生产劳动和社会调查,与此同时在校内积极参加办工厂和建立教学、科学研究、生产劳动三结合基地的活动。1961年贯彻《高校六十条》以后,组织学生参加生产劳动,成为学校的一项经常性工作。

3. 组织同学参加课外体育锻炼。首先是号召和组织同学积极参加早操、课间操和每日下午 5 至 6 时的课外体育活动。1954 年"劳卫制"颁布以后，协同体育教研室大力推行"劳卫制"锻炼，许多班级并组成锻炼小组，互相督促，互相帮助。学生会还协同体育教研室组织田径、体操、球类、游泳等代表队，由体育教师对他们进行提高体育技术的训练。此外，学生会还经常组织系级之间的体育竞赛活动。暂时经济困难时期，学生会按照"积极引导、自愿参加、小型轻量、因人制宜"的原则，继续组织同学进行体育锻炼。

4. 开展文娱活动。学生会常利用周末和节假日举办音乐、歌舞、话剧等文娱晚会。其中多由同学自己演出，也请一些校外单位来演出。学生会也常请一些著名的诗人、作家等来为同学做报告。在学生会的统一组织下，同学们还成立了合唱团、管弦乐队、舞蹈社、戏剧社、京剧社、文学社等十多个文艺社团。参加这些社团的同学有一千多人。他们按照"业余、自愿、多样、创造"的方针，开展各种文艺活动。1958 年，在文化跃进中，同学们还创作和演出一些文艺节目，如话剧《时代的芳香》、歌剧《骆驼山》等。其中，讲述化学系创办香料厂事迹的话剧《时代的芳香》曾在五道口剧场演出，并曾在作家协会礼堂向文艺界进行汇报演出。1963 年，学生会配合团委会和文娱室在同学中开展大唱革命歌曲活动，出版了《北大歌声》等。

（三）"文革"时期

1966 年 6 月 1 日晚，中央人民广播电台播出了聂元梓等人的大字报，中共中央华北局工作组进驻北大以后，学生会被迫停止活动。接着，学校又奉命停止招生，学生会不再存在。

1970 年，学校开始招收工农兵学员。1972 年 12 月 24 日学校举行"文革"期间第一次院系调整以后第九次学生代表大会，选举产生"文革"后第一届、院系调整以后第十一届学生会委员会。① 学生会主任为张道密，副主任为张向英、杨厚田、孔凡民。1974 年 3 月 24 日，学生会召开"文革"期间第二次、院系调整以后第十次学生代表大会，选举产生"文革"期间第二届、院系调整以后第十二届学生会委员会。学生会主任为张桂福，副主任为孙挺社、岳素兰、陈佳俊、张培华、张国有。"文革"期间共有这两届学生会。

这期间，由于运动一个接着一个，学生每年又都要有一段相当长的时间

---

① 由于院系调整以后第一届和第二届学生会执委会不是由学生代表大会选举产生的，有的文件按学生代表大会的届数计算，不把第一、二届学生会计算在内，把院系调整后至"文革"前共十届学生会说成共八届，而把这一届说成第九届。

在工厂、农村甚至外地"开门办学"等原因,学生会无法开展多少活动。根据现有记载,除经常性的体育、文娱等活动以外,1973年和1974年主要是在学校兴建新图书馆和"五四"游泳池时,组织学生去工地参加劳动;1976年唐山地震后,曾发动同学参加北大赴唐山学习服务队,进行抗震救灾工作。

(四)"文革"后的改革开放时期

1978年5月22日,校党委决定成立以王丽梅为组长的筹备组,筹备召开北大第十二次团代表大会和第十一次学生代表大会(简称"双代会")。6月18日,第十二届团代会和第十一届学代会召开。党委书记周林在会上做了重要讲话。筹备组组长王丽梅做了题为《全校青年团结起来,为实现党在新时期的总任务而奋斗》的报告。大会通过了《北京大学学生守则》,规定"把坚定正确的政治方向放在第一位,关心国家大事,为革命刻苦学习,坚持走又红又专的道路,努力做到德、智、体全面发展,把自己锻炼成为无产阶级革命事业接班人"。大会选举袁纯清为学生会主席,赵桂云、夏印发、陈因硕、余元元、陈宪忠、付已生为学生会副主席。

1979年12月23日,学生会召开第十二届学生代表大会。大会通过了新的《北京大学学生会章程》。新章程的主要内容有:(1)北京大学学生会是北京大学的学生群众组织,其宗旨是:①在校党委的领导下和校团委的指导和帮助下,团结和动员全校同学坚决贯彻执行党在社会主义新时期的总路线和党的教育方针,继承和发扬"五四"光荣传统,立志四化,刻苦学习,发扬民主,加强团结,生动活泼,全面发展,为把我国建设成为一个具有现代农业、现代工业、现代国防和现代科学技术的伟大社会主义强国而奋斗。②积极参加民主办校的活动,倾听学生呼声,关心学生利益,反映同学有关学习、生活诸方面的意见,协助学校有关部门改进工作。③发扬自治精神,积极组织和开展业余学术讨论、文化体育活动,加强学生的生活管理。④加强同其他院校学生会组织和同学的团结,促进思想和学术交流。⑤根据上级学联和外事部门的安排,加强同外国学生的交往,增进中外学生之间的友谊。(2)学生代表大会为本会最高权力机构。代表大会的职权是:听取和审查学生会执行委员会的工作报告;讨论和决定本会工作任务;修改本会会章;选举学生会执行委员会和通过学生会常务代表会议代表人选。(3)学生会常务代表会议(简称"常代会")代表从学代会代表中通过民主协商选举产生。每个系每年级选举一名。常代会的职权为:听取学生会各部的工作汇报;反映同学的要求,对学生会工作及通过执委会对校行政工作提出建议;讨论通过执委会关于调整、罢免执委会干部的提议;讨论决定学生会需要处理的重大问题。(4)学生会执行委员会(简称执委会)对学代会负责,主持学生会日常工作,对外代表北大学生会。执委会正、副主席同时是北大学生会正、副主席。执委会设宣传、学习、文化、体育、生活、对外联络等部和秘书处。（5）系学生会为校学生会的下属组织，由全系同学民主协商选举产生。班委会为本会基层组织。这次学生代表大会选举张炜为学生会主席，陈因硕、付已生、张虹海为学生会副主席；推选李克强为常代会会长。

1981年5月17日，学生会召开第十三届学生代表大会，选举产生新一届学生会主席、副主席和常代会会长。这次代表大会还对学生会章程作了一些修改。修改后的章程与原章程不同之处主要有三点：（1）把学生会宗旨改为：在校党委的领导和校团委的帮助下，动员全校学生坚决贯彻执行党的路线和教育方针，坚持四项基本原则，继承和发扬"五四"的光荣传统，刻苦学习，团结起来，振兴中华。要代表和维护学生的正当利益，倾听和反映学生的意见和要求。积极主动地组织各种学习、文体活动和服务工作，协助学校各级行政部门做好工作。努力加强北大学生和国内外大学生的团结和友谊。（2）规定代表大会每一年或一年半召开一次。规定常代会会长同时是学生会副主席。（3）执委会增设文化部和女生部。

第十四届学生代表大会1982年10月17日举行。代表大会选举朱善璐为学生会主席，穆晓枫、于宁、赵明宁、李跃进为学生会副主席。1983年11月，因人事变动，改为由王琦任学生会代理主席，由谭军、刘能元任学生会副主席（谭军原为常代会会长，按章程规定，应即为学生会副主席）。

1984年3月11日，第十五届学生代表大会和第十四届共青团代表大会一起举行。大会通过对学生会章程的修改。但修改后的章程与原来章程并无实质的重要的不同。大会选出的学生会主席、副主席和常代会会长、副会长，于1985年3月变动了一次。

1986年4月6日，学生会召开第十六届代表大会。大会讨论通过了修改后的学生会章程。新章程的主要内容有：（1）北大学生会是北大学生的群众自治组织，接受校党委的领导和校团委的指导帮助。（2）本会的主要任务是：①贯彻党的教育方针，以自我教育的方式，开展丰富多彩的活动，进行爱国主义教育、理想教育、道德教育和纪律教育，促进以共产主义思想为核心的精神文明建设，促进同学成为有理想、有道德、有文化、有纪律的社会主义现代化建设人才。②代表和维护广大同学的正当利益和要求，热情为同学服务，沟通学校有关部门与广大同学的联系，协助和促进学校的教育和管理工作。③发展与兄弟院校的友好关系，加强与台湾及港澳同学联系，促进祖国的统一。（3）全校学生代表大会（简称"学代会"）是本会最高权力机构。学代会每两年召开一次。学代会行使下列职权：①听取和审查上届学生委员会的工作报告，决定本届学生会的工作方针及重大计划。②讨论和修改学生会章程。③选举学生委员会。④应由本会最高权力机关行使的其他职权。(4)学生委员会(简称"学委会")在学代会闭会期间为本会最高领导机构,对外代表北大学生会。学委会由学代会选举产生,对学代会负责并报告工作。学委会由执委会委员、常代会理事成员和各系学生会主席三部分人组成。学委会设主席团主持学委会工作。主席团由主席一人、副主席二至四人组成。(5)执行委员会(简称"执委会")是学委会的执行机构,向学委会负责并报告工作,接受常代会的监管、咨询。执委会由主席一人、副主席一至三人和各部门部长、办公室主任组成。执委会主席、副主席同时为学委会主席、副主席。(6)常务代表会议(简称"常代会")是学委会的常设机构,接受学委会及其主席团的工作领导。常代会代表从学代会代表中选举产生。常代会的职权为:协助、促进和监督执委会的工作;听取、搜集和反映会员对学校有关部门和学生会工作的意见、建议等。常代会理事会处理常代会的日常工作。常代会事理由学代会产生。常代会会长为学委会副主席。1986年12月,学生会制定了常代会章程,规定"常代会全称常务代表会议,是学代会闭会期间的最高权力机构,对学代会负责",并规定十六届学生会章程与常代会章程有冲突的,以后者为准。这样,第十六届学生会章程中"学生委员会(简称学委会)在学代会闭会期间为本会最高领导机构"和"常代会是学委会的常设机构……接受学委会及其主席团的工作领导"等规定实际上被取消。1986年4月,第十六届学代会选举产生执委会和常代会的负责人,在1987年11月,改选了一次。

1988年4月召开的第十七届学生代表大会又对学生会章程进行修改,这次修改主要是取消了学生委员会,并对学生会的主要任务和常代会与执行委员会的性质、职权等进行了修改。修改后章程的主要内容有:(1)北大学生会是北大学生的自治组织,接受党委的领导和校团委的指导帮助,遵守国家的法律和法规,在法律的允许范围内开展活动。(2)本会的主要任务是:①代表和维护广大同学的正当权益和要求,热情为同学服务,沟通学校有关部门与广大同学的联系,协助和促进学校的教育和管理工作。②根据会员的需要,开展多种自我管理、自我教育和自我服务活动,为会员提高民主素质、树立科学精神、全面成才创造良好条件。③发展与兄弟院校的友好关系,加强与台湾及港澳同学的联系,树立北大同学在社会上的良好形象。(3)全校学生代表大会为本会的最高机构。学代会每两年召开一次。学代会的职权为:听取、审议和通过上届执委会主席团的工作报告,决定本届学生会的工作方针;审议并通过学生会章程;选举新的执委会领导机构;确认各系的校学代会代表推选的校常务代表委员会委员等。(4)常务代表会议是学代会闭会期间的常设权力机构。常代会委员从学代会代表中民主选举产生,对所在系的会员负责。常代会民主选举产生会长一名、副会长一名。

常代会职权为：解释本会章程，监督其执行实施；召集常代会扩大会议（人员由常代会委员和各系学生会主席组成），选举和补选执委会正、副主席；根据执委会主席提名，决定执委会各部（室）负责人的任免；审议和批准执委会每学期的工作计划、工作总结，审查经费使用情况，听取、收集会员对学生会工作和学校有关部门工作的意见和建议，及时转给执委会，并督促其落实答复等。(5)执行委员会包括主席团成员及各部负责人为学代会闭会期间本会的最高执行机构，对外代表北大学生会。执委会实行主席团负责制。主席团设主席一人，副主席二至四人。主席团由学代会民主选举产生。主席团的职权为：执行学代会决议，执行本会章程，制定执委会总体工作计划，领导各部工作；决定执委会机构设置，向常代会提名任命各部（室）负责人，领导各系学生会等。

1988年4月第十七届学生代表大会修改通过的学生会章程一直沿用到1997年，没有重要的修改，只是1992年4月召开的第十九届代表大会将"学代会每两年召开一次"，改为"每年召开一次"。

这一时期，历届学生代表大会召开日期、主要内容及其选举产生的学生会负责人见下表。

"文革"后历届学生代表大会召开日期、主要内容及选举产生的学生会负责人表

届别	日期	主要内容	学生会		常代会	
			主席	副主席	会长	副会长
第十一届	1978年6月18日	①党委书记周林讲话 ②筹备组长王丽梅作而报告 ③通过《北京大学学生守则》	袁纯清	赵桂云 夏印发 陈因硕 余元元 付已生		
第十二届	1979年12月23日	①袁纯清作上届学生会工作报告 ②通过北大学生会章程	张炜	陈因硕 付已生 张虹海		
第十三届	1981年5月17日	①校党委副书记马石江讲话 ②张炜作上届学生会工作报告 ③通过修改后的学生会章程	潘维明	于宁 卢松 李小明 王群	王群	蔡中瓯 汪君 黄小明 蔡斌

届别	日期	主要内容	学生会		常代会	
			主席	副主席	会长	副会长
第十四届	1982年10月17日	①团中央书记处书记陈昊苏致词 ②校党委副书记马石江讲话 ③潘维明作上届学生会工作报告	朱善璐	穆晓峰 于宁 赵明宁 李跃进		
	1983年10月28日		王琦（代理）	谭军 刘能元	谭军	缪勇 许少军
第十五届	1984年3月11日	①团中央书记处书记刘延东致贺词 ②潘维明、王琦分别作上届学生会工作报告 ③通过修改后的学生会章程	刘能元	刘正荣	谭军	许少军 李文亚 傅传
	1985年3月20日		王晓蒙	李德勇 刘正荣 丁健 许振东	李德勇（代）	游永尚 徐广宇 张岩 杨竟红
第十六届	1986年4月6日	①王晓蒙作学生会工作报告 ②通过修改后的学生会章程	李明春	李国庆 吕晓秋 钱雨 吴文革	李国庆	董江 朱志刚 赵威
	1987年11月28日				陆昊	江毅 李江 孙宁 倪宝忠
第十七届	1988年4月17日	①陆昊作上届学生会工作报告 ②通过修改后的学生会章程	周燕军	顾强 肖建华 张晗 宋丹		

届别	日期	主要内容	学生会		常代会	
			主席	副主席	会长	副会长
第十八届	1990年3月15日	①肖建华作上届学生会工作报告	陈伟	萧群 李仲洋 黄森磊 钟岳伟	周长奎	宋晓冬
	1991年3月23日		赵辰昕	何剑波 赵鹏 刘俐 崔静		
第十九届	1992年4月5日	①赵辰昕作上届学生会工作报告	英勇	孙海燕 侯幽 戚力峰 革明		
第二十届	1993年4月4日		陈光浩	薛松岩 钟吉鹏 唐晓非 秦力洪		
第二十一届	1994年3月27日	①陈光浩作上届学生会工作报告	马化祥	王柘轩 刘晓丹 杨建明		
第二十二届	1995年4月2日	①马化强作上届学生会工作报告	张菁	杜皖江 杨纪 李岭 刘伟	姜楠	王红霞
第二十三届	1996年4月7日	①张菁作上届学生会工作报告 ②姜楠作上届常代会报告	张瑞刚		杨松	
第二十四届	1997年3月30日	①张瑞刚作上届学生会报告	翁贺凯	杨洪 龚慧明 袁开宇 黄兆旦	任道远	郑木柘

这一时期学生会的主要活动如下。

1. 围绕学习这个中心,开展多种形式的活动。为了帮助同学学习,"文革"后的初期,学生会常请一些知名教授为同学作"如何学好外语""如何适应从中学学习到大学学习的变化""如何利用工具书""科研的方法"等方面的报告。后来，请教授作这些方面的报告或讲座，成为多届学生会"迎新系列活动"的一项重要内容。1980年，为了促进同学学好功课，学生会在公共英语教研室、数学系等单位的支持下，组织了文科英语、理科英语、理科高等数学等竞赛活动，表彰了一批竞赛取得优异成绩的同学。1985年4月，为了帮助一些同学学好英语，学生会成立了英语俱乐部，当年招收了七百多名会员。俱乐部通过请人来上听力课、口语课，举办讲座，开展英语演讲比赛、英语歌曲演唱、英语电影晚会等活动，对会员同学进行课外英语听、说、读、写训练，受到同学的欢迎。

为了发扬刻苦钻研的精神，培养科研工作的能力，学生会和团委于1980年5月4日举办了第一次学生社会科学讨论会。这次科学讨论会以刚进入三年级的1977级学生为主，182位同学提交了198篇论文。这些论文都有一定的质量，受到了教授的好评，其中有20多位同学的论文于会后陆续在一些全国性的报纸杂志上发表。这次科学讨论会不仅达到了原定的目的，还恢复、发扬了被"文革"破坏了的科学、民主的学术风气。1981年5月，举行第二次学生科学讨论会时，讨论的课题即不限于社会科学，全校各个学科同学都可以提交论文，会议的名称亦改为"五四科学讨论会"。从1985年起不再举行讨论会，而是由学生会和团委会、研究生会一起举行学生五四科学论文评奖活动。此后多年，论文评奖活动，除有特殊原因的年份（如1989年因为学潮）以外，每年都举行一次。

为开阔同学的视野，丰富大家的知识，各届学生会都常请一些著名的专家、学者、教授来做学术方面或同学关心的时事政策方面的报告或系列讲座，每年从一二十次到几十次不等。如1979年12月至1981年5月学生会主办过学术讲座19次，内容涉及历史、语言文学、经济、国际政治、生物、数学等各个方面。1987年，学生会曾举办历时一个半月的"国际局势与动态"系列讲座七讲，内容包括"今日台湾""菲律宾时局""南非问题""中印关系""里根政府对苏政策""中苏关系"等。学生会有时也请一些文学家、艺术家、企业家来作报告，如1987年曾请中央乐团著名指挥家李德伦来做"怎样欣赏交响乐"的报告，请著名作家刘绍棠作"乡土文学"的报告，请美国PSI公司副总裁、太平洋公司总裁李玲瑶作"成才之路"的演讲等。

2. 开展社会实践活动。从20世纪80年代中期开始，开展社会实践活动成为学生会的一项重要工作。它包括为同学提供做家教、为企业翻译资料等工作机会；组织同学开展法律、经济、高考等有偿或无偿的咨询活动；在学校的统一安排下，利用假期，组织同学参加以自己学到的知识为社会服务的实践活动等。1984年，学生会成立"勤工助学委员会"。委员会于是年暑期组织与介绍大批同学搞勤工助学等社会实践活动，学生会的学习部、生活部还办起了英语咖啡厅，为同学进行口语训练提供机会和场所。与此同时，还组织经济系1982级的一些同学与中国科技大学的同学一起参与了大别山综合经济开发的考察工作。1987年，学生会设立社会实践部。该部与无线电系学生会合作组织无线电修理小组，廉价为学校与同学修理电器，受到了欢迎。是年暑期，学生会与研究生会组织50名研究生和本科生，成立北大暑期社会实践建设营赴广西柳州服务团，到柳州进行为期20天的考察服务。服务团就柳州市的外贸、金融、横向经济联系、乡镇企业状况、居民文化素质和生活质量、图书馆现状和计委计算站微机应用等问题作了调查研究，提出了11份调查和分析对策报告，受到当地政府的重视和赞扬。1995年，学生会实践部除帮助同学联系家教外，还与20家公司联系，提供了十余种兼职工作机会，包括业务员、市场调查员、推销员等。

3. 开展体育活动。"文革"后，国家体委制定了新的《国家体育锻炼标准》。1978年，学校结合北大情况，制定了《北京大学体育锻炼标准》。学生会配合体育教研室号召和组织同学积极参加体育锻炼活动，使北大多年被评为北京市高校达标的先进单位。

1980年，学生会与体育教研室商量决定开放露天棋类俱乐部，学生会体育部的干部每天下午课后轮流在俱乐部里为同学服务。

20世纪80年代中期，健美操、韵律操兴起，学生会在体育教研室的支持、帮助下，举办健美操、韵律操培训班，有二百多名同学参加了培训。学生会还举办过桥牌等运动的培训班。

举办健美操、韵律操、球类、棋类、游泳等各种体育比赛，是学生会例行的开展体育活动的一项重要工作。其中从1986年开始的一年一度的"北大杯"足球赛（1984年、1985年称"足协杯"）是同学们最为关注的。

1987年，学生会搞了一次"北大十佳运动员"的评比活动。

4. 开展各种文艺活动。这一时期，同学中的文艺爱好者根据各人爱好和自愿的原则，成立了合唱团、舞蹈团、交响乐团、民乐团、爱乐社、戏剧社、京剧昆曲爱好者协会、青年摄影学会等文艺社团。除这些全校性的社团以外，各系也有自己的文艺爱好者团体。学生会常利用周末和节假日举办各种文艺汇演。如1980年和1981年上半年，学生会就举办了三次群众性的文艺会演，1987年学生会举办了"迎五一文艺汇演"和当年12月与团委、研究生会一起举办"文化艺术"节演出等。每年12月，为纪念"一二·九""一二·一"运动举行革命歌曲演唱会，进行革命传统教育。学生会也常邀请一些专业文艺团体来校演出。

为培养文艺骨干，学生会举办过各种舞蹈、简谱、吉他、素描、国画等培训班。学生会还经常举办各种文艺比赛如歌咏比赛、革命歌曲演唱比赛、流行歌曲大奖赛、交际舞大奖赛、吉他大奖赛、摄影比赛等。其中,从1987年开始的一年一度的"十佳歌手"比赛一直延续到20世纪90年代中期。

5. 收集和反映同学在学习、生活等各方面的意见,并协助学校有关部门作出解决措施。这是学生会一项重要任务,历届学生会都很重视都做了许多工作。有时候学生会还请学校有关部门的负责人参加座谈会,使学校有关部门和同学直接进行沟通,共同商定解决措施。1985年,学生会还与校党委、校行政领导共同研究、制定了《关于加强学生与校领导联系的几点措施》。该措施的施行,对加强学校领导与同学之间的联系和相互理解,引导同学积极参与学校的各项改革,起了很好的作用。

6. 开展与国内外大学生之间的友好交流。学生会不仅与国内许多高校的学生会建立了联系,而且与国外一些大学有联系。学生会常常接待国外大学的学生代表团来校参观访问。如1980年和1981年,接待过英、美、日、德等二十多个国家的大学生组织和大学生代表团;1985年接待过加拿大中华学生会考察团、美国海上大学学生代表团;1986年和1987年接待过美国、日本等国五个大学生代表团。1980年,学校应日本外务省邀请,派出了以学生会主席为团长、学校学生工作部部长为顾问的北大学生代表团,访问了日本的东京大学、筑波大学等高校。1996年,北大学生舞蹈团一行24人,应美国夏威夷大学和东西方中心的邀请,于10月6日至16日到夏威夷访问,在夏威夷大学希洛分校剧院、考爱岛考爱艺术中心、瓦胡岛东西方中心杰斐逊礼堂演出4场中国民间舞蹈。舞蹈团与当地大学生进行了广泛的友好交流。

第三节　研究生会

一、中华人民共和国成立前的研究生组织

新中国成立前,北大的研究生很少,只在20世纪30年代初期,断断续续有类似于后来研究生会的研究所、院的同学会、学生会的组织与活动。其大致情况如下。

1930年7月10日,北大研究所同学会在学校第一院召开成立会。计到会者共16人,已足法定人数,成立会通过了《国立北京大学研究所同学会简章》,选举了同学会职员。该简章规定:①本会定名为国立北京大学研究所同学会。②本会以"团结同学精神、实行学术合作"为宗旨。③本会会员有下列二种:甲、普通会员,凡在所之同学皆得为本会会员;乙、特别会员,凡现任前任本所导师、助教、先届之同学及国外通讯员,皆得为本会特别会员。

④本会设下列二部：甲、事务部，本部设干事5人，分担文书、交际、财务等会务；乙、学术部，本部分研究、编印两股，设办事5人办理之。本会干事任期一年，于全体大会时改选之。⑤本会会费分下列三种：甲、会费，普通会员每年须纳会费五毛，特别会员免纳；乙、特别费，于必要时临时募捐；丙、经常费，由学校担任。成立会根据简章选出了同学会干事：文书股：张任政、徐景贤；交际股：靳德峻、刘淡云；财务股：侯植忠；研究股：方国瑜；编印股：傅振伦、蒋秉南、单士元、谢国桢。

1930年7月13日，《京报》报道：近日北京大学成立了研究所同学会，该会特别注重学术上之合作与发展，拟举行研究会、讲演会、观摩会、考古旅行等学术活动，并拟编印多种有价值之刊物。

1931年7月14日，北大研究所同学召开成立大会，到会者数十人，通过简章并选出执行委员9人：商鸿逵、任维焜、金受甲（文书）、方国瑜、德玉珍、傅振伦（事务）、吴世拱、许觉僧、韩培原（交际）。

1934年5月5日，北大研究院学生二十余人在西长安街庆林春饭庄聚餐。大家认为实有组织研究院同学会之必要，并当场公推焦步青、陶贤棣、刘文兴、商鸿逵等为同学会筹备委员，起草简章，于二周内开成立大会。5月20日，研究院学生会在学校一院举行成立大会，出席三十余人（该会会员共五十四人），由主席焦步青报告开会意义，刘文兴代表筹委会报告筹备经过。大会讨论并修正通过筹委会起草的《北大研究院学生会简章》，决定会后以通函方式选举执行委员会委员。会上还就研究生研究期限、研究院经费、增聘导师、研究生宿舍及补助等问题，作出相应决议。

5月28日，经通函方式选出的九名研究院学生会执委会委员举行会议，根据简章规定的四股进行分工：文书股：焦步青、李夏云；交际股：郝瑞桓、陶贤棣、韩培原；事务股：商鸿逵、谢石麟；出版股：刘文兴、陈家芷。

5月29日，执委会交际股三人往谒蒋梦麟校长，陈述5月20日研究院学生会成立大会上对七个问题提出的要求。蒋表示须召开研究院会议决定。

谒蒋校长后，执委会决定草拟一份《发展北大研究院建议书》，于6月4日呈送学校，以备学校召开研究院院务会议时参考。该建议书的主要内容有：①北大历史较久，图书仪器比较完备，中国头等学者至少有一半在北大，北大研究学术之空气颇浓厚，且颇有创造精神，所以北大应当好好办一个研究院，为国家造就高深人才；②从丰给予研究生助学金；③北大研究院至少应当确定经费十万元，以五万元津贴研究生，余五万元用于其他各方面；④校外有学识渊博之专家，学校应当特别聘请；⑤可采用英国大学之 Tutor 制，不当以导师之所好，限制研究生研究之自由；⑥北大研究院二十二年公布之规程,是采取研究生"自动研究"办法,不再设有一定课程,令研究生必须听讲。此种办法当继续实行;⑦将三院西楼拨作研究生宿舍;⑧教育部应每年拨研究院十万元经费。

1934年6月以后,研究院学生会活动情况不详。

西南联大和复员回北平的北大,没有类似研究生会的组织。

二、中华人民共和国成立后的研究生会

(一)概况

"文革"后,由于"文革"造成的人才断层,国家急需培养高级专门人才。为适应国家的需要,学校恢复并迅速扩大了研究生的培养。1978年,新入学的研究生达458人。1979年12月,校党委常委会同意一些研究生提出的要求,成立北京大学研究生会。1980年1月11日,研究生会在办公楼礼堂召开成立大会,学校党政领导王路宾、马石红、王竹溪、张龙翔、王学珍、王丽梅以及学校有关部门负责同志参加了大会,中国科学院研究生院、清华大学、中国人民大学等单位也派代表前来参加,表示祝贺。会上,研究生会筹备组的同志作了筹备情况的报告,宣读通过了《北京大学研究生会章程》,选举产生了首届研究生会委员会,薛启亮代表选出的研究生委员会作了《关于研究生会今后工作的报告》,王路宾代表校党委、校行政讲了话。

《北京大学研究生会章程》的主要内容包括:(1)本会定名为北京大学研究生会。其宗旨是:在校党委的领导下,团结和动员全校研究生积极贯彻党在社会主义新时期的任务和党的教育方针,立志四化,勤奋学习,刻苦钻研,勇于攀登科学文化高峰,为把我国建设成现代化强国而奋斗;为实现党和国家培养研究生的计划,积极向学校有关部门反映研究生在学习、生活等方面的意见和要求,谋求妥善解决;积极组织和开展学术讨论、文体活动,加强生活管理,努力为全校研究生服务;加强同其他单位研究生的学术交流,推进学术活动的开展。(2)凡取得北京大学研究生学籍的中国研究生均为本会会员。(3)北京大学研究生会全体会议或代表大会是本会的最高权力机关,每学年召开一次,其职权是:听取研究生委员会的工作报告;审查研究生委员会的工作;修改研究生会的会章;民主选举产生研究生委员会。(4)北京大学研究生会委员会是研究生会的执行机构与代表机构,每届任期一年。(5)研究生会委员会全体会议推选主席一人,副主席若干人,并根据工作需要,设立秘书处和学习、生活、宣传、文化、体育等部。(6)各系(所)研究生班是学校研究生会的基层组织,各系(所)研究生班班委会由全班研究生民主选举产生,每届任期一年。

1980年1月14日,研究生委员会举行全体会议,按照章程推举薛启亮

为研究生会主席,孙鼎国、倪忠仁为副主席。会议还决定委员会下设秘书处和学习、宣传、文化、生活、体育五个部,并推选产生了正副秘书长和各部正副部长。

第二届和第三届研究生会委员会,均由上一届委员会根据各系(所)研究生班推荐候选人的基础上,由全体研究生以无记名投票方式进行差额选举产生。1983年5月,校团委为加强研究生中青年团的工作,设立了研究生工作部,由研究生会派一名副主席兼任校团委研究生工作部的副部长。1984年第五届研究生会委员会增设了社会实践部。

1985年3月,研究生会召开第一次研究生代表大会。上届研究生会主席齐海滨做了《第五届研究生会工作报告》,杨晓冰做了《修改会章的报告》。大会根据修改后的会章,选举产生了第六届研究生会执行委员会。会后,第六届执委会开会选出了主席团成员5人,由李新权任主席,其余4人为副主席,这届执委会增设了调研室、女生部和博士生部。

1986年3月,研究生会召开第二次研究生代表大会。这次代表大会在去年对会章修改的基础上,又作了进一步的修改,同时选出第七届执行委员会。这次修改后的会章与1980年会章的不同之处,主要是这次会章规定:(1)北京大学研究生会是北京大学研究生的群众组织,接受校党委和研究生院的领导以及校团委的指导和帮助;代表广大研究生同学的权益和意愿,积极主动、独立负责地开展工作,发挥联结党和研究生群众的纽带作用。(2)研究生代表大会是本会的最高权力机构。代表大会由研究生会执行委员会负责召集,每年至少召开一次。(3)研究生代表大会选举产生研究生会执委会。执委会每届任期一年。(4)研究生会执委会选举主席团。主席团主持执委会日常工作。主席团由主席一人、副主席若干人和常务副秘书长组成。秘书长由团委派专职干部担任,秘书长列席主席团会议。(5)本会由执委会根据工作需要设立若干职能机构,各部部长由主席提名,执委会任命;各部副部长由部长提名,执委会任命。(6)研究生人数在50人以上的系级单位,或系自己认为必要可以成立系(所、研究中心)研究生会。(7)研究生班委会是研究生会的基层组织。

这届研究生会执委会撤销了调研室,增设了外联部、公共关系部、刊物编辑部。

1989年3月召开的第五次研究生代表大会,再次对会章进行了修改。这次的修改主要是增设研究生会监督委员会。其中规定:本会监督委员会由各系(所、中心)研究生会主席组成;监督委员会设主任一名,从各系(所、中心)研究生会主席中选举产生。监督委员会的职责为:定期出席本会主席团召集的各系(所、中心)研究生会主席联席会议,了解和监督本会执行委员会的工作,提出建议和批评,反映本会会员意见,如有必要,以三分之一以上成员联名提议要求主席团召开临时研究生代表大会,对本会主席进行弹劾;在主席拒绝召开临时代表大会时,监督委员会有权直接召开;向本会执委会要求撤换不称职的副主席,向主席团要求撤换不称职的各部(室)部长(主任)及副部长(副主任);监督委员会过半数成员要求撤换上述人员时,执委会及主席团应当执行。

1990年3月召开的第六次研究生代表大会,把上次代表大会通过的会章中关于监督委员会所规定的内容改为:监督委员会由各系(所、中心)研究生会推举代表一名组成;监督委员会设主任一名,由监督委员会内部选举产生,任期一年。监督委员会的职责为:在研究生代表大会闭会期间,由监督委员会负责了解本会会员的意见和要求,接受会员提出的有关提案,并及时反映给研究生会主席团,由其负责给予答复;向本会执委会要求撤换不称职的副主席,在监督委员会三分之二以上成员要求撤换时,执委会应当执行;出席由本会主席召集的主席团与监督委员会联席会议,在联席会议上主席须向监督委员会汇报工作,由监督委员会对其前一段工作进行评估;监督委员有权提出对本会主席团的不信任案,如此项提案在监督委员会代表中以三分之二赞成票通过,主席团应在十天内自行辞职或召开临时研究生代表大会对不信任案进行表决;如主席团拒绝作出反应,则由监督委员会召开临时代表大会进行表决,如不信任案获得通过,罢免即行成立,同时选举产生新的主席团;如未获通过,监督委员会须解散,并在十天内组建新的监督委员会。

1991年3月召开的第七次研究生代表大会通过的对会章的修改,取消了"监督委员会",改设"常务代表会议"。会章规定:常务代表会议为研究生代表大会的常设机构,常务代表由研究生代表大会代表按比例推选产生,并经大会认可。常代会设主任一人,副主任二人,由常代会选举产生,任期一年,主任不得连任。常代会的职责为:在研究生代表大会闭会期间,由常代会负责了解本会会员的意见和要求,接受会员提出的提案,就重大问题进行调查,并向主席团及有关部门提出意见和建议;依据章程,制定本会的各项规章制度;三分之二以上的常务代表有权联名要求撤换不称职的主席团成员,若主席团不同意,可要求复议,若常代会再次以三分之二以上多数通过,则主席团必须执行;三分之二以上常务代表有权联名对主席团提出不信任案,若主席团有异议可要求复议,如常代会再次以三分之二以上多数通过,主席团必须自行辞职或同意召开临时代表大会对不信任案进行表决,若不信任案表决通过,主席团即被罢免,选举新的主席团,若表决没有通过则常代会必须全体辞职,另外选举新的常代会,若主席团拒绝召开临时代表大会,常代会有权自行召集;与主席团共同召集研究生代表大会。

此后研究生会会章没有再进行重大修改。

从1991年第12届研究生会执委会开始,不设秘书长、副秘书长,改设办公室主任、副主任。

(二)历届研究生会负责人

研究生会从1980年至1997年共产生十八届研究生会委员会、研究生会执行委员会。其中,第一届由全体研究生参加的成立大会选举产生;第二、三届由上一届委员会根据各系(所)研究生班的意见,研究确定;第四、五届在各系(所)研究生班推荐候选人的基础上,由全体研究生以无记名方式选举产生;从第六届开始由研究生代表大会选举产生。历届研究生会的负责人见下表。

历任研究生会负责人

时间	研究生代表大会届次	研究生(执行)委员会届次	研究生会主席	研究生会副主席	研究生会常代会主任	研究生会常代会副主任
1980年1月		第一届	薛启亮	孙鼎国 倪忠仁		
1981年9月		第二届	朱康民	宦国禾		
1982年		第三届	李晨阳	徐晓光		
1983年5月		第四届	张久俊	沈建平 吕旺实 张亚江		
1984年3月		第五届	齐海滨	任 杰 杨晓冰		
1985年3月	第一次	第六届	陈新权	张来武 罗建平 阎 炎 李 季		
1986年3月	第二次	第七届	张来武	张少云 刘 洪 赵荣春 龚 伟		
1986年12月	第三次	第八届	马伯强	朱 峰 张首映 姜雪梅 李晓军		

时间	研究生代表大会届次	研究生(执行)委员会届次	研究生会主席	研究生会副主席	研究生会常代会主任	研究生会常代会副主任
1988年3月	第四次	第九届	李进进	孟万河 李小明 臧 清 李雁忠 徐 云		
1989年3月	第五次	第十届	黄 维	湛中乐 丁文静 张 浩 钱永臣		
1990年3月	第六次	第十一届	何学彦	陈河晋 庞亚妮 赵虎吉 傅 山		
1991年3月	第七次	第十二届	关成华	杨君武 钱 蔚		
1992年4月	第八次	第十三届	王 旭	彭华彰 朱 非 刘海明 林屹松		
1993年4月	第九次	第十四届	焦远超	徐大勇 闪伟强 刘朝峰 陈 越 李 勇 马利民		
1994年4月	第十次	第十五届	兰志敏	陆跃峰 王 航 李 略 李 艳	赵永华	贾 民
1995年3月	第十一次	第十六届	吴 松	王 亮 张 宏 张贵龙 张 森	鲍 建	吕晓东 刘向民

时间	研究生代表大会届次	研究生（执行）委员会届次	研究生会主席	研究生会副主席	研究生会常代会主任	研究生会常代会副主任
1996 年 4 月	第十二次	第十七届	王奉朝	周　平 钱　苹 王　琦 范海生	应三玉	张利军 申作鸿
1997 年 4 月	第十三次	第十八届	李　刚	王　鹏 陈于文 杨　胜 居学成	刘清鲁	李鹏程

（三）研究生会的主要活动

1. 学术活动。研究生会一直把开展学术交流活动作为一项重点工作。它多次举办或与其他单位合作举办各种类型的学术讨论会、座谈会。1982 年，为纪念马克思逝世 100 周年，举办了以"马克思主义与改革"为主题的讨论会，探讨研究中国式的社会主义道路。1985 年，组织我校部分研究生参加"首都研究生城市经济体制改革和政府管理体制改革研讨会"，提交了二十多篇论文。1986 年 10 月，主办"经济、政治、文化协调改革理论研讨会"，首都四十多个高校科研和新闻单位 170 多人参加。中宣部理论局副局长理夫和研究室副主任朱通在会上讲话，北大教授厉以宁、龚祥瑞、陈哲夫、李景鹏等作了专题发言。1993 年，研究生会组织了"市场经济与当代大学生座谈会"，举办了"市场经济理论研讨会"等。研究生会还于 1985 年创办"研究生论坛""博士生论坛"，交流研究成果与心得。

为了扩展同学们的知识领域和学术视野，研究生会常请一些著名的教授、学者来做学术报告或做专题系列讲座。如 1986 年，与《读书》杂志编辑部合作举办文化系列讲座二十多次；1987 年举办"自然科学、人文科学及艺术"系列讲座 11 次；1993 年先后举办了"北京大学国学报告会"和"国是论衡"系列讲座，前者请著名教授季羡林、张岱年、邓广铭、侯仁之、阴法鲁等作报告，后者请著名学者吴敬琏、林毅夫、樊纲、田国强等主讲；1997 年，举办"名师治学"系列讲座，请张岱年、李赋宁、甘子钊等教授介绍自己的研究生涯、治学经验，阐释治学与做人之道，受到同学们的欢迎。

研究生会还于 1983 年出版了《北大研究生论文集》，1985 年创办了《北京大学研究生学刊》。

2. 社会实践活动。在学校的统一安排下，利用假期，组织研究生参加各种社会实践活动，是研究生会的一项重要工作。1984年研究生会与校团委一起，组织"北大学生暑期赴青海学习服务团"，在当地举办企业厂长和经理的"经济管理学习班"，开展科技普及活动，进行经济考察，并写出了《青海经济发展战略概想》《西北与东北人口迁移比较》等考察报告；1985年，组织60名同学，组成"北京大学研究生暑期支甘服务团"，赴甘肃进行40天的服务活动；举办了"经济管理""行政管理""计算机""英语"等28个培训班，参加培训的有1100多人，写出了6篇调查报告。1985年暑期，组织赴云南、贵州、新疆三个服务团，举办讲座17次；开办培训班14个，培训学员近700人，写出调查报告23篇。1986年暑期，组织赴贵州、宁夏、黑龙江、甘肃四个服务团。举办讲座几十次，培训学员近千人，写出调查考察报告二十多篇。同年，由北大研究生会发起，清华、人大、北师大、社科院的研究生会参加，组织"百名博士百村行"活动。实际参加的有七十多名博士生和高年级硕士生。他们奔赴各地，就农村改革和发展中遇到的问题进行调查研究，开展"爱农、支农、兴农"服务活动，提交七十多篇调查报告，提出108条合理化建议，受到国务院有关领导的好评。1997年7月，校团委和研究生会又组织"百名博士百企行"活动。他们分赴上海、江苏、湖北、山西、四川、贵州、黑龙江、北京等地，对国有企业的现状和问题进行较深入的调查了解，提出了不少意见，并为当地企业做了一些力所能及的服务工作，受到当地的欢迎。

3. 文体活动。研究生会每年都要组织一批由研究生同学表演的文艺节目，在新年晚会上演出。1983年12月，为纪念"一二·九"运动，研究生会在办公楼举行革命歌曲大合唱晚会。参加过"一二·九"运动的老校友刘导生、陈忠经、刘玉柱、葛佩琦、韩天石和学校领导参加了晚会。从这次演出开始，每年12月，为纪念"一二·九"、"一二·一"运动，举行革命歌曲演唱会，进行革命传统教育，成为一种惯例。

研究生会重视开展体育活动，除在研究生中宣传国家"每天锻炼一小时"的号召，促进同学参加体育锻炼外，从1984年开始，每年都举行一次"硕士杯"体育联赛。比赛的项目每年会根据同学的意见作一些调整，主要有篮球、足球、网球、台球、游泳及棋类比赛等。它还常请体育老师帮助举办武术班、健美班、拳击班等，受到同学们的欢迎。

4. 对外交流活动。研究生会和全国大多数高等院校、科研单位的研究生会建立了联系，互相交换出版物，联合开展一些活动，也和美国、日本等国的高校建立了友好合作关系。为加强对外交流，从1987年起，北京大学、清华大学、复旦大学和"日中学生会议实行委员会"共同组织"日中学生会议"，每年召开一次，在中日两国轮流举行。1996年8月，第10次中日学生会议在北大举行，有北大、清华、复旦等中国研究生和日本学生代表团同学100多人到会。

此外,研究生会还经常向学校领导和学校有关部门反映同学们的意见和要求,协助学校解决同学们在学习和生活中的一些困难。

第四节　北京大学归国华侨联合会

20 世纪 20 年代初,北大曾建立过华侨同学会、归侨同学联谊会,有的系如东语系还建立过归侨教师联谊会。1960 年,成立北京大学归国华侨联合会,由苏志中、吴世璜等负责。是年,校团委还成立华侨学生工作组,与侨联一起在华侨学生中开展工作。在三年暂时经济困难时期,学校为更好地落实侨务政策,在一、二院之间的地下室开设了华侨食堂,在第一教学楼开办了暑期"华侨之家"。当时,经常参加侨联组织各项活动的人数有 300 人左右。

1966 年"文化大革命"开始,华侨食堂宣布解散,侨联组织被迫停止一切活动。粉碎"四人帮"以后,1978 年侨联恢复活动,选出侨联委员 11 人,推举苏志中担任侨联主席,施振才、王芸、李瑞珍担任副主席;1997 年,增选王德煌担任副主席。据 1987 年 12 月底统计,全校有归侨 124 人,侨眷 58 人;1990 年,全校有归侨 118 人,侨眷 83 人;1997 年,全校有归侨 100 人左右,侨眷 125 人左右。

侨联在校党委领导下,主要进行以下工作:(1)宣传党和国家的侨务政策,并协助学校党委和行政在北大具体落实。(2)组织归侨、侨眷学习。(3)向有关部门反映和解决归侨、侨眷的困难和问题。(4)组织多种形式的联谊等活动。(5)鼓励归侨利用他们与海外亲友的广泛联系,为祖国的四化建设和学校的发展做贡献。如 1982 年到 1984 年学校通过归侨教师等途径,聘请了四十多位知名华侨、华人学者来校讲学,举办学术讨论会和研究生暑期讲座等,取得了很好的效果。又如 1993 年 11 月,经印尼归侨周南京教授穿针引线,菲律宾慈善家龚诗贮博士设立的基金会先后捐献 50 万美元,赞助《华侨华人百科全书》(共 12 卷,1500 万字)和"北大华侨华人研究中心丛书"的出版。

第二十五章　北京大学汉中分校

一、概况

　　1964 年 5 月 15 日至 6 月 17 日,中共中央在北京举行工作会议。毛泽东在会上提出新的战略防御设想,其中一个主要内容是把我国分为第一线(沿海地区)、第二线(中部地区)、第三线(后方地区,包括西南的云、贵、川,西北的陕、甘、宁、青)三个地区,提出要下决心搞三线建设。1964 年11 月,根据高等教育部关于北大到三线建分校的指示,学校派遣以周培源副校长为首的一行人,赴陕西汉中进行实地考察,选择建分校的地址。经过考察研究,并征得陕西省委同意,学校向高等教育部报告,拟将北京大学分校建在陕西省汉中褒城地区。1965 年 3 月 4 日,国家计委党组、国家经委党组、国务院文教办公室联名下文,批准北京大学 1965 年在陕西省汉中褒城建分校。同年 3 月 8 日,高等教育部批准北京大学在汉中地区所建分校的规模为:设置 7 个专业(力学、无线电物理、声学、计算机、原子核物理、电子物理、放射化学);在校学生 1700 名,其中本科生 1500 名,研究生和进修教师 200 名(稍后调整为 300 名);教职工总编制 930 人,其中教学、行政人员 600 人,专职科研人员 200 人,附属工厂 100 人,附属单位 30 人。分校编制的人员主要从本校调剂解决,本校不能调剂解决的,可以提出补充方案,另案报批。批准分校从 1965 年起,三年内新建校舍 82000 平方米,预计用地 360 亩(1965 年 4 月,陕西省批准分校用地 442 亩,5 月又增加98 亩,共 540 亩),建筑安装总投资 1019.65 万元(不包括设备购置费)。由于这项基建工程是 1965 年 3 月批准的,所以工程的代号为北京大学"653"工程。由此,这个分校称为北京大学 653 分校。1966 年 5 月,校党委常委会决定 653(汉中)分校定名为北京大学分校,因为它设在汉中,所以称为北京大学汉中分校,不过在日常的工作和生活中仍常称其为 653分校。

　　1965 年 4 月 6 日,校党委常委决定,由周培源、黄一然两位副校长主持 653 工程。同年 7 月,校党委常委会指定总务处副处长沈承昌兼任 653

工程办公室主任,并组建由设计、施工、材料、财务等方面人员组成的管理班子,统一领导和管理工地的各项工作。

1965 年 6 月 21 日,653 工程正式开工,至 1965 年年底,工开面积达 35431 平方米,竣工面积为 17066 平方米(包括 3 栋集体宿舍楼、1 栋住宅楼和学生食堂等)。当年完成投资为 284.4 万元,占当年投资计划 400 万元的 71%。年末,现场全部工程人员 1200 多人,其中建筑安装工人 800 多人。到 1966 年 4 月,施工 31 个项目(教学用房 12 项,生活用房 19 项),面积共计 54887 平方米,其中已竣工 13 个项目,面积 22386 平方米,共完成投资 371 万元。

1966 年 2 月 23 日,校党委常委会决定:周培源副校长负责汉中分校的工作;按边建边迁、备战急需的物资先行搬迁的原则,制定数学力学系的力学专业、无线电系、技术物理系的仪器设备和放射性物质的搬迁计划,组织搬迁;上述三个单位有关的教职工和一年级(1965 级)学生于 1966 年 3 月 15 日前迁往汉中分校,至 1966 年 5 月底,汉中分校共有师生员工 400 余人。

1966 年 6 月 1 日晚,中央人民广播电台根据毛主席的批示,全文播发聂元梓等 7 人签名的攻击北大党委和北京市委的大字报《宋硕、陆平、彭珮云在文化革命中干了些什么?》。当晚,中共中央华北局派出(后改为中共新北京市委派出)以张承先为组长的工作组进驻北大。6 月 11 日,汉中分校工地党委书记马振明和副书记牟慎之被贴了许多大字报,并被批斗,工地党委陷于瘫痪,工程也陷于半停工状况。6 月 24 日,分校师生分三批共 240 余人返回总校。6 月底,北京市委驻北京大学工作组派出以桂挹清、蔡仲德为正副组长的工作组进驻 653 工程基地。7 月下旬,市委驻北大工作组被撤销,成立以聂元梓为主任的"北京大学文化革命委员会筹委会"。8 月 13 日,根据中共北京市委的指示,市委驻北大工作组全体人员撤离北大,集中到市委党校整训。8 月 14 日,校"文革"筹委会命驻汉中 653 工程基地工作组撤回校本部,去市委党校参加整训。653 工程基地虽有这些变动,但工程建设还在继续,一直到 1967 年 11 月才停建。停建时,已完成建筑面积 62000 平方米,投资 1000 万元左右。完成的项目包括学生和教工宿舍楼 10 栋,教学楼 4 栋及食堂、浴室、图书馆、汽车库、锅炉房、实验室、工厂等。未完工的项目有技术物理系 2 号楼、图书馆增建部分、小学、幼儿园、医院、暖气供应设备等。

1968 年 10 月 19 日,为了完成 653 工程未完工的项目和领导 653 工程办事处的"文化革命"运动(当时北大在 653 工程办事处有 120 余人),校"文革"决定成立 653 工程办事处领导小组,负责处理办事处对内对外事宜。领导小组组长李贵海,副组长邹贞富、高云鹏,组员有刘必佐、侯颜贵、蒋明等人。

1969年10月20日,驻校工人、解放军毛泽东思想宣传队领导小组、校革委会召开全校战备和教育革命动员大会,宣布宣传队和校革委会的决定:师生员工分赴江西、陕西汉中和北京远郊区,走与工农兵相结合的大道,做旧教育制度的批判者、新教育制度的探索者、社会主义社会的普通劳动者。10月24日至27日,技术物理系、无线电系和数学力学系力学专业的师生1150人分三批赴汉中分校。其中教职员工289人,工、军宣队54人,学生(1963、1964、1965级)807人。根据总校的规定,分校的师生员工全部按照军事体制编为连、排、班。当时共编成四个连。第一连是数学力学系的力学专业,第二连是技术物理系,第三连是无线电系,第四连是基建、总务、行政、后勤等方面人员。

1970年春季,1963、1964、1965级学生毕业离校。同年5月29日,总校宣传队领导小组和校革委会批准分校成立革命委员会,革委会主任孙廉忠(军宣队),副主任徐景森(军宣队)、刘文元(工宣处)、刘家祯(教员)。6月3日,中共北京大学汉中分校委员会成立,党委会正、副书记由革委会正、副主任担任。

1971年2月,分校党委组成人员进行了调整。调整后的党委书记为王邦周(军宣队),党委副书记仍为徐景森、刘文元、刘家祯。与此同时,分校革委会的负责人也进行了调整。调整后的革委会主任为王邦周,副主任为田志武、刘家祯、李振玉。

1970年,为了贯彻毛主席的指示精神,把分校建成以学为主、亦工亦农的社会主义大学,将教学同科学研究、生产劳动有机结合起来,分校领导以原来的无线电工厂和技术物理系工厂为基础,把原来设计为分校教研、科研服务的3500平方米的厂房改造成为生产性的电子仪器厂。因为总校已有一个电子仪器工厂,所以此厂称为电子仪器二厂。电子仪器二厂下设"212"雷达车间(又称电子设备车间、无线电车间)、半导体元件车间、金工车间三个车间。

1970年9月,汉中分校招收的第一批工农兵学员148人入学。

到1971年年底,汉中分校共有师生员工973人,其中教职员工849人,工农兵学员106人(1970年入学时为148人,其中射流技术专业的学习时间为半年,此时该专业的42名学员已毕业离校。1971年分校未招生,所以只有106人),临时工18人。各单位的人数见下表。

1971年年底汉中分校各单位教职员工和学生人数统计表

单位＼人数＼职务	总计	教职员												工人		学生
		教授	副教授	讲师	教员	助教	教辅人员	职员	技术人员	医务人员	工作人员	其他	小计	工人	徒工	
全分校	973	2	6	43	16	198	55	67	23	19	63	7	499	244	124	106
一连	127		3	12	1	40	13	3			7		79	6	1	41
二连	167	2	3	22		81	21	4	2		17	1	153	10	4	
三连	189			2		35	11	8	4		21		81	35	8	65
四连	130					3		3	5		1		12	69	49	
五连	85			4	1	18	2		3		15	1	44	16	25	
六连	83			1		3		1	4				9	44	30	
农场连	44			3		9	2	5	5	4	1		29	14	1	
后勤连	73			1		2	2	12			15	5	37	36		
办公室	75				12	7	4	31				1	55	14	6	

说明：上表各连所属的单位：一连为力学系（原来的力学专业）；二连为技术物理系；三连为无线电系；四连为电子设备车间；五连为半导体元件车间；六连为金工车间；农场连为"五·七"农场。

1972年8月18日，北大党委常委会决定，由马石江任汉中分校党委书记、革委会主任，王永成、刘家祯、田志武任分校党委副书记、革委会副主任。

1972年9月初，根据总校关于管理体制调整的指示，分校将原来按解放军连队建制的体制，改为按系（厂）、教研室（车间）建制的体制。系（厂）建立党总支和革委会，系以下按专业设教研室，厂以下设车间。党支部一般建在教研室或车间。教师和学生分开设立党支部。分校的体制调整工作于10月中旬基本结束。体制调整后，分校成立三个系和两个相当于系一级的单位：力学系、技术物理系、无线电系、校务组、校办工厂（电子仪器二厂）。力学系下设流体力学、固体力学、一般力学三个教研室。技术物理系下设核物理和核理论、加速器、放射化学三个教研室。无线电系下设无线电物理、电子物理、波谱学与量子电子学、半导体器件物理四个教研室。电子仪器二厂下设四个车间：无线电车间、半导体元件车间、金工车间、动力车间。校务组下设九个组：财务组、工程修建组、生活组、汽车队、幼儿园、医务组、"五·七"农场、附中附小、教改组。体制调整后各单位的教职工人数为：力学系 65 人，技术物理系 116 人，无线电系 101 人，公共基础课教师 65 人，校务组和校办工厂 669 人。全分校共 1016 人（不包括工农兵学员）。

1974 年 3 月，分校根据总校的指示，改革教学组织体制，取消现行的教研室，建立师生合编的专业，教研室主任、副主任改为专业正副主任，并规定副主任中要有一名工农兵学员或工人。专业下设教学组、科研组，学生按年级成立班委会。

1974 年年底，汉中分校共有教职员工和学生 1543 人，其中教职员工 961 人，学生（均为普通班）582 人。各单位具体人数见下表。

1974 年年底汉中分校各单位教职员工和学生人数统计表

单位	总计	教职员											工人		学生
		教授	副教授	讲师	教员	助教	教辅人员	职员	技术人员	医务人员	其他	小计	工人	徒工	
全分校	1543	2	6	34	101	207	42	102	39	23	4	560	317	84	582
力学系	220		2	9	10	50	9	5				85	1	3	131
技术物理系	436	2	3	18	23	95	15	5	7			168	4	6	258
无线电系	312		1	5	30	50	11	2				99	7	13	193
校办工厂	202						4	7	20			31	147	24	
校务组	219			1	1		2	27	9	23	4	67	128	24	
机关	64			1		5		39				45	18	1	
基础课	14			1	8			1				10	2	2	
计算机	19				3	6	1	1	3			14	4	1	
图书馆	13							13				13			
附校	28				26			2				28			
印刷厂	16												6	10	

1975 年 3 月 13 日，国务院同意北京大学汉中分校实行陕西省和北京大学双重领导，以北大总校领导为主，党组织隶属于北大总校。同年 4 月，汉中分校党委向陕西省委报告分校组织机构设置情况，以便对口指导：分校党

委、革委会下设办公室、政工组、教改组、校务组四个行政机构；设六个党总支，九个分总支，三十八个党支部；同时，向陕西省教育局报告分校教学、科研、生产、基本建设诸方面的情况和1976—1985年的规划。

1976年1月，汉中分校党委向总校提交《北大汉中分校基本建成》的报告。报告说，汉中分校从1970年开始招生，已有两届292人毕业，现在在校的师生员工共1786人，其中普通班（学习年限为3—3.5年）学生620人。在办好普通班的同时，分校为三线的工厂、农村办了50期短训班，培养2100余人；帮助工厂、生产队办了6所"七·二一"工人大学和5所农民"五·七"政治夜校。

1976年初，总校党委报经市委科教组批准，任命赵庆元（工宣队）为分校党委副书记、革委会副主任，批准汪永铨任分校党委常委、革委会副主任，同时任命一批工宣队员担任各级领导职务以加强工人阶级对学校的领导。

1976年10月6日，中央粉碎"四人帮"后，汉中分校按照总校的部署，开展了"揭、批、查"运动。揭、批就是揭发、批判"四人帮"及其骨干分子迟群、谢静宜的反革命罪行，揭发、批判北大党委书记王连龙、副书记魏银秋、郭宗林追随"四人帮"、迟、谢在北大犯下的罪行。查就是清查与"四人帮"阴谋活动有牵连的人和事。

1977年9月28日，中共中央通知：调周林任教育部副部长兼北京大学党委书记。接着，中共中央组织部和北京市委又调高铁、韦明任北京大学党委副书记。

1977年11月23日，驻北京大学工、军宣队撤离北大，驻汉中分校工、军宣队也撤离分校。

1978年4月28日，总校党委根据邓小平副主席指示，为了集中人力物力把北大办好，决定撤销北京大学汉中分校。

二、分校的政治运动

1970年1月，总校宣传队决定开展清查"五一六"反革命阴谋集团的运动，要求开展大揭发、大批判、大清查。这时，中共中央又于1970年1月31日和2月5日分别发出《关于打击反革命破坏活动的指示》和《关于反对贪污盗窃、投机倒把的指示》《反对铺张浪费的通知》。宣传队又遵照这些指示，开展"一打三反"运动，并把清查"五一六"运动与开展"一打三反"运动结合起来进行。

"五一六"反革命集团，原指北京一个人数很少的名为"首都五一六红卫兵团"的极左小组织。他们利用1967年5月"五一六通知"在报刊上公开发表的时机，打着贯彻这一通知的旗号建立秘密组织，进行秘密活动，散发攻击诬陷周恩来总理的传单和标语。这个反动组织当年就被清查出来，为首的分子也被逮捕，问题基本解决。但林彪、江青一伙接过清查"五一六"的口号，夸大这个反动小组织的能量，任意扩大范围，以达到他们不可告人的目的。

1970年1月27日，原"校文革"副主任孙蓬一等给学校宣传队贴大字报，指责宣传队不抓"五一六"反革命分子，犯了右倾错误。2月6日，总校宣传队领导小组和革委会召开全体会议，迟群（校宣传队领导小组成员、校革委会党委）在会上发言，对孙蓬一等人的大字报进行批判，说他们表现为极左，实际上是右的；孙蓬一的问题，实质是要向工人阶级夺权。会议决定对"校文革"搞武斗、搞逼供信、打死中学生等问题要清查。2月24日，北大江西鲤鱼洲农场召开全场大会揭发批判孙蓬一，"要揭穿孙蓬一资产阶级右派的真面目"。3月5日，汉中分校向师生员工传达迟群在总校革委会上批判孙蓬一的讲话，播放鲤鱼洲农场批判孙蓬一大会的录音。会后，各连队分别组织讨论，召开揭发批判会，开展清查工作。

1971年2月6日，总校召开掀起清查"五一六"反革命阴谋集团新高潮大会，由宣传领导小组负责人王连龙作了动员报告。2月9日，总校宣传队领导小组、校革委会再次召开揭发、批判聂元梓的大会。这次大会主要揭发、批判聂元梓在"文化大革命"中策划武斗、打死无辜学生及其两面派问题。2月22日，分校领导组织全校师生员工和家属听总校揭发批判聂元梓大会的录音，号召深入开展清查"五一六"反革命阴谋集团运动。会后，分校各系（厂）和后勤等单位成立调查组，召开调查会、政策讲用会等，对"文化大革命"期间成立的一些组织进行调查。不过到1973年2月清查运动基本结束，并未查出分校有"五一六"反革命分子。

1971年9月13日，林彪叛逃，坠机身亡。10月29日，北大按照中央的规定，开始先党内后党外向全校党员、师生员工、家属及中小学学生传达有关林彪"九一三"叛国事件的文件和毛主席最近的指示。汉中分校听了传达之后，按照总校的部署，组织师生员工学习中央文件和毛主席1970年8月31日在庐山会议上写的《我的一点意见》，开展"批、肃、划"运动，即批林（彪）贼、肃流毒、划界限运动。到1972年5月，这一运动暂告一段落。1972年8月中旬和下旬，分校先后举办批林整风骨干学习班和群众批林整风学习班，继续学习中共中央有关文件、毛主席的《我的一点意见》和毛主席1966年7月8日写给江青的一封信，深入批判林彪的反革命罪行。

"九一三"事件以后，周恩来总理审时度势，抓住"批林整风"，提出要批判极"左"思潮和无政府主义，着手纠正"文化大革命"的某些严重失误，包括教育方面的某些严重失误。1972年7月2日，周总理在会见美籍华人杨振宁时，表示赞赏他关于加强我国基础理论研究和研究人才培养的看法，并对当时在座的北大革委会副主任周培源教授说："北大的基础理论水平低是怎么回事？""你回去把北大理科办好，把基础理论水平提高，这是我交给你的任务。"7月20日，周培源写出关于加强我国基础理论的教学和研究的意见。周总理于7月23日批给国务院科教组和中科院有关负责人，强调"要认真实施，不要如浮云一样，过了就忘了"。对于周总理的这些指示，总校和汉中分校领导都表示要认真贯彻，要切实加强基础理论的教学和研究。但是周总理批判极"左"思潮的努力，遭到"四人帮"和迟群等的强烈反对。他们认为林彪路线不是极"左"，而是极右；认为批极"左"、提高基础理论是资产阶级的"右倾回潮"。1972年12月，毛主席在同张春桥、姚文元的谈话中支持他们的意见，说："极'左'思潮少批一点吧！"林彪"是极右。修正主义，分裂，阴谋诡计，叛党叛国"。这样，总校和汉中分校又从批极"左"转为批右、批修、反对"右倾回潮"。1973年7月，毛主席又在一次谈话中把批林与批孔、批尊孔反法（指法家）联系起来。他认为林彪与历代反动派一样，都是尊孔反法的。

1973年11月5日，总校党委召开全校开展"批林批孔"总结教育革命动员大会，要求在全校揭露修正主义、资产阶级世界观的种种表现，掀起批判修正主义、批判资产阶级世界观的新高潮。大会后在全校开始了"反右倾回潮"运动。11月10日，分校召开全校大会，播放了王连龙在总校全校大会上所作动员报告的录音。会后，分校各单位表示要"以教育革命的巨大成绩回击阶级敌人对无产阶级教育革命的攻击"，并组织师生员工批判"唯条件论""唯生产力论""汉中办不了分校论"，说"汉中办不了分校"是贪念大城市生活、害怕艰苦的资产阶级世界观的反映，是因为头脑中有一个资产阶级旧大学的"模式图"，是修正主义教育路线的流毒。1974年，分校继续把批林批孔作为头等大事来抓，并把批林批孔与批修正主义教育路线、批右倾回潮联系起来，如把批孔孟的"唯上智与下愚不移"与批"工宣队领导教育革命是胡折腾、瞎指挥"联系起来。

1975年1月，总校党委和革委会召开学习朝阳农学院经验大会。会上传达国务院科教组副组长、北大党委常委迟群的讲话。他说，"朝农的学生毕业当农民，社来社去挣工分"，"这是'文化革命'的新生事物，是教育革命中具有战略意义的经验"。总校党委书记王连龙在会上强调，工农兵学员来自工农，要不脱离工农，"大学要走向社会，开门办学，结合战斗任务组织教学"。遵照总校党委的指示，分校立即举办党支部书记以上干部学习班，学习朝农经验，批判修正主义教育路线。学习班结束后，分校加强了"开门办学，结合战斗任务和典型产品组织教学"的强度，组织大批师生到工厂边工边读。到 1975 年中旬,全分校 29 个班 600 多名学员中就有 11 个班 320 多名学员和 70 余名教师、干部到 12 个工厂,结合战斗任务和典型产品组织教学。

1975 年 11 月 12 日,总校党委常委开会,传达毛主席对清华大学党委副书记刘冰等人给毛主席的两封信的指示精神。刘冰等人于 8 月 13 日和 10 月 13 日两次给毛主席写信,揭发迟群由于个人野心没有得到满足,对毛主席、周总理不满,攻击中央领导同志,还揭发迟群毫无党的观念,搞一言堂、家长制的恶劣作风等。10 月下旬,毛主席对刘冰等人的信做了批示:刘冰等人的信矛头实际上是对着我的,并介绍清华进行"教育革命大辩论"、批判刘冰等人的情况。校党委常委会讨论认为,刘冰等人的信反映了两条路线斗争。有些人想否定"文化大革命",这是斗争的实质。11 月 17 日,总校党委召开党支部书记以上干部大会,动员、部署开展"教育革命大辩论""反击右倾翻案风"运动。

1975 年 12 月 3 日,分校党委根据总校党委的部署,召开分校党支部书记以上干部会,传达毛主席对刘冰等人二封信的指示精神,并收听了清华大学全校大会批判刘冰等人的录音。12 月 29 日,分校召开全校大会,批判"右倾翻案风"。

1976 年年初,"反击右倾翻案风"运动继续升温,"四人帮"逐步把斗争的矛头公开指向邓小平,把"反击右倾翻案风"运动发展为"批邓、反击右倾翻案风"运动。1976 年 1 月 27 日至 2 月 20 日,总校党委召开七次扩大会议,点名批判邓小平,认为邓小平是翻案复辟的总后台、右倾翻案风的总根子、修正主义在中央的总代表。2 月 16 日,分校党委召开全校大会,播放总校党委扩大会议批判邓小平的录音,在分校掀起"批邓、反击右倾翻案风"运动的高潮。

1976 年 10 月,中央一举粉碎"四人帮"后,汉中分校于 10 月 21 日召开全校大会,由分校党委书记传达华国锋主席的讲话和党中央粉碎"四人帮"的决策。传达后,分校师生员工当晚举行庆祝游行。接着分校各党总支、党支部各班组接连召开声讨会,揭发、批判"四人帮"和迟(群)、谢(静宜)的反革命罪行。10 月 30 日,分校召开全校大会,由分校党委书记汇报分校党委对"四人帮"及迟、谢插手北大大干坏事对分校的影响进行初步清查的情况,并进行了自我批评。

1977 年 3 月 26 日,总校召开万人大会,揭发、批判王连龙、魏银秋、郭宗林追随"四人帮"严密控制北大的罪行。这以后,分校也对王、魏、郭的罪行进行了揭发、批判。

1977 年 6 月 20 日,分校党委召开扩大会议,传达、贯彻华国锋主席关于科技工作的重要指示，并结合分校情况提出举旗抓纲、深入开展"一学二批三大讲"活动。"一学"即学习"毛选"五卷。"二批"即深入揭发、批判"四人帮"的罪行，并结合北大实际，深入揭批"四人帮"、迟、谢和王、魏、郭的罪行。"三大讲"即大讲"四人帮"对党、对国家、对干部、对群众的严重危害，大讲广大干部和群众对"四人帮"的抵制和斗争，大讲华主席抓纲治国的战略决策和我们紧跟华主席的决心。

从 1977 年 2 月开始，汉中分校按照总校党委的部署，开展清查与"四人帮"阴谋活动有牵连的人和事。1977 年 9 月 16 日，总校党委常委开会讨论分校揭批"四人帮"和清查的情况。会议认为，经过清查，问题基本清楚：(1)分校没有发现帮派成员；(2)分校校系两级没有发现打小报告、写黑信的；(3)没有发现同"四人帮"、王、魏、郭搞阴谋活动的人和事；(4)没有发现插手外单位的运动。但是，分校从路线上执行"四人帮"那一套很严重，总校推行的分校基本上都执行了。

1977 年 9 月 19 日，邓小平副主席在同教育部主要负责同志谈话中指出："'两个估计'是不符合实际的。……对这个纪要要进行批判，划清是非界限。""毛泽东同志的'七·二一'指示要正确地去理解。""并不是所有大学都要走上海机床厂的道路。""清华大学、北京大学恐怕不能这样办。"1977 年 10 月 20 日，邓副主席在接见周林等北大同志时，对北大工作作了重要指示，指出："北大首先要揭批'四人帮'。华主席讲'抓纲治国'嘛，你们就应该抓纲治校。""对与'四人帮'有牵连的人要查清，他们要检讨，要看他们的态度。""要编好教材。教师本身要加强研究。要给他们一些时间。""对学生重要的是打基础。不打好基础，搞专业不行。"

1977 年 11 月 22 日，分校召开全校大会，传达上述邓副主席谈话精神，传达周林 11 月 10 日在总校召开的揭批"四人帮"动员大会上的报告和教育部长刘西尧在会上的讲话。传达后，分校的师生员工纷纷表示，一定要在总校新党委的领导下，打好揭批"四人帮"这一仗，抓纲治校，搞好教育革命和各项工作。此后，分校召开了多次揭批"四人帮"的大会，同时抓了以下几项工作：(1)按照邓副主席讲话精神，审查修订 1975 级、1976 级的教育计划。(2)恢复教研室建制，加强对教学、科研工作的领导。(3)采取措施，保证教师和科研人员有六分之五的时间从事教学和科研工作，学生有百分之八十的时间学习业务知识，工人有六分之五的时间搞生产。

三、分校的教育革命

1969 年 10 月底，技术物理系、无线电系和力学专业的师生员工迁到汉中分校后，驻分校宣传队号召大家加强战备观念，加速三线建设，并组织大家进行以下三项工作。一是开垦分校范围内的荒地,将之建成可供师生学农的农场。当时共开荒地五十余亩,并挖了水井,抢种了小麦。二是铺设各种管道、电缆三万多米,修建了动力站,建设电子仪器厂的生产车间和可供教学、科研用的实验室。三是先后组织16个教改小分队到工厂、农村,边劳动边探索教育革命的路子。

　　1970年6月27日,中共中央批转北大、清华联合上报的《北京大学、清华大学关于招生(试点)的请示报告》,供各地区参考。当年,按照中央的批示,北大(包括汉中分校)招收了第一批工农兵学员。分校制定并经总校同意的招收和培养工农兵学员的办法和此后的变化情况如下。

　　(一)专业设置:当时总校提出的专业设置的基本原则为:直接结合工农业生产技术的实用专业,新建与工业、农业对口的专业和设置一些为"无产阶级文化大革命"服务的文科专业。据此,分校决定设置力学、无线电物理(当时称之为雷达)、射流技术等三个专业。1972年,总校决定恢复设置一些基础学科专业。当年分校共设五个专业:力学专业、原子核物理专业、放射化学专业、量子电子学专业(因其侧重于原子频率标准方面的理论与技术的学习,故又被称为"频标"专业)、半导体器件物理专业。1974年,力学系的力学专业分为流体力学、固体力学、一般力学三个专业,增设惯性导航专业;技术物理系增设环境分析化学专业;无线电系将量子电子学(量子频标)专业分设为量子电子学和量子频标两个专业。1975年3月,分校决定无线电系的半导体器件物理专业转由电子仪器二厂主办。1976年技术物理系又增设加速器专业。至1976年7月,分校各系(厂)共设13个专业:力学系的流体力学专业、固体力学专业、一般力学专业、惯性导航专业;技术物理系的原子核物理专业、放射化学专业、环境分析化学专业、加速器专业;无线电系的无线电物理(雷达)专业、量子频标专业、量子电子学专业、电真空物理专业;电子仪器二厂的半导体器件物理专业。

　　(二)学制:开始时普通班定为三年,短训班和进修班定为一年左右(分校的射流技术专业短训班实际学习时间为半年)。由于工农兵学员入学前的文化水平参差不齐,普遍偏低,学习理科困难很大,总校经领导批准,从1972年入理科的工农兵学员开始,在三年学制之外,增加半年左右的时间,补习中学数、理、化等文化课。汉中分校决定普通班均按总校的办法办理。

　　(三)学生条件和招生办法。学生条件:政治思想好、身体健康且有三年以上实践经验、年龄在20岁左右,有相当于初中以上文化程度的工人、贫下中农、解放军战士和青年干部。但实际上招收入学的工农兵学员,多数只有小学和初中的文化程度。招生办法:废除招生考试制度,实行群众推荐、领导批准和学校复审的办法。

按照上述规定,汉中分校各专业历年招收工农兵学员的人数见下表。

汉中分校历年招生人数统计表

系别	专业	招生人数											
		1970年		1972年		1973年		1974年		1975年		1976年	
		普通班	短训班	普通班	短训班	普通班	短训班	普通班	短训班	普通班	短训班	普通班	短训班
力学系	力学	41		48						30			
	射流技术		42										
	流体力学					14							
	惯性导航								17				
	固体力学					25		33				32	
	一般力学					11							
技术物理系	原子核物理			50				61		55		34	
	放射化学			46		20		43		50		48	
	环境分析力学							45		45			
	加速器											15	
无线电系	无线电物理(雷达)	65				30		32				28	
	量子频标			20					39				
	量子电子学							27				22	
	电真空物理							33		25			
	半导体器件物理			49				20				39	
合　计		106	42	213		100		294	56	205		218	

说明:1974年技术物理系招收进修班30人,因未定专业,故未列入上表。

　　(四)培养目标和课程设置。培养目标:当时规定"培养高举毛泽东思想伟大红旗,无限忠于毛主席、无限忠于毛泽东思想、无限忠于毛主席革命路线的全心全意为社会主义革命和社会主义建设服务的有文化科学理论又有实践经验的劳动者",为所有专业共同的目标。各专业加上本专业业务方面的要求即为专业的培养目标。如1970年招收普通班学员的无线电专业(雷达专业)规定的业务方面的要求为:掌握雷达的基本理论和技术,能够从事雷达方面的科学研究、设计和生产的劳动者。同年招收短训班学员的射流技术专业规定为:掌握射流元件基本原理、制造工艺以及射流控制线路设计与调试的基本技能的工人技术革新骨干。

课程设置方面,如无线电物理专业(雷达专业)设置课程:(1)政治课:以毛主席著作为基本教材同时认真读马列的书(党中央指定的六本马列著作)。每天坚持天天读一小时,每周政治学习三小时。与此同时,以阶级斗争为主课,组织学员积极参加学校的各项政治运动和深入持久的革命大批判。(2)军体课:以战备教育和军事训练为主,组织野营拉练,开展体育活动。(3)劳动课:组织学员参加校内外农副业生产劳动和建校劳动,每周半天,农忙时集中劳动。(4)文化课:数学、物理、英语、雷达简介、晶体管电路、微波、天线、雷达设备。射流技术专业的文化课设有射流技术概况、射流原件原理及制造工艺、射流技术的发讯装置、射流源控制线路的逻辑原理和设计方法。

1973年分校总结两年多教育革命的经验,对培养目标中业务方面的要求和课程设置有一些变化,主要是加强了基础课的教学。如将1972年设置的量子电子学专业(电子频标专业)业务方面的要求改为:掌握量子电子学(本届着重量子频标方面)的基础理论知识和基本技能,能够从事量子频标的研制和维护、使用等工作,也可以从事一般波谱学与量子电子学方面的科研和教学工作。该专业的课程设置定为:(1)政治课:中共党史、哲学、政治经济学,每周4学时;形势与任务课每周2—3学时;每年安排参加政治运动4周。(2)军体课:体育课和体育活动每周5学时,另有战备活动和野营拉练。(3)劳动课:三年安排一次校内集中劳动(2周,在第一学年),一次下农村学农(2周,在第二学年),一次到解放军连队当兵(2周,在第三学年)。平时参加校内建校劳动和农场的农副业劳动,每2周一次,一次4小时。(4)文化课:英语、高等数学、普通物理、原子物理、数理方程、无线电基础、微波基础、量子力学、波谱学基础、量子电子学基础、量子电子学实验方法、量子频标专题。

按照上述课程的设置,量子频标专业每学年学时的分配大致为:每年除暑假4周、寒假1周,有47周,每周按52学时(白天48学时,加两个晚上4学时)计算共2444学时。其中参加政治运动4周,平时政治理论课和形势任务课每周6学时,按38.5周计算共439学时,占总学时的18%;集中劳动与学军拉练3周,下厂下乡学工学农1.5周,平时劳动每周2学时,共302学时,占总学时的12.4%;体育课和体育活动每周5学时,按38.5周计算共192.5学时,占总学时的7.9%;文化课(包括3周考试时间和结合业务课的学习到工厂的劳动时间)共38.5周,每周39学时,共计1051.5学时,占总学时的61.4%。

(五)教学方法:强调开门办学,结合典型产品、科研任务、调查任务等组织教学。如1972级放射化学专业的学员到有关工厂,参加提纯铀、钍的生产劳动,结合学习"铀钍工艺学"、"萃取"、"化工装备"等课程。1973 级雷达专业学员到宝鸡 782 厂参加某种雷达的研制,结合学习"雷达设备及雷达电路"课程。放射化学专业环境分析化学方向的学员,到北京焦化厂、东方红炼油厂、化工一厂、化工二厂、农药厂等参加生产劳动,在劳动过程中,调查三废的来源与处理,结合学习"三废来源与处理"等课程;到西安、兴平等地对废气和食物中的含毒量进行调查分析,结合学习"有机化学""无机化学""仪器分析"等课程。固体力学专业的学员到北京参加冷却塔(科研项目)的应力实验活动,结合学习"应力分析"课和部分"电动力学"课。

1974 年 12 月,国务院科教组迟群等掀起学习辽宁朝阳农学院经验的热潮。朝农的办学经验主要是实行"几上几下"和"社来社去"。"上"是在学校学习,"下"是回生产队实践。每个学员每年要回队实践三四次,三年要回队实践一年。"社来社去"是指从人民公社招收来,毕业后回公社生产队当农民。1975 年 3 月,汉中分校学习朝农的经验,将半导体器物理专业转到校办工厂电子仪器二厂主办,并在该厂的半导体元件车间半工半读。到 1976 年 8 月,整个分校已有 11 个班(占分校班级总数的 61%)实行半工半读。

1976 年 10 月粉碎"四人帮"后,分校师生员工积极参加揭发批判"四人帮"、迟(群)、谢(静宜)破坏教育事业的罪行;揭发批判"四人帮"炮制的"两个估计";揭发批判"四人帮"反对周总理关于"要把北大理科办好,把基础理论水平提高""要加强基础理论的教学和研究"等指示的罪行。

1977 年 9 月,总校党委提出要做好 1975 级和 1976 级教学计划的调整工作,并下发《关于制订 76 级教学计划的几点意见》的通知。分校根据通知的精神,结合分校的具体情况于同年调整了 1976 级的教学计划。调整的主要内容为:(1)贯彻"以学为主、兼学别样"的原则,严格保证主学时间,努力提高教学质量,要做到主学时间占 80%,兼学时间占 20%。具体安排为,三年共 135 周,每周按 48 学时计,共 6480 学时。这些学时的分配如下:政治理论课 494 学时(中共党史、哲学、政治经济学各 140 学时,自然辩证法 74 学时),占 7.6%;业务课 4619 学时,占 71.3%;体育课,一、二年级安排,每周 2 学时,共 152 学时,占 2.3%;文娱、体育、民兵活动,每天 1 学时,共 810 学时,占 12.5%;形势教育活动,每周 3 学时,共 405 学时,占 6.3%。(2)加强业务基础课的教学。在 4619 学时业务课时间内,基础课安排约 2900 学时,专业课安排约 1700 学时(包括毕业科研训练学时)。

1977 年,汉中分校因高等数学、普通物理等基础课的师资不足,未招收新生。

四、分校的科学研究

(一)力学系

1970年年初,该系固体力学教研室承担汉中地区石门拱坝的应力计算和实验研究,编写出拱坝按试载法计算的程序,并计算出多种方案中的坝体应力。同时,对拱坝坝址进行弹性模量测试及爆破开腔影响深度的实验研究,为设计、施工提供具体的定性和定量的资料。同年,该系射流小组的师生,运用射流机理研究射流控制车床,经过半年多的努力,完成了五台不同类型射流车床的制作。这项成果用于生产,提高了生产效率。

1973年6月,力学系接受水电部科技司提出的"关于大型自然通风冷却塔的风载和结构强度的研究"课题,并与水电部水电科学研究所(代表水电部)签订"关于冷却塔科学研究协议书"。该协议书规定自1973年第三季度开始此项研究,至1976年上半年完成。至1974年年底,力学系已完成了以下项目:(1)关于冷却塔所受风压分布:进行了在剪切流和均匀流作用下单塔和双塔外表面上风压分布的风洞模型试验,根据所测得的十几万个数据绘制出图表和写出总结报告。(2)关于结构强度:进行了等厚度塔模型强度试验,并获得实验数据。在自重、风载和温度差的作用下,按"有矩理论"编制出有限元计算程序,经过若干个算例,结果良好,并写出总结报告。力学系曾利用此项研究成果,在水电科学研究所组织的短训班上讲授该程序的编制和应用。(3)翻译了有关塔身强度分析的国外文献五篇,其中三篇已由水电部水电科学研究所出版。

1975年,力学系又进行了塔群的风洞试验、风载静力试验和塔身力强度分析。

(二)技术物理系

该系的原子核物理专业,根据当时核科学的发展情况,将重离子核物理列为科研的重点方向。1972年5月,该专业开展"重离子螺旋波导直线加速器(模型)"的研制工作。该专业的研制组通过理论分析与工艺研究,采用强度高的螺线耦合结构和调整负载因子等办法,经两年努力,建成一台可稳定运行的样机。由于汉中分校没有前级注入器和相关实验室,而当时北京师范大学有400千伏高压倍加器可作注入器,所以该系只能把样机建在北师大,与北师大合作建成一台高效的螺旋波导直线加速器。

1972年5月,技术物理系和上海先锋电机厂合作,研制4.5MV静电加速器,经过四年多的努力,建成了一台当时国内能量最高的单级静电加速器,为北大等高校和国防单位的有关专家提供了很重要的实验装置。

原子核物理专业在迁入汉中分校以前曾与国防科委九院合作,做过模

拟核爆炸的大剂量 γ 射线的测量。迁入汉中分校后,该专业继续进行这一工作,研制成 γ 射线探测仪。核物理专业还与放射化学专业、分校电子仪器厂合作,于 1976 年研制成 BD—62X 射线荧光分析仪。该仪器是一种便携式快速分析仪器,可以在不破坏样品的情况下对样品中的元素含量进行快速的定性定量分析,在冶金、地质、采矿、化工等部门得到广泛应用。

技术物理系放射化学专业在“文革”前进行过分离铀 235 的研究,迁入汉中分校后,该专业继续开展从贫铀矿中提取铀的研究,从含铀量为 0.03%、含钒量为 0.07% 的低品位的铀矿石中提取铀和钒,为国家开采低品位铀矿提取核燃料积累经验。1972 年,该专业还开展用离子交换法和电渗析槽法浓集铀 235 的研究,探索提取铀的新途径。

1974 年,技术物理系将放射化学专业的环境分析化学方向分离出来,成立环境化学专业。该专业与甘肃省环保所合作,接受国家重点项目“光学烟雾的形成及其机理研究”的任务,研究光化学烟雾中的主要成分 PAN 的基准物,并用红外谱仪及气质联用谱仪进行了鉴定。该专业还研究了氰离子选择电极的制备及其在复杂有机化工废水处理中的应用,为兰州化学公司污水处理厂解决废水中测氰的任务提供了监测方法。

(三)无线电系

无线电系在“文革”前曾进行过信息论、天线、超高频电子管、无线电测距仪、原子频标等方面的研究工作;迁入汉中分校后,于 1970 年 3 月与四机部 780 厂等单位协作,开始研制“212”雷达。该雷达为远程重型轰炸机的配套产品,为机载尾部保护雷达。其特点是扫探区域大,跟踪精度高,抗干扰性能强。1972 年上半年,该系研制成了三台样机,经四机部、海军航空兵部批准,于 1972 年 9 月在青岛北海舰队航空兵 4099 部队进行试飞实验。该实验于 1973 年 4 月结束。试飞实验的结果认为在正常工作情况下,在作用距离、角跟踪精度、截获与自动跟踪系统、大区域搜索周期、小区域分辨率等方面,已经达到战术指标要求,但是在整机工作稳定性及防海水、防盐雾、防腐蚀等方面尚需进一步改进。由于实际条件的限制,在校内建设生产“212”雷达的工厂困难很大,因此将这项成果上交给了国家三机部(即航空工业部)。

无线电系电真空专业在“文革”前曾进行过“O”型返波管的研制工作。“O”型返波管是通讯卫星地面工程的配套设备。1971 年 12 月,汉中分校与四机部 776 厂签订协议,双方共同协作研制 1.25 公分“O”型返波管。该项任务由分校无线电系电真空专业具体负责。该专业经过两年多的努力,研制出 1.25 公分“O”型返波管,是国内首创。此后,他们又陆续研制出 3 公分、7.5 公分、10 公分的系列“O”型返波管,获得 1978 年全国科学大会奖。该项成果移交给四机部 776 厂和 771 厂生产。

无线电系波谱学与量子电子学专业在"文革"前曾进行过原子频标的研究工作。迁入汉中分校后，该专业逐步恢复此项研究工作。1972 年 6 月，该专业接受四机部下达的与四机部 768 厂、707 厂等单位协作研制铷原子频标（又称原子钟）的任务。该专业承担量子部分（简称泵体）的研制。1974 年夏，该专业完成了五台性能样机。机器的性能达到了原定的设计指标：日稳定度 1×10^{-11} 天（即相当于三千年差一秒），秒稳定度达到 $3 \times 10^{-12}/10$ 秒（超过原定指标 $1 \times 10^{-11}/10$ 秒）。1975 年，与 768 厂、707 厂等单位协作小批量生产该原子频标。1976 年年初通过四机部的生产定型鉴定后，继续生产了 200 余台，为我国经济和国防建设做出了重要贡献。该研究成果获 1978 年全国科学大会奖。

此外，无线电系半导体器件物理专业与电子仪器二厂半导体元件车间合作，进行固体微波器件、固体组件、$3DK_4$、$3DG_{12}$ 等研制工作，亦取得可喜成果。

五、分校的校办工厂、农场

（一）校办工厂

1969 年 10 月，随力学专业、技术物理系、无线电系迁到汉中的有两个工厂——无线电工厂和技术物理系工厂。汉中分校以这两个工厂为基础，建成直属分校的电子仪器二厂。工厂下设"212"雷达车间、半导体元件车间和金工车间等三个车间。建厂初期，"212"雷达车间主要是与无线电物理专业、波谱学量子电子学专业合作，试制"212"雷达，同时生产 100 瓦扩大机，用于山区群众的收音和广播。半导体元件车间主要是试制高频小功率晶体管，为"212"雷达提供元件。金工车间则承担全分校的机械加工任务。1971 年，"212"车间在试制"212"雷达的同时，生产扩大机 39 台。半导体元件车间生产 3S3 晶体管 6 万只，$3DG_{1-7}$ 晶体管 1 万只。加上金工车间的加工费收入，当年工厂的生产产值为 156 万元。这时在工厂工作的人员为 298 人。工厂可同时接纳 400 名师生在厂劳动和生产实习。

1972 年 9 月，电子仪器二厂增加了一个车间，共有 4 个车间，即无线电车间（原来称"212"雷达车间）、半导体元件车间、金工车间、动力车间（新组建）。各车间与相关专业合作，试制和生产一批新的产品，如无线电车间试制和生产铷频标泵体、1.25 公分"O"型返波管、X 荧光分析仪、150MC 双踪示波器等，半导体元件车间试制和生产 $3DK_4$、$3DG_{12}$ 等类型的晶体管等。此后几年，工厂生产的产品和产值有所增加。到 1977 年，工厂完成的各类产品的生产情况见下表。

电子仪器二厂 1977 年完成各类产品生产情况表

产品名称	单 位	计划数	完成数	产值(万元)	备 注
3DK₄	万支		3.45	86.3	
3DG₁₂	万支		4.30	51.6	
DYFL−1A	台		150	16.5	
DY−71	台		100	4.6	
铷频标泵体	台		34	102	
BD−62 治疗仪	台		100	1.5	
150MC 双踪示波器	台		3	3	
BD−62X 荧光分析仪	台		10	30	
加工费	万元			6	
合计	万元	300		301.6	

（二）校办农场

1969 年和 1970 年,分校领导组织师生员工开垦分校范围内的荒地,办成一个可供师生学农的农场,称为"五·七"农场。当时,开垦荒地 50 余亩,后增至 100 余亩,养猪 80 多头,种果树 1800 余棵,并办了一个副食品加工厂。在农场的教职工 44 人,其中教职员、技术人员 29 人,工人 15 人。1971 年,农场收获粮食二万多斤,蔬菜八万多斤。教职工轮流到农场劳动,每半年或一年轮换一次。后来,因分校的教学任务加重,去农场的教员人数有所减少。

六、分校校、系(工厂、农场)领导成员名单

（一）分校领导成员名单

1966 年 2 月 23 日,校党委常委会决定,学校由周培源副校长负责汉中分校的筹建工作,并决定汉中分校临时领导班子由郑乐民、赵元果、朱照宣组成(稍后又增加了沈克琦),但临时领导班子并未进驻汉中分校。

1966 年 6 月 29 日,北京市委驻北京大学工作组派出驻汉中 653 工程基地工作组,组长桂挹清,副组长蔡仲德。但 7 月下旬,市委驻北大工作组被撤销,其成员于 8 月 13 日撤离北大,到市委党校整训。8 月 14 日,驻汉中 653 工程基地工作组亦撤回北京。

1968 年 10 月 19 日,校文革决定成立 653 工程办事处领导小组,组长李贵海,副组长邹贞富、高云鹏。

1969 年 10 月下旬,数学力学系力学专业和技术物理系、无线电系迁往汉中分校。1970 年 5 月 8 日,总校宣传队领导小组和校革委会批准汉中分校成立革委会,并任命革委会的正、副主任;6月3日,又批准汉中分校党委会成立,并任命党委的正、副书记。从1970年起,总校各年任命的党委会和革委会负责人的名单如下。

1970年5月8日:分校革委会主任孙廉忠(军宣队),副主任徐景森(军宣队)、刘文元(工宣队)、刘家祯(教员)。1970年6月3日:分校党委书记孙廉忠,副书记徐景森、刘文元、刘家祯。

1971年2月:分校党委书记王邦周(军宣队),副书记徐景森、刘文元、刘家祯;分校革委会主任王邦周,副主任田志武、刘家祯、李振玉。

1972年8月18日:分校党委书记、革委会主任马石江,党委副书记、革委会副主任王永成、刘家祯、田志武。

1972年11月:分校建立校务组。校务组不成立革委会只任命组长、副组长。当时,由总校批准,任命沈承昌为校务组组长,李振玉、刘必佐为副组长。1973年3月,又任命宋显绪为校务组副组长。

1973年3月:分校任命刘廉儒为技术物理系党总支书记,申锦琮为校办工厂党总支书记,田兆基为无线电系电总支副书记。

1975年2月:分校党委书记、革委会主任马石江,党委副书记王永成、刘家祯,由国栋、周恩厚、王伍法,革委会副主任王永成、王伍法。

1976年12月:分校党委书记、革委会主任马石江,党委副书记王永成、由国栋、周恩厚、刘家祯、赵庆元,革委会副主任赵庆元、汪永铨。

(二)分校各连、各系(工厂、农场)负责人名单,分校各连、各系(工厂、农场)负责人名单见下列各表。

1971年7月汉中分校各连负责人名单

单位	连长	副连长	政治指导员	副政治指导员
一连		刘儒沛、林钧敬		睢行严、秦寿珪
二连	郑连祥	刘元方	李认兴	石进元
三连		徐德林、赵宝玺		江永铨、段炳长
四连		蔡友林、宋学荣	张民权	杨金范
五连		张陶生、徐新友		白振统
六连		金瑞鑫、王有生		
后勤部		王开勋		陈淑华
农场连	赵泉礼	李星洪	侯彦贵	

注:一连为力学系,二连为技术物理系,三连为无线电系,四连为"212"雷达车间,五连为半导体元件车间,六连为金工车间。

1972 年 11 月分校各系（个）党总支书记、副书记名单

单位	书记	副书记
力学系党总支		秦寿珪（第一副书记）、夏维义、林钧敬
技术物理系党总支		刘激扬（第一副书记）、李认兴、胡济民
无线电系党总支	汪永铨	马西贵、白振统
校办工厂党总支	张福田	张民权、郭菊芳
校务组党总支	沈承昌	李振玉、刘必佐、赵宝玺

1972 年 11 月分校各系（个）革委会主任、副主任名单

单位	主任	副主任
力学系革委会		林钧敬、朱照宣、睢行严、刘汝沛
技术物理系革委会	胡济民	虞福春、郑连祥、刘元方
无线电系革委会	汪永铨	王义遒、李保忠、徐承和
校办工厂革委会	张福田	崔玉琢

1972 年 11 月分校各革委会主任、副主任名单

单位	主任	副主任
力学系革委会		林钧敬、朱照宣、睢行严、刘汝沛
技术物理系革委会	胡济民	虞福春、郑连祥、刘元方
无线电系革委会	汪永铨	王义遒、李保忠、徐承和
校办工厂革委会	张福田	崔玉琢

1975 年 6 月分校、各系（厂）党总支革委会和校部各组负责人名单

单位	党总支书记	党总支副书记	革委会主任、组长	革委会副主任、副组长
力学系	申锦琮	秦寿珪	林钧敬	睢行严
		林钧敬	（1975 年 8 月 29 日批准）	朱照宣
		邴先福		刘汝沛
技术物理系	刘廉儒	刘激扬	胡济民	郑连祥
		李认兴		刘元方
		包尚联		虞福春

单位	党总支书记	党总支 副书记	革委会 主任、组长	革委会 副主任、副组长
无线电系	汪永铨	白振统	汪永铨	王义道
		吕俊平		徐承和
				李保忠
校务组	沈承昌	刘必佐	沈承昌(组长)	刘必佐(副组长)
	周言恭(代)			
教改组	刘绍田(宣)	张宏健		
校办工厂	宋显绪	张福田	张福田	金瑞鑫
		李战波		崔玉琢
		成运花		尹利生
机关 直属支部	田兆基 (支部书记)	侯彦贵 (支部副书记)		

1976 年 12 月分校、各系(厂)党总支革委会和校部各组负责人名单

单位	党总支 书记	党总支 副书记	革委会 主任、组长	革委会 副主任、副组长
力学系	申锦琼	林钧敬	林钧敬	睢行严
		秦寿珪		朱照宣
		邴先福		刘汝沛
		姚洪林		
技术物理系	刘廉儒	李认兴	胡济民	郑连祥
		刘激扬		虞福春
		包尚联		刘元方
		王 录		

单位	党总支书记	党总支副书记	革委会主任、组长	革委会副主任、副组长
无线电系		白振统		王义遒
		吕俊平		徐承和
		郝国敏		李保忠
				尹会滨
校办工厂	宋显绪	张福田	张福田	张瑞鑫
		李占波		崔玉琢
		成运花		尹利生
		王凤堂		
校务组		刘必佐	沈承昌（组长）	
教改组		单元武 张宏健		刘为民（副组长）
		李春含		

七、分校的撤销

1976 年 1 月，汉中分校党委向总校党委提交《北大汉中分校基本建成》的报告。报告除阐述分校从 1970 年以来的办学成绩以外，也提出了分校当时存在的需要认真解决的一些问题：(1)迁到汉中后，教师失散较多，急需补充教师力量；(2)随着三结合基地的建立和工厂的扩大，也需增加工人；(3)原来的基建布局不能适应教学、科研、生产的需求，希望在"五五"计划（1976—1980）期间增加建筑面积 3 万平方米；(4)有些重点科研项目的经费、物资渠道不通，希望总校和上级有关部门帮助解决。对于分校提出这些问题和要求，总校没有作出回应。

粉碎"四人帮"以后，1977 年 8 月，汉中分校党委向总校党委报送《关于分校急待解决的几个问题》的报告。该报告提出：(1)1969 年 10 月，力学、技术物理、无线电三系师生员工是作为战备疏散仓促搬来汉中分校的。当时对分校建设没有一个长远考虑，系科设置、专业方向直到现在都不明确。实验室建设、师资队伍培养等问题，既没有明确要求，更没有相应措施，长期这样是维持不下去的。(2)战备疏散来时，主要是军工宣队领导，没有给分校配备相应的干部。军工宣队撤走后，领导力量大为削弱，至今分校校系两级

北京大学志（第四卷）

党政干部还很不齐,对工作影响很大,很多工作开展都有困难。(3)搬迁到三线后,教师队伍失散很多,现在教师队伍也不稳定,师资力量严重不足,不能适应教学科研需要。(4)教学设备缺乏。分校原有的教学设备十分陈旧落后,几年来由于教学设备经费逐年压缩,新添置的教学设备很少,远不能满足教学、科研的需要,严重影响学生实验技能的培养,影响教学质量。

1978 年 4 月 28 日,北大党委作出《关于汉中分校的几项决定》:根据邓(小平)副主席的指示,为了集中人力、物力把北大办好,决定撤销北京大学汉中分校。为了充分发挥分校这个基地在发展高等教育事业中的作用,把它交给国务院某部委还是交给陕西省,由教育部决定。现有分校的教职员工,一部分调整回总校,一部分留在新单位继续工作。因两地问题和其他困难要求调离北大的分校人员,其中教学、科研、技术骨干要经总校批准,其他人员由分校决定,报总校备案。关于招生问题,分校有条件的专业今年继续招生,今年新生(包括进修班)在总校入学。

1978 年 6 月 23 日,北大向教育部报送《关于北京大学汉中分校搬迁、移交方案》,其主要内容如下。

(1)关于人员安排问题。北大汉中分校现有力学、技术物理、无线电三个系、十个专业,共有教职工 1061 人。为了在京继续办好上述专业,现有教员、技术人员、技工以及党政干部约 650 人,需要迁回本校,约 400 人可留给陕西省,继续在这里发挥作用。

(2)关于物资设备问题。本着"统筹兼顾"原则,既要保证上述专业教学、科研需要,又要留下一部分物资设备,为陕西省新建学校提供物质条件。各专业教学、科研的主要设备,研制加速器的主要机床设备,搬回学校。一般设备留下,交陕西省使用。各专业的专业书刊运回学校,其他通用书刊、工具书等全部留下。

1978 年 10 月 31 日,北大接到教育部《关于北京大学汉中分校交接工作的通知》。该通知同意北大汉中分校撤销后,现有校舍移交陕西省为筹建陕西工学院使用。关于人员、仪器设备、家具等问题的处理,同意按照双方协商的意见安排。根据教育部的通知,北大于 1978 年 11 月对于汉中分校的移交和搬迁作出以下规定。

(1)汉中分校迁回总校后,保留技术物理系、力学系建制。总校数学力学系改名为数学系,总校风洞实验室和湍流科研组合并到力学系。分校无线电系同总校无线电系合并。分校半导体专业并入物理系。分校的电子仪器二厂撤销。

(2)分校回京教职工近 700 人,总校有关单位已安排 540 余人,还有 160 余人,除校内安排一部分外,其余请北京市分配。

（3）分校75级学员200余人，在汉中分校毕业分配。76级学员和技术物理系进修生共247人，应于寒假后迁回总校。

（4）分校物资设备运回和移交的原则是：迁回北京各系教学、科研所必需的物资设备必须运回总校以保证尽快开展工作，对于基础教学和行政、生活物资设备应本着"统筹兼顾"的精神，尽量多留下一些，为陕西工学院提供一定的物质条件。分校财务要认真清理，财务档案全部保存，运回总校。

（5）成立汉中分校搬迁工作领导小组，负责分校的搬迁和移交工作。小组组长由副校长张龙翔担任，组员有陈守良、谢青、刘家祯、方靳、张振铎、胡济民、朱照宣、徐承和、刘必佐、崔玉琢等人。

1979年3月底，汉中分校的搬迁和移交工作全部结束。力学、技术物理、无线电三系的大部分教学、科研设备已运回总校，留给陕西工学院的价值在200元以上的仪器设备共527台。各系从分校图书馆运回的书刊14万册，留给陕西工学院的书籍61000册，期刊3433册，报纸448册。分校校办工厂200元以上的在用设备大部分运回，留给陕工的有162台（其中车床24台）。分校大部分生活设施（教职工所用家具除外）已移交给陕西工学院（其中价值200元以上的在用设备有467台）。移交陕西工学院的房产面积96985平方米，价值约1600万元。1979年3月底，总校负责搬运、移交的办事机构撤销，北大汉中分校的建制正式取消。

第二十六章　北京大学江西分校

北大江西分校,是"文革"期间响应毛主席"教育要革命""要准备打仗"和走"五七"道路的号召,于1969年7月至1971年8月在江西南昌鲤鱼洲鄱阳湖边筹建,初称"北京大学江西试验农场",先后有两千多名教职工及其家属在军工宣队领导下,来到农场进行劳动,改造思想。1970年5月,学校决定在农场招收工农兵学员,遂将农场改称"北京大学江西分校",但农场之名仍继续使用。1970年9月1日,400多名工农兵学员走进了江西分校。因农场所在地是血吸虫疫区,1971年5月,查出几百人感染了血吸虫病,1971年7月20日,学校决定江西分校(农场)撤销,在北京大兴县重新建一个农场。1971年8月6日,分校(农场)宣布搬迁北京。江西分校(农场)从筹建到撤销仅有两年多一点时间。

一、贯彻"五七指示"筹建"试验农场"

1966年5月7日,毛泽东主席在审阅了军委总后勤部《关于进一步搞好部队农副业生产的报告》后,给时任中央军委副主席的林彪写信说:"军队应该是个大学校……这个大学校学政治、学军事、学文化,又能从事农副业生产……又要随时参加批判资产阶级的文化革命斗争。"他还说工人、农民、商业及党政机关人员也要兼学军事、政治、文化,也要参加批判资产阶级。他特别强调:"学生也是这样,以学为主,兼学别样,即不但学文,也要学工、学农、学军,也要批判资产阶级。学制要缩短,教育要革命,资产阶级知识分子统治我们学校的现象,再也不能继续下去了。"这封信即"五七指示",贯彻"五七指示"精神而办的"干校",即称为"五七"干校。

1968年10月5日,《人民日报》发表《"五七"干校为机关革命化提供了新的经验》一文,在编者按中说:"毛主席最近指出:'广大干部下放劳动,这对干部是一种重新学习的好机会,除老弱病残者外都应这样做。在职干部也应分批下放劳动。'毛主席的这个指示,对反修防修,对搞好斗、批、改,有十分重大的意义。"此后,党政机关、高等院校响应毛主席的号召,纷纷到农村办起了"五七"干校。

1969 年 5 月，清华、北大军工宣队领导通过中办和江西省委在江西南昌鲤鱼洲选址建立"五七"干校性质的"试验农场"。鲤鱼洲位于南昌市东北90 华里处。1958 年"大跃进"时，南昌县农民到这里围垦了六七千亩土地。1962 年建立了一个垦殖场。1965 年冬季，响应毛主席"备战备荒为人民"的号召，从兑米铺到湘子口，从天子庙到白石港，修筑了长达 40 华里的鄱阳湖围堤。1969 年 12 月，垦殖场整体编为福州军区江西生产建设兵团第九团。

清华试验农场是当年垦殖场第三大队的队部所在地，北大试验农场是第三大队的一个中队所在地。两校农场相邻，都是鄱阳湖围堤外的荒草滩，仅有垦殖场遗留下来的几间破旧房子和少量种植的稻田。新建的江西生产建设兵团的十几个连队分布在两校农场的周边。

1969 年 7 月 10 日，北大军工宣传队领导小组派出 23 人的先遣队，到鲤鱼洲进行筹建农场的准备工作。先遣队抵达鲤鱼洲农场所在地后，就在破房子的泥土地上铺一层稻草住了下来，第二天即进行农场区域的测绘工作，于 7 月 25 日完成了测绘任务，开始做基建设计和搭建茅草棚，尽力在大批教职工到来之前做好准备工作。

二、分校（农场）的概况

1. 到农场劳动、改造思想的教职工

继先遣队之后，1969 年 8 月 18 日首批去农场进行建场劳动的是 100 多名校基建工人。8 月 22 日、27 日第二批、第三批出发的教职工有 600 多人。到 1969 年 10 月 26 日、27 日，全校 20 个单位 1658 人分批出发到鲤鱼洲农场劳动，其中教职工 1166 人，家属 423 人，军工宣队员 69 人。

1970 年 7—8 月，学校从农场调回 25 名中层干部和教员。

1970 年 10—11 月，分校轮换了一批教职工。10 月 23 日，有 187 名教职工来到农场劳动。10 月 22 日，分校党委宣布，经"支部提名，群众评议，领导批准"，农场 251 名教职工返回学校，回校前，先去井冈山参观。11 月 13 日，这批教工回到了学校。

下放到农场的教职工，时有调进调出，后来还轮换了一批，各个时间点的统计数字不尽一致。

1970 年 1 月 30 日校人事组统计：全校教职员工和学生共 8668 人，去鲤鱼洲农场劳动的教职工和家属 2037 人。

1970 年 9 月 8 日，分校党委组织组统计，在农场劳动的教职工 1996 人。

1971 年 7 月 20 日，分校对到农场的教职员工人数统计为 1979 人。

1970 年 9 月 1 日，学校统计，原北大中层以上干部共 135 人，到鲤鱼洲劳动的有 97 人，占总数的 71.8%。其中，原党委书记、副书记、常委 9 人（陆平、彭珮云、冯定、谢道渊、张学书、伊敏、赵国栋、陈守一、王学珍);原党委部长、副部长共 14 人;原系党总支书记、副书记共 29 人;原系主任、副系主任共31 人;原处长、副处长共 14 人。

据 1971 年 7 月《分校教职工花名册》统计,到鲤鱼洲农场(分校)劳动的教授、副教授有 99 人,其中:

数力系 9 人:程民德、廖山涛、徐献瑜、庄圻泰、王仁、吴光磊、胡祖炽、冷生明、张芝芬。

物理系 6 人:沈克琦、赵凯华、王竹溪、杨立铭、黄永宝、丛树桐。

化学系 6 人:张滂、张青莲、冯新德、高小霞、华彤文、黄竹坡。

生物系 5 人:沈同、赵以炳、吴相钰、李正理、梅镇安。

地质地理系 7 人:侯仁之、林超、仇为之、张景哲、王乃梁、李孝芳、徐启刚。

地球物理系 3 人:李宪之、谢以炳、仇永炎。

无线电系 2 人:郑乐民、杜连耀。

技物系 4 人:胡济民、徐光宪、张至善、吴季兰。

中文系 3 人:岑麒祥、林焘、冯仲芸。

历史系 5 人:邓广铭、商鸿逵、张芝联、阎文儒、宿白。

哲学系 11 人:冯定、齐良骥、周辅成、熊伟、张岱年、王宪钧、李世繁、晏成书、周先庚、桑灿南、吴天敏。

经济系 4 人:陈振汉、熊正文、胡代光、杜度。

法律系 7 人:陈守一、肖永清、芮沐、赵理海、王铁崖、龚祥瑞、甘雨沛。

东语系 5 人:金克木、刘瑞麟、颜保、黄敏中、吴世璜。

西语系 14 人:盛澄华、陈定民、钱学熙、郭麒阁、杨周翰、殷葆瑹、赵诏熊、杨业治、王岷源、齐声乔、陈占元、吴柱存、邓懿、赵隆勷。

俄语系 3 人:龚人放、田宝齐、魏真。

原一机关 5 人:张龙翔、林启武、赵占元、管玉珊、许淑文。

在教授副教授中,60 岁以上的有 25 人,他们是:张青莲 62 岁、赵以炳 61岁、李宪之 65 岁、林超 61 岁、岑麒祥 67 岁、张岱年 61 岁、周先庚 66 岁、桑灿南 61 岁、邓广铭 62 岁、商鸿逵 62 岁、陈定民 60 岁、钱学熙 64 岁、郭麒阁 65岁、殷葆瑹 62 岁、赵诏熊 62 岁、杨业治 61 岁、陈占元 60 岁、田宝齐 63 岁、陈守一 64 岁、芮沐 61 岁、甘雨沛 63 岁、熊正文 60 岁、林启武 62 岁、赵占元 70岁、许淑文 70 岁。

据 1971 年 7 月 20 日《江西分校教职员花名册》对各系各单位到鲤鱼洲农场劳动的各类人员统计如下表。

系、单位	中层干部	教授副教授	讲师	助教	资料员实验员	职员	工人	炊事员	总计
数力系	3	9	20	50	2	13	2	1	100
物理系	2	6	30	69	16	8	4	7	142
化学系	3	6	32	42	13	12	2	2	112
生物系	4	5	23	54	18	14	2	5	125
地质地理系	2	7	28	44	11	19	3	4	118
地球物理系	2	3	12	47	13	12	1	3	93
无线电系	2	2	10	16	4	2	5	2	43
技物系	3	4	6	15	2	5	3	2	40
中文系	3	3	15	36	2	6			65
历史系	2	5	20	21	5	6			59
哲学系	6	11	12	26	5	6		2	68
经济系	3	4	14	21	4	10		1	57
法律系	3	7	19	14	2	3			48
政治系	1		6	28	4	3			43
图书馆系	1		6	4		1			12
东语系	2	5	28	19		20			74
西语系	2	14	17	44		11			88
俄语系	3	3	14	25	4				51
原一机关	33	5	13	46	180		36		313
原二机关	4					159	151	14	328
总计	84	99	325	621	285	312	209	44	1979

2. 农场的连队编制

到农场劳动的各系各单位人员,都按军事化编制,编为连、排、班。1969年12月时,全场编为13个连队。各连连长和政治指导员多由军工宣队员担任,教职工一般担任副职。排长班长由军工宣队指定。1969年由教职工担任连队干部的有:

一连　连长:崔殿祥;副指导员:麻子英

二连　副连长:迟惠生;副指导员:曹芝圃

三连　副连长:吴才明;副指导员:李凌阁

四连　副连长:陈学典、夏学之;副指导员:陆元灼

五连　代理连长:赵邦悌;副连长:罗林儿、许新仁;副指导员:李秀茹

六连　连长:赵志昌;副连长:黄嘉佑;副指导员:董成泰

七连　连长:阎光华;副连长:钱鸿钧、向景洁;副指导员:袁良骏

八连　连长:谢龙;副连长:谢淀波、张元杰;副指导员:张万仓

九连　副连长:周长贵;副指导员:赵方阁

十连　副连长:巫宇甦;副指导员:徐雅民

十一连　副连长:廖助荣;副指导员:张起永

十二连　副连长:任光峰;副指导员:刘悦清

十三连　副连长:吴宝柱;副指导员:杨永庚

五七学校　连长:吴剑波;副连长:缪锦海、何健

1971年后,各连连长和指导员逐渐改由教职工担任。1971年4月20日,分校党委常委、宣传队领导小组任命各连连长、指导员如下表。

连队	连长	政治指导员
一连	崔殿祥	巩运明
二连	刘宏勋	迟惠生
三连	倪孟雄	潘金生
四连	夏学之	董成泰
五连	罗林儿	李秀茹
六连	赵志昌	穆治国
七连	钱鸿钧	纪国祥
八连	郭景海	巫宇甦
九连	罗国章	林成勤
十连	魏开肇	徐雅民
十一连	夏伯海	杜勤
十二连	任光峰	刘悦清
十三连	李宝忠	李茹英
五七学校	孟广平	缪锦海

连队的组成单位和人数时有变动,一是人员调进调出,二是根据任务需

要进行新的组合。如机务连（十三连）、五七学校的人员都是从各连抽调的。五连开始是由生物系和无线电系组成，后无线电系调到了二连，与物理系合组一个连队。1971 年 5 月，为了加强对文科教学排的管理，把七连、八连、十连的中文、历史、哲学、国政、经济五个系的教学排（工农兵学员和任课教员）合并到八连，组成教学连，称新八连。

1970 年 4 月分校各连和场部机关花名册所载各连组成单位和人数罗列如下：

一连　原一机关党委 31 人、校办 10 人、留办 33 人、仪器厂 8 人、校卫队 8 人、四大处（自然科学处、社会科学处、教学行政处、人事处）8 人、团委 6 人、校刊 3 人、文娱室 3 人、印刷厂 12 人、校医院 1 人，共计 113 人。

二连　物理系 127 人、无线电系 34 人、校医院 3 人，共计 164 人。

三连　化学系 99 人、自然科学处 1 人、财务科 1 人、膳食科 2 人、校医院 1 人，共计 104 人。

四连　数力系 89 人、技物系 39 人、膳食科 1 人、校医院 1 人，共计 130 人。

五连　生物系 120 人、校医院 3 人，共计 123 人。

六连　地球物理系 85 人、地质地理系 111 人、膳食科 6 人、后勤 1 人，共计 203 人。

七连　中文 60 人、图书馆系 12 人、图书馆 34 人、工会 8 人、庶务科 7 人、校医院 33 人，共计 154 人。

八连　哲学系 67 人、历史系 50 人、校医院 2 人，共计 119 人。

九连　东语系 72 人、西语系 83 人、俄语系 49 人、校医院 2 人，共计 206 人。

十连　法律系 46 人、政治系 40 人、经济系 51 人、膳食科 2 人、校医院 2 人，共计 141 人。

十一连　原一机关党委 8 人、教学行政处 22 人、自然科学处 15 人、社会科学处 6 人、人事处 14 人、体教 33 人、印刷厂 15 人、文娱室 2 人、留办 1 人、校卫队 1 人、仪器厂 1 人、校医院 3 人，共计 121 人。

十二连　（基建连）　原二机关房产管理处 74 人、200 号 47 人、事务管理科 20 人、幼儿园 9 人、二机关办 4 人、校医院 1 人，共计 155 人。

十三连　（机务连）　由各系各单位抽调共 49 人。

五七学校　中小学 16 人、幼儿园 24 人，共 40 人。

場部机关　广播台、电话室7人、政宣组6人、教改组3人、生产组7人、食堂5人、后勤组92人,场部机关共120人。

以上各连和场部机关总计1942人。

1969年11月,为解决随教职工来农场的子女上学问题成立了五七学校,包括中小学和幼儿园。

1971年3月18日,江西分校革委会向南昌市卫生局革委会报告称:"为了适应教育革命需要,我们最近建立了校医院,现已正式开始工作,设有40张病床。"

3. 农场(分校)的领导机构及主要领导

鲤鱼洲农场的创办是在校宣传队直接领导下进行的。

1969年11月17日,校宣传队领导小组批准江西试验农场领导小组成员:组长:田双喜(军);副组长:卢鸿盛(军)、王长荣(工)、倪锡山(军);委员:张爱臣(军)、邱英(工)、于文斌(工)、张明(工)、宋贤清(工)、耿焕金(工)。场部设四个组:政工组、组织组、后勤组、生产组。1970年4月20日重新确定各组名称及正副组长:组织组组长张国福;政宣组组长杨紫煊;教改组组长麻子英,副组长夏自强;生产后勤组组长张起永,副组长韩启成、卫德泉。

1970年5月8日,校革委会、宣传队领导小组决定成立江西分校革委会,分校革委会由25位委员组成。主任田双喜(军),副主任卢鸿盛(军)、邱英(工)、伊敏(学校干部)、张起永(学校干部)。常委7人,除主任、副主任外,还有倪锡山、张来福。

1970年5月28日,分校召开党员大会,选举16名分校党委委员,成立分校党委会。5月30日,党委会选举卢鸿盛、田双喜、邱英、倪锡山、伊敏、张起永、张来福为常委;卢鸿盛为书记,田双喜、邱英、伊敏为副书记。1970年6月20日,校党委常委批准补选麻子英、范明、于素荣、韩成义、高立明、易传创6人为分校党委委员,高立明、易传创为常委。

1970年7月12日,分校党委统计:分校共有党员673人,已恢复组织生活的613人;在13个连队和场部各组共建立了16个党支部。

三、农场(分校)的基本建设

1. 搭建草棚、开荒种菜,解决居住和吃饭问题

鲤鱼洲农场(分校)是在一片荒草滩上由两千余名教职工艰苦创建的。初到荒滩上,一无住房,二无食堂,首先要用自己的双手搭建茅草棚居住,砍柴打草、开荒种菜,解决吃饭问题。

茅草棚是用竹竿和杉篙搭骨架,用稻草编织帘子铺坡顶。A字形草棚两端开门,内用竹条编制的单人竹床板搭成大通铺,可居住几十人、上百人。

临时搭建的草棚十分简陋，草棚内没有电灯，黑洞洞的。地下潮湿，常有老鼠、青蛙出没。夏天闷热，下雨时漏水；冬天阴冷，刮风时透风。1970 年 8 月 7 日傍晚，一场飓风袭击，一些草棚被刮倒或倾斜，农场进行了抢修草棚的紧张战斗。后来，对草棚进行加固和改进，升高坡顶，打土坯做矮墙，开了窗户，装上了电灯，逐步改善了住宿条件。一些连队为照顾在农场劳动的夫妻的团聚，还搭建了有独立隔间的草棚，供夫妻们轮流居住。据农场统计，到 1970 年底，共建草房 1820 平方米，还修建了一些仓库、厂房、宿舍等砖房。

做饭是临时搭建的伙房和土灶台。开始没有电，没有煤，要打柴割草晒干烧饭。各连成立了打柴班，到荒滩上割一人多高的苇草往回背、挑，用小车拉。如果不储备一定量的干柴草，就喝不上开水吃不上饭。后来远处的草也割完了，农场才买煤烧饭。主食是大米，可以吃饱。但开始没有青菜，只能喝咸菜汤、酱油汤。青菜要到很远的地方去买。为此，农场还付出了沉重的代价，牺牲了两位教师。

1969 年 9 月 11 日，邹洪新、林鸿范、王荣宅、刘悦清、付志明、郎福通六位连队管伙食的司务长，由兵团姜元泉同志领航，乘木船渡金溪湖，行程 40 华里到瑞洪镇买菜。他们清晨 5 时出发，下午 3 时到达，买了 800 多斤青菜和两头生猪，下午 5 时原路返回。进入湖面主航道后，狂风骤起，掀起大浪，打翻了木船，船上的东西全部落水。七位同志扒着翻过来的船底，在水中拼搏了一整夜，筋疲力尽。邹洪新、林鸿范体力不支，被水吞没，不幸牺牲。其他同志第二天被渔民救上岸。物理系助教邹洪新、化学系助教林鸿范是在创办农场过程中最早牺牲的两位同志，农场开了追悼会。9 月 18 日，宣传队报请北京市革委会批准授予他们烈士称号。

为了解决吃菜问题，各连组织种菜班，在内河两岸附近开垦菜地，从河里挑水灌溉，从住地茅厕淘粪施肥，种出了各种青菜。据农场统计，到 1970 年底，共种蔬菜 150 多亩，达到了蔬菜自给自足。同时，各连队还利用河渠、水塘养鸡、养鸭、养猪，农场办起了养猪场。

开始农场不通电，无法照明，也不能装电话与外面通信。1969 年 9 月 6 日，场部从南昌水运来一批水泥电线杆，每根长 10 米多，重 1000 多斤，各连组织抬电线杆小组，从船上卸到湖岸边，20 人分列两边，把电线杆抬到堤内，运送到各个点上，用了三天时间，从白石港到天子庙 14 华里的线路竖起了电线杆。9 月 27 日，外线和南昌市接通。30 日，二连和电工班架起了内线，当晚草棚内亮起了电灯。

在解决居住、吃饭问题的同时，各连开始了修堤、修路、修渠、建房等基本建设和开荒种稻等农副业生产劳动。

2. 参加抢修鄱阳湖围堤大会战和完成北大农场段大堤的护坡加固工程

鲤鱼洲农场所在地是围湖造田的产物，雨季时，鄱阳湖水位升高，比堤内地面高出十几米，抬头仰望大堤，可见到湖里的船只在头顶上游弋。大堤如不坚固，时刻危及鲤鱼洲农场。从 1969 年 11 月 20 日起，江西省组织南昌县的向塘、岗上、三江、武阳、黄马、塔城等人民公社一万多社员，来到鲤鱼洲进行检修圩堤大会战，加高加厚加固清华、北大两校农场地段的圩堤。清华、北大两校农场和建设兵团一万多人参加了大会战。

北大农场的"五七"战士（在农场劳动的教职工通称或自称"五七"战士），早上 6 点上大堤，中午在工地上吃饭，晚上六七点才收工，一天要干十几个小时。1970 年 1 月 8 日是春节，除夕的年夜饭全场各连吃糠窝窝头的忆苦饭；大年初一上大堤修堤，说是过"革命化"春节。经过近一个月的抢修，到 1970 年 1 月中旬，将天子庙到白石港的 12.3 公里的圩堤加高到 24 米，堤面加宽到 8 米。堤上的路可以使汽车从分校直通南昌。

在抢修圩堤大会战之后，又进行了加固北大农场段大堤的护坡工程，即在原有的基础上加固堤脚，勾填窟窿缝罅，把 4.2 公里的红石护坡加高到 22 米，共完成护坡面积 22812 平方米，还在白石港修筑了简易的码头。

1971 年 4 月，江西省防汛指挥部通知农场，预报今年江西雨量集中，可能出现二十年一遇的特大洪水，把鲤鱼洲地区列为江西省三个重点保护地区之一。5 月 19 日，成立了鲤鱼洲大堤联防指挥部，由九团、清华、北大和南昌县四家联防，分段负责。北大分校组织了以基干民兵为骨干的突击队，日夜在大堤巡逻；制订了抢修和转移的方案，并在 7 月中旬以前，把北大段 4.2 公里的大堤红石护坡全部加高到 23 米，可以抵御 22 米高湖水的冲击。

3. 修建排灌站和"大寨渠"

农场领导提出，把鲤鱼洲农场建成旱涝保收的战备粮仓，修建排灌站和"大寨渠"是紧迫的重点工程。1970 年 1 月 17 日，排灌站工程正式破土动工。建设排灌站一无资料，二无经验，三无专门技术人员，完全由在农场劳动的教职工自己设计，自己施工。一、三、六、十连四个连队冒着严寒下到湖里捞沙子，共捞出 350 立方米沙子。搅拌混凝土没有搅拌机，就 8 个人一组用人力搅拌。没有断钢筋和绑钢筋的工具，就用土法制成钢筋扳子和断筋器。人们抓晴天抢雨天，死打硬拼连轴转，挖填三万多方土。排灌站基槽和后池越挖越深，挖出的泥块用铁锹一层一层往上传递。一千多斤重的五节涵管用人力下到几米深的基槽里。为了抢工期，还搞突击，打夜战，连续作战。当时的口号是"七十年代第一春，排灌站上炼红心"。1970 年 4 月 15 日，农场举行庆祝排灌站胜利竣工大会。

在修建排灌站的同时，还抢修了"大寨渠"。大寨渠分为主排渠、北排渠、主灌渠和大寨桥四个项目。800 多人会战，经过几昼夜在泥水里苦战，完成了大寨桥北 420 米、桥南 110 米的排水渠。大寨渠全长 1 万余米，主干渠 5700 米，挖掘和铺设了一些涵管，形成了沟通全场地块的渠道网，农场水利自成系统，东部两千余亩田地可旱涝保收。

1970 年 6 月 13 日，在农场安装轴流水泵时，技物系助教汤吉士不幸溺水牺牲，时年 35 岁。6 月 18 日，分校召开了追悼会。

排灌站第二年就发挥了排涝的作用。分校革委会 1971 年 6 月 10 日写的《关于排涝和防汛情况的报告》说："1971 年 5 月 26 日、27 日降雨 123.6 毫米，分校内河水位涨到 15.75 米，受淹面积达 2500 亩，占已种早、中稻面积的 80%以上。经过 5 月 28 日、29 日一天两夜的排水，内河水位下降到 14.70 米，救出了全部被淹土地。5 月 30 日至 6 月 5 日，又连续降雨 244.6 毫米，除分校内河水位上升外，九团地区内河、湖塘水位均高于九连、三连、四连、七连、新猪场一线，冲破土堤，灌到分校低地，水面连成一片。到 6 月 7 日，九连低地积水基本排去，有 300 亩早稻将减产，250 亩刚插的中稻被淹死，目前正在积极组织补种。"

4. 修建"五七"道路和建筑砖房

1970 年 11 月 17 日，北大分校和清华农场向两校革委会写的请示报告说："为了加快基本建设速度和提高农副产品的产量，必须修筑公路。……因此，清华农场和北大江西分校协商，共同负责修建自天子庙经清华农场到北大分校的大堤公路，以及两单位内部公路干线，全长 32 公里，路面宽 5 米，根据实际需要计算，每公里需要投资 3 万元，共需 96 万元。"

在写此报告之前，1970 年 10 月 29 日，分校抢修"五七"道路工程大会战已经开始。从 1970 年冬至 1971 年春，分校共修筑干线路 5 条，全长 4500 米。

修建各类房屋是分校基建的主要任务，截至分校停办时，共建砖平房 81 栋，建筑面积 15830 平方米；建草房 126 处，面积 12393 平方米。生产用房修建了金工厂、木工厂、拖拉机库、粮仓、碾米房、校办猪场、连队猪圈、工具棚等，铺设了粮仓附属和各连的水泥地面打（晒）谷场，面积共 8178 平方米。教学用房有文科教室 1 栋，外语系教室 2 栋，生物系实验室 2 栋，兽医站 1 栋。生活用房有宿舍 63 栋（内草棚 40 栋）、食堂 13 栋、医院、商店、浴室各 1 栋，厕所 12 处（草棚除外）。

全场共打 22 个水井，砌蓄水池 14 座。

5. 兴建德安化肥厂

为了给北大、清华两校农场提供化肥，1970 年 3 月 28 日，两校联合上报《关于北大、清华在江西联合建立小型氨化肥厂的报告》，提出在江西德安县建立年产合成氨 3000 吨的化肥厂，工厂建设面积 2400 平方米，投资 180 万元。3月30日,李先念副总理批示同意。1970年4月,北大农场三连(化学系)教职工和清华农场教职工开始自己动手修路、建厂房、搞设备。为了架设通到化肥厂的高压电线,德安化肥厂二百余名教职工搞了一次"抬杆拉练"会战,元月4日下午,行军4小时,往返30余里,对电线杆坑位进行实地考察;7日、8日两天,把所需要的79根水泥电线杆,从车站运到预定坑位。每根杆长10.5米,重750公斤,高压线路离公路较远,穿越纵横的沟渠和山丘,全靠人力抬运。

1971年8月,两校农场撤销,10月将化肥厂移交给德安县。

1971年8月31日,北大分校组织组向总校人保组报告:北大在德安化肥厂的人员共116人,其中化学系79人,原二机关29人,原一机关4人,数力系2人,无线电系2人。

四、农场(分校)的农副业生产

1. 农业生产主要是种植水稻

各连都划分有几百亩不等的地块。其中一部分是原垦殖场开垦过的田地,一部分是从未开垦过的荒草滩。到农场劳动的教职工几乎没人种过水稻,从开荒翻地、修整田埂、疏通水渠,到育秧、插秧、薅田、除草、打药、施肥,到收割、脱粒、晾晒等一整套农活,都要从头学起,边学边干。开始是用铁锹翻地,拉耥子平地,都是靠人力。1969年10月8日,兵团送给农场10头水牛和一些农具,有了牛耕;后来又买了拖拉机,有了机耕。但要学会驱使牛耕田,驾驶拖拉机,掌握耕、耙、秒、耥等活计的技术,也是一番苦学苦练的过程。八连发生过把手扶拖拉机开进水塘的事故。有的连队把东方红拖拉机陷进泥潭不能自拔。1970年开春,育秧是头件大事,这是一项技术性很高的农活,要请有经验的老农来教。秧苗育好后,要起秧、运秧、插秧。1970年4月28日,农场召开"抓革命促生产"动员大会,要求在5月7日之前,把1450亩双季早稻和960亩单季早稻全部插完。1970年7月15日,农场召开"双抢"誓师大会,要求用17天时间收割完1500亩早稻,抢插500亩晚稻。"双抢"季节,要从早上5点多出工,晚上6点多收工,是一年中最辛苦的日子。

1970年共种植水稻4287亩,收获稻谷227.6万斤,平均亩产530斤。有的连队还成立了水稻试验田小组,一连的试验田亩产达到1021斤。

1971年分校种植水稻4244亩,其中早稻2630亩,早稻收获稻谷173.5万斤,平均亩产660斤,比1970年亩产增加24.8%,中稻1112亩,晚稻502亩,合计1614亩,因搬迁回京,留给接管单位收割。

在农业劳动中,教职工发挥自己的智慧,创制了一些简单的农具,以提高效率。主要是自制了机耕犁耙2台,手动插秧机98台,脱粒机47台,小水泵若干台。

农场种植水稻的投入除了种子、化肥、农药外，加上教职工的工资，算起来很高，所以当地有一种说法："知识分子种大田，一斤稻谷五元钱。"当时一斤大米才2角钱，所以农场教职工也戏称自己种的是"高级水稻"。

农业除了水稻外，还种有花生、大豆、芝麻、棉花等旱地作物。为了给田地用红花草沤肥，大面积种植了红花草，收获红花草草籽8630斤。

分校撤销时，财务上按货币形态计算，农业收入累计361606.51元，减去支出的301585.58元，账面上剩余60020.93元。1971年中晚稻转让给接收单位收割，只收回成本。畜牧业使用的10多万斤饲料未计算在内。

2. 畜牧业和副业生产

为了解决农场的吃肉问题，也为了多积有机肥，1970年初农场扩充了场办养猪场。1971年7月统计，存栏703头。搬迁回京时运回当时认为是良种的猪56头，其余转让给有关单位。各连队饲养的鸡、鸭、鹅等家禽共2862只，搬迁时向国家交售鸡2722斤，运回北京良种鸡248只，狮头种鹅64只。各连队饲养的耕牛共54头，奶牛5头，牛奶供医院和幼儿园用。碾米房共碾稻谷192万斤，得米119万斤，供应各连食堂。豆腐房从1971年春节开始，经营8个月，共制作豆腐2万斤，豆渣供猪场饲料。1971年4月开始，自制酱油4千斤。生物系试制从糖化的米糠中提炼烧酒。烧酒可当作酒精用，部分运回学校。各连经营的菜地，做到了蔬菜自给。从1970年9月起，还向场部上交部分菜地收入，到1971年7月共收账8536元。农场因配合灭螺，在水塘里撒药，防治血吸虫，没有发展渔业。1970年初购置了一批渔具，到外湖进行捕捞，打的鱼分配给各连食用。

商店副业有缝纫和制冰两项。缝纫收入930元；制售冰棍盈余371元。商店从1969年一间草棚的小卖部，只代销烟、纸杂品，发展到1971年占有面积332平方米，经营近700种商品，每月营业额近3万元，搬迁回京时上缴利润38986元。

分校共植树1.2万株，育树苗2万株。

五、分校(农场)的政治运动

分校(农场)的政治运动一个接着一个，主要是继续清理阶级队伍和开展"一打三反"、清查"五·一六"运动，还有整党复查。这几个政治运动是交叉或结合进行的。

1. 继续清理阶级队伍

1969年10月17日，校宣传队、革委会召开第五次清队落实政策大会，从宽处理32人，从严处理1人。会上宣布"继续清队，一清到底"，"坦白交代不停,检举揭发不停,内查外调不停,召开落实政策大会不停",并说把清队中尚未搞清的人下放到鲤鱼洲农场继续清查。

1970年8月,分校在专案组内查外调的基础上,召开第六次落实政策大会,对被定为叛徒的4人、特务的9人、历史反革命的11人、伪军政警宪骨干4人、反动党团骨干4人、现行反革命分子4人、地富分子2人、右派分子5人共43人,作出从宽处理。其中,不以反革命分子论处者9人,不戴帽子者21人,交群众监督以观后效者2人,按人民内部矛盾处理者4人,解除群众监督者2人,摘掉右派帽子者5人。

1970年9月8日,分校党委组织组统计,分校有教职工1996人,其中专政对象18人,从宽处理交群众监督者7人,历史问题不清正在审查者114人,留校改造的学生18人。又据分校组织组专案工作统计,全场敌我矛盾问题仍要继续审查的对象有55人。

1970年12月18日,分校召开第七次落实政策大会,从严处理三连一名1970年届毕业生,说他攻击无产阶级司令部,宣布给他戴上"现行反革命分子"帽子,实行群众监督。

2. 开展"一打三反"运动

1970年1月3日和2月5日,中央分别发出《关于打击反革命破坏活动的指示》和《关于反对贪污盗窃、投机倒把的指示》《关于反对铺张浪费的通知》,宣传队贯彻这三个文件精神,在学校开展"一打三反"运动,这个运动与清查"五·一六"运动结合进行。

1970年3月12日,分校召开"一打三反"动员大会,宣读关于开展"一打三反"运动的三个文件,要求掀起大揭发、大检举、大批判和政策攻心高潮。会上揪出四连一个"反革命分子",说他以"思想汇报"为名,发牢骚自己是"政治斗争牺牲品""手无寸铁的小百姓""整天受气的小媳妇";3月19日,又召开了批判其"反动言行"大会。

1970年6月27日,分校召开"坚决打击现行反革命分子大会",宣布校宣传队领导小组和革委会要求逮捕二连一名"现行反革命分子"(物理系讲师)的决定,说他历史上是军统特务,从严处理后,仍不低头认罪,北京市公检法军管会派人来当场将其逮捕押走。

3. 清查"五·一六"运动

1967年7—8月间,一个署名"首都516红卫兵团"的组织,张贴、散发反动传单,污蔑攻击周恩来总理,提出"打倒周恩来,砸烂旧政府"。1967年8月11日,江青、康生、陈伯达在中央"文革"小组召开的座谈会上说:被坏人操纵的"五·一六兵团"是反革命组织,它把矛头对准总理实质是对准中央。1967年9月8日,《人民日报》发表毛泽东在审阅姚文元《评陶铸的两本书》

一文时加的一段话："现在有一小撮反革命分子……他们用貌似极'左'而实质极'右'的口号，刮起'怀疑一切'的妖风，炮打无产阶级司令部。……所谓'五·一六'的组织者和操纵者，就是这样一个搞阴谋的反革命集团，应予以彻底揭露。"此后，就开始揪"五·一六"分子。1970 年 1 月 24 日，林彪、江青又在人民大会堂召开的会议上发出清查"五·一六"新指示，林彪声称："不吃饭，不睡觉，也要把'五·一六'彻底搞出来。"1971 年 3 月 27 日，中央发出《关于清查"五·一六"反革命阴谋集团的通知》，这样，在全国又掀起新一轮的清查"五·一六"运动，一些单位搞人人过关，人人揭发，逼供信，隔离审查，驻北大的军工宣队于 1970 年 1 月就部署开展清查"五·一六"运动，把清队、"一打三反"、批判极"左"思潮代表人物等和清查"五·一六"运动结合进行。

1970 年 2 月 16 日，分校召开彻底批判反动极"左"思潮大会，传达校宣传队领导的讲话精神，要求发动群众"查立场、查党性、查紧跟"，"找差距，挖根源，论危害"。

1970 年 1 月 27 日，哲学系孙蓬一、高云鹏给宣传队贴大字报，指责宣传队不抓"五·一六"反革命分子，犯了右倾错误。宣传队认为这是向工人阶级夺权。分校于 2 月 24 日、3 月 8 日，两次召开揭发批判极"左"思潮代表人物孙蓬一反动言行大会，"揭穿孙蓬一资产阶级右派真面目"。1970 年 11 月 22 日，分校召开清查"五·一六"分子动员大会，要求"坚决同'五·一六'反革命阴谋集团及其一切反革命分子、阴谋家、野心家斗争到底"，"捍卫工人阶级领导，捍卫无产阶级专政，保卫党中央，保卫毛主席"。11 月 28 日，又召开政策讲用会，向"五·一六"等阶级敌人展开"政策攻心战"。会后，各连队找"五·一六"问题嫌疑人谈话，讲政策，促使其交代问题。12 月 16 日，在八连召开揭发批判孙蓬一大会，让全体新学员参加。1971 年 3 月 29 日，校医院实习员姜某在分校清查"五·一六"运动中，汇报了一些他听到的传闻，连队找他个别谈话，并在群众会上不指名地对他进行"政策攻心"，他经受不住政治压力，于当日自刎身亡，时年 33 岁。

4. 进行整党复查

1970 年 4 月 10 日到 4 月 28 日，分校进行了整党复查，学习"50 字大纲"，增强"三忠于""四无限"的感情。一连、二连在整党火线上召开批判"反革命修正主义分子"陆平大会。七连、十二连等单位狠批刘少奇的"三党""六论"。据 1970 年 7 月 20 日统计，分校共有党员 693 人，经过整党复查，已恢复组织生活的 613 人，未恢复的 80 人。

六、分校(农场)的教育革命

1. 对教职工进行"热处理"

在鲤鱼洲办农场办分校,进行"无产阶级教育革命",其目的是要对"资产阶级知识分子"进行彻底的思想改造。1970 年 11 月 11 日,校宣传队一位领导在分校教职工大会上讲:"教改的问题,主要是教员问题,是教员的思想革命化问题。我们来鲤鱼洲办学校……不是把教员当'处理品',而是要来一个'热处理'。"所谓"热处理",就是要让教职工在鲤鱼洲艰苦的环境中,通过长期繁重的体力劳动,来一个"脱胎换骨"的思想改造。

鲤鱼洲农场建在一片荒草滩上,让教职工在这里开荒种地,住的是茅草棚,开始时没有青菜吃,吃咸菜,喝酱油汤。夏天烈日暴晒,要冒着 40 度高温下地干活。蚊子又多又大,晚上叮咬得人难以入睡;冬春季阴雨连绵,阴冷潮湿,下到冰凉的水田里干活冻得脚腿疼痛难忍。鲤鱼洲的路,干旱时坚硬如石,下雨时泥泞油滑,走在泥泞路上很容易滑倒摔跤。在雨天,从白石港搬砖头、煤炭、水泥等物资时,滑倒的、摔跤的不是少数,特别是年老体弱的,滚一身泥巴、崴伤了脚腿、闪坏了腰的也不是个别的。所以教职工们有一种说法:"走过了鲤鱼洲的路,走什么路都不怕!"农场还搞半夜紧急集合,累了一天的教职工,被集合号叫醒,急忙跑出草棚,排队向场部急行军,跌倒了爬起来往前追,狼狈不堪,但到了场部,或是让看一场电影,或者就让转身回去,说这是让大家摸爬滚打,树立战备思想。1970 年春天,七连下田插秧,雨越下越大,田里的水比较深,插下去的秧被大雨一打就漂起来,无法再插下去,于是收了工。一位场领导看见,随即集合训话,说大雨中坚持劳动,正是锻炼"一不怕苦,二不怕死"的革命精神,勒令把队伍带到田里继续劳动。

夏日,鲤鱼洲的天气变化无常,常会突然电闪雷鸣、狂风暴雨。1970 年 8 月 7 日下午 7 时左右,一场十级飓风袭来,拔起了树木,掀掉房顶,刮倒或刮倾斜了草棚,打坏了停泊在湖里的船只。分校不得不进行一场抢修茅草棚的战斗。这一天,分校还派了三百多人前去支援清华农场的抢收抢种,正当他们要收工返回时,遇上了这一场大风暴,便立即投入清华的抢险战斗。清华的灾情严重,在抢险中分校有 15 人受伤,重伤 5 人,被送往南昌市医院治疗。

农场的劳动强度很大,开荒种地、抢修大堤、修建排灌站、筑路建房、打石头、烧石灰、搬运砖头、水泥、钢材、木料等,都是出大力、流大汗的重体力活,特别是"双抢"、大会战、打夜战、连续作战,更是"革命加拼命""死打硬拼"的苦干。一些老教授被安排放牛、赶鸭、夜间在草棚外值班等,他们中有的还要上堤、下田、搬运货物,参加各种劳动。1969 年 12 月 5 日农场《内部通讯》刊载政宣组写的《我们做教授工作的几点体会》说："我们对农场 90 名教授、副教授下来后的思想情况作了一个初步分析，认为他们绝大多数都有不同程度的进步。其中表现好的 19 人，占百分之二十一；表现一般的 60 人，占百分之六十七；表现差的 11 人，占百分之十二。"

在繁重的体力劳动同时，还要开生活会，搞"天天读"、办学习班、开讲用会，开展革命大批判。

农场搞"教育革命"，往往以大批判开路，大批判贯彻始终。

1969 年 12 月 4 日，《教育革命通讯》第五期刊载农场政宣组文章《把战备观念提得高高的》，说："十一月二十一日上午，农场领导小组召开全体党员大会，下午又召开全体教职工大会，进一步进行战备和教育革命动员。""各连党支部当晚召开支委会，研究如何首先从思想上落实战备。一、二、四、八等连队大办战备学习班，普遍召开班、排讲用会，狠批大叛徒刘少奇鼓吹的'阶级斗争熄灭论''活命哲学'，增强战备观念。七连、十连和三连请贫下中农忆苦思甜，或请在抗大学习过的干部进行忆比活动。"

1970 年 1 月，农场开会批判修正主义教育路线，批判旧北大"三脱离"，说有的教员是"五水"教员，即"上课放毒水，办公喝茶水，回家喝药水，月底拿薪水，写稿子捞油水"。有的教员检查自己"读的是帝王将相书，走的是成名成家路"。有的教员批判自己过去追求的是"写论文立学派、当专家"。农场还组织批判"活命哲学""劳动惩罚论"，说有的教员来鲤鱼洲有"五怕"思想，即"一怕大堤决口，二怕血吸虫，三怕狂风暴雨，四怕连续作战，五怕长期留下"，要通过大批判，树立"一不怕苦，二不怕死"的革命精神，坚定走"五七指示"道路的决心。后来又组织批判"劳动省心论""自然改造论"，说一些教职员满足于"猛吃、猛干、猛睡"，要通过举办火线学习班、活学活用讲用会，进行政治思想和路线斗争教育，不能让教职工由生产上的"忙人"，变成政治上的"盲人"。

1971 年 5 月 7 日，分校纪念毛主席"五七指示"发表五周年，组织学习《人民日报》社论《革命化的必由之路》，开展三回顾：回顾伟大领袖毛主席的亲切关怀；回顾分校创办以来取得的成绩；回顾个人在"五七"道路上的进步。在农场刊印的《通讯》上有一则报道说："××系有三个教授，过去长期三脱离，过着精神贵族生活，整天一支笔，一杯茶，一本书，跟数字和符号打交道。现在一个放牛，一个喂猪，一个放鸭，整天一根牛鞭，一把猪勺，一根赶鸭竹竿，风里来，雨里去，满脚粪土，浑身是泥，在劳动中思想感情发生了很大变化。"一位外语教师在讲用会上讲道："我有生以来第一次参加战天斗地、热火朝天的劳动，在抢修大堤时，我虽然挑的土少，走得慢，但我感到我挑的是革命担，上的是公字坡，修的是战备堤，走的是'五七'路，我越走越有信心,越走越有奔头。"一位中层干部在讲用会上说:"我是抗大老学员,解放后当官做了老爷,'文革'中生病在家躺了三年。来到鲤鱼洲,住进了茅草棚,过集体生活,在'一不怕苦,二不怕死'口号的鼓励下,我迈出第一步,慢慢能跟上队伍行走,能挑起几十斤重的担子。过去吃了多少药没有治好病,在鲤鱼洲'五七'道路上我获得了新的生命。"

2. 派出教育革命小分队,进行教育革命探索

1971年1月,农场先后派出15个教育革命小分队,分赴井冈山、安源、兴国、会昌、宜黄、上饶、玉山和南昌等地,与工农相结合,接受革命传统教育,探索教育革命新路子。

政治系赴兴国小分队到长冈乡的第一天,就去长冈岑当年毛主席种过花生的地块上劳动。长冈乡让贫下中农为每个人打一双当年毛主席穿过的黄麻草鞋,鼓励大家走毛主席的革命路线。小分队在长冈乡红卫生产队举办了为期两个月的试验班,编写了《世界人民热爱毛主席》《当前世界的主要倾向是革命》等材料。十连小分队写出《毛主席来到长冈乡》,记述1933年11月毛主席在长冈乡进行调查的史实。

五连(生物系)赴怀玉山小分队到荒山野岭采集了100多种中草药,为筹建中草药专业做准备。另一支小分队到新建县东风农场,看到农场因缺乏土霉素药,病猪病鸡等得不到医治而死亡,便土法上马,研制出"畜用土霉素",并投入生产,每年可为农场节约4000余元。

3. 讨论、制订新的教改方案

1970年6月4日开始,北大在北京地区进行招生试点,共招收527名工农兵学员。1970年6月27日,中共中央批准《北京大学、清华大学关于招生(试点)的请示报告》,该报告提出:(一)培养目标:培养高举毛泽东思想伟大红旗,无限忠于毛主席,无限忠于毛泽东思想,无限忠于毛主席的革命路线的全心全意为社会主义革命和社会主义建设服务的有文化科学理论又有实践经验的劳动者。(二)学制:根据各专业具体要求,分别为二至三年。另办一年左右的进修班。(三)学习内容:设置以毛主席著作为基本教材的政治课;实行教学、科研、生产三结合的业务课;以战备为内容的军事体育课。各科学生都要参加生产劳动。(四)学生条件:政治思想好、身体健康、具有三年以上实践经验、年龄在二十岁左右、有相当于初中以上文化程度的工人、贫下中农、解放军战士和青年干部。有丰富实践经验的工人、贫下中农,不受年龄和文化程度的限制。还要注意招收上山下乡和回乡知识青年。(五)招生办法:实行群众推荐、领导批准和学校复审相结合的办法。

1970年5月,学校决定在鲤鱼洲农场招收工农兵学员,所以又将试验农场称为"江西分校"。一些教师认为鲤鱼洲太闭塞,条件太差,对在这里招生办学有

疑虑。分校针对这种情况开展了鲤鱼洲要不要招生、能不能办学的辩论，批判旧北大"三脱离"，说在高墙深院里培养的是资产阶级接班人，而在鲤鱼洲走"五七"道路，办抗大式学校，培养的是无产阶级革命事业接班人。

1970 年 6 月，分校文科各系和理科生物系根据中央批转的《北京大学、清华大学关于招生（试点）的请示报告》精神，讨论制定新的专业设置和教学计划。7 月，分校提出一份《北京大学江西分校专业介绍》，其中各专业的课程设置，除了军体课和生产劳动课是共同的外，各有具体要求。

中文系的课程设置是：(1)政治课：中共党史、毛泽东哲学思想；(2)专业课：毛泽东文艺思想、毛泽东诗词、革命样板戏、文艺创作、文艺评论（训练在文艺战线上批判封资修文艺和不停地向资产阶级发动进攻的能力）。

历史系的课程设置是：(1)毛泽东哲学思想；(2)中共党史；(3)中国古代和近代革命运动史（以毛主席《中国革命和中国共产党》为基本教材）；(4)国际共产主义运动和民族解放运动史；(5)社会调查、编写"四史"。

哲学系的课程设置是：(1)毛泽东哲学思想（以毛主席四篇哲学论文和有关著作为基本教材）；(2)党内两条路线斗争史；(3)社会实践和社会调查；(4)专题报告和专题研究。

理科只有生物系招生，设置四个面向农业、面向医药事业的专业，即：(1)微生物专业；(2)作物丰产专业；(3)畜牧兽医专业；(4)中草药专业。各专业的共同政治课是：毛泽东哲学思想、毛主席的在无产阶级专政条件下继续革命理论。外文课各专业根据具体时间而定。

各专业的业务课程是：(1)微生物专业：微生物学。(2)作物丰产专业：①水稻栽培及生物学基础（以"八字宪法"为纲，讲授水稻丰产的典型经验，及水稻形态、生理、生长发育规律）；②植物保护（病虫害发生规律、预测预报方法及防治途径）；(3)畜牧兽医专业：①畜牧学（家畜、家禽的科学饲养、良种培育、饲料改革、解剖生理基础）；②兽医学（家畜家禽疾病诊断、防治，包括兽医针灸治疗，中草药的认、采、制、用）；(4)中草药专业：①药用植物学；②化学（有机化学基础、生物化学、植物化学）；③药物学（常用西药、中草药的药理、用药原则、成药生产）；④医学。

4. 组织教改小分队编写党史教材，为新学员政治课做准备

1970 年 5 月，分校抽调历史系罗荣渠、郝斌，政治系沙健孙、陈峰君，经济系石世奇，法律系祝总斌和中文系的徐通锵等，组成教改小分队，先后到井冈山、安源、瑞金、古田、长沙、韶山等老革命根据地参观、学习、采访、收集资料，编写新的党史教材。他们先写了《毛主席的伟大革命实践活动大事纪(1893－1935)》，赶在新学员入学前写出了初稿。新编党史教材在历史系讲过第一、二章后，评教评学提了不少意见，小分队又赴井冈山、韶山、延安等

地收集资料,进行修改充实。

其他系和专业也都安排教师编写讲授提纲和备课。

5. 组织理科相关系批判爱因斯坦及其相对论

分校理科各系除生物系外都没有招生任务,但也要搞学术批判,突出的是组织理科相关系批判爱因斯坦及其理论体系。1970年6月23日农场《简报》报道说:"在分校党委领导下,教改组于6月21日、22日两天,举办'批判爱因斯坦学习班',有物理系、地球物理系、技术物理系、数力系、哲学系等20余人参加。他们通过学习毛主席著作,破除迷信,解放思想,为在江西分校积极开展对爱因斯坦及其相对论的批判工作做好思想上、组织上的准备。有的同志不明白为什么要批判爱因斯坦,经过讨论认识到彻底批判爱因斯坦,破除对这个资产阶级偶像的崇拜,是为自然科学理论战线的大革命打开缺口。决定以二连(物理系)、四连(数力系、技物系)和六连(地球物理系天文教研室)为基础,组成三个批判小组。"

1970年8月10日,分校《通讯》报道:"1970年7月,分校批判相对论小组召开批判会,开展对爱因斯坦及其相对论的错误观点的批判。对相对论体系中一些重要的原理——狭义相对论原理、光速不变原理、所谓'光速不可超越'、同时性问题和广义相对论的基本原理等问题进行了初步分析和批判。"

七、分校招收工农兵学员

1. 400多名工农兵学员走进鲤鱼洲分校

1970年8月21日,校教改组招生办通知江西分校:"分校总计新招学员418名,其中在上海、广东、江西招收228名,各军区招收解放军学员137名,均于8月29日到达南昌。在沈阳军区招收的53人,29日到总校,然后赴江西。"8月29日,新招的工农兵学员汇集到南昌,在南昌参观了"江西革命纪念馆""毛泽东思想万岁馆"和"烈士纪念馆",在"烈士纪念馆"还举行宣誓:发扬烈士的革命精神,走英雄的革命之路。8月31日晚,工农兵学员和到南昌迎接新学员的老师、文艺宣传队共460多人,从南昌出发,迎着风雨,徒步夜行军奔赴鲤鱼洲分校。一夜跋涉,行程60华里,9月1日清晨到达分校。分校教职工敲锣打鼓迎接。当晚,分校在场部召开了迎新大会。9月2日、3日晚,举行了迎新文艺晚会,还放映了电影。从9月3日起,进行"继承'抗大',学习'共大'(江西共产主义劳动大学),批判旧北大,建设新北大"的入学教育。9月4日召开活学活用毛泽东思想讲用会,由教师、干部向学员汇报走"五七"道路的收获。会后演出了控诉修正主义教育制度的话剧《传家宝》。9日又请江西共产主义劳动大学王锦祥作"共大两条路线斗争史的报告"。入学教育中发给新学员三件东西:一把铁锹,一根竹扁担,一个马扎。

工农兵学员来到鲤鱼洲，住进了茅草棚，开始很不适应，认为分校是"三大""四无""五不像"。"三大"是大草棚、大通铺、大锅饭；"四无"是无教室、无课桌、无实验室、无图书馆；"五不像"是不像城市、不像农村、不像工厂、不像部队、不像学校。说进了茅草棚"小虫飞，牛虻叮，蚊子咬，床上床下老鼠跑，棚里棚外蛤蟆叫"。针对这些反映，各连教学排组织"大学样子观"的讨论，召开批判会、讲用会，从路线高度划清新旧大学界限，说旧北大"三脱离"，培养的是资产阶级接班人，为复辟资本主义服务，新北大在三大革命实践中办学，培养无产阶级革命接班人，为无产阶级政治服务。

工农兵学员学习了一段时间后，反映没有学到东西，甚至说"路走对了，门进错了，上这样的大学还不如回原单位"。分校又组织批判"智育第一""理论至上"的观点，批判"阶级斗争熄灭论"，破"自来红思想"，要认识到在社会主义大学里，在自己头脑里都存在着两个阶级两条路线的争夺战，正确理解"上管改"的辩证关系，在改造大学的同时改造自己。在讲用会上有的学员谈自己认识的提高，说："在江西，在毛主席最早开辟的红色革命根据地办抗大式学校，在毛主席亲自抓的点上读大学，就是在毛主席身边学习。""鲤鱼洲的草棚和抗大的窑洞紧紧相连，是继承和发扬抗大精神、学习毛泽东思想的大学校。"有的学员则说："只有艰苦的环境，才能培养出无产阶级革命战士。"歌颂草棚大学："大草棚金黄黄，抗大精神大发扬，毛泽东思想来武装，草棚里飞出金凤凰。"

2. 工农兵学员的军事化编制

根据分校工农兵学员报到登记的名册和学号统计，分校 9 个系 13 个专业实际共招收新学员 442 名。其中 5 个文科系 152 名，三个外语系 161 名，生物系 129 名。各系招收的学员人数是：中文系 30 名，历史系 30 名，哲学系 33 名，国政系 28 名，经济系 31 名，西语系（英语专业）22 名，东语系 92 名（越南语 40 名，印地语 52 名），俄语系 47 名，生物系 129 名（微生物专业 31 名，作物丰产专业 31 名，中草药专业 36 名，畜牧兽医专业 31 名）。

招收工农兵学员的连队，把学员编为一个排，称教学排，排下分班。担任教学任务的教员和学员编在一起，与学员同吃、同住、同学习、同劳动、同改造思想，称"五同"教员。没有教学任务的教职工编为生产排。

1971 年 5 月 4 日，分校将中文、历史、哲学、国政、经济五个文科系的学员和任课教员合组到八连，称文科教学连，又称"新八连"。连长郭景海，政治指导员巫宇甦，副指导员刘文兰。把 5 个文科系学员合在一个连，是为了便于相互开课和教学交流，也便于管理。

3. 分校对工农兵学员教学活动的安排

分校要求各教学排要上好"草棚大学"第一课。

1970 年 9 月 17 日,中文系新学员的第一课由段宝林老师讲毛主席《在延安文艺座谈会上的讲话》,学员在草棚里坐在马扎上听讲,来听讲的还有文科各系的教师和学员代表。课前先在小范围进行了试讲,课后即进行评教评学活动。段老师在讲文艺作品艺术魅力时,举例说解放军战士观看歌剧《白毛女》,激于义愤,要朝舞台上的黄世仁开枪。评教评学中,有学员批评说这是歪曲解放军形象,不是歌颂革命文艺的战斗作用。1970 年 10 月 31 日,《内部通讯》第 111 期刊载的《举旗抓纲,评教评学》一文说:"九月十七日,中文系以毛主席光辉著作《在延安文艺座谈会上的讲话》为基本教材,以师生共同讲用的形式,上了草棚大学第一课。工农兵学员反映,这堂课方向路子是对头的,但也存在严重问题,主要是教员在讲课中散布了一些资产阶级的艺术观点。为了总结经验教训,进一步提高教学质量,没有急于上第二课,而是针对教学中出现的问题,到毛主席著作中找答案,开展了一个群众性的评教评学活动。"

9 月 21 日,政治系第一课讲"民族解放运动",师生共同讲课,三名工农兵学员登上了草棚大学讲台。历史系第一课讲党史,评教评学中,学员提了不少意见,主要是论多史少,不是少而精,而是少而空。哲学系第一课讲毛泽东哲学思想,以《矛盾论》和《实践论》为教材。

《内部通讯》第 110 期载文《草棚大学第一课》说:"九月二十一日江西分校普遍上了第一课,这是工农兵学员用毛泽东思想改造大学的第一步,是革命教师实践毛主席教育革命思想的新起点。……从各系讲课的情况看,第一课内容突出了毛泽东思想;第一课的学员也是第一课的教员;第一课的教学方法是革命教师和学员一起大辩论、大批判、大讲用。"

1970 年 9 月 15 日,生物系中草药专业 36 名工农兵学员和"五同"教员开赴怀玉山,拜贫下中农为师,以大山为课堂,一边采集中草药,一边上专业课"药用植物学"。一个多月,共采集了二百多种中草药,每个学员都能认识一百种以上,还用中草药为贫下中农治病。

畜牧兽医专业,一面参加农场畜禽饲养,良种培育,畜病防治,一面结合进行解剖生理和病理学的教学,学员反映比较好。

1971 年 6 月 19 日,分校在五连(生物系)召开现场会,由师生集体讲用在毛主席《五七指示》的指引下创办社会主义新型生物系的体会。

1971 年 4 月 8 日,分校在外语系召开教育革命现场会,由学员和教师介绍活学活用毛泽东思想、破"外语特殊论"、创外语教学新路子的体会。1971 年 1 月 9 日,《内部通讯》第 132 期刊载《在广阔天地里开创外语教学的新路》一文说:工农兵学员很少有人学过外语,地方口音重的人很多,高小和初中水平占 87%,但在工人阶级领导下,英、俄、越南、印地四个专业的革命师生在艰苦的环境里开拓了一条"多快好省"地培养无产阶级外语人才的途径。

分校对工农兵学员的教学活动安排，说的是以学为主，业务学习占60％，劳动生产占30％，政治活动等占10％，但在实践过程中，教学计划和时间安排往往被打乱，都是走一步算一步。

文科学员在鲤鱼洲学习、劳动了两个多月后，提出毛主席指示"文科要把整个社会作为自己的工厂"，我们不能仅在鲤鱼洲学习，应该到社会大工厂中去学习和锻炼。分校领导接受同学意见，组织学员和"五同"教员到老革命根据地，深入工厂、农村，接受革命传统教育。

1970年11月25日，八连历史系小分队乘汽车从南昌到永新，然后背着行李步行200多里上井冈山，一路参观、访问，到井冈山后，以写《井冈山斗争史》带动学习中共党史，之后又到长沙、韶山参观学习。

1970年12月2日，七连中文系召开赴井冈山铁路建设工地进行教育革命实践誓师大会。5日，由学员30人和"五同"教员10人组成的小分队，在宣传队陈师傅率领下，于上午10时出发，分乘两辆卡车，从大堤上开往南昌。当天下雨，大堤路面土松，坑洼不平，有积水坑，车轮打滑，走走停停，12点才走到清华农场地段。一辆卡车陷入泥潭无法开动，请求分校机务连派来大马力"东方红"履带式拖拉机，把卡车拉出来。这时有人建议天下雨，路不好走，返回分校，改日出发，但在"下定决心，排除万难"精神的鼓舞下，还是继续由拖拉机牵引，颠簸行进。

走了不远，2号车车轮打滑，车身向堤内一边倾斜，拖拉机开足马力，牵引的钢丝绳被拉断了，车从22米高的大堤上翻下去，张雪森老师、王永干同学当场被压死，重伤5人，酿成了悲剧。事故发生后，小分队返回到七连。12月10日，分校开了追悼会。

中文系学员到井冈山铁路工地进行教育革命实践的计划，因翻车事故，推迟到第二年1月份千里野营拉练之后才得以实施。12月24日，中文系从鲤鱼洲出发进行拉练。1971年1月20日，他们从野营拉练目的地安源出发，步行250里，于22日到达永新县。由于永新县井冈山铁路建设工地春节休息，小分队又从永新县出发上井冈山，途经三湾枫树坪，参观了三湾改编旧址；到古城参观了古城会议旧址；到宁冈砻市，参观了朱毛会师广场和红军教导大队旧址；到茨坪住了两天，参观了毛主席写《中国红色政权为什么能够存在》的"八角楼"。2月9日，他们到达井冈山革命根据地中心——茨坪镇，参观了"毛主席创建井冈山革命根据地纪念馆"，在茨坪镇安排学习党史和毛主席诗词的教学活动。2月27日，小分队兵分两路，一部分到井冈山铁路建设工地采访先进人物事迹，写调查报告；一部分到三湾大队和贫下中农一起劳动，采写革命家史、革命故事，写出了《三湾村史》，并讲授文艺理论专题课、评论和写作专题课；3月5日，结束了在井冈山地区的教学实践活动，又去湖南、长沙、韶山参观；4月9日回到了鲤鱼洲。中文系小分队这次外出教改实践活动，加上野营拉练，历时三个多月，行程2500多里，在湘赣两省参观了几十处红色旧址和纪念馆，并到工厂、农村进行劳动和调查，同时结合进行四种文体的写作训练，写出了一批调查报告。

4.千里野营拉练

1970年11月14日，毛主席在《北京卫戍区部队进行千里战备野营拉练的总结报告》上批示："全军是否利用冬季进行长途野营训练一次……大、中、小学（高年级）学生是否利用寒假也可以实行野营拉练一个月。"1970年12月5日，分校党委、革委会给江西省革委会的《北大江西分校关于千里野营拉练的请示报告》说："为响应毛主席'利用冬季实行长途野营训练'的伟大号召，我分校拟于12月下旬组织600多名师生，按军事编制，由鲤鱼洲到安源进行政治野营，沿途进行社会调查，宣传群众，探索教育革命，接受贫下中农再教育，大体用一个月左右的时间，在春节前返校。"

1970年12月24日清晨6点，分校野营拉练队伍手捧毛主席像，高举红旗，背着背包，从鲤鱼洲出发。参加拉练的有442名工农兵学员和"五同"教员、"五七学校"高年级学生、分校文艺宣传队队员等，共633人。全体队员编成一个营，营长高立明（军代表）、教导员麻子英（分校教改组组长），下分连、排、班。拉练队伍途经高安、上高、万载、宜春等县，历时13天，行程700里，于1971年1月5日下午5时到达红色安源。拉练队伍中，有年过半百的教师，有十一二岁的小学四年级学生，都是第一次走这样长的路。行军途中，各连还召开讲用会、批判会，学习元旦社论。四连在1月2日给工农兵学员讲了党史课。拉练部队在安源参观、学习、访问、调查了五天，参观了"毛主席在安源伟大革命活动纪念馆"，听纪念馆同志讲安源两条路线斗争史、老矿工跟着毛主席闹革命的故事，写出了《安源人民热爱毛主席》的调查报告等。1971年1月11日，拉练队伍离开安源返回，途中进行"四好"总评，1月24日回到鲤鱼洲。这次拉练，历时一个月，途经12个县，往返行程1300余里。

5.工农兵学员的生产劳动

生产劳动是工农兵学员的必修课，农忙季节劳动时间多些，农闲季节学习时间多些。1970年10月，工农兵学员入学不久，即参加了抢修"五七"大道的劳动，经过三天奋战，为500米路基填土方3000立方；接着又修了400米长的机耕路和400多米长的干渠。1971年4月15日，分校召开春播誓师大会，要求工农兵学员要像江西"共大"学生一样，做到吃饭吃菜自给自足，要和"五七"战士一样，完成春播任务。在春播期间，早上5点起床，出早工移秧苗，7点回连吃饭，8点下田插秧，12点吃午饭，下午从3点干到7点，一天劳动 10 多个小时。

分校给各连教学排分配了"责任田"，大体每人稻田一亩，菜地二分。平时还要参加修猪圈、搭建草棚等劳动。

1971 年 4 月，分校开始组建文科教学连，文科各系学员和基建连一起为教学连搭建新的教学和居住的大草棚。女生主要任务是编稻草帘子，男生是把稻草锄碎，拌在泥土里，制成土坯垒墙。经过五六天的苦干，一座新的大草棚建起，草棚坡顶上摆放着"一面学习，一面生产"八个大字。还抽调干过木工活的学员，到木工厂协助做课桌、板凳。经过 10 多天的突击，做成了80 多个课桌和 160 多条板凳。文科教学连的学员，开始在有课桌的草棚教室里上课。1971 年 5 月 4 日，文科教学连正式成立。

由于血吸虫的危害，分校（农场）被迫撤销。工农兵学员在鲤鱼洲"草棚大学"的 300 多天生活结束。1971 年 8 月 1 日，分校宣布学员放假一个月，为大家买好了回家的火车票，并开有购买进京学生车票的证明，9 月 1 日到北京总校报到。

八、分校(农场)的撤销

江西分校（农场）的撤销，是因为血吸虫肆虐。鲤鱼洲农场及其周围地区，本是血吸虫重疫区。分校也采取过一些措施，如在水塘里撒药灭螺，教职工下水田时，先在脚腿上涂一层药油等。但防不胜防，时间一长，很多教职工感染上了血吸虫病。1971 年 6 月 10 日，分校革委会在《关于血吸虫病防治情况报告》中说："分校地处疫区，尽管积极防治，并不能从根本上消灭血吸虫。……从 5 月 21 日到 6 月 16 日 17 天内，对分校 10 个连队 358 人进行检查，查出病人 150 人，占已查人数 41.9%，加上 5 月 20 日查出的 73 人，共有 183 人感染上了血吸虫病。病人中 1969 年 8 月至 10 月来农场的占91%。"1971 年 6 月 12 日，分校革委会向总校党委、革委会写信反映血吸虫的情况说："分校四周都是血吸虫较严重的疫区，到本月 12 日，查出病人 200余人。"

1971 年 6 月 19 日，清华、北大两校合办的江西德安化肥厂所写的《血吸虫病普查情况汇报》说："5 月 30 日至 6 月 5 日，德安化肥厂全体人员进行血吸虫病普查，结果如下：宣传队 3 人，查出有血吸虫的 3 人，占 100%；北大教职工 129 人，查出有血吸虫的 115 人，占 89%；徒工 87 人，查出有血吸虫的29 人，占 33%；小孩（8—12 岁）17 人，查出有血吸虫的 10 人，占 59%。总计236 人，查出有血吸虫的 157 人，占 70%。"

面对分校教职工如此大面积感染血吸虫的严重情况，1971 年 7 月 20日，校党委根据上级指示讨论决定：江西鲤鱼洲试验农场撤销，将农场和德安化肥厂移交给地方;在农场劳动的教职工分批撤回;同时在北京郊区大兴县天堂河劳改农场附近重新建一个农场(占地约一千多亩)。撤销的理由是:教育革命深入发展,招生学员增多,人员紧张,路途遥远,花费人力财力太大;当地血吸虫情况原来调查研究不够,现在已发现 260 多人染上血吸虫(按:此人数应是指农场一地,不包括德安化肥厂的患病人数)。

1971 年 8 月 6 日,校党委召开党员大会,传达党委关于将江西鲤鱼洲试验农场转移到北京郊区大兴县的决定。同日,江西分校召开全体教职工大会,宣布分校迁回北京,并作搬迁工作的动员。

1971 年 8 月 15 日,校党委书记在党委常委会上通报:江西农场交省里安排,9 月份交接;我校只带回部分动产和 20 万－30 万斤粮食以及当年投资的拨款余额 142 万元。

1971 年 8 月 14 日、16 日,江西分校最后一批教职工 357 人回到学校。少数留下办理移交手续和清点、押运物资的人员 9、10 月份才回到学校。

1971 年 9 月 29 日,江西分校与江西国营农场南昌市鲤鱼洲第二农场签署《基建资产移交清单汇总书》,共移交给该农场原属北大江西分校的土地 7415.14 亩,基建资产总额 1116109.74 元。

1971 年 9 月,江西分校全部迁回北京,运回学校固定资产 120 多万元,移交拖拉机等折价款 39 万元,积余经费 30 多万元;运回学校粮食 36 万斤、粮票 5 万斤、猪饲料 6 万斤、木材 700 立方、钢材 100 立方。

1971 年 10 月 22 日,北大、清华两校江西德安化肥厂领导小组和江西德安化肥厂革委会签署《德安化肥厂移交书》,将未建成的德安化肥厂全部移交给德安县。

1971 年 11 月 27 日,清华、北大两校向中央财政部革命领导小组报送《关于(江西)德安化肥厂移交给江西省的经费处理情况报告》,其中说:"1971 年 5 月,两校在江西德安县兴建的年产 3000 吨合成氨化肥厂,国家投资 2419114.92 元(其中财政部拨款 40 万元,其余北京市拨款),现已将化肥厂移交给德安县。10 月 22 日移交全部完成。"

1971 年 12 月 22 日,从江西试验农场迁回的 23 户农村户口,北京市批准转为市居民户口。

北大江西鲤鱼洲试验农场(江西分校),从 1969 年 7 月筹建到 1971 年 8 月撤销,仅存在了两年一个月。

1972 年 4 月 8 日,原江西分校生产后勤组向党委报告分校清理移交工作情况如下。

国家对分校(农场)建设有三次拨款:1969 年 139.7 万元;1970 年 100 万元;1971 年 67.8 万元;合计 307.5 万元。全部拨款体现在以下几方面:(1)

按上级指示,无偿移交给鲤鱼洲农场的不动产116.3万元。(2)不动产移交后增付的基建成本5万元。(3)转让给鲤鱼洲农场的物资款(尚未收款)34.4万元。(4)运回北京的机器设备50.5万元。(5)运回北京的库存材料、工具20.9万元。(6)4、5两项应摊的购置运输费5.6万元。(7)4、5两项待销账的搬迁运费1.3万元。(8)运回北京的拖拉机零配件2万元。(9)存总校现款(部分)67.1万元。(10)垫付运回总校农副产品(部分)4.4万元。

除基本建设外,分校的农、副、商业各类自营经济也已结清。农业方面:1970年和1971年产稻谷462万斤,盈余7.8万元。副业方面:畜牧、菜园、碾米、缝纫、豆腐、酱油、制冰、自产砖瓦灰石等15项共盈余5.4万元,商店盈余3.9万元。合计自营经济盈余17万元。该盈余中,以现款形式存总校14万元,垫付运回总校农副产品3万元。各连伙食结余3341.02元,已交大兴农场作为食堂周转金。

运回北京物资使用车皮61个,装木箱1000个以上。清理时,除机务连少了四箱外,其他未丢失。

第二十七章　人物名录

　　兹将中华人民共和国成立以来至 1997 年,北京大学的教师和干部,在校工作期间或来校之前,担任过中共中央委员、候补委员,中共全国代表大会代表,全国人民代表大会代表,全国人大常务委员会委员、副委员长,全国政协委员、常委、副主席和中国科学院院士(学部委员)、中国工程院院士的名单记录如下。

　　担任过各民主党派中央常委、正副主席的名单,已在第二十一章中录入,北大历届党政领导,已在第三章中录入,此处不再重复登录。

一、中共中央委员、候补委员

　　聂元梓　　中共第九届中央候补委员。

　　王学珍　　中共第十二届、十三届中央候补委员。

　　汪家镠　　中共第十二届、十三届中央候补委员,第十四届中央委员。

　　沙健孙　　中共第十三届、十四届中央候补委员。

　　陈佳洱　　中共第十五届中央候补委员。

二、中共全国代表大会代表

　　江隆基　　中共八大代表。

　　陆　平　　中共八大代表。

　　王路宾　　中共八大代表。

　　聂元梓　　中共九大代表。

　　周一良　　中共十大代表。

　　韩天石　　中共十二、十三大代表。

　　王学珍　　中共十三大代表。

　　汪家镠　　中共十二、十三、十四大代表。

　　任彦申　　中共十五大代表。

三、全国人民代表大会代表、常务委员会委员、副委员长。

马寅初　第一、二、五届全国人大常委会委员。

江隆基　第一届全国人大代表。

汤用彤　第一、二、三届全国人大代表。

翦伯赞　第一、二、三届全国人大代表。

郑　昕　第一届全国人大代表。

王路宾　第一届全国人大代表。

叶企孙　第一、二、三届全国人大代表。

雷洁琼　第一、二、三届全国人大代表，第六届全国人大常委会委员，第七、八届全国人大常委会委员、副委员长。

周培源　第一、二、三、四届全国人大代表，第五届全国人大常委会委员。

曹靖华　第一、二、三届全国人大代表。

马　坚　第一、二、三、四、五届全国人大代表。

费孝通　第一届全国人大代表，第七、八届全国人大常委会委员、副委员长。

黄　昆　第三届全国人大代表。

徐光宪　第三届全国人大代表。

高小霞　第三届全国人大代表。

王竹溪　第三届全国人大代表。

魏建功　第三、四届全国人大代表。

冯友兰　第四届全国人大代表。

范达人　第四届全国人大代表。

季羡林　第六届全国人大常委会委员。

安太庠　第六、七、八届全国人大代表。

朱德熙　第七届全国人大常委会委员。

胡代光　第七届全国人大常委会委员。

厉以宁　第七、八届全国人大常委会委员。

吴树青　第八届全国人大常委会委员。

陈章良　第八届全国人大代表。

四、全国政协委员①、常委

江隆基　第一届全国政协委员。

许德珩　第一届全国政协委员。

马寅初　第一、二届全国政协委员,第三、四、五届全国政协常委会委员。

翦伯赞　第一届全国政协委员。

雷洁琼　第一届全国政协委员,第五届全国政协常委会委员,第六届全国政协副主席。

陆　平　第一届全国政协委员。

汤用彤　第一届全国政协委员,第三届全国政协常委会委员。

曾昭抡　第一届全国政协委员。

罗常培　第一届全国政协委员。

樊　弘　第一、六届全国政协委员。

马　坚　第一届全国政协委员。

袁翰青　第一届全国政协委员。

薛　愚　第一届全国政协委员。

叶企孙　第一届全国政协委员。

向　达　第二、三、四届全国政协委员。

郑　昕　第二、三、四届全国政协委员。

饶毓泰　第二、三届全国政协委员,第四届全国政协常委会委员。

金岳霖　第二届全国政协委员。

陈岱孙　第二届全国政协委员。

冯友兰　第二、三、四届全国政协委员,第六、七届全国政协常委会委员。

冯　定　第二、三、四届全国政协委员,第五届全国政协常委会委员。

朱光潜　第二、三、四、五届全国政协委员,第六届全国政协常委会委员。

闻家驷　第三届全国政协委员,第四、五、六、七届全国政协常委会委员。

周培源　第三、四届全国政协常委会委员,第五、六、七、八届全国政协副主席。

江泽涵　第三、四、五、六届全国政协委员。

季羡林　第二、三、四、五届全国政协委员。

唐　钺　第二、三、四、五、六届全国政协委员。

王　瑶　第二、六、七届全国政协委员。

---

①　注:第一届全国政协成员称"代表",后来改称"政治协商会议全国委员会委员",简称"全国政协委员",并沿用至今。这里为方便起见,都称为"全国政协委员"。

周炳琳　第二、三届全国政协委员。

楼邦彦　第二届全国政协委员。

金克木　第三、四、五、六、七届全国政协委员。

侯仁之　第三、四、五、六、七届全国政协委员。

邵循正　第三、四届全国政协委员。

游国恩　第三、四、五届全国政协委员。

傅　鹰　第三、四届全国政协委员，第五届全国政协常委会委员。

黄子卿　第二、三、四、五届全国政协委员。

俞大絪　第四届全国政协委员。

王　力　第四届全国政协委员，第五、六届全国政协常委会委员。

乐森璕　第四、五、六届全国政协委员。

张秋华　第四届全国政协委员。

王竹溪　第五届全国政协委员。

徐光宪　第五、六、七、八届全国政协委员。

高小霞　第五、六、七届全国政协委员。

曹靖华　第一届全国政协委员，第五、六届全国政协委员。

唐有祺　第六届全国政协委员，第七、八届全国政协常委会委员。

王铁崖　第六、七届全国政协委员。

邓广铭　第六届全国政协委员。

王路宾　第六届全国政协委员。

项子明　第六、七届全国政协委员。

郭麟阁　第六届全国政协委员。

张芝联　第六、七、八届全国政协委员。

金开诚　第六届全国政协委员，第七、八届全国政协常委会委员。

丁石孙　第七届全国政协委员，第八届全国政协常委会委员。

赵　靖　第七、八届全国政协委员。

姜伯驹　第七、八届全国政协委员。

赵理海　第七届全国政协委员。

张广达　第七届全国政协委员。

罗豪才　第八届全国政协常委会委员。

袁行霈　第八届全国政协常委会委员。

罗荣渠　第八届全国政协委员。

王学珍　第八届全国政协委员。

赵柏林　第八届全国政协委员。

王　甦　第八届全国政协委员。

裘锡圭　第八届全国政协委员。

黎乐民　第八届全国政协委员。

谢衷洁　第八届全国政协委员。

王　选　第八届全国政协委员。

甘子钊　第八届全国政协委员。

许宝騄　第四届全国政协委员。

邢其毅　第六、七届全国政协委员。

李孝方　第六、七届全国政协委员。

五、中国科学院院士（学部委员）、中国工程院院士

王竹溪　1952 年后任北大物理系教授。1955 年当选为学部委员。

叶企孙　1952 年后任北大物理系教授。1955 年当选为学部委员。

江泽涵　1946 年后任北大数学系教授。1955 年当选为学部委员。

许宝騄　1933—1936 年在北大数学系任教，1940—1946 年西南联大教授，1946—1970 年北大数学系、数力系教授。1955 年当选为学部委员。

周培源　1952 年开始任北大数学系、力学系教授。1955 年当选为学部委员。

胡　宁　1950 年后任北大物理系教授。1955 年当选为学部委员。

黄　昆　1951—1977 年任北大物理系教授。1955 年当选为学部委员。

段学复　1952 年起任北大数学力学系教授。1955 年当选为学部委员。

饶毓泰　1952 年起任北大物理系教授。1955 年当选为学部委员。

胡济民　1955 年起任北大教授。1980 年当选为学部委员。

姜伯驹　1957 年至今在北大数力系任教。1980 年当选为学部委员。

程民德　1952 年起任北大数力系教授。1980 年当选为学部委员。

廖山涛　1956 年起任北大数学系教授。1980 年当选为学部委员。

甘子钊　1953 年起在北大任教。1991 年当选为学部委员。

杨立铭　1952 年在北大物理系任教授。1991 年当选为学部委员。

张恭庆　1959 年起在北大数力系任教。1991 年当选为学部委员。

郭仲衡　1963—1993 年任北大数学系教授。1991 年当选为学部委员。

陈佳洱　1955 年起在北大任教。1993 年当选为院士。

杨应昌　1958 年起在北大任教。1997 年当选为院士。

张青莲　1952 年起任北大化学系教授。1955 年当选为学部委员。

黄子卿　1952 年起任北大化学系教授。1955 年当选为学部委员。

傅　鹰　1950 年至 1952 年任北大工学院教授。院系调整时调离北大。

　　　　　　1954 年起回北大任化学系教授。1955 年当选为学部委员。

冯新德　1952 年任北大化学系教授。1980 年当选为学部委员。

邢其毅　1946 年起任北大化学系教授。1980 年当选为学部委员。

徐光宪　1951 年起任北大化学系副教授、1960 年技物系教授。1980 年
　　　　当选为学部委员。

高小霞　1950 年起在北大化学系任教。1980 年当选为学部委员。

唐有祺　1952 年起在北大化学系任教。1980 年当选为学部委员。

刘元方　1952 年起在化学系、技物系任教。1991 年当选为学部委员。

张　滂　1952 年起任北大化学系教授。1991 年当选为学部委员。

黎乐民　1965 年起在北大化学系任教。1991 年当选为学部委员。

张景钺　1946 年任北大生物系教授。1955 年当选为学部委员。

李继侗　1952—1957 年任北大生物系教授。1955 年当选为学部委员。

汤佩松　1954—1960 年任北大生物系教授。1955 年当选为学部委员。

翟中和　1956 年后在北大生物系任教。1991 年当选为学部委员。

乐森璕　1955 年起任北大地质系教授。1955 年当选为学部委员。

王　仁　1955 年起先后在北大数力系、力学系、地质系任教。1955 年
　　　　当选为学部委员。

侯仁之　1952 年起任北大地质地理教授。1980 年当选为学部委员。

董申保　1950—1952 年在北大任教。1984 年后任北大地质系教授。
　　　　1955 年当选为学部委员。

谢义炳　1952 年任北大物理系、地球物理系任教授。1980 年当选为学
　　　　部委员。

赵柏林　1952 年起在北大物理系、地球物理系任教。1991 年当选为学
　　　　部委员。

王　选　1958 年开始在北大数力系任教，后为计算机方面的教授，1991
　　　　年当选为学部委员，1994 年中国工程院成立后，又当选为工程
　　　　院院士。

杨芙清　1959 年开始在北大数力系任教，后为计算机科学技术系教授。
　　　　1991 年当选为学部委员。

吴全德　1959 年起无线电电子学系任教，后为电子学系教授。1991 年
　　　　当选为学部委员。

石青云　1959 年起在北大数力系任教。1993 年当选为院士。

王阳元　1958 年起在北大物理系任教，后任北大计算机科学技术系教
　　　　授，1995 年当选为学部委员。

王　力　1954 年起任北大中文系教授。1955 年当选为学部委员。

马寅初　1951—1960 年任北大校长，1979 年起任北大名誉校长，1955 年当选为学部委员。

向　达　1946 年起任北大历史系教授。1955 年当选为学部委员。

冯友兰　1952 年起任北大哲学系教授。1955 年当选为学部委员。

冯　定　1957 年起任北大哲学系教授。1955 年当选为学部委员。

汤用彤　1930 年起即任北大哲学系教授。1955 年当选为学部委员。

金岳霖　1952—1956 年任北大哲学系教授。1955 年当选为学部委员。

何其芳　1953—1956 年任北大文学研究所副所长。1955 年当选为学部委员。

季羡林　1946 年起任北大东方语言文学系教授。1955 年当选为学部委员。

魏建功　1929 年起开始在北大中文系任教。1955 年当选为学部委员。

翦伯赞　1952 年起任北大历史系教授。1955 年当选为学部委员。

唐孝炎　1955 年起在北大技术物理系任教。1985 年后任北大环境科学中心教授。1955 年当选为学部委员。